Table d'équivalence
Conversion des fractions de pouce en décimales et en millimètres

Pouce en fractions	Pouce en décimales			Millimètres	Pouce en fractions	Pouce en décimales			Millimètres
	4 décimales	3 décimales	2 décimales			4 décimales	3 décimales	2 décimales	
1/64	.0156	.016	.02	0,397	33/64	.5156	.516	.52	13,097
1/32	.0312	.031	.03	0,794	17/32	.5312	.531	.53	13,494
3/64	.0469	.047	.05	1,191	35/64	.5469	.547	.55	13,891
1/16	.0625	.062	.06	1,588	9/16	.5625	.562	.56	14,288
5/64	.0781	.078	.08	1,984	37/64	.5781	.578	.58	14,684
3/32	.0938	.094	.09	2,381	19/32	.5938	.594	.59	15,081
7/64	.1094	.109	.11	2,778	39/64	.6094	.609	.61	15,478
1/8	.1250	.125	.12	3,175	5/8	.6250	.625	.62	15,875
9/64	.1406	.141	.14	3,572	41/64	.6406	.641	.64	16,272
5/32	.1562	.156	.16	3,969	21/32	.6562	.656	.66	16,669
11/64	.1719	.172	.17	4,366	43/64	.6719	.672	.67	17,066
3/16	.1875	.188	.19	4,762	11/16	.6875	.688	.69	17,462
13/64	.2031	.203	.20	5,159	45/64	.7031	.703	.70	17,859
7/32	.2188	.219	.22	5,556	23/32	.7188	.719	.72	18,256
15/64	.2344	.234	.23	5,953	47/64	.7344	.734	.73	18,653
1/4	.2500	.250	.25	6,350	3/4	.7500	.750	.75	19,050
17/64	.2656	.266	.27	6,747	49/64	.7656	.766	.77	19,447
9/32	.2812	.281	.28	7,144	25/32	.7812	.781	.78	19,844
19/64	.2969	.297	.30	7,541	51/64	.7969	.797	.80	20,241
5/16	.3125	.312	.31	7,938	13/16	.8125	.812	.81	20,638
21/64	.3281	.328	.33	8,334	53/64	.8281	.828	.83	21,034
11/32	.3438	.344	.34	8,731	27/32	.8438	.844	.84	21,431
23/64	.3594	.359	.36	9,128	55/64	.8594	.859	.86	21,828
3/8	.3750	.375	.38	9,525	7/8	.8750	.875	.88	22,225
25/64	.3906	.391	.39	9,922	57/64	.8906	.891	.89	22,622
13/32	.4062	.406	.41	10,319	29/32	.9062	.906	.91	23,019
27/64	.4219	.422	.42	10,716	59/64	.9219	.922	.92	23,416
7/16	.4375	.438	.44	11,112	15/16	.9375	.938	.94	23,812
29/64	.4531	.453	.45	11,509	61/64	.9531	.953	.95	24,209
15/32	.4688	.469	.47	11,906	31/32	.9688	.969	.97	24,606
31/64	.4844	.484	.48	12,303	63/64	.9844	.984	.98	25,003
1/2	.5000	.500	.50	12,700	1	1.0000	1.000	1.00	25,400

Symboles suggérés pour la correction des exercices

C   Illustrer la construction géométrique

D   Indiquer les dimensions

A   Améliorer la forme ou l'espacement

F   Trop fort

PF   Pas assez fort

PN   Pas assez noir

AM   Affûter la mine

LG   Utiliser les lignes guides

F'   Améliorer les flèches

⊗   Erreur dans la zone encerclée

table des matières

**édition
abrégée**

dessin technique

Des mêmes auteurs:

Basic Technical Drawing, édition corrigée par H. C. Spencer et J. T. Dygdon (Macmillan Publishing Co., Inc., 1980).

Basic Technical Drawing Problems, Series I, H. C. Spencer et J. T. Dygdon (Macmillan Publishing Co., Inc., 1972).

Descriptive Geometry, 5th ed. E. G. Paré, R. O. Loving et I. L. Hill (Macmillan Publishing Co., Inc., 1977).

Descriptive Geometry Worksheets, Series A, 4th ed. E. G. Paré, R. O. Loving et I. L. Hill (Macmillan Publishing Co., Inc., 1977).

Descriptive Geometry Worksheets, Series B, 4th ed. E. G. Paré, R. O. Loving et I. L. Hill (Macmillan Publishing Co., Inc., 1980).

Engineering Graphics, 2nd ed. F. E. Giesecke, A. Mitchell, H. C. Spencer, I. L. Hill et R. O. Loving (Macmillan Publishing Co., Inc., 1975).

Engineering Graphics Problems, Series I, 2nd ed. H. C. Spencer, I. L. Hill et R. O. Loving (Macmillan Publishing Co., Inc., 1975).

Technical Drawing, 7th ed. F. E. Giesecke, A. Mitchell, H. C. Spencer, I. L. Hill et J. T. Dygdon (Macmillan Publishing Co., Inc., 1980).

Technical Drawing Problems, Series I, 5th ed. F. E. Giesecke, A. Mitchell, H. C. Spencer, I. L. Hill et J. T. Dygdon (Macmillan Publishing Co., Inc., 1976).

Technical Drawing Problems, Series 2, 4th ed. H. C. Spencer, I. L. Hill et J. T. Dygdon (Macmillan Publishing Co., Inc., 1980).

Technical Drawing Problems, Series 3, 3rd ed. H. C. Spencer, I. L. Hill et J. T. Dygdon (Macmillan Publishing Co., Inc., 1980).

Frederick E. Giesecke

M.E., B.S.A., C.E., Ph.D., professeur émérite de dessin,
Texas A&M University †

Alva Mitchell

B.C.E., professeur émérite de sciences graphiques.
Texas A&M University †

Henry Cecil Spencer

A.B., B.S.A., M.S., professeur émérite de dessin technique,
Illinois Institute of Technology †

Ivan Leroy Hill

B.S., M.S., professeur émérite de sciences graphiques,
Illinois Institute of Technology

John Thomas Dygdon

B.S., M.B.A., professeur adjoint de sciences graphiques, directeur du
Division of Academic Services and Office of Special Programs,
Illinois Institute of Technology

Traduction et adaptation

Dinh N. Nguyen

Ing., D.Sc., directeur du département de génie mécanique,
Université Laval

**édition
abrégée**

dessin technique

**ÉDITIONS
DU RENOUVEAU
PÉDAGOGIQUE INC.**

5757, RUE CYPIHOT, SAINT-LAURENT (QUÉBEC) H4S 1X4
TÉLÉPHONE : (514) 334-2690 TÉLÉCOPIEUR : (514) 334-4720

Abridged edition published with permission of Macmillan Publishing Company, a Division of Macmillan, Inc.

L'édition abrégée de *Technical Drawing, Seventh Edition* a été traduite de l'américain avec l'autorisation de Macmillan Publishing Co., Inc.

Macmillan Publishing Co., Inc.

Maquette de la couverture: Murielle Otis Lewis

Typographie: Typo Litho Composition Inc.

© Ottawa, Canada, 1987. Éditions du Renouveau Pédagogique Inc. Tous droits réservés.

Dépôt légal: 2ᵉ trimestre 1987
Bibliothèque nationale du Québec
Bibliothèque nationale du Canada
Imprimé au Canada

7890 II 9

ISBN 2-7613-0487-X

2469 ABCD

préface

Cet ouvrage est à la fois un manuel de cours et un manuel de référence pour l'apprentissage du dessin technique. Il renferme un grand nombre de problèmes qui couvrent toutes les facettes du sujet, et il constitue, en soi, un outil d'étude complet. Trois cahiers d'exercices supplémentaires ont été préparés spécialement pour être utilisés avec ce manuel: *Technical Drawing Problems, Series 1*, par Giesecke, Mitchell, Spencer, Hill et Dygdon; *Technical Drawing Problems, Series 2*, par Spencer, Hill et Dygdon; *Technical Drawing Problems, Series 3*, par Spencer, Hill et Dygdon. Il existe donc quatre sources différentes de problèmes, de sorte que le choix des problèmes proposés par le professeur peut varier d'une année à l'autre. Habituellement, le professeur, qui utilise ce manuel en même temps que l'un des trois cahiers d'exercices, proposent des problèmes supplémentaires choisis dans le manuel, car plusieurs d'entre eux sont conçus pour se résoudre sur des feuilles de format A4 (210 mm × 297 mm) ou de format A (8.5″ × 11.0″), soit le même que celui des feuilles des cahiers d'exercices.

La grande popularité de l'ouvrage, au cours des 47 dernières années auprès des institutions d'enseignement et des bureaux d'étude, a encouragé les auteurs à poursuivre l'objectif initial, qui a été et qui demeure encore celui de préparer un manuel, qui *enseigne le langage de l'ingénieur*, et de le mettre à jour continuellement par rapport aux derniers développements dans l'industrie. L'idée originale était, d'une part, d'illustrer et d'expliquer les principes de base à partir du point de vue de l'étudiant, c'est-à-dire de présenter les principes assez clairement pour que celui-ci soit sûr de les comprendre, et, d'autre part, de rendre le texte suffisamment intéressant pour inciter l'étudiant à le lire et à l'étudier par lui-même. De cette façon, nous espérons pouvoir libérer le professeur de l'enseignement individualisé et répétif de notions, que chaque étudiant peut apprendre, par lui-même, à l'aide du manuel, et, ainsi, lui permettre de consacrer plus de temps aux étudiants ayant des difficultés réelles.

Dans la préparation de cette nouvelle édition, notre intention n'est pas d'élargir simplement le contenu du manuel, quoique ce soit le cas dans une certaine mesure, mais principalement de refléter les dernières tendances, aussi bien dans l'éducation que dans le secteur de l'ingénierie, et les plus récents développements dans l'industrie, tels que ceux correspondant aux diverses sections du *American National Standard Drafting Manual* (ANSI Y14).

Plusieurs problèmes ont été révisés et de nombreuses illustrations ont été refaites pour les mettre à jour. Une attention spéciale a été accordée au système international d'unités (SI), qui est maintenant en usage de plus en plus dans l'industrie.

Un objectif important a été de maintenir et d'améliorer le plus possible la qualité des dessins. Il est logique que dans un manuel sur le dessin technique, les dessins occupent la première place.

Une caractéristique remarquable du manuel est l'intérêt accordé aux esquisses à travers tout le livre. Le chapitre consacré à ce sujet intègre les concepts de base des vues aux techniques du dessin à main levée, de telle sorte que les dessins à vues multiples puissent être introduits au moyen des esquisses.

Le chapitre concernant les cotations a été révisé pour le rendre conforme aux normes américaines *Dimensioning and Tolerancing for Engineering Drawings*.

Nous remercions le professeur H.E. Grant pour le matériel de certains exercices et pour ses précieuses suggestions. Nous remercions également messieurs James E. Novak, Paul J. Chase, Stephen A. Smith et James M. Komaniecki pour leurs assistances dans la révision de plusieurs illustrations.

Aucun effort n'a été ménagé pour que cet ouvrage suive les nombreux développements technologiques des quelques dernières années. Grâce aux concours d'ingénieurs éminents et de fabricants de première importance, nous avons pu reproduire, dans ce manuel, plusieurs excellents dessins commerciaux. Nous désirons exprimer nos remerciements à ces personnes et à ces industries, ainsi qu'aux autres, trop nombreuses pour les énumérer ici, qui ont contribué à la réalisation de cet ouvrage.

Les étudiants, les enseignants, les ingénieurs et les dessinateurs sont invités à nous écrire relativement à toute question touchant ce manuel. Tout commentaire et toute suggestion seront grandement appréciés.

IVAN LEROY HILL

JOHN THOMAS DYGDON
Illinois Institute
    of Technology
Chicago, IL 60616

note du traducteur

L'édition française de *Technical Drawing — Seventh Edition* comporte de légères modifications par rapport à l'oeuvre originale, pour tenir compte du contexte canadien. Nous respectons toutefois l'objectif premier des auteurs, soit celui de présenter un ouvrage complet comportant des explications simples et détaillées qui permettent à l'étudiant de comprendre, par lui-même et sans difficultés, les différentes notions présentées.

Les normes canadiennes, tirées des publications de *l'Association Canadienne de Normalisation*, ont été ajoutées. Les recommandations et les normes publiées par *l'Organisation internationale de normalisation* sur le système international (SI) sont mentionnées lorsque les normes canadiennes correspondantes ne sont pas disponibles. Par ailleurs, étant donné que les standards métriques ne sont pas encore complètement établis au pays, il est recommandé aux concepteurs de s'informer directement auprès de leurs fournisseurs habituels pour obtenir des détails sur leurs pièces marchandes disponibles en métrique.

L'implantation du SI étant plus rapide au Canada qu'aux États-Unis, une attention plus importante a été accordée à ce système dans l'édition française. Le point est encore utilisé comme marque de cadrage dans le système impérial, alors que la virgule est utilisée dans le cas des mesures métriques.

Le symbole SI, placé à côté d'un dessin, indique que les dimensions linéaires y sont exprimées en unités métriques.

Dinh N. Nguyen, ing., D.Sc.
Université Laval
Québec, QC
Canada   G1K 7P4

table des matières

le langage graphique

1.1   Évolution de la conception dans l'industrie.   Le vieux proverbe « la nécessité est la mère de l'invention » s'avère encore vrai et toute nouvelle machine ou structure, tout nouveau système ou appareil résultent de ce besoin. Si le nouveau produit est vraiment nécessaire, les gens l'achèteront pourvu qu'il ne soit pas onéreux. On peut alors se poser les questions suivantes: Existe-t-il un marché potentiel? Ce produit peut-il être manufacturé à un prix que les gens sont disposés à payer? Si les réponses à ces questions sont affirmatives, l'inventeur, le concepteur ou les cadres d'une compagnie peuvent décider de poursuivre le développement de la production et du marketing du nouveau produit.

Un nouveau système, une nouvelle machine ou structure, ou leurs améliorations, doivent exister dans l'esprit de l'ingénieur ou du concepteur avant qu'ils ne deviennent réalité. Cette première idée ou conception est habituellement mise sur papier et communiquée aux autres au moyen du *langage graphique*, sous la forme de *croquis d'idée* faits à main levée (figures 1.1 et 5.1). Ces croquis sont ensuite suivis par d'autres esquisses, telles que les *esquisses de calcul*, pour développer plus à fond la conception.

1.2   Le jeune ingénieur.[1]   L'ingénieur ou le concepteur doit être capable d'exécuter des croquis d'idée, de calculer les forces de contraintes, d'analyser les mouvements, de déterminer les dimensions des pièces, d'iden-

---

[1] Dorénavant dans ce texte, tous les titres conventionnels tels qu'ingénieur, concepteur, dessinateur, étudiant, etc., se rapportent intentionnellement aux personnes des deux sexes.

Figure 1.1 Phonographe d'Edison. Esquisse originale de la première conception du phonographe de Thomas A. Edison.

Reproduite avec la permission spéciale de Mme Edison

tifier les matériaux à utiliser et les méthodes de production et de superviser la préparation des dessins et des cahiers de charge qui serviront à contrôler les nombreux détails de la production, de l'assemblage et de l'entretien du produit. Pour accomplir ou superviser ces nombreuses tâches, l'ingénieur fait largement usage de croquis. Il doit aussi être capable de saisir et de communiquer rapidement ses idées à ses associés ou à son personnel de soutien pour se trouver à l'aise dans une équipe de travail. L'habileté dans l'exécution des croquis (chapitre 5) et l'aptitude à travailler avec des techniques de dessin par ordinateur exigent beaucoup d'entraînement dans le dessin aux instruments et une connaissance approfondie du langage graphique.

Un bureau d'études typique est illustré à la figure 1.2. Plusieurs membres du personnel possèdent une vaste expérience alors que d'autres sont des nouveaux diplômés en stage. Il y a beaucoup à apprendre par le travail et il est nécessaire, pour une personne inexpérimentée, de débuter à un bas niveau pour ensuite atteindre les échelons de responsabilités plus élevés à mesure qu'elle acquiert de l'expérience. L'exposé suivant d'un ingénieur en chef d'une grande société[2] illustre bien ce fait:

« Plusieurs étudiants en génie, hommes et femmes, que nous avons interviewés, ont l'impression que s'ils doivent travailler à une table à dessin, ils seront simplement des dessinateurs confinés à des travaux de routine. Cette impression est complètement erronée. Tous nos ingénieurs travaillent aux tables à dessin au moins occasionnellement. De fait, les travaux de dessin constituent seulement une phase des responsabilités qui comprennent l'analyse des sites, les calculs, l'évaluation des coûts, les études préliminaires, les devis, le choix de l'équipement, les dessins de construction (avec l'aide des dessinateurs) ainsi que la surveillance lors de la construction et de l'installation. »

« Notre politique est de former nous-mêmes notre personnel de sorte que nous avons l'habitude d'engager des ingénieurs fraîchement diplômés et de leur donner l'occasion de se développer et de progresser grâce à plusieurs expériences. Ces ingénieurs inexpérimentés et nouvellement engagés sont assignés à des travaux productifs que leur éducation et leur formation leur permettent de mener à terme. Pour le jeune ingénieur, l'exigence première est d'obtenir de l'expérience pratique du génie et de se familiariser avec nos équipements et nos méthodes. Dans le travail de conception, ces tâches initiales ont trait aux détails techniques dans n'importe lequel des nombreux domaines du génie (structure, mécanique, électricité, etc.). Notre expérience a démontré qu'il n'est pas sage de confier, à un ingénieur nouvellement diplômé et sans expérience, un problème avancé de génie, tel que la conception créative, en supposant qu'ils peuvent effectuer des croquis rapides ou des schémas pour ensuite les faire détailler par d'autres personnes. Au lieu de faire débuter un jeune ingénieur à un niveau élevé de responsabilités où il peut échouer ou faire des erreurs onéreuses, nous lui assignons d'abord des travaux qui requièrent l'exécution de dessins complets et précis; les exigences deviennent de plus en plus grandes à mesure que l'ingénieur démontre sa compétence dans la solution de problèmes de plus en plus complexes. Lorsque l'ingénieur a prouvé sa capacité d'assumer la responsabilité d'un projet, il dirige alors d'autres ingénieurs ayant moins d'expérience et qui, à leur tour, s'occupent des études de détails. »

1.3 Le langage graphique. Plusieurs difficultés dans le monde proviennent du fait que de nombreux peuples ne se comprennent pas

[2] C. G. R. Johnson, Kimberly-Clark Corp.

Figure 1.2 **Une section d'un bureau d'études.** *Gracieuseté de Bell Telephone Laboratories, Indianapolis*

les uns les autres. Le manque de communication est lié au nombre incalculable de langues et de dialectes sur la Terre.

Bien que nous n'ayons pas réussi à introduire un langage universel composé de mots et de phrases, il en existe quand même un qui est utilisé depuis les temps les plus reculés: c'est le *langage graphique*. L'idée de communiquer les pensées d'une personne à l'autre au moyen *d'images* existait déjà à l'époque des hommes de cavernes, et il en existe encore des vestiges. Ces hommes primitifs communiquaient oralement entre eux sans doute par des sons élémentaires. Cependant, quand ils voulaient *enregistrer* une idée, ils créaient des *images* sur de la peau, sur la pierre, sur les murs des cavernes ou sur toute autre matière qu'ils pouvaient trouver. Les toutes premières formes d'écriture étaient composées d'images, telles que les hiéroglyphes égyptiens (figure 1.3). Plus tard, ces formes furent simplifiées et elles devinrent les symboles abstraits utilisés dans l'écriture d'aujourd'hui. Ainsi, les lettres et les caractères des langues actuelles originent de dessins (voir la section 3.1).

Figure 1.3 **Hiéroglyphes égyptiens.**

Un dessin est une *représentation graphique* d'un objet réel, d'une idée, ou d'un projet en vue d'une fabrication ultérieure. Les dessins peuvent se présenter sous plusieurs formes mais la méthode graphique de représentation est une forme naturelle de la transmission des idées qui possède un caractère universel et permanent.

1.4 Deux types de dessins. L'homme a développé la représentation graphique selon deux directions distinctes, en fonction de ses objectifs: (1) le dessin artistique et (2) le dessin technique.

Depuis le début des temps, les artistes utilisent des dessins pour exprimer leurs conceptions esthétiques et philosophiques ainsi que d'autres idées abstraites. Autrefois

3

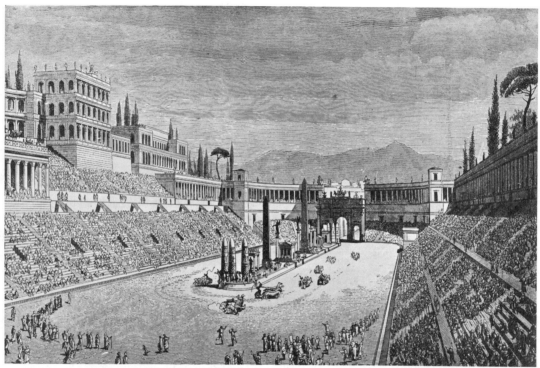

Figure 1.4 Le cirque Maxime à Rome.   *The Bettmann Archive, Inc.*

presque tout le monde était illettré. Les gens s'instruisaient en écoutant leurs supérieurs et en regardant les sculptures, les gravures et les dessins dans les lieux publics. Les images étaient les principales sources d'information. L'artiste était non seulement un artiste dans le sens esthétique, mais il était aussi un éducateur ou un philosophe, une source d'expressions et de communications.

Le dessin technique est l'autre direction selon laquelle la représentation graphique s'est développée. L'homme utilise depuis toujours les dessins pour *représenter* les projets qu'il veut réaliser. De nos jours, les traces de ces tout premiers dessins n'existent plus. Toutefois, nous sommes certains qu'ils ont été utilisés, car l'homme ne pouvait concevoir et construire comme il l'a fait sans avoir recours à des dessins passablement précis. Dans la Bible, il est écrit que le temple de Salomon a été « construit de pierres préparées avant même qu'elles fussent mises ensemble ».[3] Chaque pierre et chaque poutre

étaient équarries ou taillées à la forme voulue, transportées au chantier et mises ensuite en place. Il est évident que des dessins précis ont été employés, indiquant les dimensions et les formes exactes de chaque pièce de la structure du temple.

De plus, nous pouvons admirer de nos jours les ruines des vieux bâtiments, aqueducs, ponts et autres structures de l'Antiquité, qui n'ont pu être érigés sans l'aide de dessins soigneusement préparés pour guider les constructeurs. Plusieurs de ces structures sont encore considérées comme des « merveilles du monde », telles que le temple d'Amon, à Karnak (Ancienne Égypte), qui fut complété, après sept siècles de construction vers 980 av. J.-C. Ce temple en pierre dépasse, à notre connaissance, toute structure couverte jamais construite. Il mesure 394 m de longueur et sa largeur maximale est de 115 m. De même, le cirque Maxime de Rome était une vaste structure (figure 1.4); il pouvait, d'après l'historien Pline, accueillir 250 000 spectateurs.

4   [3] Rois 6:6.

1.5 Premiers dessins techniques. Le plus ancien dessin technique connu est sans doute le plan d'une forteresse réalisé par l'ingénieur chaldéen Gudea et gravé sur une tablette de pierre (figure 1.5). Quoique ce plan ait été « dessiné » depuis des milliers d'années avant l'invention du papier, on peut constater la similitude avec les plans d'architecte d'aujourd'hui.

La première preuve écrite de l'utilisation du dessin technique remonte à 30 av. J.-C. Il s'agit d'un traité sur l'architecture écrit par l'architecte romain Vitruve: « L'architecte doit être habile avec la plume et doit posséder une connaissance du dessin pour pouvoir exécuter les dessins nécessaires à l'illustration des oeuvres qu'il se propose de construire. » Vitruve a abordé, entre autres, l'utilisation de la règle et du compas dans les tracés géométriques, dans la réalisation des vues en plan et en élévation d'un bâtiment et dans les dessins en perspective.

Dans les musées, on retrouve quelques échantillons des anciens instruments à dessin. Les compas étaient fabriqués en bronze et ils avaient à peu près les mêmes dimensions que ceux d'aujourd'hui (figure 1.6). Les plumes étaient faites à partir de tiges de roseau.

La théorie de la projection des objets sur des plans imaginaires de projection (pour obtenir des *vues*, section 6.1) fut élaborée au cours de la première partie du XVe siè-

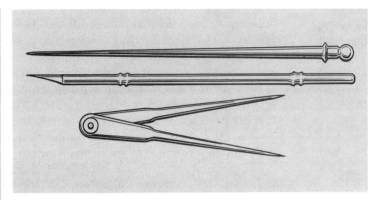

D'après Historical Note on Drawing Instruments, publié par V & E Manufacturing Co.

Figure 1.6 **Pointeau, plume, et compas romains.**

The Bettmann Archive, Inc.

Figure 1.7 **Un arsenal, par Léonard de Vinci.**

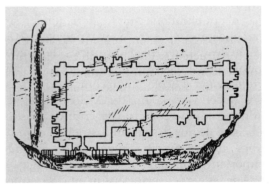

D'après Transactions ASCE, mai 1981

Figure 1.5 **Plan d'une forteresse.** Cette tablette de pierre fait partie d'une statue conservée au Louvre à Paris. Elle est de la première période de l'art chaldéen, vers 4000 av. J.-C.

cle, par les travaux des architectes italiens Alberti, Brunelleschi et autres. Il est bien connu que Léonard de Vinci se servait de dessins pour enregistrer et pour transmettre aux autres ses idées et ses conceptions pour la construction mécanique, ainsi qu'en témoignent ses innombrables dessins (figure 1.7). Il n'est pas clair si Léonard n'ait jamais fait de dessins construits à l'aide des projections orthogonales comme on les connaît aujourd'hui, mais il est probable qu'il le fit. Son traité sur la peinture, publié en 1651, est

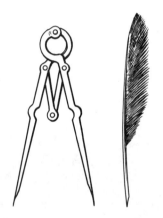

D'après Historical Note on Drawing Instruments, publié par V & E Manufacturing Co.

Figure 1.8 **Compas et plume, période de la Renaissance.** Compas reproduit d'après un dessin de Léonard de Vinci.

Figure 1.9 **Boîte d'instruments de George Washington.**

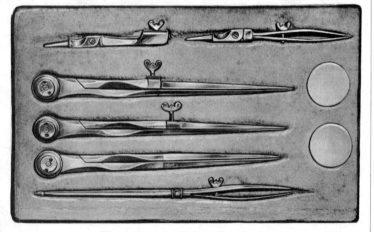

D'après Historical Note on Drawing Instruments, publié par V & E Manufacturing Co.

considéré comme le premier livre jamais édité sur la théorie du dessin en projection; cependant le sujet en était la perspective et non pas la projection orthogonale.

Le compas des Romains ressemble beaucoup à celui de l'époque de Léonard (figure 1.8). Les cercles étaient encore tracés avec des pointes métalliques, car les crayons à mine de graphite ne furent inventés qu'au XVIIIᵉ siècle, lorsque la firme Faber fut fondée à Nuremberg, Allemagne. Les plumes de roseau furent remplacées au VIIᵉ siècle par des plumes d'oiseau, habituellement des plumes d'oie.

Le compas à pointe de mine de graphite a fait son apparition peu après l'invention du crayon à mine. A Mount Vernon, on conserve les instruments de dessin de l'ingénieur civil George Washington, qui portent la date de 1749. Cette boîte d'instruments (figure 1.9) est semblable à celle utilisée de nos jours; elle comprend un compas à pointe sèche, un compas avec porte-mines et porte-plume ainsi qu'un tire-ligne.

1.6 Géométrie descriptive d'autrefois.

Les origines de la géométrie descriptive sont associées aux problèmes rencontrés lors de l'étude des plans de construction de bâtiments et de fortifications en France, au XVIIIᵉ siècle. Gaspard Monge (1746-1818) est reconnu comme « l'inventeur » de la géométrie descriptive, même si ses ouvrages furent précédés de publications sur le stéréotomie, sur l'architecture et sur la perspective, dans lesquelles plusieurs des principes de la géométrie sont utilisés. Monge, alors qu'il était professeur à l'École polytechnique de Paris, a énoncé, vers la fin du XVIIIᵉ siècle, les principes de la géométrie descriptive qui sont à la base de nos dessins industriels. Ces principes furent aussitôt jugés d'une grande importance militaire, si bien que Monge fut prié de les garder secrets jusqu'en 1795, année après laquelle ils devinrent une partie importante de l'éducation technique en France, en Allemagne et, plus tard, aux États-Unis. Son livre, *La géométrie descriptive*, est encore considéré comme le premier écrit qui explique les principes de base du dessin par projections.

En 1816, les principes de Monge ont été amenés de France aux États-Unis par Claude Crozet, professeur à l'Académie militaire de West Point et ancien élève de l'École polytechnique de France. Il a publié son premier texte en anglais sur la géométrie descriptive en 1821. Au cours des années suivantes, ces notions sont devenues partie intégrante du programme d'étude des cours de génie à Rensselaer Polytechnic Institute, à l'Université Harvard, à l'Université Yale, et ailleurs. A cette époque, l'idée de fabriquer des pièces interchangeables dans l'industrie de l'armement faisait son chemin et les principes de projection orthogonale furent appliquées à ces problèmes.

1.7   Dessin technique moderne. Le premier ouvrage sur le dessin technique aux États-Unis est sans doute *Geometrical Drawing*, publié en 1849 par William Minifie, professeur à une école secondaire de Baltimore. En 1850, la famille Alteneder a organisé la première fabrique d'instruments de dessin en Amérique du Nord (Theo. Alteneder & Sons, Philadelphie). En 1876, le procédé de tirage des plans au bleu fut introduit aux États-Unis lors de l'Exposition centenaire de Philadelphie. Jusqu'à cette date, le langage graphique était plus ou moins un art caractérisé par des dessins au trait rappelant les gravures sur cuivre, par l'utilisation des hachures et par le lavis. Ces techniques sont devenues superflues après l'introduction du tirage de bleu, de sorte que les dessins étaient de moins en moins ornés. Cela s'est avéré le commencement de l'ère moderne du dessin technique. Le langage graphique est devenu alors une méthode de représentation relativement exacte, où il n'était plus nécessaire d'avoir recours à des maquettes comme étape préliminaire à une construction.

Jusqu'au tournant du IXXe siècle, les dessins étaient généralement faits selon la méthode dite des *projections du premier dièdre* (section 6.38), dans laquelle la vue de dessus est placée *en-dessous* de la vue de face, et la

vue de côté gauche est placée à *droite* de la vue de face, etc. Pendant ce temps, aux États-Unis et au Canada, on entamait une période intense de discussion sur le pour et le contre de cette méthode pour graduellement adopter l'approche que nous utilisons aujourd'hui, celle du *troisième dièdre*, dans laquelle les vues sont placées dans leur position logique et naturelle. Actuellement les projections du troisième dièdre sont utilisées en Amérique du Nord alors que celles du premier dièdre sont encore en vigueur dans plusieurs autres pays du monde.

Au début du XXe siècle, plusieurs livres sur le sujet ont été publiés, dans lesquels le langage graphique est expliqué et analysé par rapport au changement rapide de la conception en génie et des applications industrielles. Beaucoup de ces auteurs n'étaient pas satisfaits de l'expression « dessin mécanique », car ils étaient conscients du fait que le dessin technique est réellement un *langage graphique*. Les livres *An Introduction to the Graphic Language* d'Anthony, *Engineering Drawing* de French, et le présent ouvrage, *Dessin technique*, sont autant de livres qui adoptent ce point de vue.

1.8   Normalisation de la conception. Dans tous les livres précédemment cités, il ressort une nette tendance à la normalisation des caractères du langage graphique afin d'en éliminer les provincialismes et les dialectes et pour donner, à l'industrie, au génie et à la science, un langage graphique uniforme et efficace. Mais il faut surtout retenir la contribution primordiale des bureaux de normalisation dans cet effort. Chaque bureau s'occupe d'un secteur professionnel déterminé et il élabore des normes officielles. Une norme se présente sous forme d'un fascicule où sont consignées essentiellement les règles techniques relatives au dessin, à la désignation et au contrôle des produits industriels.

La normalisation joue, dans l'économie nationale et mondiale, un rôle essentiel tant à la production qu'à l'utilisation. Les travaux de normalisation internationale sont dirigés par l'Organisation Internationale de Normalisation, ISO (International Organization for Standardization), qui regroupe les organismes nationaux de 85 pays, dont le Canada. Le secrétariat central de l'ISO se trouve à Genève en Suisse.

L'Association Canadienne de Normalisation, ACNOR (Canadian Standards Association, CSA), reçut ses lettres patentes en 1919 et son accréditation par le Conseil canadien des normes en 1973. Association sans but lucratif, elle regroupe les représentants d'agences gouvernementales, des professionnels, des fabricants, des consommateurs et des membres de syndicats; elle consacre ses activités à l'élaboration de normes et à la certification. Outre son siège social et son centre de recherche situés à Rexdale, Ontario, l'ACNOR maintient des bureaux régionaux à travers le Canada, dont celui de Pointe-Claire au Québec. Le Bureau de Normalisation du Québec du ministère de l'industrie et du commerce (BNQ) s'occupe aussi de la diffusion de normes.

Les normes nationales du Canada sont approuvées par le Conseil canadien des normes. Elles font l'objet d'examens périodiques; c'est pourquoi il est recommandé aux utilisateurs de se procurer l'édition la plus récente de la norme auprès de l'organisme qui l'a préparée.

Les normes fournissent des *caractères* au langage graphique et l'objectif des manuels, tels que *Dessin technique* est d'en expliquer la *grammaire* et *l'art d'écrire*.

Les renseignements contenus dans ce manuel sont conformes aux conventions sur le dessin parues principalement dans: *Normes de dessin de mécanique industrielle* (Norme ACNOR B78-1-1967, novembre 1972); *Cotation et tolérancement des dessins de mécanique industrielle* (Norme ACNOR B-78-2-1973, septembre 1974); *American National Drafting Manual-Y14*, publié et revisé périodiquement par l'American National Standards Institute (ANSI).

1.9 Définitions. Après avoir fait un bref tour d'horizon de l'historique du développement du langage graphique et avant d'entamer des études sérieuses sur la théorie et ses applications, il est nécessaire de fournir les définitions de quelques notions fondamentales.

La *géométrie descriptive* est la grammaire du langage graphique. Elle a pour objet de ramener l'étude des figures de l'espace à celle des figures planes à l'aide de méthodes géométriques basées sur les projections. Elle aide principalement à résoudre divers problèmes de l'espace, dont la solution mathématique est considérablement plus compliquée.

Le *dessin aux instruments* ou *dessin mécanique* ne s'emploie que dans le cas de dessins réalisés à l'aide d'instruments. L'expression dessin mécanique a déjà été utilisée pour désigner tous les dessins industriels; cela est regrettable car, d'une part, de tels dessins ne sont pas tous exécutés mécaniquement et, d'autre part, parce que l'expression amoindrit la portée de langage graphique, en le désignant d'après son principal mode d'exécution.

Le *dessin d'ingénieur* est une expression grandement utilisée pour désigner le langage graphique. Cependant, elle n'est pas encore suffisamment représentative car, non seulement les ingénieurs mais aussi d'autres personnes oeuvrant dans divers domaines relatifs aux travaux techniques ou à la production industrielle utilisent le langage graphique.

Le *dessin industriel* est une expression qui s'applique surtout à la construction mécanique, à la construction électrique et aux industries connexes.

Le *dessin technique* définit adéquatement la portée du langage graphique. Il s'applique, à juste titre, à tout dessin conçu dans le but d'exprimer une pensée technique. Cette expression a été utilisée par différents auteurs depuis l'époque de Monge et elle est encore largement utilisée, surtout en Europe.

L'expression *sciences graphiques* est relativement nouvelle et elle vise à désigner, de la façon la plus générale, l'ensemble du langage graphique, incluant deux champs majeurs: la géométrie descriptive et les dessins techniques ainsi que d'autres domaines de spécialisation tels que la nomographie, les calculs graphiques, les équations empiriques, l'analyse vectorielle, l'illustration technique et autres. Le dessin technique est donc une

1.10
Ce que les
étudiants en
sciences et en
génie devraient
savoir

branche des sciences graphiques, lesquelles couvrent l'ensemble de méthodes graphiques qui servent soit à représenter une pensée technique, soit à analyser un phénomène physique, soit à résoudre un problème technique.

Le *croquis technique* est un dessin à main levée, par opposition au dessin aux instruments. Si le croquis comporte aussi des renseignements sur la grandeur de l'objet, il est dit *coté*. Le croquis coté est un outil des plus précieux pour les ingénieurs et pour ceux qui s'engagent dans des travaux techniques, car il permet d'exprimer rapidement et efficacement la plupart des pensées techniques.

La *lecture de plans* désigne la « lecture » du langage graphique et la compréhension des dessins faits par d'autres.

L'expression *graphiques assistés par ordinateur* s'applique aux graphes et aux dessins produits à l'aide d'un ordinateur et de ses composants périphériques tels que la table traçante ou l'écran cathodique. Ces dessins sont surtout utilisés pour analyser, modifier et finaliser une solution graphique.

1.10 Ce que les étudiants en sciences et en génie devraient savoir.

Le développement de la connaissance technique, depuis les débuts de l'histoire, est accompagné et rendu possible, dans une large mesure, par un langage graphique correspondant. Le lien étroit entre la science, le génie et le langage graphique est maintenant plus important que jamais auparavant, de sorte que l'ingénieur et le scientifique, qui ignorent ou qui connaissent insuffisamment le mode principal d'expression de son domaine technique, sont *professionnellement illettrés*. Ceci est d'autant plus vrai que l'apprentissage du dessin technique est exigé dans virtuellement toutes les écoles de génie du monde.

Pour apprendre les principes fondamentaux du langage graphique, l'étudiant n'a pas besoin d'avoir des talents artistiques. Pour maîtriser cette langue, il doit posséder précisément les mêmes aptitudes et les mêmes dispositions que celles requises pour apprendre d'autres matières en sciences et en génie.

L'étudiant qui a des difficultés avec les cours de sciences graphiques aurait probablement du mal à réussir d'autres cours techniques.

L'ingénieur, le scientifique ou le technicien bien entraînés doivent être capables de faire des représentations graphiques correctes des structures, des projets et des données. Autrement dit, ils doivent comprendre les principes fondamentaux, ce qui est la *grammaire* du langage, et ils doivent être en mesure d'exécuter le travail avec une habileté raisonnable, ce qui est *l'écriture* de cette langue.

L'étudiant en sciences graphiques cherche souvent à s'excuser de ses mauvais résultats (qui sont habituellement dus au manque d'application) en argumentant qu'il n'aura pas, une fois diplômé, à exécuter des dessins et qu'il s'attend à avoir d'autres personnes sous sa direction pour réaliser tous les dessins nécessaires. Un tel étudiant s'imagine présomptueusement devenir, après la fin de son cours universitaire, un ingénieur complet qui s'occupera d'affaires importantes de sorte qu'il oublie que sa première tâche pourrait bien consister à travailler avec des dessins, à les faire lui-même ou à les reviser directement à la table à dessin ou avec l'aide d'un ordinateur, sous la direction d'un ingénieur réellement expérimenté. Commencer la profession d'ingénieur par la voie des travaux graphiques est un moyen excellent de se familiariser avec les produits et les opérations de l'entreprise aussi bien qu'avec la direction du personnel.

Même si le jeune ingénieur n'a pas très bien réussi à développer une dextérité dans l'écriture du langage graphique, il se servira encore beaucoup de sa grammaire, car l'habitude à *lire* un dessin est de première importance, et il en aura besoin tout au long de sa carrière.

De plus, l'étudiant en génie est en mesure de constater que l'on trouve des illustrations techniques dans pratiquement tous les cours à l'université. L'étudiant est souvent appelé à compléter ses calculs par des dessins aux instruments ou par des croquis. Ainsi, une connaissance approfondie en sciences graphiques sera une aide matérielle non seulement dans la pratique professionnelle mais aussi,

9

à court terme, dans les autres cours de génie, et elle influera à coup sûr sur le progrès scolaire.

En plus des avantages que l'on peut obtenir en étudiant sérieusement le langage graphique, il faut tenir compte d'un certain nombre de valeurs intrinsèques qui peuvent être considérées comme des sous-produits mais qui sont aussi essentielles que le langage lui-même. Beaucoup d'étudiants apprennent pour la première fois, lors d'un cours de dessin, le sens de la *netteté*, de la *rapidité* et de la *précision*, qui sont des habitudes fondamentales que tout ingénieur ou scientifique sérieux doivent posséder ou acquérir.

Toutes les autorités reconnaissent que la faculté de *penser en trois dimensions* est une des qualités les plus importantes d'un ingénieur ou d'un scientifique accompli. Elle est une des valeurs acquises par l'étude du langage graphique. Les personnes jouissant de capacités créatives exceptionnelles possèdent des pouvoirs de *visualisation* extraordinaires. Il est difficile de penser que De Forest, Edison et Einstein aient été démunis d'imagination constructive.

Avec le développement rapide de la technologie, les programmes de cours de génie deviennent de plus en plus chargés, ce qui réduit le temps réservé aux cours de sciences graphiques. Il est donc doublement impérieux que les étudiants profitent au maximum du temps limité accordé à l'apprentissage du langage de sa profession, pour qu'ils ne soient pas professionnellement illettrés et pour qu'ils acquiérissent la faculté de s'exprimer rapidement et avec précision, par application correcte du langage graphique.

1.11 Projections. Derrière chaque dessin d'un objet se cache une relation spatiale associée à quatre éléments imaginaires: *l'observateur* ou le *centre de projection*, *l'objet*, le ou les *plans de projection* et les *projetantes* ou *rayons visuels*. Par exemple, à la figure 1.10.a, EFGH est la projection de ABCD sur le plan de projection P à partir du centre de projection O. On peut aussi dire que EFGH représente l'image de ABCD sur P vue de O. Les points

où les projetantes percent le plan P déterminent l'image. Dans cette figure (a), l'oeil de l'observateur est relativement près du plan de projection, les projetantes forment un cône et la projection résultante est appelée *projection conique*.

Si l'oeil de l'observateur s'éloignait du plan de projection et de l'objet (figure 1.10.a), les projetantes deviendraient parallèles et la projection serait dite *cylindrique* ou *parallèle*. Si les projetantes, en plus d'être parallèles entre elles, étaient perpendiculaires (ou normales) au plan de projection, la projection serait une *projection orthogonale*. Si elles étaient parallèles entre elles mais obliques par rapport au plan de projection, la projection résultante serait une *projection oblique*.

Ces deux principaux types de projection — conique ou cylindrique — sont subdivisés en plusieurs sous-classes comme l'indique la figure 1.11, elles seront traitées en détails dans les différents chapitres qui suivent.

Une classification des types de projection suivant la direction des projetantes est fournie à la figure 1.12.

1.12 Dénomination des différents dessins. Dans l'industrie, l'élaboration des différentes sortes de dessins se fait dans des services spéciaux de l'usine, appelés *bureaux d'études* et *bureaux des méthodes*. On distingue les dessins comme suit:

Dessins de conception. Ils sont des dessins d'ensemble établis par le bureau d'études au stade de l'étude d'une nouvelle construction. Leur élaboration se fait successivement sous forme de schémas, d'avant-projets et de projets.

Le *schéma* est une représentation simplifiée de l'ensemble d'un organe afin d'en illustrer le fonctionnement.

L'avant-projet présente de façon plus précise la conception des éléments principaux d'un organe. Habituellement, on choisit une solution parmi plusieurs avant-projets.

Le *projet*, issu de l'avant projet choisi, définit entièrement l'ensemble d'un mécanisme. Il répond aux exigences fixées par le client et comporte la détermination des formes géné-

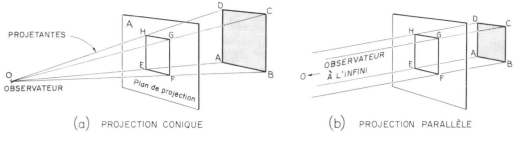

Figure 1.10 **Projections.**

Figure 1.11 **Classification des projections.**

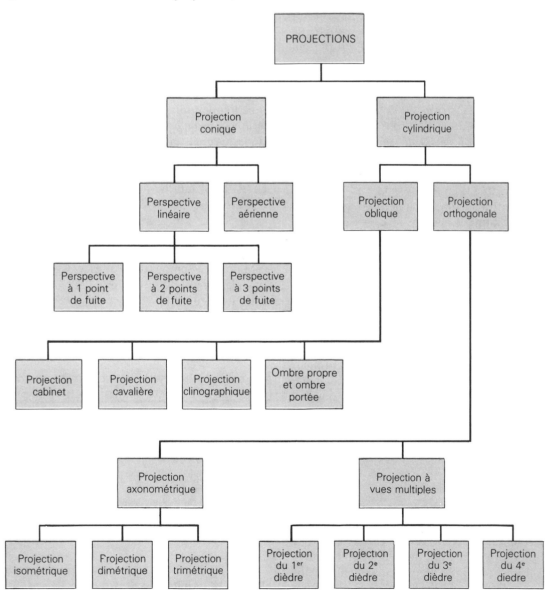

Classe de projection	Distance de l'observateur au plan de projection	Direction des projetantes
Conique	Finie	Convergentes vers le centre de projection
Cylindrique	Infinie	Parallèles entre elles
Oblique	Infinie	Parallèles entre elles et obliques par rapport au plan de projection
Orthogonale	Infinie	Perpendiculaires au plan de projection
Axonométrique	Infinie	Perpendiculaires au plan de projection
Vues multiples	Infinie	Perpendiculaires aux plans de projection

Figure 1.12 **Classification par projetantes.**

rales et des principales dimensions, ainsi que le choix des matériaux constitutifs. Il permet d'établir les dessins de définition.

DESSINS DE DÉFINITION DE PRODUIT FINI. Lorsque l'étude est complétée, chaque élément de l'organe à construire est déterminé par son dessin de définition de produit fini ou, plus brièvement, son *dessin de définition*. C'est le *dessin de détail* qui représente isolément chaque pièce telle qu'elle doit se présenter dans son état fini. Il constitue à la fois un document-contrat et un document de base pour la fabrication. Il sert aussi à la vérification lors de la réception d'une pièce. Sa qualité essentielle est donc d'être complet.

DESSIN DE FABRICATION. Le bureau des méthodes organise la fabrication à partir du dessin de définition en tenant compte des moyens dont les ateliers disposent. Il arrive fréquemment que ce bureau suggère des modifications au dessin de définition. L'étude de fabrication aboutit au *dessin de fabrication*, appelé aussi *dessin d'exécution* ou *dessin d'atelier*, utilisé dans les ateliers. Si le nombre d'exemplaires d'une pièce à réaliser est peu élevé, on ne fait pas de dessin de fabrication; le dessin de définition en tient lieu.

1.13 Système International d'Unités (SI).
Le *Système International d'Unités*, dont le sigle est SI, a été adopté en 1960 par la Conférence Générale des Poids et Mesures (CGPM), autorité internationale en ce domaine. Cette version moderne du système

métrique remplacera, suivant en cela la tendance mondiale, tous les systèmes de mesure, y compris le système impérial et les systèmes métriques traditionnels. Le 16 janvier 1970, le Canada a décidé de se convertir au SI; il se joignait ainsi à plus de 90% de la population mondiale vivant dans la communauté des pays qui l'utilisaient déjà ou qui étaient en voie de s'y convertir. Le Royaume-Uni et les États-Unis (sur une base volontaire) ont aussi choisi le SI tandis que la Chine et le Japon, par exemple, l'ont déjà adopté.

Le SI est fondé sur sept unités de base; elles sont énumérées à la figure 1.13.

Dans le domaine scientifique, le kelvin, K, est l'unité de température utilisée. Cependant, dans la vie quotidienne, le degré Celsius, °C, est en usage.

Le mètre est la longueur égale à 1 650 763,73 longueurs d'onde, dans le vide, de la radiation

Grandeur	Nom	Symbole
Longueur	Mètre	m
Masse	Kilogramme	kg
Temps	Seconde	s
Intensité de courant électrique	Ampère	A
Température thermodynamique	Kelvin	K
Quantité de matière	Mole	mol
Intensité lumineuse	Candela	cd

Figure 1.13 **Unités de base du SI.**

correspondant à la transition entre les niveaux $2p^{10}$ et $5d^5$ de l'atome de krypton 86.

Dans les domaines techniques, la plupart des mesures de longueur sont exprimées en mètres et en millimètres. Les dimensions ne dépassant pas un mètre ou deux, que l'on rencontre dans la construction des machines, dans les dessins techniques, etc., sont exprimées en millimètres.

Le SI utilise la virgule au lieu du point comme marque de cadrage décimal. Cependant, certains pays qui ont adopté récemment le SI, tels que le Canada et les États-Unis, préfèrent actuellement utiliser le point. La virgule peut être utilisée selon les exigences industrielles ou régionales. Le Gouvernement du Québec a adopté la virgule comme marque de cadrage décimal et ce en accord avec l'Organisation Internationale de Normalisation (ISO).

La représentation de la date et de l'heure se fait habituellement de deux façons, la représentation alphanumérique et la représentation numérique. Ainsi, suivant les recommandations ISO R-2014 et ISO R-3307, la représentation numérique 1940-08-27-23:15:23 indique un événement qui a eu lieu le 27 août 1940 à 23 h 15 min 23 s.

Il existe d'excellents ouvrages sur le SI, dont le *Guide canadien de familiarisation au système métrique*, CAN3-Z234.1-76, publié en février 1977 par l'Association Canadienne de Normalisation, et le *Guide d'usage du système métrique*, publié en 1975 par le Conseil des ministres de l'Éducation (Canada).

Pour obtenir de plus amples renseignements sur les normes et sur le SI, on peut s'adresser à un des organismes déjà énumérés.

exécution matérielle des dessins aux instruments

2.1 **Matériel à dessin typique.** Afin que les étudiants et les dessinateurs professionnels atteignent les objectifs cités à la section 2.2, on leur conseille de se procurer les meilleurs instruments qu'ils peuvent s'offrir. Les instruments de meilleure qualité donnent un bon rendement, offrent plus de satisfaction, font épargner du temps et sont plus économiques en fin de compte.

Malheureusement, il est difficile pour un débutant de reconnaître la qualité d'un instrument de dessin. Il importe donc d'obtenir les conseils de personnes expérimentées dans cette matière ou de s'adresser à des marchands compétents.[1] De plus, de nouveaux produits sont lancés régulièrement sur le marché.

Une liste typique de matériel essentiel à l'exécution des dessins en sciences graphiques est donnée ci-dessous. Les numéros renvoient à la figure 2.1:

1. Planche à dessin (dimensions minimales de 45 cm × 60 cm) ou table à dessin.
2. Té (lame de même longueur que la planche et dont les bords sont en plastique transparent), appareil à dessiner ou règle parallèle (voir les sections 2.5, 2.60 et 2.61).
3. Coffret de compas (voir la section 2.35).
4. Équerre à 45° (côtés de 20 cm).
5. Équerre à 60° (côté long de 25 cm).
6. Équerre à ligner.

[1] Par exemple, Charles Bruning Co., Charvoz, Faber Castell, Hughes-Owens, Keuffel-Esser Co., Norman Wade Ltée, Steadler, etc.

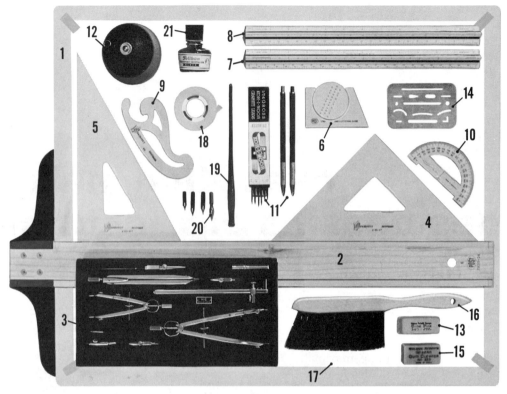

Figure 2.1 **Matériel à dessin typique.**

7. Règle triangulaire ou plate en système métrique (voir les figures 2.35 et 2.37 ainsi que la section 2.26).

8. Règle triangulaire ou plate en système impérial, si nécessaire (voir les figures 2.37 ainsi que les sections 2.27 à 2.31).

9. Pistolet.

10. Rapporteur.

11. Porte-mine et mines HB, F, 2H et 4H à 6H ou crayons à dessiner (voir la figure 2.9).

12. Taille-mine mécanique, affûtoir ou lime.

13. Gomme à crayon.

14. Cache de dessinateur.

15. Gomme plastique.

16. Brosse de dessinateur.

17. Papier à dessin, papier calque, film à tracer ou toile à tracer.

18. Ruban de papier adhésif.

Instruments optionnels

19. Porte-plume.

20. Plumes classiques à bec souple ou plumes palettes.

21. Encre de Chine noire et torchon.

Les instruments suivants (qui ne sont pas illustrés à la figure 2.1) peuvent aussi être inclus, si nécessaires.

Stylos à pointe tubulaire, compas de réduction, compas à trusquin, tire-ligne pour les courbes. Pochoirs (ou gabarits) pour les cercles et pour les ellipses. Calculatrice électronique.

Les instruments les plus importants seront décrits en détail dans les paragraphes qui suivent. Le lecteur y trouvera, en même temps, les conseils pratiques relatifs à leur entretien et à leurs utilisations.

L'inventaire du matériel pour le dessin s'étend constamment, au même rythme que les techniques contemporaines pour répondre aux besoins de plus en plus exigeants des professionnels d'aujourd'hui. Il existe pratiquement un outil pour chaque besoin spécifique. Les catalogues des maisons spécialisées demeurent une bonne source de renseignements.

2.2 Facteurs de réussite.

Un travail réussi en sciences graphiques dépend tout d'abord des *qualités personnelles* de l'exécutant: ses *connaissances théoriques*, le *soin* qu'il apporte à l'exécution de son travail et son *habileté*. Il n'en reste pas moins que la qualité du résultat dépend, pour une large part, de la *qualité du matériel* dont dispose le dessinateur et de l'usage rationnel qu'il en fait. Il apparaît donc évident que l'étudiant doit *apprendre* et *pratiquer* des méthodes correctes, afin d'acquérir et de maintenir de bonnes habitudes de travail. Celles-ci doivent s'orienter vers les objectifs suivants:

1. Précision. La précision rend aux dessins sa qualité essentielle, son utilité maximale. L'étudiant doit être conscient, dès le début, que le succès au collège, à l'université et dans sa carrière future ne peut être assuré sans développer le souci de la précision.

2. Rapidité. Dans l'industrie, « le temps, c'est de l'argent », de sorte qu'il n'y a pas de place pour des gens qui prennent trop de temps à accomplir une tâche donnée. Cependant, la rapidité ne veut pas dire précipitation, elle est le produit de *l'intelligence* et de *l'entraînement soutenu*.

3. Lisibilité. Puisque les dessins et les graphiques sont des moyens de communication, ils doivent être clairs et lisibles. Une attention particulière doit être accordée à chaque détail et spécialement à l'écriture (chapitre 3).

4. Propreté. La propreté contribue à la lisibilité d'un dessin et constitue la condition indispensable d'une bonne représentation. Un dessin négligé est le résultat de méthodes inadéquates et du manque de soin. Les conseils donnés à la section 2.13 sont utiles à ce point de vue.

2.3 Lieu de travail.

Dans la salle de dessin d'une institution d'enseignement ou dans le bureau d'une industrie, le dessinateur doit porter toute son attention sur son travail. S'il agit ainsi, il ne disposera pas de temps pour déranger ses voisins. Le lieu de travail doit être paisible et sans source de distraction. Le dessin exige aussi des efforts de concentration mentale. L'étudiant efficace veille à avoir tout son matériel en main et évite de l'emprunter, ce qui est d'ailleurs une nuisance pour tout le monde. Le manuel de référence, principale source d'information, doit être disponible et placé à un endroit convenable (figure 2.2).

Figure 2.2 **Le bon ordre favorise l'efficacité.**

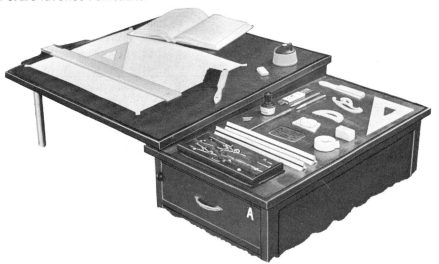

17

L'étudiant doit développer une confiance en soi et une certaine initiative. Quand survient un problème, il doit, en premier lieu, chercher lui-même la réponse en consultant l'index alphabétique du manuel de référence. S'il n'y parvient pas, il pourra demander alors l'aide de son professeur. L'étudiant sérieux travaille de façon intelligente en étudiant d'abord soigneusement le problème, pour s'assurer qu'il comprend les principes en jeu; deuxièmement, il vérifie si ses instruments sont en bon état (crayons bien aiguisés par exemple) et, troisièmement, il s'efforce de trouver lui-même la solution (ce qui est, en réalité, le but d'un véritable apprentissage).

Quand le travail doit se faire à la maison, il est préférable de travailler seul, dans une pièce tranquille. On peut placer un livre en dessous de la partie supérieure de la planche à dessin pour lui donner une inclinaison convenable, ou bien appuyer la planche sur un tiroir partiellement ouvert.

L'éclairage joue un rôle de grande importance. Il doit être tel qu'il évite la fatigue des yeux. Il faut donc qu'il soit suffisamment intense, sans pour cela être aveuglant, et qu'il soit orienté correctement pour réduire au minimum l'ombre portée sur le tracé à exécuter. L'éclairage doit venir de face et légèrement de la gauche. La lumière la plus favorable est la lumière naturelle du nord ou la lumière artificielle diffusée. Évitez que la lumière arrive directement sur les yeux et qu'elle produise un contraste trop violent entre la zone de travail et le reste de la pièce. Il ne faut jamais dessiner sous un éclairage trop intense ou trop sombre, car cela est néfaste aux yeux. Il existe des lampes spéciales à bras ajustable qui permettent d'orienter la lumière dans n'importe quelle direction.

Les gauchers. Les gauchers doivent placer la tête du té à droite de la planche à dessin et placer la source lumineuse de telle sorte que la lumière vienne de face et légèrement de la droite.

2.4 Planche à dessin.

Il existe une gamme de formats commerciaux de planches à

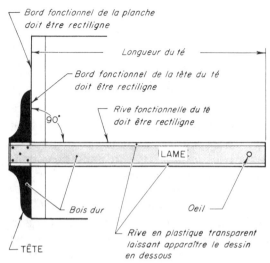

Figure 2.3 **Le té.**

dessin qui s'échelonnent de 25 cm × 35 cm à 110 cm × 150 cm ou plus. Le format recommandé aux étudiants est de 45 cm × 60 cm (figure 2.1), ce qui permet l'exécution d'un dessin d'assez grande dimension, tout en demeurant portatif.

Les planches à dessin sont traditionnellement fabriquées de bois tendre, comme du pin blanc, pour faciliter la fixation de punaises servant à tenir les feuilles. Cependant, les punaises abîment les planches et sont néfastes pour les arêtes des règles, des équerres et du té. Les dessinateurs préfèrent en réalité utiliser des rubans de papier adhésif qui n'endommagent pas la surface du papier et qui permettent aussi l'utilisation d'autres matériaux, tels que le bois dur, le masonite et le linoléum, pour la fabrication des planches. Il existe maintenant des planches à dessin portatives en plastique rigide, sur lesquelles on peut travailler avec des feuilles de 29,7 cm × 42,0 cm. Elles sont équipées

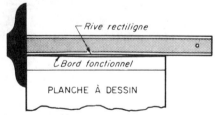

Figure 2.4 **Vérification du bord fonctionnel de la planche à dessin.**

d'un té muni d'une tête à dessiner (figure 2.84).

Le bord latéral gauche de la planche est appelé *bord fonctionnel*, car c'est sur lui que la tête du té glisse (figure 2.3). Ce bord doit être rectiligne, et on peut le vérifier en se servant de la lame d'un té (figure 2.4). S'il existe un défaut, le bord fonctionnel peut être remis en bon état à l'aide d'une dégauchisseuse ou d'une raboteuse à bois.

2.5 Té.

Le *té* (figure 2.3) se compose d'une *règle* (appelée aussi *lame* ou *tige*) servant au tracé et d'une *tête*, moins longue que la règle, fixée à angle droit sur celle-ci. La *rive* supérieure de la règle et le bord intérieur de la tête sont des arêtes fonctionnelles et elles doivent être rigoureusement rectilignes et exemptes d'encoches. Le *té à tête mobile* est essentiellement un té ordinaire, sauf que l'angle entre la tête et la règle est ajustable. Les lames à rives transparentes sont recommandées, car elles laissent apparaître le dessin au voisinage des lignes à tracer.

Ne pas se servir du té pour d'autres fins que pour le traçage. Ne jamais utiliser la règle comme guide du canif (ou, ce qui est pire, d'une lame de rasoir) dans le découpage du papier: on aurait vite fait d'en défigurer les rives.

Le té ordinaire est utilisé principalement pour les tracés horizontaux par glissement le long d'un bord de la planche à dessin. Le tracé rapide des verticales est obtenu par glissement d'une équerre sur la règle du té.

2.6 Vérification et rectification du té.

Pour vérifier l'arête fonctionnelle de la tête du té, on l'appuie contre le bord déjà vérifié d'une planche à dessin ou d'une règle parallèle. S'il s'avère nécessaire, on la rectifie en la frottant sur une feuille de matière abrasive étendue sur une surface bien plane.

Pour vérifier la rive fonctionnelle de la règle, (figure 2.5), on trace soigneusement, au crayon dur, un trait fin le long de la rive; on retourne ensuite la règle et on trace alors un deuxième trait fin le long de la même rive. Si la rive est parfaitement rectiligne, les deux traits coïncident; sinon, l'espace entre ces traits représente le double de l'erreur.

Il est difficile de rectifier une règle faussée de sorte que, si le défaut est important, on peut être contraint à mettre le té aux rebuts. Cependant, avec suffisamment de précaution, la règle peut être corrigée de la même façon que celle utilisée dans le cas du té ou de l'arête d'une équerre (figure 2.25).

2.7 Fixation de la feuille sur la planche à dessin.

La feuille de papier doit être placée, d'une part, suffisamment près du bord fonctionnel de la planche pour réduire l'erreur éventuelle produite par le jeu de la règle, lorsqu'on travaille au bout de celle-ci, et, d'autre part, près du bord supérieur de la planche pour laisser suffisamment de place au bas de la feuille pour le té et pour l'appui du bras (figure 2.6).

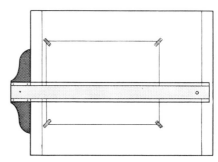

Figure 2.6 **Disposition de la feuille sur la planche à dessin.**

Pour fixer le papier, plaquez, avec la main gauche, la tête du té sur le bord de la planche tout en alignant, à l'aide de la main droite,

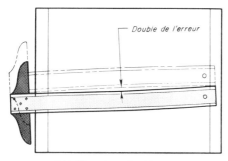

Figure 2.5 **Vérification du té.**

Double de l'erreur

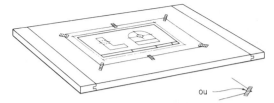

Figure 2.7   Positions du ruban adhésif.

le bord supérieur de la feuille avec la rive supérieure de la règle du té. Ramenez ensuite le té à la position illustrée à la figure 2.6 et fixez le coin supérieur gauche de la feuille, puis le coin inférieur droit et, finalement, les deux autres coins. Les feuilles de petits formats peuvent être fixées aux deux coins supérieurs seulement tandis que les grandes feuilles nécessitent des attaches additionnelles.

Bon nombre de dessinateurs préfèrent du ruban de papier adhésif (figure 2.7), car il

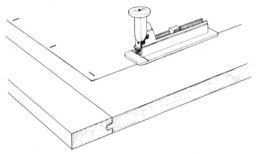

Figure 2.8   Agrafeuse de dessinateur.

n'endommage ni la planche ni le papier, *si on le retire lentement en direction du bord de la feuille*.

On peut aussi fixer les feuilles à l'aide d'agrafes. Une agrafeuse de dessinateur est illustrée à la figure 2.8.

Pour éviter que les imperfections de la planche à dessin interfèrent dans le traçage, il est préférable d'insérer une grande feuille de papier fort sous le papier à dessin.

2.8   Crayons. Il faut utiliser des *crayons à dessin* de bonne qualité pour effectuer des dessins techniques (figure 2.9.a), plutôt que des crayons ordinaires.

Le *porte-mine* de dessinateur, que certains fabricants appellent aussi *crayon mécanique* (figure 2.9.b), permet d'utiliser des mines de tous les types. Choisissez un porte-mine qui tienne bien en main et qui possède une pince de qualité retenant fermement la mine. Les porte-mines présentent plusieurs avantages: dégagement de la mine à longueur constante, suppression de la taille de la gaine, utilisation presque intégrale de la mine, source permanente de mine pour les compas et escamotage de la mine après le travail.

Le *porte-mine à mine mince* (figure 2.9.c) est d'un type spécial, qui ne nécessite pas de taille et dont la mine est calibrée selon

Figure 2.9   Différents types de crayons.

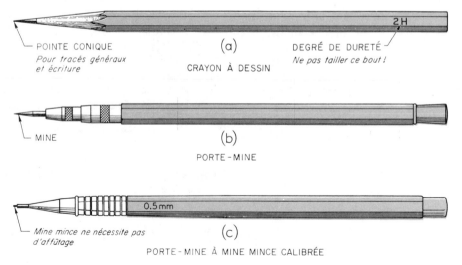

POINTE CONIQUE
*Pour tracés généraux
et écriture*

(a)
CRAYON À DESSIN

2 H

DEGRÉ DE DURETÉ
Ne pas tailler ce bout!

MINE

(b)
PORTE-MINE

0.5 mm

*Mine mince ne nécessite pas
d'affûtage*

(c)
PORTE-MINE À MINE MINCE CALIBRÉE

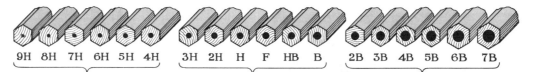

Mines dures	Mines moyennes	Mines tendres
9H 8H 7H 6H 5H 4H	3H 2H H F HB B	2B 3B 4B 5B 6B 7B

Mines dures
Les mines les plus dures de ce groupe, celles à gauche, sont utilisées pour des travaux de très grande précision, tels que les calculs graphiques, les diagrammes et les abaques. Les moins dures, celles à droite, sont utilisées occasionnellement pour les dessins techniques, mais les traits rendus sont trop pâles.

Mines moyennes
Les mines de ce groupe sont d'usage général en dessin technique. Les plus tendres, celles à droite, sont appropriées aux croquis, à l'écriture, aux flèches et aux autres travaux à main levée. Les mines plus dures, celles à gauche, sont utilisées pour les dessins en mécanique et en architecture. Les mines H et 2H sont largement employées pour les dessins au crayon destinés à être reproduits en bleu.

Mines tendres
Ces mines sont trop tendres pour les dessins techniques. Elles produisent des traits flous et salissants, qui sont difficiles à gommer, et elles doivent être affûtées fréquemment. Elles sont surtout utilisées en dessin artistique de toutes sortes et pour les détails en grandeur réelle dans les dessins d'architecture.

Figure 2.10 **Dureté de la mine.**

quatre diamètres: 0,3 mm, 0,5 mm, 0,7 mm et 0,9 mm. De plus, la mine est disponible selon différentes duretés.

2.9 Choix de la mine. Les mines de crayons sont fabriquées de graphite (plombagine) auquel est ajouté du kaolin (glaise) en quantités variables pour produire 18 degrés de dureté; la mine 9H est la plus dure alors que la mine 7B est la plus tendre (figure 2.10). Plus la mine est tendre, plus grand est son diamètre, de sorte qu'on peut évaluer approximativement le degré de dureté d'un crayon par le diamètre de sa mine.

Il existe aussi des mines à base de plastique, spécialement fabriquées pour les films en polyester qui sont maintenant très populaires dans l'industrie (voir la section 2.64).

Les duretés de mines ne sont pas encore suffisamment normalisées et il règne parfois une certaine fantaisie dans leur référence. Ainsi, la dureté F d'une marque peut correspondre à la dureté 2H d'une autre marque. Il devient alors nécessaire d'adopter une bonne marque et d'en expérimenter les différentes variétés.

La dureté de la mine à employer dépend du travail à exécuter et, également, de la légèreté de main du dessinateur. Pour les lignes de construction, les lignes guides pour le lettrage, les tracés géométriques ou pour les tracés de grande précision, on doit prendre une mine dure, telle que les mines 4H et 6H.

Les lignes doivent être *noires*, surtout pour les dessins qui doivent être reproduits plus tard. La mine choisie doit être assez tendre pour produire des traits noirs mais suffisamment dure de façon à ne pas s'étaler au moindre frottement ou à ne pas s'user trop vite. Les mines H à 2H répondent à ces exigences, dépendamment de la sorte de papier utilisée et des conditions climatiques. Cette mine est aussi conseillée lors de l'exécution des écritures ou des flèches.

Un autre facteur à considérer est la texture du papier. Plus le grain du papier est gros, plus dure doit être la mine. Pour obtenir des traits noirs denses, le papier ne doit pas être trop rugueux.

Le dernier facteur à considérer est le degré d'humidité. Par des jours humides, le papier absorbe l'humidité et devient ondulé. On utilise alors une mine plus tendre; par exemple, on emploie la mine 2H au lieu de la mine F.

2.10 Affûtage du crayon. « *Ayez toujours votre crayon bien affûté* » est certainement l'instruction la plus fréquente que l'on donne aux nouveaux étudiants. Une mine émoussée

21

Gracieuseté de Elward Manufacturing Co.

Figure 2.11 **Taille-mine mécanique *Tru-Point*.**

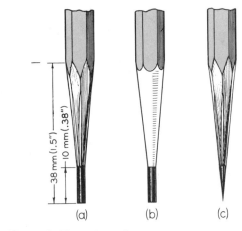

Figure 2.12 **Pointe de crayon.**

produit des traits flous et mal définis, qui trahissent la négligence de l'étudiant.

Si l'on utilise un bon porte-mine (figure 2.9.b), la longueur de la mine est réglée selon les besoins. La figure 2.11 illustre un excellent taille-mine mécanique qui permet l'affûtage d'une seule main; de plus, celui-ci retient la poussière de plombagine, ce qui évite la souillure des doigts, du dessin et des instruments.

Le porte-mine à mine mince et calibrée n'exige aucun affûtage, car le diamètre de la mine détermine la largeur du trait. On doit donc disposer de plusieurs porte-mines de ce type, puisque chacun d'entre eux est conçu en fonction d'un diamètre donné de mine.

Lorsque l'on utilise un crayon à dessin à gaine de bois, on taille le bout non identifié de la gaine pour préserver l'identification du degré de dureté de la mine. En premier lieu, on enlève, à l'aide d'un canif ou d'un taille-crayon spécial, du bois sur une longueur d'environ 38 mm, de façon à ce que la mine soit dégagée d'une longueur de l'ordre de 10 mm (figures 2.12 et 2.12.b). Ensuite, on affûte la mine en forme de cône et on la débarrasse de la poussière de plombagine adhérente à l'aide d'un chiffon ou d'un papier-mouchoir.

La manière de tailler le bois et la mine est illustrée à la figure 2.13. Les instruments mécaniques servant à tailler uniquement la gaine sont illustrés aux figures 2.14.a et 2.14.b.

Ne jamais affûter votre crayon au-dessus de votre dessin ou de vos instruments.

Plusieurs dessinateurs polissent la pointe de la mine sur un morceau de papier fort pour la rendre plus aiguë. Par contre, pour les tracés définitifs, la pointe doit être très légèrement arrondie. On y arrive en la frottant sur le papier et en donnant quelques mouvements de rotation au crayon, lequel est tenu verticalement.

Garder le taille-mine à la portée, car il est nécessaire d'affûter fréquemment la mine.

On remise le frottoir dans une pochette, telle qu'une enveloppe, pour empêcher la poussière de graphite de se répandre sur la table à dessin.

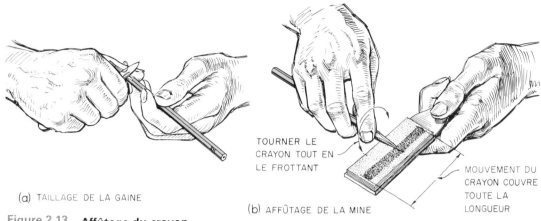

TOURNER LE
CRAYON TOUT EN
LE FROTTANT

MOUVEMENT DU
CRAYON COUVRE
TOUTE LA
LONGUEUR

(a) TAILLAGE DE LA GAINE

(b) AFFÛTAGE DE LA MINE

Figure 2.13   **Affûtage du crayon.**

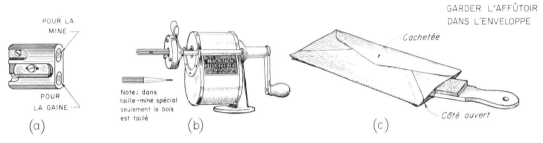

POUR LA
MINE

POUR
LA GAINE

Note: dans
taille-mine spécial
seulement le bois
est taillé

GARDER L'AFFÛTOIR
DANS L'ENVELOPPE

Cachetée

Côté ouvert

(a)   (b)   (c)

Figure 2.14   **Différents taille-mines.**

2.11   Nature et largeur des traits. Chaque ligne d'un dessin technique possède une signification précise et un aspect particulier. Les normes recommandées par l'Association canadienne de normalisation (ACNOR B78.1-1967) et par American National Standards Institute (ANSI Y14.2-1973) sont représentées à la figure 2.15. On y retrouve aussi des exemples d'application.

Selon les normes ACNOR, quatre épaisseurs de traits doivent être employées pour les dessins à l'encre. Ce sont les traits fins, moyens, gras et extra-gras. Pour les dessins au crayon, deux épaisseurs suffiront, sauf pour les lignes de sens d'observation du plan et les traces de plan de coupe pour lesquelles on utilise des traits extra-gras. Ceux-ci se tracent en deux traits ou plus.

L'ANSI recommande deux épaisseurs de traits: les traits fins et les traits gras. Lorsque le dessin n'est pas réduit par un procédé photographique, on peut alors utiliser trois épaisseurs de traits, afin d'en améliorer l'ap-parence et la clarté. Dans ce cas, les lignes vues et les lignes de couture seront légèrement plus épaisses que les traits fins tels que les lignes d'axe, les lignes de cote, etc.

Grâce à la bonne qualité des procédés de reproduction et de réduction photographique utilisés dans la réalisation de ce livre, plusieurs dessins et illustrations ont été exécutés à l'aide de trois épaisseurs de traits afin d'en améliorer la lisibilité.

L'échelle et la complexité du dessin commandent le choix des épaisseurs réelles des traits. On utilise des traits plus larges pour des dessins de grandes dimensions afin d'en assurer la lisibilité après la reproduction en dimensions réduites ou sur microfilm.

Le trait doit, dans tous les cas, être caractérisé par une *grande netteté* et par une *opacité suffisante* pour garantir une bonne reproduction. Pour cela, il doit être suffisamment « appuyé ». Pour réaliser un contraste approprié, il est suggéré de respecter la proportion des largeurs de traits, telle qu'elle

23

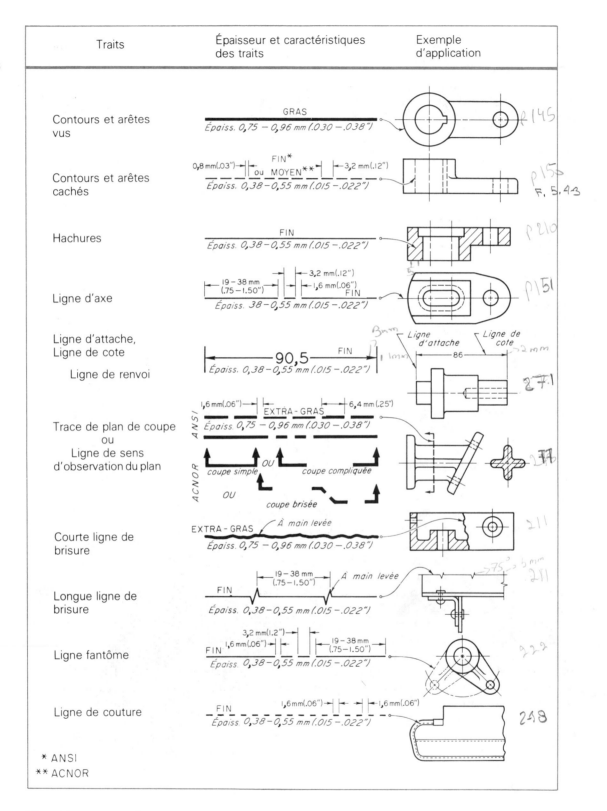

Traits	Épaisseur et caractéristiques des traits	Exemple d'application
Contours et arêtes vus	GRAS — Épaiss. 0,75 – 0,96 mm (.030 – .038")	
Contours et arêtes cachés	0,8 mm(.03") — FIN* ou MOYEN** — 3,2 mm(.12") — Épaiss. 0,38 – 0,55 mm (.015 – .022")	
Hachures	FIN — Épaiss. 0,38 – 0,55 mm (.015 – .022")	
Ligne d'axe	19 – 38 mm (.75 – 1.50") — 3,2 mm(.12") — 1,6 mm(.06") FIN — Épaiss. 38 – 0,55 mm (.015 – .022")	
Ligne d'attache, Ligne de cote — Ligne de renvoi	90,5 FIN — Épaiss. 0,38 – 0,55 mm (.015 – .022")	
Trace de plan de coupe ou Ligne de sens d'observation du plan	ANSI: 1,6 mm(.06") — EXTRA-GRAS — 6,4 mm(.25") — Épaiss. 0,75 – 0,96 mm (.030 – .038") — ACNOR: coupe simple OU coupe compliquée OU coupe brisée	
Courte ligne de brisure	EXTRA-GRAS À main levée — Épaiss. 0,75 – 0,96 mm (.030 – .038")	
Longue ligne de brisure	19 – 38 mm (.75 – 1.50") À main levée FIN — Épaiss. 0,38 – 0,55 mm (.015 – .022")	
Ligne fantôme	3,2 mm(1.2") 1,6 mm(.06") — 19 – 38 mm (.75 – 1.50") FIN — Épaiss. 0,38 – 0,55 mm (.015 – .022")	
Ligne de couture	1,6 mm(.06") FIN 1,6 mm(.06") — Épaiss. 0,38 – 0,55 mm (.015 – .022")	

* ANSI
** ACNOR

Figure 2.15   Traits normalisés.

	ACNOR	SI
0.004 po.	0,10 mm	
		0,13
0.005	0,13	
		0,16 / 0,18
0.0067	0,17 / 0,20	
		0,25
0.010	0,25	
	0,30	
0.0125	0,32	0,35
	0,40	
0.0167	0,41	
	0,50	0,50
0.020	0,51	
	0,60	
0.025	0,63	0,70
	0,80	
0.033	0,84	1,00
	1,00 / 1,25	
0.050	1,27	1,40
	1,60	
0.0625	1,59	2,00

Figure 2.16 **Calibres des traits.**

est indiquée à la figure 2.15. Par exemple, le trait gras est environ deux fois plus large que le trait fin. Les mines de crayons choisies doivent être suffisamment dures pour prévenir leurs écrasements mais, cependant, elles ne doivent pas être trop dures de façon à ce que le trait soit dense et lisible.

Pour les traits gras — ligne vue, trace de plan de coupe, ligne de brisure courte — utilisez une mine relativement tendre, telle que les mines F ou H. Les traits fins se tracent avec des mines de dureté moyenne comme les mines H ou 2H. Tracez les lignes de construction avec des mines 4H ou 6H bien pointues, de façon à produire des traits très fins à peine visibles qui se passent de gommage ultérieur.

Les longueurs et les intervalles préférés des éléments d'un trait interrompu (ligne cachée) ou d'un trait mixte (ligne d'axe) sont

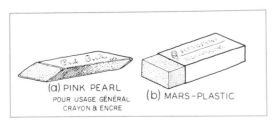

Figure 2.17 **Gommes.**

illustrés à la figure 2.15. Il est bon de mesurer ces éléments lors du tracé de vos premiers traits, afin de permettre, par la suite, une évaluation visuelle de ces longueurs.

La figure 2.16 est commode si l'on veut se référer aux différentes épaisseurs de traits.

2.12 Gommage. Il existe deux grands types de gommes: les gommes à base de caoutchouc et les gommes plastiques. Les premières, classiques, ont souvent tendance à étaler le graphite. Parmi celles-ci, les gommes blanches à pâte souple donnent les

Figure 2.18 **Utilisation du cache de dessinateur.**

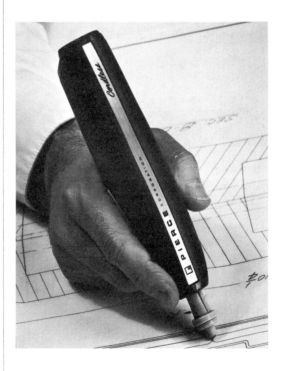

Gracieuseté de Pierce Corp.

Figure 2.19 **Gomme à moteur.**

25

meilleurs résultats pour le crayon à mine sur les papiers cellulosiques. Les gommes colorées et les gommes à pâte ferme sont à déconseiller. Les gommes de la deuxième catégorie, celles à base de plastique, absorbent très bien le graphite sur différents types de supports. Ces gommes sont souvent disponibles dans un étui protecteur qui les empêche de se salir et de s'user en absorbant la poussière. On peut choisir, par exemple, les produits Pink Pearl ou Mars Plastic; ceux-ci sont utilisables aussi pour effacer des traits à l'encre. On obtient de meilleurs résultats si l'on place une surface dure, telle qu'une équerre, en dessous de l'endroit à gommer. Si les traits laissent trop de sillons dans le papier, on peut améliorer la surface en la polissant avec un objet lisse ou avec le dos de l'ongle.

Le cache de dessinateur (figure 2.18) permet d'effacer un endroit précis du dessin sans endommager les parties environnantes.

La gomme à moteur (figure 2.19) fonctionne à la manière d'une perceuse. Des gommes, sous forme de bâtons, de différentes qualités sont disponibles. Elle sauve du temps et devient indispensable quand la quantité de dessin à faire est considérable.

Gracieuseté de Staedtler-Mars Ltd.

Figure 2.20   **Brosse de dessinateur.**

La brosse de dessinateur (figure 2.20) est utile pour enlever du dessin, sans le salir, les miettes de gommes.

2.13   Propreté du dessin. La propreté dans le dessin est une qualité primordiale et elle doit devenir une habitude. C'est le résultat d'un effort volontaire pour suivre des méthodes de travail correctes et non pas le fruit du hasard.

Premièrement, le dessinateur doit toujours avoir les mains propres. Malgré cela, elles sont quand même légèrement grasses de sorte que le contact avec le papier doit être réduit au minimum. La poudre de talc s'avère fort utile pour ceux qui ont les mains moites.

Deuxièmement, tout le matériel à dessin doit être fréquemment essuyé à l'aide d'un torchon propre. Le nettoyage à l'eau doit être modéré et suivi immédiatement d'un essuyage. Parfois, on peut aussi se servir d'une gomme à pâte molle pour nettoyer les instruments.

Troisièmement, c'est surtout le *graphite* provenant des crayons qui salit les dessins; le dessinateur doit en conséquence observer les précautions suivantes:

1. Ne jamais affûter un crayon au-dessus du dessin ou des instruments.
2. Toujours essuyer la pointe de la mine avec un torchon propre après l'affûtage ou l'appointage.
3. Ne jamais poser le frottoir directement sur la table à dessin; il pourrait salir les instruments et le dessin. Le cas échéant, il faut mettre le frottoir dans un contenant convenable ou dans une enveloppe (figure 2.14.c).
4. Ne jamais travailler avec les manches ou les mains posées sur les tracés. Protéger les parties dessinées avec une feuille de papier propre (pas de chiffon). Au moment de l'écriture, placer toujours un morceau de papier sous la main.
5. Éviter de glisser inutilement le té ou les équerres sur le dessin. Il faut plutôt les soulever avant de les déplacer. Il existe, dans le commerce, une poudre spéciale qui absorbe les poussières de graphite et autres. Elle est utile pour le nettoyage d'un dessin en cours de travail.
6. Ne jamais nettoyer un dessin avec la paume ou le revers de la main. Utiliser plutôt une brosse de dessinateur (figure 2.20) ou brosser par petits coups (ne pas frotter) avec un torchon propre.

La pratique suivant laquelle on efface légèrement les tracés de crayon d'un dessin complété, pour ensuite les retracer, est à déconseiller.

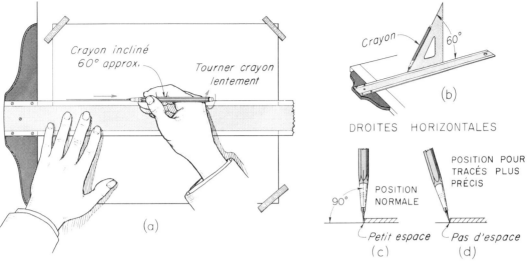

Figure 2.21 **Construction de droites horizontales.**

Après une séance de travail, il faut couvrir entièrement le dessin pour le protéger des poussières.

2.14 Construction de droites horizontales. Pour tracer une horizontale, appuyez, avec la main gauche, la tête du té sur le bord de la planche à dessin, puis ramenez-la à la position illustrée (figure 2.21.a), de façon à plaquer la règle du té sur le papier. Tenez le crayon légèrement incliné, en faisant un angle d'environ 60° avec le papier, dans la direction du tracé (figure 2.21.b) et tirez la ligne *de gauche à droite*. Gardez le crayon dans un plan vertical (figures 2.21.b et 2.21.c), sinon le tracé risque de ne pas être rectiligne. Lors du traçage, l'extrémité de l'auriculaire de la main qui tient le crayon doit glisser légèrement sur la règle, tandis que le pouce

Figure 2.22 **Construction de droites verticales.**

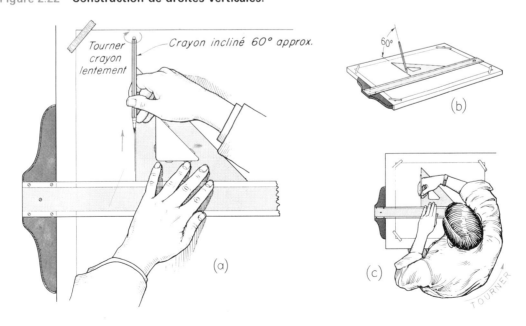

et l'index font tourner légèrement le crayon autour de son axe, afin d'user uniformément la mine et, ainsi, de conserver une pointe symétrique. Cette dernière opération est inutile pour les mines minces calibrées.

Dans le cas des tracés de grande précision, le crayon doit être orienté vers l'extérieur pour produire une ligne parfaitement rectiligne (figure 2.21.d).

LES GAUCHERS. Procédez à l'inverse. La tête du té est appuyée sur le bord droit et l'horizontale est tracée de droite à gauche.

Les arêtes de la règle du té et des équerres, surtout quand elles sont neuves, ont tendance à couper légèrement la mine, produisant ainsi une traînée de poussière de graphite que l'on doit éliminer en soufflant dessus.

2.15 Construction de droites verticales.
Pour tracer des verticales, utilisez soit l'équerre à 45° soit celle à 60°. Appuyez l'équerre contre le té de façon à ce que la *rive verticale soit à gauche* (figure 2.22.a). Avec la main gauche, plaquez la tête du té sur le bord de la planche à dessin; ramenez ensuite la main à la position illustrée, de sorte qu'elle tienne fermement le té et l'équerre en place. *Tracez la verticale du bas vers le haut*, tout en tournant lentement le crayon entre le pouce et l'index.

Tenez le crayon légèrement incliné, en faisant un angle d'environ 60° avec le papier, dans un plan vertical (figure 2.22.b). La partie supérieure du corps doit être légèrement tournée vers la droite (figure 2.22.c).

LES GAUCHERS. Procédez à l'inverse. Placez

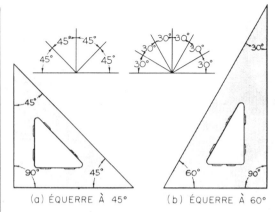

Figure 2.23 **Équerre.**

la tête du té et la rive verticale de l'équerre à droite. Tracez la verticale de bas en haut.

2.16 Équerres.
La plupart des droites inclinées dans les dessins aux instruments sont tracées à l'aide de *l'équerre à 45°* et de *l'équerre à 60°* (figure 2.23). Les équerres sont fabriquées habituellement en plastique transparent, ce qui permet de voir les tracés à travers celles-ci. Un ensemble recommandé est celui qui est composé d'une équerre à 60°, dont le plus grand côté de l'angle droit mesure environ 25 cm, et d'une équerre à 45°, dont les côtés de l'angle droit mesurent 20 cm.

2.17 Vérification et rectification des equerres.
Les équerres sont sujettes aux gauchissements qui sont le plus souvent irré-

Figure 2.24 **Vérification des équerres.**

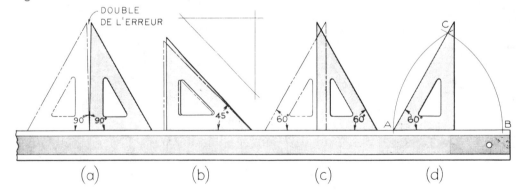

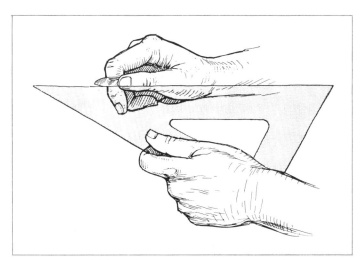

Figure 2.25   Raclage d'une équerre.

médiables. Il faut donc les vérifier immédiatement après l'achat.

Pour vérifier la rectitude des rives des équerres, procédez de la même manière que dans le cas de la règle du té (section 2.6). Pour vérifier l'angle droit de l'équerre, appuyez celle-ci contre le té et tracez une ligne verticale (figure 2.24.a); ensuite, tournez l'équerre comme on tourne une page d'un livre et tracez une autre ligne en suivant la même rive. Si les deux lignes tracées coïncident, l'angle droit est juste. S'il n'y a pas de coïncidence, l'erreur angulaire est la demie de l'angle entre ces deux lignes; il faut alors rectifier l'équerre.

Pour vérifier l'angle de 45°, appuyez l'équerre contre le té (figure 2.22.b) et tracez une droite suivant l'hypoténuse. Retournez ensuite l'équerre jusqu'à ce que l'autre angle de 45° soit appuyé contre le té. Tracez une autre droite suivant l'hypoténuse. Si les deux droites ne coïncident pas, il existe une erreur dans l'un ou l'autre ou dans les deux angles de 45°. Une vérification directe de l'angle de 45° peut être effectuée en traçant un triangle rectangle. Lorsque l'angle droit est juste, les deux côtés de celui-ci sont égaux si les angles de 45° sont justes.

Pour vérifier l'angle de 60°, tracez un triangle équilatéral, comme l'illustre la figure 2.24.c. Si les trois côtés du triangle ne sont pas exactement égaux entre eux, l'angle de 60° n'est pas juste. Une autre méthode (figure 2.24.c) consiste à tracer une horizontale AB légèrement plus courte que l'hypoténuse de l'équerre et, à partir de A et B comme centres, à tracer des arcs de cercle de rayon AB qui se coupent en C. Quand l'équerre est placée à la position illustrée, son hypoténuse doit passer par C si l'angle de 60° est juste.

Pour rectifier la rive d'une équerre, raclez-la à l'aide d'un canif tranchant (figure 2.25). Pour des coupes peu profondes, fixez l'équerre sur un étau et rabotez la rive au moyen d'un rabot muni d'une lame bien tranchante. Ensuite, frottez-la lentement sur un papier émeri n° 00 étendu sur une surface bien plane.

2.18   Construction des obliques. Toutes les droites obliques, faisant des angles de 15°, de 30°, de 45°, de 60°, de 75° ou de 90° avec l'horizontale, peuvent être tracées avec les équerres, comme l'illustre la figure 2.26. Dans cette figure, on remarque deux éléments essentiels: un côté de l'équerre s'appuie toujours sur le té et le sens, suivant lequel les obliques doivent être tracées, est indiqué par une flèche. A la moitié gauche, le tracé se fait *vers le centre* tandis qu'à droite, le tracé se fait *du centre vers l'extérieur*.

2.19   Rapporteurs. Pour mesurer ou tracer un angle, on se sert d'un *rapporteur*. Les divisions se trouvent sur le limbe de

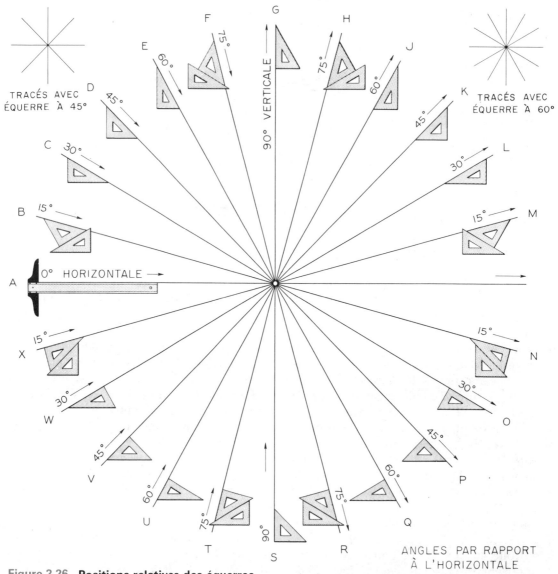

Figure 2.26 Positions relatives des équerres.

Figure 2.27 Rapporteurs.

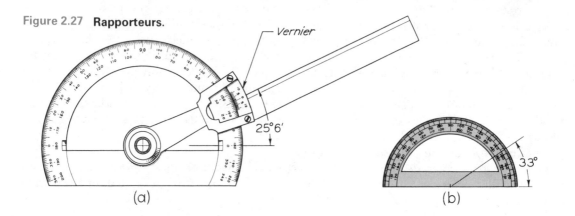

(a) (b)

l'instrument et les angles sont mesurés à partir du diamètre de référence appelé *ligne de foi*. Le meilleur rapporteur est manufacturé en nickel argenté et il offre une très bonne précision (figure 2.27.a). Pour des travaux ordinaires, les rapporteurs en plastique sont satisfaisants et beaucoup moins dispendieux (figure 2.27.b). Pour obtenir la meilleure précision, il faut procéder selon une des méthodes présentées à la section 4.21.

2.20 **Équerres ajustables.** Ces instruments versatiles combinent l'équerre et le rapporteur. Un des modèles courants est illustré à la figure 2.28.

Gracieuseté de Staedtler-Mars Ltd.

Figure 2.28 **Rapporteur ajustable.**

2.21 **Tracé d'une droite passant par deux points.** Pour tracer une droite passant par deux points connus (figure 2.29), placez le crayon verticalement sur un des points, appuyez une rive de l'équerre sur le crayon qui sert de pivot autour duquel l'équerre sera tournée jusqu'à ce que la rive passe par l'au-

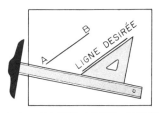

Figure 2.29 **Traçage d'une ligne passant par deux points.**

(a) DÉPLACER ENSEMBLE TÉ ET ÉQUERRE POUR ALIGNER AVEC AB

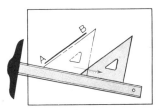

(b) GLISSER ÉQUERRE LE LONG DU TÉ

(c) TRACER LIGNE DESIRÉE PARALLÈLE À AB

Figure 2.30 **Traçage d'une droite parallèle à une droite donnée.**

tre point. Tracez enfin la droite suivant cette rive. Plus les deux points sont éloignés l'un de l'autre, plus la droite est précise.

2.22 **Construction de droites parallèles.** Pour tracer une droite parallèle à une droite donnée (figure 2.30), déplacez ensemble

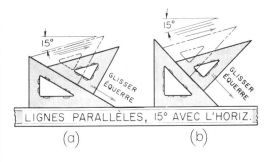

Figure 2.31 **Droites parallèles.**

31

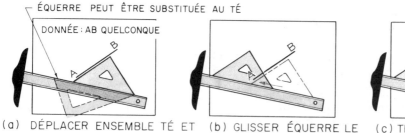

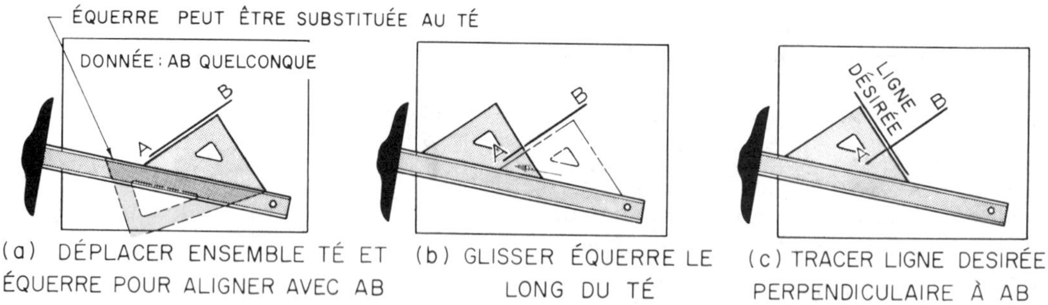

(a) DÉPLACER ENSEMBLE TÉ ET ÉQUERRE POUR ALIGNER AVEC AB

(b) GLISSER ÉQUERRE LE LONG DU TÉ

(c) TRACER LIGNE DESIRÉE PERPENDICULAIRE À AB

Figure 2.32 **Traçage d'une droite perpendiculaire à une droite donnée.**

l'équerre et le té jusqu'à ce que l'hypoténuse de l'équerre s'aligne avec la droite donnée (figure 2.30.a); ensuite, plaquez le té sur le papier et glissez l'équerre le long du té (figure 2.30.b). Tracez enfin la droite voulue le long de l'hypoténuse (figure 2.30.c).

Dans cette opération, on peut évidemment substituer le té par n'importe quelle règle parallèle ou équerre, comme l'illustre la figure 2.30.a.

Pour tracer, par exemple, une série de lignes parallèles faisant un angle de 15° avec l'horizontale, il suffit de disposer les équerres et le té suivant une des deux possibilités représentées à la figure 2.31.

2.23 Construction de droites perpendiculaires.
Pour tracer une droite perpendiculaire à une droite donnée, déplacez ensemble l'équerre et le té jusqu'à ce que l'un des côtés de l'angle droit de l'équerre soit sur la ligne donnée (figure 2.32.a). Ensuite, faites glisser l'équerre sur le té (figure 2.32.b) et effectuez le tracé le long du côté libre de l'angle droit de l'équerre (figure 2.32.c). Une

deuxième équerre peut être substituée au té. Si la droite donnée fait un angle de 15° ou de 75° avec l'horizontale, arrangez les équerres et le té suivant une des deux possibilités représentées à la figure 2.23.

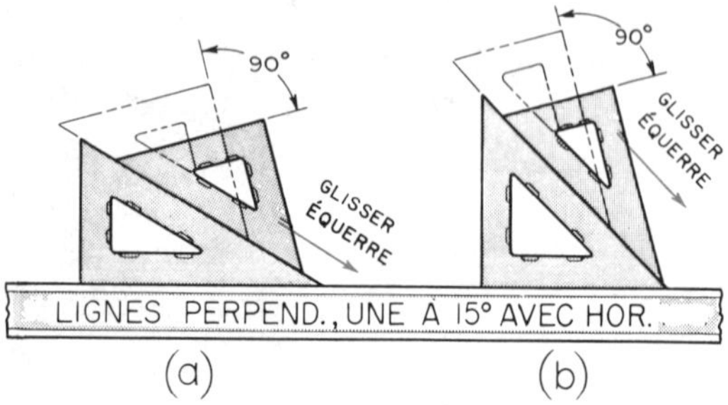

2.24 Construction de droites faisant des angles de 30°, de 45° ou de 60° avec une droite donnée.
Pour tracer une droite faisant un angle de 30° avec une droite AB donnée, il suffit de disposer les instruments comme l'illustre la figure 2.34. Pour les angles de 45° et de 60°, procédez de la même manière.

Figure 2.34 **Droite faisant un angle de 30° avec une droite donnée.**

2.25 Règles.
Les dimensions du dessin d'un objet peuvent être égales (grandeur nature), plus petites ou plus grandes que celles de l'objet lui-même. Dans la plupart des cas, le dessin est fait plus petit, sinon égal, que l'objet représenté. La réduction se fait selon un rapport qui dépend des dimensions de l'objet relativement à celle de la feuille de dessin. Par exemple, une pièce mécanique peut être dessinée à demi-grandeur, un bâtiment, à $1/50$ de la grandeur, une carte géographique, à $1/1000$ de la grandeur; un engrenage faisant partie d'une montre-bracelet peut être dessiné dix fois plus grand.

LIGNES PERPEND., UNE À 15° AVEC HOR.

(a)   (b)

Figure 2.33 **Droites perpendiculaires.**

Les règles (figure 2.35) sont groupées en deux grandes classes: les *règles métriques* et les *règles en mesures impériales*; ces dernières se subdivisent en *règles d'ingénieur civil*, en *règles décimales*, en *règles d'ingénieur en mécanique* et en *règles d'architecte*.

L'échelle d'une règle peut être subdivisée sur toute sa longueur (« division intégrale ») comme à la figure 2.35.a. Elle peut être subdivisée à une extrémité seulement (échelle du bas à la figure 2.35.c). Cette partie de la règle est appelée *contre-échelle*. De plus, le bord d'une règle peut porter une échelle simple (figure 2.35.a) ou une échelle double (figure 2.35.c).

Les règles sont habituellement faites en matière plastique ou en buis. Les meilleures règles en buis sont recouvertes de plastique blanc. Les règles peuvent être triangulaires ordinaires (figure 2.36.a), triangulaires à faces dégagées (b), plates ordinaires (c), plates biseautées (d), plates à double biseau (ovale) (e) ou plates à biseaux opposés (f). La règle triangulaire présente l'avantage de combiner plusieurs échelles différentes sur le même instrument. Par contre, l'utilisateur gaspille fréquemment du temps à chercher l'échelle requise sur la règle, si un *indicateur d'échelle* n'est pas utilisé (figure 2.36.g). Les règles plates sont utilisées par nombre de dessinateurs professionnels à cause de leur commodité mais, cependant, il faut en disposer de plusieurs pour remplacer une règle triangulaire, ce qui implique un coût total plus élevé.

2.26 Règles métriques.[2]

La règle métrique est utilisée lorsque le dessin doit être fait selon les unités SI (voir la section 1.13). L'unité fondamentale de longueur dans ce système est le *mètre* (m), qui est égal à 39,37 pouces ou, approximativement, à une verge. Le SI est un système décimal. Par exemple:

1 mm = 1 millimètre (0,001 m)
1 cm = 1 centimètre (0,01 m)
     = 10 mm

[2] Voir aussi *Norme Nationale du Canada*, CAN 2-88.22-M77.

1 dm = 1 décimètre (0,1 m)
     = 10 cm = 100 mm
1 m = 1 mètre = 100 cm = 1000 mm
1 km = 1 kilomètre = 1000 m
     = 100 000 cm = 1 000 000 mm

L'unité de base pour les dessins et les conceptions dans l'industrie mécanique est le millimètre (mm). Les unités secondaires sont le mètre (m) et le kilomètre (km). Le centimètre (cm) et le décimètre (dm) sont rarement utilisés.

Depuis 1970 au Canada et depuis 1975 aux États-Unis, plusieurs industries nord-américaines sont en voie de se convertir au SI, même à un coût très élevé. Au cours de cette période de transition, les industries automobiles et autres emploient le système de cotation double, SI et pied-pouce. Les fabricants de matériel agricole se sont convertis complètement au SI, en ajoutant des tables de conversion en pouces sur leurs dessins. Au Canada, en 1980 déjà, 60% des industries de la construction exécutent leurs travaux en métriques.

Dans ce livre, un bon nombre de problèmes et d'illustrations sont cotés en SI. Les autres dimensions, données en mesures impériales (pied et pouce, fractionnelles ou décimales), peuvent être facilement converties en valeurs métriques à l'aide de la relation 1 po. = 2,54 cm. Les tables d'équivalence se trouvent à l'intérieur de la couverture et à l'appendice.

Les règles métriques sont disponibles selon deux modèles différents, plats ou triangulaires, et selon une variété d'échelles. La règle triangulaire, illustrée à la figure 2.37, possède une échelle de grandeur nature et cinq échelles réduites subdivisées sur toutes leurs longueurs. A l'aide de ces échelles, on peut tracer des dessins soit en grandeur nature, soit plus grands, soit plus petits que l'objet. La façon d'indiquer l'échelle utilisée dans un dessin est expliquée à la section 2.32.

GRANDEUR NATURE (Figure 2.37.a). L'échelle 1:1 indique la grandeur nature (grandeur réelle) et chaque intervalle mesure réellement 1 mm. Le chiffrage se fait à tous les 10 mm. Cette échelle est aussi utilisable pour les rapports 1:10, 1:100, 1:1000, etc.

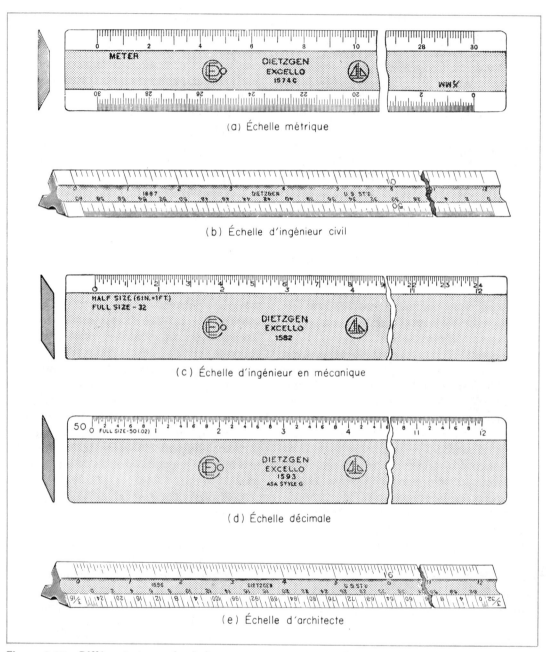

(a) Échelle métrique

(b) Échelle d'ingénieur civil

(c) Échelle d'ingénieur en mécanique

(d) Échelle décimale

(e) Échelle d'architecte

Figure 2.35 **Différents types de règles.**

Figure 2.36 **Sections des règles.**

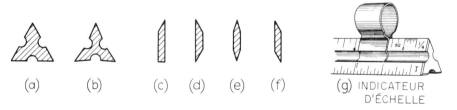

(a) (b) (c) (d) (e) (f) (g) INDICATEUR D'ÉCHELLE

DEMI-GRANDEUR (Figure 2.37.a). L'échelle 1:2 indique que le dessin est la demi-grandeur de l'objet. Chaque intervalle est de 2 mm et le chiffrage se fait à toutes les 20 unités. Cette échelle est aussi utilisable pour les rapports 1:20, 1:200, 1:2000, etc.

Les quatre autres échelles de cette règle triangulaire correspondent aux rapports 1:5, 1:25, 1:33⅓ et 1:75 (figures 2.37.b et 2.37.c). Ceux-ci peuvent être agrandis ou réduits par les simples multiplications ou divisions par un facteur de 10.

L'échelle métrique est aussi utilisée pour la construction des diagrammes de force ou d'autres applications dans lesquelles on choisit, par exemple, 1 mm = 1 kg, 1 mm = 500 kg, etc.

Outre l'échelle 1:1, on recommande les échelles suivantes:

Échelles réduites: 1:2 1:5 1:10 1:20
1:50 1:100 1:200
1:500 1:1000

Échelles agrandies: 2:1 5:1 10:1

En plus, les échelles suivantes sont souvent utilisées:

1:15 en construction métallique,
1:25 pour les plans d'emplacement,
1:40 pour les plans de montage des véhicules ferroviaires.

2.27 Règles en mesures impériales.

Ces règles, basées sur le système pied-pouce, sont encore utilisées aujourd'hui durant la période de transition au SI. Elles offrent la possibilité d'exécuter les dessins cotés soit en décimales, soit en fractions, soit en pieds et en pouces.

2.28 Règles d'ingénieur civil (Figure 2.35.b).

Ces règles, originellement utilisées surtout par les ingénieurs civils, sont graduées en décimales. De nos jours, elles sont employées par les ingénieurs de toutes les disciplines.

Les échelles de ces règles sont graduées en unités qui correspondent à un pouce divisé par 10, 20, 30, 40, 50 et 60. Ainsi, les règles d'ingénieurs civils sont commodes en dessins mécaniques quand on veut les coter en décimales. Par exemple, pour établir une longueur de 1,650″ en grandeur nature (figure 2.38.a), on utilise l'échelle 10 et on choisit simplement une division principale plus 6½ subdivisions. Pour représenter la même longueur, mais à la demi-grandeur, on utilise l'échelle 20 (figure 2.38.b), car celle-ci est exactement la moitié de l'échelle 10. De la même façon, pour établir une longueur au quart de grandeur, on utilise l'échelle 40.

La règle d'ingénieur civil est aussi utilisée en cartographie, avec les échelles 1″ = 50′, 1″ = 500′, 1″ = 5 milles. etc., et dans des diagrammes de force ou autres avec des échelles telles que 1″ = 20 lb et 1″ = 4000 lb.

2.29 Règles d'architecte (Figure 2.35.e).

Ces règles ont été originellement conçues pour l'exécution des plans de bâtiments, de systèmes de tuyauterie et d'autres grandes structures. Étant donné qu'elles comportent aussi une échelle grandeur nature, qui est utile pour le dessin des petits objets, ces règles sont plutôt d'une utilisation générale.

La règle d'architecte comporte une échelle simple, grandeur nature, et cinq échelles combinées pour la réduction. Ces échelles permettent différents rapports de réduction allant jusqu'à 1/128 (correspondant à l'échelle 3/32″ = 1′). *Notez que, dans toutes les échelles de réduction, l'intervalle entre deux traits de division majeurs représente le pied, alors que leurs subdivisions représentent des pouces ou des fractions de pouces.* Ainsi, l'échelle identifiée par 3/4 indique 3/4 pouce = 1 pied et non 3/4 pouce = 1 pouce, c'est-à-dire une réduction au seizième de la grandeur et non pas aux trois quarts. De même, l'échelle désignée par ½ indique ½ pouce = 1 pied et non pas ½ pouce = 1 pouce. Toutes les échelles sont illustrées à la figure 2.39.

GRANDEUR NATURE (Figure 2.39.a). Cette échelle est identifiée par 16 et sa plus petite intervalle est de 1/16″. On peut ainsi établir visuellement des intervalles de 1/32″ et de 1/64″.

DEMI-GRANDEUR (Figure 2.39.b). Utilisez l'échelle à grandeur nature et divisez menta-

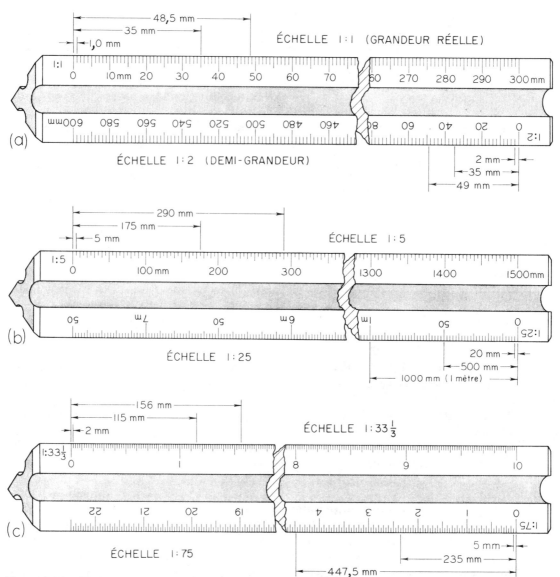

Figure 2.37 Règles métriques.

lement les dimensions en deux (il ne faut pas se servir de l'échelle identifiée par ¹/₂, car celle-ci est destinée à une réduction à ¹/₂₄ de la grandeur: ¹/₂″ = 1′).

Quart de grandeur (Figure 2.39.b). Utilisez l'échelle identifiée par 3; elle signifie 3″ = 1′. La contre-échelle, qui se trouve à gauche de 0, représente 1′ et elle mesure effectivement 3″ de longueur. Le plus petit intervalle de la contre-échelle représente ¹/₈″.

Pour déterminer 10¹/₈″, par exemple, partez de zéro vers la gauche. Si la distance à établir est supérieure à 12″, 1′ et 9³/₈″ par exemple, cherchez le trait 1′ à droite du zéro et le trait 9³/₈″ à gauche de zéro; la distance requise est celle qui se trouve entre ces deux traits.

Huitième de grandeur (Figure 2.39.b). Utilisez l'échelle identifiée par 1¹/₂; elle signifie 1¹/₂″ = 1′. La contre-échelle qui se trouve à droite de 0 représente 1′ et son plus petit intervalle représente ¹/₄″. Le mode d'emploi de cette échelle est semblable à celui déjà expliqué.

36

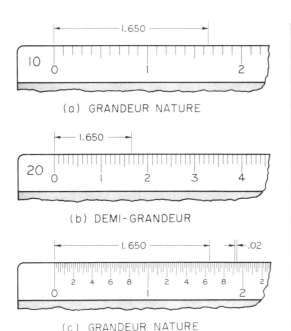

(a) GRANDEUR NATURE

(b) DEMI-GRANDEUR

(c) GRANDEUR NATURE

Figure 2.38 **Dimensions décimales.**

DOUBLE GRANDEUR. Utilisez l'échelle de grandeur nature identifiée par 16 et doublez mentalement toutes les dimensions. Par exemple, pour établir $3^{1/4}''$, choisissez $6^{1/2}''$ sur l'échelle. Cette échelle est occasionnellement utilisée dans le dessin des petits objets. Il est préférable, dans ce cas, d'ajouter une vue en grandeur nature illustrant le contour de l'objet pour faciliter l'appréciation visuelle.

AUTRES GRANDEURS. Référez-vous à la figure 2.39. Les échelles autres que celles déjà expliquées sont surtout utilisées par les architectes. Leur mode d'emploi est semblable à celui déjà expliqué. Les dessins de machinerie sont habituellement faits en double grandeur, en grandeur nature, à la demi-grandeur, au quart de grandeur et au huitième de grandeur.

2.30 **Règle décimale** (Figure 2.35.c).
L'utilisation, de plus en plus courante, des dimensions exprimées en décimales dans le système impérial est à l'origine du développement de cette règle spécifique. Sur une échelle en grandeur nature, comme celle illustrée, chaque pouce est divisé en cinquante intervalles égaux de 0,02″. Sur les échelles

de demi-grandeur ou de quart de grandeur, les pouces sont « comprimés » en conséquence et sont généralement subdivisés en 10 intervalles égaux.

Le système complet de cotation en décimales de cette règle est exposé à la section 10.10.

2.31 **Règle d'ingénieur en mécanique** (Figure 2.35.c). Les échelles de ce type de règle sont graduées en unités représentant le pouce en grandeur nature, à la demi-grandeur, au quart de grandeur ou au huitième de grandeur. Elle permet, dans la plupart des cas, de dessiner les différentes composantes mécaniques sur les feuilles à dessin de formats normalisés. Pour exécuter un dessin à la demi-grandeur, par exemple, il suffit de choisir l'échelle demi-grandeur, qui est graduée de telle manière que chaque demi-pouce représente un pouce ($1/2'' = 1''$). Parfois, l'échelle demi-grandeur est identifiée sur la règle d'ingénieur en mécanique par le chiffre $1/2$, ce qui peut être confondu avec l'échelle de grandeur $1/24$ ($1/2'' = 1'$) de la règle d'architecture. Pour distinguer ces deux échelles, il suffit d'examiner la contre-échelle, c'est-à-dire la partie à gauche du chiffre 0 de l'échelle. Si elle est subdivisée en 12 parties égales, il s'agit de l'échelle $1/2'' = 1'$. Sur l'échelle $1/2'' = 1''$, elle est subdivisée en 16.

Ces échelles sont aussi utiles pour diviser les dimensions. Par exemple, pour tracer un cercle de $3^{11/16}''$ de diamètre en grandeur nature, on peut prendre directement $3^{11/16}''$ sur l'échelle demi-grandeur pour obtenir le rayon, au lieu de calculer la moitié de $3^{11/16}''$.

Il existe des règles triangulaires qui comportent plusieurs échelles différentes, combinant des échelles pour ingénieurs en mécanique, celles pour ingénieurs civils et d'autres pour architectes.

2.32 **Indication de l'échelle sur un plan.**
L'échelle d'un dessin indique le rapport entre la grandeur du dessin et la grandeur réelle de l'objet, quel que soit le système de mesure utilisé. L'échelle d'un dessin s'inscrit toujours

37

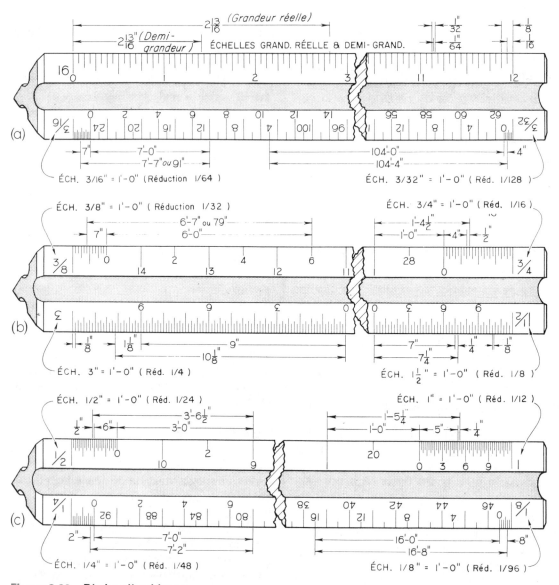

Figure 2.39 **Règles d'architecte.**

dans le cartouche. Lorsque certains détails sont dessinés à une échelle différente, celle-ci devrait être indiquée sous chacun de ces détails. L'échelle inscrite dans le cartouche porte alors la mention « sauf indication contraire ».

Une technique commode, utilisée dans le dessin de charpente, consiste à se servir d'une échelle pour l'ensemble et d'une échelle agrandie pour les détails. Les deux échelles doivent être clairement indiquées.

Lorsqu'un plan doit être reproduit sous forme réduite ou agrandie, l'addition d'une échelle graphique simple facilite la reproduction à la grandeur voulue et donne une indication visuelle du degré de réduction. L'indication sur l'échelle graphique est la longueur exacte du dessin original.

2.33 **Précision des mesures.** La précision d'un dessin dépend beaucoup de l'utilisation adéquate de l'échelle pour rapporter des longueurs. Il ne faut pas prendre une mesure directement sur la règle avec un compas à pointes sèches, puisque cela risque de l'endommager. Placez plutôt la règle sur le dessin de sorte que la rive soit parallèle à la ligne sur !aquelle la mesure doit être faite, et, à l'aide d'un crayon bien aiguisé et à pointe conique, faites un trait court, à angle droit de la règle et vis-à-vis de la bonne graduation, comme l'illustre la figure 2.40.a. Si une très grande précision est requise, une petite marque peut alors être faite à l'endroit requis avec une épingle ou la pointe d'un compas (voir la figure 2.40.b).

Évitez les erreurs cumulatives lors de l'utilisation d'une règle. S'il faut rapporter bout à bout un certain nombre de longueurs, vous devez le faire, autant que possible, avec la même position de la règle et en additionnant chaque mesure à la précédente. Évitez de rapporter les longueurs une à une en déplaçant la règle à chaque fois, puisque de légères erreurs de mesure peuvent s'accumuler et conduire à une erreur importante.

2.34 **Instruments à dessin.** Les instruments à dessin sont généralement vendus sous forme d'ensembles contenus dans des étuis, mais ils peuvent aussi être achetés séparément. Les principales parties des instruments de haute qualité sont habituellement faites d'un alliage de nickel et d'argent qui a un aspect argenté, qui résiste à la corrosion et qui peut être facilement usiné dans les formes désirées. L'acier à outil est utilisé pour les palettes de tire-lignes, pour les ressorts, pour les pointes de compas et pour les vis.

Dans un dessin technique, la précision, la propreté et la rapidité sont essentielles. Il est peu probable que l'on atteigne ces objectifs avec des instruments de pauvre qualité. Pour le dessinateur, l'étudiant ou le professionnel, il est préférable, et finalement plus économique, d'acheter les meilleurs instruments possibles. La satisfaction, l'économie de temps et le travail de bonne qualité justifient amplement le prix d'achat plus élevé des bons instruments.

Malheureusement, le nouvel étudiant peut difficilement apprécier les instruments de grande qualité puisqu'il n'est pas familier avec leur rendement. Il est plutôt susceptible d'être attiré par des coffrets contenant un grand nombre d'instruments rutilants et de pauvre qualité. Par conséquent, il devrait demander l'avis de son professeur de dessin, d'un dessinateur expérimenté ou d'un vendeur fiable.

2.35 **Coffret de compas.** Autrefois, il était habituel de faire un dessin au crayon et de la tracer ensuite à l'encre sur une toile spéciale. Depuis lors, les méthodes de reproduction ont été améliorées de même que les papiers calques, ce qui a permis de sauver énormément de temps, car on peut faire les dessins définitifs au crayon pour les reproduire par la suite; cela a permis d'éliminer le dessin préliminaire. Aujourd'hui, les dessins à l'encre sont encore en demande lorsque l'on recherche une belle apparence et que leurs coûts plus élevés sont justifiables. Cependant, la très grande majorité des dessins

Figure 2.40 **Mesures précises.**

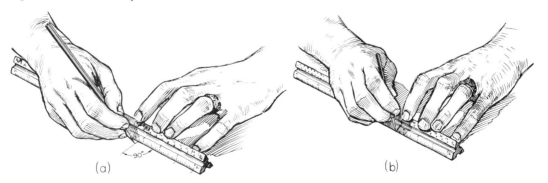

(a)   (b)

est faite directement au crayon sur le papier à dessin, le vellum, les films à base de polyester ou la toile pour crayon.

Cette évolution a conduit à la naissance des coffrets de compas que tous les grands fabricants offrent maintenant sur le marché (figure 2.41). Les coffrets contiennent divers ensembles d'instruments mais tous offrent un grand compas à balustre à la place du grand compas traditionnel. Le grand compas à balustre est beaucoup plus robuste et il peut supporter la pression nécessaire pour tracer des lignes larges et noires sans se dérégler.

La plupart des compas à balustre ont une molette au milieu (figure 2.42.a). Plusieurs fabricants offrent aussi différentes variétés de compas à réglage rapide. Le grand compas illustré à la figure 2.42.b peut être réglé rapidement à une position approximative de la même façon que les anciens modèles de compas, c'est-à-dire en écartant ou en fermant simplement les branches.

2.36 Compas. Le compas à balustre de la figure 2.41 a une branche munie d'une douille permettant d'y fixer un crayon ou une plume. On fournit souvent une allonge pour en augmenter le rayon. Le bouton moleté qui se trouve sur la tête du compas est appelé balustre. Dans les modèles à tête guidée, le balustre demeure automatiquement, quelle que soit l'ouverture, dans le prolongement de la bissectrice de l'angle entre les deux branches. Pour les dessins de production, sur lesquels il est nécessaire de faire des lignes noires pour assurer une reproduction claire, le compas à balustre ordinaire ou le pochoir (ou gabarit) pour cercles approprié sont préférables (figure 2.81).

2.37 Utilisation du compas. Les directives suivantes s'appliquent normalement à l'ancien type de compas et au compas à balustre. On utilise le compas, avec un crayon ou une plume, pour tracer des cercles de

Figure 2.41 **Coffret de compas.** *Gracieuseté de Staedtler-Mars Ltd.*

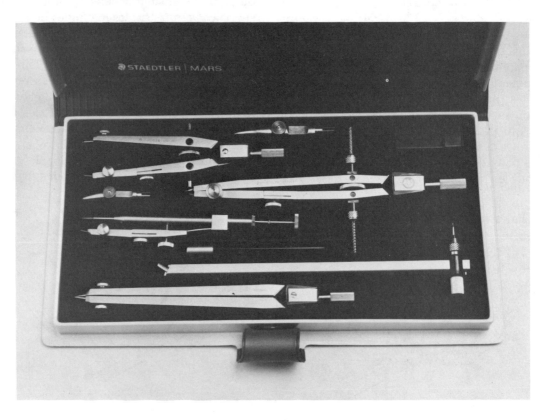

rayon mesurant environ 25 mm ou plus (figure 2.43). Normalement, le pivot du compas comporte une extrémité simple, pour s'en servir en tant que pointe sèche, et une extrémité avec un épaulement pour s'en servir en tant que compas. Réglez la pointe pivot avec l'épaulement dégagé, de façon à ce que la petite pointe excède légèrement la mine du crayon ou le bout de la plume (figure 2.45.d).

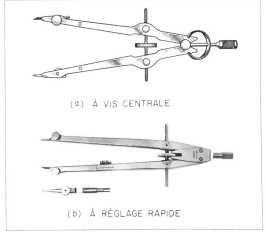

(b) Gracieuseté Gramercy Guild Group, Inc.

Figure 2.42 **Compas à balustre**.

Pour tracer un cercle au crayon (figure 2.43), (1) rapportez le rayon désiré sur une des lignes d'axe; (2) placez la pointe à l'intersection exacte des lignes d'axe; (3) réglez le compas au rayon désiré (25 mm au plus); (4) inclinez le compas vers l'avant et tracez le cercle dans le sens horaire en tournant le balustre entre le pouce et l'index. Pour obtenir un trait satisfaisant, il peut être nécessaire de répéter le mouvement à plusieurs reprises.

Une erreur de rayon conduit à une erreur deux fois plus grande du diamètre; par conséquent, il est préférable de tracer d'abord un cercle d'essai sur une feuille de brouillon et d'en vérifier le diamètre avec la règle.

Dans les dessins qui comportent des arcs et des droites tangentes, tracez d'abord les arcs, que ce soit à l'encre ou au crayon, étant

donné qu'il est beaucoup plus facile de rattacher une ligne droite à un arc que l'inverse.

Pour les très grands cercles, il est préférable d'utiliser un compas à trusquin ou de se servir de l'allonge pour augmenter le rayon du compas. Il faut se servir de ses deux mains, comme l'illustre la figure 2.44, et éviter de heurter l'instrument et d'en changer le réglage.

Lors de l'emploi du compas pour le tracé de lignes de construction, utilisez les mines 4H ou 6H pour que les lignes soient très légères. Pour les lignes définitives des arcs et des cercles, vous pouvez utiliser une mine noire et plus tendre. Cependant, puisqu'on ne peut pas appliquer une aussi grande pression sur un compas que sur un crayon, il faut habituellement utiliser une mine de compas d'un degré plus tendre que celle du crayon utilisé pour les autres lignes. Par exemple, si la mine 2H est utilisée pour les lignes tracées au crayon, il faut choisir la mine H pour le compas. Les mines dures fournies avec le compas sont habituellement peu satisfaisantes pour la plupart des lignes, sauf les lignes de construction. En résumé, il faut utiliser des mines de compas qui produiront des arcs et des cercles qui s'harmoniseront avec les autres lignes.

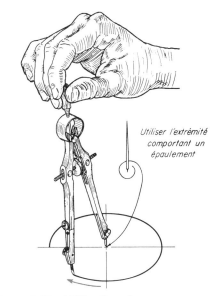

Utiliser l'extrémité comportant un épaulement

Figure 2.43 **Utilisation du compas**.

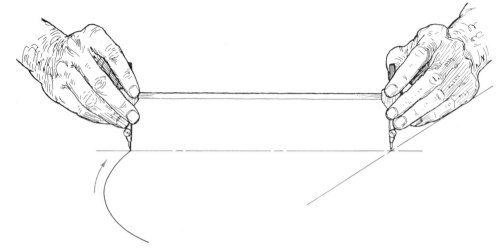

Figure 2.44 **Traçage d'un cercle de grand rayon à l'aide d'un compas à trusquin.**

Il est nécessaire d'appliquer une pression sur le compas pour obtenir des cercles foncés et reproductibles, et cela a pour conséquence de creuser un véritable cratère dans le papier, surtout s'il y a un certain nombre de cercles concentriques à tracer. Dans de tels cas, utilisez un *bouton de centrage* et placez-y la pointe du compas.

2.38 Affûtage de la mine du compas.
La figure 2.45 représente différentes formes de pointes de mines de compas. En (a), la surface unique et elliptique a été formée par frottement de la mine sur le papier émeri, comme l'illustre la figure 2.46. En (b), la pointe est amincie par de petits biseaux latéraux. En (c), deux biseaux longs et deux petits biseaux ont été faits pour former une pointe semblable à la tête d'un tournevis. En (d), la pointe conique a été obtenue par l'introduction de la mine dans un porte-mine et par l'affûtage dans un taille-mine mécanique. Évitez l'emploi de mines trop courtes.

En utilisant le compas, *n'employez jamais le bout simple de la pointe pivot*. Utilisez plutôt la pointe avec un épaulement réglée de façon à ce que l'extrémité fine s'enfonce d'environ la moitié dans le papier lorsque la mine du compas effleure ce dernier (voir la figure 2.45.d).

2.39 Compas à trusquin.
Le compas à trusquin, ou compas à verge (figure 2.47), est utilisé pour tracer des arcs et des cercles trop grands pour le compas ordinaire, ou pour

Figure 2.45 **Pointes de mine du compas.**

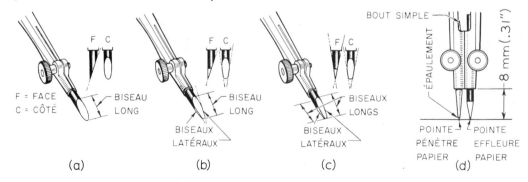

Figure 2.46 Affûtage de la mine du compas.

Figure 2.47 Compas à trusquin.

reporter des longueurs trop grandes pour le compas à pointes sèches ordinaire. En plus de pointes en acier, le compas à trusquin est pourvu d'attaches pour un crayon et pour une plume. Les branches sont fabriquées de nickel-argent, d'acier ou de bois; elles peuvent avoir différentes longueurs.

2.40 Compas à pointes sèches. Le compas à pointes sèches est semblable au compas et il a une forme carrée, plate ou ronde.

Le réglage par friction de l'articulation des branches doit être assez lâche pour permettre l'utilisation facile à l'aide d'une seule main, comme l'illustre la figure 2.48. Si l'articulation est trop serrée, les branches du compas ont tendance à reprendre leur position plutôt qu'à s'arrêter à l'endroit voulu, lorsque la pression des doigts est relâchée. Pour régler le degré de friction, il faut employer un petit tournevis.

Plusieurs compas à pointes sèches sont munis d'un ressort et d'une molette de mise au point dans une branche, ce qui permet un réglage précis.

2.41 Emploi du compas à pointes sèches. Le compas à pointes sèches est utilisé pour *diviser* des longueurs en parties égales. On s'en sert aussi pour *reporter des longueurs* ou pour *rapporter une série de longueurs égales*. On emploie le compas à pointes sèches pour des longueurs d'environ 25 mm ou plus. Pour des longueurs plus petites, on utilise le petit compas à balustre (figure 2.52.a). N'utilisez jamais un grand compas ordinaire

pour de petites longueurs lorsque le compas à balustre peut servir; ce dernier est plus précis.

Pour diviser une grande longueur en parties égales (figure 2.49), il faut procéder par essais successifs. Réglez le compas, avec les doigts de la main qui le tient, à la grandeur approximative de l'unité de division. Tournez le compas de 180° dans le sens anti-horaire, puis de 180° dans le sens horaire; continuez ainsi jusqu'à ce que le nombre de parties désiré soit atteint. Si le dernier trou de compas tombe en deçà de l'extrémité du segment à diviser, augmentez proportionnellement l'écart entre les pointes. Par exemple, pour diviser la ligne AB, à la figure 2.49, en trois parties égales, le compas est réglé à l'oeil à environ le tiers de la longueur AB. Lorsqu'on s'aperçoit que le rayon choisi est trop petit, on augmente l'écart entre les pointes du tiers de la longueur qui reste. Si le dernier trou de compas est au-delà de l'extrémité de

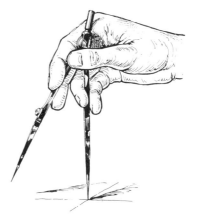

Figure 2.48 Réglage du compas à pointes sèches ordinaires.

43

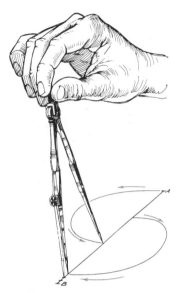

Figure 2.49 **Utilisation du compas à pointes sèches**.

la ligne, on doit le régler, de la même façon, en diminuant l'écart entre les pointes.

L'étudiant doit prendre soin d'éviter les erreurs cumulatives qui peuvent se produire, lorsque l'on utilise le compas pour rapporter les longueurs bout à bout. Pour rapporter un grand nombre de divisions égales, 15 par exemple, rapportez d'abord trois grandes divisions puis divisez chacune en cinq parties égales. Chaque fois que cela est possible dans de tels cas, utilisez la règle au lieu du compas (se référer à la section 2.33) ou bien rapportez la longueur totale et divisez-la ensuite en parties par la méthode des lignes parallèles, qui sera étudiée aux sections 4.15 et 4.16.

2.42 **Compas de réduction**. Pour agrandir ou réduire un dessin, il convient d'utiliser un compas de réduction (figure 2.50).

Figure 2.50 **Compas de réduction**.

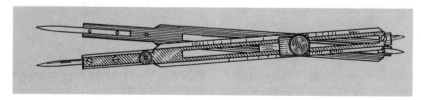

On peut aussi l'employer pour diviser une longueur en parties égales ou pour déterminer le pourcentage de réduction d'une longueur. A cette fin, des marques sont inscrites sur l'instrument de façon à permettre le choix rapide des subdivisions. Certains instruments sont calibrés pour fournir des rapports spéciaux tels que $1:\sqrt{2}$, le diamètre d'un cercle par rapport au côté d'un carré de même grandeur, les pieds par rapport aux mètres.

2.43 **Les petits compas à balustre**. On classe les petits compas comme suit: compas à pointes sèches, compas à encre et compas à mine. On trouve des compas combinés encre-mine, munis habituellement d'une vis centrale de réglage (figure 2.51), et des instruments distincts munis d'un réglage par une vis latérale ou centrale (figure 2.52). Le choix est une simple question de goût personnel.

2.44 **Emploi des petits compas à balustre**. On emploie les petits compas à mine et à encre pour tracer des cercles d'environ 25 mm ou moins de rayon. Les petits compas à pointes sèches servent aux mêmes fins que les grands, mais pour des longueurs plus petites (25 mm ou moins) et pour des travaux plus précis.

Que l'on utilise un instrument avec une vis centrale ou une vis latérale, le réglage doit être fait avec le pouce et l'index de la main qui tient l'instrument (figure 2.53.a). On manipule l'instrument en le faisant tourner, par la tête, entre le pouce et les doigts (figure 2.53.b).

La mine est affûtée de la même manière que dans le cas des grands compas (section 2.38), sauf que, pour de petits rayons, le biseau peut être à l'intérieur, si on le préfère

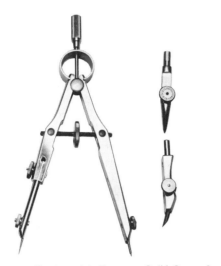

Gracieuseté de Gramercy Guild Group, Inc.

Figure 2.51 Compas à balustre combiné.

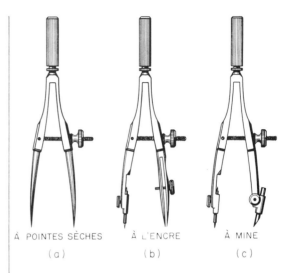

Figure 2.52 Utilisation du compas à balustre.

(figure 2.54.a). Pour l'usage général, le biseau est à l'extérieur (figure 2.54.b). Dans chaque cas, gardez toujours la mine du compas bien affûtée. Évitez l'emploi de mines tronquées qui ne peuvent être affûtées convenablement. Une longueur d'au moins 6 mm de mine doit dépasser le compas en tout temps.

Lors du réglage de la pointe pivot du compas à mine ou à encre, il faut s'assurer que la pointe dépasse légèrement la mine ou la plume (figure 2.45.d), comme dans le cas du grand compas.

Pour tracer de petits cercles, il faut affûter la mine avec soin et faire de même pour le réglage de la mine et de la pointe, surtout lors du réglage correspondant au rayon désiré. S'il faut dessiner un cercle de 6,35 mm ($1/4$") de diamètre et si le rayon choisi comporte une erreur de 0,8 mm ($1/32$"), l'erreur totale sur le diamètre est d'environ 25 pour cent, ce qui est beaucoup trop grand.

On peut aussi utiliser les pochoirs appropriés pour tracer de petits cercles (voir la figure 2.81).

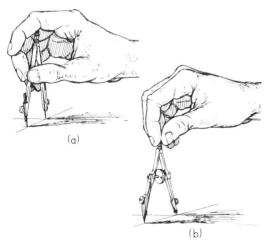

Figure 2.53 Compas à balustre avec bouton de réglage latéral.

2.45 Compas à pompe. Ce type de compas (figure 2.55) est destiné au dessin de plusieurs petits cercles identiques, tels que les trous et les têtes de rivets. La tige centrale peut être glissée facilement de haut en bas dans le tube auquel est attaché le crayon ou la plume. Pour se servir de l'instrument, tenez la tête moletée du tube entre le pouce et le majeur, et placez l'index sur le dessus de la tête moletée de la tige. Placez la pointe de la tige au centre choisi, abaissez le crayon ou la plume jusqu'à ce qu'il touche le papier et faites tourner l'instrument dans le sens horaire avec le pouce et le majeur. Levez ensuite le tube sans la tige puis, finalement, soulevez l'instrument au complet.

45

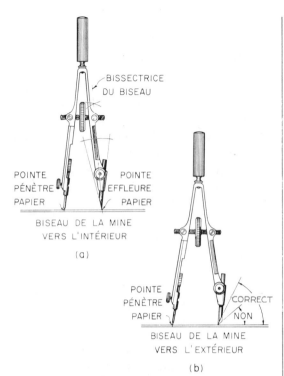

Figure 2.54 **Pointes de mine du compas.**

2.46 Préparation d'une feuille. Figure

2.56 (Se référer à la disposition A-2 à la fin du livre). Lorsque la feuille a été fixée sur la planche selon la méthode expliquée à la section 2.7, procédez comme suit:

I. A l'aide du té, tracez une ligne limite horizontale près du bord inférieur de la feuille;

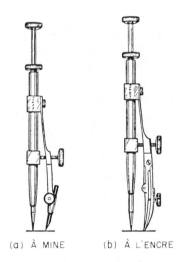

46   Figure 2.55 **Compas à pompe.**

puis, à l'aide d'une équerre, tracez une ligne limite verticale près du bord gauche de la feuille. Ces deux lignes doivent être des lignes de construction légères.

II. Placez la règle le long de la ligne limite inférieure, l'échelle grandeur nature étant sur le dessus. Tracez des traits courts, légers et perpendiculaires à la règle, aux distances désirées. (Voir la figure 2.40.a.)

III. Placez la règle le long de la ligne limite de gauche; l'échelle grandeur nature étant à gauche, marquez les distances désirées par des traits courts, légers et perpendiculaires à la règle.

IV. Tracez des lignes de construction horizontales à l'aide du té, en utilisant les marques à gauche de la feuille.

V. Tracez des lignes de construction verticales, du bas vers le haut, en suivant la rive de l'équerre et en utilisant les marques au bas de la feuille.

VI. Tracez à nouveau la bordure et le cartouche d'inscription pour les rendre plus foncés. Notez que la disposition est construite indépendamment des rives du papier.[3]

2.47 Technique du dessin au crayon.

La plus grande partie des dessins commerciaux sont faits au crayon. La plupart des impressions et des photocopies proviennent de tracés au crayon et tous les tracés à l'encre doivent être précédés d'un tracé au crayon. Il est donc évident que l'habileté au dessin commence par l'habileté au dessin au crayon.

La *technique* est un style ou une qualité de dessin transmis par le dessinateur lui-même à son travail. Elle est caractérisée par des lignes et un lettrage nets et noirs. La technique de lettrage sera discutée à la section 3.12.

1. LIGNES FONCÉES ET ACCENTUÉES. Les lignes au crayon d'un dessin ou d'un tracé définitif doivent être très foncées (figure 2.57). Des lignes foncées et nettes sont nécessaires pour bien faire ressortir un dessin. L'extrémité des

---

[3] Dans les salles à dessin industriel, les feuilles sont disponibles en formats standard; la bordure et le cartouche y sont déjà imprimés. Les fournisseurs de matériel à dessin peuvent offrir, sur commande et à un coût minime, des feuilles imprimées aux écoles.

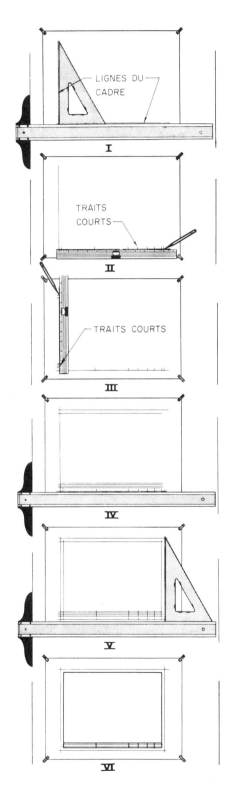

LIGNES DU
CADRE

I

TRAITS
COURTS

II

TRAITS COURTS

III

IV

V

VI

Figure 2.56 **Préparation d'une feuille** (Disposition A-2; voir l'intérieur de la couverture arrière).

lignes doit être accentuée par un peu plus de pression sur le crayon (figure 2.47.a). Les lignes courbes doivent être aussi foncées que les autres lignes (figure 2.47.b). Les traits interrompus des lignes cachées et des lignes d'axe doivent être évalués soigneusement quant à leur longueur et à leur espacement; ils doivent de plus avoir une largeur uniforme sur toute leur longueur (figures 2.47.c et 2.47.d).

Les lignes de cote, d'attache, d'axe et les hachures doivent aussi être foncées. La différence entre ces lignes et les lignes visibles est surtout dans l'épaisseur — il y a très peu de différence dans l'intensité.

Une façon simple de déterminer si les lignes sur le papier ou la toile sont suffisamment opaques consiste à tenir le tracé vis-à-vis d'une source de lumière (figure 2.58). Les lignes non opaques ne pourront être reproduites clairement par aucun procédé. Les lignes de construction doivent être faites avec un crayon bien affûté et dur et doivent être assez faibles pour ne pas avoir à les gommer lorsque le dessin est terminé.

2. CONTRASTE DES LIGNES. Le contraste des lignes faites à la mine doit être semblable à celui des lignes à l'encre; autrement dit, la différence entre les diverses lignes doit être surtout dans l'*épaisseur* des lignes avec peu ou pas de différence d'intensité (figure 2.59). Les lignes vues doivent contraster fortement avec les lignes fines du dessin. S'il s'avère nécessaire, reprenez plusieurs fois une ligne vue pour obtenir l'épaisseur et l'opacité désirées. Un traçage court et en sens inverse (de droite à gauche) produit un effet de piquage résultant en une ligne plus foncée.

2.48 **Tracés au crayon.** Certains tracés au crayon sont faits à partir d'un dessin placé sous un papier calque (surtout lorsque beaucoup de gommage et de modifications sont nécessaires sur le dessin original); aujourd'hui, cependant, la plupart des dessins sont effectués au crayon directement sur un papier calque, une toile à dessin, un film ou un vellum. Ce ne sont pas des calques mais des dessins au crayon et les méthodes et les tech-

47

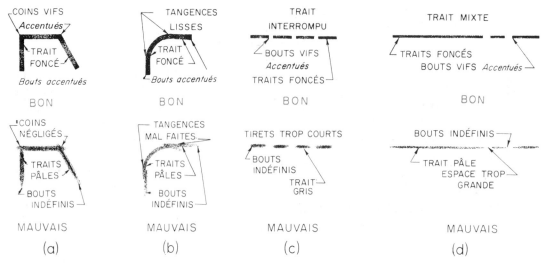

Figure 2.57   Technique du tracé au crayon (agrandi).

niques utilisées sont les mêmes que celles décrites auparavant pour le dessin au crayon. Lors de la réalisation d'un dessin directement sur le support approprié, il est recommandé de placer en dessous une feuille de papier blanc et épais. Une telle feuille est appelée *feuille de fond*. La blancheur de la feuille de fond augmente la visibilité des lignes et la dureté de la surface permet d'appliquer une pression sur le crayon; ainsi, on peut obtenir des lignes denses et noires sans creuser inutilement le papier.

Ces tracés, ou dessins, sont destinés à la reproduction par impression au bleu ou par tout autre procédé, de sorte que toutes les lignes doivent être foncées et tracées proprement.

Figure 2.58   **Vérification de l'opacité des traits.**

Figure 2.59   **Contraste des traits (agrandis).**

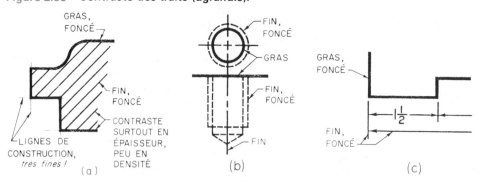

Gracieuseté de Koh-I-Noor Rapidograph, Inc.

Figure 2.60 **Ensemble de stylos à pointes tubulaires.**

2.49 **Stylos à pointe tubulaire.** Le stylo à pointe tubulaire (figure 2.60), muni d'un tube et d'une aiguille, est disponible pour tracer des lignes de différentes épaisseurs. Plusieurs préfèrent ce type de plume puisque l'épaisseur du trait est pré-choisie et elle convient aussi bien pour le lettrage mécanique ou à main levée que pour le tracé des lignes. Le stylo demande un remplissage occasionnel et un minimum d'habileté pour s'en servir. Pour un tracé de lignes uniforme, la plume doit être tenue perpendiculairement au pa-

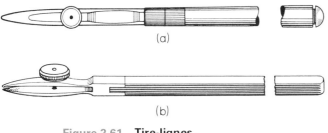

(a)

(b)

Figure 2.61 **Tire-lignes.**

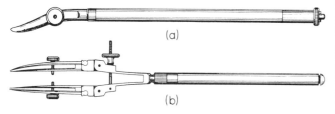

(a)

(b)

Figure 2.62 **Tire-lignes spéciaux.**

Figure 2.63 **Encre de Chine.**

pier. Pour de meilleurs résultats, suivez les recommandations du fabricant quant à leur utilisation et leur nettoyage.

2.50 **Tire-ligne.** Cet instrument, qui a été l'élément essentiel de l'équipement du dessinateur industriel, est appelé à disparaître pour être remplacé par les mécanismes à tracer tubulaires, dont l'entretien et l'utilisation sont beaucoup plus simples. Cependant, on peut être encore obligé de les employer, surtout avec des compas.

Le tire-ligne (figure 2.61) doit être de la plus haute qualité; il doit être muni de palettes en acier trempé de grande qualité; de plus, il doit être aiguisé convenablement à l'usine. L'extrémité des palettes doit être tranchante, mais non pas au point de couper le papier. (Voir la section 2.52 pour l'affûtage du tire-ligne.)

Le modèle de type suédois, pourvu de palettes très larges qui peuvent contenir une grande quantité d'encre, est extrêmement utile pour tracer des lignes longues et épaisses (figure 2.61.b). Ce modèle est aussi adéquat pour des travaux demandant de petites quantités d'encre, étant donné qu'il est possible de régler facilement la plume pour l'épaisseur de ligne choisie et de la nettoyer facilement après usage. (Pour le mode d'emploi du tire-ligne, voir la section 2.53.)

2.51 **Tire-lignes spéciaux.** Le *tire-ligne pour les courbes* (figure 2.62.a) est utilisé pour tracer des lignes flexueuses, telles que les lignes de contour sur des cartes. Le *tire-*

49

ligne double (figure 2.62.b) est utilisé pour tracer deux lignes parallèles droites ou légèrement courbées, telles que les routes et les chemins de fer.

2.52   Encre de Chine.   L'encre de Chine (figure 2.63) est composée principalement de carbone en suspension colloïdale et de gomme. Les fines particules de carbone donnent à l'encre son lustre mat et noir, et la gomme la rend à l'épreuve de l'eau et facile à sécher. La bouteille d'encre ne doit pas être laissée ouverte puisque l'évaporation entraînera un épaississement de l'encre.

Il existe une encre à dessin spéciale pour les films d'acétate et de mylar. De telles encres ne doivent pas être utilisées avec des plumes à réservoir, à moins que celles-ci soient fabriquées spécialement pour des encres à base d'acétate.

Pour nettoyer les instruments et les plumes utilisés avec de l'encre de Chine, il existe, chez les fournisseurs, des produits spéciaux de nettoyage.

2.53   Emploi du tire-ligne.   Le tire-ligne (figure 2.61) est utilisé pour encrer des lignes tracées à l'aide des instruments et non pas pour tracer des lignes et du lettrage à main levée. La méthode adéquate de remplissage de la plume est représentée à la figure 2.64. Les mains peuvent être assurées, si on tient ensemble les petits doigts. Il est préférable de tourner au lieu de tirer sur le bouchon d'une bouteille d'encre neuve, ou d'une bouteille inutilisée depuis un certain temps, afin d'éviter un bris. Lorsque la plume a été remplie, elle devrait contenir environ 6 mm d'encre.

Les lignes horizontales et les lignes verticales sont tracées de la même façon que les lignes au crayon (figures 2.21.a et 2.22.a).

La plupart des difficultés rencontrées dans l'utilisation du tire-ligne peuvent être attribuées à : (1) une position incorrecte de la plume, (2) un oubli des propriétés de séchage rapide de l'encre de Chine, (3) un mauvais

Figure 2.64   Remplissage du tire-ligne.

(a) VUE DE FACE

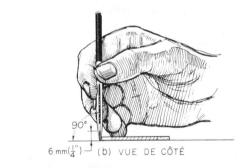

90°

6 mm($\frac{1}{4}$″)   (b) VUE DE CÔTÉ

SOULEVER
DU PAPIER

(c) AJUSTER L'ÉCROU MOLETÉ

Figure 2.65   Position de la main dans l'utilisation du tire-ligne.

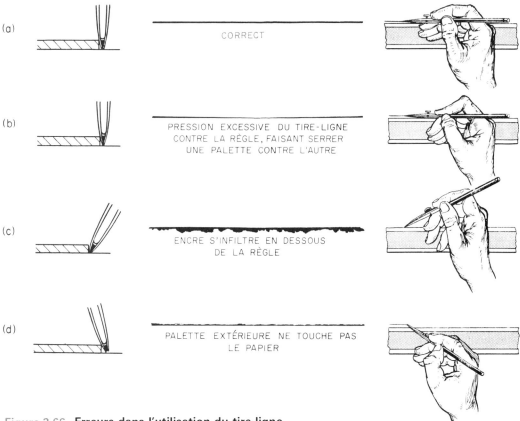

(a)

CORRECT

(b)

PRESSION EXCESSIVE DU TIRE-LIGNE
CONTRE LA RÈGLE, FAISANT SERRER
UNE PALETTE CONTRE L'AUTRE

(c)

ENCRE S'INFILTRE EN DESSOUS
DE LA RÈGLE

(d)

PALETTE EXTÉRIEURE NE TOUCHE PAS
LE PAPIER

Figure 2.66 **Erreurs dans l'utilisation du tire-ligne.**

contrôle de l'épaisseur des lignes et des raccords mal faits.

1. POSITION DE LA PLUME. La plume doit être inclinée à un angle d'environ 60° par rapport au papier et tenue dans la direction selon laquelle la ligne doit être tracée, et dans un plan vertical passant par la ligne (figures 2.65.a et 2.65.b). En général, plus la plume est inclinée sur le papier, plus épaisse est la ligne; plus la plume est verticale, plus la ligne est mince. La vis de réglage est placée sur la palette droite et elle est réglée à l'aide du pouce et de l'index de la main qui tient l'instrument (figure 2.65.c). La position correcte de la plume et la ligne tracée correspondante sont représentées à la figure 2.66.a.

Si les palettes sont pressées contre le té ou l'équerre, elles se referment et cela réduit l'épaisseur des lignes (figure 2.64.c). Si la plume est tenue comme à la figure 2.64.c, l'encre vient en contact avec le té et le papier en même temps, de sorte qu'elle coule sous le té, ce qui produit une tache sur le dessin. Le même résultat est obtenu si, lors du remplissage de la plume, de l'encre est déposée sur l'extérieur de la palette qui touche le té. Si la plume est tenue comme à la figure 2.64.d, la palette extérieure du tire-ligne peut ne pas toucher le papier de sorte que la ligne risque d'être mal tracée.

Lorsque la ligne a été tracée correctement, on doit prendre soin de ne pas toucher l'encre humide en enlevant le té ou l'équerre. Il faut

Figure 2.67 **Mise au net à l'encre.**

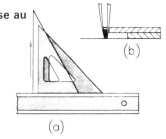

(b)

(a)

51

Figure 2.68 **Caractéristique des traits à l'encre.**

retirer soigneusement ceux-ci de la ligne avant de les soulever. Si plus de 6 mm d'encre a été introduit dans la plume, elle coulera trop facilement, ce qui augmente le danger de produire une tache.

Certains dessinateurs préfèrent placer une deuxième équerre sous la première, comme le représente la figure 2.67, pour la soulever du papier et empêcher ainsi l'encre de couler sous la rive. Cette méthode est particulièrement utile si les lignes sont épaisses.

2. USAGE CORRECT DE L'ENCRE DE CHINE. Une des principales difficultés se produit lorsque l'encre ne coule pas. On peut souvent remédier à une plume bouchée en touchant le ruban de papier adhésif ou le dos d'un doigt. Si la plume ne produit pas une ligne fine, les palettes ont été serrées trop fortement ensemble, l'encre a séché ou a épaissi dans la plume, l'encre dans la bouteille est trop épaisse à cause de l'âge ou de son exposition à l'air ou, enfin, la plume est émoussée et elle doit être affûtée.

La plume ne devrait jamais être remplie avant que le dessinateur soit prêt à l'utiliser, parce que l'encre sèche rapidement. *Il ne faut jamais laisser l'encre sécher dans un instrument. On ne doit jamais déposer à plat un tire-ligne contenant de l'encre.* Certaines encres contiennent un acide qui peut piquer la plume, s'il arrive souvent que l'encre y sèche. L'étudiant doit nettoyer sa plume fréquemment en glissant entre les palettes un buvard rigide ou un tissu replié. *Il ne faut jamais utiliser un papier émeri pour enlever l'encre sèche.* On doit l'enlever en grattant la plume très légèrement à l'aide d'un canif. Il existe des tire-lignes dont les palettes peuvent être séparées pour le nettoyage.

La bouteille d'encre doit toujours être fermée lorsqu'on ne l'utilise pas, puisque l'exposition à l'air épaissit l'encre et la rend inutilisable.

Figure 2.69 **Traits à l'encre.**

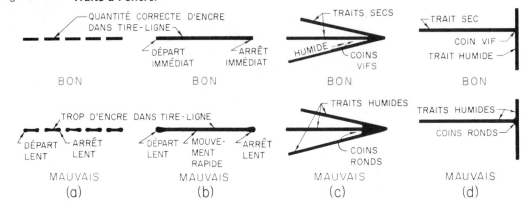

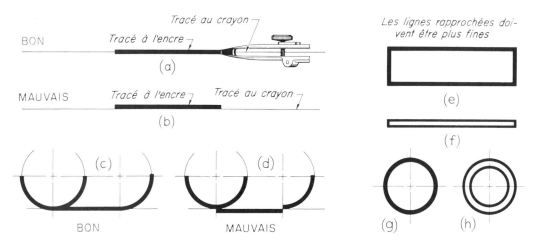

Figure 2.70 **Repassage à l'encre des traits au crayon.**

3. COMMENT CONTRÔLER L'ÉPAISSEUR DES LIGNES. La figure 2.68 représente les diverses épaisseurs de lignes utilisées pour les dessins ou les tracés à l'encre. Le dessinateur doit d'abord entraîner son oeil pour distinguer les fines variations et il doit aussi acquérir une habileté à produire les épaisseurs voulues. L'étudiant doit se rappeler que le réglage de la molette seulement ne suffit pas pour contrôler l'épaisseur de la ligne. Les facteurs suivants affectent l'épaisseur d'une ligne pour un réglage donné de la molette.

Facteurs qui produisent un trait plus fort:
1. Excès d'encre dans la plume.
2. Déplacement trop lent de la plume.
3. Extrémités des palettes émoussées.
4. Particules d'encre séchées sur les palettes.
5. Inclinaison trop grande de la plume par rapport au papier.
6. Surface de travail trop molle.

Facteurs qui produisent un trait plus fin:
1. Quantité d'encre trop faible dans la plume.
2. Déplacement trop vite de la plume.
3. Extrémités des palettes trop aiguisées.
4. Encre fraîche et plume propre.
5. Plume tenue presque verticalement.
6. Surface de travail dure.

Avant de tracer une nouvelle ligne à l'encre sur un dessin, vous devez en vérifier l'épaisseur en traçant une ligne d'essai sur un morceau de papier distinct et dans les conditions semblables. *Ne vérifiez jamais la plume à main levée ou sur un papier différent*. Employez toujours une règle et utilisez un papier identique.

S'il y a trop d'encre dans la plume ou s'il faut que des lignes fraîches rencontrent des lignes déjà tracées et encore humides, il en résultera des bouts élargis et des coins arrondis (figures 2.69.a et 2.69.b).

Le tire-ligne est employé pour tracer des courbes irrégulières aussi bien que des lignes droites, comme l'illustrent les figures 2.78 et 2.79. Il faut tenir la plume presque verticalement lorsqu'elle est utilisée avec un pistolet plutôt qu'avec un té ou une équerre. Le tire-ligne doit être incliné légèrement dans la direction selon laquelle la ligne est tracée. Il doit être dans un plan vertical contenant la tangente à la courbe à la position de la plume.

Certains dessinateurs placent une équerre, sous le pistolet et en arrière de la ligne, de façon à soulever l'instrument du papier et à prévenir l'écoulement de l'encre en dessous de celui-ci. Une autre méthode efficace consiste à coller plusieurs morceaux de papier adhésif sur les faces du pistolet ou de l'équerre.

2.54 **Tracé à l'encre.** Pour faire un tracé à l'encre, il faut fixer sur le dessin un papier calque (section 2.64), un film (section 2.66) ou une toile (section 2.65); la copie est ensuite effectuée par le traçage des lignes. Lorsqu'un

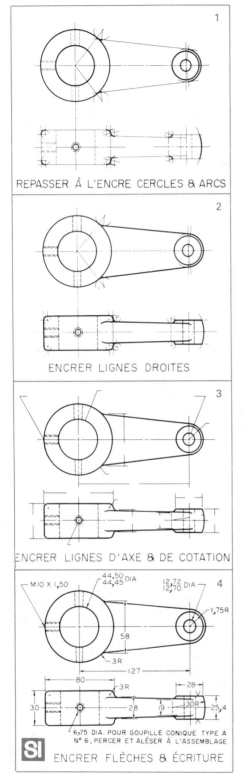

Figure 2.71 Ordre d'exécution de la mise au net à l'encre.

dessin est assez important pour justifier l'emploi d'encre, on le fait généralement sur un film ou sur une toile. La plupart des dessinateurs choisissent le côté mat comme surface de travail, parce que celui-ci prend l'encre et qu'il peut être marqué avec un crayon. C'est une pratique courante de faire le dessin au crayon directement sur le film ou sur la toile, puis de le repasser à l'encre, éliminant ainsi l'étape traditionnelle du dessin au crayon sur le papier.

Avant d'appliquer l'encre, la toile doit être saupoudrée avec une petite quantité de ponce. Celle-ci doit être frottée légèrement avec un tissu doux puis enlevée complètement avec un torchon propre. A la place de la ponce spéciale à dessin, on peut utiliser une poudre légèrement abrasive, telle que du talc ou de la poudre de craie (carbonate de calcium), appliquée avec une brosse à tableau ordinaire.

Sur les tracés à l'encre, il est nécessaire d'accentuer la différence entre les épaisseurs des lignes, parce que le contraste entre le bleu et le blanc, sur les imprimés bleus, n'est pas aussi important qu'entre le noir et le blanc sur les dessins au crayon. Les lignes visibles doivent être très foncées. Les lignes d'attache, de cote, d'axe et les hachures doivent être fines mais suffisamment prononcées pour produire une impression positive.

Lorsque l'on exécute la mise au net, la ligne à l'encre doit être bien centrée par-dessus la ligne au crayon, comme l'illustre la figure 2.70.a; elle ne doit pas être tracée à côté, comme on le voit en (b). Si cela est fait correctement dans le cas des arcs tangents, les lignes se superposeront aux points de tangence comme en (c), ce qui produit des tangentes régulières. La mauvaise pratique est représentée d'une façon exagérée en (d). Les points de tangence doivent être déterminés au crayon (sections 4.35 à 4.42), afin de permettre des raccords réguliers.

Tracez les lignes vues en pleine épaisseur, si elles sont bien espacées, comme l'illustrent les figures 2.70.e et 2.70.g. Lorsqu'elles sont rapprochées, les lignes doivent être plus étroites, comme l'illustrent les figures 2.70.f et 2.70.h.

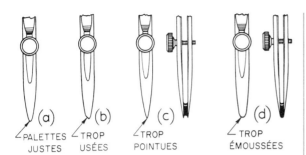

Figure 2.72 **Pointes de palettes des tire-lignes.**

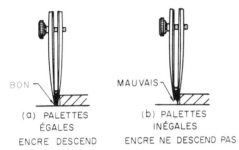

Figure 2.73 **Palettes justes et palettes défectueuses.**

Figure 2.74 **Égalisation des palettes.**

Figure 2.75 **Affûtage du tire-ligne.**

Les lignes guides au crayon pour le lettrage doivent être tracées directement sur le papier calque ou sur la toile. Pour les lignes à l'encre conventionnelles, référez-vous à la figure 2.68.

2.55 **Ordre d'exécution de la mise au net à l'encre** (Figure 2.71). Il est important de suivre un ordre bien défini lors de l'encrage ou du traçage d'un dessin. Voici une façon de procéder.

1. a) Marquer tous les points de tangence au crayon directement sur le tracé.
   b) Empreindre tous les centres de compas (à l'aide du piquoir ou de la pointe du compas).
   c) Encrer les cercles et les arcs visibles.
   d) Encrer les cercles et les arcs cachés.
   e) Encrer les courbes irrégulières, s'il y en a.
2. (Premièrement: lignes horizontales; deuxièmement: lignes verticales; troisièmement: lignes inclinées).
   a) Encrer les lignes droites visibles.
   b) Encrer les lignes droites cachées.
3. (Premièrement: lignes horizontales; deuxièmement: lignes verticales; troisièmement: lignes inclinées).
   Encrer les lignes d'axe, les lignes d'attache, les lignes de cote, les flèches d'annotation et les hachures (s'il y a lieu).
4. a) Encrer les flèches et les chiffres de cote.
   b) Encrer les notes, les titres, etc. (Marquer les lignes guides directement sur le tracé.)

Certains dessinateurs préfèrent encrer les lignes d'axe avant d'empreindre les centres de compas, afin d'éviter que l'encre s'écoule par les trous et qu'elles fassent des taches sur l'endos de la feuille.

2.56 **Affûtage du tire-ligne.** Si un tire-ligne est soumis à un usage fréquent, ses palettes seront usées de sorte qu'il ne pourra servir à tracer des lignes correctes. La pointe appropriée est représentée à la figure 2.72.a alors qu'une pointe typiquement usée est représentée à la figure 2.72.b. Les palettes illustrées en (c) sont trop pointues de sorte que, dans ce cas, l'encre tend à demeurer dans la plume et à ne pas toucher le papier. Les palettes en (b) sont trop rondes ou trop émoussées de sorte que, dans ce cas, l'encre tend à couler trop facilement sur le papier. Un autre indice d'un tire-ligne défectueux est un contact rugueux avec le papier, ou encore la nécessité d'appliquer une pression sur le papier pour faire couler l'encre. La cause de cet état est illustrée à la figure 2.73.b: une des palettes est plus longue que l'autre.

La pierre à l'huile dure d'Arkansas est excellente pour l'affûtage des tire-lignes. Si les palettes du tire-ligne sont inégales en longueur, elles devraient d'abord être égalisées: on frotte les deux palettes, collées ensemble, sur la pierre, en n'exerçant aucune pression et en leur donnant un mouvement oscillatoire de la gauche vers la droite, comme le représente la figure 2.74. Pour l'affûtage, les palettes doivent être écartées et chacune d'elles doit être aiguisée sur sa face extérieure, comme l'illustre la figure 2.75; on tourne la plume légèrement d'un côté à l'autre pour conserver la surface convexe de la palette. Il faut être très attentif de façon à prévenir le sur-affûtage d'une palette, ce qui la raccourcira. Les points brillants, qui indiquent l'émoussement, doivent être bien surveillés et il faut affûter les palettes jusqu'à ce qu'ils disparaissent. Enfin, pour s'assurer qu'une palette n'a pas été raccourcie, il faut donner quelques légers coups supplémentaires sur la pierre, comme à la figure 2.74. Il ne faut jamais essayer d'aiguiser l'intérieur des palettes puisque cela produit toujours une légère convexité, ce qui les endommage irrémédiablement.

2.57 Gommage de l'encre. Il est certain que des erreurs se produisent lors de l'encrage et les méthodes correctes de gommage doivent être considérées comme une partie de la technique de dessin. Pour le gommage général de l'encre ou du crayon, on recommande les gommes Pink Pearl ou Mars-Plastic. Les gommes pour l'encre sont habi-

tuellement graveleuses et trop abrasives; leur usage tend à détruire la surface à dessiner. Si cela se produit, il peut être impossible d'encrer par-dessus la surface gommée. On obtient de meilleurs résultats si une surface lisse et dure, telle qu'une équerre, est placée sous la surface à gommer.

Une application de ponce ou de poussière de craie améliore la surface et prévient l'écoulement de l'encre. Le cache de dessinateur (figure 2.18) doit être utilisé pour protéger les lignes adjacentes à la section à gommer.

Lorsqu'une tache d'encre a été faite, l'excès doit être enlevé avec un buvard ou étendu avec le doigt si le buvard n'est pas disponible, ce qui a pour effet d'empêcher l'encre d'imprégner le papier. Lorsque la tache est complètement sèche, l'encre qui reste peut être gommée facilement.

Pour nettoyer des dessins négligés ou pour enlever les lignes au crayon sur un dessin à l'encre, les gommes Pink Pearl ou Mars-Plastic conviennent, si on les utilise avec précaution. Les lignes au crayon ou la poussière peuvent être enlevées d'une toile par un léger époussetage à l'aide d'un torchon humecté de tétrachlorure de carbone (Carbona) ou de benzène (Energine). Utilisez ces produits avec précaution et dans un endroit bien ventilé.

Lorsque le gommage endommage la surface de la toile, on peut la restaurer en frottant la tache avec une pierre de savon et, ensuite, en appliquant de la ponce ou de la poudre de craie. Si les dommages ne sont pas trop sérieux, une application de la poudre suffira.

Lorsqu'une ligne à l'encre épaisse est coupée lors du gommage, l'espace doit être comblé par une série de lignes fines juxtaposées. En effet, il est difficile à appareiller une ligne épaisse à cause du danger de la formation de taches.

Dans les salles à dessin commerciales, on dispose généralement d'une gomme à moteur (figure 2.19), ce qui permet une économie de temps.

2.58 Pistolets. Lorsqu'il faut tracer des courbes autres que les cercles ou des arcs

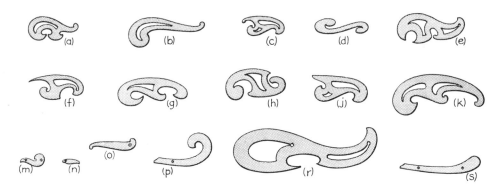

Figure 2.76 Pistolets.

circulaires, on emploie généralement un *pistolet*. Il existe plusieurs variétés de pistolets et la figure 2.76 représente les plus courantes.

Les pistolets sont constitués, en grande partie, de segments successifs de courbes géométriques telles que l'ellipse, la parabole, l'hyperbole et la développante. Les meilleurs pistolets sont fabriqués de plastique transparent. Parmi les nombreux types de pistolets spéciaux, il y a les pistolets à hyperboles, à paraboles, à ellipses, à spirales logarithmiques, à courbes de bateau et à courbes de chemin de fer.

Il existe aussi des *trace-courbes déformables*. L'instrument, représenté à la figure 2.77.a, est constitué d'un coeur de plomb entouré d'un ressort en spiral auquel est fixée une bande flexible. Celui en (b) est constitué d'une languette à laquelle sont attachés des poids. La languette peut être courbée pour épouser une courbe quelconque. On peut aussi utiliser, avec succès, un bout de fil à souder ordinaire en le pliant selon la forme désirée.

2.59 Utilisation du pistolet. Le pistolet est un appareil pour le *dessin mécanique de lignes courbes* et il ne doit pas être utilisé pour relier directement des points, ni pour obtenir une courbe initiale. L'utilisation adéquate du pistolet nécessite une certaine habileté, surtout lorsque les lignes doivent être tracées à l'encre. Lorsque les points, par lesquels

la courbe doit passer, ont été marqués, il faut d'abord tracer, à main levée et au crayon, une ligne légère passant par ceux-ci.

Pour tracer, à l'aide du pistolet, une ligne mécanique par-dessus la ligne à main levée, il suffit de faire épouser les différentes sections du pistolet avec les parties successives de la courbe à main levée et, ensuite, de tracer la ligne à l'aide d'un crayon ou d'un tire-ligne, en suivant la rive du pistolet (figure 2.78). Il est très important que le pistolet épouse la courbe à main levée sur une longueur supplémentaire, à chaque bout du segment à dessiner, comme l'illustre la figure 2.79. Lorsque cette règle est suivie, les sections successives de la courbe sont tangentes les unes aux autres, sans qu'il y ait de changements brusques de la courbure. Lorsque le pistolet est positionné, l'extrémité à rayon court doit être tourné vers la partie à rayon court de la courbe à tracer; en d'autres mots, la partie du pistolet utilisée doit avoir la même tendance curviligne que la portion de la

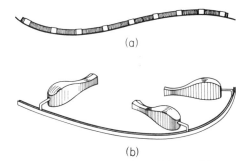
(a)

(b)

Figure 2.77 Trace-courbes déformables.

57

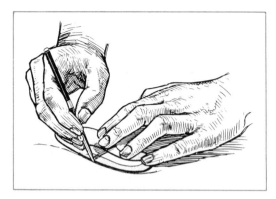

Figure 2.78   Utilisation du pistolet.

courbe que l'on veut tracer. Cela prévient des changements brutaux de direction.

Le dessinateur doit, au besoin, changer sa position par rapport au dessin, de sorte qu'il travaille toujours avec la rive du pistolet la plus éloignée de lui.

Pour établir le cheminement d'une courbe, il est important, lorsque celle-ci présente des virages prononcés, de marquer plus de points plus rapprochés les uns des autres.

On peut aussi utiliser un compas pour tracer des courbes libres, comme l'illustre la figure 4.42.

Pour les courbes symétriques, telles qu'une ellipse (figure 2.80), utilisez le même segment du pistolet à deux ou à plusieurs positions opposées. Par exemple, à la figure 2.80.a, le pistolet épouse la courbe et la ligne est tracée depuis 1 jusqu'à 2. On trace alors de petits traits de crayon directement sur le pistolet vis-à-vis de ces deux points (les marques de crayon paraîtront mieux si le pistolet est légèrement « givré » à l'aide d'une gomme à mine dure). A la figure 2.80.b, le pistolet est retourné pour épouser la courbe; la ligne est tracée depuis 2 jusqu'à 1. De la même façon, ce segment du pistolet est utilisé à nouveau aux figures 2.80.c et 2.80.c. L'ellipse est complétée à l'aide du pistolet ou, si on le désire, du compas.

2.60   Pochoirs.   Il existe une grande variété de *pochoirs* (ou *gabarits*) conçus pour des besoins spécialisés. On peut se procurer un pochoir pour tracer la plupart des symboles de dessin ordinaires et des détails fréquemment rencontrés. Le pochoir à hexagones (figure 2.81.a) est utile pour tracer des hexagones, les têtes de boulons et les écrous; le pochoir de la figure 2.81.b est utile pour tracer les courbes des têtes de boulons et des écrous, les cercles, les filets et ainsi de suite; le pochoir de chimie (figure 2.81.c) est utile pour schématiser les appareils chimiques.

Figure 2.79   Positionnement du pistolet.

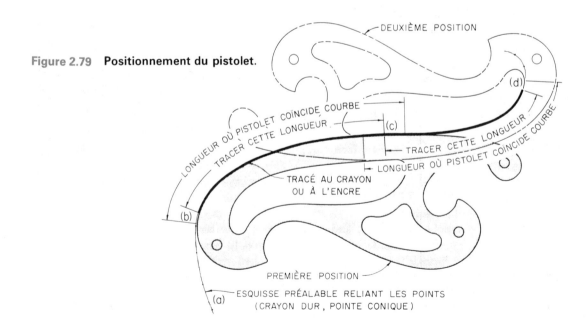

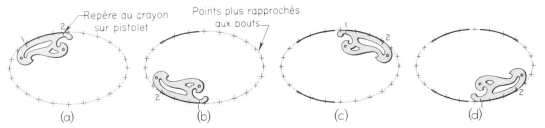

Repère au crayon sur pistolet

Points plus rapprochés aux bouts

(a)   (b)   (c)   (d)

Figure 2.80 **Courbes symétriques**.

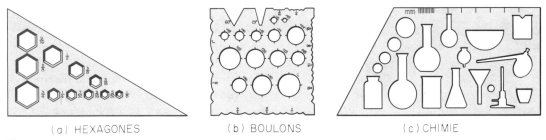

(a) HEXAGONES   (b) BOULONS   (c) CHIMIE

Figure 2.81 **Pochoirs**.

Figure 2.82 **Appareil à dessiner**.   *Gracieuseté de Visual Planning Corp.*

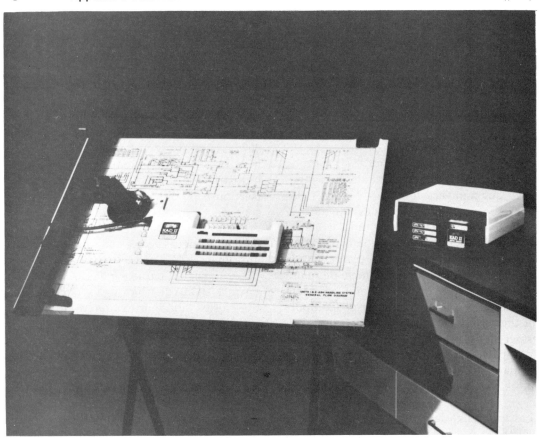

Figure 2.83 **Règle parallèle**. *Gracieuseté de Eugene Dietzgen Co.*

Les pochoirs à ellipses (section 4.57) sont peut-être plus utilisés que toute autre forme de pochoirs. Les pochoirs à cercles sont utiles pour tracer de petits cercles rapidement et pour tracer des filets et des arrondis; on les utilise très couramment pour le dessin d'outils et de matrices.

2.61 **Appareils à dessiner**. *L'appareil à dessiner* (figure 2.82) est une invention ingénieuse qui remplace le té, les équerres, les règles et le rapporteur. Les tiges, ou bandes, sont disposées de façon à ce que la tête de contrôle soit toujours en position fixe et choisie, peu importe où elle est placée sur la planche. Ainsi, la règle horizontale demeure horizontale si elle est réglée ainsi. La tête de contrôle est graduée en degrés (comportant un vernier sur certains modèles), ce qui permet de fixer les règles et de les verrouiller à n'importe quel angle. Il y a un blocage automatique aux angles les plus fréquemment utilisés, tels que 15°, 30°, 45°, 60°, 75° et 90°.

Les appareils à dessiner ont été grandement améliorés au cours des dernières années. Leur avantage principal réside dans le fait qu'il accélère le dessin. Puisque les différentes parties sont faites de métal, leurs rapports précis ne sont pas soumis à des changements, tandis que les tés, les équerres et les rives des planches à dessin doivent être vérifiés et corrigés fréquemment. Les fabricants produisent aussi des appareils à dessiner pour les gauchers.

2.62 **Règle parallèle**. Pour les dessins larges, le grand té devient peu maniable de sorte qu'il peut en résulter une imprécision considérable due à la flexion de la lame. Dans un tel cas, la *règle parallèle* (figure 2.83) est recommandable. Les extrémités de la règle parallèle sont contrôlées par un système de cordes et de poulies, qui permet de la déplacer vers le haut ou vers le bas sur la planche, tout en la maintenant dans une position horizontale.

2.63 **Papier à dessin**. Le *papier à dessin* est utilisé chaque fois qu'un dessin doit être fait au crayon et qu'il n'est pas destiné à la reproduction. Pour des dessins d'atelier et pour l'usage général, le papier recommandé a une couleur légèrement crème ou chamois, et il est disponible en rouleaux de 24″ et de 36″ de largeur ou en feuilles coupées en formats standard. La plupart des salles à dessin industrielles utilisent des feuilles standard (section 2.67) dont la bordure et le cartouche sont déjà imprimés. Puisque le coût d'impression augmente très peu le prix de chaque feuille, plusieurs écoles emploient des feuilles imprimées.

Les meilleurs papiers à dessin contiennent jusqu'à 100% de chiffon; ils ont des fibres très fortes qui leur confèrent une grande résistance au gommage et au pliage et qui les empêchent de se décolorer ou de devenir cassants avec l'âge. Le papier doit avoir un grain fin qui peut retenir le graphite et permettre d'obtenir des lignes propres et noires. Cependant, si le papier est trop rugueux, il use le crayon excessivement et produit des lignes ébréchées et grenues. Le papier doit avoir une surface dure de sorte qu'il ne se rayera pas trop facilement lorsqu'une pression est appliquée au crayon.

Pour les dessins à l'encre, comme les illustrations dans les livres et les catalogues, on utilise des papiers blancs. Les meilleurs papiers sont disponibles en plusieurs épaisseurs, tels que deux plis, trois plis et quatre plis.

2.64 **Papiers calques.** Le *papier calque* est un papier mince et transparent sur lequel on trace des dessins dans le but de les reproduire par impression en bleu ou par d'autres procédés semblables. Les tracés peuvent aussi être faits à l'encre. La plupart des papiers calques sont conçus pour le crayon ou l'encre, mais certains d'entre eux sont spécialement conçus pour l'un ou l'autre.
sont spécialement conçus pour l'un ou l'autre.

Il existe deux sortes de papiers calques. (1) Les papiers qui sont traités à l'huile, à la cire ou avec des substances semblables qui les rendent plus transparents; ce sont les vélins. (2) Les papiers qui ne sont pas traités, mais qui peuvent être quand même assez transparents, par suite de la haute qualité des matériaux utilisés et des méthodes de fabrication.

Certains papiers traités se détériorent rapidement avec l'âge, devenant, dans plusieurs cas, cassants dans l'espace de quelques mois. Il existe toutefois quelques vélins excellents. Les papiers non traités sont fabriqués entièrement de chiffon de bonne qualité; ils durent indéfiniment et demeurent résistants. (Pour l'étude des méthodes de traçage, voir les sections 2.53 et 2.54.)

2.65 **Toile à tracer.** La *toile à tracer* est un tissu de mousseline transparent (du coton et non pas de la « toile » comme on le suppose habituellement) apprêté avec un composé d'empois ou de plastique, ce qui lui confère une bonne surface de travail soit pour le crayon soit pour l'encre. Elle est beaucoup plus dispendieuse que le papier calque. La toile à tracer est disponible en rouleau de largeurs standard et aussi en feuilles de

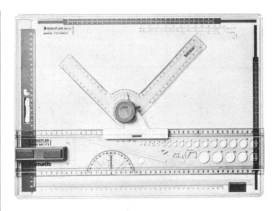

Gracieuseté de Staedtler-Mars Ltd.

Figure 2.84 **Planche à dessin avec tête à dessiner.**

formats standard avec ou sans bordure et cartouche imprimés.

Pour les tracés au crayon, il existe des toiles spéciales. Plusieurs dessinateurs font leur dessin au crayon directement sur cette toile, ce qui les dispense complètement du dessin préliminaire au crayon sur le papier et ce qui leur permet d'économiser bien du temps. Ces toiles ont généralement une surface qui permet d'obtenir des lignes noires et opaques lorsque l'on utilise des crayons durs. Par conséquent, les dessins ne se salissent pas facilement et ils résistent bien à la manipulation.

2.66 **Film à tracer.** Les films à base de polyester sont un support de qualité supérieure; ils remplacent graduellement les toiles et font concurrence aux vélins. Les films sont traités en surface, recto ou recto-verso, par un revêtement très mince de *Mylar*, qui prend remarquablement l'encre et le crayon. Ils sont transparents et doués d'une grande stabilité dimensionnelle. Ils ne claquent pas sous la main du dessinateur et ils sont également très résistants et pratiquement indéchirables.

Il existe aussi des grandes feuilles d'aluminium, recouvertes de pellicules plastiques, que l'on utilise surtout dans les industries de l'automobile et de l'aéronautique pour l'exécution des plans en grandeur nature.

61

Format SI	Grandeur nominale		Format (pouce)	Grandeur nominale (pouce)
	mm	pouce		
A0	841 × 1189	33.11 × 46.81	E	34 × 44
A1	594 × 841	23.39 × 3.11	D	22 × 34
A2	420 × 594	16.54 × 23.39	C	17 × 22
A3	297 × 420	11.69 × 16.54	B	11 × 17
A4	210 × 297	8.27 × 11.69	A	8.5 × 11

Figure 2.85 Formats normalisés.

Une pointe métallique tient lieu de crayon et les plans sont reproduits photographiquement.

2.67 Formats normalisés. Dans le système impérial, les formats des feuilles sont basés sur ceux des en-têtes commerciaux (8½″ × 11″) et sur les rouleaux de papier et de toile de 36″ et de 42″ de largeur. Tous les formats sont des multiples du format A (8½″ × 11″), le plus petit côté étant doublé à chaque fois. La figure 2.85 fournit les dimensions exactes de chaque format ainsi que les équivalents du SI.

En SI, les formats sont basés sur le format A0 dont la surface est égale à un mètre carré et dont le rapport de la longueur sur la largeur est égal à $\sqrt{2}$. Ce rapport s'applique à tous les formats et, de plus, chaque format a une surface égale à la moitié de celle du format précédent (figure 2.86). Ainsi, un format peut être photographiquement réduit ou agrandi à un autre, sans laisser de marge vide, ce qui n'est pas le cas pour les formats du système impérial.

Les formats s'emploient indifféremment en longueur ou en largeur. Il faut choisir le format le plus petit compatible avec la lisibilité optimale du dessin.

2.68 Mise en page. La figure 2.87 représente une mise en page courante pour les dessins. Elle comporte des éléments graphiques permanents destinés à faciliter leur microcopie, leur reproduction (échelle graphique, repères d'orientation, de centrage),

Figure 2.86 Relation entre différents formats SI.

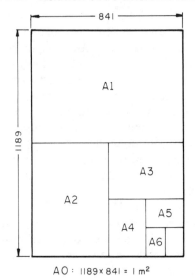

AO : 1189 × 841 = 1 m²

Figure 2.87 Mise en page typique.

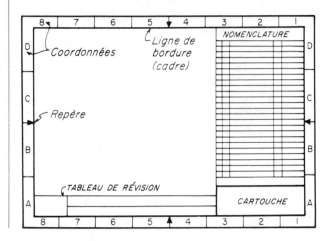

la localisation rapide d'un détail du dessin (coordonnées ou zones) ou le pliage précis de la feuille.

2.69 **Problèmes sur les dessins aux instruments.** Toutes les constructions qui suivent (figures 2.88 à 2.98) doivent être tracées au crayon sur les dispositions A-2 (voir l'intérieur de la couverture arrière du volume). Les étapes à suivre pour construire cette disposition sont illustrées à la figure 2.56. Dessinez toutes les lignes de construction *légèrement* avec une mine dure (4H à 6H), et toutes les lignes définitives en noir dense avec une mine plus tendre (F à H). Si toutes les lignes de construction sont tracées adéquatement, c'est-à-dire légèrement, elles n'ont pas besoin d'être effacées.

Si le travail doit être fait sur une feuille de format A-4, il faut ajuster les dimensions du bandeau (cartouche en bordure) afin qu'il ait sa place dans l'espace disponible.

Les dessins des figures 2.93 à 2.98 doivent être faits au crayon, de préférence sur du papier calque ou du vélin; ensuite, il faudrait en tirer des copies afin de vérifier l'efficacité technique de l'étudiant. Si des tracés à l'encre sont nécessaires, les originaux peuvent être tracés sur un film ou sur du papier à dessin et ensuite sur du vélin ou sur une toile. Dans tout problème posé, le professeur peut exiger que toutes les dimensions et les notes soient écrites, de façon à servir de pratique du lettrage.

Les problèmes du chapitre 4, « Tracés géométriques » fournissent un excellent entraînement additionnel pour développer l'habileté à utiliser les instruments de dessin.

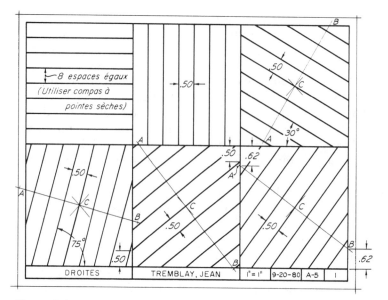

Figure 2.88 Utilisez la disposition A-2 ou A4-2 (modifiée); divisez la surface utile en six rectangles égaux et tracez les droites telles qu'elles sont illustrées. Tracez des lignes de construction AB qui passent par les centres C et qui font un angle droit avec les droites données; ensuite, tracez des droites parallèles à AB avec une interligne de 0.50″. Omettez les cotes et les notes explicatives.

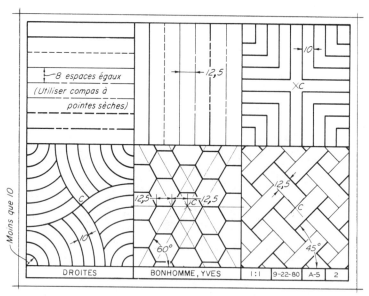

Figure 2.89 Utilisez la disposition A-2 ou A4-2 (modifiée); divisez la surface utile en six rectangles égaux et tracez les lignes telles qu'elles sont illustrées. Dans les deux premiers rectangles, dessinez des lignes conventionnelles, conformément à la figure 2.15. Dans les autres rectangles, localisez les centres C à l'aide des diagonales et, ensuite, exécutez les tracés à partir des centres vers l'extérieur. Omettez les cotes en SI et les notes explicatives.

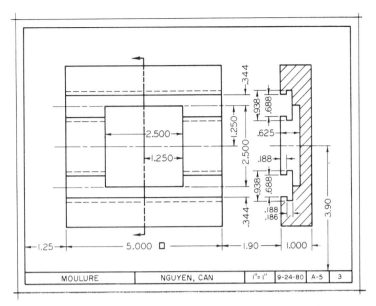

Figure 2.90 Utilisez la disposition A-2 ou A4-2 (modifiée); tracez au crayon les vues telles qu'elles sont illustrées. Omettez toutes les cotes.

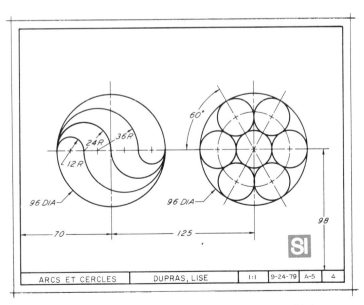

Figure 2.91 Utilisez la disposition A-2 ou A4-2 (modifiée); tracez au crayon les figures illustrées. Utilisez le compas à balustre. Omettez les cotes.

65

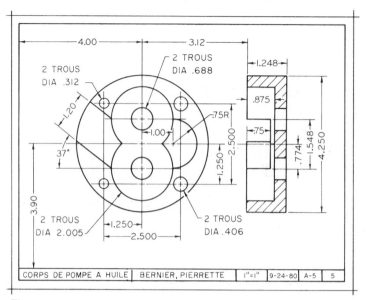

Figure 2.92 Utilisez la disposition A-2 ou A4-2 (modifiée); tracez au crayon les vues illustrées. Utilisez le compas à balustre. Omettez les cotes.

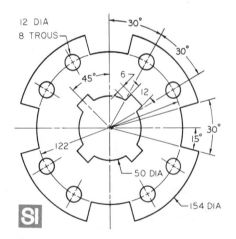

Figure 2.93 **Plaque de friction.** Utilisez la disposition A-2 ou A4-2 (modifiée); tracez au crayon les vues. Omettez les cotes et les notes.

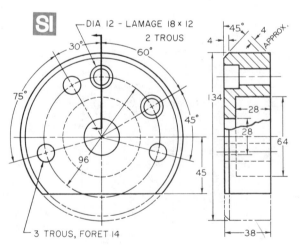

Figure 2.94 **Couvercle d'étanchéité.** Utilisez la disposition A-2 ou A4-2 (modifiée); tracez au crayon les vues. Omettez les cotes et les notes. (Voir la section 7.8.)

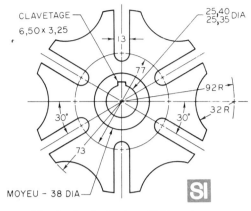

Figure 2.95 Croix de Malte. Utilisez la disposition A-2 ou A4-2 (modifiée); tracez au crayon. Omettez les cotes et les notes.

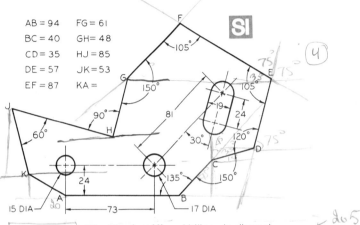

AB = 94	FG = 61
BC = 40	GH = 48
CD = 35	HJ = 85
DE = 57	JK = 53
EF = 87	KA =

Figure 2.96 Cisaille de tôlier. Utilisez la disposition A-2 ou A4-2 (modifiée); tracez au crayon avec précision. Déterminez la longueur de KA. Omettez les cotes et les notes.

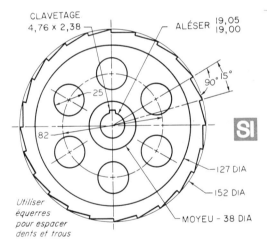

Figure 2.97 Roue à rochet. Utilisez la disposition A-2 ou A4-2 (modifiée); tracez au crayon. Omettez les cotes et les notes.

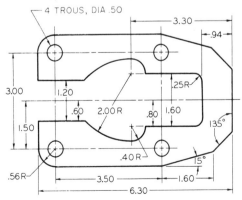

Figure 2.98 Plaque de verrouillage. Utilisez la disposition A-2 ou A4-2 (modifiée); tracez au crayon. Omettez les cotes et les notes.

67

écriture

3.1 Origine des formes de lettres. Le dessin des formes modernes des lettres a son origine dans les hiéroglyphes égyptiens (figure 1.3), qui furent transformés ensuite en écriture hiéroglyphique cursive ou écriture hiératique. Les Phéniciens l'ont adopté et l'ont développé en un alphabet de 22 lettres. Cet alphabet a été utilisé plus tard par les Grecs, mais sous deux types distincts selon les régions du territoire grec: le type grec oriental, utilisé aussi en Asie mineure et le type grec occidental utilisé dans les colonies grecques à l'intérieur et près de l'Italie. De cette manière, l'alphabet grec occidental est devenu, vers 700 av. J.-C. l'alphabet latin qui, à son tour, fut utilisé à travers le monde ancien.

A l'origine, l'alphabet romain comprenait 22 caractères et ceux-ci ont demeuré prati-quement inchangés jusqu'à nos jours. On peut encore les voir sur la colonne de Trajan et sur d'autres monuments romains. La lettre V a été utilisée pour représenter U et V jusqu'au Xe siècle. Le dernier des 26 caractères, J, a été adopté à la fin du XIVe siècle comme une modification de la lettre I. Le point au-dessus de la lettre minuscule j rappelle son lien de parenté avec la lettre i. Les nombreux styles modernes de lettres sont dérivés de dessin des capitales, ou majuscules, romaines initiales.

Avant l'invention de la typographie par Gutenberg au XVe siècle, les lettres étaient exécutées à main levée et leurs dessins étaient modifiés et décorés au goût de l'exécutant. En Angleterre, ces caractères sont devenus ceux qui sont appelés *Old English*. Les anciens imprimeurs allemands ont adopté les carac-

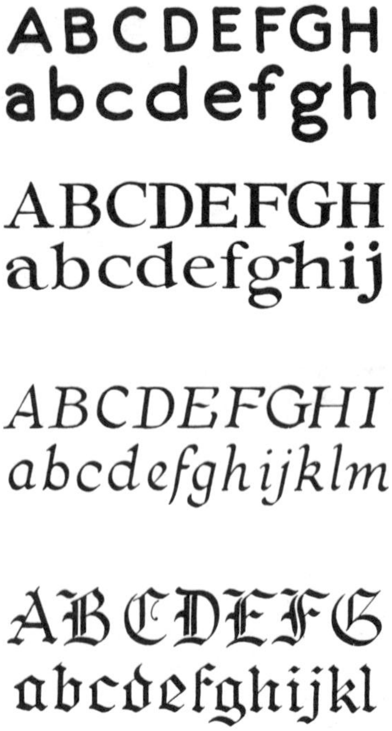

ABCDEFGH
abcdefgh

GOTHIQUE Tous les caractères composés de traits simples d'épaisseurs uniformes sont appelés caractères gothiques.

ABCDEFGH
abcdefghij

ROMAIN Tous les caractères à pleins et déliés, ou ceux qui possèdent des empattements, sont appelés caractères romains. Il faut noter que les caractères droits sont souvent appelés caractères romains.

ABCDEFGHI
abcdefghijklm

ITALIQUES Tous les caractères penchés sont appelés italiques. Ils peuvent se subdiviser en caractères italiques romains, italiques gothiques et italiques écritures.

𝕬𝕭𝕮𝕯𝕰𝕱𝕲
𝖆𝖇𝖈𝖉𝖊𝖋𝖌𝖍𝖎𝖏𝖐𝖑

ÉCRITURE Ce terme englobe tous les styles de Old English, d'Allemand ancien, de Bradley et de certains autres noms commerciaux. Ces styles ne sont pas assez lisibles pour être utilisés en dessin.

Figure 3.1   Une classification de styles d'écriture.

tères Old English qui sont d'ailleurs encore en usage dans ce pays. Les premiers imprimeurs italiens employaient les caractères romains qui furent introduits plus tard en Angleterre et qui remplacèrent graduellement les caractères *Old English*. Les capitales romaines nous sont parvenues virtuellement dans leurs formes originales.

3.2   Styles de caractères. Une classification des principaux styles de caractères est illustrée à la figure 3.1. Ceux-ci sont réalisés à l'aide des plumes *Speedball*, de sorte qu'il s'agit généralement de lettres à traits simples.

Figure 3.2   Variation de chasse de caractères.

ÉCRITURE ÉTROITE
ÉCRITURE LARGE
Écriture étroite
Écriture large

Il est à noter que cette classification n'est pas universelle; d'autres auteurs regroupent les styles soit d'après la forme des empattements, soit d'après d'autres critères tels que les époques de création, les auteurs, les formes des caractères, etc.

L'écriture à pleins et déliés est constituée par des caractères dont l'épaisseur est variable; un même caractère présente des parties épaisses ou *pleins* ou des parties minces ou *déliés* (figures 3.39 et 3.42). Le style le plus simple et le plus lisible est le *style gothique*, à partir duquel l'écriture industrielle contemporaine est dérivée. Les caractères droits sont dits *romains*, alors que les caractères penchés sont dits *italiques*.

A l'intérieur d'un ensemble de même style graphique, il existe une hiérarchie qui commence par les *capitales*, que l'on appelle encore *majuscules*; viennent ensuite les caractères en *bas de casse*, appelés couramment *minuscules*; enfin, il y a les *petites capitales* qui sont des majuscules de la taille des minuscules, c'est-à-dire des capitales possédant un *oeil* (surface imprimante) de bas de casse.

3.3   Largeur des caractères. Selon les besoins du dessin ou de l'espace disponible, les caractères peuvent être élargis ou resserrés, c'est-à-dire qu'ils peuvent être modifiés à partir du caractère *normal* pour donner le caractère *étroit* et le caractère *large* (figure 3.2). La largeur (ou la *chasse*) conventionnelle des caractères normalisés en dessin technique est illustrée aux figures 3.18 et 3.19.

3.4   La force du tracé des caractères. L'épaisseur des traits qui forment un caractère peut aussi être modifiée. On a ainsi des

MAIGRES
OU
GRAS

Figure 3.3   Variation de graisse de caractères.

caractères *maigres* (ou *fins*) et des caractères *gras* (figure 3.3), auxquels on peut ajouter les caractères *demi-gras* et *extra-gras*.

3.5 Écriture gothique à traits simples.
Au cours de la dernière partie du XIXe siècle, le développement de l'industrie et du dessin technique a mis en évidence la nécessité de créer une écriture simple et lisible, qui pouvait être exécutée rapidement avec des plumes ordinaires. A cette fin, C.W. Reinhardt, alors dessinateur en chef de la revue *Engineering News*, a élaboré un alphabet composé de capitales et de minuscules, penchées et droites[1], et basé sur l'écriture gothique ancienne (figure 3.38). Pour chaque caractère, il indique systématiquement une série de traits constituants. *L'écriture bâton* (section 3.6), utilisée de nos jours dans les dessins techniques, est fondée sur les travaux de Reinhardt.

3.6 Écriture normalisée.
Le premier pas vers la normalisation des écritures pour des fins industrielles a été franchi par C.W. Reinhardt (section 3.5). Cependant, comme il existait à cette époque une diversité confuse et inutile de styles et de formes d'écriture, le American National Standards Institute a suggéré, en 1935, des formes de caractères qui sont maintenant généralement considérés comme normes.

Le but de la normalisation est d'assurer la lisibilité, l'homogénéité et la reproductibilité des caractères. La norme actuelle au Canada (ACNOR B78.1-1967) et celle des États-Unis (ANSI Y14.2-1973) sont identiques et pratiquement la même que celle établie en 1935; seules les minuscules droites y ont été ajoutées depuis. Les exigences précitées de la normalisation sont satisfaites au mieux par le modèle d'écriture connu sous le nom de caractère majuscule normalisé, dit « bâton », tel qu'il est représenté aux figures 3.18 et 3.19. L'écriture droite et l'écriture penchée peuvent être toutes les deux utilisées; toutefois, elles ne peuvent jamais être employées

[1] Publié dans *Engineering News* vers 1893 et sous forme de manuel en 1895.

Figure 3.4 **Homogénéité de l'écriture.**

sur le même dessin. L'écriture droite est peut-être légèrement plus lisible que l'écriture penchée mais elle est plus difficile à exécuter. L'écriture apparaissant dans ce manuel est conforme aux normes.

Les sections suivantes décrivent les principales qualités de l'écriture ainsi que des conseils pratiques d'exécution.

3.7 Homogénéité.
Quel que soit le style de l'écriture, *l'homogénéité* est une qualité essentielle. Pour assurer une apparence agréable à l'oeil, il faut respecter l'uniformité des hauteurs, des proportions, de l'inclinaison, de la force des traits, de l'espacement entre les lettres et entre les mots (figure 3.4).

L'homogénéité en hauteur et en inclinaison des caractères peut être réalisée par l'utilisation des lignes guides (section 3.14). L'homogénéité de la force (l'épaisseur) des traits peut être obtenue seulement par l'utilisation

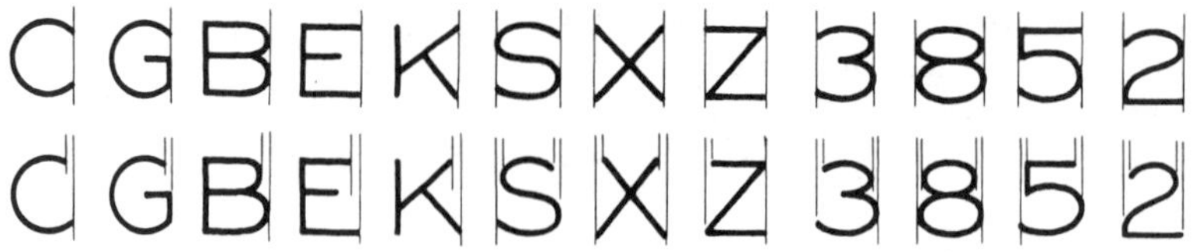

CGBEKSXZ3852
CGBEKSXZ3852

Figure 3.5 Stabilité des caractères.

habile de crayons et de plumes adéquatement choisis (sections 3.10 et 3.11).

3.8 Illusion optique. Le dessin des caractères implique une conception artistique dans laquelle les surfaces noires et les surfaces blanches sont soigneusement équilibrées pour produire un effet visuel agréable. Les caractères sont dessinés pour bien *paraître* de sorte qu'il faut tenir compte des erreurs de perception visuelle. Par exemple, à la figure 3.18, la largeur de la lettre H est plus faible que sa hauteur pour éliminer l'apparence d'un carré; le chiffre 8 est plus étroit du haut pour lui donner une stabilité, et la largeur de la lettre W est supérieure à sa hauteur pour éviter les angles trop aigus entre les traits.

3.9 Stabilité. Si la partie supérieure (dite zone caractéristique) de certains chiffres et de certaines lettres est de même largeur que celle du bas (dite zone de base), les caractères paraîtront trop lourds du haut. Pour y remédier, la largeur de la zone caractéristique est réduite quand cela est possible pour produire un effet de *stabilité* et une meilleure apparence (figure 3.5).

Si les barres horizontales des lettres B, E, F et H sont placées à la mi-hauteur, elles paraîtront plus basses que le centre. Pour parer à cette illusion optique, les barres doivent être tracées légèrement plus hautes que le centre.

3.10 Crayons pour lettrage. Les caractères au crayon peuvent être réalisés à l'aide d'une mine moyennement tendre (figure 2.12.c) ou à l'aide d'une mine mince calibrée (figure 2.19.c).

De nos jours, la majorité des plans sont tracés au crayon et reproduits en bleu ou par d'autres procédés. Pour obtenir une bonne reproduction, quel que soit le procédé employé, les traits des caractères doivent être **noirs et denses**, tout comme les autres tracés du dessin devraient l'être. Le degré de dureté de la mine à utiliser dépend largement du grain du support, les supports à gros grains exigeant des mines plus dures. La mine doit être suffisamment tendre pour produire des traits noirs, mais suffisamment dure de façon à ne pas s'user trop vite et à permettre l'exécution d'un trait net qui ne s'étale pas au moindre frottement.

3.11 Plumes pour le lettrage. Le choix d'une plume pour le lettrage est déterminé par la grandeur et le style de l'écriture, la force désirée des traits et la préférence personnelle du dessinateur. Ces conditions varient tellement qu'il est impossible de sug-

Figure 3.6 Plumes (grandeur nature).

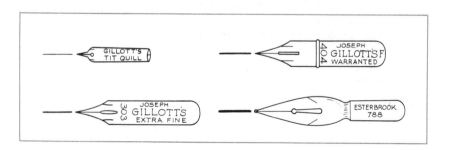

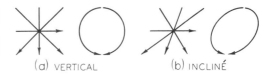

Figure 3.8 Traits fondamentaux des caractères.

gérer une plume spécifique. Ceux qui désirent vraiment développer l'habilité dans le lettrage apprendront, par expérience, quelle plume répond le mieux à leur besoin. La figure 3.6 illustre une variété de plumes qui donnent différentes épaisseurs de trait. Les traits d'épaisseur moyenne, produits par les plumes Gillott 303 et 404 (ou par des plumes équivalentes), sont appropriés aux écritures des notes et des cotes sur les plans, où les caractères ont habituellement une hauteur d'environ 3 mm ($^1/_8$″). Pour les caractères dont la hauteur varie entre 4 mm ($^3/_{16}$″) et 6 mm ($^1/_4$″), comme ceux des titres, les plumes à palettes peuvent être utilisées.

Les caractères plus grands que 13 mm ($^1/_2$″) exigent généralement des plumes spéciales. La plume *Speedball* est excellente pour les caractères gothiques (figure 3.1) et elle est souvent utilisée dans l'exécution des titres et des grands numéros de dessin se trouvant dans un coin du cartouche. D'autres modèles de plumes Speedball sont conçus pour les écri-

tures en caractères romains et en caractères écritures. Un avantage important de ces plumes est leur bas prix.

Les plumes *Barch-Payzant* sont disponibles en 11 grosseurs différentes, du numéro 000 (caractère extra-gras) au numéro 8 (caractère extra-fin). La plume numéro 8 produit un trait suffisamment fin pour l'exécution des écritures habituelles sur les dessins techniques.

Les plumes *Henry* sont disponibles en deux modèles, l'un avec une spatule à son extrémité et l'autre sans spatule. Ces plumes comportent un dispositif simple qui retient l'encre et qui empêche les deux parties du bec de s'écarter.

Le système de plumes tubulaires à réservoir *Leroy* (figure 3.31) permet de produire un trait uniforme tout en assurant une autonomie importante. Ce système comprend des plaques où se trouvent les lettres gravées qui servent de guides à un instrument traceur réglable. L'ergot du traceur suit la gravure de la lettre et le porte-plume tubulaire en reproduit le tracé, en lui conférant une inclinaison plus ou moins prononcée qui dépend du réglage de l'instrument. L'achat d'un tel ensemble se justifie pleinement lorsque l'on a à effectuer de nombreuses inscriptions sur les dessins. L'écriture à main levée est aussi possible avec ce système grâce à son porte-plume spécial.

Le stylo « Rapidograph » Koh-I-Noor et le stylo « Marsmatic 700 » Staedler possèdent un réservoir (voir la section 2.48). L'encre s'écoule dans la pointe tubulaire où est logé un fil métallique mobile. L'épaisseur du trait correspond au diamètre extérieur de la pointe.

Il faut toujours garder les plumes propres. Elles doivent être fréquemment nettoyées avec un solvant approprié afin de faciliter l'amorçage de l'encre et d'en assurer l'écoulement régulier sur le papier.

Figure 3.7 Plumes spéciales pour l'écriture à main levée.

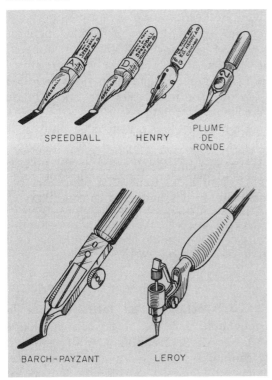

SPEEDBALL   HENRY   PLUME DE RONDE

BARCH-PAYZANT   LEROY

3.12 **Technique d'écriture.** *Toute personne peut apprendre à tracer les lettres, en autant qu'elle persiste intelligemment dans ses efforts.* Même si « la pratique fait la perfection », il faut se rappeler que la pratique seule n'est pas suffisante; elle doit être accompagnée d'un *effort continu d'amélioration.*

Le lettrage est du dessin à main levée et non pas de l'écriture courante. Ainsi, les six traits fondamentaux et leurs directions dans l'exécution à main levée sont essentiels au lettrage (figure 3.8). Les traits horizontaux sont dessinés de gauche à droite alors que tous les autres traits sont dessinés du haut vers le bas.

Un bon lettrage est toujours le fruit d'un effort consciencieux; il n'en est jamais autrement. La dextérité dans le dessin des lettres a peu de relations avec celle de l'écriture courante.

Il existe trois étapes nécessaires dans l'apprentissage du tracé des lettres:

1. Connaissance de la forme et des proportions de chaque lettre ou de chaque chiffre ainsi que de l'ordre d'exécution des traits. Personne n'est en mesure de faire un bon dessin de lettres sans avoir en mémoire, d'une façon claire et précise, l'image de chaque caractère.

2. Connaissance de la composition — les intervalles entre les caractères et entre les mots. Les règles, concernant le groupement des caractères pour réaliser l'équilibre optique de l'écriture, sont expliquées à la section 3.24.

3. Entraînement persistant accompagné d'un effort continu d'amélioration.

En premier lieu, il faut affûter la mine en pointe bien aiguë; ensuite, il faut l'épointer *très légèrement*: on frotte la mine sur un papier en tenant le crayon verticalement tout en le tournant pour en arrondir la pointe.

Il faut utiliser une mine plutôt tendre, telle que la mine F ou la mine H, sur le papier ordinaire; les traits doivent être *noirs* et *nets*, non pas grisâtres et flous. La pointe s'émousse après l'exécution de quelques caractères. Pour que les traits soient toujours nets, on tourne fréquemment le crayon de façon à ce que l'usure soit distribuée uniformément.

La position correcte pour tenir le crayon est illustrée à la figure 3.9. En général, les traits verticaux sont tracés du haut vers le bas avec un mouvement des doigts, tandis que les traits horizontaux sont dessinés de gauche à droite avec un mouvement du poignet. L'avant-bras doit être approximativement à angle droit avec la ligne de l'écriture et *appuyé sur la planche à dessin*; il ne doit jamais être suspendu dans l'air. Si la planche est petite, on peut la tourner d'environ 45° dans le sens anti-horaire jusqu'à ce que la ligne de l'écriture soit à peu près perpendiculaire à l'avant-bras. Si l'on ne peut pas déplacer la planche, il suffit de tourner le corps pour arriver à cette position relative.

Un exemple (grandeur nature) du dessin des caractères tracés selon la bonne technique est illustré à la figure 3.10.

Dans le lettrage à l'encre, la plupart des débutants ont tendance à exercer trop de pression sur la plume, produisant ainsi des traits d'épaisseurs inégales. Il faut choisir alors une plume à écartement fixe, une plume à palette ou une plume à pointe tubulaire. On écrit en exerçant une légère pression pour laisser couler l'encre librement plutôt que de la forcer en appuyant sur la pointe.

3.13 **Technique de lettrage pour les gauchers.** En général, les conseils donnés à la section 3.12 s'appliquent aux gauchers. Néanmoins, ceux-ci ont effectivement certains problèmes à développer leur propre

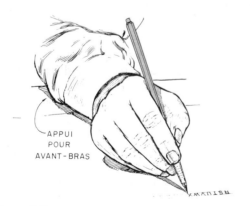

APPUI
POUR
AVANT-BRAS

Figure 3.9 **Position de la main pour l'écriture.**

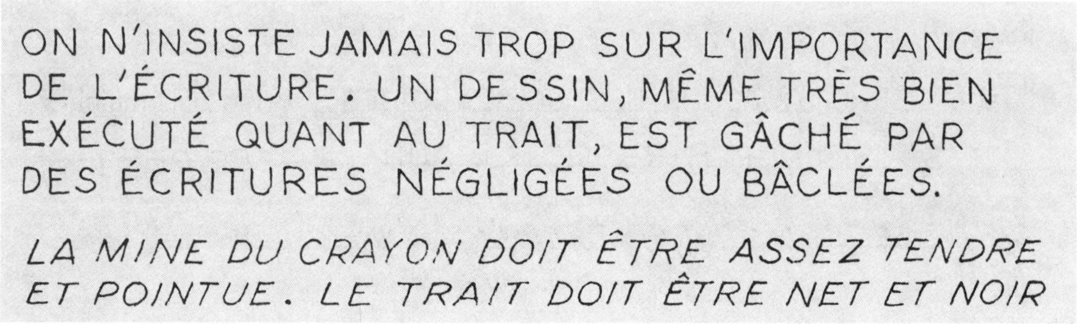

ON N'INSISTE JAMAIS TROP SUR L'IMPORTANCE
DE L'ÉCRITURE. UN DESSIN, MÊME TRÈS BIEN
EXÉCUTÉ QUANT AU TRAIT, EST GÂCHÉ PAR
DES ÉCRITURES NÉGLIGÉES OU BÂCLÉES.

*LA MINE DU CRAYON DOIT ÊTRE ASSEZ TENDRE
ET POINTUE. LE TRAIT DOIT ÊTRE NET ET NOIR*

Figure 3.10 **Écriture à main levée (grandeur nature).**

système de traits fondamentaux. Les traits, illustrés aux figures 3.18 et 3.19, sont ceux utilisés par les droitiers. Les habitudes des gauchers varient tellement d'une personne à l'autre qu'il est futile de suggérer un système standard de traits qui conviendrait à tous les gauchers. Ils doivent expérimenter eux-mêmes avec chaque caractère pour découvrir le système qui leur convient le mieux.

Le gaucher adopte une position naturelle qui est exactement opposée à celle du droitier; il est quand même en mesure d'effectuer la plupart des traits recommandés aux droitiers avec peut-être quelques modifications mineures. Il peut, par exemple, dessiner les traits verticaux du haut vers le bas et les traits horizontaux de gauche à droite. Il peut aussi préférer tracer un trait horizontal de droite à gauche et il doit procéder ainsi s'il constate que ce mouvement est plus naturel.

3.14   Lignes guides. Il est nécessaire de construire des lignes guides horizontales extrêmement légères pour uniformiser la hauteur des caractères. De plus, il faut ajouter des lignes guides verticales ou inclinées pour assurer le parallélisme des traits verticaux ou inclinés. Les lignes guides sont absolument essentielles au bon lettrage de sorte qu'elles doivent être considérées comme une aide bienfaisante plutôt qu'une exigence superflue. Paradoxalement, les meilleurs dessinateurs se servent toujours des lignes guides alors que les dessinateurs moins bons, qui en ont le plus besoin, ont tendance à négliger cette étape importante. (Voir la figure 3.11.)

Utilisez une mine de crayon relativement dure, telle que la mine 4H ou la mine 6H, dont la pointe conique est bien aiguisée (figure 2.12.c). Les lignes guides doivent être à peine visibles et *si légères qu'elles ne nécessitent pas de gommage*. Si les lettres sont à l'encre, les lignes guides peuvent être effacées à l'aide d'une gomme Artgum, une fois que l'encre est sèche (figure 2.17.b).

3.15   Lignes guides pour les capitales. Les lignes guides pour les capitales sont illustrées à la figure 3.12. Sur les dessins de fabrication, la hauteur normalisée pour le lettrage des cotes, des notes et de la nomenclature est de 3 mm ($^1/_8$"). De plus grands caractères, de 4 mm à 6 mm, devraient être employés pour les titres, les sous-titres et les numéros de dessins; il est permis aussi d'utiliser des caractères plus petits dans la colonne des modifications. L'espacement entre les lignes du lettrage devrait varier entre la moitié et la pleine hauteur des caractères. Les lignes guides verticales servent uniquement à mieux orienter les traits et non pas à espacer les caractères. Pour cette raison, elles sont tracées au hasard.

Les lignes guides pour les capitales penchées sont illustrées à la figure 3.13. Les normes canadiennes et américaines recommandent une pente de 5/2 (ou 68,2°). Cette pente peut être dessinée soit à l'aide d'une équerre à 60° (figure 3.13.b), soit à l'aide d'une équerre spéciale à 68,2° (figure 3.13.c), soit à l'aide des équerres à ligner (figures 3.16 et 3.17).

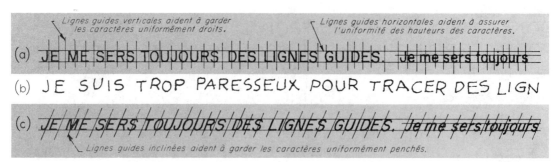

Figure 3.11 **Lignes guides.**

Pour espacer les lignes guides horizontales, on peut utiliser simplement une règle (figure 3.14.a) ou un compas à pointes sèches (figure 3.14.b). Ces deux méthodes peuvent aussi être appliquées au cas où l'on veut avoir des espacements entre les lignes plus petits que la hauteur des caractères (figures 3.14.c et 3.14.d).

Lorsque les capitales et les petites capitales sont dessinées en combinaison (figure 3.15), la hauteur des petites doit être comprise entre trois cinquièmes et deux tiers de celle des grandes.

3.16 Équerres à ligner. L'équerre à ligner est un petit instrument très pratique comportant des ensembles de trous. Les distances des trous correspondent aux différentes hauteurs d'écriture. Après avoir placé le crayon dans un trou, on trace une ligne guide horizontale en faisant glisser l'équerre le long de la lame du té. L'équerre à ligner *Braddock-Rowe* (figure 3.16) est aussi utile pour dessiner des hachures. Les chiffres au bas de l'équerre indique la hauteur d'écriture en trente-deuxièmes de pouce. Par exemple,

pour tracer des lignes servant à des caractères de $1/8''$ (3,2 mm) de hauteur, on utilise l'ensemble de trous au-dessus du chiffre 4. Pour les minuscules, on se sert de tous les trous du même ensemble; dans le cas des capitales, on omet le deuxième trou de chaque groupe. Les trous sont disposés de telle manière que les minuscules sont aux deux tiers de la hauteur des capitales, tout comme l'espacement entre les lignes du lettrage.

La série de trous à l'extrême gauche de l'instrument sert aux chiffres de $1/8''$ (3,2 mm) de hauteur et aux fractions de $1/4''$ (6,4 mm) de hauteur, ainsi qu'aux hachures à $1/16''$ (1,6 mm) d'interligne.

3.17 Équerre à ligner Ames. L'équerre Ames (figure 3.17) est un instrument ingénieux en plastique translucide comportant un disque qui peut tourner dans un châssis plat. La distance verticale entre les trous d'une même colonne est réglable par simple rotation du disque, ce qui permet d'obtenir des interlignes réglables. Ces interlignes, correspondant aux hauteurs des caractères, sont identifiés par des chiffres qui représen-

Figure 3.12 **Lignes guides pour les capitales droites.**

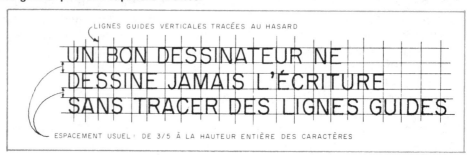

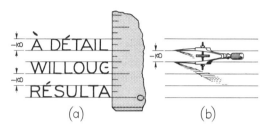

Figure 3.13 **Lignes guides pour les capitales penchées.**

Figure 3.14 **Espacement des lignes guides.**

tent des multiples d'un trente-deuxième de pouce. Ainsi, pour une hauteur d'écriture de ⅛″, on tourne le disque jusqu'à ce que le chiffre 4 soit vis-à-vis du repère. La colonne de trous au centre de l'instrument est destinée au dessin des lignes guides pour les chiffres et les fractions. La position 4 du disque permet alors de tracer les lignes guides pour les chiffres de ⅛″ de hauteur et des fractions de ¼″ de hauteur, comme l'illustre la figure 3.17.a.

Les première et troisième colonnes de trous sur le disque sont conçues pour tracer les lignes guides des capitales et des minuscules; la colonne identifiée par 3/5 est utilisée lorsque l'on veut dessiner des minuscules ayant une zone de base égale aux trois cinquièmes de la hauteur totale du caractère. La signification du nombre 2/3 est similaire. Ces nombres indiquent aussi l'espacement entre les lignes du lettrage. Dans chaque cas, on ne tient pas compte des trous du centre de chaque groupe pour l'écriture en capitales.

Les arêtes de l'équerre sont conçues en fonction de la construction des lignes guides verticales et obliques (figures 3.17.b et 3.17.c).

Des modèles métriques de l'équerre à ligner Ames sont aussi disponibles.

3.18 Capitales et chiffres droits (Figure 3.18). Afin de mieux illustrer la proportion des caractères et des chiffres, ceux-ci sont dessinés sur un quadrillage de 6 unités de hauteur. Les flèches numérotées indiquent le sens et l'ordre d'exécution des traits. La plupart des caractères ont une largeur de 5

Figure 3.15 **Capitales et petites capitales.**

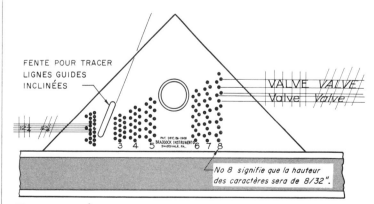

Figure 3.16 **Équerre à ligner Braddock-Rowe.**

77

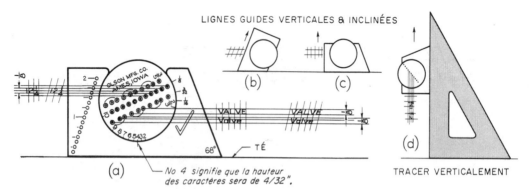

Figure 3.17 **Équerre à ligner Ames**.

ou 6 unités, tandis que tous les chiffres, excepté le 1, en ont 5.

Tous les traits horizontaux sont tracés de gauche à droite, et les autres traits de haut en bas; la plupart sont exécutés d'une façon naturelle et facile à retenir. Il est recommandé, au début, de bien apprendre la proportion des caractères ainsi que l'ordre d'exécution

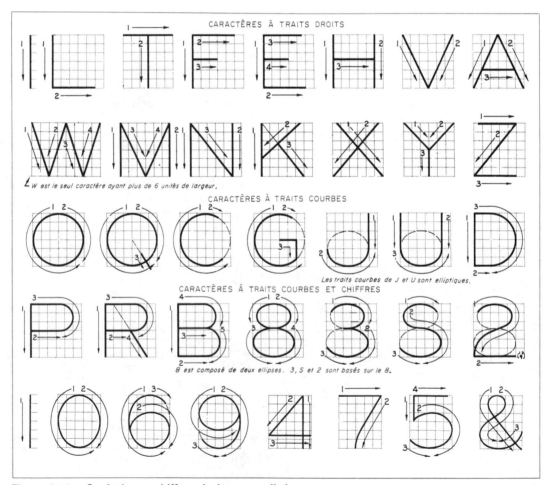

Figure 3.18 **Capitales et chiffres droits normalisés**.

3.20
Lignes guides
pour les nom-
bres entiers et
les fractions

CARACTÈRES À TRAITS DROITS

W est le seul caractère ayant plus de 6 unités de largeur.

CARACTÈRES À TRAITS COURBES

Les traits courbes sont elliptiques.

CARACTÈRES À TRAITS COURBES ET CHIFFRES

8 est composé de deux ellipses. 3, S et 2 sont basés sur le 8.

0, 6 et 9 sont elliptiques.

Figure 3.19 Capitales et chiffres penchés normalisés.

des traits. On atteint cet objectif en s'entraînant à exécuter l'écriture sur du papier quadrillé.

Les caractères présentés à la figure 3.18 sont groupés en caractères à traits droits et en caractères à traits courbes. Ces derniers sont tracés à partir de cercles, à l'exception des lettres J et U et des chiffres, qui sont tracés à partir d'ellipses. (Voir aussi la section 3.15 pour les dimensions recommandées des caractères.)

3.19   Capitales et chiffres penchés (Figure 3.19).   La proportion, l'ordre d'exécution et la direction des traits des caractères penchés sont les mêmes que ceux des caractères droits. La méthode de construction des lignes guides

appropriées est exposée aux sections 3.15 et 3.20. L'inclinaison normalisée des caractères est de 5/2 ou 68,2° par rapport à l'horizontale. Les lettres telles que V, A, W, X et Y doivent être « symétriques » par rapport à une ligne oblique imaginaire.

3.20   Lignes guides pour les nombres entiers et les fractions.   Les lignes guides

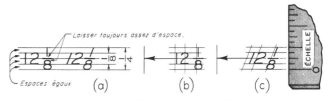

Laisser toujours assez d'espace.

Espaces égaux   (a)   (b)   (c)

Figure 3.20 Lignes guides pour les chiffres.   **79**

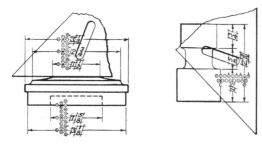

Figure 3.21 Utilisation de l'équerre à ligner Braddock-Rowe.

doivent être tracées très légèrement à l'aide d'une mine dure (4H à 6H).

Les fractions étant deux fois plus hautes que les nombres entiers, il faut tracer cinq lignes guides équidistantes (figure 3.20). Afin de laisser un espace suffisant autour du trait horizontal de la fraction, les chiffres au numérateur et au dénominateur doivent être dessinés à une hauteur d'environ trois quarts de celle des nombres entiers.

Pour les cotes des plans, la hauteur recommandée pour les nombres entiers est de 3 mm (ou $^1/_8''$), alors que celle des fractions est de 6 mm (ou $^1/_4''$). Les lignes guides verticales ou obliques sont tracées au hasard pour mieux orienter les traits.

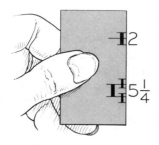

Gracieuseté du professeur Albert Jorgensen

Figure 3.22 Indicateur de corps.

Figure 3.23 Erreurs courantes.

Les équerres à ligner (sections 3.16 et 3.17) sont très utiles pour la construction des lignes guides. Lorsque la qualité du dessin n'est pas primordiale, le dessinateur expérimenté peut se permettre de passer outre aux lignes guides en se servant d'une petite carte qu'il a préparée lui-même (figure 3.22). Les marques sur la carte guideront le dessinateur lors de l'écriture des chiffres.

Les erreurs les plus courantes dans le dessin des fractions sont illustrées à la figure 3.23. Notons seulement l'erreur illustrée en (b): il faut toujours centrer les chiffres au dénominateur par rapport aux chiffres au numérateur.

3.21 Lignes guides pour les minuscules.
Les minuscules, ou bas de casse, requièrent quatre lignes guides (figure 3.24.a). La ligne du bas est habituellement omise puisque seulement cinq caractères possèdent une queue. Le corps a des minuscules (hauteur sans jambages) peut varier entre trois cinquièmes et deux tiers de la hauteur b.

Pour obtenir des interlignes précis, on peut se servir d'une échelle (figures 3.25.a et 3.25.b) ou, encore mieux, d'une équerre à ligner (figures 3.16 et 3.17). Il faut ajouter, au hasard, des lignes guides verticales ou obliques pour uniformiser la direction des traits (figure 3.24).

3.22 Minuscules droites (Figure 3.26).
Les minuscules droites sont très rarement utilisées en dessin de mécanique mais très fréquemment en cartographie. Elles sont composées de traits circulaires et droits comportant quelques variations. Le corps de la lettre (sans jambages) a habituellement une

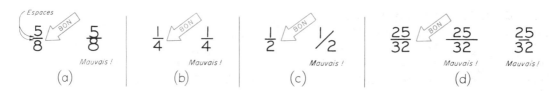

(a) (b) (c) (d)

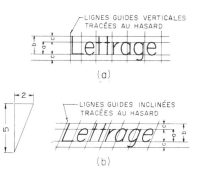

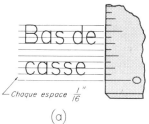

Figure 3.24 **Lignes guides pour les minuscules.**

hauteur égale aux deux tiers de celle des capitales. (Voir aussi la section 3.21.)

3.23 **Minuscules penchées** (Figure 3.27). Les minuscules penchées, tout comme les capitales penchées, ont une inclinaison de 68,2° par rapport à l'horizontale. La proportion, l'ordre d'exécution et la direction des traits sont identiques à ceux des minuscules droites. Les traits circulaires deviennent des ellipses dont les grands axes font un angle de 45° avec l'horizontale. (Pour le tracé des lignes guides, voir la section 3.21.)

3.24 **Espacement des lettres et des mots.** Les lettres sont presque toujours groupées en mots de sorte que l'aspect d'ensemble de ces groupements impressionne l'oeil. Il faut donc respecter certaines règles

Figure 3.25 **Espacement à l'aide de la règle.**

relatives à l'espacement optique entre les noirs et les vides des lettres qui se succèdent. *Les surfaces optiques entre les lettres, non pas les distances entre celles-ci, doivent être approximativement égales.* A la figure 3.28.a, les distances entre les lettres sont effectivement égales mais celles-ci paraissent inégalement espacées. Par contre, à la figure 3.28.b, les distances ont été conçues intentionnellement inégales pour produire des surfaces optiques égales entre les lettres, de sorte que le mot est harmonieusement dessiné, créant un équilibre optique agréable à l'oeil.

L'espacement doit être maximal entre deux lettres lorsque les traits verticaux se succè-

Figure 3.26 **Minuscules droites normalisées.**

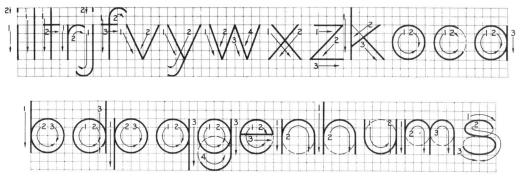

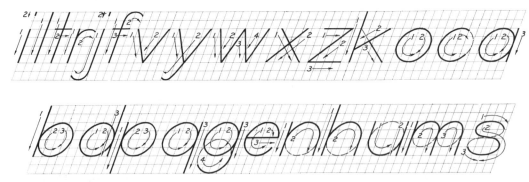

Figure 3.27 **Minuscules penchées normalisées.**

dent (IN et NE, par exemple); il doit être réduit dans d'autres cas (OR et IC, par exemple) et nul dans les cas où deux lettres doivent se chevaucher (AV et TA, par exemple). On doit bien espacer les mots en laissant un espacement équivalent à la largeur de la capitale O entre ceux-ci (figure 3.29).

Quand le groupement de caractères doit s'arrêter à un endroit précis (figure 3.30.a), on doit espacer chaque caractère de *droite à gauche*, comme l'indique l'étape II de la figure, en estimant à l'oeil la largeur de chaque caractère. Ensuite, il faut dessiner les caractères de gauche à droite (étape III).

Quand le groupement de caractères doit être centré par rapport à un axe (figure 3.30.b), tel que dans le cas des titres (figures 3.35 à 3.37), on doit numéroter les caractères et suivre les trois étapes indiquées à la figure 3.30.b. Il faut tenir compte de la largeur relative des caractères pour bien situer le milieu du groupement.

Une méthode rapide consiste à esquisser le groupement de caractères sur le bord infé-rieur d'une feuille brouillon comme l'illustre la figure 3.30.c, et de placer cette feuille immédiatement au-dessus de l'endroit où l'on veut réaliser le lettrage définitif.

3.25 **Moyens mécaniques pour le lettrage.** On peut dessiner l'écriture soit à main levée soit à l'aide d'un instrument spécial, le *trace-lettres*. On peut aussi réaliser le lettrage en utilisant des lettres déjà dessinées ou en se servant d'une machine à écrire spéciale.

Le principe de fonctionnement des trace-lettres consiste à guider une plume tubulaire directement ou indirectement grâce à un modèle. Il existe deux types de trace-lettres: les systèmes du type « *Leroy* » et les *pochoirs* ou *normographes*.

Le système à tracer « *Leroy* » est peut-être le trace-lettres le plus utilisé par les dessinateurs professionnels (figure 3.31.a). Il comprend essentiellement un traceur réglable et un assortiment de plaques en matière plastique sur lesquelles sont gravés des ca-

Figure 3.28 **Groupement des caractères.**

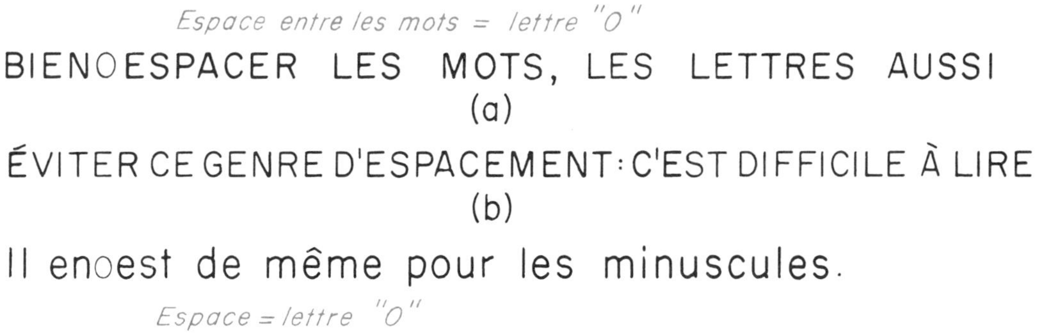

Espace entre les mots = lettre "O"

BIENOESPACER LES MOTS, LES LETTRES AUSSI
(a)

ÉVITER CE GENRE D'ESPACEMENT : C'EST DIFFICILE À LIRE
(b)

Il enoest de même pour les minuscules.

Espace = lettre "O"

Figure 3.29 **Groupement des mots.**

ractères de différentes dimensions. L'ergot du traceur suit la gravure en creux du caractère et le porte-plume tubulaire du traceur reproduit le tracé sur le papier. En réglant la position du bras supporteur de l'ergot, on peut obtenir des caractères plus ou moins penchés.

Le système à tracer « *Wrico* » (figure 3.31.b) est semblable au système « *Leroy* ». Le système « *Varigraph* » (figure 3.31.c) est plus élaboré alors que le système « *Letterguide* » (figure 3.31.d) est beaucoup plus simple.

Les *normographes* (figure 3.32) sont des plaques de plastique dans lesquelles les lettres ont été découpées. Pour dessiner les lettres, on introduit verticalement une plume tubulaire à travers la lumière de l'instrument et on suit les rives du pourtour.

Les *transferts* — lettres adhésives sur pellicule de plastique — sont des matériaux modernes utilisés dans le lettrage. Ils existent sous deux formes: dans l'une, l'inscription autocollante est fixée au verso de la pellicule (figure 3.33) de sorte qu'elle est transférée sur le dessin par simple pression comme en décalcomanie; dans l'autre, l'inscription est imprimée sur l'endos de la pellicule transparente (figure 3.34); le verso auto-collant permet de fixer l'inscription définitivement sur le dessin.

Il existe aussi certaines machines à écrire spécialement conçues pour la frappe directe sur les plans.

Enfin, quel que soit le moyen de lettrage choisi, quel que soit le style de caractère utilisé, le lettrage doit être lisible et reproductible sur microfilm.

3.26 **Inscription des titres.** L'inscription des titres sur les dessins industriels est relativement facile. Dans la majorité des cas, les titres doivent être inscrits à l'intérieur d'un espace rectangulaire du cartouche déjà imprimé sur la feuille à dessin. Il suffit d'appliquer une des méthodes illustrées aux figures 3.30.b et 3.30.c (section 3.24). Si le support utilisé est transparent, on peut même glisser l'ébauche sous celui-ci et calquer directement le titre sur le plan (figure 3.35).

Figure 3.30 **Inscription d'un groupement de mots.**

(a) GROUPEMENT DE CARACTÈRES LIMITÉ PAR LA DROITE   (b) GROUPEMENT DE CARACTÈRES CENTRÉ SUR UN AXE   (c) GROUPEMENT DE CARACTÈRES POSITIONNÉ À L'AIDE D'UN BROUILLON

Gracieuseté de Keuffel et Esser Co.

(a) SYSTÈME LEROY

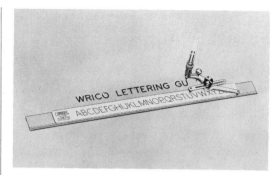

Gracieuseté de Wood-Regan Instrument Co., Inc.

(c) SYSTÈME WRICO

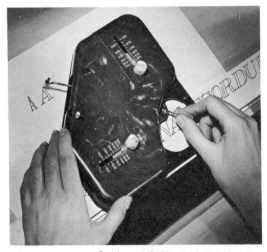

Gracieuseté de The Varigraph Co., Inc.

(b) SYSTÈME VARIGRAPH

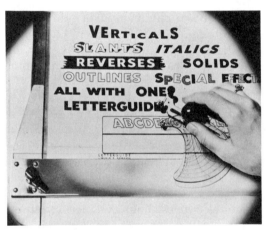

Gracieuseté de Letterguide.

(d) SYSTÈME LETTERGUIDE

Figure 3.31   **Systèmes à tracer**.

Si la feuille ne comporte pas un cartouche déjà imprimé, le dessinateur peut y tracer lui-même un encadrement rectangulaire dans le coin droit inférieur et y inscrire le titre ainsi que les autres informations pertinentes. La figure 3.36 en donne un exemple.

Sur les plans architecturaux ou sur les cartes sophistiqués, les titres peuvent être dessinés en caractères à pleins et déliés (figure 3.37).

3.27   Caractères gothiques (Figure 3.38). Parmi les nombreux styles de caractères gothiques, celui qui est démuni d'empattement, style sans sérif, est le seul qui intéresse les ingénieurs. En effet, c'est à partir de ce style que l'écriture « bâton » utilisée en dessin technique est dérivée. Il est admis que ces caractères ne sont pas aussi beaux que plusieurs autres styles, mais ils sont très lisibles et comparativement faciles à tracer.

Dans le cas du caractère gras, on trace d'abord le contour des lettres et on les noircit ensuite (figure 3.39). La largeur des hampes se situe entre un cinquième et un dixième

Gracieuseté de Staedtler-Mars Ltd.

Figure 3.32 **Normographe ou trace-lettres**.

Gracieuseté de Letraset Canada Ltd

Figure 3.33 **Transferts pour le lettrage**.

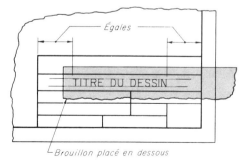

Gracieuseté de 3M Canada Inc.

Figure 3.34 **Système de lettrage 3M**.

de la hauteur, ou corps, des caractères. La figure 3.39.b illustre un exemple d'écriture gothique étroite.

3.28 **Caractère romain ancien** (Figure 3.40). Le caractère romain aincien constitue la base de toutes nos écritures, et il est encore considéré parmi les plus beaux. Ce caractère est surtout utilisé par les architectes. A cause de sa grande beauté, on le retrouve très souvent sur des édifices, des monuments, des murs de pierre ou des plaques de bronze. Au début, le tracé de ces caractères sur les anciens manuscrits était fait avec des plumes de roseaux. Maintenant, plusieurs plumes en acier permettent le dessin de ces caractères.

3.29 **Caractère romain moderne** (Figure 3.42). Le caractère romain moderne a été développé au cours du XVIIIe siècle par les fondeurs de caractères d'imprimerie; on le retrouve actuellement dans la plupart des journaux, des revues et des livres. Il est fréquemment utilisé sur les cartes, particuliè-

Égales

TITRE DU DESSIN

Brouillon placé en dessous

Figure 3.35 **Centrage du titre dans le cartouche**.

MEULE POUR OUTILS
GLISSIÈRE PORTE-OUTIL
GRANDEUR NATURE
CARTIER MACHINERIE
QUÉBEC, QC
DESSINÉ PAR _____ VÉRIFIÉ PAR _____

Figure 3.36 Inscription d'un titre équilibré.

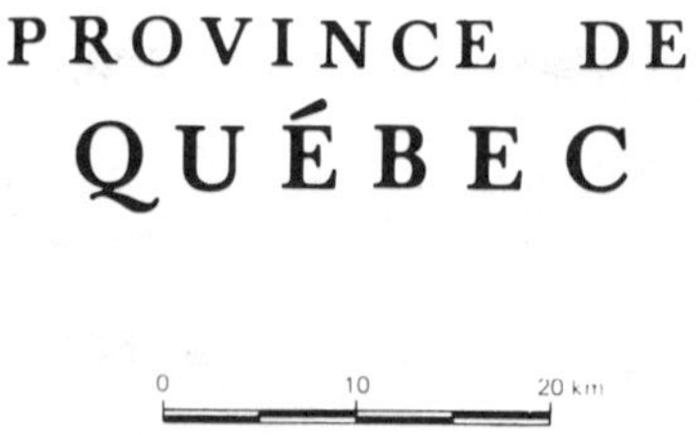

PROVINCE DE
QUÉBEC

0   10   20 km

Figure 3.37 Titre équilibré de cartes.

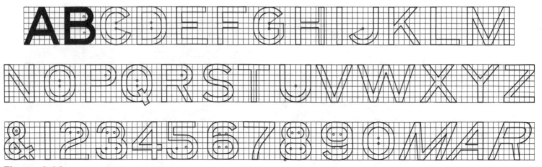

Figure 3.38 Capitales gothiques.

(a)   (b)

Figure 3.39 Dessin des caractères gothiques.

ABCDEFGHIJKLM
NOPQRSTUVW
XYZ1234567890abcd
efghijklmnopqrstuvwxyz

Figure 3.40 Capitales romaines anciennes, chiffres et minuscules de même conception.

Figure 3.41   **Utilisation de la plume.**

rement pour les titres. Les minuscules penchées (figure 3.43) peuvent être facilement dessinées à main levée. Ce caractère est aussi utilisé sur les cartes et sur les dessins de brevet.

3.30   Lettrage des cartes. Le caractère romain moderne est habituellement employé dans le dessin des écritures des cartes de la façon suivante:
1. *Capitales droites:* Titres, noms des pays, des provinces et des grandes villes (voir la section 3.26).

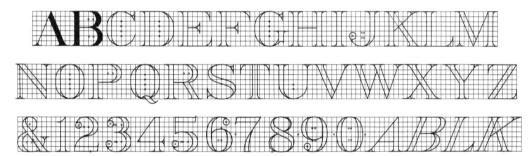

Figure 3.42   **Capitales et chiffres romains modernes.**

Figure 3.43   **Minuscules romaines modernes.**

87

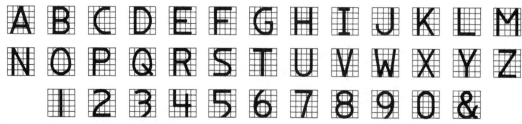

Figure 3.44   Alphabet « Microfont ».

2. *Minuscules droites:* Noms des petites villes, des villages et ainsi de suite.
3. *Capitales penchées:* Noms des océans, des baies, des détroits, des grands lacs et des fleuves.
4. *Minuscules penchées:* Noms des rivières, des cours d'eau, des petits lacs, des marais, etc.

Les caractéristiques topographiques importantes, telles que les montagnes et les canyons, sont décrites par l'écriture gothique droite (figure 3.18) alors que les caractéristiques moins importantes, comme les vallons, les îlots, le sont par les minuscules gothiques droites (figure 3.26). Les noms des construc-

tions publiques, les ponts et les chemins de fer par exemple, sont inscrits en capitales gothiques penchées (figure 3.19).

3.31   Alphabet « Microfont ». L'alphabet « Microfont » (figure 3.44) a été mis au point par le National Microfilm Association des États-Unis. Il ressemble beaucoup aux caractères « bâton » utilisés en dessin technique. Il a été conçu en fonction d'un usage général et pour améliorer la lisibilité des écritures sur les reproductions.

3.32   Alphabet grec. Les ingénieurs et les scientifiques utilisent alphabet grec aussi bien en mathématique qu'en dessin technique. Pour fins de référence, la figure 3.45 illustre les capitales et les minuscules grecques.

3.33   Exercices d'écriture. Les dispositions des feuilles d'exercices d'écriture sont données aux figures 3.46, 3.47, 3.48 et 3.49. Tracez *très légèrement* les lignes guides. Omettez toutes les cotes.

A	α	alpha	I	ι	iota	P	ρ	rô
B	β	bêta	K	κ	kappa	Σ	ς	sigma
Γ	γ	gamma	Λ	λ	lambda	T	τ	tau
Δ	δ	delta	M	μ	mu	Υ	υ	upsilon
E	ϵ	epsilon	N	ν	nu	Φ	ϕ	phi
Z	ζ	dzéta	Ξ	ξ	ksi	X	χ	khi
H	η	êta	O	o	omicron	Ψ	ψ	psi
Θ	θ	thêta	Π	π	pi	Ω	ω	oméga

Figure 3.45   Alphabet grec.

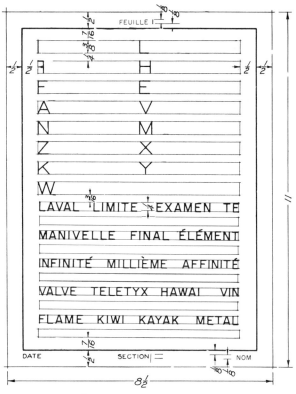

Figure 3.46 Ébauchez une feuille selon la disposition indiquée; tracez les lignes guides verticales ou inclinées et reproduisez les caractères et les mots, en capitales droites ou penchées, proposés.

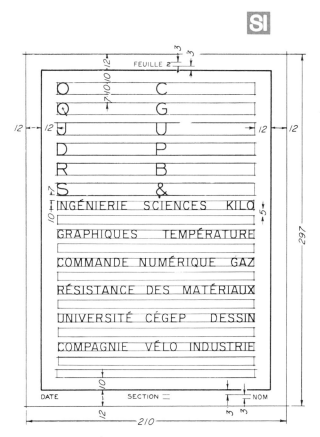

Figure 3.47 Ébauchez une feuille selon la disposition indiquée; tracez les lignes guides verticales ou inclinées et reproduisez les caractères et mots, en capitales droites ou penchées, proposés.

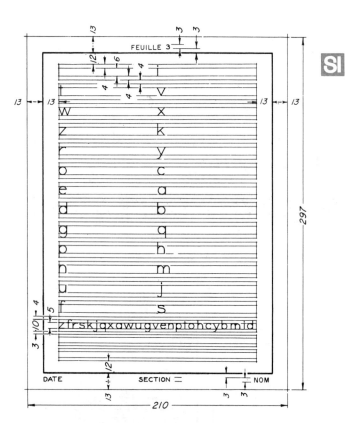

Figure 3.48 Ébauchez une feuille selon la disposition indiquée; tracez les lignes guides verticales et inclinées et reproduisez les caractères, en minuscules droites ou penchées, proposés.

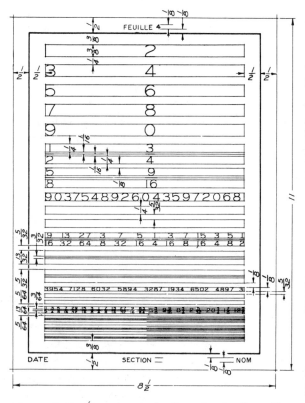

Figure 3.49 Ébauchez la feuille selon la disposition indiquée; tracez les lignes guides verticales ou inclinées et reproduisez les chiffres, en écriture droite ou penchée, proposés. Pour convertir les dimensions en millimètres, utilisez la table à l'intérieur de la couverture au début du livre.

tracés géométriques

4.1 Tracés géométriques. La majorité des tracés utilisés en sciences graphiques sont basés sur les principes de la géométrie plane, de sorte que tout dessinateur ou tout ingénieur doivent être suffisamment au courant de ces principes pour être en mesure de les appliquer dans la résolution graphique des problèmes. Les problèmes de géométrie peuvent être résolus à l'aide seulement des compas et des règles et les résultats obtenus sont d'une grande précision. Ces méthodes sont notamment utilisées en géométrie descriptive et en statique graphique, où l'on relève directement sur le tracé les éléments de la réponse à un problème, ou dans le contrôle de pièces au projecteur de profil où l'on compare le profil de la pièce à un tracé très précis exécuté sur papier transparent, ou dans les ateliers de chaudronnerie générale, de constructions aéronautiques et de constructions navales. Cependant, les dessinateurs ont aussi à leur disposition d'autres outils tels que l'équerre, le rapporteur, l'appareil à dessiner, qui leur permettent d'obtenir plus rapidement des résultats suffisamment précis par des méthodes que nous appelons « méthodes pratiques ». Ainsi, plusieurs des solutions présentées dans ce chapitre proviennent des adaptations pratiques des principes de la géométrie pure.

Ce chapitre a pour but de présenter des définitions de termes et des tracés fondamentaux en dessin technique, de suggérer des méthodes simplifiées de construction, d'illustrer des applications pratiques et d'offrir des exercices de dessin précis à l'aide des instruments. Dans cette dernière perspective, les problèmes à la fin de ce chapitre peuvent être

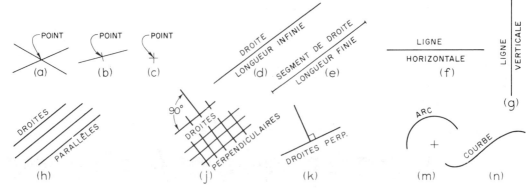

Figure 4.1 **Points et lignes**.

considérés comme une suite de ceux du chapitre 2.

Dans l'exécution des tracés, la précision est de première importance. On doit utiliser une mine pointue et de dureté moyenne (H à 3H) dans les crayons et dans les compas. Les lignes de construction doivent être très fines et à peine visibles, alors que les lignes données et les lignes à tracer doivent être plus foncées et d'épaisseur fine ou moyenne. Si le dessin doit être conservé pour une longue période de temps, on doit choisir un support à grande stabilité dimensionnelle, c'est-à-dire peu déformable. On peut prendre du « bristol fort », du « papier cadastre » ou des films plastiques spécialement conçus en fonction de cette exigence.

4.2 Points et lignes (Figure 4.1). Le *point* représente une position dans l'espace ou sur un dessin et il ne possède aucune étendue. Un point est représenté par l'intersection de deux lignes (a), par un petit trait traversant une ligne (b) ou par une petite croix (c). Il ne faut jamais représenter un point de la même façon qu'on le fait à la fin d'une phrase.

La *ligne* est définie par Euclide comme « ce qui a une longueur mais pas de largeur »; elle est l'intersection de deux surfaces. La *ligne droite* est la distance la plus courte entre deux points et est généralement appelé « droite ». Si la longueur de la ligne est indéfinie, les extrémités sont arbitraires (d); si sa longueur est bien définie, les extrémités sont marquées mécaniquement par des petits traits (e). D'autres termes usuels sont illustrés aux figures 4.1.f à 4.1.h. Deux lignes sont parallèles si la plus courte distance entre elles demeure constante. Le symbole usuel pour représenter les lignes parallèles est //; le symbole pour les lignes perpendiculaires est ⊥. Souvent, deux lignes perpendiculaires sont identifiées par un petit carré à leur intersection (figure 4.1.k). Ces symboles ne sont utilisés que dans les esquisses mais non pas dans les dessins définitifs.

4.3 Angles (Figure 4.2). *L'angle* est formé par deux lignes concourantes. Le symbole usuel pour représenter l'angle est ∠. Il y a 360 *degrés* (360°) dans un cercle complet (figure 4.2.a). Un degré est divisé en 60 *mi-*

Figure 4.2 **Angles**.

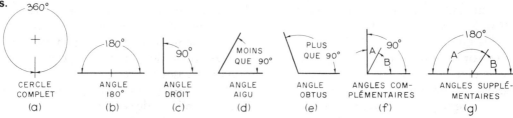

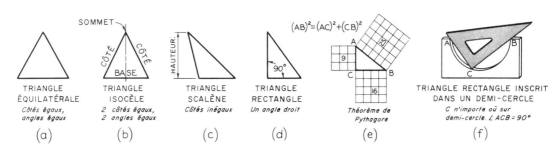

Figure 4.3 **Triangles.**

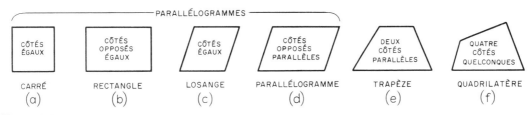

Figure 4.4 **Quadrilatères.**

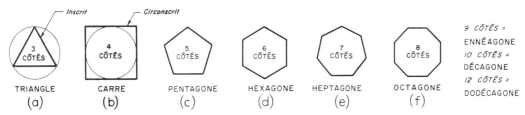

Figure 4.5 **Polygones réguliers.**

nutes (60′) et une minute comprend 60 *secondes* (60″). Ainsi, 37°26′10″ se lit comme suit: 37 degrés, 26 minutes et 10 secondes. Si les minutes seulement sont indiquées, il faut les faire précéder de 0°: 0°20′ par exemple.

Les différentes sortes d'angles sont illustrées aux figures 4.2.b à 4.2.e. Deux angles sont dits *complémentaires* (f), s'ils totalisent 90°; ils sont *supplémentaires* (g), s'ils totalisent 180°. Les angles qui sont des multiples de 15° peuvent être construits, avec précision, à l'aide des équerres et du té (figure 2.26). Pour les autres angles, on utilise le rapporteur. Si on recherche une grande précision, on utilise un *rapporteur à vernier*, ou une des méthodes trigonométriques décrites à la section 4.21.

4.4 **Triangles** (Figure 4.3). Le *triangle* est une figure plane limitée par trois côtés droits.

La somme des angles *intérieurs* est toujours de 180°. Un triangle rectangle (d) possède un angle de 90° et le carré de son hypoténuse est égal à la somme des carrés des deux côtés (e). Comme l'illustre la figure 4.3.f, tout triangle inscrit dans un demi-cercle est rectangle, si son hypoténuse est confondue avec le diamètre.

4.5 **Quadrilatères** (Figure 4.4). Le *quadrilatère* est une figure plane limitée par quatre côtés droits. Si les côtés opposés sont parallèles, le quadrilatère est alors appelé *parallélogramme*.

4.6 **Polygones** (Figure 4.5). Le *polygone* est toute figure plane limitée par des côtés droits. Un *polygone régulier* possède des côtés égaux et des angles égaux; il peut soit être *inscrit* dans un cercle soit *circonscrire* un cercle.

93

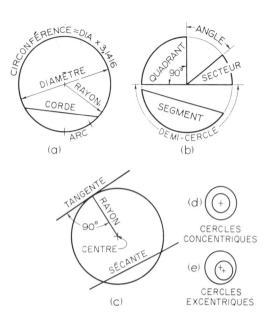

Figure 4.6 **Cercles.**

de 3,1416 (ou plus exactement π) fois le diamètre du cercle. D'autres définitions sont fournies à la figure 4.6.

4.8 **Solides** (Figure 4.7). Le *solide* est une figure à trois dimensions limitée par des surfaces fermées. Si les surfaces sont composées de portions de plans, appelées *faces* ou *facettes*, le solide est un *polyèdre*. Un *polyèdre régulier* est un polyèdre dont toutes les faces sont des polygones réguliers égaux.

Le *prisme* possède deux *bases* parallèles, formées par des polygones réguliers, et des faces latérales qui sont des parallélogrammes. Le *prisme triangulaire* a des bases triangulaires, le *prisme rectangulaire* a des bases rectangulaires, etc. Le *parallélépipède* a des bases en forme de parallélogramme. Le *prisme droit* possède des arêtes latérales qui sont perpendiculaires aux bases, tandis que les arêtes latérales du *prisme oblique* sont obliques par rapport aux bases. Si un bout du prisme est retranché par un plan qui n'est pas parallèle aux bases, le prisme est dit *tronqué*.

La *pyramide* est un solide qui a pour *base* un polygone plan et pour faces latérales, des triangles qui se réunissent en un point commun, le *sommet*[1]. La ligne qui joint le centre

[1] La hauteur de chaque face triangulaire est appelée *apothème*.

4.7 **Cercles et arcs** (Figure 4.6). Le *cercle* (a) est une figure plane limitée par une courbe fermée, dont tous les points sont à égale distance d'un point fixe intérieur appelé *centre*. La *circonférence* d'un cercle désigne la courbe fermée dont la longueur totale est

Figure 4.7 **Solides.**

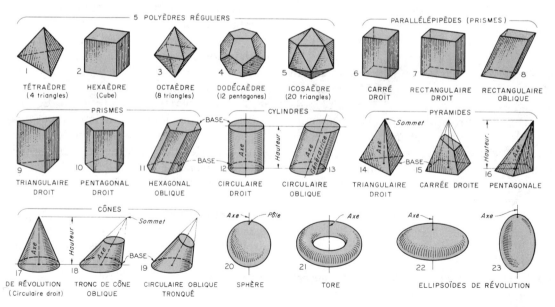

4.10

Bissection d'un
segment de
droite à l'aide
du té et de
l'équerre

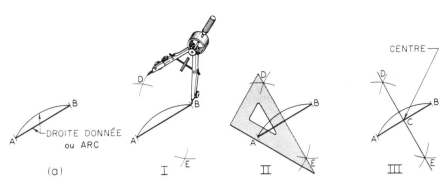

Figure 4.8   **Bissection d'une droite ou d'un arc de cercle** (section 4.9)

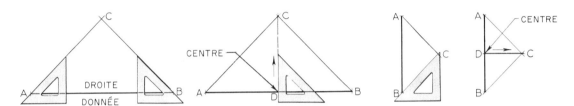

Figure 4.9   **Bissection d'une droite à l'aide d'une équerre et d'un té** (section 4.10).

de la base au sommet est appelé *l'axe* de la pyramide. Si l'axe est perpendiculaire à la base, la pyramide est *droite*, sinon elle est *oblique*. Une *pyramide régulière* est une pyramide droite dont la base est un polygone régulier. Une *pyramide triangulaire* a comme base un triangle, une *pyramide rectangulaire*, un rectangle, etc. Le *tronc d'une pyramide* est la portion du volume de la pyramide compris entre la base et un plan parallèle à la base. Si le plan sécant n'est pas parallèle à la base, la pyramide est dite *tronquée*.

Le *cylindre* est un solide limité par deux plans parallèles et par une surface qui est engendrée par une droite, la *génératrice*, se déplaçant parallèlement à elle-même et toujours en contact avec une courbe fermée, la *directrice*. Un *cylindre de révolution* est engendré par la rotation d'un rectangle autour d'un de ses côtés. Les deux bases sont alors circulaires et perpendiculaires à l'axe du cylindre.

Le *cône* était autrefois défini comme un volume, mais, de nos jours, il est surtout considéré comme une surface engendrée par une droite mobile, la *génératrice*, passant par un point fixe appelé *sommet* du cône, et s'appuyant sur une courbe fixe, la *directrice*.

La *sphère* est générée par la rotation d'un cercle autour d'un de ses diamètres. Ce diamètre est *l'axe* de la sphère. Les deux extrémités de l'axe sont les *pôles* de la sphère.

Le *tore* est un solide engendré par un cercle (ou d'autre courbe fermée) tournant autour d'un axe situé dans son plan et ne passant pas par son centre.

4.9   Bissection d'un segment de droite ou d'un arc de cercle (Figure 4.8).   On veut diviser un segment de droite ou un arc de cercle AB, comme l'illustre la figure 4.8.a, en deux parties égales.

I. De A et B comme centres, tracez deux arcs de même rayon; celui-ci doit être plus long que la moitié de AB.

II et III. Joignez les intersections D et E par une droite pour obtenir le centre C.

4.10   Bissection d'un segment de droite à l'aide du té et de l'équerre (Figure 4.9) Des extrémités A et B, menez des lignes de construction faisant 30°, ou 45° ou 60° avec

95

la ligne donnée; ensuite, à partir de leur intersection C, abaissez une perpendiculaire à AB pour obtenir le centre D.

Pour diviser un segment à l'aide d'un compas à pointes sèches, référez-vous à la section 2.41.

4.11 Bissection d'un angle (Figure 4.10).

Pour diviser l'angle BAC en deux parties égales, vous procédez comme suit.

I. Tracez un arc de rayon R et de centre A.

II. Tracez deux arcs, dont les rayons r sont égaux et légèrement plus longs que la moitié de BC, pour obtenir l'intersection D.

III. Joignez les points A et D pour diviser l'angle donné en deux parties égales. La droite AD est la bissectrice.

4.12 Report d'un angle (Figure 4.11).

L'angle BAC est donné. On veut reporter le même angle à une nouvelle position définie par A'B'.

I. De A et A' comme centres, tracez deux arcs de cercle de même rayon R.

II. De E comme centre, tracez r' = r; ensuite, tracez un arc de cercle pour obtenir la droite A'C'.

4.13 Droite passant par un point et parallèle à une autre droite (figure 4.12.a).

Avec le point P donné comme centre, tracez un arc de cercle CD dont le rayon R, arbitrairement choisi, coupe la droite donnée AB en E. De E comme centre, tracez un arc de cercle, de rayon R, coupant la droite AB en G. De G comme centre, décrivez un arc de cercle, de rayon r = PG pour obtenir M. La droite cherchée est PH.

Méthode pratique (Figure 4.12.b) Déplacez ensemble le té et l'équerre jusqu'à ce qu'un côté de l'équerre se confonde avec la droite donnée AB. Glissez ensuite l'équerre le long du té jusqu'à ce qu'elle touche le point P. Tracez CD pour obtenir la droite cherchée. (Voir aussi section 2.22.)

4.14 Ligne parallèle à une distance donnée d'une ligne. Soient la droite AB et la distance CD.

Figure 4.13.a. Choisissez, sur AB, deux points, E et F, aussi éloignés que possible. De E et F comme centres, tracez deux arcs de cercle de même rayon, R = CD. La droite GH, tangente aux deux arcs, est la droite cherchée.

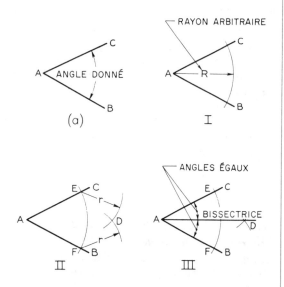

Figure 4.10 **Bissection d'un angle** (section 4.11).

Figure 4.11 **Report d'un angle** (section 4.12).

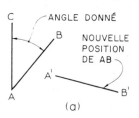
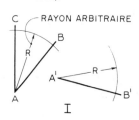
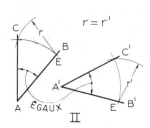

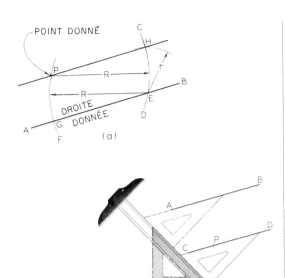

4.15

Division d'un
segment de
droite en par-
ties égales

Figure 4.12 **Tracé d'une droite passant par un point et parallèle à une autre droite** (section 4.13).

Déplacez ensemble le té et l'équerre jusqu'à ce qu'un côté de l'équerre se confonde avec AB; puis, glissez l'équerre le long du té jusqu'à ce que côté soit tangent à l'arc JK et tracez la ligne cherchée GH.

Figure 4.13.c. Si la ligne AB donnée n'est pas une droite, tracez une série d'arcs de cercle de même rayon, R = CD, et de centres arbitrairement choisis sur AB. Ensuite, tracez la ligne cherchée, qui est tangente à ces arcs (ou à l'enveloppe de ces arcs), à l'aide de la méthode expliquée à la section 2.59.

4.15 **Division d'un segment de droite en parties égales** (Figure 4.14). Pour diviser un segment donné en plusieurs parties égales, trois par exemple, vous procédez comme suit.

I. Tracez, tout d'abord, une ligne de construction fine, à partir d'une des extrémités de la droite donnée, faisant un angle quelconque avec celle-ci.

II. Portez sur cette ligne, à l'aide d'un compas ou d'une règle, trois (ou autant qu'il en faut) segments égaux de longueur quelconque.

Méthode pratique (Figure 4.13.b). De E, arbitrairement choisi sur AB, comme centre, tracez un arc de cercle JK de rayon R = CD.

Figure 4.13 **Tracé d'une droite parallèle à une distance donnée d'une autre droite** (section 4.14).

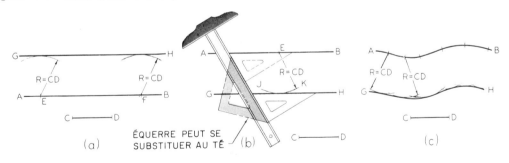

Figure 4.14 **Division d'un segment de droite en parties égales** (section 4.15).

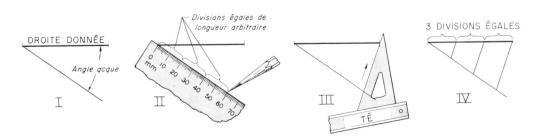

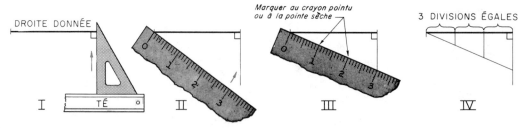

Figure 4.15 **Division d'un segment de droite en parties égales** (section 4.16).

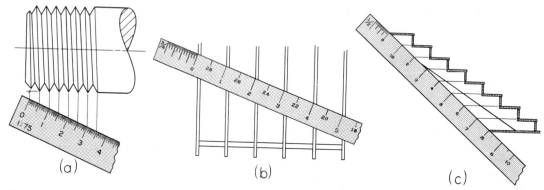

Figure 4.16 **Applications pratiques de la division d'un segment de droite en parties égales** (section 4.16).

III. Joignez le dernier point de division à l'autre extrémité de la droite donnée.

IV. Glissez l'équerre le long du té pour tracer des prallèles passant par les autres points de division, comme l'illustre la figure.

Cette méthode de construction est une application directe du théorème de Thalès en géométrie plane.

4.16 Division d'un segment de droite en parties égales. *Méthode pratique* (Figure 4.15).

I. Tracez une ligne de construction verticale passant par une extrémité du segment donné.

II. Placez le zéro de l'échelle d'une règle vis-à-vis de l'autre extrémité du segment.

III. Tournez lentement la règle jusqu'à ce que la troisième grande division touche la ligne de construction verticale. Notez les positions des deux autres divisions à l'aide d'un crayon pointu ou d'une pointe sèche.

IV. Élevez des lignes verticales passant par ces deux points.

Quelques applications de cette méthode sont illustrées à la figure 4.16.

4.17 Division d'un segment de droite en parties proportionnelles. Il s'agit de diviser un segment donné en parties de longueurs inégales et proportionnelles à une suite définie.

Le principe de construction est identique à celui de la section 4.16, à l'exception du choix des divisions sur la règle. Celui-ci doit être fait en fonction des proportions données. Aux figures 4.17.a et 4.17.b, il s'agit de diviser la droite AB en trois segments qui sont proportionnels à 2, 5 et 9. Les constructions de ce genre sont utiles dans la préparation des échelles des graphes.

A la figure 4.17.c, AB est divisé en quatre segments qui sont proportionnels à X^2 où $X = 1, 2, 3, 4 \ldots$ Ce genre de construction est utilisé dans la préparation des échelles des nomogrammes (ou abaques).

4.19
Construction
d'un triangle
dont les côtés
sont connus

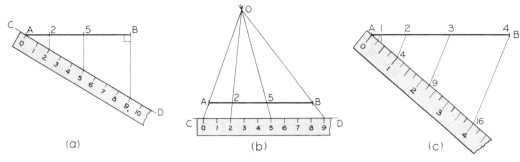

Figure 4.17 **Division d'un segment de droite en parties proportionnelles** (section 4.17).

4.18 Construction d'une droite passant par un point et perpendiculaire à une droite.
Soient la droite AB et un point P.

LE POINT N'EST PAS SUR LA DROITE (Figure 4.18.a). Par le point P, tracez une droite quelconque inclinée, telle que PD. Déterminez le centre C de la droite PD et tracez un arc de rayon CP pour obtenir E. La droite EP est la perpendiculaire cherchée.

LE POINT EST SUR LA DROITE (Figure 4.18.c). De P comme centre, tracez, à partir d'un rayon quelconque, des arcs qui coupent AB en D et en G. De D et G comme centres, choisissez un rayon légèrement plus grand que la moitié de DG et tracez des arcs égaux se coupant en F. La droite PF est la perpendiculaire cherchée.

Figure 4.18.d. Choisissez une unité de longueur commode, par exemple 6 mm. De P comme centre et à partir d'un rayon de 3 unités, tracez un arc qui coupe la droite donnée en C. De P comme centre et à partir d'un rayon de 4 unités, tracez l'arc DE. De C comme centre et à partir d'un rayon de

5 unités, tracez un arc qui coupe DE à F. La droite PF est la perpendiculaire cherchée. cherchée.

Cette méthode est fréquemment utilisée lors du traçage des fondations rectangulaires de grosses machines, d'édifices ou d'autres structures. A cette fin, on peut utiliser un ruban d'acier et choisir des longueurs de 9, 12 et 15 m pour les trois côtés du triangle rectangle.

Méthode pratique (Figure 4.18.e). Déplacez ensemble l'équerre et le té jusqu'à ce que l'équerre soit en ligne avec AB; glissez alors l'équerre jusqu'à ce que son arête passe par le point P (que P soit sur AB ou non) et tracez la perpendiculaire désirée RP.

4.19 Construction d'un triangle dont les côtés sont connus (Figure 4.19). Soient les côtés A, B, et C illustrés à la figure 4.19.a.

I. Tracez un côté, par exemple C, à l'endroit voulu et dessinez un arc dont le rayon est égal au côté A.

Figure 4.18 **Tracé d'une droite passant par un point et perpendiculaire à une autre droite** (section 4.18).

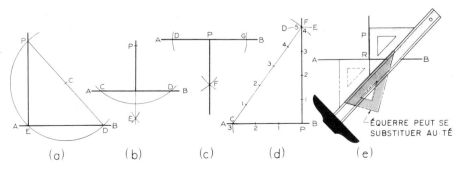

99

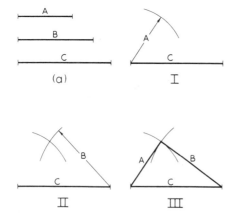

(a)

I

II III

Figure 4.19 Tracé d'un triangle dont les côtés sont connus (section 4.19).

II. Dessinez un arc de rayon égal au côté B.

III. Tracez les côtés A et B à partir de l'intersection des arcs, comme l'illustre la figure.

4.20 Construction d'un triangle rectangle dont l'hypoténuse et un côté sont donnés (Figure 4.20).

Soient les côtés S et R. AB étant un diamètre égal à S, tracez un demi-cercle. De A comme centre et à partir de R comme rayon, tracez un arc coupant le demi-cercle en C. Tracez AC et CB pour compléter le triangle rectangle.

4.21 Construction d'un angle (Figure 4.21).

Plusieurs angles peuvent être tracés facilement à l'aide de l'équerre (figure 2.26); ils peuvent aussi être dessinés à l'aide du rapporteur (figure 2.27). Lorsqu'on recherche une grande précision, on peut alors utiliser les méthodes suivantes.

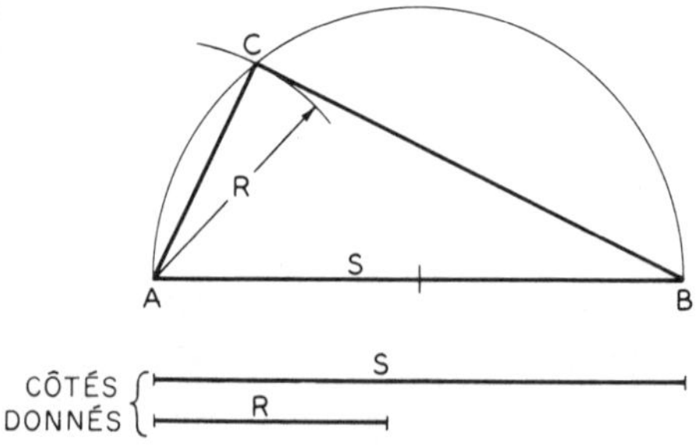

CÔTÉS { S
DONNÉS { R

Figure 4.20 Tracé d'un triangle rectangle (section 4.20).

MÉTHODE DE LA TANGENTE (Figure 4.21.a). La tangente de l'angle θ est $\dfrac{Y}{X}$ de sorte que Y = X tan θ. Pour construire l'angle, choisissez une valeur commode de X, de préférence égale à 10 unités de longueur, telle que l'illustre la figure. (Plus grande est l'unité, plus précise est la construction.) Déterminez la tangente de l'angle θ à l'aide d'une table de trigonométrie, multipliez par 10 et posez Y = 10 tan θ.

Exemple: Pour rapporter l'angle de 31½°, il faut déterminer la tangente de 31½°, soit 0,6128. Alors:
Y = 10 unités × 0,6128 = 6,128 unités

MÉTHODE DU SINUS (Figure 4.21.b). Tracez la droite X d'une longueur convenable, de préférence 10 unités de longueur, comme l'illustre la figure. Déterminez le sinus de l'angle θ à l'aide d'une table de trigonométrie, multipliez par 10 et tracez un arc de rayon R = 10 sin θ. Tracez l'autre côté de l'angle tangent à l'arc.

Exemple: Pour rapporter l'angle de 25½°, déterminez le sinus de 25½°, soit 0,4305. Alors:
R = 10 unités × 0,4305 = 4,305 unités.

Figure 4.21 Tracé d'un angle (section 4.21).

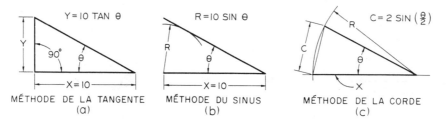

MÉTHODE DE LA TANGENTE
(a)

MÉTHODE DU SINUS
(b)

MÉTHODE DE LA CORDE
(c)

100

Méthode de la corde (Figure 4.21.c). Tracez la droite X d'une longueur commode et un arc de rayon R commode, soit de 10 unités. Déterminez la longueur de la corde C à l'aide d'une table de cordes (un manuel de machiniste, par exemple) et multipliez-la par 10, puisque la table est conçue en fonction d'un rayon de 1 unité.

Exemple: Dans le cas de l'angle de 43°20′, la corde C, pour un rayon unitaire, est, d'après les tables, de 0,7384; si R = 10 unités, alors C = 7,384 unités. Si on ne dispose pas d'une table, la corde C peut être calculée à l'aide de la formule $C = 2\sin\dfrac{\theta}{2}$.

Exemple: La demie de 43°20′ est égale à 21°40′. Le sinus de 21°40′ est de 0,3692. Pour un rayon unitaire, C = 2 × 0,3692 = 0,7384. Pour un rayon de 10 unités, C = 7,384 unités.

4.22   Construction d'un triangle équilatéral. Si le côté AB est déterminé, vous pouvez procéder de l'une des façons suivantes.

Figure 4.22.a. De A et B comme centres et de AB comme rayon, tracez des arcs se coupant en C. Tracez les lignes AC et BC pour compléter le triangle.

Méthode pratique (Figure 4.22.b). Tracez des lignes, par les points A et B, faisant des angles de 60° avec la ligne donnée; ces lignes se croisent en C.

4.23   Construction d'un carré (Figure 4.23).

Figure 4.23.a. Étant donné le côté AB, tracez une perpendiculaire par le point A, comme

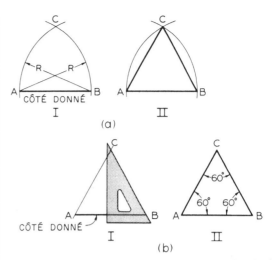

Figure 4.22   **Tracé d'un triangle équilatéral** (section 4.22).

à la figure 4.18.c. De A comme centre et à partir de AB comme rayon, tracez l'arc qui coupe la perpendiculaire en C. De B et C comme centres et à partir de AB comme rayon, tracez des arcs se coupant en D. Tracez les lignes CD et BD.

Méthode pratique (Figure 4.23.b). Soit le côté AB. A l'aide du té et d'une équerre à 45°, tracez les lignes AC et BD perpendiculaires à AB, et les lignes AD et BC faisant un angle de 45° avec AB. Tracez la ligne CD à l'aide du té.

Méthode pratique (Figure 4.23.c). Soit le cercle circonscrit au carré. Tracez deux diamètres perpendiculaires l'un à l'autre. Les intersections de ces diamètres avec le cercle sont les sommets du carré inscrit.

Méthode pratique (Figure 4.23.d). Soit le cercle inscrit tel que celui utilisé pour le dessin des têtes de boulons. A l'aide du té et de

Figure 4.23   **Tracé d'un carré** (section 4.23).

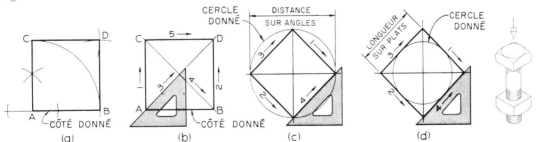

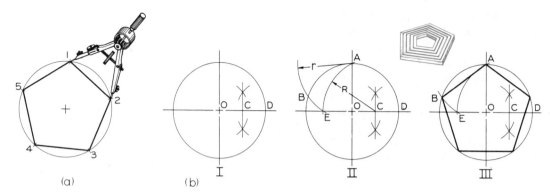

(a)   (b) I   II   III

Figure 4.24 **Tracé d'un pentagone régulier** (section 4.24).

l'équerre à 45°, tracez les quatre côtés tangents au cercle, comme à la figure 11.31.

4.24 Construction d'un pentagone régulier. Le cercle circonscrit est donné.

Méthode pratique (Figure 4.24.a). Divisez, par essais successifs, la circonférence du cercle en cinq parties égales à l'aide du compas à pointes sèches et reliez les points par des droites.

MÉTHODE GÉOMÉTRIQUE (Figure 4.24.b).

I. Divisez, au point C, le rayon OD en deux parties égales.

II. De C comme centre et à partir de CA comme rayon, tracez l'arc AE. De A comme centre et à partir de AE comme rayon, tracez l'arc EB.

III. Tracez la droite AB; puis rapportez des longueurs égales à AB sur la circonférence du cercle et reliez les points obtenus par des segments de droite.

4.25 Construction d'un hexagone régulier. Le cercle circonscrit est donné.

Figure 4.25.a. Chaque côté d'un hexagone est égal au rayon du cercle circonscrit. Par conséquent, à l'aide d'un compas et à partir du rayon du cercle, rapportez les six côtés de l'hexagone sur la circonférence et reliez les points par des droites. Pour vérifier la précision, il faut s'assurer que les côtés opposés de l'hexagone sont parallèles.

Méthode pratique (Figure 4.25.b). Cette construction est une variation de celle illustrée

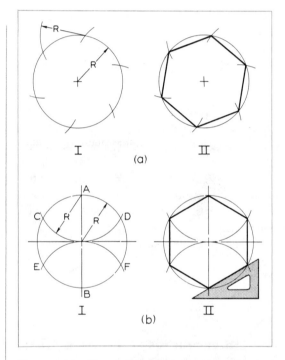

(a) I   II

(b) I   II

Figure 4.25 **Tracé d'un hexagone régulier** (section 4.25).

en (a). Tracez les axes de symétrie vertical et horizontal. De A et B comme centres et à partir d'un rayon égal à celui du cercle, tracez des arcs qui coupent le cercle en C, D, E et F; complétez l'hexagone comme l'illustre la figure.

4.26 Construction d'un hexagone régulier. Le cercle circonscrit ou le cercle inscrit

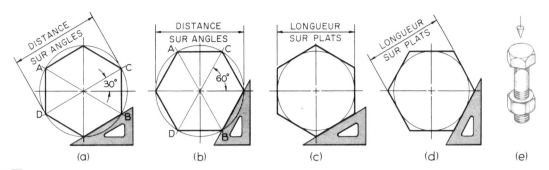

Figure 4.26 **Tracé d'un hexagone régulier** (section 4.26).

étant déterminé, les méthodes qui suivent sont toutes deux recommandées.

Figures 4.26.a et 4.26.b. Le cercle circonscrit est donné (distance « sur angles »). Tracez les axes vertical et horizontal, puis les diagonales AB et CD à des angles de 30° et 60° avec l'horizontale; ensuite, à l'aide de l'équerre à 60° et du té, tracez les six côtés.

(Figures 4.26.c et 4.26.d) Le cercle inscrit est donné (longueur « sur plats »). Tracez les axes vertical et horizontal; puis, à l'aide de l'équerre à 60° et du té, tracez les six côtés tangents au cercle. Cette méthode est employée pour le dessin des têtes de boulon et des écrous (section 11.26). Pour un maximum de précision, on peut ajouter des diagonales comme en (a) et en (b).

4.27 Construction d'un hexagone régulier (Figure 4.27).
A l'aide de l'équerre à 60° et du té, tracez des lignes soit en suivant l'ordre indiqué en (a), où la distance AB est donnée, soit comme en (b), où le côté CD est donné.

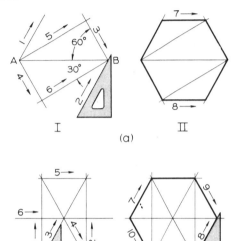

Figure 4.27 **Tracé d'un hexagone régulier** (section 4.27).

4.28 Construction d'un octogone régulier.

Méthode pratique (Figure 4.28.a). Le cercle inscrit (distance « sur plats ») est donné. A

Figure 4.28 **Tracé d'un octogone régulier** (section 4.28).

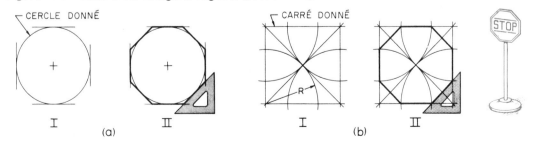

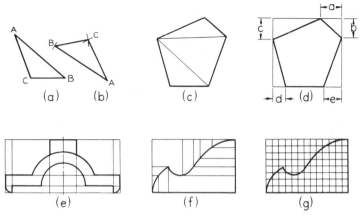

Figure 4.29 Report de figures planes (section 4.29).

l'aide du té et de l'équerre à 45°, tracez les huit côtés tangents au cercle.

Figure 4.28.b. Le carré circonscrit, ou la distance « sur plats », est donné. Tracez les diagonales du carré; ensuite, à partir des angles du carré comme centres et de la demi-diagonale comme rayon, tracez des arcs coupant les côtés (I). A l'aide du té et de l'équerre à 45°, tracez les huit côtés (II).

4.29 Report de figures planes par des méthodes géométriques.

REPORT D'UN TRIANGLE DANS UN ENDROIT DIFFÉRENT (Figures 4.29.a et 4.29.b). Rapportez un côté quelconque, tel que AB, à l'endroit choisi (b). A partir des extrémités de la ligne comme centres et des longueurs des autres côtés du triangle donné comme rayons (a), tracez deux arcs qui se coupent en C. Reliez C à A et à B pour compléter le triangle.

REPORT D'UN POLYGONE PAR LA MÉTHODE DU TRIANGLE (Figure 4.29.c). Divisez le polygone en triangles et reportez chaque triangle comme on l'a expliqué auparavant.

REPORT D'UN POLYGONE PAR LA MÉTHODE DU RECTANGLE (Figure 4.29.d). Tracez le rectangle circonscrit au polygone donné. Dessinez un rectangle capable à l'endroit désiré et placez les sommets du polygone en reportant les longueurs a, b, c, etc. mesurées à partir du premier rectangle sur les côtés du second rectangle. Reliez les points ainsi obtenus pour compléter la figure.

REPORT DE FIGURES IRRÉGULIÈRES (Figure 4.29.e). Les figures composées de formes rectangulaires et circulaires sont facilement reportées. On circonscrit chaque détail par des rectangles et on détermine les centres des arcs et des cercles. On peut ensuite les reporter à leur nouvel emplacement.

REPORT DE FIGURES PAR DES MESURES ORTHOGONALES (Figure 4.29.f). On utilise fréquemment des mesures orthogonales pour reporter des figures composées de courbes quelconques. Après avoir entouré la figure par un rectangle, on en utilise les côtés comme repères pour situer les points sur la courbe.

REPORT DE FIGURES PAR QUADRILLAGE (Figure 4.29.g). Les figures qui comportent des courbes sont faciles à copier, à agrandir ou à réduire à l'aide d'un quadrillage. Par exemple, pour doubler la grandeur d'une figure, tracez le rectangle capable et tous les petits carrés au double de leurs grandeurs originelles. Tracez ensuite les lignes à l'aide des points correspondants dans le nouveau quadrillage. (Voir aussi la figure 5.18.)

4.30 Report de dessins par papier calque.

Pour reporter un dessin sur une feuille opaque, les méthodes suivantes peuvent être utilisées.

MÉTHODE DES PERFORATIONS. Posez le papier calque sur le dessin à reporter. A l'aide d'un crayon bien aiguisé, faites un petit point sur chaque point important du dessin et encerclez-les pour les repérer facilement. Enlevez le papier calque et placez-le, dans la position désirée, sur celui où vous devez reporter le dessin. A l'aide d'une pointe (comme celle d'un compas), perforez le papier à chaque point. Enlevez le papier calque et reliez les perforations pour obtenir les lignes correspondant au dessin original.

Pour reporter un arc ou un cercle, il suffit de reporter le centre et un point de la circonférence. Pour reporter une courbe quelconque, il faut reporter autant de perforations qu'il en faut pour atteindre la précision désirée.

MÉTHODE DU TRANSFERT. Placez le papier calque sur le dessin à reporter et faites, de celui-

104

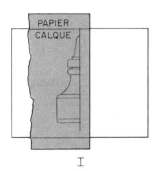
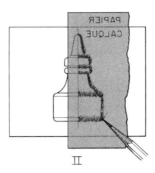
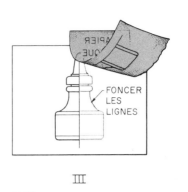

Figure 4.30 **Report de la moitié d'une figure symétrique** (section 4.30).

ci, un calque au crayon. Retournez le papier calque et, à l'aide d'un crayon mou, déposez une couche de graphite sur chaque ligne. Retournez le papier calque et placez-le dans la position où le dessin doit être reporté. Dessinez à nouveau toutes les lignes à l'aide d'un crayon dur. Le graphite à l'endos du papier sert de papier-carbone et permet d'obtenir des lignes pâles mais bien définies. Il ne reste plus qu'à foncer les lignes trop pâles pour compléter le report.

Figure 4.30. Si la moitié d'un objet symétrique a été dessiné, tel que la bouteille d'encre illustré en I, l'autre moitié est facilement obtenue, à l'aide du papier calque, de la façon suivante:

I. Tracez la moitié déjà dessinée.

II. Retournez le papier et placez-le à la position de la moitié droite. Tracez alors les lignes à main levée ou, encore, marquez-les par de petits coups de crayon.

III. Enlevez le papier calque, ce qui révèle les lignes faiblement représentées de la moitié droite. Foncez-les afin de compléter le dessin.

4.31 Agrandissement ou réduction d'un dessin.

Figure 4.31.a. La construction représentée est l'adaptation de la méthode des lignes parallèles étudiée aux figures 4.14 et 4.15 et elle peut être utilisée chaque fois que l'on désire agrandir ou réduire, selon la même proportion, un ensemble quelconque de dimensions. Ainsi, si les dimensions réelles sont jetées sur la ligne verticale, les dimensions agrandies apparaissent sur la ligne horizontale.

Figure 4.31.b. Pour agrandir ou réduire un rectangle (par exemple, une feuille de papier à dessin), une méthode simple consiste à se servir de la diagonale.

Figure 4.31.c. Une méthode simple pour agrandir ou réduire un dessin consiste à se servir de rayons. Le dessin original est placé sous une feuille de papier calque et le dessin agrandi ou réduit est fait directement sur celui-ci.

Figure 4.31 **Agrandissement ou réduction d'une figure** (section 4.31).

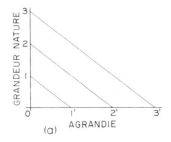
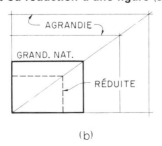
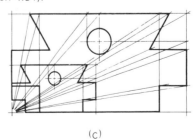

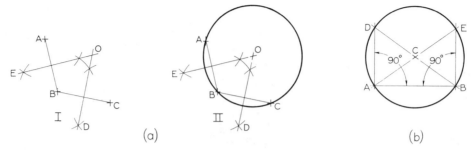

Figure 4.32 **Détermination du centre d'un cercle** (sections 4.32 et 4.33).

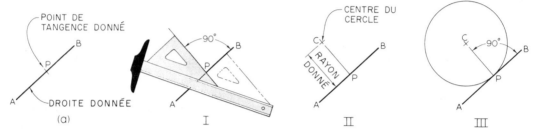

Figure 4.33 **Tracé d'un cercle tangent à une ligne en un point** (section 4.34).

4.32 Construction d'un cercle passant par trois points (Figure 4.32.a).

I. Soient les points A, B et C non alignés. Tracez les lignes AB et BC, qui seront les cordes du cercle. Tracez les médiatrices EO et DO (figure 4.8) se coupant en O.

II. Par le centre O, tracez le cercle recherché passant par les trois points.

4.33 Détermination du centre d'un cercle (Figure 4.32.b). Tracez une corde quelconque AB, de préférence horizontale. Tracez, à partir de A et de B, des perpendiculaires coupant le cercle en D et E. Tracez les diago-

nales DB et EA dont le point d'intersection C est le centre du cercle.

Une autre méthode, un peu plus longue, consiste à inverser le procédé illustré à la figure 4.32.a. Tracez deux cordes quelconques non parallèles ainsi que leurs médiatrices. Le point d'intersection des médiatrices est le centre du cercle.

4.34 Construction d'un cercle tangent à une ligne en un point donné (Figure 4.33). Soient la ligne AB et le point P sur la ligne.

I. Élevez, en P, la perpendiculaire à la ligne.

II. Rapportez le rayon du cercle désiré sur la perpendiculaire.

Figure 4.34 **Tracé de la tangente à un cercle passant par un point donné** (section 4.35).

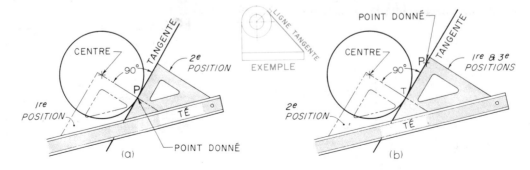

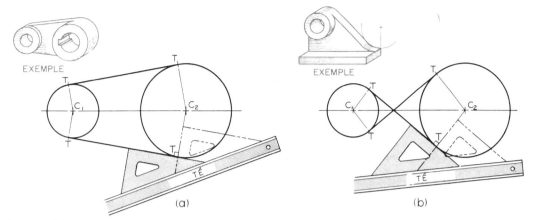

Figure 4.35 **Tracé des tangentes à deux cercles** (section 4.36).

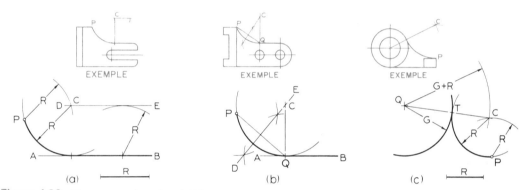

Figure 4.36 **Tangentes** (section 4.37).

III. Tracez le cercle dont le rayon CP est donné.

4.35 Construction de la tangente à un cercle passant pas un point donné. *Méthode pratique* (Figure 4.34.a). Si le point donné P est sur le cercle, déplacez ensemble le té et l'équerre jusqu'à ce qu'un côté de l'équerre passe par le point P et le centre du cercle; glissez ensuite l'équerre jusqu'à ce que l'autre côté passe par le point P et tracez la tangente cherchée.

Figure 4.34.b. Si le point donné P est à l'extérieur du cercle, déplacez ensemble le té et l'équerre jusqu'à ce qu'un côté de l'équerre passe par le point P et qu'il soit tangent au cercle. Glissez ensuite l'équerre jusqu'à ce que l'autre côté passe par le centre du cercle et marquez légèrement le point de tangente T.

Ramenez enfin l'équerre à sa position initiale et tracez la tangente cherchée.

Dans les deux méthodes, on peut utiliser n'importe quelle équerre. On peut même utiliser une autre équerre à la place du té.

4.36 Construction de tangentes à deux cercles (Figures 4.35.a et 4.35.b). Déplacez ensemble l'équerre et le té jusqu'à ce qu'un côté de l'équerre soit tangent visuellement aux deux cercles; glissez ensuite l'équerre jusqu'à ce que l'autre côté passe par le centre d'un cercle et marquez légèrement le point de tangence. Glissez à nouveau l'équerre jusqu'à ce que le côté passe par le centre de l'autre cercle et marquez le point de tangence. Ramenez finalement l'équerre à la position de tangence initiale et tracez la droite entre les deux points de tangence. Tracez la seconde tangente de la même façon.

107

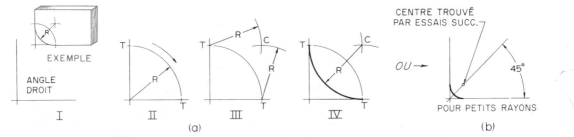

Figure 4.37 **Tracé d'un arc tangent à deux lignes perpendiculaires** (section 4.38).

4.37 Construction d'un arc tangent à une ligne ou à un arc et passant par un point.

Figure 4.36.a. Soient la ligne AB, le point P et le rayon R. Tracez la ligne DE parallèle à la ligne donnée et à une distance R de celle-ci. De P, tracez un arc de rayon R, qui coupe la ligne DE en C, le centre de l'arc tangent cherché.

Figure 4.36.b. Soient la ligne AB, le point de tangence Q sur la ligne et le point P. Tracez PQ, qui sera une corde de l'arc cherché. Tracez la médiatrice DE et, en Q, élevez une perpendiculaire à la ligne qui coupe DE en C; C est le centre de l'arc tangent cherché.

4.38 Construction d'un arc tangent à deux lignes perpendiculaires (Figure 4.37.a).

I. Soient deux lignes perpendiculaires.

II. A partir du rayon donné R, tracez l'arc qui coupe les lignes données aux points de tangence T.

III. Des points T comme centres, tracez les arcs de rayon R se coupant en C.

IV. De C comme centre et à partir du rayon donné R, tracez l'arc tangent cherché.

Pour les petits rayons (Figure 4.37.b). Pour les petits rayons, tels que R = 30 mm, pour les congés et les arrondis, il n'est pas pratique de suivre la méthode précédente pour faire une construction de tangence complète. Au lieu de cela, tracez une bissectrice à 45° et situez le centre de l'arc, par essais successifs, le long de cette ligne.

4.39 Construction d'un arc tangent à deux lignes (Figures 4.38.a et 4.38.b).

I. Soient deux lignes ne faisant pas un angle de 90° entre elles.

Figure 4.38 **Tracé d'un arc tangent à deux lignes** (section 4.39).

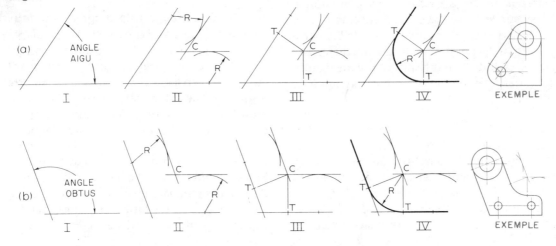

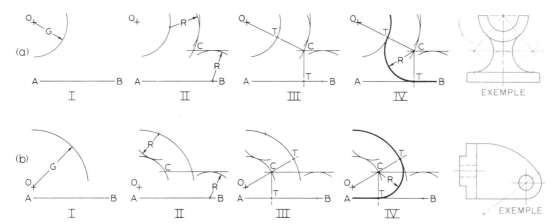

4.40
Construction
d'un arc tan-
gent à un arc
et à une droite

Figure 4.39 **Tracé des arcs tangents** (section 4.40).

II. Tracez des lignes parallèles aux premières et à la distance R de celles-ci; elles se coupent en C, le centre cherché.

IV. De C comme centre et à partir du rayon donné R, tracez l'arc tangent cherché entre les points de tangence.

4.40 Construction d'un arc tangent à un arc et à une droite (Figures 4.39.a et 4.39.b).

I. Soient l'arc de rayon G et la droite AB.

II. Tracez, à la distance R, une droite et

un arc respectivement parallèles à la droite et à l'arc donnés; la droite et l'arc se coupent en C, qui est le centre cherché.

III. De C, tracez une perpendiculaire à la droite donnée pour obtenir le point de tangence T. Reliez les centres C et O par une droite pour localiser l'autre point de tangence T.

IV. Du centre C et à partir du rayon donné R, tracez l'arc tangent cherché entre les points de tangence.

Figure 4.40 **Tracé d'un arc tangent à deux arcs** (section 4.41).

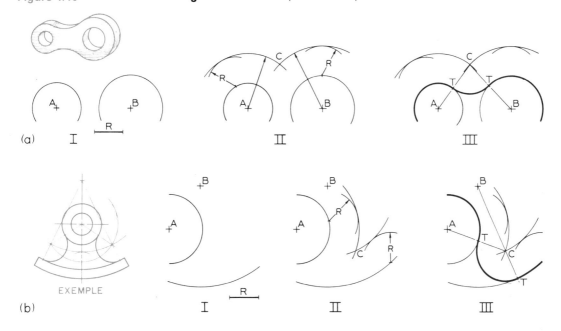

4.41 Construction d'un arc tangent à deux arcs (Figures 4.40.a et 4.40.b).

1. Soient les arcs de centres A et B et le rayon requis R.

II. De A et B comme centres, tracez, à la distance R, des arcs concentriques aux arcs donnés; leur point d'intersection C est le centre de l'arc tangent cherché.

III. Tracez les lignes de centres AC et BC pour localiser les points de tangence T et tracez l'arc tangent cherché entre les points de tangence.

4.42 Construction d'un arc tangent à deux arcs.

L'ARC RECHERCHÉ ENVELOPPE LES DEUX ARCS DONNÉS (Figure 4.41.a). De A et B comme centres, tracez les arcs dont les rayons HK − r (rayon

donné moins le rayon du petit cercle) et HK − R (rayon donné moins le rayon du grand cercle) se coupent en G, qui est le centre de l'arc tangent cherché. Les prolongements des axes GA et GB déterminent les points de tangence T.

L'ARC RECHERCHÉ ENVELOPPE UN DES ARCS DONNÉS (Figure 4.41.b). De C et D comme centres, tracez les arcs dont les rayons HK + r (rayon donné plus le rayon du petit cercle) et HK − R (rayon donné moins le rayon du grand cercle) se coupent en G, qui est le centre de l'arc tangent cherché. Les prolongements des axes GC et GD déterminent les points de tangence T.

4.43 Construction d'une courbe composée d'une série d'arcs tangents (Figure 4.42).

D'abord, esquissez légèrement la courbe approximative désirée. Par essais successifs, déterminez un rayon R et un centre C pour obtenir un arc AB qui approche avec précision cette partie de la courbe. Les centres successifs D, E, etc. seront sur les lignes reliant les centres aux points de tangence.

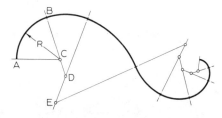

Figure 4.42 Courbe composée d'une série d'arcs tangents (section 4.43).

4.44 Construction d'un arc en doucine.

RACCORDEMENT DE DEUX LIGNES PARALLÈLES (Figure 4.43.a). Soient NA et BM, les deux lignes parallèles. Tracez AB et fixez un point d'inflexion T (à mi-chemin, si l'on désire deux arcs égaux). En A et en B, élevez les perpendiculaires AF et BC. Tracez les médiatrices de AT et BT. Les points d'intersection F et C, situés entre les médiatrices et les perpendiculaires, sont respectivement les centres des arcs tangents cherchés.

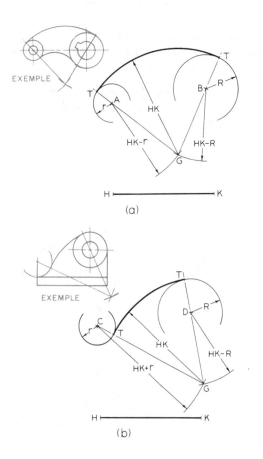

Figure 4.41 Tracé d'un arc tangent à deux arcs (section 4.42).

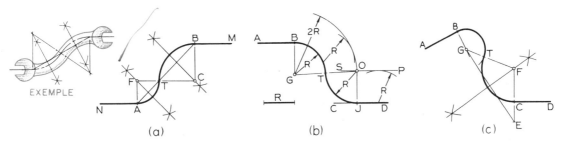

Figure 4.43 **Tracé d'un arc en doucine** (section 4.44).

Figure 4.43.b. Soient AB et CD les deux lignes parallèles; le point B est à l'extrémité d'une courbe et R est le rayon donné. A B, élevez la perpendiculaire à AB, posez BG = R et tracez un arc tel que l'illustre la figure. Tracez, à la distance R de CD, la ligne SP parallèle à CD. A l'aide du centre G, tracez l'arc, de rayon 2R, coupant la ligne SP en O. Tracez la perpendiculaire OJ pour localiser le point de tangence J; reliez les centres G et O pour localiser le point de tangence T. En utilisant les centres G et O et le rayon R, tracez les deux arcs tangents.

RACCORDEMENT DE DEUX LIGNES NON PARALLÈLES (Figure 4.43.c). Soient AB et CD les deux lignes non parallèles. Élevez la perpendiculaire à AB en B. Choisissez le point G sur la perpendiculaire de sorte que BG soit égal à

un rayon donné au préalable et tracez un arc comme l'illustre la figure. Élevez la perpendiculaire à CD en C et posez CE = BG. Reliez G à E et déterminez-en le milieu. L'intersection F, entre la médiatrice et la perpendiculaire CE, est le centre du deuxième arc. Reliez les centres des deux arcs pour localiser le point de tangence T, qui est le point d'inflexion de la courbe.

4.45 Construction d'une courbe tangente à trois lignes (Figures 4.44.a et 4.44.b).

Soient AB, BC et CD les lignes données. Choisissez le point de tangence P n'importe où sur la ligne BC. Choisissez BT égal à BP et CS égal à CP, élevez des perpendiculaires aux points P, T et S. Leurs intersections O sont les centres des arcs tangents cherchés.

4.46 Redressement d'un arc circulaire.

Redresser un arc consiste à déployer sa vraie longueur le long d'une ligne droite. Les méthodes décrites sont approximatives mais elles respectent la précision des instruments de dessin.

REDRESSEMENT D'UN QUADRANT DE CERCLE AB (Figure 4.45.a). Tracez AC tangent au cercle et BC à 60° de AC, comme l'illustre la figure.

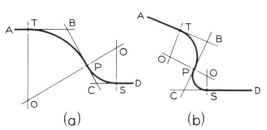

Figure 4.44 **Tracé d'une courbe tangente à trois lignes** (section 4.45).

Figure 4.45 **Redressement d'un arc circulaire** (sections 4.46 et 4.47).

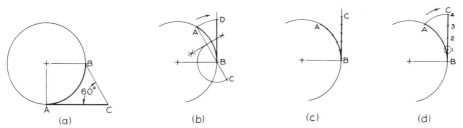

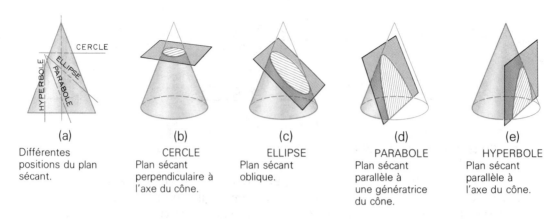

(a)

Différentes
positions du plan
sécant.

(b)

CERCLE
Plan sécant
perpendiculaire à
l'axe du cône.

(c)

ELLIPSE
Plan sécant
oblique.

(d)

PARABOLE
Plan sécant
parallèle à
une génératrice
du cône.

(e)

HYPERBOLE
Plan sécant
parallèle à
l'axe du cône.

Figure 4.46 **Les sections coniques** (section 4.48).

La ligne AC est presque égale à l'arc AB, la différence de longueur étant d'environ 1 sur 240.

Redressement d'un arc AB (Figure 4.45.b). Tracez la tangente en B. Tracez la corde AB et prolongez-la jusqu'à C; en choisissant BC égal à la moitié de AB. De C̀ comme centre et à partir du rayon CA, tracez l'arc AD. La tangente BD est légèrement plus courte que l'arc donné AB. Pour un angle de 45°, la différence de longueur est d'environ 1 sur 2866.

Figure 4.45.c. A l'aide du compas et en commençant à A, rapportez des longueurs égales jusqu'au point de division le plus près de B. A ce point-là, changez de sens et rapportez un nombre égal de longueurs le long de la tangente pour déterminer le point C. La tangente BC est légèrement plus courte que l'arc donné AB. Si l'angle au centre, qui sous-tend chaque division, est de 10°, l'erreur est d'environ 1 sur 830.

Note: Si l'on connaît l'angle au centre (θ) qui sous-tend un arc de rayon R, on peut alors déterminer la longueur de l'arc, qui est:

$$2\pi R \left(\frac{\theta}{360°} \right) = 0,017\ 45R\theta$$

4.47 Rapport d'une longueur donnée le long d'un arc donné.

Figure 4.45.c. Invertissez la méthode décrite ci-dessus de façon à rapporter les longueurs depuis la tangente vers l'arc.

Figure 4.45.d. Pour rapporter la longueur BC le long de l'arc BA, tracez la tangente

BC à l'arc au point B. Divisez BC en quatre parties égales. Depuis le centre à 1, premier point de division, et à partir d'un rayon 1C, tracez l'arc CA. L'arc BA est pratiquement égal à BC dans le cas des angles inférieurs à 30°. Pour des angles de 45°, la différence est approximativement égale à 1 sur 3232 et, pour des angles de 60°, elle est d'environ 1 sur 835.

4.48 Les sections coniques (Figure 4.46).

Les *sections coniques* (ou *coniques*) sont des courbes engendrées par des plans qui coupent un cône de révolution. Quatre sortes de courbes sont ainsi produites: le *cercle*, *l'ellipse*, la *parabole* et *l'hyperbole*, selon la position du plan. Ces courbes ont été étudiées en détail par les Grecs. Elles sont d'un grand intérêt en mathématiques, aussi bien qu'en dessin technique. Pour obtenir leurs équations, consultez un livre de géométrie analytique.

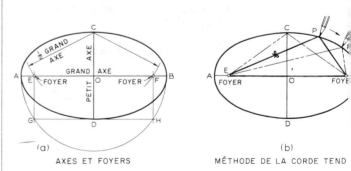

(a)

AXES ET FOYERS

(b)

MÉTHODE DE LA CORDE TEND

Figure 4.47 **Tracé d'une ellipse** (section 4.49).

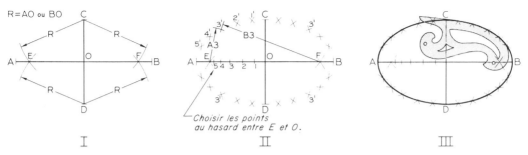

4.51
Construction
d'une ellipse
par la méthode
de la bande
de papier

Figure 4.48 **Tracé d'une ellipse par points** (section 4.50).

4.49 **Construction d'une ellipse.** Les deux axes de symétrie d'une ellipse sont le *grand axe* et le *petit axe* (figure 4.47.a). Les foyers E et F sont déterminés par des arcs dont les rayons sont égaux à la moitié du grand axe et dont les centres sont à l'extrémité du petit axe. Une autre méthode consiste, d'une part, à tracer un demi-cercle de diamètre égal au grand axe et, d'autre part, à tracer GH parallèle au grand axe ainsi que GE et HF parallèles au petit axe.

Une ellipse peut être générée par un point qui se déplace de telle sorte que la somme des distances entre ce point et deux points fixes (les foyers) *soit constante et égale au grand axe.* Par exemple, à la figure 4.47.b, on peut construire une ellipse en plaçant une ficelle, dont les extrémités sont nouées aux foyers E et F, autour de C (une extrémité du petit axe) et en déplaçant la pointe du crayon P le long de son orbite maximale, pendant que la ficelle demeure tendue.

Un certain nombre d'autres méthodes de construction sont expliquées dans les sections suivantes.

4.50 **Construction d'une ellipse par points à l'aide du compas** (Figure 4.48). Soient le grand axe AB et le petit axe CD. La méthode, décrite dans cette section, est la contrepartie géométrique de la méthode de la corde. Effectuez une construction très légère, comme suit:

I. Pour situer les foyers E et F, tracez un arc de centre C ou D (extrémités du petit axe) et de rayon R, qui est égal à la moitié du grand axe.

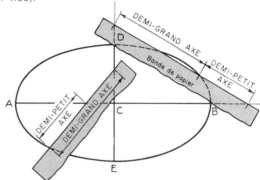

Figure 4.49 **Tracé d'une ellipse par la méthode de la bande de papier** (section 4.51).

II. Entre E et O du grand axe, marquez au hasard un certain nombre de points (ceux à gauche étant plus rapprochés) égal au nombre de points désirés dans chaque quadrant de l'ellipse. Dans cette figure, cinq points ont été jugés suffisants. Pour tracer de grandes ellipses, il faut utiliser plus de points, de façon à pouvoir tracer une courbe régulière et précise. Commencez la construction depuis n'importe quel point, 3 par exemple. De E et F comme centres et à partir des rayons A3 et B3 respectivement (mesurés entre les extrémités du grand axe et le point 3), tracez des arcs qui se coupent en quatre points 3, comme l'illustre la figure. A l'aide des points restants 1, 2, 4 et 5, déterminez, de la même façon, quatre points additionnels sur l'ellipse.

III. Faites un léger croquis de l'ellipse en réunissant les points et, enfin, mettez au net le tracé définitif à l'aide du pistolet (figure 2.79).

4.51 **Construction d'une ellipse par la méthode de la bande de papier** (Figure 4.49). On peut préparer une bande, longue

113

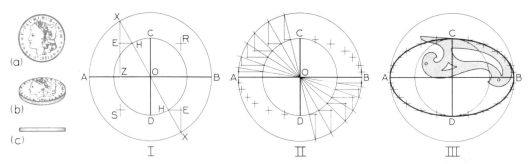

Figure 4.50 **Tracé d'une ellipse par la méthode des cercles concentriques** (section 4.52).

ou courte, de papier fort ou de carton, comme l'illustre la figure. Dans les deux cas, reportez sur le bord de la bande des longueurs égales à la moitié du grand axe et à la moitié du petit axe. Dans un cas, ces longueurs sont superposées; dans l'autre, elles sont bout à bout. Pour utiliser l'une ou l'autre méthode, placez la bande de sorte que deux des points sont sur les axes respectifs, le troisième point sera alors sur la courbe et il peut être marqué d'un petit point. Déterminez des points additionnels en déplaçant la bande à d'autres positions et en gardant toujours les deux points exactement sur leurs axes respectifs. Il faut prolonger les axes pour utiliser la longue bande de papier. Déterminez assez de points pour obtenir une ellipse régulière et symétrique. Esquissez légèrement l'ellipse à l'aide des points obtenus, puis mettez-la au net à l'aide du pistolet (figure 2.79).

4.52 Construction d'une ellipse par la méthode des cercles concentriques (Figure 4.50). Si l'on regarde un cercle de telle sorte que la direction d'observation est perpendiculaire au plan de celui-ci, comme dans le cas de la pièce d'un dollar en (a), le cercle est de grandeur nature et de forme réelle. Si l'on regarde le cercle sous un angle, tel que celui en (b), il apparaît comme une ellipse. Si l'on regarde le cercle de profil, il apparaît comme une droite, comme celui en (c). Le cas illustré en (b) est à l'origine de la méthode de construction de l'ellipse à l'aide de *cercles concentriques*.

I. Tracez deux cercles dont les diamètres sont les deux axes donnés de l'ellipse (cercle

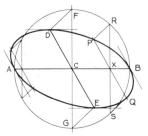

Figure 4.51 **Tracé d'une ellipse par la méthode du cercle oblique** (section 4.53).

principal et cercle secondaire). Tracez aussi une diagonale quelconque XX passant par le centre O. Par les points X où la diagonale coupe le grand cercle, tracez les lignes XE parallèles au petit axe; depuis les points H où la diagonale coupe le petit cercle, tracez les lignes HE parallèles au grand axe. Les points d'intersection E sont des points de l'ellipse. Deux points additionnels, S et R, peuvent être déterminés par le prolongement des lignes XE et HE, ce qui donne un total de quatre points à partir de la diagonale XX.

II. Tracez autant de diagonales additionnelles qu'il en faut pour obtenir un nombre suffisant de points de façon à définir une ellipse régulière et symétrique, chacune d'elles fournissant quatre points de l'ellipse. Notez qu'à l'endroit où la courbure est plus grande (près des bouts de l'ellipse), les points sont plus près les uns des autres pour mieux établir la courbe.

III. Esquissez légèrement l'ellipse à l'aide des points obtenus; mettez-la au net à l'aide du pistolet, comme à la figure 2.79.

Note: Il est évident que, en (I) de la figure 4.50, $ZE/ZX = OH/OX = b/a$ où b représente la moitié du petit axe et a, la moitié du grand axe. L'aire de l'ellipse est donc égale à l'aire du cercle circonscrit multiplié par b/a, c'est-à-dire à πab.

4.53 Construction d'une ellipse à partir des axes conjugués. Méthode du cercle oblique (Figure 4.51).

Soient AB et DE les axes conjugués donnés. *Deux axes sont dits conjugués lorsque chacun d'eux est parallèle aux tangentes aux extrémités de l'autre.*

Du centre C, tracez un cercle de rayon C̄A; tracez le diamètre GF perpendiculaire à AB; enfin, joignez D et F ainsi que G et E.

Supposons que l'ellipse désirée est la projection oblique du cercle qui vient d'être tracé; les points D et E de l'ellipse sont, respectivement, les projections obliques des points F et G du cercle; de la même façon, les points P et Q sont les projections obliques des points R et S, respectivement. On détermine les points P et Q en choisissant un point X quelconque sur AB et en traçant les lignes RS et PQ, ainsi que RP et SQ, respectivement parallèles à GF et à DE, et à FD et GE.

On doit déterminer au moins cinq points dans chaque quadrant (plus de cinq dans le cas de grandes ellipses) en prenant des points additionnels sur le grand axe et en procédant tel qu'expliqué pour le point X. Esquissez légèrement l'ellipse à l'aide des points obtenus, puis mettez-la au net à l'aide du pistolet, comme à la figure 2.79.

4.54 Construction d'une ellipse par la méthode du parallélogramme (Figures 4.52.a et 4.52.b).

La méthode du parallélogramme s'applique quand le grand axe et le petit axe sont donnés, ou quand les axes conjugués sont donnés. Tracez un rectangle ou un parallélogramme dont les côtés sont respectivement parallèles aux axes AB et CD. Divisez AO et AJ en un même nombre de parties égales et tracez légèrement des lignes de construction par ces points, comme l'illustre la figure. Les intersections des lignes de même numéro sont des points de l'ellipse. Déterminez, de la même façon, des points dans les trois autres quadrants. Esquissez

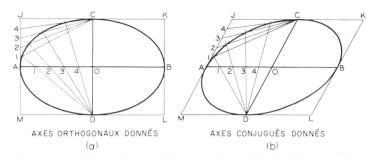

Figure 4.52 **Tracé d'une ellipse par la méthode du parallélogramme** (section 4.54).

légèrement l'ellipse à l'aide des points ainsi obtenus, puis mettez-la au net à l'aide du pistolet, comme à la figure 2.79.

4.55 Détermination des axes principaux d'une ellipse à partir des axes conjugués.

Figure 4.53.a. Soient les axes conjugués AB et CD ainsi que l'ellipse correspondante. Du point O, intersection des axes conjugués (centre de l'ellipse), et à partir d'un rayon commode quelconque, tracez un cercle qui coupe l'ellipse en quatre points. Reliez ces points par des droites, comme l'illustre la figure; le quadrilatère obtenu est un rectangle dont les côtés sont respectivement parallèles aux grand et petit axes cherchés. Tracez les axes EF et GH parallèles aux côtés du rectangle.

Figure 4.53 **Détermination des axes d'une ellipse** (section 4.55).

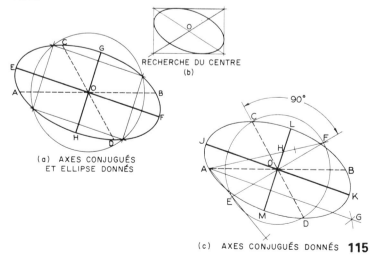

(a) AXES CONJUGUÉS ET ELLIPSE DONNÉS

RECHERCHE DU CENTRE
(b)

(c) AXES CONJUGUÉS DONNÉS **115**

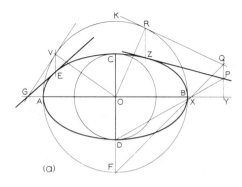

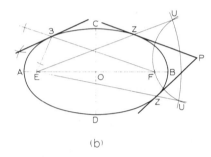

Figure 4.54 **Tangentes à une ellipse** (section 4.56).

Figure 4.53.b. Soit seulement l'ellipse. Pour en déterminer le centre, tracez un rectangle ou un parallélogramme circonscrit à l'ellipse; tracez ensuite des diagonales se coupant au centre O, comme la figure l'illustre. Les axes sont ensuite déterminés comme précédemment.

Figure 4.53.c. Soient les axes conjugués AB et CD. Du point O comme centre et à partir de CD comme diamètre, tracez un cercle. Par le centre O, tracez la ligne EF perpendiculaire à CD. Des points E et F, où cette perpendiculaire coupe le cercle, tracez les lignes FA et EA pour former l'angle FAE. Tracez la bissectrice AG de cet angle. Le grand axe JK est parallèle à cette bissectrice et le petit axe LM lui est perpendiculaire. La longueur AH est la moitié du grand axe et HF, la moitié du petit axe. Les grand et petit axes ainsi obtenus sont respectivement JK et LM.

4.56 Tracé d'une tangente à une ellipse.
CONSTRUCTION À L'AIDE D'UN CERCLE CONCENTRIQUE (Figure 4.54.a). Pour tracer une tangente

en un point quelconque de l'ellipse, tel que le point E, élevez l'ordonnée en E, qui coupe le cercle en V. Tracez une tangente au cercle en V (section 4.35) et faites en sorte qu'elle coupe le prolongement du grand axe en G. La ligne GE est la tangente recherchée.

Pour tracer une tangente à partir d'un point à l'extérieur de l'ellipse, tel que le point P, tracez l'ordonnée PV et prolongez-la. Tracez DP qui coupe alors le grand axe en X. Tracez la ligne FX et prolongez-la pour obtenir Q, l'ordonnée passant par P. Alors, d'après la règle des triangles semblables QY/PY = OF/OD. Tracez la tangente au cercle à partir de Q (section 4.35); déterminez le point de tangence R et tracez l'ordonnée en R qui coupe l'ellipse en Z. La ligne ZP est la tangente cherchée. Pour vérifier sur le dessin, les tangentes RQ et ZP devraient se couper en un point sur le prolongement du grand axe. Naturellement, on peut tracer, du point P, deux tangentes à l'ellipse.

CONSTRUCTION PAR LES FOYERS (Figure 4.54.b). Pour tracer une tangente en un point quelconque de l'ellipse, tel que le point 3, tracez les rayons focaux E3 et F3; prolongez-en un de façon à couper l'angle extérieur en deux parties égales, comme l'illustre la figure. La bissectrice obtenue est la tangente cherchée.

Pour tracer une tangente en un point quelconque extérieur à l'ellipse, tel que le point P, tracez un arc de centre P et de rayon PF. Du point E comme centre et à partir du rayon AB, tracez un arc qui coupe le premier aux points U. Tracez les lignes EU qui coupent l'ellipse aux points Z. Les lignes PZ sont les tangentes cherchées.

4.57 Gabarits à ellipses.
Pour économiser du temps en dessinant des ellipses et pour obtenir des tracés uniformes, on utilise souvent des *gabarits*, ou *pochoirs*, à ellipses (figure 4.55.a). Ce sont des plaques de plastique percées de trous elliptiques de diverses grandeurs.

Les gabarits à ellipses sont habituellement identifiés par l'angle de l'ellipse, c'est-à-dire l'angle sous lequel un cercle apparaît comme une ellipse. A la figure 4.55.b, l'angle entre la direction d'observation et la vue de côté

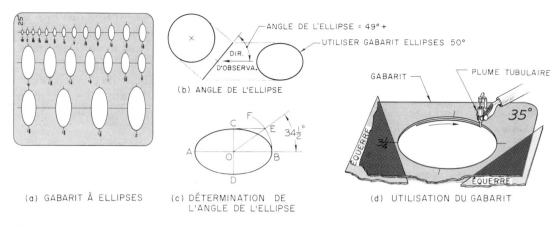

(a) GABARIT À ELLIPSES (b) ANGLE DE L'ELLIPSE (c) DÉTERMINATION DE L'ANGLE DE L'ELLIPSE (d) UTILISATION DU GABARIT

Figure 4.55 **Utilisation d'un gabarit à ellipses** (section 4.57).

du plan du cercle est d'environ 49°; par conséquent, le gabarit à ellipses de 50° est adéquat. Les gabarits à ellipses sont généralement disponibles pour des intervalles d'angles de 5°, tels que 15°, 20°, 25°, etc. Sur le gabarit de 50°, on trouve une série d'ellipses de 50° de sorte qu'il suffit de choisir celle qui convient. Si l'angle de l'ellipse est difficile à déterminer, il est toujours possible de chercher celle qui est à peu près aussi longue et aussi « aplatie » que celle qu'il faut dessiner.

Une construction simple pour déterminer l'angle de l'ellipse lorsque les vues ne sont pas disponibles est illustrée à la figure 4.55.c. En utilisant le centre O, tracez l'arc BF; tracez ensuite CE parallèle au grand axe. Tracez la diagonale OE et mesurez l'angle EOB à l'aide d'un rapporteur (section 2.19). Utilisez le gabarit à ellipses le plus près de cet angle; dans ce cas-ci, on choisit le gabarit de 35°.

Puisqu'il ne serait pas pratique d'avoir des modèles d'ellipses de toutes les grandeurs

possibles, il est souvent nécessaire d'utiliser le gabarit à la manière d'un pistolet. Par exemple, si le trou disponible est trop long et trop « aplati » pour l'ellipse à dessiner, on peut tracer une extrémité, puis déplacez légèrement le gabarit pour tracer l'autre extrémité. De même, on peut tracer un grand côté et déplacer légèrement le gabarit pour tracer l'autre. Dans de tels cas, laissez des espaces entre les quatre portions pour les compléter ensuite à main levée ou à l'aide d'un pistolet. Lorsque la différence entre le modèle et l'ellipse désirée est faible, il suffit d'incliner légèrement le crayon ou la plume vers l'intérieur ou vers l'extérieur des rives pour combler cette différence.

Pour mettre à l'encre les ellipses, on conseille d'utiliser les plumes Leroy, Rapidograph, Staedler ou Wrico. La figure 4.55.b illustre comment procéder à l'aide de la plume Leroy. Placez des équerres sous le gabarit de façon à le soulever du papier et à empêcher

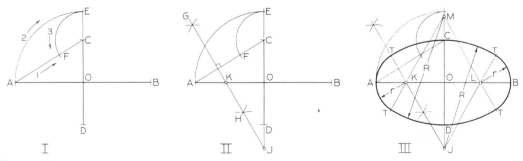

I II III

Figure 4.56 **Tracé d'une ellipse approchée** (section 4.58).

117

l'encre de s'étendre dessous; mieux encore, placez sous le gabarit un modèle d'ellipse plus grand.

4.58 Tracé approximatif d'une ellipse

(Figure 4.56). Dans plusieurs applications, en particulier lorsqu'une petite ellipse est nécessaire, la méthode du tracé approximatif par des arcs circulaires est tout à fait satisfaisante. Une telle ellipse est, à coup sûr, symétrique et peut être tracée rapidement à l'aide du compas.

Soient les axes AB et CD.

I. Tracez la ligne AC. Du point O comme centre et à partir de OA comme rayon, tracez l'arc AE. De C comme centre et à partir de CE comme rayon, tracez l'arc EF.

II. Tracez la médiatrice GH de la ligne AF; les points d'intersection avec les axes sont les centres des arcs cherchés.

III. Déterminez les centres L et M en posant OL = OK et OM = OJ. A partir des centres K, L, M et J, tracez des arcs circulaires comme l'illustre la figure. Les points de tangence T sont aux jonctions des arcs sur les lignes reliant les centres.

4.59 Construction d'une parabole.

La courbe d'intersection entre un cône de révolution et un plan parallèle à une de ses génératrices (figure 4.46.a) s'appelle une *parabole*. *Une parabole peut aussi être générée par un point qui se déplace de telle sorte que la somme des distances à un point fixe, le foyer, et à une ligne fixe, la directrice, demeure la même.* Soient les exemples suivants.

Figure 4.57.a. Le foyer F et la directrice AB sont connus. Une parabole peut être décrite par un crayon guidé par une ficelle, comme l'illustre la figure. Attachez la ficelle en F et en C; sa longueur est GC. Le point C est choisi au hasard, sa distance de G dépendant de la longueur désirée de la courbe. Gardez toujours la ficelle tendue et le crayon près du té.

Figure 4.57.b. Le foyer F et la directrice AB sont connus. Tracez une ligne DE parallèle à la directrice et à une distance quelconque CZ de cette dernière. De F comme centre

et à partir du rayon CZ, tracez des arcs qui coupent la ligne DE aux points Q et R, qui sont des points de la parabole. Déterminez autant de points additionnels qu'il en faut pour dessiner la parabole avec précision, en traçant des lignes additionnelles parallèles à la ligne AB et en procédant de la même façon.

Une tangente à la parabole en un point quelconque G est la bissectrice de l'angle formé par la ligne focale FG et la ligne SG perpendiculaire à la directrice.

Figure 4.57.c. La flèche et la largeur de la parabole sont connues. Divisez AO en un nombre quelconque de parties égales et divisez AD en un nombre de parties égal au carré du premier. A partir de la ligne AB, chaque point de la parabole est reporté par un nombre d'unités égal au carré du nombre d'unités compté depuis le point O. Par exemple, le point 3 fournit 9 unités (soit le carré

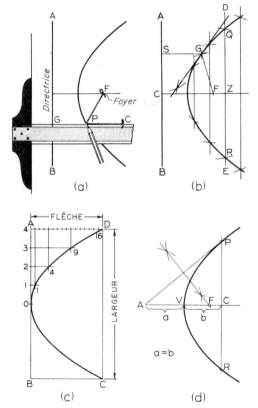

Figure 4.57 **Tracé d'une parabole** (section 4.59).

de 3). On utilise généralement cette méthode pour tracer des arches paraboliques.

Figure 4.57.d. Les points P, R et V de la parabole étant connus, déterminez le foyer F. Tracez la tangente en P, de façon à ce que a = b. Tracez la médiatrice de AP qui coupe l'axe en F, le foyer de la parabole.

Figures 4.58.a et 4.58.b. Le rectangle ou le parallélogramme ABCD est connu. Divisez BC en un nombre quelconque de parties égales et divisez les côtés AB et DC en un nombre de parties égal à la moitié du premier; tracez des lignes comme l'illustre la figure. Les intersections des lignes de même numéro sont des points de la parabole.

APPLICATIONS PRATIQUES. On utilise la parabole comme surface réfléchissant la lumière ou le son, comme profil vertical des routes, comme forme des arches et, d'une façon approximative, comme forme de la courbure des câbles des ponts suspendus. On la retrouve aussi dans les diagrammes représentant le moment fléchissant en tout point d'une poutre uniformément chargée.

4.60   Rattachement de deux points par une courbe parabolique (Figure 4.59).
Soient X et Y les deux points connus. Supposez un point quelconque O et tracez les tangentes XO et YO. Divisez XO et YO en un même nombre de parties égales; numérotez les divisions, comme l'illustre la figure, et reliez entre eux les points correspondants. Ces lignes sont tangentes à la parabole recherchée et elles constituent son enveloppe. Esquissez légèrement une courbe lisse, puis foncez-la à l'aide du pistolet (section 2.59).

Les courbes paraboliques sont plus plaisantes à l'oeil que des arcs circulaires et sont

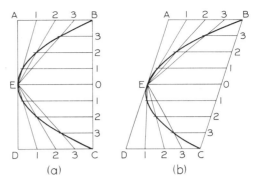

Figure 4.58   **Tracé d'une parabole** (section 4.59).

utiles dans la conception des machines. Si les tangentes OX et OY sont égales, l'axe de la parabole coupe l'angle entre elles en deux parties égales.

4.61   Construction d'une hyperbole.   La courbe d'intersection entre un cône de révolution et un plan faisant avec l'axe un angle plus petit que la moitié de l'angle au sommet du cône (figure 4.46.e) s'appelle une *hyperbole. Une hyperbole est aussi générée par un point se déplaçant de telle sorte que la différence entre les distances à deux points fixes, les foyers, est constante et égale à l'axe transverse de l'hyperbole.*

Figure 4.60.a. Soient F et F' les foyers et AB l'axe transverse. La courbe peut être générée par un crayon guidé par une ficelle, comme l'illustre la figure. Attachez une ficelle en F' et en C; sa longueur est donnée par FC − AB. Le point C est choisi d'une façon aléatoire; sa distance de F dépend de la grandeur désirée de la courbe.

Fixez la règle parallèle en F. Si on le fait tourner autour de F en tenant un crayon

Figure 4.59   **Courbes paraboliques** (section 4.60).

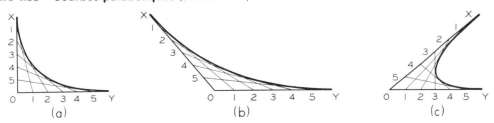

contre lui et en gardant la ficelle tendue, on peut dessiner l'hyperbole, comme l'illustre la figure.

Figure 4.60.b. Pour construire la courbe d'une façon géométrique, choisissez un point quelconque X sur le prolongement de l'axe transverse. En choisissant F et F' comme centres et BX comme rayon, tracez les arcs DE. Des mêmes centres et à partir de AX comme rayon, tracez des arcs qui coupent les précédents aux points Q, R, S et T, qui sont des points de l'hyperbole recherchée. Déterminez autant de points additionnels qu'il en faut pour dessiner les courbes avec précision, en choisissant d'autres points tels que X sur l'axe transverse et en procédant comme dans le cas du point X.

Pour tracer la tangente à une hyperbole en un point donné P, divisez, en deux parties égales, l'angle entre les rayons focaux FP et F'P. La bissectrice est la tangente désirée.

Pour tracer les assymptotes HCH de l'hyperbole, tracez un cercle de diamètre FF' et élevez des perpendiculaires à l'axe transverse aux points A et B, qui coupent le cercle aux points H. Les lignes HC sont les assymptotes cherchées.

4.62 Construction d'une hyperbole équilatérale (Figure 4.61). Les assymptotes OB et OA, faisant un angle droit entre elles, et le point P sur la courbe sont connus.

Figure 4.61.a. Dans le cas d'une hyperbole équilatérale, on peut utiliser les assymptotes comme les axes de référence pour la courbe. Si l'on prolonge une corde de l'hyperbole pour couper les axes, les distances entre les points d'intersection et les axes sont les mêmes. Par exemple, une corde passant par le point donné P coupe les axes aux points 1 et 2 et les distances P-1 et 2-3 sont égales et le point 3 est un point de l'hyperbole. De même, une autre corde passant par P fournit les distances P-1' et 3'-2' égales, de sorte que le point 3' est aussi un point de l'hyperbole. Il n'est pas nécessaire de tracer toutes les cordes passant par le point donné P mais, dès qu'un nouveau point de la courbe est déterminé, on peut y faire passer des

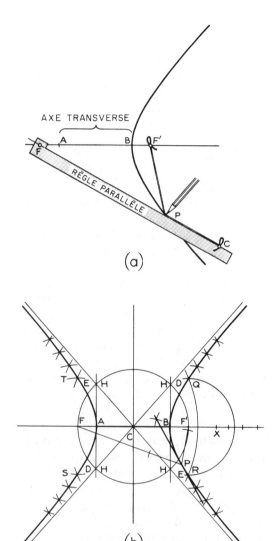

(a)

(b)

Figure 4.60 **Tracé d'une hyperbole** (section 4.61).

cordes pour obtenir d'autres points. Lorsqu'un nombre suffisant de points a été déterminé pour fournir une courbe précise, on trace l'hyperbole à l'aide du pistolet (section 2.59).

Figure 4.61.b. Dans le cas d'une hyperbole équilatérale, le produit des coordonnées des points est constant. Par le point donné P tracez les lignes 1-P-Y et 2-P-Z respectivement parallèles aux axes. De l'origine O des coordonnées, tracez une diagonale quelconque coupant ces deux lignes aux points 3 et X. En ces points, tracez des lignes parallèles

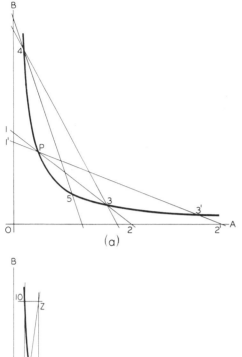

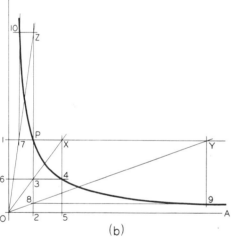

Figure 4.61 **Tracé d'une hyperbole équilatérale**
(section 4.62).

aux axes et se coupant en 4, qui est un point de l'hyperbole. De même, une autre diagonale depuis O coupe les deux lignes passant par P aux points 8 et Y; les lignes passant par ces derniers points et parallèles aux axes se coupent en 9, un autre point de la courbe. Une troisième diagonale fournit, de la même façon, le point 10 sur la courbe, et ainsi de suite. Déterminez autant de points qu'il en faut pour obtenir une courbe lisse et tracez l'hyperbole à l'aide du pistolet (section 2.59). Il est évident que, d'après les triangles semblables O-X-5 et O-3-2:

$$P\text{-}1 \times P\text{-}2 = 4\text{-}5 \times 4\text{-}6.$$

L'hyperbole équilatérale peut représenter, par exemple, la variation de la pression d'un

gaz en fonction de son volume, étant donné que la pression varie de façon inverse avec le volume; autrement dit, le produit de la pression par le volume est constant.

4.63 **Tracé d'une spirale d'Archimède** (Figure 4.62). Pour déterminer des points de la spirale, tracez des lignes passant par le pôle C et faisant entre elles des angles égaux, tels que des angles de 30°; en commençant avec une ligne quelconque, rapportez une distance quelconque, telle que 2 mm; rapportez deux fois cette distance sur la ligne suivante, trois fois sur la troisième, et ainsi de suite. Par les points ainsi obtenus, tracez une courbe lisse à l'aide du pistolet (section 2.59).

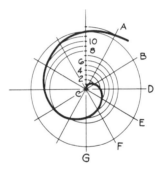

Figure 4.62 **Tracé d'une spirale d'Archimède** (section 4.63).

4.64 **Tracé d'une hélice** (Figure 4.63). *Une hélice est générée par un point qui se déplace, autour et le long de la surface d'un cylindre de révolution ou d'un cône de révolution, à une vitesse angulaire uniforme autour de l'axe et à une vitesse linéaire uniforme dans la direction de l'axe.* Une hélice cylindrique est appelée simplement une *hélice*. La distance, parcourue par le point après une révolution complète et mesurée parallèlement à l'axe, s'appelle le *pas*.

Si la surface cylindrique sur laquelle est générée l'hélice est déroulée en un plan, l'hélice devient une ligne droite comme l'illustre la figure 4.62.a; la partie sous l'hélice devient un triangle rectangle dont la hauteur est égale au pas de l'hélice et la base, à la

Figure 4.63 **Tracé d'une hélice** (section 4.64).

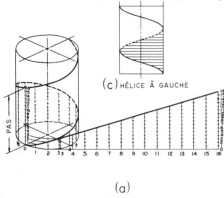

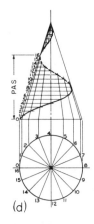

(a)

(b)   (d)

circonférence de la base du cylindre. Une telle hélice peut donc être définie comme la plus courte ligne, qui peut être tracée sur une surface cylindrique, pour relier deux points qui ne sont pas sur la même génératrice.

Pour tracer l'hélice, dessinez deux vues du cylindre sur lequel l'hélice est générée (b), et divisez le cercle de la base en un nombre quelconque de parties égales. Sur la vue rectangulaire du cylindre, rapportez le pas et divisez-le en un même nombre de parties égales que la base. Numérotez les divisions comme l'illustre la figure, jusqu'à seize dans cet exemple. Lorsque le point générateur s'est déplacé d'un seizième de la distance autour du cylindre, il s'est élevé d'un seizième du pas; lorsqu'il s'est déplacé à mi-chemin autour du cylindre, il s'est élevé de la moitié du pas, et ainsi de suite. Des points de l'hélice sont déterminés par la projection du point 1 de la vue circulaire vers la ligne 1 de la vue rectangulaire, par la projection du point 2 de la vue circulaire vers la ligne 2 de la vue rectangulaire, et ainsi de suite.

L'hélice représentée en (b) est une *hélice à droite*. Dans le cas d'une *hélice à gauche* (c),

les parties visibles de la courbe sont inclinées dans le sens opposé, c'est-à-dire en descendant vers la droite. L'hélice représentée en (b) peut être transformée en hélice à gauche si on interchange les lignes visibles et cachées.

L'hélice a plusieurs applications possibles dans l'industrie, comme dans les filetages, les vis sans fin, les tapis roulants, les escaliers en spirale, etc. Les bandes de couleur d'un poteau de barbier ont la forme d'une hélice.

La construction d'une hélice conique à droite est illustré en (d).

4.65 Construction d'une développante
(Figure 4.64). La trajectoire de l'extrémité (ou d'un point) d'une ficelle, lorsque celle-ci est déroulée d'une ligne, d'un polygone ou d'un cercle, s'appelle une *développante*.

TRACÉ DE LA DÉVELOPPANTE D'UN SEGMENT DE DROITE (Figure 4.64.a). Soit AB le segment donné. A partir de AB comme rayon et de B comme centre, tracez le demi-cercle AC. A partir de AC comme rayon et de A comme centre, tracez le demi-cercle CD. A partir de BD comme rayon et de B comme centre, tra-

Figure 4.64 **Tracé d'une développante** (section 4.65).

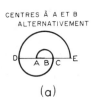

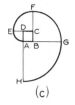

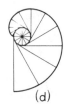

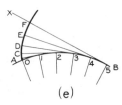

(a)   (b)   (c)   (d)   (e)

cez le demi-cercle DE. Continuez ainsi en alternant les centres A et B jusqu'à ce qu'une figure de la grandeur désirée soit obtenue.

TRACÉ DE LA DÉVELOPPANTE D'UN TRIANGLE (Figure 4.64.b). Soit ABC le triangle donné. A partir de CA comme rayon et de C comme centre, tracez l'arc AD. A partir de BD comme rayon et de B comme centre, tracez l'arc DE. A partir de AE comme rayon et de A comme centre, tracez l'arc EF. Continuez ainsi jusqu'à ce que la grandeur voulue soit atteinte.

TRACÉ DE LA DÉVELOPPANTE D'UN CARRÉ (Figure 4.64.c). Soit ABCD le carré donné. A partir de DA comme rayon et de D comme centre, tracez l'arc de 90° AE. Poursuivez comme dans le cas de la développante d'un triangle jusqu'à l'obtention de la grandeur désirée.

TRACÉ DE LA DÉVELOPPANTE D'UN CERCLE (Figure 4.64.d). On peut considérer un cercle comme un polygone ayant un nombre infini de côtés. La développante est construite de la façon suivante: on divise la circonférence en un nombre de parties égales, on trace une tangente à chaque point diviseur, on rapporte, le long de chaque tangente, la longueur de l'arc circulaire correspondant (figure 4.45.c) et on trace la courbe désirée par les points reportés sur les diverses tangentes.

Figure 4.64.e. La développante peut être générée par un point d'une ligne qui est enroulée sur un cercle fixe. On peut déterminer les points de la courbe cherchée en rapportant des longueurs égales 0-1, 1-2, 2-3, etc. le long de la circonférence, en traçant une tangente en chaque point diviseur et en poursuivant comme en (d).

La développante d'un cercle est utilisée dans la construction des dents d'engrenage à développante. Dans ce système, la développante constitue la face et une partie du côté des dents des roues d'engrenage; les profils des dents de crémaillères sont des lignes droites.

4.66 Construction d'une cycloïde (Figure 4.65). *Une cycloïde peut être générée par un point P de la circonférence d'un cercle qui roule sans glisser le long d'une ligne droite.*

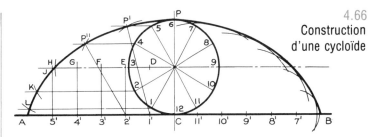

Figure 4.65 **Tracé d'une cycloïde** (section 4.66).

Soient le cercle générateur et la ligne droite AB qui lui est tangente; construisez les distances CA et CB égales à la demi-circonférence du cercle (figure 4.45.c). Divisez ces distances et la demi-circonférence en un même nombre de parties égales, six par exemple, et numérotez-les comme l'illustre la figure. Supposez que le cercle roule vers la gauche; lorsque le point 1 du cercle atteint le point 1' de la ligne, le centre du cercle est en D, le point 7 est le point le plus élevé du cercle et le point générateur 6 est à la même distance de la ligne AB qu'était le point 5, lorsque le cercle était à la position centrale. Ensuite, pour déterminer le point P', tracez, par le point 5, une ligne parallèle à AB, pour qu'elle coupe un arc ayant comme centre le point D et un rayon égal à celui du cercle. Pour déterminer le point P'', tracez, par le point 4, une ligne parallèle à AB, de sorte qu'elle coupe un arc ayant comme centre E et un rayon égal à celui du cercle. Les points J, K et L sont déterminés de la même façon.

Une autre méthode possible est illustrée à la partie droite de la figure 4.65. Du centre à 11' et à partir de la corde 11-6 comme rayon, tracez un arc. Poursuivez ainsi avec les centres 9', 8' et 7'. Tracez l'enveloppe de ces axes pour obtenir la cycloïde désirée.

L'étudiant peut suivre une méthode ou l'autre; la seconde est la moins longue et la plus pratique. Il est évident que, d'après les arcs tangents tracés selon la façon décrite, la ligne qui relie les points générateurs et le point de contact du cercle générateur est normale à la cycloïde; les lignes 1'-P' et 2'-P', par exemple, sont des normales de la cycloïde; cette propriété rend la cycloïde utile pour tracer le profil des dents d'engrenage.

123

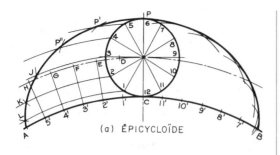

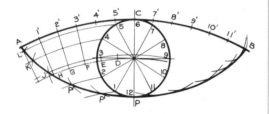

(a) ÉPICYCLOÏDE

(b) HYPOCYCLOÏDE

Figure 4.66 **Tracés d'une épicycloïde et d'une hypocycloïde** (section 4.67).

4.67 Construction d'une épicycloïde ou d'une hypocycloïde (Figure 4.66).

Si le point générateur P est sur la circonférence d'un cercle qui roule sur le côté convexe d'un grand cercle (a), la courbe engendrée s'appelle une *épicycloïde*. Si le cercle roule sur la partie concave d'un grand cercle (b), la courbe engendrée s'appelle une *hypocycloïde*. Ces courbes sont tracées de la même façon que la cycloïde (figure 4.65). Comme la cycloïde, ces courbes sont utilisées pour le profil de certaines dents d'engrenage et elles sont, par conséquent, très importantes dans la conception des machines.

4.68 Problèmes de tracés géométriques (Figure 4.67).

Les constructions géométriques suivantes doivent être exécutées avec beaucoup de précision; utilisez un crayon dur (2H à 4H) dont la pointe est conique, longue et bien aiguisée. Les lignes données doivent être foncées et d'une épaisseur moyenne; tracez les lignes de construction très légèrement. N'effacez pas les lignes de construction. Indiquez les points et les lignes selon la méthode décrite à la section 4.2.

Un grand nombre de problèmes sont fournis ci-après; le professeur peut y choisir des devoirs. Il faut utiliser soit la disposition A-2 divisée en quatre parties, comme l'illustre la figure 4.67, soit la disposition A4-2 (modifié). Des feuilles additionnelles, contenant d'autres problèmes extraits des figures 4.68 à 4.79 et divisées selon la même disposition, peuvent être élaborées par le professeur.

Plusieurs problèmes comportent des dimensions métriques. Le professeur peut demander à l'étudiant de convertir les dimensions du système impérial des autres problèmes en dimensions métriques.

L'étudiant doit être très attentif dans l'élaboration de chaque problème de façon à faire le meilleur emploi de tout l'espace disponible; il doit présenter le problème de la façon la plus avantageuse et fournir un travail ayant une belle apparence. Il doit identifier les principaux points de toutes les constructions de la même façon que celle utilisée dans les diverses illustrations de ce chapitre.

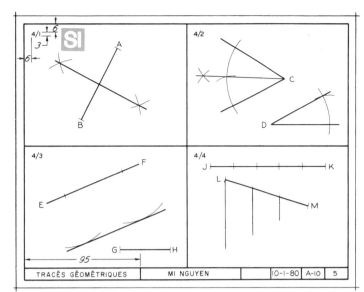

Figure 4.67 **Tracés géométriques** — Disposition A-2 ou A4-2 (modifiée).

Les quatre premiers problèmes sont représentés à la figure 4.67.

Problème 4.1 Tracez une ligne inclinée AB de 65 mm de longueur et divisez-la en deux parties égales comme à la figure 4.8.

Problème 4.2 Tracez un angle quelconque dont le sommet est C. Divisez-le en deux parties égales et reportez-en la moitié à la nouvelle position en D (figure 4.11).

Problème 4.3 Tracez une ligne inclinée EF et supposez que la distance GH est de 42 mm. Tracez une ligne parallèle à EF et à une distance GH de celle-ci (figure 4.13.a).

Problème 4.4 Tracez une ligne JK de 95 mm de longueur et divisez-la en cinq parties égales à l'aide du compas (section 2.41). Tracez une ligne LM de 58 mm de longueur et divisez-la en trois parties égales par la méthode des lignes parallèles (figure 4.15).

Problème 4.5 Tracez une ligne OP de 92 mm de longueur et divisez-la en trois parties proportionnelles à 3, 5 et 9 (figure 4.17.a).

Problème 4.6 Tracez une ligne de 87 mm de longueur et divisez-la en parties proportionnelles au carré de X, où X = 1, 2, 3 et 4 (figure 4.17.c).

Problème 4.7 Tracez un triangle dont les côtés mesurent 76 mm, 85 mm et 65 mm (figure 4.19). Divisez, en deux parties égales, les trois angles intérieurs (figure 4.10). Les bissectrices devraient se rencontrer en un point. Tracez le cercle inscrit en prenant ce dernier point comme centre.

Problème 4.8 Tracez un triangle rectangle dont l'hypoténuse mesure 65 mm et un côté, 40 mm (figures 4.3 et 4.20); tracez un cercle passant par les trois sommets (figure 4.32).

Problème 4.9 Tracez une ligne inclinée QR de 84 mm de longueur. Choisissez un point P sur la ligne à 32 mm de Q et élevez une perpendiculaire (figure 4.18.c). Supposez un point S à environ 44,5 mm de la ligne et tracez une perpendiculaire de S jusqu'à la ligne (figure 4.18.b).

125

Problème 4.10 Tracez deux lignes faisant entre elles un angle de 35½°, en utilisant la méthode de la tangente (figure 4.21.a). Vérifiez l'angle à l'aide d'un rapporteur (section 2.19).

Problème 4.11 Tracez deux lignes faisant entre elles un angle de 33°16', en utilisant la méthode du sinus (figure 4.21.b). Vérifiez l'angle à l'aide d'un rapporteur (section 2.19).

Problème 4.12 Tracez un triangle équilatéral (figure 4.3.a), dont les côtés mesurent 63,5 mm (figure 4.22.a). Divisez, en deux parties égales, les angles intérieurs (figure 4.10). Tracez le cercle inscrit en prenant comme centre le point d'intersection des bissectrices.

Problème 4.13 Tracez la ligne inclinée TU de 55 mm de longueur, puis tracez un carré ayant TU comme côté (figure 4.23.a).

Problème 4.14 Tracez légèrement un cercle de 54 mm de diamètre; inscrivez ensuite un carré dans le cercle, puis dessinez un carré circonscrit au cercle (figures 4.23.c et 4.23.d).

Problème 4.15 Tracez légèrement un cercle de 65 mm de diamètre et déterminez les sommets du pentagone régulier inscrit (figure 4.24.a) et reliez-en les sommets pour former une étoile à cinq pointes.

Problème 4.16 Tracez légèrement un cercle de 65 mm de diamètre et inscrivez-y un hexagone régulier (figure 4.25.b); tracez ensuite l'hexagone circonscrit (figure 4.26.d).

Problème 4.17 Tracez légèrement un carré de 63,5 mm de côté (figure 4.23.b) et inscrivez-y un octagone régulier (figure 4.28.b).

Problème 4.18 Tracez un triangle, semblable à celui de la figure 4.29.a, dont les côtés mesurent 50 mm, 38 mm et 73 mm; ensuite, reportez le triangle à une nouvelle position et tournez-le de 180° (figure 4.29.b). Vérifiez à l'aide de la méthode des perforations (section 4.30).

Problème 4.19 Au centre de la feuille, tracez un rectangle de 88 mm de largeur et de 61 mm de hauteur. Faites la construction nécessaire pour réduire le rectangle jusqu'à ce qu'il ait 58 mm de largeur; répétez à nouveau pour qu'il ait 70 mm de largeur (figure 4.31.b).

Problème 4.20 Tracez trois points disposés approximativement comme ceux à la figure 4.32.a et tracez un cercle par ces trois points.

Problème 4.21 Tracez un cercle dont le diamètre est de 58 mm. Supposez un point S sur la partie gauche du cercle et tracez une tangente en ce point (figure 4.34.a). Supposez un point T à la droite du cercle et à 50 mm de son centre; tracez deux tangentes au cercle passant par ce point (figure 4.34.b).

Problème 4.22 Au centre de la feuille, tracez un axe de symétrie horizontal; tracez ensuite deux cercles, un de 50 mm de diamètre et un autre de 38 mm de diamètre, dont les centres sont distants de 54 mm. Situez les cercles de façon à ce que la construction soit centrée sur le papier. Tracez les tangentes extérieures aux cercles (figure 4.35.a).

Problème 4.23 Refaites le problème 4.22 en traçant les tangentes croisées aux cercles (figure 4.35.b).

Problème 4.24 Tracez une ligne verticale VW à 33 mm du côté de la feuille. Supposez un point P, situé à 44 mm plus loin vers la droite et à 25 mm du haut de la feuille. Tracez, par le point P, un cercle, dont le diamètre est de 56 mm, tangent à VW (figure 4.36.a).

Problème 4.25 Tracez la ligne verticale XY à 35 mm de la gauche de la feuille. Supposez un point P situé à 44 mm vers la droite et à 25 mm du haut de la feuille. Supposez un point Q situé sur la ligne XY et à 50 mm de P. Tracez, par le point P, un cercle tangent à XY en Q (figure 4.36.b).

Problème 4.26 Tracez un cercle de 64 mm de diamètre, dont le centre C est à 16 mm à gauche du centre de la feuille. Supposez un point P situé dans la partie droite inférieure et à 60 mm de C. Tracez un arc, dont le rayon est de 25 mm, passant par P et tangent au cercle (figure 4.36.c).

Problème 4.27 Tracez une ligne verticale et une ligne horizontale, chacune de 65 mm de longueur (figure 4.37.I). Tracez un arc, dont le rayon est de 38 mm, tangent aux lignes.

Problème 4.28 Tracez une ligne horizontale à 20 mm du bas de la feuille. Choisissez, sur la ligne, un point situé à 50 mm de la gauche de la feuille et, par ce point, tracez une ligne vers la partie droite supérieure à un angle de 60° de l'horizontale. Tracez des arcs, dont les rayons sont de 35 mm, à l'intérieur des angles obtus et des angles aigus. Les arcs doivent être tangents aux deux lignes (figure 4.38).

Problème 4.29 Tracez deux lignes concourantes, semblables à celles de la figure 4.38.a, faisant un angle de 60° entre elles. Supposez un point P situé sur une ligne et à une distance de 45 mm de l'intersection. Tracez un arc qui est tangent aux deux lignes et qui a un point de tangence en P (figure 4.33).

Problème 4.30 Tracez une ligne verticale AB à 32 mm de la gauche de la feuille. Tracez un arc dont le rayon est de 42 mm et dont le centre est situé à 75 mm à droite de la ligne et dans la partie droite inférieure de la feuille. Tracez un arc, dont le rayon est de 25 mm, tangent à AB et au premier arc (figure 4.39).

Problème 4.31 À partir des centres situés à 20 mm du bas de la feuille et distants de 86 mm, tracez des arcs, dont les rayons sont respectivement de 44 mm et de 24 mm. Tracez un arc, dont le rayon est de 32 mm, tangent aux deux premiers arcs (figure 4.40).

Problème 4.32 Tracez deux cercles comme ceux du problème 4.22. Tracez un arc, dont le rayon est de 70 mm, tangent aux parties supérieures des cercles et les enveloppant (figure 4.41.a). Tracez un arc, dont le rayon est de 50 mm, tangent au cercle mais enveloppant seulement le plus petit des cercles (figure 4.41.b).

Problème 4.33 Tracez deux lignes parallèles inclinées et situées à 45 mm l'une de l'autre. Choisissez un point sur chaque ligne et reliez-les par une courbe en doucine tangente aux deux lignes parallèles (figure 4.43.a).

Problème 4.34 Tracez un arc de 54 mm de rayon, qui sous-tend un angle de 90°. Déterminez la longueur de l'arc par deux méthodes (figures 4.45.a et 4.45.c). Calculez la longueur de l'arc et comparez-la avec les longueurs déterminées graphiquement. (Voir la note à la fin de la section 4.46.)

Problème 4.35 Tracez un grand axe (horizontal) de 102 mm de longueur et un petit axe de 64 mm de longueur, ayant leur intersection au centre de la feuille. Tracez une ellipse par la méthode des points à l'aide du compas. Il faut établir au moins cinq points dans chaque quadrant (figure 4.48).

Problème 4.36 Tracez des axes comme ceux au problème 4.35. Tracez l'ellipse par la méthode de la bande de papier (figure 4.49).

Problème 4.37 Tracez des axes comme ceux au problème 4.35. Tracez l'ellipse par la méthode des cercles concentriques (figure 4.50).

Problème 4.38 Tracez des axes comme ceux au problème 4.35. Tracez l'ellipse par la méthode du parallélogramme (figure 4.52.a).

Problème 4.39 Tracez des axes conjugués se coupant au centre de la feuille. Tracez un diamètre horizontal de 88 mm de longueur et un diamètre de 70 mm faisant un angle de 60° avec l'horizontale. Tracez une ellipse oblique (figure 4.51). Déterminez au moins cinq points dans chaque quadrant.

Problème 4.40 Tracez des axes conjugués comme ceux au problème 4.39. Tracez l'ellipse par la méthode du parallélogramme (figure 4.52.b).

Problème 4.41 Tracez des axes comme ceux au problème 4.35. Tracez une ellipse approximative (figure 4.56).

Problème 4.42 Tracez une parabole dont l'axe est vertical et dont le foyer est à 12 mm de la directrice (figure 4.57.b). Déterminez au moins neuf points sur la courbe.

Problème 4.43 Tracez une hyperbole dont la distance entre les foyers est de 25 mm et dont la distance focale est de 38 mm (figure 4.60.b). Tracez les aymptotes.

Problème 4.44 Tracez une ligne horizontale près du bas de la feuille et une ligne verticale près du côté gauche de celle-ci. Supposez un point P situé à 16 mm à droite de la ligne verticale et à 38 mm au-dessus de la ligne horizontale. Tracez une hyperbole équilatérale par le point P en considérant les deux lignes comme les asymptotes. Utilisez une des méthodes illustrées à la figure 4.61.

Problème 4.45 En utilisant le centre de la feuille comme pôle, tracez une spirale d'Archimède dont le point générateur se déplace dans le sens anti-horaire en s'éloignant du pôle au taux de 25 mm par révolution (figure 4.62).

Problème 4.46 Tracez une ligne d'axe horizontal au centre de la feuille; sur cette ligne, tracez une hélice droite dont le diamètre est de 50 mm, la longueur, de 64 mm et le pas, de 25 mm (figure 4.63). Tracez seulement une vue en bout semi-circulaire.

Problème 4.47 Tracez la développante d'un triangle équilatéral dont les côtés mesurent 15 mm (figure 4.64.b).

Problème 4.48 Tracez la développante d'un cercle de 20 mm de diamètre (figure 4.64.d).

Problème 4.49 Tracez une cycloïde engendrée par un cercle de 30 mm de diamètre roulant sur une droite horizontale (figure 4.65).

Problème 4.50 Tracez une épicycloïde engendrée par un cercle de 38 mm de diamètre roulant sur un arc circulaire dont le rayon est égal à 64 mm (figure 4.66.a).

Problème 4.51 Tracez une hypocycloïde engendrée par un cercle de 38 mm de diamètre roulant sur un arc circulaire dont le rayon est égal à 64 mm (figure 4.66.b).

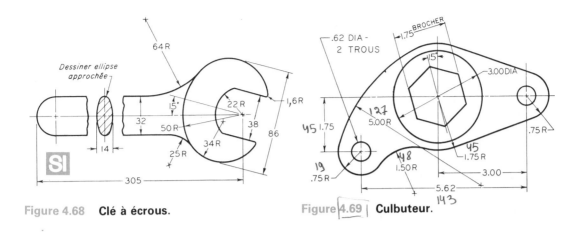

Figure 4.68 **Clé à écrous.**

Figure 4.69 **Culbuteur.** 143

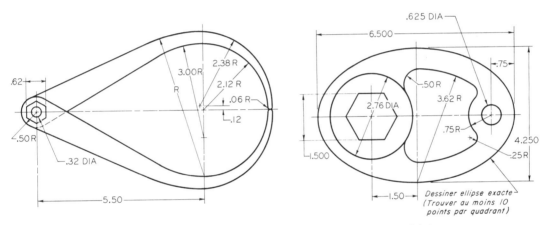

Figure 4.70 **Compas d'épaisseur.**

Figure 4.71 **Came spéciale.**

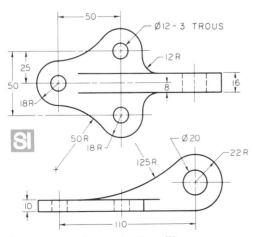

Figure 4.72 **Ancre de chaudière.**

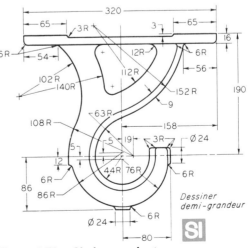

Figure 4.73 **Chaise pendante.**

129

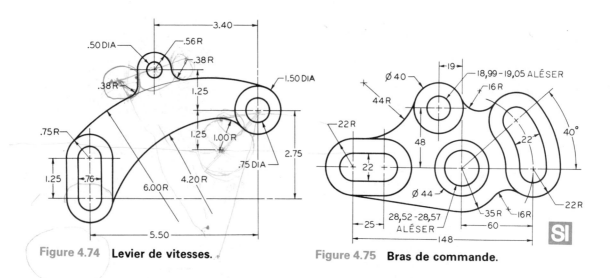

Figure 4.74 **Levier de vitesses.**

Figure 4.75 **Bras de commande.**

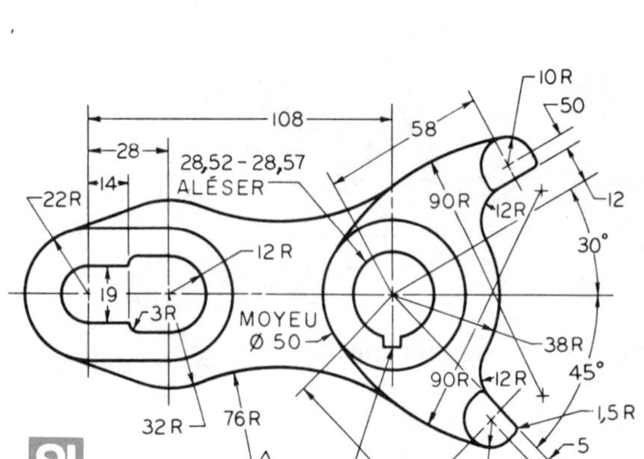

Figure 4.76 **Levier du rouleau de façonnage.**

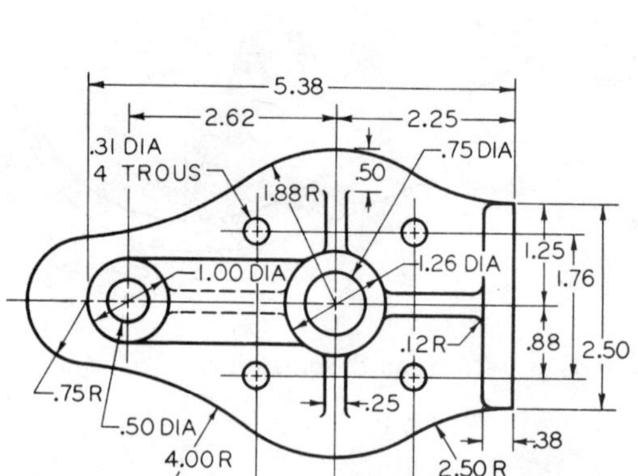

Figure 4.77 **Base de presse.**

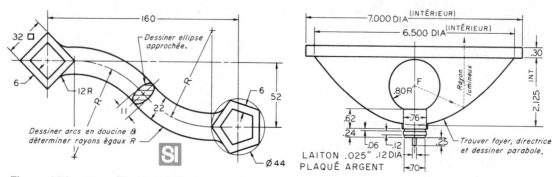

Figure 4.78 **Clé en S spéciale.**

Figure 4.79 **Réflecteur de phare d'automobile.**

5

croquis et description des formes

5.1 **Importance des croquis techniques.** L'importance des dessins à main levée, ou croquis, dans l'ingénierie et dans la conception, ne peut être surestimée. Pour quelqu'un qui possède une connaissance complète du langage graphique, l'habileté à exécuter rapidement un croquis clair et précis constitue un moyen d'expression de premier ordre. Le vieux proverbe chinois « une image vaut mille mots » n'est pas sans fondement.

La plupart des idées originales d'une étude sont exprimées, en premier lieu, par les croquis. Les ingénieurs se servent souvent de ceux-ci pour exposer leurs conceptions; ils les transmettent ensuite aux concepteurs ou aux dessinateurs pour la réalisation des dessins aux instruments. La figure 5.1 illustre un croquis bien exécuté qui représente un détail d'une locomotive à vapeur.

Les croquis s'avèrent une aide considérable aux ingénieurs et aux concepteurs dans l'organisation et l'enregistrement de leurs idées. Ils constituent un moyen efficace et économique dans la formulation des diverses solutions d'un problème donné. Les renseignements concernant les modifications dans la conception, les remplacements sous garantie des pièces défectueuses ou les dessins égarés sont habituellement enregistrés par voie de croquis. Plusieurs ingénieurs accordent plus d'importance à l'habileté à produire un bon croquis qu'au talent pour dessiner aux instruments. Ils utilisent quotidiennement ce moyen privilégié pour formuler, exprimer et enregistrer leurs idées.

L'usage que l'on fait d'un croquis détermine le degré de perfection à y apporter. Un croquis rapidement exécuté pour compléter une description orale peut être fruste et incomplet.

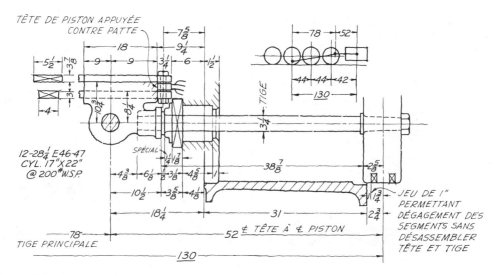

Figure 5.1 Une esquisse de conception typique.

Par contre, un croquis servant à transmettre des renseignements importants et précis doit être exécuté avec le plus grand soin possible.

L'expression « croquis à main levée » est trop souvent prise comme synonyme de dessin fait d'une manière négligée. Au contraire, le dessin doit être exécuté avec soin et attention.

5.2 Matériel pour le croquis.

Un des avantages du dessin à main levée réside dans le fait qu'il nécessite seulement un crayon, du papier et une gomme, des articles que tout le monde possède à portée de la main.

On utilise fréquemment un carnet ou un bloc de papier à croquis pour relever les détails précis sur le terrain. Une planchette à pince est alors commode pour retenir les feuilles.

Le papier quadrillé (figure 5.2) est très utile, particulièrement pour les débutants ou pour ceux qui ne sont pas capables de faire des croquis acceptables sans lignes guides. Lorsqu'il est nécessaire d'obtenir plusieurs exemplaires d'un croquis, on emploie du papier spécial sur lequel le quadrillage ne se reproduit pas lors du tirage. Il existe aussi du papier ligné pour les croquis en perspective isométrique (figure 5.26).

Un excellent moyen consiste à dessiner soi-même une feuille quadrillée aux proportions

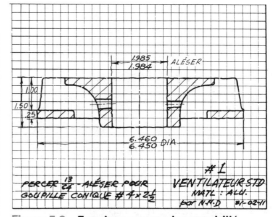

Figure 5.2 Esquisse sur papier quadrillé.

voulues, qui sert de transparent. Le papier filigrané ordinaire peut alors être placé directement sur le transparent.

Le *papier registre* est un excellent support pour les croquis. Il est peu coûteux et plus fort que le papier filigrané.

Les crayons à mine tendre, telle que les mines HB ou F, sont recommandés pour les croquis. Les gommes à pâte molle, Pink Pearl ou Mars-Plastic (figure 2.17), sont excellentes pour réaliser des croquis soignés.

5.3 Types de croquis.

Étant donné que les croquis techniques servent à illustrer les objets en trois dimensions, leur forme correspond approximativement à une des quatre classes standard de projection (figure 5.3). Dans la projection à *vues multiples* (a), l'objet est représenté par plusieurs vues simultanées; ce sujet sera expliqué aux sections 5.11 à 5.24. L'objet peut aussi être représenté par une seule vue, soit la perspective *axonométrique* (b) soit la perspective *oblique* (c) soit la perspective *d'observation* (d). Les détails de ces trois types de vues sont discutés aux sections 5.25 à 5.51.

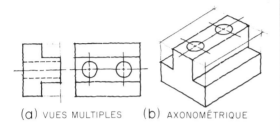

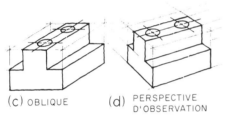

(a) VUES MULTIPLES   (b) AXONOMÉTRIQUE

(c) OBLIQUE   (d) PERSPECTIVE D'OBSERVATION

Figure 5.3   **Types de projections**.

5.4   Échelle. *Habituellement les croquis ne sont pas faits à l'échelle*. Les proportions des objets sont estimées à l'oeil et esquissées de la façon la plus exacte possible. Le papier quadrillé fournit cependant un moyen rapide pour respecter les vraies proportions. La grandeur du croquis est tout à fait facultative, son choix dépend de la complexité de l'objet à représenter et du format de papier disponible.

5.5   Technique d'exécution des traits. La différence principale entre un dessin aux instruments et un croquis réside dans *l'aspect* des traits. La qualité d'un trait dessiné aux instruments repose sur l'uniformité alors que celle du trait d'une esquisse se trouve dans sa *souplesse* et dans sa *variété* (figures 5.4 et 5.7).

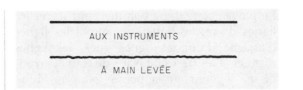

Figure 5.4   **Comparaison des traits**.

Les lignes conventionnelles tracées aux instruments sont illustrées à la figure 2.15 alors que leurs versions à main levée sont illustrées à la figure 5.5. Une ligne de construction à main levée est sommaire et très légère; elle peut comporter des segments chevauchants. Toutes les autres lignes à main levée doivent être noires et nettes. Il faut accentuer les extrémités des tirets et maintenir un contraste marqué entre les épaisseurs des lignes. En particulier, les lignes vues doivent être *grasses* et les autres *fines*.

5.6   Affûtage du crayon pour croquis. Utilisez une mine tendre, telle que la mine HB ou la mine F et affûtez-la de façon à ce que la pointe soit conique (figure 2.12.c).

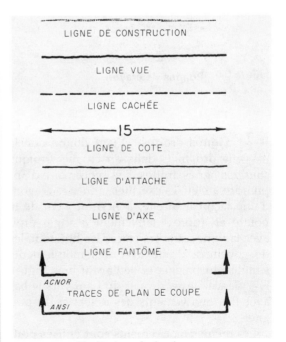

Figure 5.5   **Traits à main levée**.

133

Employez cette mine pointue pour tracer les lignes d'axe, les lignes de cote et les lignes d'attache. Pour les lignes vues, les lignes cachées et les traces de plans de coupe, arrondissez légèrement la pointe pour produire l'épaisseur de trait désirée (figure 5.6). Toutes les lignes doivent être noires, à l'exception des lignes de construction qui sont très légères.

Les porte-mines à mines minces calibrées rendent superflus l'affûtage et l'épointage de la mine, puisque celle-ci est disponible en différents diamètres et en différents degrés de dureté.

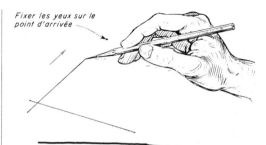

(a) MAUVAIS – TROP DE CONTRACTION DANS LA TENUE DU CRAYON. TENTATIVE D'IMITER LIGNES TRACÉES AUX INSTRUMENTS. LIGNE NE CONTINUE PAS SUR TRAJECTOIRE RECT.

(b) MIEUX – MOUVEMENT OPÉRÉ SANS CONTRACTION DE LA MAIN. LIGNE LÉGÈREMENT ONDULÉE AUTOUR D'UNE TRAJECTOIRE RECTILIGNE.

(c) MEILLEUR – A L'EFFICACITÉ DE (b) PLUS UNE SÉRIE DE TRAITS DROITS. PLUS FACILE À GARDER LA TRAJECTOIRE RECTILIGNE.

Figure 5.7 **Construction des horizontales.**

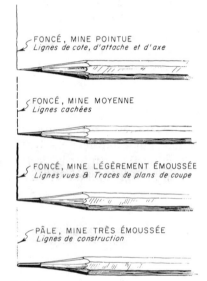

Figure 5.6 **Pointes de crayon.**

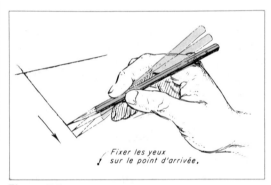

Figure 5.8 **Construction des verticales.**

5.7 Lignes droites. Étant donné que la majorité des traits dans un croquis typique sont des lignes droites, il est nécessaire d'apprendre à bien les exécuter. Tenez le crayon, d'une façon naturelle, à environ 3 cm de la pointe et approximativement à angle droit avec la ligne à tracer. Tracez les horizontales de gauche à droite avec des mouvements simples du poignet et de l'avant-bras (figure 5.7). Tracez les verticales du haut vers le bas avec des mouvements des doigts et du poignet.

Les mêmes mouvements sont utilisés pour tracer les lignes obliques. Dans ce cas, on

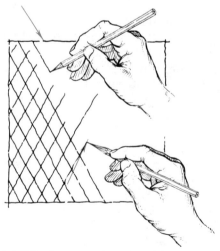

Figure 5.9 **Construction des obliques.**

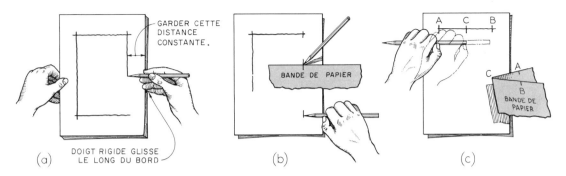

Figure 5.10   **Esquisse des horizontales et des verticales.**

peut soit tourner la feuille soit déplacer légèrement le corps pour faciliter les mouvements.

Pour ébaucher un trait long, marquez ses extrémités par deux petits points et ensuite promenez le crayon dans un mouvement de va-et-vient, en gardant toujours les yeux sur le point vers lequel le crayon est dirigé; le crayon touche légèrement le papier et chaque trait successif corrige les défauts du précédent. Quand le tracé est suffisamment défini, appliquez un peu plus de pression sur le crayon, de façon à remplacer la série de traits par une ligne distincte. Enfin, effacez légèrement cette ligne à l'aide d'une gomme molle et tracez la ligne définitive bien foncée, en fixant maintenant les yeux sur la pointe de la mine.

Une méthode facile pour esquisser une horizontale ou une verticale consiste à tenir fermement le crayon et la main et à glisser le bout des doigts le long d'un bord de la planchette ou du bloc de papier, comme l'illustre la figure 5.10.a.

Dans une autre méthode (figure 5.10.b), la distance désirée est marquée sur une carte ou sur une bande de papier pour ensuite être reportée, sur le papier à croquis, à intervalles réguliers. On trace la ligne en reliant ensemble ces points. Au lieu d'utiliser une bande de papier, on peut se servir du crayon. Ces deux méthodes de report des distances remplacent les compas et elles sont très utiles dans le dessin à main levée.

Pour déterminer le milieu d'un segment AB (figure 5.10.c), on peut soit utiliser le crayon en guise de règle et, par essais suc-

cessifs, trouver le milieu, soit reporter la distance AB sur une bande de papier et plier celle-ci en deux pour obtenir le point milieu C. Si le papier est quadrillé, les techniques précédentes se trouvent simplifiées considérablement.

5.8   Cercles et arcs.   Les petits cercles et les arcs sont esquissés aisément d'un ou deux traits, tout comme l'exécution des parties circulaires des lettres, sans essais préliminaires.

Dans le cas des cercles plus grands, une méthode simple (figure 5.11) est d'esquisser légèrement le carré circonscrit, de marquer

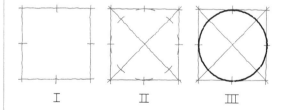

Figure 5.11   **Construction d'un cercle.**

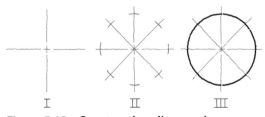

Figure 5.12   **Construction d'un cercle.**

135

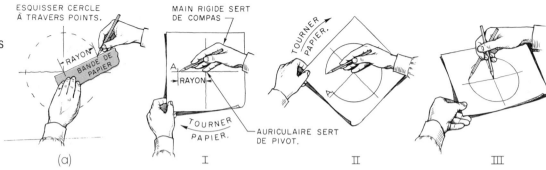

Figure 5.13 **Construction d'un cercle.**

les milieux de chaque côté et de tracer les arcs pour qu'ils soient tangents à ces côtés aux points milieux. Une autre méthode (figure 5.12) consiste à esquisser les deux axes orthogonaux du cercle et les deux bissectrices. Reportez approximativement le rayon du cercle sur ces lignes et, enfin, reliez les points obtenus par des arcs de cercles. Dans ces deux méthodes, il faut effacer légèrement les lignes de construction avant de foncer le cercle définitif.

Une excellente méthode, surtout utile pour tracer des grands cercles (figure 5.13.a), consiste à employer une bande de papier pour reporter le rayon du cercle sur la feuille de dessin et obtenir ainsi un nombre suffisant de points. Il suffit alors de relier les points obtenus.

Le dessinateur habile préférerait la méthode illustrée aux figures 5.13.I et 5.13.II: la main joue le rôle du compas et le bout de l'auriculaire sert de pivot. Maintenez rigidement la main et le crayon et tournez lentement la feuille pour produire le cercle désiré. Si une planchette est utilisée, placez-la sur le genou de façon à la tourner autour du genou qui sert alors de pivot. On peut aussi utiliser deux crayons en guise de compas comme l'illustre la figure 5.13.III.

Les méthodes pour esquisser des arcs (figure 5.14) sont des adaptations de celles utilisées pour les cercles. En général, il est plus facile de dessiner les arcs lorsque l'on place la main du côté concave des arcs. Dans le cas des arcs tangents, on doit porter toujours une attention spéciale aux points de tangence.

Figure 5.14 **Construction des arcs de cercle.**

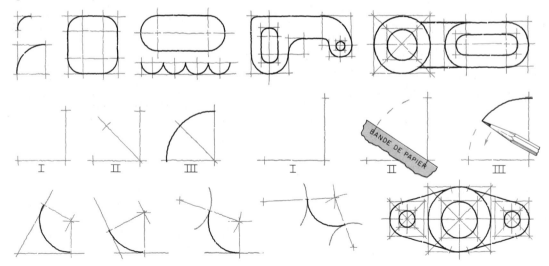

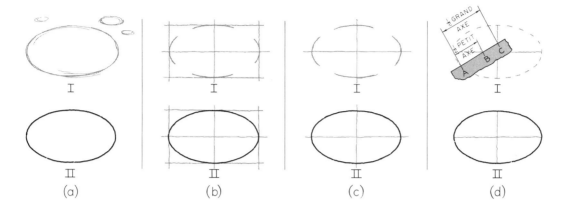

Figure 5.15 **Construction des ellipses.**

5.9 Ellipses. Après un peu d'entraînement, on peut arriver à esquisser des petites ellipses par un mouvement libre du bras (figure 5.15.a). Tenez naturellement le crayon, concentrez le poids sur la partie supérieure de l'avant-bras et effectuez un mouvement rapide du crayon au-dessus du papier en suivant la trajectoire elliptique voulue; ensuite, baissez le crayon pour décrire plusieurs ellipses qui se chevauchent (figure 5.15.a.I). Gommez légèrement les lignes et mettez au net l'ellipse définitive (figure 5.15.a.II).

Une autre méthode est illustrée à la figure 5.15.b. Ébauchez légèrement le rectangle capable (I), marquez le milieu de chaque côté et esquissez légèrement les arcs tangents, comme l'illustre la figure. Ensuite, complétez l'ellipse, gommez légèrement les lignes de construction et, finalement, foncez l'ellipse définitive (II). La même technique peut être utilisée pour esquisser une ellipse si ses deux axes sont donnés (figure 5.15.c).

La méthode de la bande de papier (figure 5.15.d) est excellente pour le dessin à main levée des grandes ellipses. Cette méthode est expliquée à la section 4.51. Il faut préparer une bande de papier sur laquelle les demi-axes de l'ellipse sont reportés. Une fois qu'un nombre suffisant de points sont déterminés, esquissez l'ellipse définitive en reliant ces points.

Pour l'exécution des ellipses isométriques, il faut se référer à la section 5.13.

5.10 Proportions. *La règle la plus importante en dessin à main levée est de respecter les proportions.* Quelle que soit la justesse de la technique utilisée, si les proportions — surtout la proportion des dimensions globales — ne sont pas bonnes, le croquis sera mauvais. En premier lieu, il faut établir soigneusement la proportion relative entre la hauteur totale et la largeur totale. Ensuite, lors de l'exécution des surfaces de tailles moyennes et des détails plus petits, il faut comparer constamment chaque nouvelle distance estimée avec les distances déjà établies.

Lorsque le croquis doit être fait à partir d'une image donnée, comme celle d'une commode (figure 5.16.a), il est nécessaire d'en déterminer, tout d'abord, la largeur par rapport à la hauteur. Le crayon peut servir de règle. Dans cet exemple, la hauteur est environ $1^{3/4}$ fois la largeur. Alors:

I. Esquissez le rectangle capable selon les bonnes proportions. Dans ce cas, le croquis est légèrement plus grand que l'image donnée.

II. Divisez la surface correspondant aux tiroirs en trois parties. Dessinez les poignées aux centres des tiroirs, dont la position est déterminée à l'aide des diagonales. Esquissez les détails restants.

III. Effacez légèrement toutes les lignes de construction à l'aide d'une gomme à pâte molle et, enfin, repassez au propre les lignes définitives.

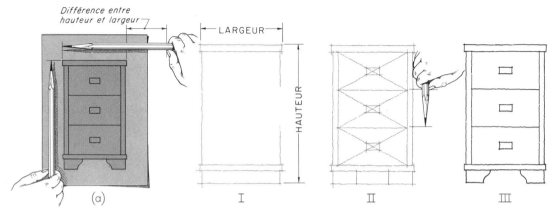

Figure 5.16 **Réalisation du croquis d'une commode**.

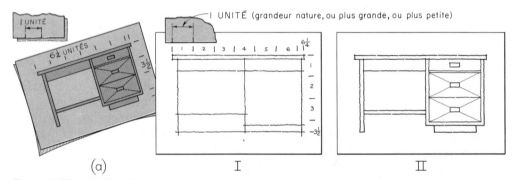

Figure 5.17 **Réalisation du croquis d'un bureau**.

Une autre méthode pour estimer les distances est illustrée à la figure 5.17. Sur le bord d'une carte ou d'une bande de papier, marquez une unité arbitraire et utilisez cette unité pour mesurer les distances. Si le croquis doit se faire à partir d'un objet réel, une règle, un morceau de papier ou le crayon peuvent être utilisés comme unités de mesure.

Lorsque l'image donnée de l'objet comporte plusieurs courbes, on peut faire un croquis de l'objet plus grand, plus petit ou de même grandeur que l'image, en utilisant

Figure 5.18 **Méthode des quadrillages**.

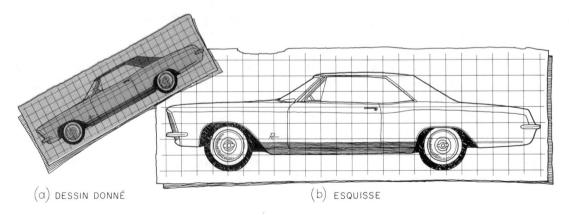

(a) DESSIN DONNÉ   (b) ESQUISSE

Figure 5.19 **Estimation des dimensions.**

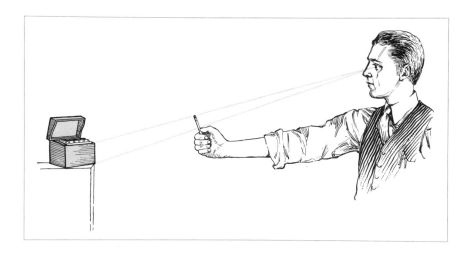

des quadrillages (figure 5.18). Tracez avec précision, sur l'image, un quadrillage de la grandeur voulue, alors que sur le papier à croquis, tracez un quadrillage proportionnel au premier. Exécutez le croquis en estimant à l'oeil la position des lignes par rapport aux quadrillages.

Pour faire le croquis d'un objet réel, on peut facilement en évaluer les différentes dimensions en se servant du crayon, comme l'illustre la figure 5.19. En procédant de cette

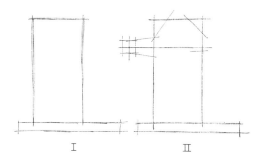

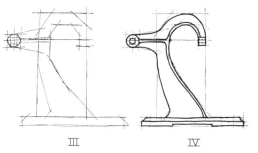

Figure 5.20 **Réalisation du croquis d'un objet de forme compliquée (chaise pendante).**

façon, il faut toujours rester à la même place et tenir le crayon à bout de bras. Si l'objet est de faibles dimensions, une pièce de machinerie par exemple, on peut placer directement le crayon sur l'objet pour en évaluer les dimensions selon la manière illustrée à la figure 5.16.

La figure 5.20 fournit un exemple des étapes à suivre dans l'exécution d'un croquis d'une chaise pendante. Comme toujours, il faut commencer par définir les proportions principales, ensuite les grandeurs générales et l'allure des courbes et, enfin, les détails.

5.11   Croquis perspectif. Dans les sections qui suivent, plusieurs méthodes simples pour l'exécution des *croquis perspectifs* seront examinées. Ces croquis aideront grandement à la compréhension des principes de la projection à vues multiples. Un étude plus détaillée et plus scientifique du dessin perspectif est donnée aux chapitres 12 et 13.

5.12   Croquis isométrique. Pour réaliser un *croquis isométrique* d'un objet, il faut tenir l'objet dans la main et le pencher vers soi, comme l'illustre la figure 5.21.a. Dans cette position, l'arête de face paraît verticale, alors que les deux arêtes fuyantes du fond et celles qui leur sont parallèles paraissent inclinées à environ 30°. Les étapes à suivre pour réaliser le croquis sont:

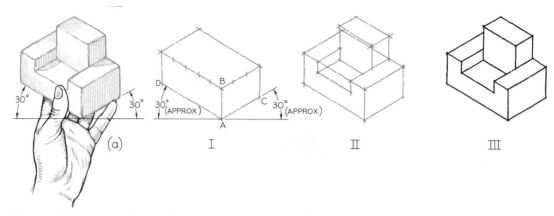

Figure 5.21 **Croquis isométrique.**

I. Ébauchez légèrement la boîte capable: AB est vertical; AC et AD sont approximativement à un angle de 30° par rapport à l'horizontale. Ces lignes sont des *axes isométriques*. Esquissez les autres lignes de la boîte qui sont parallèles à ces axes.

II. Ébauchez les détails de l'objet.

III. Gommez légèrement toutes les lignes de construction à l'aide d'une gomme à pâte molle et, finalement, repassez au propre les traits définitifs.

Note: L'inclinaison des lignes fuyantes peut être moins que 30°, par exemple 20° ou 15°. Même si le croquis ainsi obtenu n'est pas isométrique, il peut être plus plaisant à l'oeil ou, dans plusieurs cas, plus réaliste.

5.13 Ellipses isométriques.

Comme l'illustre la figure 4.50.b, un cercle vu selon un angle apparaît comme une ellipse. Ainsi, quand les objets de formes cylindriques ou coniques sont dessinés selon la projection isométrique ou la projection oblique, les cercles sont vus comme des ellipses (figure 5.22).

La règle la plus importante dans le dessin des ellipses isométriques est la suivante: *Le grand axe de l'ellipse est toujours perpendiculaire à l'axe de symétrie du cylindre et le petit axe est confondu avec l'axe de symétrie.*

A la figure 5.23.a, deux vues orthogonales d'une plaque ayant un trou cylindrique de grand diamètre sont fournies. Les étapes à suivre dans l'exécution du croquis de cet objet sont:

I. Esquissez la plaque et le losange capable de l'ellipse. Les côtés du losange sont parallèles aux arêtes de la plaque et leurs longueurs sont égales au diamètre du trou. Dessinez les diagonales pour localiser le centre de l'ellipse; menez ensuite les axes AB et CD. L'ellipse à tracer sera tangente aux côtés du losange aux points A, B, C et D. Le grand axe de l'ellipse se trouve sur la diagonale EF, qui est perpendiculaire à l'axe de symétrie du trou. Dessinez les arcs AC et BD.

II. Complétez l'ellipse en dessinant les arcs CB et AD. Les extrémités des arcs ne doivent pas être trop carrés ou trop pointus comme le bout d'un ballon de football.

III. Gommez légèrement les lignes de construction et repassez au propre les traits

Figure 5.22 **Ellipses isométriques.**

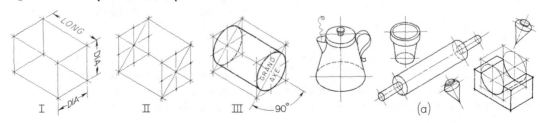

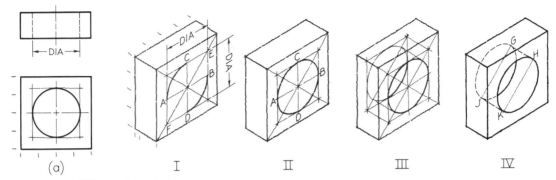

Figure 5.23 **Ellipses isométriques.**

définitifs. N'oubliez pas les tangentes GH et JK communes aux ellipses.

La figure 5.24 représente une autre méthode pour esquisser l'ellipse au fond de la plaque.

I. Choisissez un nombre arbitraire de points sur l'ellipse avant et translatez-les d'une distance égale à l'épaisseur de la plaque.

II. Esquissez l'ellipse en joignant les points obtenus.

Un autre exemple est illustré à la figure 5.25. Le croquis est fait à partir des deux vues données en (a).

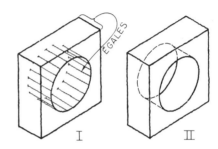

Figure 5.24 **Ellipses isométriques.**

5.14 Esquisse sur papier isométrique.

La figure 5.26.a fournit deux vues orthogonales d'un bloc de guidage. Les étapes illustrent non seulement l'utilisation du papier isométrique mais aussi la façon de dessiner les faces et les plans individuels de l'objet, afin de construire une image en perspective des vues données.

I. Esquissez la boîte capable de l'objet en comptant le même nombre d'intervalles sur le papier que celui sur les vues. Dessinez la surface A telle qu'elle est illustrée.

II et III. Esquissez les autres surfaces, B, C, E, etc., et la petite ellipse pour compléter le croquis.

5.15 Esquisse en oblique.

Une autre méthode simple pour esquisser une image

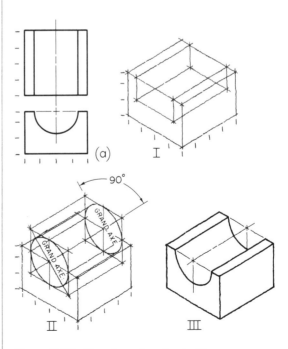

Figure 5.25 **Esquisse des demi-ellipses.**

141

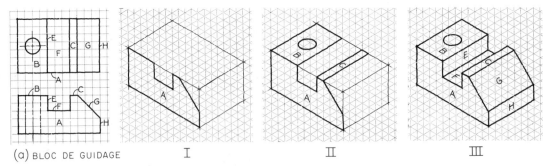

(a) BLOC DE GUIDAGE   I   II   III

Figure 5.26   **Esquisse sur papier isométrique.**

perspective d'un objet est l'esquisse en *oblique* (figure 5.27). Tenez l'objet comme l'illustre la figure.

I. Ébauchez la face avant du palier comme si c'était une vue de face.

II. Esquissez les lignes fuyantes parallèles entre elles, à une inclinaison convenable, 30° ou 45° par exemple. Reportez sur ces lignes, la profondeur de l'objet, soit en grandeur nature (croquis *cavalier*), soit réduite à demi-grandeur (croquis *cabinet*) ou aux trois quarts de grandeur. Le croquis cabinet a une apparence plus naturelle que le croquis cavalier. (Voir la section 13.4.)

III. Gommez légèrement toutes les lignes de construction et repassez au propre les lignes définitives.

Note: Le croquis oblique est moins commode pour représenter les objets comportant des formes circulaires sur plus d'une face, car les cercles apparaissent comme des ellipses sur les faces vues obliquement. Ainsi, il faut placer l'objet de telle manière que la majorité des formes circulaires soient vues de face, pour qu'elles apparaissent comme des vrais cercles sur le croquis oblique.

5.16   **Croquis oblique sur papier quadrillé.** Le papier quadrillé ordinaire convient bien aux croquis obliques. A la figure 5.28.a, deux vues orthogonales d'un support de palier sont fournies. Les dimensions sont aisément déterminées par le comptage des carrés.

I. Esquissez légèrement la boîte capable de l'objet. Esquissez les lignes fuyantes diagonalement (angle de 45°). Pour établir la profondeur à une échelle réduite, il suffit de prendre la moitié du nombre de carrés.

II. Esquissez tous les cercles et tous les arcs.

III. Mettez au net les traits définitifs.

5.17   **Croquis en perspective d'observation.** Le palier esquissé en oblique à la figure 5.27 peut facilement être représenté par une *perspective parallèle* (perspective à un point de fuite) telle que celle illustrée à la figure 5.29.

I. Esquissez la vue de face de l'objet, exactement comme dans le cas d'un croquis

Figure 5.27   **Croquis oblique.**

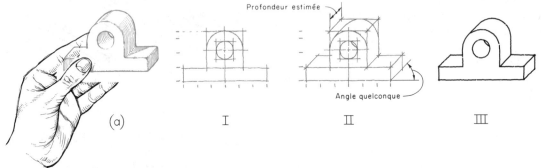

(a)   I   II   III

142

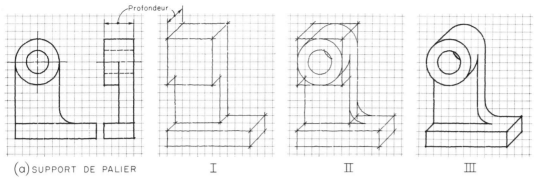

(a) SUPPORT DE PALIER   I   II   III

Figure 5.28   **Croquis oblique sur papier quadrillé.**

oblique. Choisissez une position pour le point de fuite (PF). Quoique cette position soit tout à fait arbitraire, il est préférable de placer le point de fuite en haut et à droite du croquis, comme l'illustre la figure. S'il est trop près du centre du dessin, les fuyantes convergeront trop rapidement, ce qui a pour effet de produire une image trop déformée.

II. Esquissez les fuyantes qui doivent converger vers PF.

III. Estimez à l'oeil la profondeur pour que l'image paraisse bien. Esquissez les parties en arrière de l'objet. Notez que les cercles et les arcs en arrière sont légèrement plus petits que ceux en avant.

IV. Gommez les lignes de construction et repassez au propre les traits définitifs. Remarquez la similitude entre le croquis obtenu et le croquis oblique à la figure 5.27.

La *perspective angulaire* (ou perspective à deux points de fuite) donne l'image la plus réaliste, mais elle exige une certaine habileté naturelle ou du moins, beaucoup d'entraînement. Une méthode simple, illustrée à la figure 5.30, peut être employée efficacement par des étudiants qui ne possèdent aucun talent artistique.

I. Esquissez le coin avant du bureau et localisez les deux points de fuite, PFG et PFD, sur la *ligne d'horizon* (ligne qui représente le niveau des yeux de l'observateur). La distance CA est arbitraire: plus grande elle est, plus haute est la position des yeux par rapport à l'objet et plus l'observateur voit le dessus de l'objet. Une règle simple consiste à choisir la distance C-PFG égale à un tiers ou à un quart de C-PFD.

II. Estimez la largeur et la profondeur, et esquissez la boîte capable.

III. Esquissez les détails. Notez que les lignes parallèles doivent converger vers le même point de fuite sur l'esquisse.

IV. Gommez les lignes de construction et repassez au propre les traits définitifs. Faites les lignes de contour plus fortes que celles à l'intérieur, surtout quand elles sont près les unes des autres.

Figure 5.29   **Croquis en perspective parallèle.**

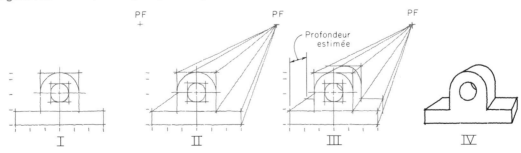

I   II   III   IV

143

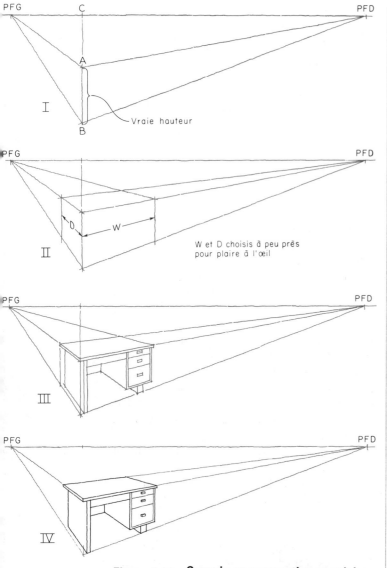

Figure 5.30 **Croquis en perspective angulaire**.

Figure 5.31 **Vue de face d'un objet**.

5.18 Vues d'un objet. Un dessin perspectif ou une photographie montre un objet tel qu'il *apparaît* à l'oeil de l'observateur, mais non pas tel qu'il *est*. Une telle image ne peut décrire entièrement l'objet quelle que soit la direction de la vue, car elle ne représente ni la forme exacte ni la bonne grandeur de plusieurs parties de l'objet.

Dans l'industrie, il est primordial d'avoir une description complète et claire de la forme et de la grosseur d'un objet, de façon à ce que celui-ci soit manufacturé exactement comme il a été imaginé par le concepteur. A cette fin, on utilise un certain nombre de vues qui sont disposées d'une façon systématique. Ce système de vues constitue la *projection à vues multiples*. Chaque vue fournit certains renseignements précis si elle est prise suivant une direction qui est perpendiculaire à une face de l'objet. Par exemple, à la figure 5.31.a, si l'observateur regarde perpendiculairement une face de l'objet, il obtiendra la vraie vue de la forme et de la grandeur de cette face (b). Remarquez qu'on suppose que l'observateur est à une distance infinie de l'objet.

Un objet possède trois dimensions principales: la *largeur*, la *hauteur* et la *profondeur*, comme l'illustre la figure 5.31.a. En dessin technique, ces termes usuels sont utilisés pour désigner les dimensions prises suivant ces directions, quelle que soit la forme de l'objet. Notez qu'en (b), la vue de face montre la largeur, la hauteur et non pas la profondeur. *En effet, chaque vue d'un objet ne montre que deux dimensions, la troisième se trouvera dans une vue adjacente.*

(a)

(b)

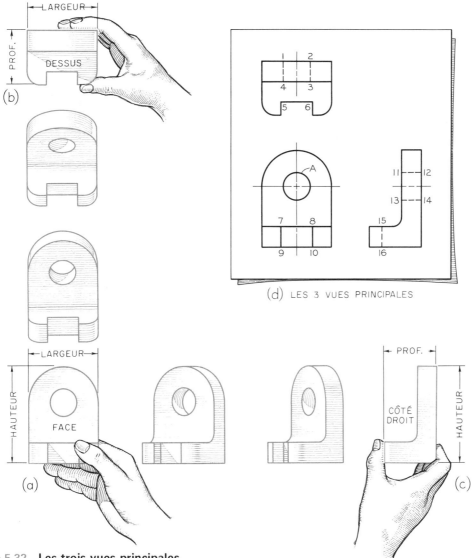

(d) LES 3 VUES PRINCIPALES

Figure 5.32 **Les trois vues principales.**

5.19   Rabattement d'un objet.   La figure 5.32 illustre la façon de placer un objet pour en obtenir différentes vues. Tout d'abord, tenez l'objet dans la position frontale (a).

Pour obtenir *la vue de dessus*, tournez l'objet de manière à *placer le dessus face à vous* (b).

Pour obtenir *la vue de droite*, tournez l'objet de manière à *placer son côté droit face à vous* (c).

Ainsi, pour obtenir la vue de n'importe quelle face de l'objet, il vous suffit d'orienter l'objet de façon à ce que cette face soit vis-à-vis de vous.

Les trois vues obtenues sont disposées côte à côte, comme l'illustre la figure 5.32.d. Il

s'agit des *trois vues principales*, car elles sont les vues les plus fréquemment utilisées. Les distances entre les vues sont entièrement arbitraires. Cependant, elles doivent être suffisamment grandes pour permettre l'inscription des cotes, si nécessaire.

Un avantage important d'une vue sur une photographie réside dans le fait que dans la première, toutes les caractéristiques cachées peuvent être représentées par des *traits interrompus* (figure 2.15). A la figure 5.32.d, la surface 7-8-9-10 de la vue de face apparaît comme la ligne vue 5-6 dans la vue de dessus

145

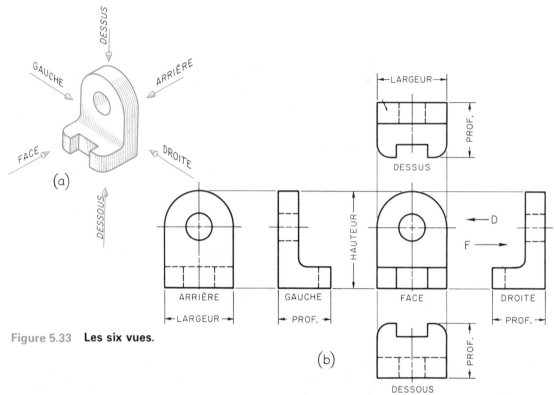

Figure 5.33 **Les six vues.**

et comme la ligne cachée 15-16 dans la vue de droite. De même, le trou A, qui apparaît comme un cercle dans la vue de face, est représenté par les lignes cachées 1-4 et 2-3 dans la vue de dessus, alors que dans la vue de droite, il est représenté par 11-12 et 13-14. Un exposé complet sur les lignes cachées est fourni à la section 5.25.

On remarque aussi (figure 5.32.d) l'utilisation des lignes d'axe pour le trou; ce sujet sera discuté à la section 5.26.

5.20   Les six vues d'un objet. Tout objet peut être observé selon six directions différentes qui sont mutuellement perpendiculaires (figure 5.33.a). Les vues obtenues, *vues usuelles*, sont présentées en (b). Elles sont disposées conventionnellement de la façon indiquée. Il existe aussi une autre disposition conventionnelle mais qui n'est pas utilisée en Amérique du Nord (voir la section 6.8). Les vues de *face*, de *dessus* et de *dessous* sont alignées verticalement, tandis que les vues d'*arrière*, de *gauche*, de *face* et

de *droite* sont alignées horizontalement[1]. Dessiner une vue hors de sa position conventionnelle constitue une des erreurs les plus graves en dessin technique. (Voir aussi la figure 5.47.)

Notez que chaque vue ne présente que deux des trois dimensions principales de l'objet. *Aussi, les vues adjacentes sont intimement liées.* Par exemple, à la figure 5.33, si la vue de face est imaginée comme l'objet lui-même, on obtiendra la vue de droite en observant l'objet selon la direction D; inversement, si la vue de droite est imaginée comme l'objet lui-même, on obtiendra la vue de face en regardant l'objet selon la direction F.

Naturellement, on peut obtenir les six vues, soit en plaçant différemment l'objet (figure 5.32), soit en déplaçant l'observateur autour de l'objet (figure 5.33). La figure 5.34, fournissant six vues de la maison, illustre un autre exemple de la deuxième méthode.

[1] En dessin d'architecture, les vues sont souvent présentées sur des feuilles séparées à cause de la grandeur des bâtiments.

146

Figure 5.34 **Six vues d'une maison.**

5.21 Choix de la vue de face. La figure 5.35 illustre six vues d'une automobile de la Belle Époque. Dans ce cas, la vue de face choisie représente le côté de la voiture et non pas l'avant. En général, la vue de face doit illustrer l'objet dans sa position la plus représentative. Un élément de machine est souvent dessiné dans la position qu'il occupe dans l'assemblage. Cependant, dans la plupart des cas, ceci n'est pas important de sorte que le dessinateur peut dessiner l'objet à n'importe quelle position convenable. Par exemple, une bielle d'automobile est habituellement dessinée horizontalement.

5.22 Choix des vues. *Le dessin d'un objet destiné à la production doit comporter seulement des vues qui sont nécessaires à une description claire et complète de la forme de l'objet.* Ces vues sont appelées *vues nécessaires.* Dans le choix des vues, le dessinateur doit sélectionner celles qui montrent le mieux les contours essentiels ou les formes de l'objet et il doit préférer celles qui comportent le moins de lignes cachées.

Comme l'illustre la figure 5.36.a, l'objet possède trois caractéristiques principales qui doivent être représentées sur le dessin:
1. La forme circulaire du dessus et du trou (vue de face).

Figure 5.35 **Six vues d'une automobile.**

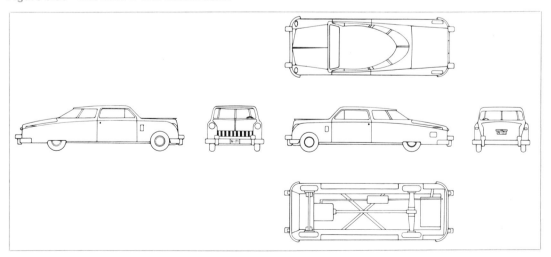

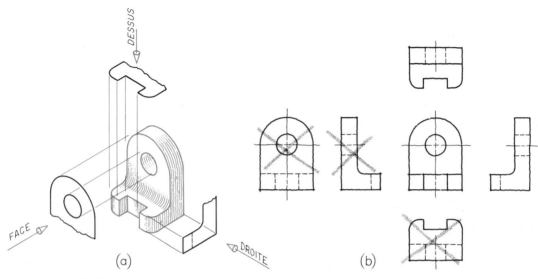

Figure 5.36 **Choix de vues**.

2. Le cran rectangulaire et les coins arrondis (vue du dessus).

3. L'angle droit et le congé (vue de la droite).

Une autre façon de choisir les vues nécessaires consiste à éliminer celles qui ne le sont pas. Parmi les six vues esquissées à la figure 5.36.b, plusieurs peuvent être éliminées. La vue d'arrière est éliminée, car elle est semblable à la vue de face et qu'elle comporte plusieurs arêtes cachées. Pour la même raison, la vue de dessous est éliminée. La vue de gauche est identique à celle de droite mais, dans la pratique courante, on garde plutôt celle de droite. Par conséquent, les vues nécessaires sont les trois vues restantes: les vues de face, de dessus et de droite; elles sont représentées à la figure 5.32.

Les objets plus compliqués peuvent exiger plus que trois vues. Dans plusieurs cas, ils nécessitent des vues spéciales, telles que des vues partielles (section 6.9), des vues en coupe (chapitre 7) et des vues auxiliaires (chapitre 8).

5.23 Dessins à deux vues. Il arrive souvent que deux vues seulement suffisent à décrire clairement la forme d'un objet. Les trois exemples donnés à la figure 5.37 démontrent que les vues éliminées ne fournissent aucun renseignement supplémentaire utile à la compréhension du dessin.

La question suivante survient fréquemment: Quel est le nombre minimal de vues nécessaires? Par exemple, à la figure 5.38, la vue de dessus pourrait être omise. Cependant, l'absence de cette vue rend la « lec-

Figure 5.37 **Deux vues nécessaires**.

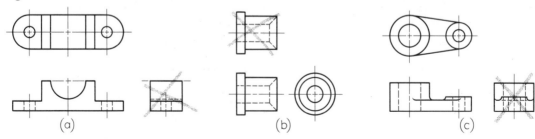

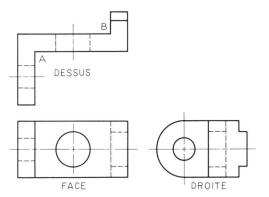

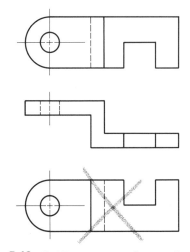

Figure 5.38 **Trois vues nécessaires**.

Figure 5.40 **Préférence pour la vue de dessus**.

ture » du plan difficile, car la forme caractéristique en « Z » de l'objet n'est plus mise en évidence. De plus, la forme des coins A et B n'est pas précisée. Par conséquent, dans cet exemple, les trois vues sont nécessaires.

A la figure 5.39, les deux vues de côté sont équivalentes. Habituellement, on conserve la vue de droite. Par contre, si le chanfrein A n'existe plus, il faudra plutôt choisir la vue de gauche, car elle rend mieux compte de l'entaille B.

Si la vue de dessus donne une description équivalente à celle de la vue de dessous (figure 5.40), on préfère habituellement la première.

Si la vue de dessus est aussi descriptive que celle de droite, le choix de l'une ou l'autre vue est déterminé par l'espace disponible sur le papier (figure 5.41).

5.24 **Dessins à une vue**. Une seule vue, complétée de notes, est souvent suffisante pour décrire clairement la forme d'un objet relativement simple. Par exemple, à la figure 5.42.a, une seule vue de la cale, plus la note en indiquant l'épaisseur (0,25 mm), est suffisante. La pièce, illustrée par une seule vue à la figure 5.42.b, possède une extrémité gauche carrée de 65 mm de côté, une partie cylindrique adjacente de 49,22 mm de diamètre, une autre de 31,75 mm de diamètre

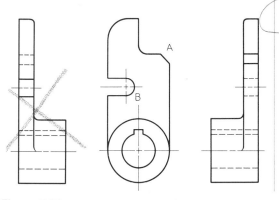

Figure 5.39 **Préférence pour la vue de droite**.

Figure 5.41 **Choix des vues en fonction du format de papier**.

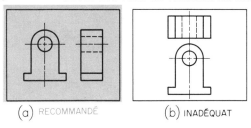

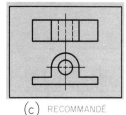

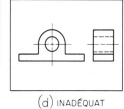

(a) RECOMMANDÉ   (b) INADÉQUAT   (c) RECOMMANDÉ   (d) INADÉQUAT

149

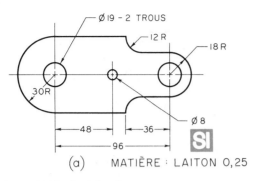

Figure 5.42 Dessins à une vue.

et une extrémité droite filetée de 20 mm de diamètre. Presque tous les arbres, les boulons et les éléments semblables peuvent et devraient être représentés, de cette manière, par une seule vue.

5.25 Lignes cachées. Les contours et les arêtes cachés sont représentés par des traits interrompus. La figure 5.43 illustre les exécutions, bonnes et mauvaises, de ces traits. Ceux-ci doivent:

1. toucher une ligne de contour seulement lorsqu'ils en sont le prolongement [(a) et (g)].

2. se couper pour mieux définir les coins en forme de L et de T (b).

3. « enjamber » un trait continu, si possible (c).

4. être décalés l'un par rapport à l'autre (d).

5. se toucher pour mieux définir les points d'intersection [(e) et (f)].

Les différentes façons de tracer les arcs cachés sont illustrées à la figure 5.43.g.

5.26 Lignes d'axe. Les *lignes d'axe*, dont le symbole est ₵, sont utilisées pour représenter les axes de symétrie, les trajectoires,

Figure 5.43 Exemples de lignes cachées.

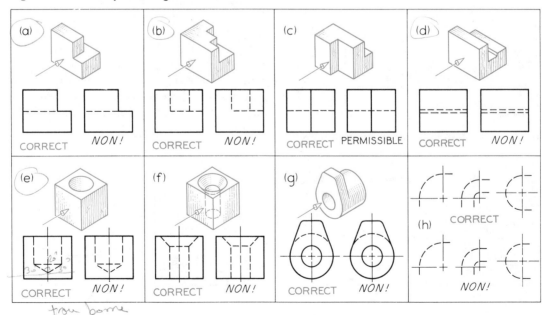

5.27
Mise en place
d'une esquisse
à deux vues

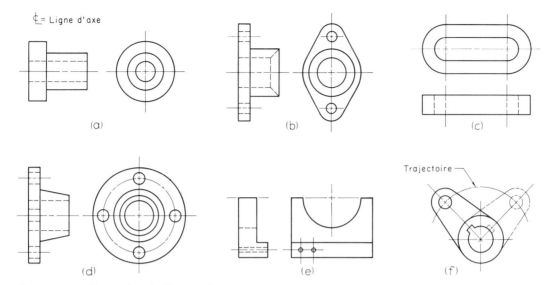

= Ligne d'axe

(a)   (b)   (c)

Trajectoire

(d)   (e)   (f)

Figure 5.44   **Exemples de lignes d'axe.**

le lieu géométrique d'un ensemble de trous situés sur une circonférence. La figure 5.44 fournit quelques exemples d'application des lignes d'axe. En (a), les trois axes de symétrie sont dessinés dans deux vues. On remarque que les tirets se coupent au centre des cercles, que les lignes d'axe doivent se prolonger au-delà des lignes de contour et qu'ils doivent toujours se commencer et se terminer par de longs traits. Les lignes d'axe courtes, en particulier dans le cas des petits cercles tels que ceux illustrés en (b), peuvent être représentées par des lignes continues. Aussi, quand la ligne d'axe se confond avec une ligne vue, comme en (e), il faut laisser toujours un petit espace vide pour distinguer les deux.

Les lignes d'axe doivent être fines de façon à produire un bon contraste avec les lignes vues et les lignes cachées, mais elles doivent être suffisamment foncées pour être bien lisibles après le tirage. Il n'est pas nécessaire de représenter les lignes d'axe des détails peu importants, tels que les congés et les arrondis.

5.27   **Mise en place d'une esquisse à deux vues.**   Deux vues suffisent à représenter le support illustré à la figure 5.45.a. Les étapes à suivre sont les suivantes:

I. Ébauchez les rectangles capables des deux vues en esquissant les lignes horizontales 1 et 2, qui délimitent la hauteur du sup-

Figure 5.45   **Disposition d'une esquisse à deux vues.**

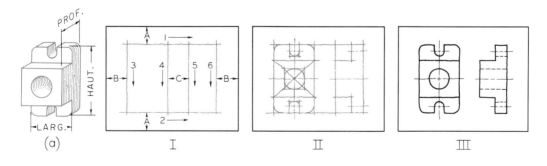

PROF.

HAUT.

LARG.

(a)   I   II   III

151

port, de telle sorte que les distances A soient approximativement égales. Tracez ensuite les verticales 3, 4, 5 et 6. La distance entre 3 et 4 représente la largeur du support tandis que celle entre 5 et 6 en représente la profondeur. La distance C peut être égale ou légèrement plus courte que la distance B.

II. Ébauchez les détails. Utilisez les diagonales pour localiser le centre. Esquissez légèrement les arcs et le cercle.

III. Gommez légèrement toutes les lignes de construction à l'aide d'une gomme à pâte molle. Ensuite, foncez tous les traits définitifs.

5.28 Mise en place d'une esquisse à trois vues.
Le dessin de la console de levier représentée à la figure 5.46.a exige trois vues. Les étapes à suivre sont les suivantes:

I. Ébauchez les rectangles capables des trois vues. Esquissez les lignes 1, 2, 3 et 4 pour établir la profondeur dans le cas de la vue de dessus et la hauteur dans le cas de la vue de face. Choisissez la distance C approximativement égale ou un peu plus petite que la distance A. Esquissez les verticales 5, 6, 7 et 8 pour établir la largeur, dans les vues de face et de dessus, et la profondeur, dans la vue de droite. La distance D peut être égale ou légèrement inférieure à la distance B. Notez que les espacements C et D sont indépendants et qu'ils ne sont pas nécessairement égaux. Il en est de même pour A et B. Pour rapporter la profondeur d'une vue à l'autre, on peut utiliser soit une bande de papier soit le crayon (figures 5.10.b et 5.10.c).

II. Esquissez légèrement les détails.

III. Esquissez légèrement les cercles et les arcs.

IV. Gommer légèrement toutes les lignes de construction à l'aide d'une gomme à pâte molle.

V. Foncez toutes les lignes définitives pour que le dessin soit clair.

5.29 Disposition des vues.
Les étudiants font souvent des erreurs quant à la disposition des vues, de sorte qu'il est nécessaire de répéter que les vues doivent être disposées conformément aux normes cana-

Figure 5.46 Disposition d'une esquisse à trois vues.

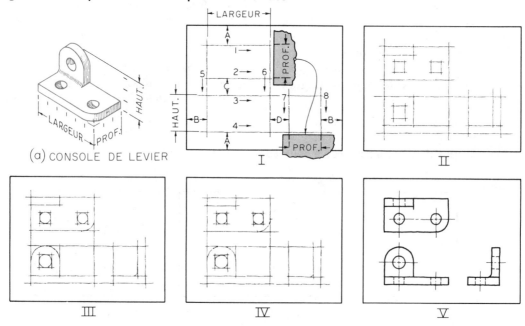

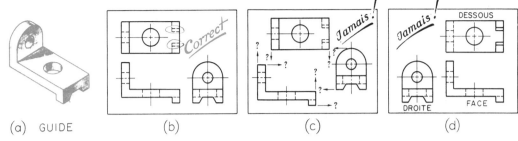

Figure 5.47 **Disposition des vues.**

(a) GUIDE (b) (c) (d)

diennes (figure 5.33). Le dessin du guide illustré à la figure 5.47.a exige trois vues. Celles-ci sont correctement disposées en (b). La vue de dessus est directement au-dessus de la vue de face et la vue de droite est directement à droite de la vue de face. L'erreur de disposition illustrée en (c) est évidente; en (c), les vues ne sont pas à leur place. Il faut noter cependant que la disposition illustrée en (c) est utilisée dans les pays qui adoptent le système de projection du premier dièdre (voir la section 6.38).

5.30 Signification des lignes. Les lignes vues (traits continus) et les lignes cachées (traits interrompus) sur un dessin (figure 5.48) indiquent soit l'intersection de deux surfaces, soit le profil d'une surface, soit le contour apparent d'une surface. *Étant donné qu'on ne fait pas de modelé dans les dessins de fabrication*, il est nécessaire d'examiner toutes les vues pour déterminer la signification des lignes. Par exemple, si l'on ne regarde que les vues de face et de dessus, la ligne AB pourrait être faussement interprétée comme le profil d'une face plane. La vue de droite indique qu'elle est plutôt le contour apparent d'une surface cylindrique. De même, si l'on ne regarde que les vues de face et de droite, la ligne CD pourrait être faussement interprétée comme le profil d'une face plane; en réalité, elle représente l'intersection entre un plan frontal et un plan biais.

5.31 Importance relative des lignes. Dans un dessin donné, il arrive souvent que

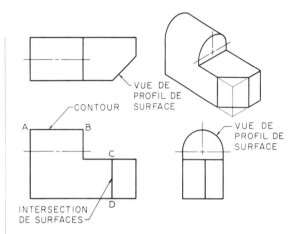

Figure 5.48 **Signification des traits.**

les lignes vues, les lignes cachées et les lignes d'axe coïncident. Comme l'illustre la figure 5.49, la ligne vue B a toujours priorité sur

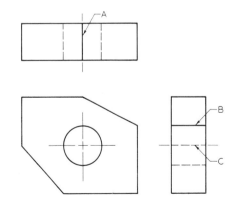

Figure 5.49 **Importance relative des traits.**

153

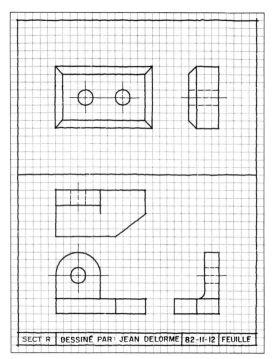

Figure 5.50 **Esquisse à vues multiples**
(Disposition A-1).

une ligne cachée et la ligne vue A, sur une ligne d'axe. De même, la ligne cachée C a toujours priorité sur une ligne d'axe.

5.32 **Problèmes.** Les figures 5.51 et 5.52 présentent une variété d'objets à partir desquels les étudiants peuvent esquisser les vues nécessaires. On peut utiliser du papier de format 8.5″ × 11.00″ (ou A4) et la disposition A-1, telle qu'elle est illustrée à la figure 5.50. Chaque feuille peut contenir deux dessins. A la figure 5.51, les petits tirets sont représentés pour faciliter l'estimation des proportions. Pour les problèmes de la figure 5.52, on recommande aux étudiants de préparer une petite échelle sur une bande de papier pour estimer les proportions.

Les figures 5.53 et 5.54 présentent des problèmes où il faut ajouter respectivement des lignes et des vues manquantes. Les esquisses peuvent être faites sur du papier quadrillé ou du papier isométrique.

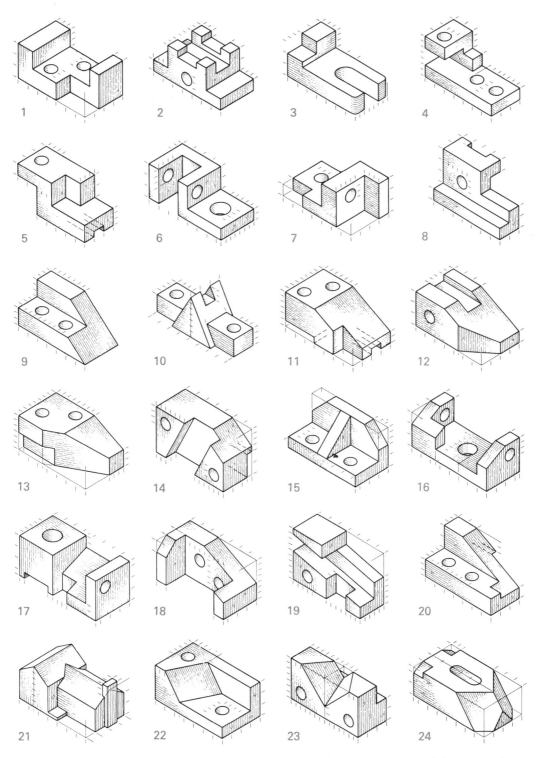

Figure 5.51 **Exercices sur les esquisses à vues multiples.** Esquissez (à main levée) les vues nécessaires sur du papier quadrillé ou uni en utilisant la disposition A-1 ou A4-1 modifiée. Disposez deux exercices par feuille comme à la figure 5.50. Les unités indiquées peuvent être de 5 mm, 10 mm, 0.25 po. ou 0.50 po. (voir la section 5.32). Tous les trous sont ouverts.

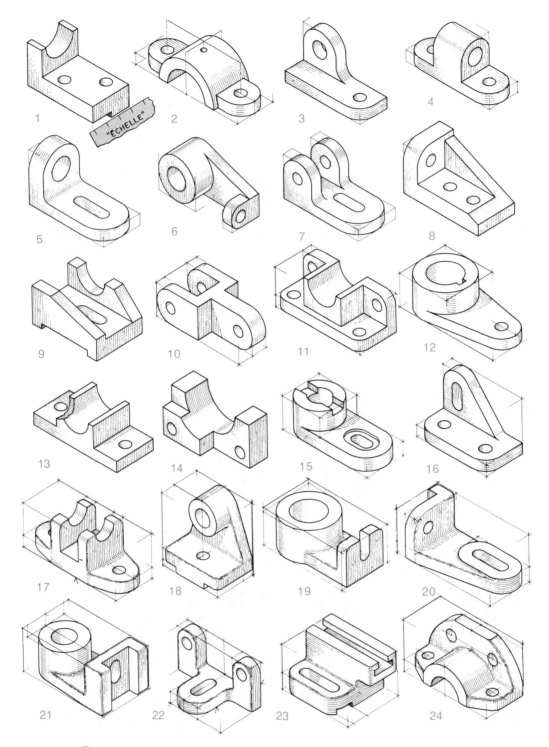

Figure 5.52 Exercices sur les esquisses à vues multiples. Esquissez (à main levée) les vues nécessaires sur du papier quadrillé ou uni en utilisant la disposition A-1 ou A4-1 modifiée. Disposez deux
exercices par feuille, comme à la figure 5.50. Préparez, sur une bande de papier, une échelle identique
à celle fournie à l'exercice 1, et utilisez-la pour les autres exercices afin d'obtenir des dimensions approximatives. Chaque division peut être égale à 10 mm ou à 0.5 po. sur le croquis (voir la section 5.32). Avant
d'effectuer les exercices 17 à 24, étudiez les sections 6.34 à 6.36.

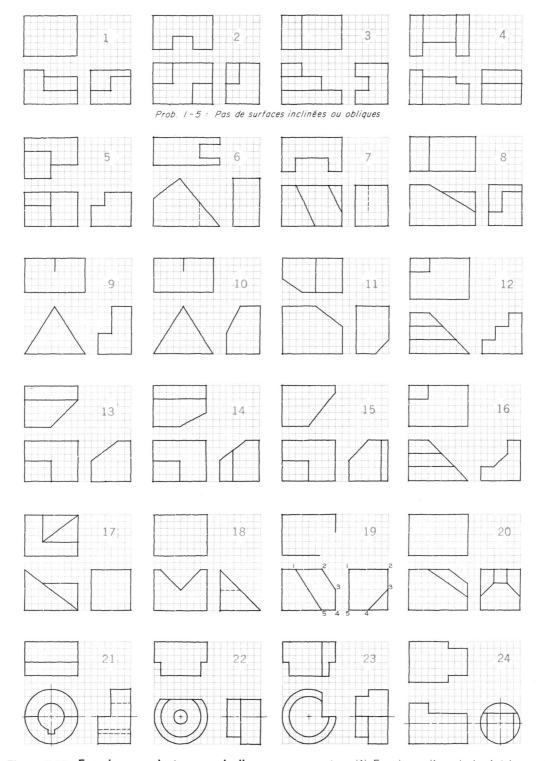

Prob. 1-5 : Pas de surfaces inclinées ou obliques

Figure 5.53 **Exercices sur le traçage de lignes manquantes.** (1) Esquissez (à main levée) les vues données sur du papier quadrillé ou uni en utilisant la disposition A-1 ou A4-1 modifiée. Disposez deux exercices par feuille, comme à la figure 5.50. Ajoutez toutes les lignes manquantes. Chaque carré peut être de 5 mm × 5 mm ou de 0.25 po. × 0.25 po. (voir la section 5.32). (2) Faites un croquis, soit isométrique (sur du papier isométrique) soit en oblique (sur du papier quadrillé), de chaque pièce.

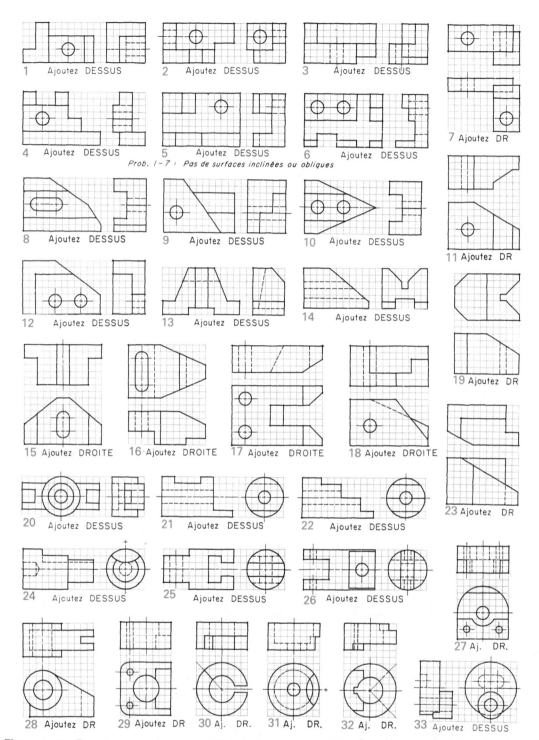

1 Ajoutez DESSUS
2 Ajoutez DESSUS
3 Ajoutez DESSUS
4 Ajoutez DESSUS
5 Ajoutez DESSUS
6 Ajoutez DESSUS
7 Ajoutez DR

Prob. 1-7 : Pas de surfaces inclinées ou obliques

8 Ajoutez DESSUS
9 Ajoutez DESSUS
10 Ajoutez DESSUS
11 Ajoutez DR
12 Ajoutez DESSUS
13 Ajoutez DESSUS
14 Ajoutez DESSUS
15 Ajoutez DROITE
16 Ajoutez DROITE
17 Ajoutez DROITE
18 Ajoutez DROITE
19 Ajoutez DR
20 Ajoutez DESSUS
21 Ajoutez DESSUS
22 Ajoutez DESSUS
23 Ajoutez DR
24 Ajoutez DESSUS
25 Ajoutez DESSUS
26 Ajoutez DESSUS
27 Aj. DR.
28 Ajoutez DR
29 Ajoutez DR
30 Aj. DR.
31 Aj. DR.
32 Aj. DR.
33 Ajoutez DESSUS

Figure 5.54 Exercices sur les vues. (1) Sur du papier quadrillé ou uni, esquissez (à main levée) les deux vues données et la vue demandée. Utilisez la disposition A-1 ou A4-1 modifiée et disposez deux exercices par feuille, comme à la figure 5.50. Chaque carré peut être de 5 mm × 5 mm ou de 0.25 po × 0.25 po. (voir la section 5.32). Les vues données sont soit la vue de face et la vue de droite, soit la vue de face et la vue de dessus. (2) Faites un croquis, soit isométrique (sur du papier isométrique) soit oblique (sur du papier quadrillé), de chaque pièce.

6

dessin à vues multiples

Vues et projections.[1] Lorsqu'un observateur dessine, en traits continus, ce qu'il voit d'un objet et, en traits interrompus, les détails cachés, il obtient une *vue* de l'objet. Cette vue est, en fait, une *projection* de l'objet sur un plan imaginaire appelé *plan de projection* (voir la section 1.11).

En dessin technique, on utilise surtout les *projections orthogonales*, c'est-à-dire celles où l'observateur se place infiniment loin de l'objet et où la *direction d'observation* est perpendiculaire au plan de projection. A la figure 6.1.a, le plan de projection est parallèle aux surfaces frontales de la pièce illustrée et se trouve entre celle-ci et l'observateur. A cette position, le plan de projection est le *plan frontal*. Le dessin sur ce plan représente une

[1] Voir ACNOR B78-1-1967 et ANSI Y14-3-1975.

vue ou, plus précisément, une projection orthogonale de la pièce.

On obtient cette vue en menant systématiquement des *projetantes* à partir de tous les points de la pièce jusqu'au plan de projection (figure 6.1.b). On relie ensuite les points sur le plan de projection pour produire la vue (figure 6.1.c). Par exemple, 6 est la projection de 5, 9-10 est celle de l'arête 2-4 et ainsi de suite. Cette vue est indispensable à la description de la forme de la pièce, car elle donne la vraie courbure du dessus ainsi que la vraie forme du trou.

En projetant orthogonalement la pièce sur le *plan horizontal*, on obtient, d'une façon analogue, la vue du dessus (figure 6.2.a). Celle-ci est aussi indispensable à la description précise de la pièce, car elle donne le vrai angle du plan biais. Le trou est caché et son

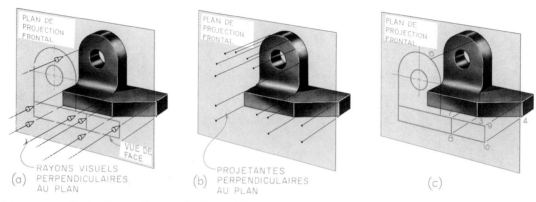

Figure 6.1 **Projection orthogonale d'un objet.**

contour apparent est représenté par des traits interrompus, comme l'illustre la figure.

La troisième vue, celle de droite (figure 6.2.b), est nécessaire pour illustrer la perpendicularité des deux éléments de la pièce ainsi que la forme exacte du coin arrondi. Cette vue est la projection de la pièce sur le *plan de profil*.

6.2 **Le cube de référence.** Si les plans de projections sont placés parallèlement aux faces principales de la pièce, ils forment un parallélépipède rectangulaire appelé *cube de référence* (voir la figure 6.3.a). *L'observateur regarde toujours la pièce de l'extérieur du cube.* Comme le cube possède six faces, on obtient les *six vues usuelles* de la pièce.

L'objectif du dessin technique étant de placer les vues d'un objet tridimensionnel sur une feuille de papier, il faut déplier les faces du cube de façon à les rabattre toutes sur un même plan (figure 6.3.b). Toutes les faces sont attachées à la face de front (plan frontal) à l'exception de la face arrière qui est attachée à la face de gauche[2].

Les lignes d'intersection entre les faces sont appelées *charnières*. Chaque face se rabat vers l'extérieur autour de chaque charnière jusqu'à ce qu'elle soit sur le même plan que celui de la face de front, qui est gardée fixe.

La figure 6.4 illustre la position des six faces du cube de référence, une fois déplié. Il est

[2] A l'exception de la possibilité discutée à la section 6.8.

Figure 6.2 **Vue de dessus et vue de droite.**

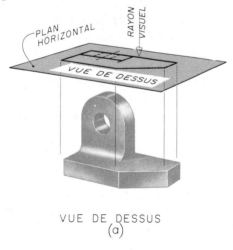

VUE DE DESSUS
(a)

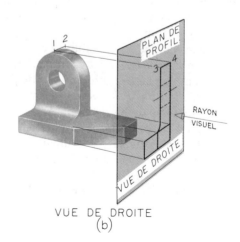

VUE DE DROITE
(b)

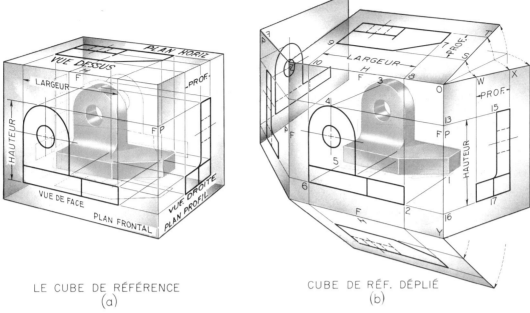

LE CUBE DE RÉFÉRENCE
(a)

CUBE DE RÉF. DÉPLIÉ
(b)

Figure 6.3 **Le cube de référence**.

primordial d'identifier soigneusement chacune des faces et les vues correspondantes par rapport à leurs positions originelles sur le cube; il importe de répéter mentalement ce rabattement, jusqu'à ce que le principe soit bien compris.

A la figure 6.3.b, les lignes 7-8 et 9-10 sont respectivement les projections orthogonales des lignes 1-2 et 5-6. Quand la face de dessus est rabattue à la position verticale, 7-8 et 9-10 deviennent verticales et sont, par conséquent, les prolongements des lignes 8-2 et 10-6 (figure 6.4). Ceci explique pourquoi la vue de dessus se trouve directement au-dessus de la vue de face et pourquoi elles ont la même largeur. Les droites 7-2 et 9-6 sont appelées *lignes de rappel*, tout comme les autres droites 4-15, 6-17, etc. (figure 6.4).

En appliquant le même raisonnement aux autres vues, on parvient à établir la relation qui existe entre les vues (figure 6.4): *les vues de dessus, de face et de dessous ont la même largeur et elles sont alignées verticalement; les vues d'arrière, de gauche, de face et de droite ont la même hauteur et elles sont alignées horizontalement*.

A la figure 6.3.b, on remarque que OS et OW sont égaux et que OT et OX sont aussi égaux. Ces lignes sont illustrées dans la position dépliée à la figure 6.4. Ainsi, la distance entre la vue de dessus et la charnière ZO est la même que celle entre la vue de droite et la charnière OT; de plus, ces deux vues ont la même profondeur. *Ainsi, les vues de dessus, de droite, de dessous et de gauche sont à la même distance de leurs charnières respectives et elles ont la même profondeur*.

On note enfin que les contours des six vues sont symétriques deux à deux; par exemple, le contour de la vue d'arrière est symétrique à celui de la vue de face.

6.3 Charnières. Les trois vues principales de la pièce étudiée à la section précédente sont illustrées, à la figure 6.5.a, avec des charnières entre les vues. La charnière H/F est l'intersection entre le plan de projection horizontal (H) et le plan de projection frontal (F) tandis que la charnière F/P est l'intersection entre le plan frontal (F) et le plan de profil (P). (Voir les figures 6.3 et 6.4.)

161

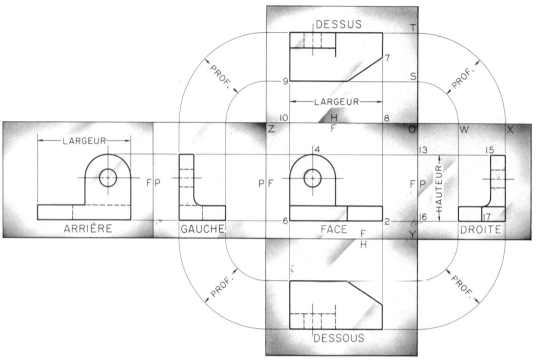

Figure 6.4 **Le cube de référence déployé.**

Les distances, X et Y, entre la vue de face et les deux charnières *ne sont pas nécessairement égales*, car elles dépendent simplement de la position relative de la pièce par rapport au cube de référence. Par contre, comme on l'a expliqué à la section 6.2, *les distances D doivent être les mêmes* dans les vues de dessus et de droite. Autrement dit, les vues peuvent être placées à n'importe quelle distance l'une de l'autre, et les charnières peuvent être placées arbitrairement entre les vues à condition que la distance D_1 soit conservée.

Il est important de bien comprendre la signification des charnières, car celles-ci jouent un rôle primordial dans la solution graphique des problèmes de l'espace en géométrie descriptive. Cependant, en dessin industriel, on les omet habituellement, car elles n'ajoutent rien à la compréhension du plan de sorte que les trois vues sont plutôt représentées comme à la figure 6.5.b, sans charnières. Encore une fois, la distance entre les vues est entièrement arbitraire. Pour reporter les distances de la vue de dessus à la vue de droite ou inversement, il suffit de

choisir la surface frontale A de la pièce comme référence, au lieu d'utiliser les charnières.

6.4 **Dessin à deux vues.** Comment tracer en grandeur nature, sur la disposition A-2, les vues nécessaires du levier illustré à la figure 6.6.a. Dans ce cas, comme l'indiquent les flèches, seules la vue de face et la vue de dessus sont requises.

I. Déterminez l'espacement entre les vues. La largeur de la vue de face et de la vue de dessus est d'environ 152 mm (6″),[3] et la largeur de l'espace disponible sur le papier est approximativement de 266 mm (10½″). Comme l'illustre la figure 6.6.b, soustrayez 152 mm de 266 mm et divisez le résultat par 2 pour obtenir l'intervalle A.

La profondeur de la vue de dessus est d'environ 64 mm (2½″) et la hauteur de la vue de face est de 45 mm (1¾″), tandis que la hauteur de l'espace disponible est de 194 mm (7⅝″). Choisissez un espacement

[3] Un pouce (1″) est égal exactement à 25,4 mm.

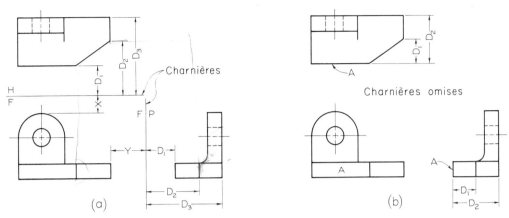

Figure 6.5 **Charnières.**

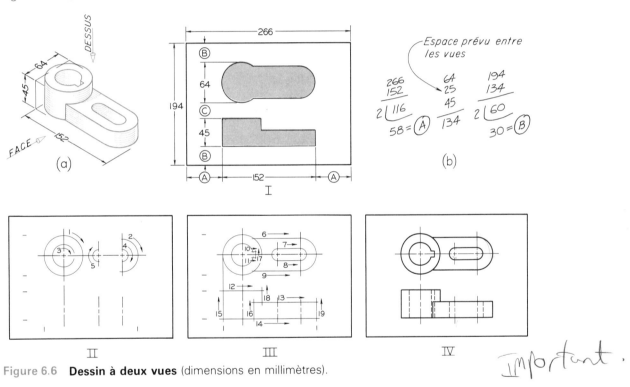

Figure 6.6 **Dessin à deux vues** (dimensions en millimètres).

Figure 6.7 **Report des dimensions dans la direction de la profondeur.**

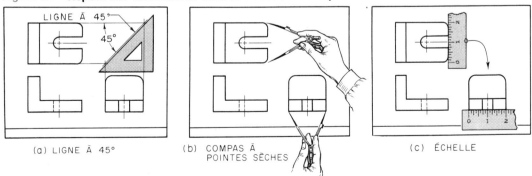

(a) LIGNE À 45°   (b) COMPAS À   (c) ÉCHELLE
                           POINTES SÈCHES

163

C convenable entre les vues, 25 mm (1") par exemple, qui donnerait un équilibre visuel au dessin et qui laisserait suffisamment d'espace pour les cotes s'il y a lieu.

Tel qu'illustré en (b), additionnez 64 mm, 25 mm et 45 mm; soustrayez le total de 194 mm et divisez le résultat par 2 pour obtenir l'intervalle B. Faites des tirets courts pour marquer les distances, comme ceux illustrés à la figure 2.56.III.

II. Localisez les lignes d'axe à partir des tirets de repère. Tracez légèrement les arcs et les cercles.

III. Tracez les lignes de construction horizontales et verticales dans l'ordre indiqué. Laissez ces lignes se croiser aux différents coins.

IV. Ajoutez les lignes cachées et repassez toutes les lignes définitives pour qu'elles soient noires et nettes. Les lignes vues doivent être suffisamment fortes pour bien faire ressortir les vues. (Voir la section 2.47 pour la technique du dessin au crayon.) Il n'est pas nécessaire de gommer les lignes de construction si elles sont fines et légères. Pour vérifier si les traits sont suffisamment foncés pour être reproduits par tirage, suivez la méthode illustrée à la figure 2.58.

6.5 Report des dimensions dans la direction de la profondeur. Étant donné que les dimensions de la profondeur se retrouvent systématiquement dans les vues de dessus et de droite, il faut utiliser des méthodes précises pour reporter les distances, telles que D_1 et D_2, à la figure 6.5.b.

La figure 6.7 illustre trois méthodes pour reporter les distances dans le sens de la profondeur. La méthode de *la ligne à 45°* (figure 6.7.a) est utile surtout quand le nombre de distances à reporter est élevé, comme dans le cas d'une courbe (figure 6.35). En pratique, on recommande généralement l'utilisation d'un compas à pointes sèches (figure 6.7.b) ou d'une règle (figure 6.7.c). Ces méthodes sont meilleures lorsqu'il faut reporter, avec grande précision, un petit nombre de points. La méthode de la règle est surtout utile quand

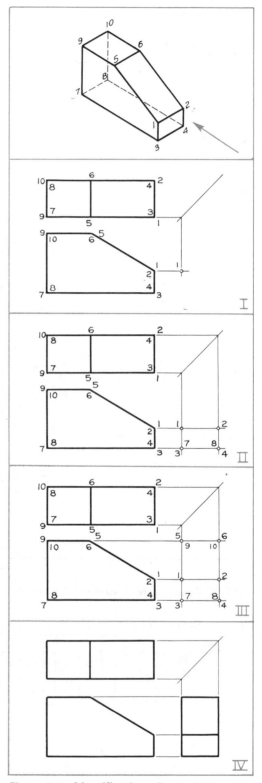

Figure 6.8 **Identification des points par des chiffres.**

on travaille avec un appareil à dessiner (figure 2.82), car celui-ci comporte une règle horizontale et une règle verticale.

6.6 Construction d'une troisième vue.

Le dessin du haut de la figure 6.8 représente le dessin perspectif d'un objet dont on veut tracer les trois vues les plus utiles. Chaque coin de l'objet est identifié par un numéro. La vue de face et la vue de dessus sont représentées en I, chaque coin est numéroté correctement et chaque numéro apparaît deux fois, une fois dans chaque vue.

Pour des raisons de commodité, si un point est visible dans une vue donnée, le numéro est placé à l'extérieur du contour et, s'il est caché, il est à l'intérieur. Par exemple, le point 2 est placé à l'extérieur du contour de la vue de dessus et à l'intérieur de celui de la vue de face.

Cette méthode de numérotage, dans laquelle les projections d'un même point dans différentes vues sont identifiées par le même numéro, est utile lors de la construction d'une troisième vue à partir des deux vues connues et elle devient obligatoire lors de la résolution des problèmes en géométrie descriptive. Il faut noter que cette méthode n'a rien de commun avec celle utilisée à la figure 6.23 et aux autres.

Avant de tracer la vue cherchée, vue de droite, essayez de visualiser mentalement l'objet dans le sens de la flèche (voir le dessin perspectif). Ensuite, construisez la vue de droite, point par point, en utilisant un crayon dur et des traits très fins.

Localisez le point 1 (figure 6.8.I) à partir de ses points correspondants dans les vues de face et de dessus. Ensuite, d'une façon analogue, déterminez les points 2, 3 et 4 pour compléter la face verticale de droite de l'objet (II). En III, les points 5 et 6 sont déterminés de la même manière. Ceci complète la vue de droite, car les coins 9, 10, 8, 7 se trouvent directement cachés en arrière des coins 5, 6, 4 et 3, respectivement. Enfin, en IV, le dessin est achevé lorsque les lignes définitives de la vue de droite sont foncées.

6.7 Dessin à trois vues.

Comment tracer aux instruments, en grandeur nature et sur la disposition A-2, les vues nécessaires du

Figure 6.9 **Dessin à trois vues** (dimensions en millimètres).

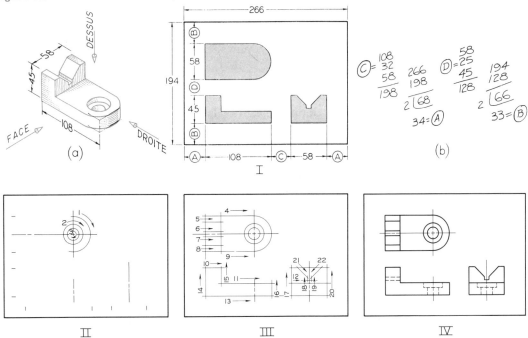

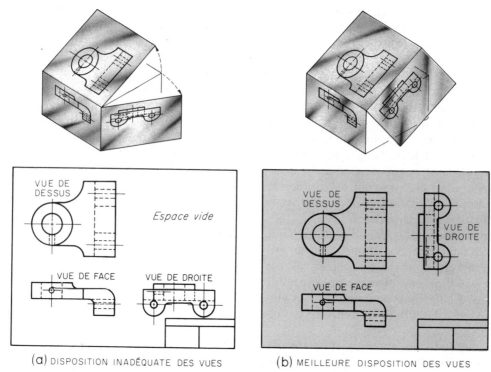

(a) DISPOSITION INADÉQUATE DES VUES

(b) MEILLEURE DISPOSITION DES VUES

Figure 6.10 **Positions relatives de la vue de droite.**

support en V représenté à la figure 6.9.a. Dans ce cas, il faut trois vues, comme l'indiquent les flèches.

I. Déterminez l'espacement entre les vues. La largeur de la vue de face est de 108 mm, la profondeur de la vue de droite est de 58 mm, tandis que la largeur de l'espace disponible sur le papier est de 266 mm. Choisissez une distance C convenable entre les deux vues, 32 mm par exemple, qui donnerait un équilibre visuel au dessin et qui laisserait suffisamment d'espace pour les cotes s'il y a lieu.

Tel que l'illustre la figure 6.9.b, additionnez 108 mm, 32 mm et 58 mm, soustrayez le total de 266 mm et divisez le résultat par 2 pour obtenir la valeur de l'intervalle A.

La profondeur de la vue de dessus est de 58 mm et la hauteur de la vue de face est de 45 mm, tandis que celle de l'espace disponible est de 194 mm. Choisissez un espacement convenable D entre ces deux vues, 25 mm par exemple, sachant que D n'est pas nécessairement égal à C (section 6.3). Comme

l'illustre la figure 6.9.b, additionnez 58 mm, 25 mm et 45 mm, soustrayez le total de 194 mm et divisez le résultat par 2 pour obtenir la distance B. Utilisez des tirets courts pour marquer tous les intervalles ainsi déterminés.

II. Localisez les lignes d'axe à partir des tirets de repère. Tracez légèrement les arcs et les cercles.

III. Tracez les lignes de construction horizontales, verticales, et inclinées dans l'ordre indiqué. Laissez ces lignes se croiser aux différents coins. Ne complétez pas une seule vue à la fois mais construisez simultanément toutes les vues.

IV. Ajoutez les lignes cachées et refaites toutes les lignes définitives en traits nets et noirs. Les lignes vues doivent être suffisamment fortes pour bien faire ressortir les vues. (Voir la section 2.47 pour la technique du dessin au crayon.) Il n'est pas nécessaire de gommer les lignes de construction si elles sont fines et légères. Pour vérifier si les traits sont suffisamment foncés, c'est-à-dire assez

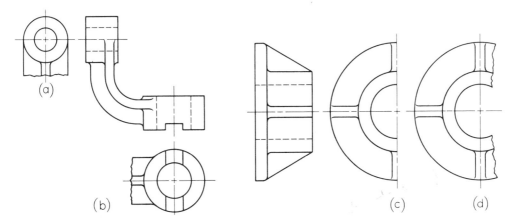

Figure 6.11 **Vues partielles.**

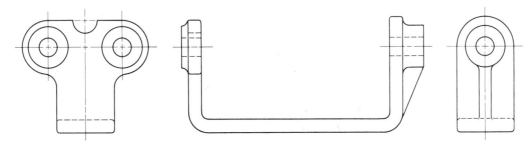

Figure 6.12 **Vues de droite incomplètes.**

bien pour le tirage, suivez la méthode illustrée à la figure 2.58.

6.8 **Positions relatives des vues.** En général, les différentes vues d'un objet sont placées selon la disposition de la figure 6.4, disposition qui est déduite du dépliage des faces du cube de référence, à la façon indiquée à la figure 6.3. Un autre exemple de cette disposition est illustré à la figure 6.10.a. On remarque que, dans ce cas, cette représentation est peu adéquate, car le dessin paraît mal équilibré sur la feuille et qu'il laisse un grand espace vide. Il est alors recommandé de déplier le cube de référence à la manière indiquée à la figure 6.10.b, ce qui fournit une nouvelle position de la vue de droite. Le dessin obtenu est beaucoup plus équilibré et, de plus, il facilite la lecture des vues.

De la même façon, il est permis, dans des cas particuliers, de placer la vue de droite, ou de gauche, à côté de la vue de dessous,

ou de placer la vue d'arrière directement au-dessus de la vue de dessus ou directement au-dessous de la vue de dessous.

6.9 **Vues partielles.** Une vue peut être incomplète de façon à ne représenter que les détails qui sont nécessaires à une description claire de l'objet. Une telle vue est appelée *vue partielle* (figure 6.11). Elle peut être limitée par une ligne de brisure [(a), (b) et (d)] ou par une ligne d'axe de symétrie (c). La moitié représentée en (c) et en (d) doit être du côté proche de la vue adjacente. Il ne faut pas confondre une ligne de brisure avec une ligne vue ou une ligne cachée de l'objet.

Parfois, les caractéristiques distinctives d'un objet se trouvent aux deux côtés opposés de sorte qu'une vue complète, de droite ou de gauche, présente un chevauchement compliqué de différentes formes qui rend la vue inintelligible. Dans de tels cas, la meil-

167

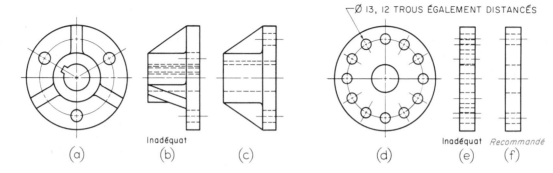

Figure 6.13 **Représentation conventionnelle des détails régulièrement répartis.**

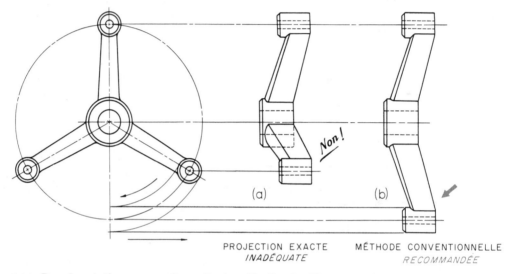

Figure 6.14 **Représentation conventionnelle des détails régulièrement répartis.**

leure solution consiste souvent à fournir deux vues de côté (figure 6.12). Celles-ci sont partielles et certains détails sont omis au profit de la clarté du dessin.

6.10 Représentation conventionnelle des détails régulièrement répartis.

Dans certains cas, une vue réelle peut paraître gauche, confuse ou même trompeuse. Par exemple, l'objet illustré à la figure 6.13.a possède trois nervures triangulaires et trois trous régulièrement répartis, en plus d'une rainure de clavetage. La vue de droite (b) est la projection régulière mais elle n'est pas recommandée. En effet, les deux nervures en bas paraissent raccourcies, les trous semblent

être décentrés par rapport au contour de la base et la rainure de clavetage donne lieu à une confusion de traits interrompus.

Dans de tels cas, on préfère la représentation conventionnelle illustrée en (c), parce qu'elle est plus facile à lire et aussi parce qu'elle exige un temps d'exécution moins long. Chacun des éléments mentionnés a été ramené par rotation dans le plan de symétrie vertical de l'objet de sorte que la vue (c) est devenue exacte.

Pour les mêmes raisons, les vues (e) et (d) sont des vues régulières mais on recommande, en pratique, la représentation conventionnelle (f).

La figure 6.14 en fournit un autre exemple. La projection (a) représente un bras raccourci, de sorte qu'elle ne rend pas compte, d'une façon explicite, de la « symétrie » des trois bras. On recommande alors la vue conventionnelle (b), construite en supposant que les bras inclinés sont ramenés, par rotation, à la position verticale.

Les conventions exposées dans cette section sont fréquemment appliquées dans la construction des vues en coupe (voir la section 7.13).

6.11 Vues déplacées. Pour des raisons d'encombrement ou de simplification, on peut, exceptionnellement, ne pas donner à une vue sa place normale. Cette vue, appelée *vue déplacée* (figure 6.15) peut prendre une position quelconque sur la feuille et être complète ou partielle. Pour identifier la partie représentée, on utilise la ligne de sens d'observation du plan qui indique la direction d'observation (voir la section 7.5). Les vues déplacées doivent être repérées par un titre tel que VUE A-A ou VUE B-B, etc. Les majuscules sont les mêmes que celles de la direction d'observation.

6.12 Visualisation. Comme on l'a déjà mentionné à la section 1.10, l'habileté à *visualiser* ou *penser en trois dimensions* est un des prérequis les plus importants pour un ingénieur ou un scientifique accompli. En pratique, il s'agit de l'habileté à étudier les différentes vues d'un objet pour former mentalement son image et pour *visualiser* sa forme en trois dimensions. Pour un concepteur, cela se traduit par l'habileté à *synthétiser* ou à former une image mentale, avant même que l'objet existe, et par l'habileté à exprimer cette image sous forme de vues. L'ingénieur est

le maître d'oeuvre dans la construction de nouvelles machines, de structures ou de procédés. L'habileté à visualiser et à se servir du langage du dessin comme un moyen de communication ou d'enregistrement des images mentales est indispensable.

Même un ingénieur ou un concepteur expérimenté ne peut regarder un dessin comportant des vues multiples et visualiser instantanément l'objet représenté (excepté s'il s'agit de formes des plus simples); il ne peut, non plus, saisir l'idée d'une page d'un livre par un simple coup d'oeil. Il est nécessaire *d'étudier* le dessin, de lire les traits d'une façon logique, de rassembler des petits détails jusqu'à ce qu'une idée claire de l'ensemble émerge. La façon de procéder est décrite dans les paragraphes qui suivent.

6.13 Visualisation des vues. Une méthode de lecture de plan, qui est essentiellement l'inverse du processus mental, pour obtenir les vues par projection est illustrée à la figure 6.6. Les vues données d'une potence sont illustrées en (a).

I. La vue de face montre que l'objet possède une forme en L; de plus, elle représente la hauteur et la largeur de l'objet, ainsi que l'épaisseur de ses branches. La signification des lignes cachées et des lignes d'axe n'est pas encore claire, ni la connaissance de la profondeur de l'objet.

II. La vue de dessus, représentant la largeur et la profondeur de l'objet, indique que le membre horizontal est arrondi au bout et qu'il possède un trou rond. Une sorte de rainure est illustrée au côté gauche.

III. La vue de droite, représentant la hauteur et la profondeur de l'objet, indique que le membre gauche possède des coins arrondis

Figure 6.15 Vues déplacées.

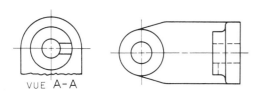

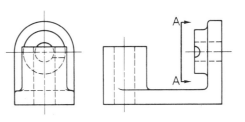

en haut et une rainure ouverte dans la position verticale.

Ainsi, chaque vue fournit certains renseignements précis sur la forme de l'objet. Il faut considérer toutes les vues pour visualiser complètement un objet.

6.14 Modèles. Un des meilleurs moyens pour faciliter la visualisation d'une pièce est son modèle. Celui-ci n'est pas nécessairement à l'échelle et il peut être construit à l'aide de n'importe quel matériau qui se prête bien au taillage, tel que la glaise à modeler, le savon, les bois, la mousse plastique, etc.

La figure 6.17 illustre un exemple de la construction d'un modèle à partir de trois vues données d'un objet (a). L'étudiant doit déterminer une ligne manquante. Le taillage du modèle est illustré en I, II et III et la ligne manquante, qui est découverte lors du tail-

lage, est ajoutée à la vue de face illustrée en (b).

La figure 6.18 fournit quelques exemples de modèles en savon.

6.15 Faces planes, arêtes et coins. Il est nécessaire de considérer les différents éléments qui composent la plupart des solides pour mieux analyser et synthétiser les projections à vues multiples. Une face plane peut être limitée par des droites, par des courbes ou par les deux. Elle peut être *frontale, horizontale* ou de *profil*, dépendamment du plan de projection principal auquel elle est parallèle (voir la section 6.1).

Si une face est perpendiculaire au plan de projection, elle est vue comme une droite: c'est la *vue de profil*, VP (figure 6.19.a). Si elle est parallèle au plan de projection, elle est vue en *vraie grandeur*, VG (b). Si elle fait un angle avec ce plan, elle est *réduite*, RE (c).

Figure 6.16 Visualisation à partir des vues données.

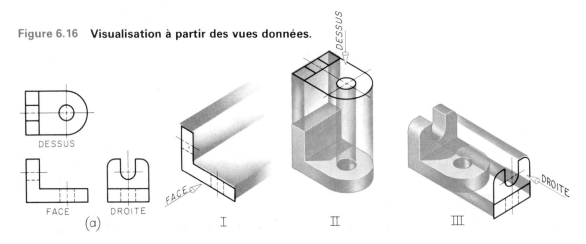

Figure 6.17 Utilisation des modèles pour faciliter la visualisation.

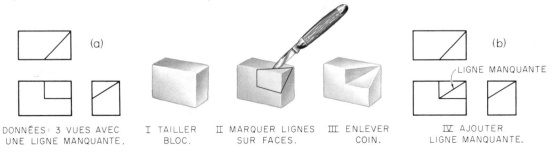

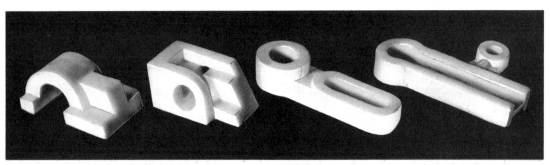

Figure 6.18 **Modèles en savon.**

L'intersection entre deux faces planes est une droite appelée *arête*. Celle-ci peut être projetée comme un point (figure 6.20.a), comme sa vraie grandeur (b) ou comme une droite de longueur plus courte (c), selon que l'arête est perpendiculaire, parallèle ou à un angle avec le plan de projection. Une droite est dite *frontale* quand elle est parallèle au plan frontal du cube de référence (section 6.1). De la même façon, elle peut être *horizontale* ou *de profil*.

Un *coin* est le point d'intersection d'au moins trois faces ou trois arêtes. Il apparaît comme un point dans toutes les vues.

6.16 Zones contiguës dans une vue. La figure 6.21.a représente la vue de dessus d'un objet. Elle est composée de trois zones contiguës, A, B et C. Ces zones doivent obligatoirement représenter des surfaces qui *ne se trouvent pas sur le même plan*. Les figures (b)

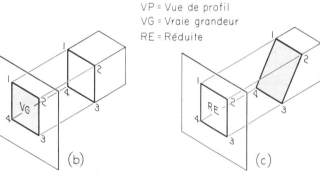

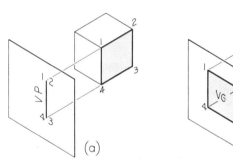

Figure 6.19 **Projections de surfaces.**

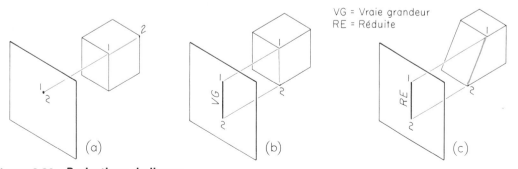

Figure 6.20 **Projections de lignes.**

171

Figure 6.21 **Zones contiguës.**

à (f) illustrent quelques possibilités des positions relatives et des formes de ces surfaces.

Le même raisonnement s'applique évidemment aux autres vues, de telle sorte qu'une vue en projection orthogonale peut prêter à plusieurs interprétations possibles. Il est alors nécessaire de considérer d'autres vues pour en arriver à l'interprétation juste.

6.17 Similitude de formes des projections de surfaces planes.

Une surface plane possède une forme particulière et un nombre défini de côtés. Ces caractéristiques se retrouvent dans toutes les vues où la surface n'apparaît pas comme une droite. Par exemple, à la figure 6.22.a, la face inclinée de l'objet comporte six côtés et présente une forme en L, comme l'indique la vue de dessus. Le même nombre de côtés et la même forme en L se retrouvent dans la vue de droite. Cette même face apparaît comme une droite dans la vue de face. Les figures 6.22.b, 6.22.c et 6.22.d fournissent d'autres exemples où le plan a respectivement une forme en T, une forme un U et une forme hexagonale.

La similitude de formes est un des meilleurs moyens pour analyser les vues.

6.18 Lecture d'un dessin.

Comment lire ou visualiser l'objet, représenté à la figure 6.23, à l'aide de ses trois vues principales. Toutes les arêtes étant rectilignes, les faces de l'objet sont toutes planes.

La face 2-3-10-9-6-5 dans la vue de dessus comporte six côtés et présente une forme en L. Elle apparaît, dans la vue de droite, avec une forme semblable ayant le même nombre de côtés, 16-17-21-20-18-19, tandis que, dans la vue de face, elle est vue simplement comme une droite 11-13-15. On note, par exemple, que le point 15 est en ligne avec 3-10 et, également, avec 20-21.

La surface 11-13-12 est triangulaire dans la vue de face mais, dans les deux autres vues, elle apparaît comme les droites 4-5-6 et 16-19. Même si 12 est en ligne avec 4-8 et 13 avec 6-9, la face 11-13-12 ne peut correspondre à la face 4-6-9-8, car les deux faces n'ont ni la même forme, ni le même nombre de côtés.

La surface 12-13-15-14 est trapézoïdale dans la vue de face; mais il n'existe pas de telle forme dans les deux autres vues, et cette surface apparaît comme la droite 7-10 dans la vue de dessus et comme la droite 18-20 dans la vue de droite.

Figure 6.22 **Formes semblables.**

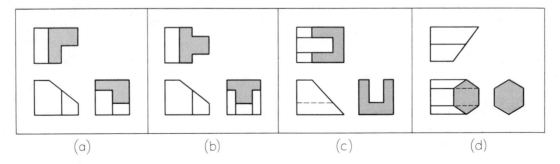

(a)   (b)   (c)   (d)

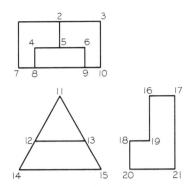

Figure 6.23 **Lecture d'un dessin.**

Les surfaces restantes peuvent être identifiées de la même manière et on peut conclure que l'objet donné est limité par sept surfaces planes dont deux sont rectangulaires, deux triangulaires, deux en forme de L et une en forme de trapèze.

Il faut noter que le système de numérotation des points utilisé à la figure 6.23 est différent de celui de la figure 6.8, chaque point étant identifié par un numéro différent. Cette démarche vise à simplifier les explications; en fait, 5, 11 et 16 représentent le même coin de l'objet dans l'espace, alors que 10, 15 et 20 représentent un autre coin, etc.

6.19 **Surfaces normales.** *Une surface normale est une surface plane qui est parallèle à un des trois plans de projection principaux.* Elle est projetée en vraie grandeur sur le plan qui lui est parallèle et en une droite, dans les deux autres plans.

La figure 6.24 illustre les étapes de l'usinage d'un bloc d'acier pour la fabrication d'un support d'outil. Toutes les surfaces de cette pièce sont des surfaces normales. Dans I, la surface normale A est parallèle au plan de projection horizontal. Elle est vue en vraie grandeur (rectangle 2-3-7-6) dans la vue de dessus, comme la droite 9-10 dans la vue de face et comme la droite 17-18 dans la vue de droite. La surface normale B est parallèle au plan de projection de profil et elle est vue en vraie grandeur (rectangle 17-18-20-19) dans la vue de droite. De même, la surface normale C est parallèle au plan de projection

frontal et elle est vue en vraie grandeur (forme en T inversé 9-10-13-14-16-15-11-12) dans la vue de face. Toutes les autres surfaces peuvent être visualisées de la même façon.

Lorsqu'on examine les quatre étapes de la figure 6.24, il faut porter surtout attention sur le changement graduel des vues par suite de l'usinage: introduction de nouvelles surfaces, de nouvelles arêtes vues, de nouvelles arêtes cachées ainsi que la disparition d'autres lignes à cause de nouvelles coupes.

En IV, combien de surfaces normales le support possède-t-il?

6.20 **Arêtes normales.** *Une arête normale est une droite qui est perpendiculaire à un des plans de projection principaux.* Elle apparaîtra comme un point dans le plan qui lui est perpendiculaire et en vraie grandeur dans les autres plans de projection adjacents. Toutes les arêtes du support d'outil illustré à la figure 6.24 sont des arêtes normales. Par exemple, en I, l'arête F est perpendiculaire au plan de projection horizontal. Elle est vue comme le point 7 dans la vue de dessus et en vraie grandeur, dans les deux vues adjacentes, soit 10-13 dans la vue de face et 17-19 dans la vue de droite.

Combien d'arêtes normales la pièce, telle qu'elle est représentée en II, possède-t-elle?

6.21 **Surfaces inclinées.** *Une surface inclinée est une surface plane qui est perpendiculaire à un seul des plans de projection principaux.* Elle est projetée en une droite sur le plan qui lui est perpendiculaire et en des surfaces de dimensions réduites (RE) sur les autres plans.

La figure 6.25 illustre les quatre étapes de l'usinage d'un doigt de localisation, qui possède plusieurs surfaces inclinées. Par exemple la surface A est, par définition, une surface inclinée, car elle est perpendiculaire seulement au plan de projection horizontal. Il est vue comme la droite 3-5 dans la vue de dessus et comme des surfaces rectangulaires de

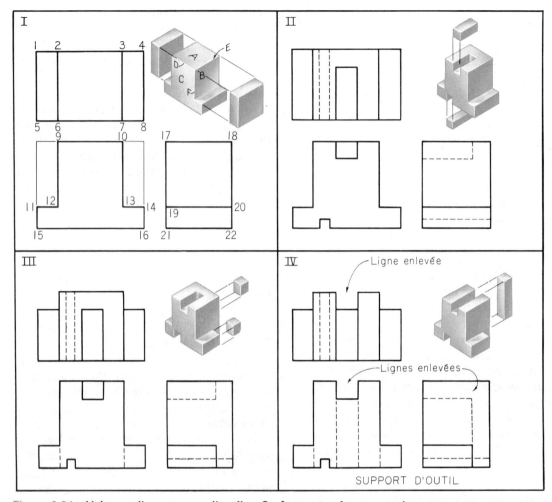

Figure 6.24   **Usinage d'un support d'outil — Surfaces et arêtes normales.**

dimensions réduites dans les deux autres vues.

En IV, la ligne 29-28-23 représente une surface inclinée qui apparaît comme la surface visible 1-21-22-5-18 dans la vue de dessus mais comme la surface cachée 31-30-25-14-32 dans la vue de droite. Ces deux surfaces, qui ne sont pas en vraie grandeur, sont cependant de formes semblables, possédant chacune le même nombre de côtés (cinq).

Dans sa forme finale, combien de surfaces normales et de surfaces inclinées la pièce possède-t-elle?

Pour déterminer la vraie grandeur d'une surface inclinée, il faut soit tracer une vue

auxiliaire (section 8.1), soit tourner cette surface jusqu'à ce qu'elle soit parallèle à un des plans de projection (section 9.1).

6.22   Arêtes inclinées. *Une arête inclinée est une droite qui est parallèle à un seul des plans de projection principaux. Elle est projetée en vraie grandeur sur le plan qui lui est parallèle et en longueur réduite sur les autres plans.*

Dans le quadrant I de la figure 6.25, l'arête inclinée B est parallèle seulement au plan de projection horizontale. Elle apparaît en vraie grandeur dans la vue de dessus, ligne

5-3, tandis que dans les deux autres vues, sa longueur est réduite (ligne 7-8 et ligne 12-13). Notez que la surface A possède deux arêtes normales et deux arêtes inclinées.

Dans les quadrants III et IV, quelques lignes penchées ne sont pas des arêtes inclinées, telles que 22-3 et 23-24. En fait, elles sont des *lignes obliques* (voir la section 6.24).

En IV, combien y-a-t-il d'arêtes normales et d'arêtes inclinées?

6.23 Surfaces obliques. *Une surface oblique est un plan qui n'est parallèle à aucun des plans de projection principaux.* Elle apparaît tou- jours comme une surface de dimensions réduites dans chacune des trois vues.

A la figure 6.26, seule la surface C est une surface oblique. Ses projections 3-6-26-25, 8-31-30-29 et 18-34-33-32 dans les différentes vues sont toutes plus petites que sa vraie grandeur. Notez que, si une surface apparaît comme une ligne dans une vue, la surface B par exemple, elle ne peut être une surface oblique.

Pour obtenir la vraie grandeur d'une sur- face oblique, il faut soit construire une vue auxiliaire secondaire (voir les sections 8.21 et 8.22), soit tourner cette surface jusqu'à ce qu'elle soit parallèle à un plan de projec- tion (voir la section 9.11).

Figure 6.25 **Usinage d'un doigt de localisation — Surfaces inclinées.**

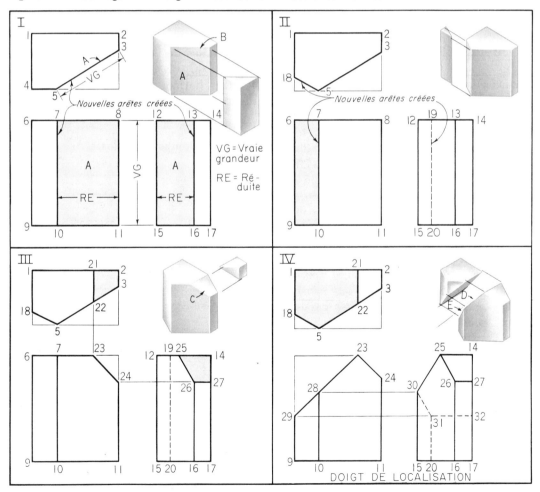

DOIGT DE LOCALISATION

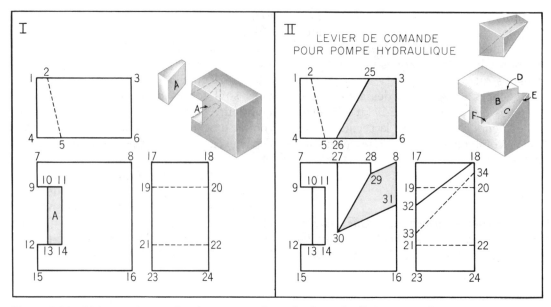

Figure 6.26   Usinage d'un levier de commande — Surfaces inclinées et surfaces obliques.

6.24   Arêtes obliques. *Une arête oblique est une droite qui n'est parallèle à aucun des plans de projection.* Elle apparaît en longueur réduite et dans une position penchée dans chacune des trois vues.

A la figure 6.26.II, la ligne F est une arête oblique. Elle apparaît comme la ligne 26-25 dans la vue de dessus, comme la ligne 30-29 dans la vue de face et comme la ligne 33-34 dans la vue de droite. Y-a-t-il d'autres arêtes obliques dans cette figure? Combien y-a-t-il d'arêtes obliques à la figure 6.25.IV?

6.25   Arêtes parallèles. *Les lignes parallèles dans l'espace sont projetées en des lignes parallèles sur toutes les vues.* Les arêtes parallèles sont produites par l'intersection de plusieurs plans parallèles avec un plan quelconque (figure 6.27.a). Les autres dessins de la figure 6.27 illustrent quelques exemples d'arêtes parallèles, du cas le plus simple (b) au cas le plus général (d).

A la figure 6.28.a, il faut établir les trois vues de l'objet donné, quand celui-ci est coupé par un plan (oblique) passant par les points A, B et C. Comme l'illustre la figure 6.28.b, le plan coupe, d'une part, les trois

faces frontales de l'objet suivant trois lignes parallèles, AC, FE et GH et, d'autre part, les trois faces horizontales suivant trois autres lignes parallèles, FG, AB et DC. Ainsi, dans

Figure 6.27   **Droites parallèles.**

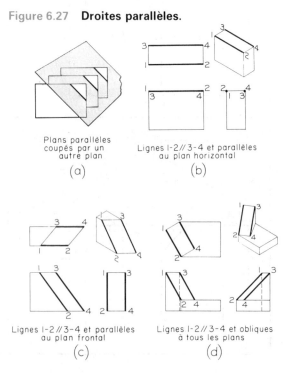

Plans parallèles
coupés par un
autre plan
(a)

Lignes I-2 // 3-4 et parallèles
au plan horizontal
(b)

Lignes I-2 // 3-4 et parallèles
au plan frontal
(c)

Lignes I-2 // 3-4 et obliques
à tous les plans
(d)

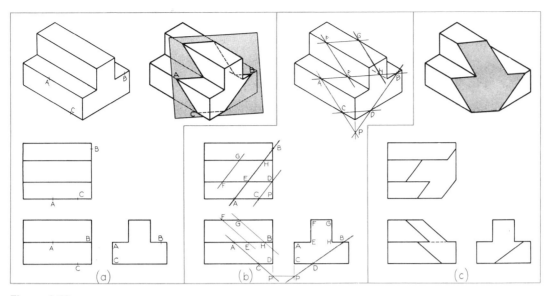

Figure 6.28 **Surface oblique**.

la vue de dessus, on trace DC parallèle à AB. Ensuite, dans la vue de face, on trace des parallèles à AC à partir de E et de H, qui sont déduits de leurs points correspondants dans la vue de dessus. Ces parallèles déterminent F et G. Comme vérification, le point d'intersection P des prolongements de AC et de BD, dans les vues de face et de droite, doit se trouver sur la même ligne de rappel, puisque AC et BD se coupent réellement dans l'espace.

6.26 Angles. Si un angle se trouve sur un plan normal, c'est-à-dire un plan parallèle à un des plans de projection principaux, il sera projeté en vraie grandeur sur le plan de projection qui lui est parallèle (figure 6.29.a). Le cas échéant (figures 6.29.b et 6.29.c), il sera projeté soit en plus petit soit en plus grand que sa vraie grandeur.

Dans le cas particulier d'un *angle droit*, celui-ci est projeté en 90°, même s'il n'est pas parallèle à un plan de projection (figure

Figure 6.29 **Angles**.

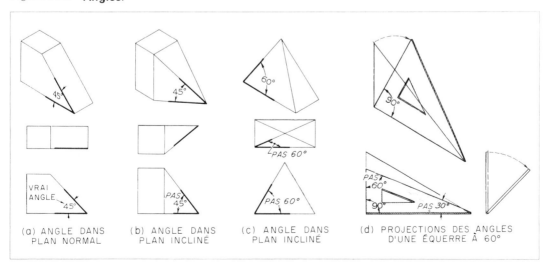

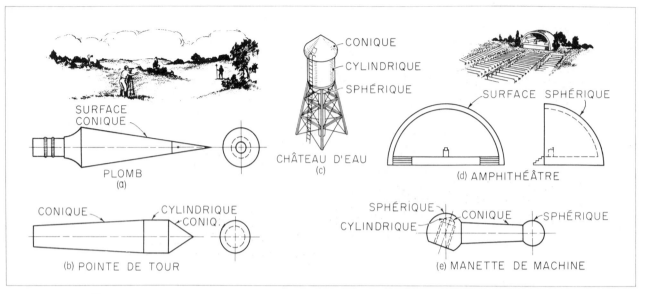

Figure 6.30 **Surfaces de révolution.**

6.29.d); il suffit que l'un des deux côtés de l'angle soit parallèle à ce plan. Utilisez une équerre à 60° pour mieux comprendre les projections des angles.

6.27 Surfaces de révolution. Les surfaces de révolution sont de pratique courante en ingénierie puisqu'elles peuvent être formées aisément sur les tours, sur les foreuses

ou sur les autres machines utilisant le principe de rotation soit de l'outil soit de l'ouvrage. Les surfaces les plus connues sont celles de formes cylindrique, conique et sphérique, dont quelques applications sont illustrées à la figure 6.30. (Pour d'autres exemples de surfaces géométriques, voir la figure 4.7.)

6.28 Surfaces cylindriques. La figure 6.31.a illustre trois vues d'un *cylindre circu-*

Figure 6.31 **Surfaces cylindriques.**

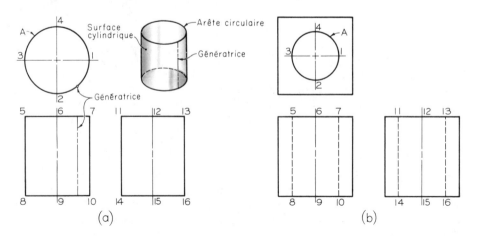

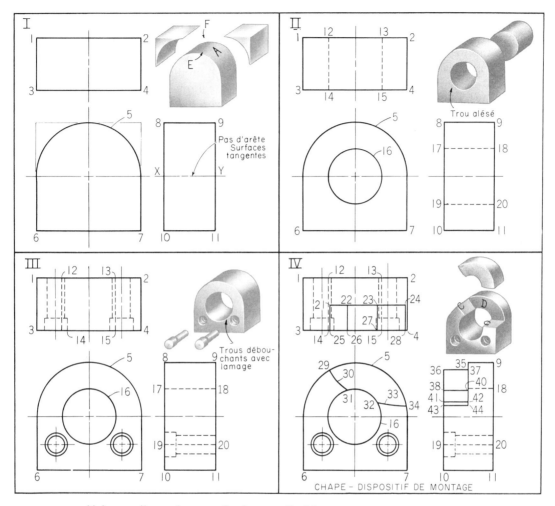

Figure 6.32 **Usinage d'une chape — Surfaces cylindriques.**

laire droit, la surface de révolution la plus courante. Il est limité par deux *bases circulaires* qui constituent les deux seules lignes réelles du cylindre.

Le cylindre est représenté sur le dessin par ses contours apparents et par ses bases. Les premiers sont des *génératrices*, c'est-à-dire des lignes droites imaginaires parallèles à l'axe du cylindre. Par exemple, le contour apparent 7-10 est une génératrice qui est vue seulement comme le point 1 dans la vue de dessus et il correspond à la ligne imaginaire 12-15 dans la vue de droite.

La figure 6.32 illustre les quatre étapes de l'usinage d'un dispositif de centrage qui comporte plusieurs surfaces cylindriques. Il s'agit de la surface A en I, la surface du trou circulaire en II, la surface des deux trous avec lamage en III et la surface C en IV. Dans tous les cas, ces surfaces apparaissent comme un cercle ou un arc de cercle, dans une vue, et comme des rectangles, dans les deux autres vues.

6.29 **Cylindres tronqués.** Il arrive fréquemment qu'un cylindre soit modifié par d'autres surfaces, le plus souvent par des plans. La figure 6.33 en fournit quelques exemples.

179

En (a), la coupe exécutée sur le cylindre introduit deux surfaces planes[4] qui sont facilement reconnues par les profils 15-16 et 13-16 dans la vue de droite. La distance de la ligne 3-4 au centre du cercle est égale à 13-E. En (b), les coupes introduisent quatre surfaces planes dont les profils, dans la vue de droite, sont 23-24, 24-21, 21-22 et 22-19. La distance entre 5-6 et 7-8 est égale à 21-22 tandis que la largeur 9-10 est la même que 5-6. En (c), une coupe horizontale pratiquée sur deux cylindres concentriques introduit une surface plane de forme en T dans la vue de dessus. Notez que la ligne 8-9 est cachée, car elle représente la partie inférieure de l'arc 22. Les largeurs 2-3 et 14-15 sont respectivement égales à 17-20 et à 18-19.

[4] La facette 6-7-10-9 est appelée techniquement *méplat* ou *plat*.

6.30 Cylindres et ellipses. Si un cylindre est tronqué par un plan incliné, tel que celui illustré à la figure 6.34.a, la surface inclinée est limitée par une ellipse. Celle-ci apparaît comme le cercle 1 dans la vue de dessus, comme la droite 2-3 dans la vue de face et comme l'ellipse ADBC dans la vue de droite. Notez que, quelle que soit l'inclinaison du plan de coupe (voir les lignes discontinues), l'ellipse est toujours vue de dessus comme le vrai cercle 1. Pour déterminer la vraie grandeur de l'ellipse, il faut utiliser une vue auxiliaire (section 8.12).

Les axes AB et CD de l'ellipse étant connus, on peut tracer celle-ci à l'aide d'un gabarit (figure 4.55) ou en appliquant une des méthodes illustrées aux figures 4.48 à 4.50 et 4.52.a.

Si le cylindre est penché vers l'avant (figure 6.34.b), ses bases 1-2 et 3-4 seront vues com-

Figure 6.33 Cylindres tronqués.

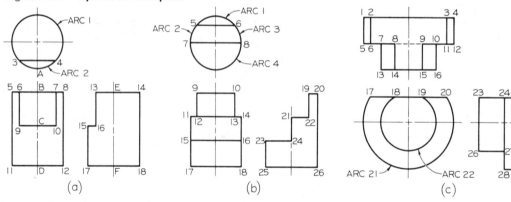

Figure 6.34 Cylindres et ellipses.

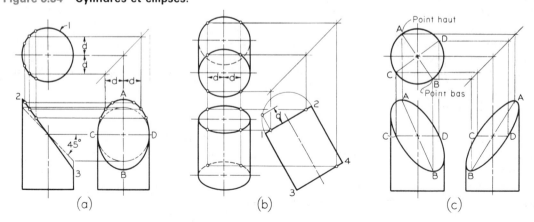

me des ellipses dans les vues de dessus et de face. Les points des ellipses peuvent être déterminés à partir de la vue en bout d'une extrémité du cylindre (illustrée comme un demi-cercle sur le dessin); les distances d de la vue de droite sont reportées à la vue de dessus. Les méthodes citées ci-dessus peuvent aussi être utilisées.

Si le cylindre est coupé par un plan oblique (figure 6.34.c), la face elliptique apparaîtra comme des ellipses dans deux des vues. Dans la vue de dessus, les points A et B sont connus et représentent respectivement le point haut et le point bas de l'ellipse dans l'espace. Tracez CD perpendiculaire au diamètre AB. AB et CD sont respectivement les projections du grand axe et du petit axe de l'ellipse réelle dans l'espace. Dans la vue de face, les élévations de A et de B sont connues au préalable, CD est nécessairement horizontal, car il est projeté en vraie grandeur, comme le petit axe de l'ellipse réelle, dans la vue de dessus. Les axes AB et CD dans les vues de face et de droite sont les *axes conjugués* des ellipses et ils ne sont pas des axes de symétrie. Pour tracer les ellipses, utilisez les méthodes déjà citées.

Figure 6.35 **Tracé d'une courbe elliptique.**

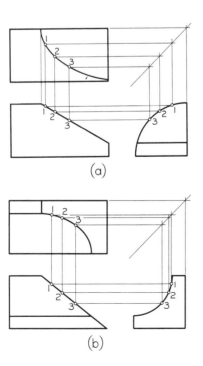

(a)

(b)

La figure 6.35 illustre l'intersection d'un plan incliné et d'une moulure quart-de-rond (a) ainsi que celle d'un plan incliné et d'un cavet (b). Dans chaque cas, il suffit de déterminer les points, choisis au hasard sur les vues de face et de droite, et de les relier ensuite à l'aide d'un pistolet (section 2.59).

6.31 Courbes planes. Les vues d'une courbe plane sont déterminées, point par point, par projection des points connus. A la figure 6.36, les vues de droite et de dessus sont données. On choisit, au hasard, les points 1, 2, 3, . . . dans la vue de dessus et on les projette sur la vue de droite (ou inversement). Ensuite, les points 1, 2, 3, . . . de la courbe dans la vue de face sont construits à l'aide de projections verticales à partir de la vue de dessus à l'aide de projections horizontales à partir de la vue de droite. Ces points sont reliés finalement à l'aide d'un pistolet (section 2.59).

6.32 Intersections et tangences des surfaces. Quand une surface courbe est tangente à une surface plane (figure 6.37.a), on ne peut pas représenter le lieu de tangence par une ligne. Par contre, quand une surface courbe coupe une surface plane (figure

Figure 6.36 **Tracé d'une courbe plane.**

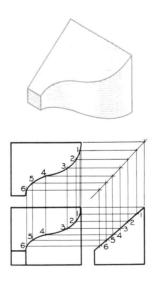

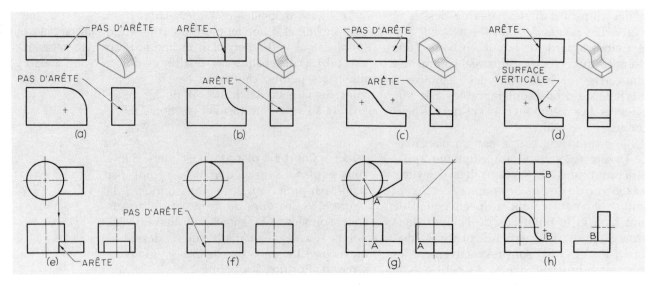

Figure 6.37   Intersections et tangences.

6.37.b), il existe une arête bien définie. Si les surfaces sont disposées comme celles à la figure 6.37.c, il n'y a qu'une seule arête dans la vue de droite. A la figure 6.37.d, l'arête dans la vue de dessus représente le contour apparent de la surface verticale. Les figures 6.37.e à 6.37.h fournissent d'autres exemples des intersections et des tangences possibles entre deux surfaces.

Différentes intersections entre deux cylindres sont illustrées à la figure 6.38. En (a), l'intersection est tellement petite qu'il n'est pas nécessaire de tracer une vraie courbe; une ligne droite suffit. En (b), l'intersection est un peu plus grande mais elle ne justifie pas encore la construction d'une courbe réelle. Dans ce cas, on trace symboliquement un arc de cercle dont le rayon r est égal au rayon R du grand cylindre. En (c), on trace

la courbe réelle d'intersection en projetant un nombre suffisant de points choisis dans les vues de dessus et de droite. En (d), les deux cylindres ont le même diamètre et leurs intersections sont deux demi-ellipses qui apparaissent comme deux droites dans la vue de face.

Si les cylindres sont des trous, leurs intersections sont semblables à celles représentées à la figure 6.38. (Voir aussi la figure 7.34.d.)

A la figure 6.39.a, un prisme mince rencontre un cylindre. La courbe d'intersection est négligeable de sorte que l'on n'en tient pas compte, ce qui n'est pas le cas de la situation illustrée en (b). De la même façon, il n'est pas nécessaire de tracer la vraie courbe d'intersection d'une rainure de clavetage (c) ou d'un petit trou (d).

Figure 6.38   Intersections de cylindres.

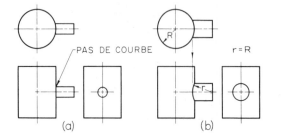
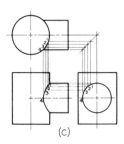
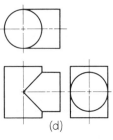

182

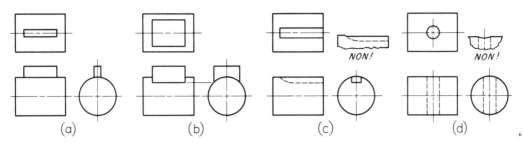

Figure 6.39 **Intersections.**

6.33 **Représentation des trous.** Les méthodes correctes de représentation des types les plus usuels de trous usinés sont illustrées à la figure 6.40. Les directives à l'intention des techniciens sont données sous forme de notes et le dessinateur trace ces trous conformément à ces spécifications. En général, les notes indiquent au technicien quoi faire et dans quel ordre. La grandeur d'un trou est toujours identifié par son *diamètre* et jamais par son rayon. Pour chaque opération particulière, on indique tout d'abord le diamètre, vient ensuite la méthode telle que perçage, lamage, etc. (figures 6.40.a et 6.40.b).

On peut spécifier la grandeur d'un trou uniquement par son diamètre, sans faire mention de la méthode d'usinage, ce qui permet de la choisir en fonction des procédés de fabrication disponibles. (Voir les figures 6.40.h à 6.40.j.)

Un trou est dit *borgne* (figure 6.40.a) s'il ne débouche qu'à une seule extrémité. La profondeur du trou correspond à la partie cylindrique seulement. Le fond conique, laissé par la pointe du foret, est représenté schématiquement par un triangle isocèle à 30°. Les dimensions des forests standard sont fournies à l'appendice 5.

La figure 6.40.b représente un trou qui débouche aux deux extrémités. La note indique la méthode d'usinage — dans ce cas-ci, c'est l'alésage. Notez qu'on fait abstraction des tolérances.

A la figure 6.40.c, le trou est agrandi dans la partie supérieure à un diamètre et à une profondeur spécifiques. Il s'agit d'un *lamage* qui sert à « noyer » un élément de pièce telle qu'une tête de boulon.

A la figure 6.40.d, l'orifice du trou est évasé en forme de cône caractérisé par un diamètre et un angle spécifiques. Il s'agit d'une *fraisure* qui sert généralement à « noyer » une tête de vis. L'angle d'une fraisure est habituellement de 82°. Par commodité, on dessine un angle de 90°.

A la figure 6.40.e, l'orifice supérieur du trou est agrandi à un diamètre spécifique; c'est un *lamage de diamètre normal* ou *lamage*, qui est destiné à obtenir une surface d'appui. En général, la profondeur n'est pas indiquée, laissant le soin au technicien de la déterminer. On dessine habituellement cette profondeur à 1,5 mm (¹/₁₆ po.).

6.34 **Congés et arrondis.** Un *congé* est une surface à section circulaire partielle destinée à raccorder deux surfaces formant un angle rentrant. Un *arrondi* est une surface à section circulaire partielle destinée à supprimer une arête vive (figure 6.41.a). Les arêtes, intérieures ou extérieures, sont non seulement difficiles à usiner, mais aussi une cause de rupture des pièces mécaniques.

Deux surfaces brutes qui se rencontrent forment un arrondi (figure 6.41.b). Si l'une des surfaces (c) ou toutes les deux (d) sont usinées, l'arête devient vive. Ainsi, sur un dessin, un arrondi indique généralement que les surfaces qui se rencontrent sont brutes tandis qu'une arête vive indique qu'au moins une des deux surfaces est usinée.

183

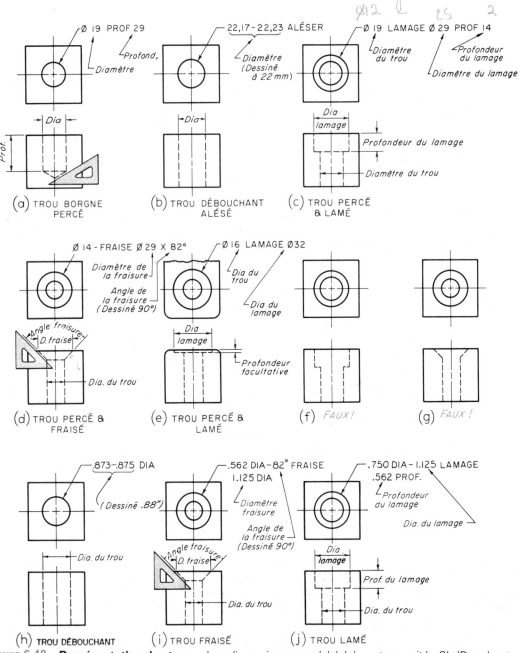

Figure 6.40 **Représentation des trous.** Les dimensions pour (a) à (e) sont en unités SI. (Pour les trous taraudés, voir la section 11.24.)

Figure 6.41 **Surfaces brutes et surfaces usinées.**

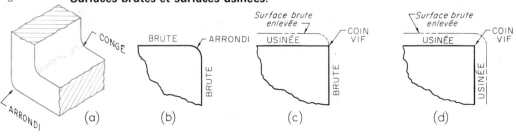

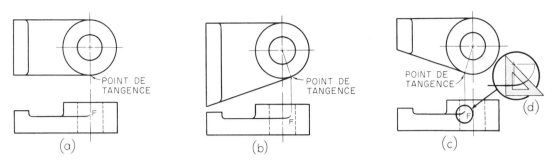

Figure 6.42 **Représentations des congés aux points de tangence.**

Les congés et les arrondis, dont les rayons sont plus petits que 3 mm (¹/₈ po.), peuvent être dessinés soigneusement à main levée ou à l'aide d'un gabarit. Dans le cas de rayons plus grands, on peut aussi utiliser un compas à balustre.

6.35 **Représentations de congés et d'arrondis.** La méthode conventionnelle pour représenter les congés, en relation avec des surfaces tangentes les unes aux autres, est illustrée à la figure 6.42. Le congé cylindrique se termine au point de tangence F. Notez surtout la petite courbe de raccordement, qui a approximativement le même rayon que celui du congé et une longueur d'environ un huitième de cercle (d).

D'autres intersections types de congés et d'arrondis sont présentées à la figure 6.43.

Figure 6.43 **Représentations conventionnelles des congés, des arrondis et des surfaces tangentes.**

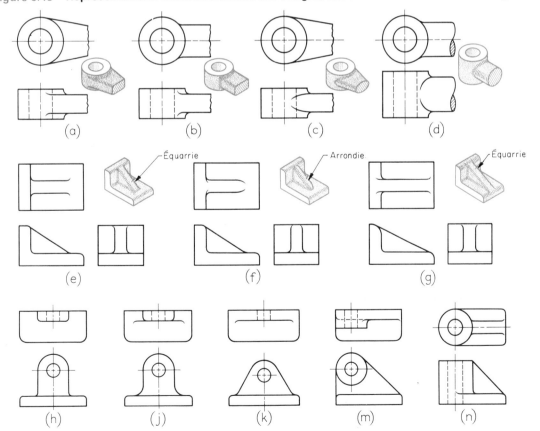

Les petites courbes de raccordement de (a) à (d) diffèrent les unes des autres à cause de la forme du bras horizontal. Ces courbes ne sont pas les mêmes en (e) et en (f), parce que la nervure en (e) est équarrie de façon à ce que les arêtes soient légèrement arrondis tandis qu'elle est considérablement arrondie en (f). Lorsque deux congés, ou arrondis, de rayons différents se rencontrent (figures 6.43.g et 6.43.j), la direction de la courbe de raccordement est commandée par celui qui possède le plus grand rayon.

6.36 Arêtes et contours fictifs. Les congés et les arrondis éliminent les arêtes vives et rendent parfois la représentation graphique moins claire. En effet, dans certains cas, la représentation exacte devient confuse, telle que la vue de droite du rail illustré à la figure 6.44.a. Dans la représentation conventionnelle, (b) et (c), on ajoute des *arêtes fictives*. Pour déterminer la position d'une arête fictive, on supprime mentalement l'arrondi, ou le congé, que l'on remplace

par l'angle saillant formé par les surfaces concourantes. On ne représente pas une arête fictive si elle est cachée.

D'autres exemples d'arêtes fictives sont présentés à la figure 6.45.

6.37 Pièces symétriques. Dans l'industrie, plusieurs pièces mécaniques sont placées dans des positions symétriques et fonctionnent en paires. Souvent, elles sont identiques, telles que les enjoliveurs des roues gauche et droite d'une automobile; mais il arrive aussi qu'elles ne le soient pas, telles que les ailes gauche et droite d'une automobile. Dans ce cas, les pièces symétriques ne sont pas interchangeables tout comme les souliers d'une même paire ou comme les deux pièces illustrées à la figure 6.46.a. Ici, on observe qu'une pièce est « l'image » de l'autre. La pièce de gauche est identifiée par PG et celle de droite par PD. Le plan de PG (b) est symétrique à celui de PD (c).

Dans la plupart des cas, on ne dessine qu'une seule des deux pièces symétriques et

Figure 6.44 Représentation conventionnelle d'un rail.

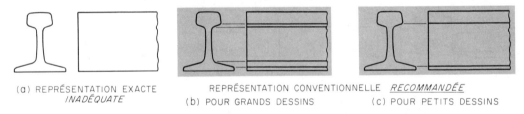

(a) REPRÉSENTATION EXACTE *INADÉQUATE*

REPRÉSENTATION CONVENTIONNELLE *RECOMMANDÉE*
(b) POUR GRANDS DESSINS   (c) POUR PETITS DESSINS

Figure 6.45 Représentations conventionnelles des arêtes fictives.

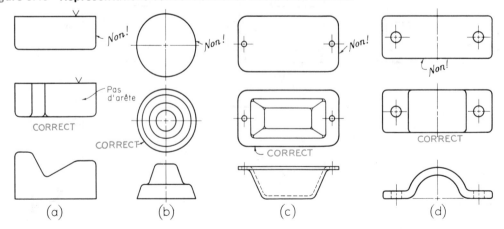

(a)   (b)   (c)   (d)

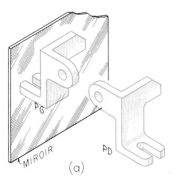

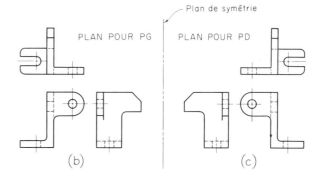

Figure 6.46   **Pièces symétriques.**

on ajoute la note suivante sur le dessin: PIÈCE GAUCHE ILLUSTRÉE, PIÈCE DROITE SYMÉTRIQUE. Si la forme de la pièce symétrique n'est pas claire, il est préférable d'en faire le dessin.

6.38   Méthode de projection européenne. Les trois plans de projection principaux — frontal, horizontal et de profil — divisent l'espace en quatre *dièdres* qui sont identifiés comme *premier, deuxième, troisième* et *quatrième dièdres* (figure 6.47.a). Si l'objet est placé au-dessous du plan horizontal et en arrière du plan frontal (voir la figure 6.3), il se trouve dans le troisième dièdre et la représentation orghogonale correspondante de l'objet est obtenue par la *méthode de projection A*, aussi appelée *projection américaine* ou *projection du troisième dièdre* (figure 6.4). Dans ce cas, *le plan de projection se trouve toujours entre l'observateur et l'objet.*

Si l'objet est placé au-dessus du plan horizontal et en avant du plan frontal (figure 6.47.a), il est dans le premier dièdre. Dans ce cas, *l'objet se trouve entre l'observateur et le plan de projection.* En dépliant les plans de projection, on obtient la représentation orthogonale (b) où la vue de dessus se trouve au-dessous de la vue de face et où la vue de droite est à gauche de la vue de face. Cette méthode de projection est appelée *méthode de projection E*, ou *projection européenne* ou *projection du premier dièdre.*

La seule différence fondamentale entre les deux méthodes de représentation, A et E, est la disposition relative des différentes vues; les vues individuelles sont les mêmes dans les

Figure 6.47   **Méthode de projection européenne.**

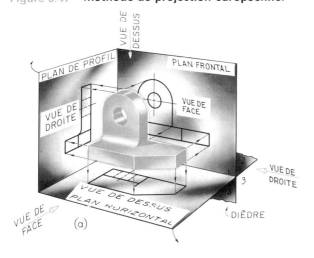

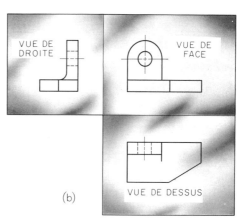

187

deux systèmes. Comparez les vues représentées aux figures 6.47.b et 6.5.b. La méthode employée est habituellement indiquée dans le cartouche, près de l'indication de l'échelle. Les symboles sont: ⊏⊐ ⊕ pour la méthode A, ⊐⊏ ⊕ pour la méthode E.

La méthode A est utilisée en Amérique du Nord et, dans une certaine mesure, en Angleterre, tandis que dans la plupart des autres pays, la méthode E est en usage. Cette méthode fut, à l'origine, employée partout dans le monde, incluant les États-Unis et le Canada, mais dans ces pays, elle fut abandonnée vers 1890. Actuellement, l'adoption par ISO d'une méthode unique n'a pas été possible à cause des habitudes déjà prises. La méthode A, utilisée exceptionnellement et fragmentairement en Europe dans les dessins de mécanique (vues particulières), offre des avantages indéniables.

6.39 Problèmes sur les projections à vues multiples. Les problèmes donnés dans les pages suivantes sont surtout destinés à l'entraînement du dessin aux instruments, mais les solutions peuvent être aussi faites à main levée sur du papier quadrillé ou sur du papier uni. Les dispositions illustrées aux figures 6.48 et 6.49 sont recommandées; le professeur peut quand même suggérer d'autres formats ou d'autres dispositions.

On peut exiger ou non que les cotes soient indiquées sur les dessins. Si oui, les étudiants doivent étudier les sections 10.1 à 10.25 portant sur la cotation. Dans les problèmes donnés, souvent il n'a pas été possible de placer les cotes aux endroits appropriés ou, occasionnellement, de les écrire suivant les conventions. Les étudiants doivent par conséquent s'attendre à déplacer les cotes aux bons endroits et à suivre les règles de la cotation expliquées au chapitre 10.

Dans le cas des problèmes compliqués, les étudiants auraient avantage à faire d'abord une esquisse de la solution afin d'obtenir l'approbation du professeur avant d'effectuer les dessins aux instruments.

Des problèmes supplémentaires sont fournis à la figure 8.29. Dessinez les vues de dessus plutôt que les vues auxiliaires.

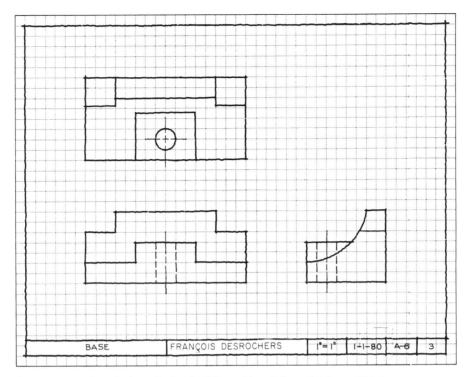

BASE | FRANÇOIS DESROCHERS | 1"=1" | 1-1-80 | A-6 | 3

Figure 6.48 **Dessin à main levée** (Disposition A-2 ou A4-2 modifiée).

Figure 6.49 **Dessin aux instruments** (Disposition A-3 ou A4-3 modifiée).

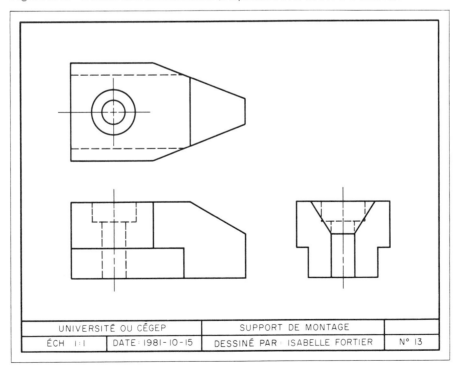

UNIVERSITÉ OU CÉGEP | SUPPORT DE MONTAGE |
ÉCH 1:1 | DATE: 1981-10-15 | DESSINÉ PAR : ISABELLE FORTIER | N° 13

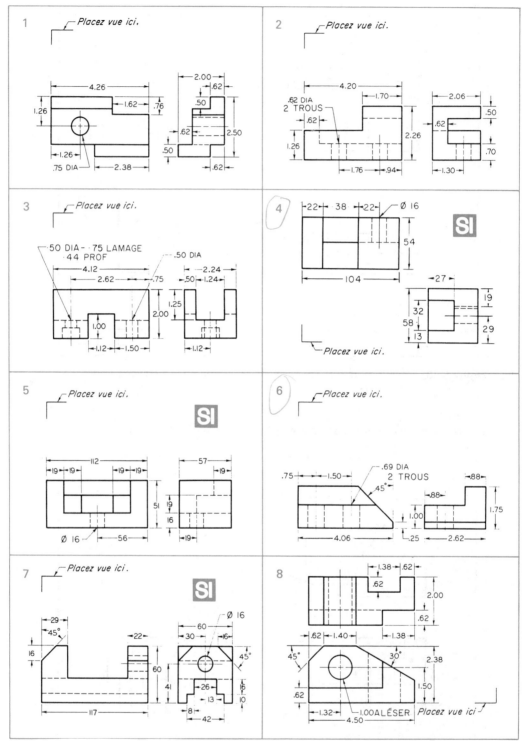

Figure 6.50 **Dessins à compléter.** Dessinez, soit à main levée soit aux instruments, les vues données suivant les dispositions A-2 ou A-3, ou les dispositions A4-2 ou A4-3 (modifiées). Ajoutez les vues demandées, telles qu'elles sont illustrées aux figures 6.48 et 6.49. Si les cotations sont exigées, étudiez, au préalable, les sections 10.1 à 10.25. Écrivez les cotes mal placées aux meilleurs endroits possibles. Toutes les surfaces présentées dans les problèmes 1 à 5 sont des surfaces normales.

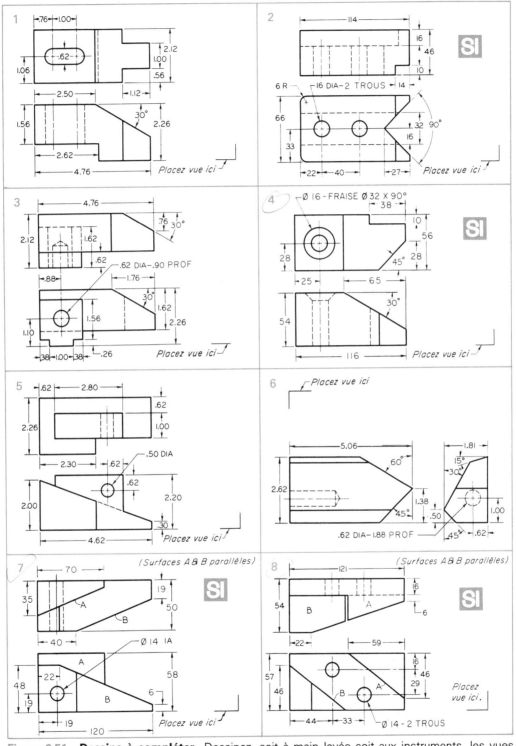

Figure 6.51 Dessins à compléter. Dessinez, soit à main levée soit aux instruments, les vues données suivant les dispositions A-2 ou A-3, ou les dispositions A4-2 ou A4-3 (modifiées). Ajoutez les vues demandées, telles qu'elles sont illustrées aux figures 6.48 et 6.49. Si les cotations sont exigées, étudiez, au préalable, les sections 10.1 à 10.25. Écrivez les cotes mal placées aux meilleurs endroits possibles.

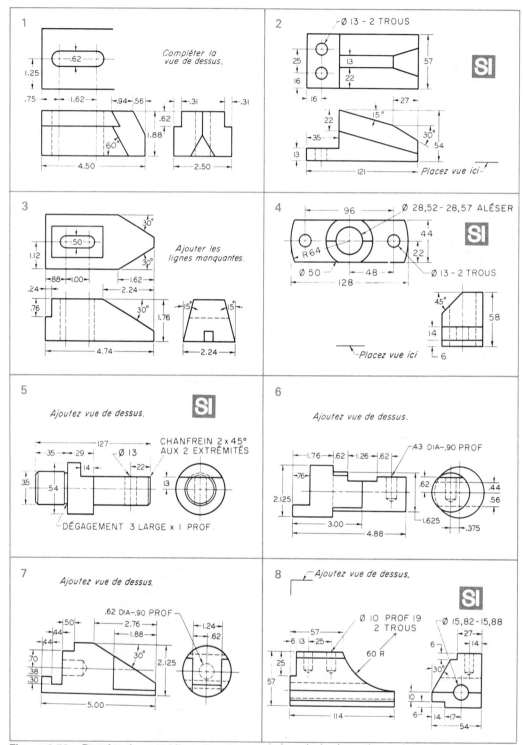

Figure 6.52 Dessins à compléter. Dessinez, soit à main levée, soit aux instruments, les vues données suivant les dispositions A-2 ou A-3, ou les dispositions A4-2 ou A4-3 (modifiées). Ajoutez les vues demandées, telles qu'elles sont illustrées aux figures 6.48 et 6.49. Si les cotations sont exigées, étudiez, au préalable, les sections 10.1 à 10.25. Écrivez les cotes mal placées aux meilleurs endroits possibles.

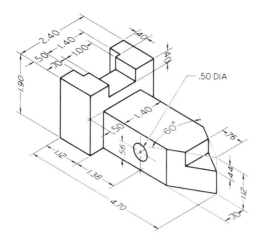

Figure 6.53 **Clef de sûreté**.

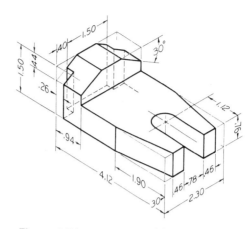

Figure 6.54 **Doigt de guidage**.

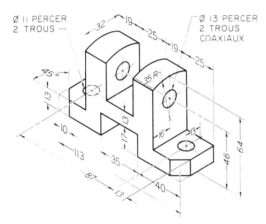

Figure 6.55 **Support de bielle**.

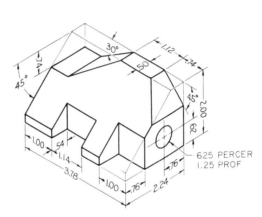

Figure 6.56 **Porte-outil**.

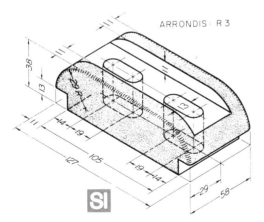

Figure 6.57 **Bride de serrage de poupée de tour**.

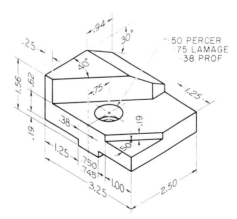

Figure 6.58 **Avance diviseur**.

Dessinez, aux instruments ou à main levée, les vues nécessaires à la représentation complète de chaque pièce. Utilisez la disposition A-3 ou la disposition A4-3 (modifiée). Si les cotations sont exigées, étudiez, au préalable, les sections 10.1 à 10.25.

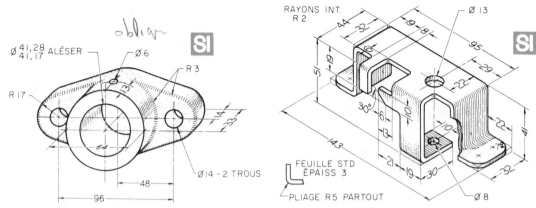

Figure 6.59 **Palier.**

Figure 6.60 **Pince de retenue.**

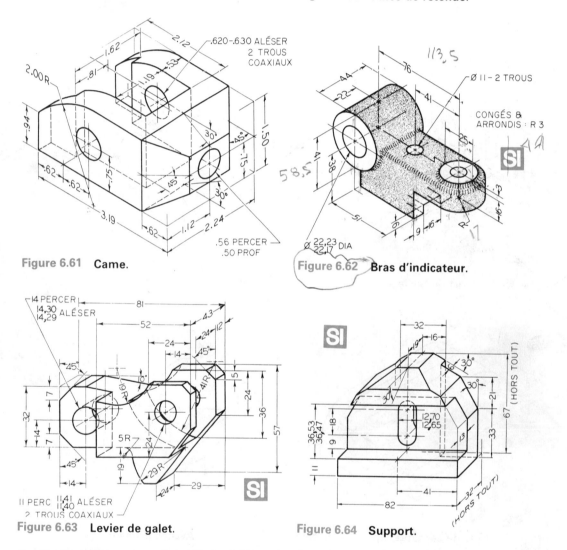

Figure 6.61 **Came.**

Figure 6.62 **Bras d'indicateur.**

Figure 6.63 **Levier de galet.**

Figure 6.64 **Support.**

Dessinez, aux instruments ou à main levée, les vues nécessaires à la représentation complète de chaque pièce. Utilisez la disposition A-3 ou la disposition A4-3 (modifiée). Si les cotations sont exigées, étudiez, au préalable, les sections 10.1 à 10.25.

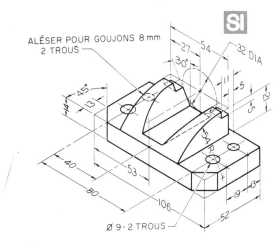

Figure 6.65 **Positionneur.**

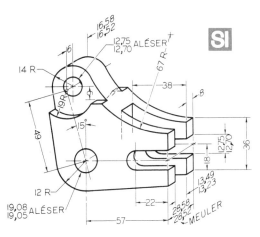

Figure 6.66 **Levier-bascule.**

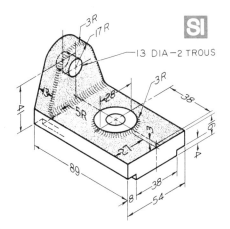

Figure 6.67 **Porte-obturateur.**

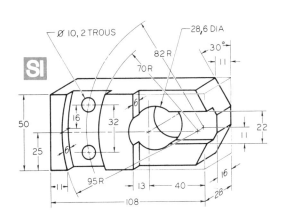

Figure 6.68 **Coulisseau diviseur.**

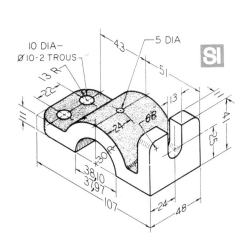

Figure 6.69 **Guide de châssis.**

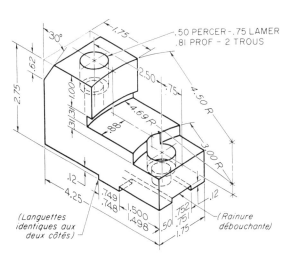

Figure 6.70 **Mâchoire de mandrin.**

Dessinez, aux instruments ou à main levée, les vues nécessaires à la représentation complète de chaque pièce. Utilisez la disposition A-3 ou la disposition A4-3 (modifiée). Si les cotations sont exigées, étudiez, au préalable, les sections 10.1 à 10.25.

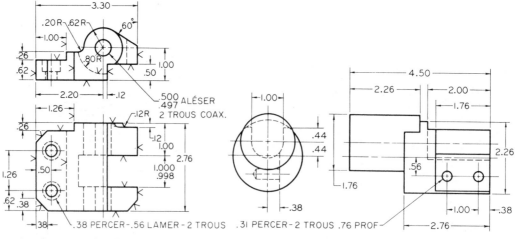

Données : vues de face & de dessous
Prob. : vues de face, de dessus & de droite

Figure 6.71   Console de gond.

Données : vues de face & de gauche
Prob. : vues de face, de dessus & de droite

Figure 6.72   Porte-outil.

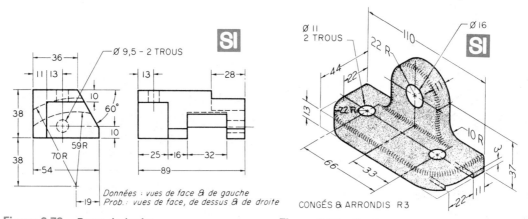

Données : vues de face & de gauche
Prob. : vues de face, de dessus & de droite

Figure 6.73   Base de levier.

CONGÉS & ARRONDIS R 3

Figure 6.74   Butée.

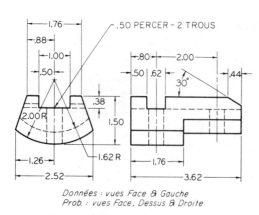

Données : vues Face & Gauche
Prob. : vues Face, Dessus & Droite

Figure 6.75   Came.

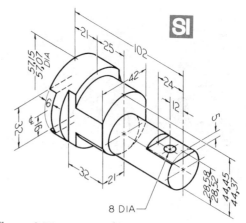

Figure 6.76   Axe excentrique.

Dessinez, aux instruments ou à main levée, les vues nécessaires à la représentation complète de chaque pièce. Utilisez la disposition A-3 ou la disposition A4-3 (modifiée). Si les cotations sont exigées, étudiez, au préalable, les sections 10.1 à 10.25.

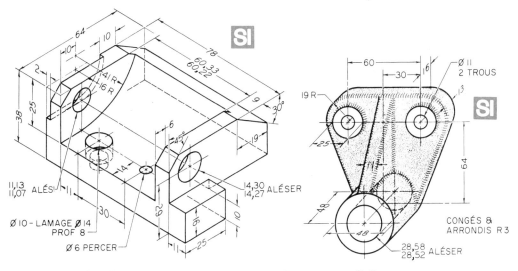

Figure 6.77 **Gond.**

Figure 6.78 **Palier.**

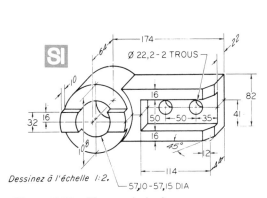

Figure 6.79 **Moyeu de levier.**

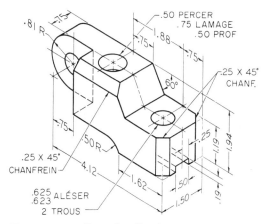

Figure 6.80 **Bras de vibrateur.**

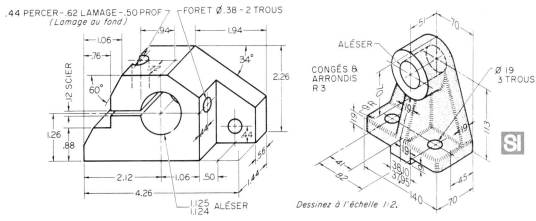

Figure 6.81 **Levier d'embrayage.**

Figure 6.82 **Support de palier.**

Dessinez, aux instruments ou à main levée, les vues nécessaires à la représentation complète de chaque pièce. Utilisez la disposition A-3 ou la disposition A4-3 (modifiée). Si les cotations sont exigées, étudiez, au préalable, les sections 10.1 à 10.25.

197

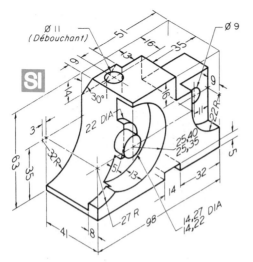

Figure 6.83 **Porte-outil.**

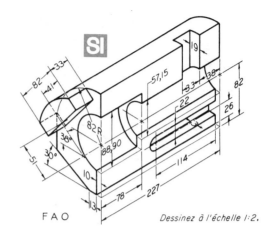

F A O   *Dessinez à l'échelle 1:2.*

Figure 6.84 **Bloc de commande.**

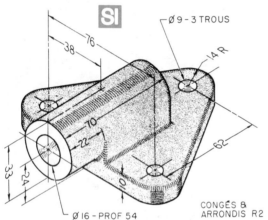

Figure 6.85 **Palier.**

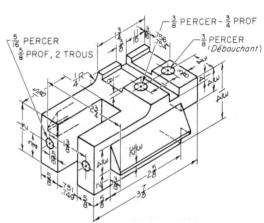

Figure 6.86 **Porte-outil.**

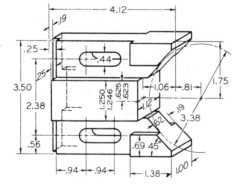

Figure 6.87 **Bloc en V.**

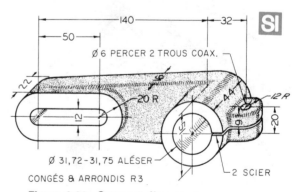

Figure 6.88 **Support d'ancrage.**

Dessinez, aux instruments ou à main levée, les vues nécessaires à la représentation complète de chaque pièce. Utilisez la disposition A-3 ou la disposition A4-3 (modifiée). Si les cotations sont exigées, étudiez, au préalable, les sections 10.1 à 10.25.

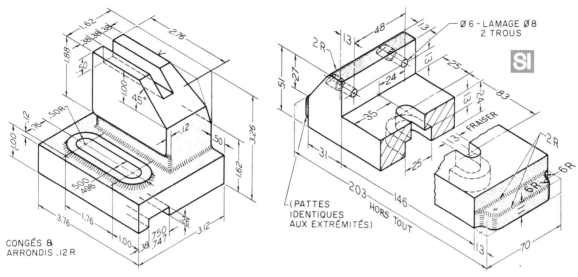

Figure 6.89 **Appui de porte.**

CONGÉS &
ARRONDIS .12 R

Figure 6.90 **Base d'étau.**

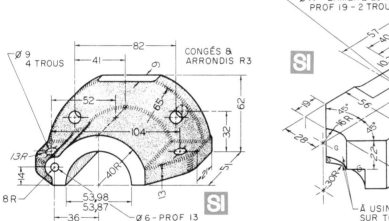

Figure 6.91 **Chapeau anti-poussière.**

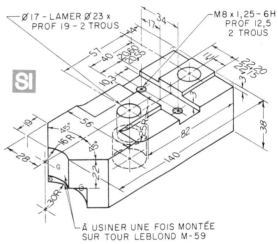

Figure 6.92 **Mâchoire de serrage.**

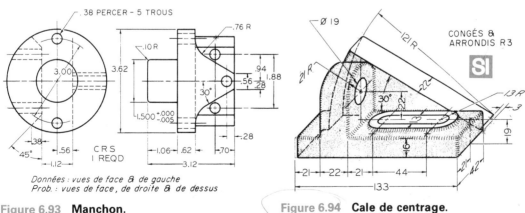

Données : vues de face & de gauche
Prob. : vues de face, de droite & de dessus

Figure 6.93 **Manchon.**

Figure 6.94 **Cale de centrage.**

Dessinez, aux instruments ou à main levée, les vues nécessaires à la représentation complète de chaque pièce. Utilisez la disposition A-3 ou la disposition A4-3 (modifiée). Si les cotations sont exigées, étudiez, au préalable, les sections 10.1 à 10.25.

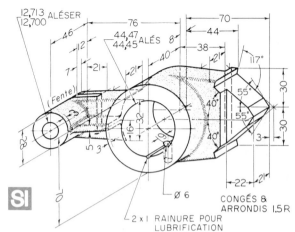

Figure 6.95 Levier d'interrupteur. (Disposition B-3 ou A3-3).

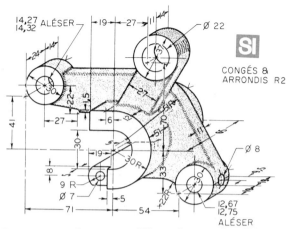

Figure 6.96 Support — Pièce de gauche (Disposition B-4 ou A3-4).

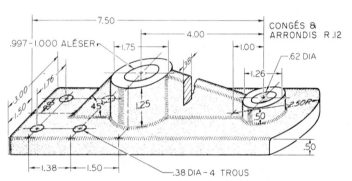

Figure 6.97 Base (Disposition B-3 ou A3-3).

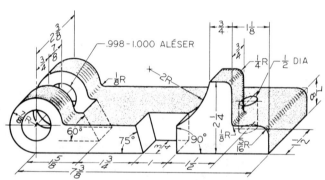

Figure 6.98 Base (Disposition B-3 ou A3-3).

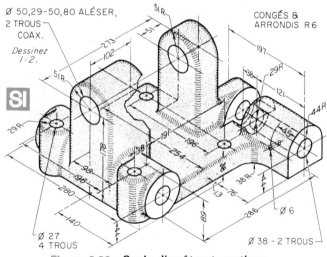

Figure 6.99 Socle d'arrêt automatique (Disposition C-3 ou A2-3).

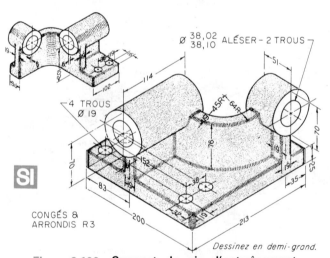

Figure 6.100 Support de vis d'entraînement (Disposition C-3 ou A2-3).

Dessinez, aux instruments ou à main levée, les vues nécessaires à la représentation complète de chaque pièce suivant les dispositions indiquées. Si les cotations sont exigées, étudiez, au préalable, les sections 10.1 à 10.25.

200

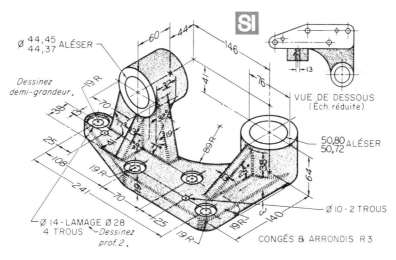

Figure 6.101 **Support de levier** (Disposition C-3 ou A2-3).

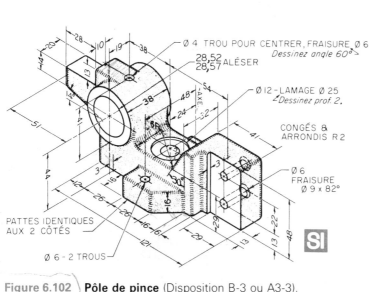

Figure 6.102 **Pôle de pince** (Disposition B-3 ou A3-3).

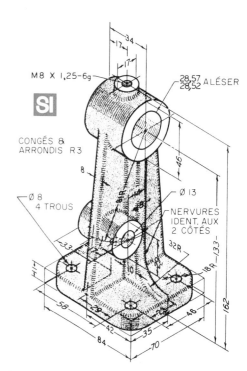

Figure 6.103 **Support de palier** (Disposition B-3 ou A3-3). Pour les filets, voir les sections 13.9 et 13.10.

Dessinez, aux instruments ou à main levée, les vues nécessaires à la représentation complète de chaque pièce. Si les cotations sont exigées, étudiez, au préalable, les sections 10.1 à 10.25.

201

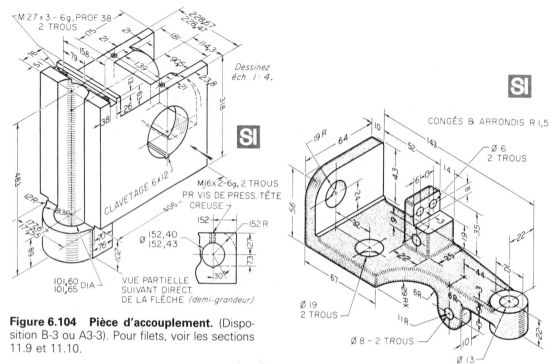

Figure 6.104 Pièce d'accouplement. (Disposition B-3 ou A3-3). Pour filets, voir les sections 11.9 et 11.10.

Figure 6.105 Support de montage (Disposition B-3 ou A3-3).

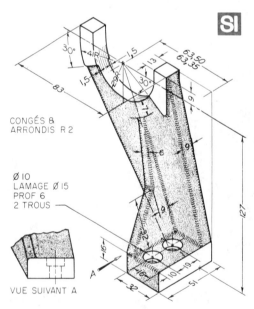

Figure 6.106 Fourchette de désembrayage — Pièce gauche (Disposition B-3 ou A3-3).

Dessinez, aux instruments ou à main levée, les vues nécessaires à la représentation complète de chaque pièce suivant les dispositions indiquées. Si les cotations sont exigées, étudiez, au préalable, les sections 10.1 à 10.25.

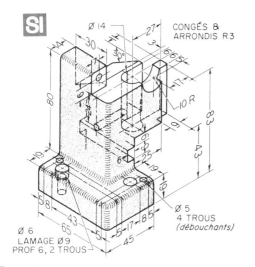

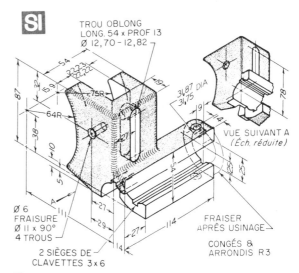

Figure 6.107 Support pour le mécanisme de changement de vitesse (Disposition C-4).

Figure 6.108 Support.

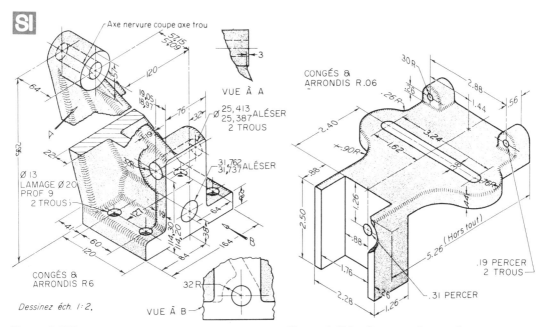

Figure 6.109 Socle d'éjecteur.

Figure 6.110 Support de traction.

Dessinez, aux instruments ou à main levée, les vues nécessaires à la représentation complète de chaque pièce. Utilisez la disposition C-4 ou A2-4. Si les cotations sont exigées, étudiez, au préalable, les sections 10.1 à 10.25.

203

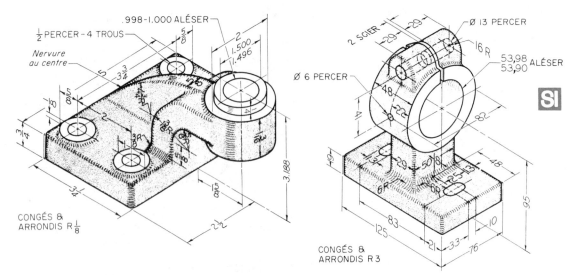

Figure 6.111 **Palier à axe déporté** (Disposition C-4 ou A2-4).

Figure 6.112 **Guide** (Disposition C-4 ou A2-4).

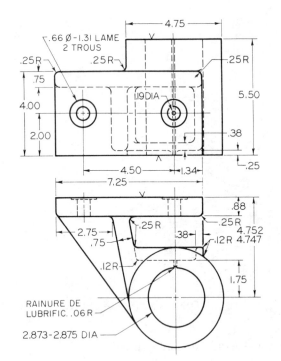

Figure 6.113 **Support d'arbre.**
Données: Vues de face et de dessus.
Problème: Vues de face, de dessus et de droite en demi-grandeur (Disposition B-3 ou A3-3).

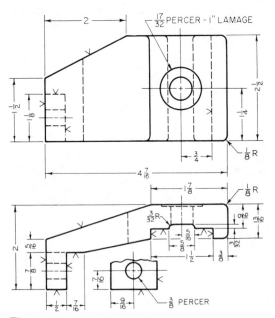

Figure 6.114 **Levier coulissant.**
Données: Vues de face, de dessus et partielle.
Problème: Vues de face, de dessus et de gauche (Disposition B-3 ou A3-3).

Dessinez, aux instruments ou à main levée, les vues nécessaires ou les vues demandées. Si les cotations sont exigées, étudiez, au préalable, les sections 10.1 à 10.25.

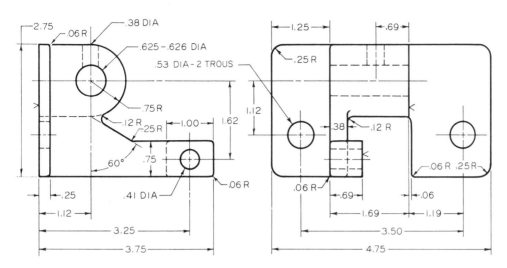

Figure 6.115 Palier.
Données: Vues de face et de gauche.
Problème: En prenant la vue de face donnée comme la vue de dessus, dessinez, aux instruments ou à main levée, les vues de dessus, de face et de droite (Disposition B-3 ou A3-3). Si les cotations sont exigées, étudiez, au préalable, les sections 10.1 à 10.25.

Figure 6.116 Support horizontal pour une machine à brocher.
Données: Vues de face et de dessus.
Problème: En prenant la vue de dessus donnée comme une vue de face, dessinez, aux instruments ou à main levée, les vues de face, de dessus et de gauche (Disposition C-4 ou A2-4). Si les cotations sont exigées, étudiez, au préalable, les sections 10.1 à 10.25.

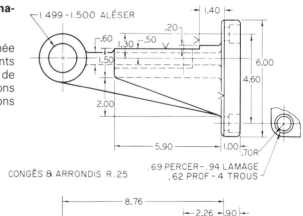

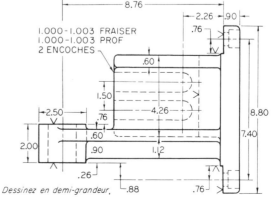

205

7

coupes et sections

7.1 Coupes et sections.[1] Les dessins à vues multiples, tels qu'ils ont été expliqués aux deux chapitres précédents, fournissent la représentation complète d'un objet. Les détails vus sont représentés par des traits continus et les détails cachés, par des traits interrompus. Or, les pièces mécaniques, que l'on doit dessiner, sont souvent évidées; les traits interrompus qui représentent les formes intérieures les définissent peu clairement, car ils appartiennent à des plans successifs qui se superposent naturellement en projection.

Afin de rendre les détails intérieurs d'une pièce visibles à l'observateur, de mettre en évidence les épaisseurs de matière et de donner plus de lisibilité au dessin, on ouvre la pièce dans un plan bien déterminé qui la traverse et qui en sélectionne une partie intéressante, de la même façon qu'on coupe une pomme ou un melon. La vue représentant cette partie est appelée *vue en coupe* ou, plus simplement, *coupe*. La coupe représente donc un *volume*, c'est-à-dire la portion de la pièce située en arrière du plan sécant.

Dans certains cas, les détails situés *sur* le plan sécant fournissent à eux seuls les renseignements recherchés, de sorte qu'il est inutile de considérer le reste de la pièce. La vue obtenue est appelée *section*, et elle représente une *surface*, c'est-à-dire *uniquement* la zone intérieure située dans le plan sécant.

D'une façon plus précise, comme l'illustre la figure 7.1, une coupe représente, par rapport à la direction d'observation choisie,

[1] Voir ANSI Y14.2-1973, ANSI 14.3-1975 et ACNOR B-78.1.

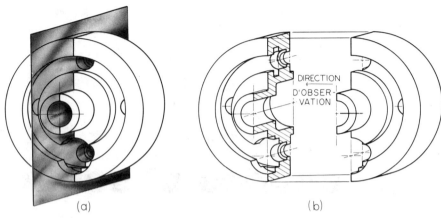

(a)　　　　　　　　　　(b)

Figure 7.1　Principe d'une coupe.

toute la moitié gauche de la pièce tandis qu'une section ne représente que la surface hachurée située dans le plan sécant. La moitié droite de la pièce est enlevée mentalement pour ces fins.

7.2　Coupes complètes.

Lorsque le plan sécant, *plan de coupe*, passe à travers toute la pièce, la vue en coupe obtenue est appelée *coupe complète* (figure 7.2.c). L'avantage, en ce qui concerne la lisibilité, de cette vue sur la vue ordinaire (a) est clairement illustré à la figure 7.2. Naturellement, la vue (a) devient inutile et on la supprime.

La façon de procéder pour exécuter une coupe est la suivante (voir la figure 7.2).

I. Choisissez un plan de coupe parallèle à l'un des plans de projection. Ce plan passe souvent par un axe de la pièce.

II. Identifiez le plan de coupe à l'aide d'une double lettre majuscule; faites-le apparaître comme une *droite* (A-A) sur une vue autre que celle de la coupe. Marquez la *trace du plan de coupe* en trait extra-gras (voir la convention appropriée à la figure 2.15 et à la section 7.5). Chaque extrémité est accompagnée d'une flèche donnant le sens d'observation. Lorsque la position du plan de coupe est évidente, sa trace peut être omise. Elle

Figure 7.2　Coupe complète.

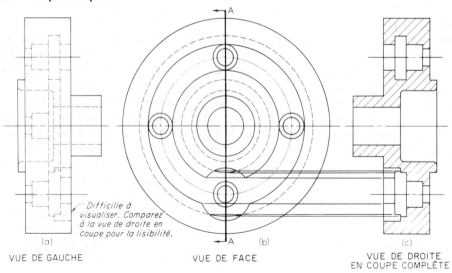

Difficile à visualiser. Comparez à la vue de droite en coupe pour la lisibilité.

(a)　　　　　　　　　　(b)　　　　　　　　　　(c)

VUE DE GAUCHE　　　　VUE DE FACE　　　　VUE DE DROITE
EN COUPE COMPLÈTE

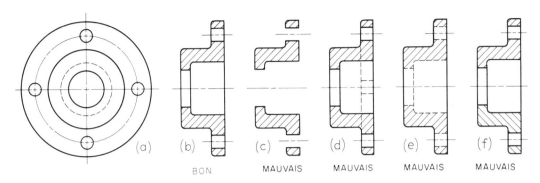

Figure 7.3 **Traits dans une coupe.**

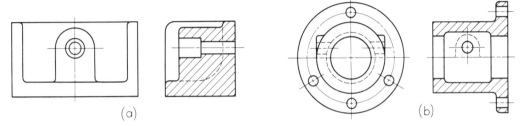

Figure 7.4 **Cas où il faut représenter les lignes cachées.**

est dessinée, à la figure 7.2, pour fins d'illustration seulement. Dans les autres cas, tels que ceux illustrés aux figures 7.21, 7.22, 7.24 et 7.25, il faut dessiner les traces des plans de coupe.

III. Enlevez *mentalement* la partie de la pièce située *entre le plan de coupe et l'observateur*.

IV. Dessinez, *uniquement sur la vue en coupe*, la partie de la pièce qui reste en arrière du plan de coupe. Sur les vues non coupées, la pièce est dessinée en entier.

V. Faites apparaître, sur la vue en coupe, les épaisseurs de matière coupée en les couvrant de hachures fines (voir la figure 2.15 et la section 7.4).

7.3 Traits dans une vue en coupe. Les figures 7.3.a et 7.3.b représentent correctement la vue de face et la vue en coupe d'une pièce. *En général, toutes les arêtes et les contours visibles qui se trouvent en arrière du plan de coupe doivent être dessinés*, sinon une coupe apparaîtra comme une section composée de surfaces séparées (figure 7.3.c). Cependant, certaines de ces lignes peuvent occasionnelle-

ment être omises, si elles n'ajoutent rien à la clarté du dessin.

Par convention, les lignes des détails cachés dans une vue en coupe sont généralement omises. Comme l'illustre la figure 7.3.d, les lignes cachées rendent le dessin confus sans mieux le définir. Parfois, il est nécessaire de dessiner certaines lignes cachées pour clarifier le dessin (figure 7.4) ou pour indiquer les cotes.

Une surface couverte de hachures est toujours limitée par des contours visibles et jamais par des lignes cachées comme à la figure 7.3.c, puisqu'elle se trouve directement sur le plan de coupe. Aussi, une ligne vue ne traverse jamais une surface hachurée.

Dans une vue en coupe, les hachures d'une même pièce, isolée ou faisant partie d'un assemblage, doivent être identiques et non pas comme celles à la figure 7.3.d.

7.4 Hachures. Pour identifier et différencier les principaux matériaux, il existe des hachures normalisées (figure 7.5). Cependant, l'éventail des matériaux de fabrication s'élargit constamment de sorte qu'il est préférable d'utiliser, dans les dessins de fabri-

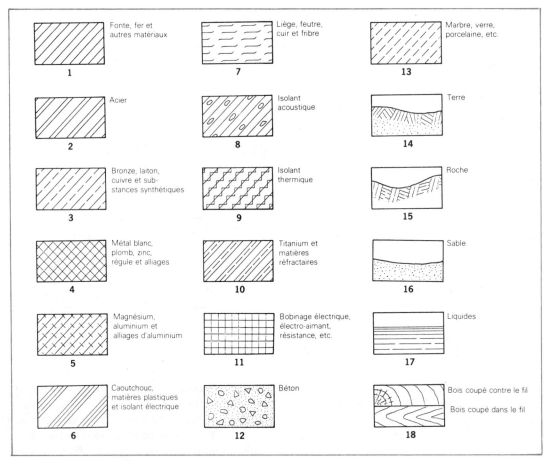

1 — Fonte, fer et autres matériaux
2 — Acier
3 — Bronze, laiton, cuivre et substances synthétiques
4 — Métal blanc, plomb, zinc, régule et alliages
5 — Magnésium, aluminium et alliages d'aluminium
6 — Caoutchouc, matières plastiques et isolant électrique
7 — Liège, feutre, cuir et fribre
8 — Isolant acoustique
9 — Isolant thermique
10 — Titanium et matières réfractaires
11 — Bobinage électrique, électro-aimant, résistance, etc.
12 — Béton
13 — Marbre, verre, porcelaine, etc.
14 — Terre
15 — Roche
16 — Sable
17 — Liquides
18 — Bois coupé contre le fil / Bois coupé dans le fil

Figure 7.5 Hachures symboliques.

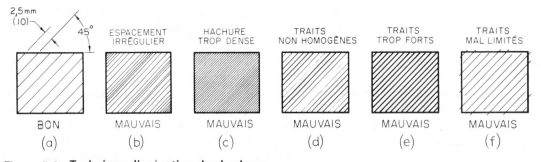

BON	ESPACEMENT IRRÉGULIER	HACHURE TROP DENSE	TRAITS NON HOMOGÈNES	TRAITS TROP FORTS	TRAITS MAL LIMITÉS
(a)	MAUVAIS (b)	MAUVAIS (c)	MAUVAIS (d)	MAUVAIS (e)	MAUVAIS (f)

2,5 mm (10) — 45°

Figure 7.6 Technique d'exécution des hachures.

Figure 7.7 Direction des hachures.

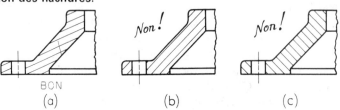

BON
(a)   Non! (b)   Non! (c)

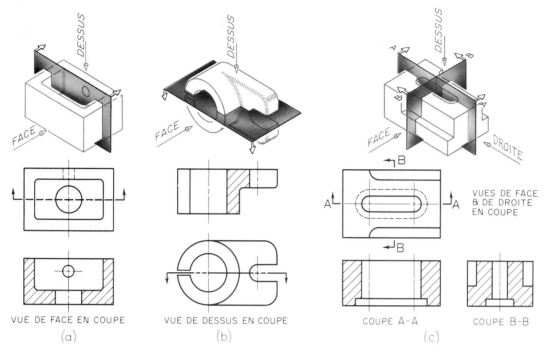

VUE DE FACE EN COUPE   VUE DE DESSUS EN COUPE   COUPE A-A   COUPE B-B

(a)   (b)   (c)

Figure 7.8   **Plans de coupe et coupes.**

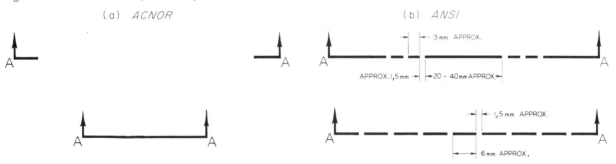

Figure 7.9   **Représentations normalisées des traces de plan de coupe.**

cation, un seul symbole général (celui utilisé pour la fonte) pour représenter les hachures et d'y ajouter une note indiquant le matériau employé.

La façon correcte de tracer les hachures est illustrée à la figure 7.6.a. Utilisez une mine de dureté moyenne (H ou 2H) affilée en pointe conique (figure 2.12.c). L'inclinaison des hachures doit être de 45°, à moins que cette direction soit perpendiculaire ou qu'elle se rapproche de celle des contours visibles (figure 7.7). Dans de tels cas, une inclinaison de 30°, de 60° ou d'un autre angle est préférable.

L'espacement entre les hachures doit être aussi régulier que possible et il dépend de la grandeur du dessin; il variera de 1,5 mm (1/16 po.) à 3 mm (1/8 po.). Pour un dessin de grandeur moyenne, un espacement de l'ordre de 2,5 mm (0.10 po.) est recommandé. Les figures 7.6.b à 7.6.f illustrent les défauts courants lors de l'exécution des hachures.

En général, il faut mettre les cotes à l'extérieur des zones hachurées; si cela est inévitable, il faut interrompre les hachures à l'endroit où sont placées les inscriptions (voir la figure 10.13).

211

Pour les surfaces de grandes dimensions, les hachures peuvent être réduites à un simple liséré tracé à l'intérieur du contour.

Les sections de faible épaisseur peuvent être noircies entièrement; ménagez un espace blanc entre plusieurs sections contiguës noircies.

7.5   Plan de coupe. La position du plan de coupe est indiquée sur une vue adjacente à la vue en coupe (figure 7.8) par son profil qui est une droite appelée *trace du plan de coupe*. La figure 7.9 illustre différents symboles normalisés pour la trace du plan de coupe. Utilisez une mine plutôt tendre (H ou F); repassez la ligne quelques fois pour obtenir l'épaisseur de trait voulue.

Les flèches indiquent la direction, suivant laquelle on observe la portion restante de la pièce, pour obtenir la vue en coupe. La figure 7.8 fournit quelques exemples, tandis que la figure 7.10 illustre la façon juste de placer les flèches et les coupes correspondantes. Lorsqu'on effectue plusieurs coupes (figure 7.8.c), chaque coupe est indépendante des autres et on la dessine comme si les autres n'existaient pas.

7.6   Visualisation d'une coupe. La figure 7.11.a représente deux vues principales d'une pièce présentant un trou avec lamage. On suppose qu'un plan de coupe passe par l'axe horizontal de la vue de dessus. La partie de la pièce qui se trouve en arrière du plan de coupe, c'est-à-dire la partie qui sera représentée par une vue en coupe, est illustrée en (b). Seules les deux surfaces hachurées 1-2-5-6-10-9 et 3-4-12-11-7-8 sont situées dans le plan de coupe et la coupe correspondante (c) est incomplète, car elle ne représente pas le volume en arrière du plan de coupe. La vue (d) est complète, on y a ajouté la droite 2-3 qui représente le demi-cercle A; 5-8 représente le demi-cercle B, 6-7 le demi-cercle C et 10-11 le demi-cercle D. Tout le volume en arrière du plan de coupe est donc représenté en (d) et celle-ci constitue une coupe correcte.

Le collier représenté à la figure 7.12.a illustre un autre exemple de visualisation d'une coupe. La vue de face et la vue de dessus sont fournies. On veut dessiner la vue de droite en coupe. Le plan de coupe passe naturellement par l'axe de symétrie EL et, dans ce cas, il n'est pas nécessaire d'indiquer la trace du plan de coupe. Si cette trace est dessinée, il faudra tracer les flèches de droite à gauche pour qu'elles correspondent au sens d'observation. La moitié à droite du collier est enlevée mentalement et la partie restante sera vue dans le sens de la flèche, comme l'illustre la figure 7.12.d, pour obtenir

Figure 7.10   Plans de coupe et coupes.

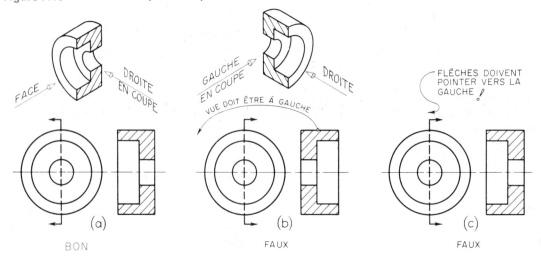

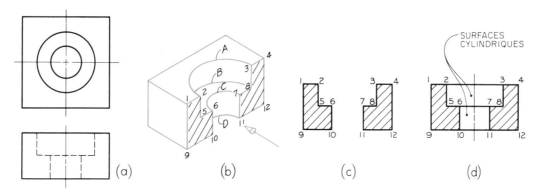

Figure 7.11 **Visualisation d'une coupe**.

la coupe désirée. Si l'on ne dessine que les surfaces hachurées (figure 7.12.b), la coupe sera incomplète puisqu'elle ne représente que les surfaces dans le plan de coupe. En y ajoutant toutes les lignes visibles en arrière du plan de coupe (figure 7.12.c), on complète la coupe. En effet, 33-35 et 34-36 représentent les demi-cercles du petit trou, 46-41

représente l'arc 27-29-K, 46-47 représente l'arête 11-16, 39-47 représente l'arc J-27, et ainsi de suite.

Il faut remarquer que, même si les surfaces hachurées sont séparées les unes des autres, les hachures doivent être identiques, car ces surfaces font partie de la même pièce.

Figure 7.12 **Construction d'une coupe complète**.

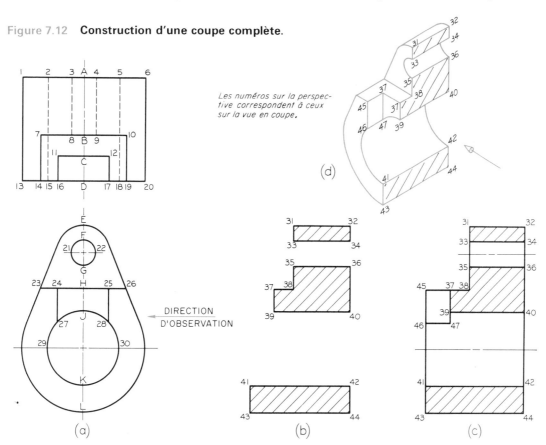

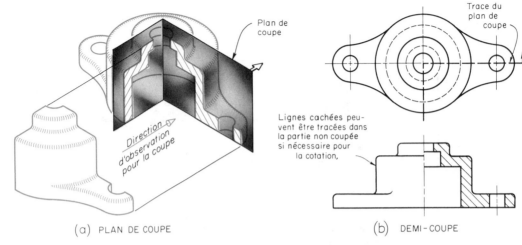

(a) PLAN DE COUPE

(b) DEMI-COUPE

Plan de coupe

Trace du plan de coupe

Direction d'observation pour la coupe

Lignes cachées peuvent être tracées dans la partie non coupée si nécessaire pour la cotation.

Figure 7.13 **Demi-coupe.**

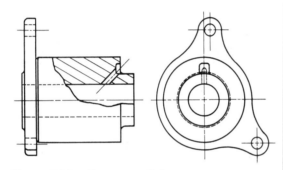

Figure 7.14 **Coupe partielle.**

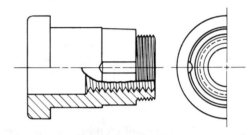

Figure 7.15 **Coupe interrompue autour d'une rainure de clavetage.**

7.7 **Demi-coupes.** Lorsqu'une vue d'une pièce est symétrique et que cette pièce comporte des détails intéressants qui sont intérieurs et extérieurs, il est fréquent qu'on en représente seulement une moitié en coupe et l'autre, en vue extérieure. Une telle vue est appelée *demi-coupe* (figure 7.13). Dans ce cas, le plan de coupe ne traverse pas entièrement la pièce et seulement le quart de celle-ci est enlevé mentalement. Habituellement, il n'est pas nécessaire d'indiquer la trace du plan de coupe, car sa position est évidente. La trace apparaissant à la figure 7.13.b est représentée surtout pour fins d'illustration. La ligne d'axe, dans la vue de face, délimite la demi-coupe. Parfois, il est permis d'utiliser une ligne de brisure (figure 7.33.b) à côté de la ligne d'axe.

En général, on ne dessine pas de lignes cachées dans une vue en demi-coupe, à moins que l'indication des cotes l'exige.

Les demi-coupes sont surtout utilisées dans les dessins de montage qui ne requièrent que peu de cotation et dans lesquels il est intéressant de représenter, clairement et à la fois, les détails intérieurs et extérieurs.

7.8 **Coupes locales.** On peut se limiter à une *coupe locale* si une coupe complète ou une demi-coupe ne conviennent pas. Une telle coupe est limitée par un trait continu gras (figure 2.15) tracé irrégulièrement à main levée. A la figure 7.14, une petite coupe locale suffit à illustrer clairement les détails de construction du trou oblique. A la figure 7.15, la moitié de la rainure de clavetage serait enlevée si l'on effectuait une demi-coupe, de sorte qu'une coupe locale est préférable. Notez que, dans ce cas, la coupe est limitée partiellement par la ligne d'axe. De plus, la pièce étant symétrique, il est permis de tracer seulement la moitié de la vue de droite (voir la vue partielle aux sections 6.9 et 7.14).

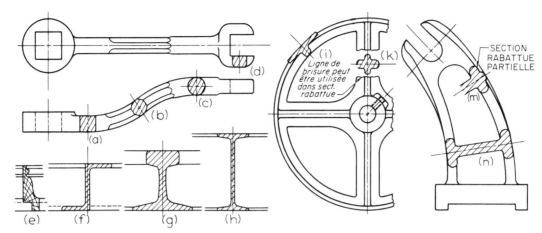

Figure 7.16 **Sections rabattues.**

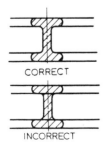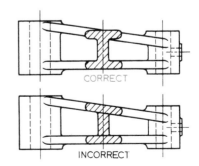

Figure 7.17 **Positions du plan de coupe dans une section rabattue.**

Figure 7.18 **Brisures conventionnelles utilisées dans les sections rabattues.**

7.9 **Sections rabattues.** La forme de la section droite d'une pièce, c'est-à-dire la surface obtenue lorsqu'on coupe la pièce par un plan perpendiculaire à son axe, peut être représentée directement, dans une vue longitudinale, par une *section rabattue* (figure 7.16). Pour construire une telle section, on choisit un plan de coupe perpendiculaire à l'axe de la pièce (ou, à défaut d'axe, perpendiculaire à une direction privilégiée de la pièce), comme l'illustre la figure 7.17.a; ensuite, on rabat la section sur place autour de la trace du plan de coupe (figures 7.17.b et 7.17.c). Le contour est tracé en trait gras et toute autre indication est inutile.

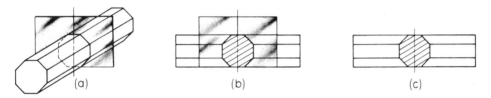

Figure 7.19 **Une erreur courante dans le tracé d'une section rabattue.**

Figure 7.20 **Une erreur courante dans le tracé d'une section rabattue.**

215

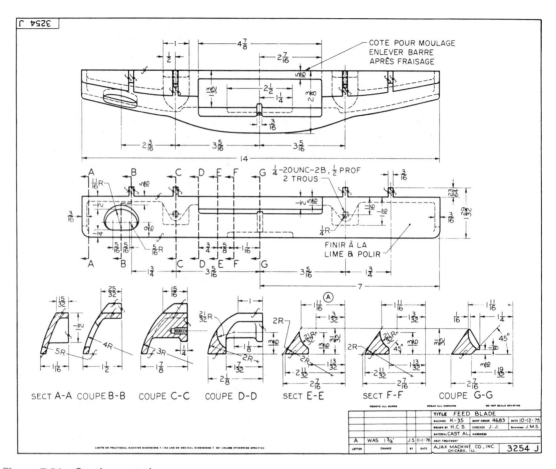

Figure 7.21 Sections sorties.

Il est permis d'interrompre les lignes vues de la pièce, si celles-ci nuisent à la clarté de la section (figures 7.16.k et 7.18). Par ailleurs, il faut enlever toutes les lignes de la vue qui traversent la section rabattue (figure 7.19). Naturellement, la forme de la section droite doit demeurer inchangée lors du rabattement, quelle que soit la direction des lignes de la vue (figure 7.20).

7.10 Sections sorties. Si la superposition de la section rabattue à la vue risque de nuire à la clarté de l'ensemble, on fait « sortir » la section et celle-ci devient alors une *section sortie*. Le déplacement doit être, autant que possible, dans la direction de la trace du plan sécant (figure 7.23). En cas de besoin (figure 7.21), on peut aussi déplacer latérale-

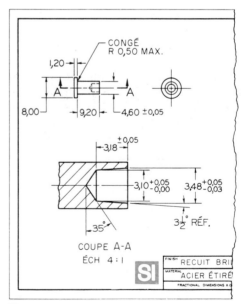

Figure 7.22 Sections sorties.

ment les sections. En aucun cas, un déplacement ne peut modifier l'orientation de la section.

Une section sortie est désignée par les mêmes lettres que celles de la trace du plan sécant, laquelle est complétée par les flèches indiquant le sens d'observation.

Une section sortie est souvent soit une coupe incomplète (section B-B à la figure 7.21), où l'on ajoute quelques arêtes essentielles en arrière du plan de coupe, soit une coupe partielle (figure 7.22). Dans cette dernière, la section est agrandie pour la rendre plus lisible et pour faciliter la cotation.

Toute section sortie devrait se trouver, autant que possible, sur la même feuille que les vues usuelles. En cas d'impossibilité, on peut tracer la section sur une feuille différente, pourvu qu'elle soit clairement identifiée à chaque endroit. Par exemple, en dessous de la section, on peut écrire:

SECTION B-B SUR FEUILLE 4, ZONE A3

Une note semblable est inscrite sur la feuille, où se trouve la trace du plan de coupe, pour indiquer l'endroit où la section est représentée.

7.11 Coupes brisées à plans parallèles.

Il se produit fréquemment qu'une pièce irrégulière présente plusieurs détails intéressants qui ne se trouvent pas sur le même plan. Dans ce cas, au lieu de faire plusieurs coupes complètes, on réunit plusieurs de ces coupes sur une même coupe appelée *coupe brisée à plans parallèles* (figure 7.24). A la figure 7.24.a, le plan de coupe est composé de quatre portions parallèles qui passent respectivement à travers le trou rond à gauche, le trou oblong en avant, la mortaise carrée et le trou rond à droite. La portion de la pièce en avant du plan de coupe est enlevée mentalement (b), la trace du plan de coupe ainsi que la vue en coupe brisée à plans paral-

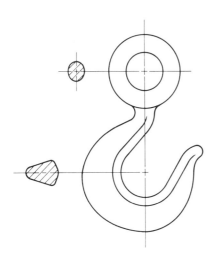

Figure 7.23 **Sections sorties.**

Figure 7.24 **Coupe brisée à plans parallèles.**

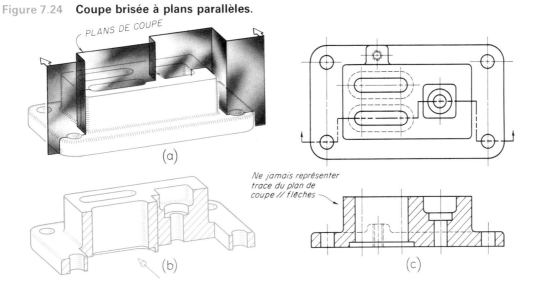

(a)

(b)

(c)

217

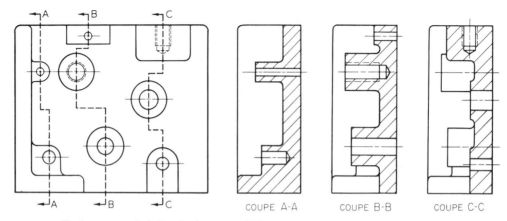

Figure 7.25 **Trois coupes brisées à plans parallèles.**

lèles résultante sont représentées en (c). Il est important de noter que les portions de surfaces parallèles au sens d'observation (sens des flèches) *ne sont jamais représentées dans la vue en coupe.*

La figure 7.24 illustre un exemple dans lequel les lignes cachées en arrière du plan de coupe sont tracées; ceci a pour but d'éliminer une vue supplémentaire montrant la hauteur du bossage carré. Un exemple de coupes successives est illustré à la figure 7.25.

7.12 **Coupes des nervures, des bras de poulies et des dentures.** Pour éviter une fausse impression d'épaisseur et de masse sur les dessins en coupe, les nervures, les bras de poulies, les dentures d'engrenages et tous les éléments semblables sont traités de la façon *conventionnelle* suivante:

I. Lorsque le plan de coupe rencontre la nervure *parallèlement* à ses plus grandes faces (coupe A-A, figure 7.26), *la nervure ne doit pas être coupée* (figure 7.26.a). La figure 7.26.b n'est pas recommandée, même si elle est correcte théoriquement, car elle prête à confusion quant à la masse de la pièce.

II. Lorsque le plan de coupe rencontre la nervure *perpendiculairement* à ses plus grandes faces (coupe B-B, figure 7.26), la nervure *est coupée* comme toute autre forme (figure 7.26.c).

Dans certains cas, si l'on ne coupe pas la nervure, la vue sera confuse. Par exemple, à la figure 7.27, si la nervure A n'est pas

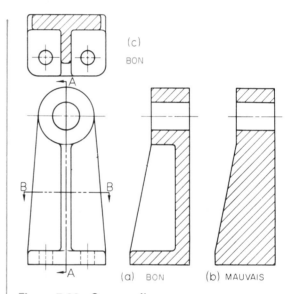

Figure 7.26 **Coupes d'une nervure.**

coupée (b), il est difficile de dire si A existe et de distinguer la nervure A de l'évidement B. Dans de tels cas, on utilise des hachures à *doubles intervalles* pour identifier la nervure. Les lignes de contour séparant les nervures et la partie solide de la poulie se tracent alors en traits interrompus. (Voir aussi la section suivante.)

7.13 **Coupes brisées à plans sécants.** En général, les plans de coupe doivent être parallèles au plan de projection, pour que les détails intérieurs soient représentés en vraie grandeur. Lorsque certains détails occupent une position oblique par rapport au plan

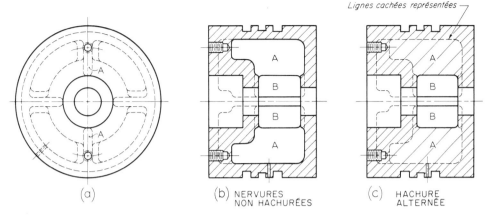

Figure 7.27 **Hachure d'une nervure.**

(b) NERVURES NON HACHURÉES

(c) HACHURE ALTERNÉE

Lignes cachées représentées

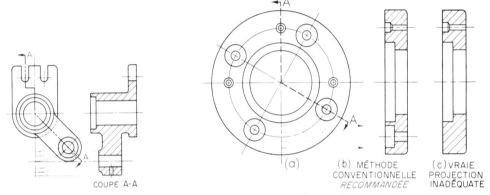

COUPE A-A

Figure 7.28 **Coupe brisée à plans sécants.**

(b) MÉTHODE CONVENTIONNELLE *RECOMMANDÉE*

(c) VRAIE PROJECTION INADÉQUATE

Figure 7.29 **Coupe brisée à plans sécants.**

de projection, on utilise *une coupe brisée à plans sécants*; celle-ci se compose de deux ou de plusieurs plans de coupe convergents que l'on fait tourner pour les ramener parallèles au plan de projection. Par exemple, à la figure 7.28, un des plans de coupe est oblique; on le ramène parallèle au plan de projection pour obtenir une vue de droite en coupe brisée à plans sécants. Le bras de la pièce est représenté comme s'il occupait une position verticale.

La figure 7.29 illustre un autre exemple de coupe brisée à plans sécants, où la coupe représente à la fois le petit trou et le grand trou (b). La coupe représentée en (c), obtenue par un seul plan de coupe vertical (coupe complète, section 7.2), est moins claire et elle n'est pas recommandée.

En principe, le plan sécant qui tourne entraîne avec lui les détails placés en arrière

de lui, de sorte que la tâche du dessinateur se trouve compliquée, sans que le résultat obtenu soit plus clair. Ainsi, afin d'éviter toute confusion et pour ne pas surcharger inutilement la vue en coupe, *on doit supprimer la projection de tous les détails placés en arrière du plan de coupe* et s'en tenir à celle des formes générales.

La figure 7.30 fournit d'autres exemples de coupes brisées à plans sécants comportant certaines particularités. En (a), les oreilles ne sont pas représentées en coupe, puisque les plans de coupe sont parallèles à leurs plus grandes faces (voir la section 7.12), tandis qu'elles le sont en (b), étant donné que les plans de coupe les rencontrent perpendiculairement.

A la figure 7.31, les plans de coupe sont choisis de manière à faire ressortir le plus grand nombre possible de détails intéressants

219

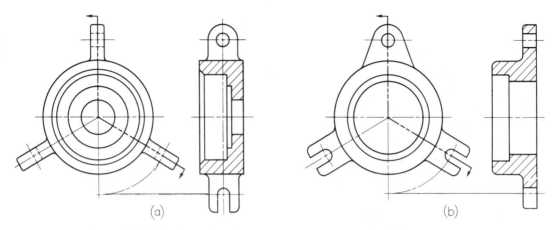

Figure 7.30   **Coupe brisée à plans sécants.**

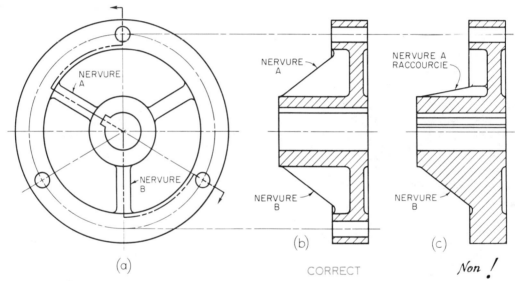

Figure 7.31   **Nervures régulièrement réparties.**

de la pièce. Le plan de coupe passant par la nervure A et celui passant par le trou de droite sont amenés par rotation dans le prolongement du plan sécant vertical (a). La vue en coupe résultante est représentée en (b) où, par convention (voir la section 7.12), les nervures A et B ne sont pas coupées. Si, à la place de cette coupe brisée à plans sécants, on utilisait une coupe complète, la vue résultante (c) serait incomplète et confuse; elle prendrait aussi plus de temps à dessiner.

Dans la construction des coupes des pou-

lies, des volants ou d'autres pièces semblables qui comportent des nervures, des bras rayonnants, etc., régulièrement répartis, on recommande les coupes brisées à plans sécants dans lesquelles ces éléments ne sont pas coupés (figure 7.32.b). Si l'on s'en tient strictement à la projection réelle d'une coupe complète, la vue résultante (c) prête à confusion. On note aussi que, dans la vue conventionnelle (b), le bras B est omis, car il est déformé et difficile à tracer; d'ailleurs, il n'ajoute rien à la compréhension du dessin.

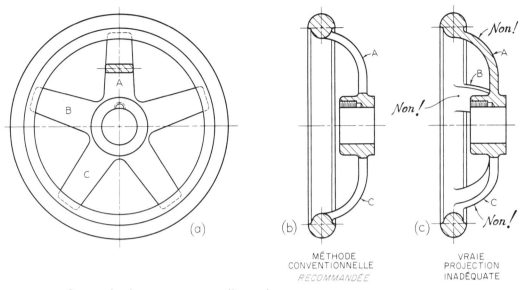

Figure 7.32 **Coupe des bras rayonnants d'un volant.**

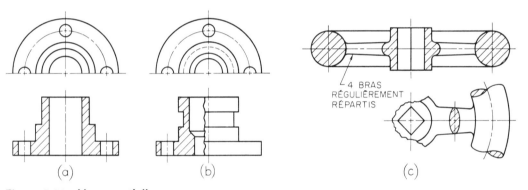

Figure 7.33 **Vues partielles.**

7.14 Vues partielles. Lorsque l'espace sur la feuille de dessin est restreint, ou s'il est nécessaire d'économiser le temps de traçage, on peut utiliser des *vues partielles* en rapport avec les coupes (figure 7.33). Les *demi-vues* sont illustrées aux figures 7.33.à et 7.33.b, en rapport avec une coupe complète et une demi-coupe, respectivement. Notez que, dans chaque cas, la moitié de la pièce en arrière du plan de coupe est dessinée dans la vue de dessus, conformément au principe des coupes voulant qu'on enlève mentalement la partie en avant du plan de coupe. (Voir aussi la section 6.9.)

Une autre méthode pour dessiner une vue partielle consiste à conserver, dans la vue où la pièce est de forme circulaire, seulement les éléments requis pour une représentation intelligible (figure 7.33.c).

7.15 Intersections dans les coupes. Lorsque les intersections sont de faibles dimensions ou qu'elles ne sont pas importantes dans une coupe, on ne tient pas compte de la vraie projection de l'intersection, comme l'illustrent les figures 7.34.a et 7.34.c. Lorsqu'elles sont plus grandes, on les représente

221

Figure 7.34 **Intersections.**

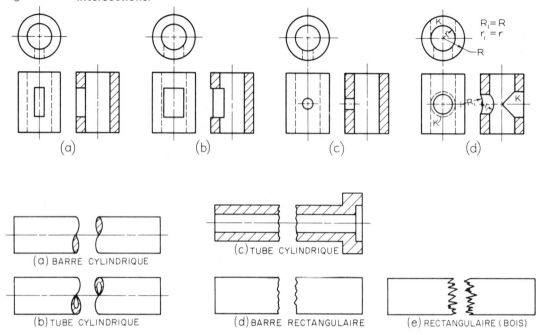

Figure 7.35 **Brisures conventionnelles.**

Figure 7.36 **Utilisation des vues interrompues.**

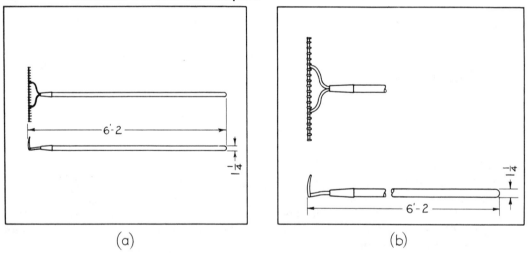

soit suivant leur vraie projection (b), soit approximativement par des arcs de cercle, comme dans le cas de trous de dimensions moyennes (d). Le plus grand trou K, en (d), possède le même diamètre que celui du trou vertical; les courbes d'intersections sont projetées vraiment en des lignes droites. (Voir aussi les figures 6.38 et 6.39.)

7.16 Vues interrompues. Dans le cas de pièces longues, on peut, pour gagner de l'espace, en représenter seulement les parties essentielles dans une vue appelée *vue interrompue*. Par exemple, les deux vues usuelles d'un râteau, dessinées à l'échelle, sont représentées à la figure 7.36.a. Les vues interrompues sont utilisées en (b), afin d'obtenir un

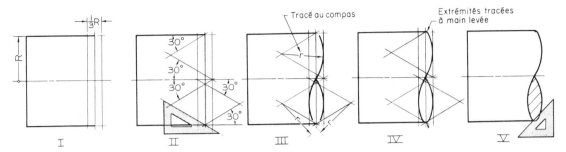

Figure 7.37 **Étapes successives dans la construction d'une brisure pour une barre cylindrique.**

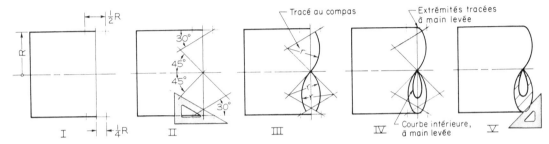

Figure 7.38 **Étapes successives dans la construction d'une brisure pour un tuyau.**

dessin à plus grande échelle et, par conséquent, plus lisible. L'interruption est symbolisée par une « brisure » que l'on trace habituellement à main levée. Notez qu'en (b), on inscrit quand même la vraie longueur du manche du râteau.

En dessin industriel, on utilise les brisures conventionnelles pour représenter les interruptions, telles que celles illustrées à la figure 7.35. Les brisures utilisées pour les barres cylindriques (a) ou pour les tubes (b) sont en forme de S. Elles sont, comme les autres brisures conventionnelles illustrées en (c), (d) et (e), tracées à main levée. Cependant, les débutants peuvent tracer les formes en S aux instruments suivant les méthodes indiquées aux figures 7.37 et 7.38. La figure 7.18 fournit un autre exemple de l'utilisation des brisures en rapport avec les sections rabattues.

7.17 **Problèmes sur les coupes et les sections.** Chacun des problèmes donnés dans les pages qui suivent peut être dessiné à main levée ou aux instruments. Cependant, les problèmes à la figure 7.39 sont particulièrement conçus pour les esquisses sur papier quadrillé de format A4 (210 mm × 297 mm) ou de format A (8.5 po. × 11.0 po.). Chaque feuille peut contenir deux problèmes, suivant la disposition A-1 (voir l'exemple à la figure 5.50). Pour l'exécution des esquisses, étudiez soigneusement les sections 5.1 à 5.10.

Les problèmes donnés dans les figures 7.40 à 7.59 sont conçus pour être dessinés à l'aide des instruments, mais on peut aussi les faire à main levée. Si l'indication des cotes est exigée, il faudra étudier, au préalable, les sections 10.1 à 10.25. Si les tracés doivent être faits à l'encre, les étudiants peuvent se référer aux sections 2.52 à 2.55 et 2.57.

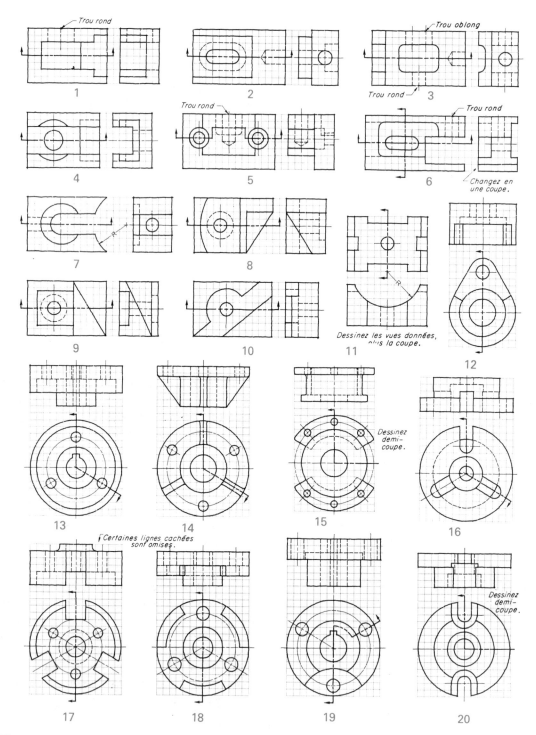

Figure 7.39 Problèmes. Dessinez à main levée les vues données et la coupe demandée. Utilisez la disposition A-1 ou la disposition A4-1 modifiée et du papier uni ou quadrillé. Faites deux problèmes par feuille comme l'illustre la figure 5.50. Dans les problèmes 1 à 10, les vues de dessus et de droite sont données. Dessinez les vues de face en coupe et, ensuite, déplacez les vues de droite pour qu'elles soient vis-à-vis des vues en coupe. N'indiquez pas les traces des plans de coupe, sauf pour les problèmes 5 et 6.

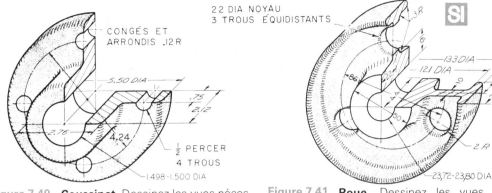

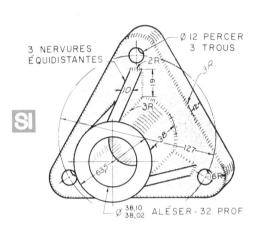

Figure 7.40 **Coussinet.** Dessinez les vues nécessaires, dont une en coupe complète.[2]

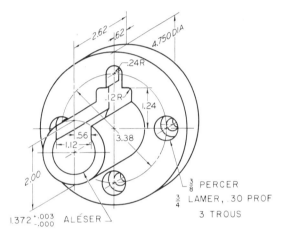

Figure 7.41 **Roue.** Dessinez les vues nécessaires, dont une en demi-coupe.[2]

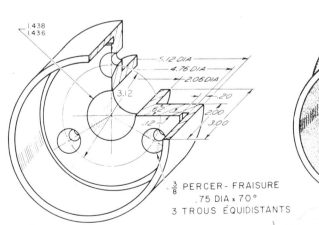

Figure 7.42 **Socle de colonne.** Dessinez les vues necessaires, dont une en coupe complète.[2]

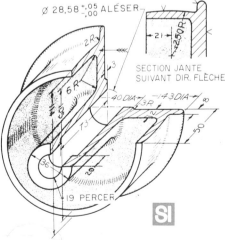

Figure 7.43 **Douille de centrage.** Dessinez les vues nécessaires, dont une en coupe complète.[2]

Figure 7.44 **Coussinet spécial.** Dessinez les vues nécessaires, dont une en coupe complète.[2]

Figure 7.45 **Poulie folle.** Dessinez les vues nécessaires, dont une en coupe complète.[2]

[2] Utilisez la disposition A-3 ou la disposition A4-3 modifiée. Si la cotation est exigée, étudiez, au préalable, les sections 10.1 à 10.25.

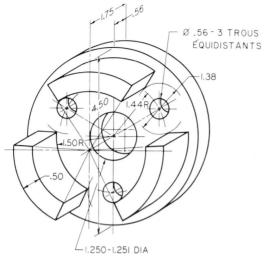

Ø .56 - 3 TROUS
ÉQUIDISTANTS

1.250-1.251 DIA

Figure 7.46 **Rondelle.** Dessinez les vues nécessaires, dont une en coupe complète (Disposition A-3 ou A4-3 modifiée).[3]

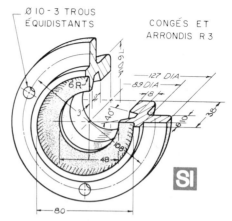

Ø 10 - 3 TROUS
ÉQUIDISTANTS

CONGÉS ET
ARRONDIS R 3

Figure 7.47 **Bague de palier.** Dessinez les vues nécessaires, dont une en coupe complète (Disposition A-3 ou A4-3 modifiée).[3]

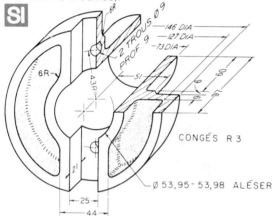

2 TROUS Ø 9
PROF. 9

CONGÉS R 3

Ø 53,95 - 53,98 ALÉSER

Figure 7.48 **Guide-filière.** Dessinez les vues nécessaires, dont une en demi-coupe (Disposition B-4 ou A3-4 modifiée).[3]

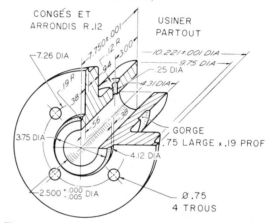

CONGÉS ET
ARRONDIS R .12

USINER
PARTOUT

GORGE
.75 LARGE x .19 PROF

Ø .75
4 TROUS

Figure 7.49 **Coussinet.** Dessinez les vues nécessaires, dont une en demi-coupe. Échelle: 1:2 (Disposition B-4 ou A3-4 modifiée).[3]

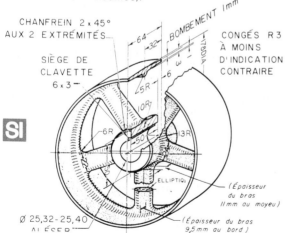

CHANFREIN 2 x 45°
AUX 2 EXTRÉMITÉS

CONGÉS R 3
À MOINS
D'INDICATION
CONTRAIRE

SIÈGE DE
CLAVETTE
6 x 3

(Épaisseur
du bras
11mm au moyeu)

(Épaisseur du bras
9,5mm au bord)

Ø 25,32-25,40
ALÉSER

Figure 7.50 **Poulie.** Dessinez les vues nécessaires, dont une en coupe brisée à plans sécants. Ajoutez une section rabattue des bras de la poulie (Disposition B-4 ou A3-4 modifiée).[3]

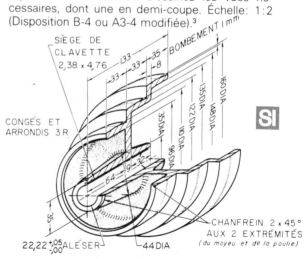

SIÈGE DE
CLAVETTE
2,38 x 4,76

CONGÉS ET
ARRONDIS 3 R

22,22 ALÉSER

44 DIA

CHANFREIN 2 x 45°
AUX 2 EXTRÉMITÉS
(du moyeu et de la poulie)

Figure 7.51 **Poulie à gradins.** Dessinez les vues nécessaires, dont une en coupe complète (Disposition B-4 ou A3-4 modifiée).[3]

[3] Si la cotation est exigée, étudiez, au préalable, les sections 10.1 à 10.25.

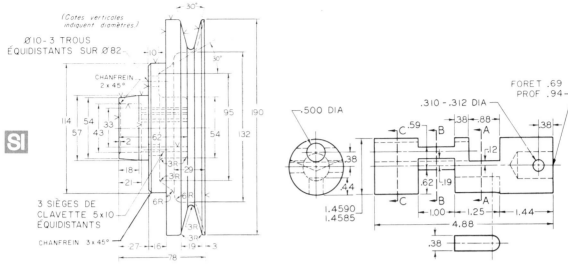

Figure 7.52 **Poulie**. Dessinez deux vues nécessaires, dont une en demi-coupe.[4]

Figure 7.53 **Valve**. Données: les vues de face, de gauche et vue partielle de dessous. Problème: dessinez les vues de face, de droite et de dessous, en plus des sections sorties indiquées.[4]

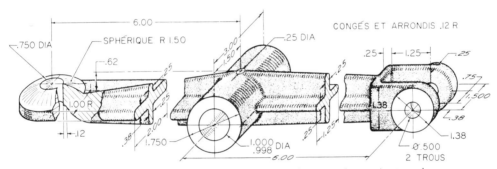

Figure 7.54 **Basculeur**. Dessinez les vues nécessaires et deux sections rabattues.[4]

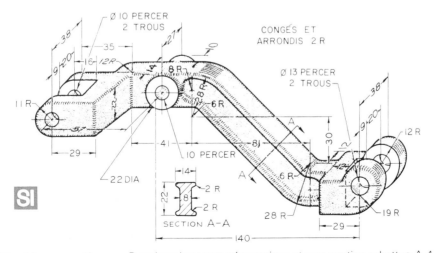

Figure 7.55 **Lève-amortisseur**. Dessinez les vues nécessaires et une section rabattue A-4.[4]

[4] Utilisez la disposition B-4 ou la disposition A3-4 modifiée. Si la cotation est exigée, étudiez, au préalable, les sections 10.1 à 10.25.

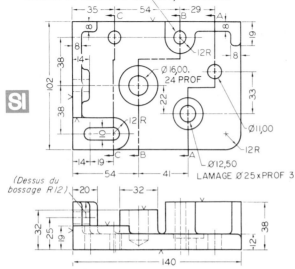

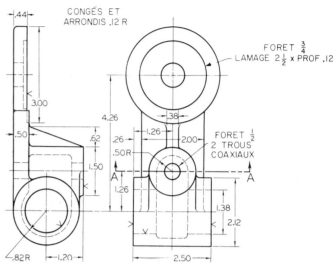

Figure 7.56 **Base de réglage.** Données: les vues de face et de dessus. Problème: Dessinez les vues de face et de dessus, les coupes A-A, B-B et C-C.[5]

Figure 7.57 **Chassis mobile.** Données: les vues de face et de gauche. Problème: dessinez la vue de face, la vue de droite en coupe complète et la section sortie A-A.[5]

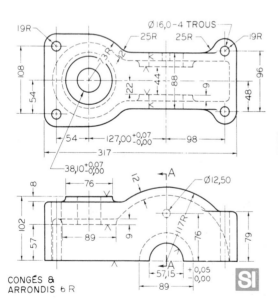

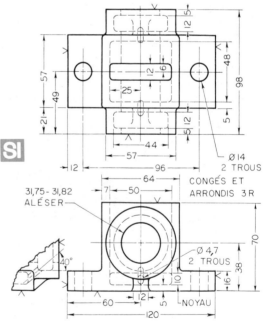

Figure 7.58 **Carter.** Données: les vues de face et de dessus. Problème: dessinez la vue de dessous, la vue de face en coupe complète et la coupe A-A. Échelle: 1 : 2.[5]

Figure 7.59 **Palier.** Données: les vues de face et de dessus. Problème: dessinez les vues de face et de dessus et la vue de droite en coupe complète.[5]

[5] Utilisez la disposition B-4 ou la disposition A3-4 modifiée. Si la cotation est exigée, étudiez, au préalable, les sections 10.1 à 10.25.

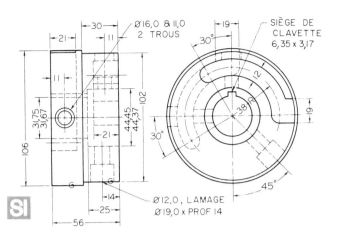

Figure 7.60 Élément de contrôle. Données: les vues de face et de gauche. Problème: dessinez les vues de face et de droite et la vue de dessus en coupe complète (Disposition B-4 ou A3-4 modifiée).[6]

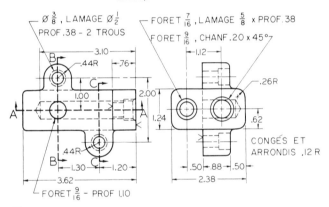

Figure 7.62 Support de liaison. Données: les vues de face et de droite. Problèmes: dessinez les vues de dessus provenant de la vue de face, la vue de droite, la vue de face en coupe A-A, les coupes B-B et C-C (Disposition B-4 ou A3-4 modifiée).[6]

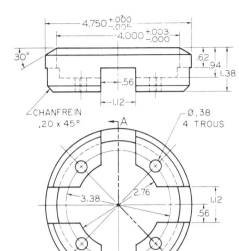

Figure 7.61 Corps de crépine. Données: les vues de face et de dessous. Problème: dessinez les vues de face et de dessus, et la vue de droite en coupe complète (Disposition C-4 ou A2-4).[6]

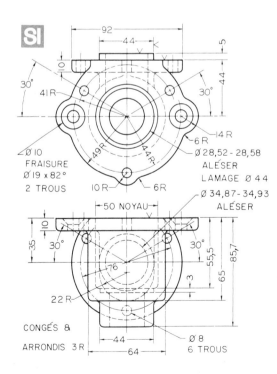

Figure 7.63 Bague d'assise. Données: les vues de face et de dessus. Problème: dessinez la vue de face et la coupe brisée à plans sécants A-A (Disposition A-3 ou A4-3 modifiée).[6]

[6] Si la cotation est exigée, étudiez, au préalable, les sections 10.1 à 10.25.

229

vues auxiliaires

8.1 Vues auxiliaires. Plusieurs objets ont une forme telle que leurs faces principales ne sont pas toujours parallèles aux plans de projection usuels. Par exemple, à la figure 8.1.a, la base du palier est projetée en vraie grandeur, mais la partie cylindrique du dessus a un certain angle par rapport aux plans de projection; elle n'apparaît donc en vraie grandeur dans aucune des trois vues principales.

Pour obtenir les formes circulaires réelles, il est nécessaire de choisir une direction d'observation perpendiculaire aux plans de ces courbes, comme l'illustre la figure 8.1.b. La vue obtenue est appelée *vue auxiliaire*. Cette vue, associée à la vue de dessus, décrit complètement l'objet. Dans ce cas, les vues de face et de côté ne sont pas nécessaires.

Une vue, obtenue par une projection sur tout plan autre que les plans de projection horizontal, frontal ou de profil, est appelée vue auxiliaire. La *vue auxiliaire primaire* est celle qui est projetée sur un plan perpendiculaire à l'un des plans de projection principaux et incliné par rapport aux deux autres. La *vue auxiliaire secondaire* est celle qui est projetée sur un plan oblique par rapport aux trois plans principaux. (Voir la section 8.19.)

8.2 Le plan auxiliaire. A la figure 8.2.a, l'objet illustré possède une surface inclinée qui n'apparaît en vraie grandeur dans aucune vue principale. Le plan auxiliaire est parallèle à la surface inclinée P, c'est-à-dire perpendiculaire à la direction d'observation, laquelle est à angle droit avec cette surface. Le plan auxiliaire est donc perpendiculaire

231

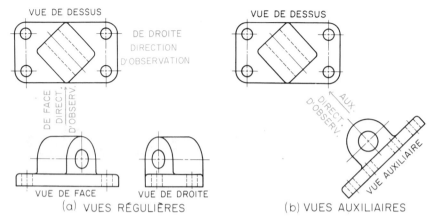

Figure 8.1 **Vues régulières et vues auxiliaires**.

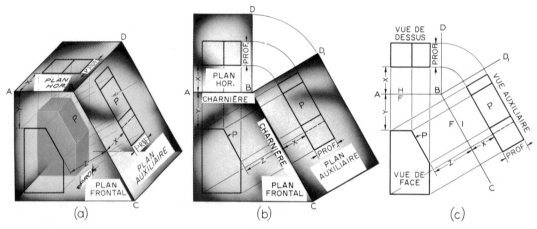

Figure 8.2 **Une vue auxiliaire**.

au plan de projection frontal, auquel il est lié.

Lorsque les plans horizontal et auxiliaire sont dépliés et ramenés dans le plan de face (figure 8.1.b), les lignes de pliage représentent les *charnières* reliant les plans. A la figure 8.1.c, le dessin est simplifié: on conserve les charnières H/F et F/1 et on laisse de côté les plans. Comme on l'étudiera plus tard, les charnières peuvent aussi être omises dans le dessin définitif. La surface inclinée P est représentée en vraie grandeur dans la vue auxiliaire, où la grande dimension de la surface est projetée directement depuis la vue de face et la *profondeur*, depuis la vue de dessus.

Il faut noter que l'emplacement des charnières dépend de la position relative des plans sur le cube de référence (figure 8.1.a). Si le plan horizontal est déplacé vers le haut, la distance Y augmente. Si le plan de face est déplacé vers l'avant, les distances X augmentent mais demeurent toujours égales. Si le plan auxiliaire est déplacé vers la droite, la distance Z augmente. Notez que les vues auxiliaire et de dessus indiquent toutes les deux la *profondeur* de l'objet.

8.3 **Construction d'une vue auxiliaire à l'aide des charnières.** Comme l'illustre la figure 8.2.c, les charnières sont celles du cube de référence. Les longueurs X doivent être égales puisqu'elles représentent toutes les deux la distance entre la surface de face de l'objet et le plan de projection frontal.

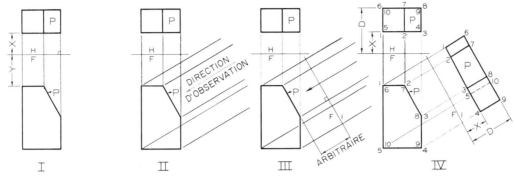

Figure 8.3 **Construction d'une vue auxiliaire — Méthode des charnières.**

Même si les longueurs X doivent demeurer égales, les longueurs Y et Z, depuis la vue de face jusqu'à leurs charnières respectives, peuvent être égales ou non.

Les étapes à suivre, lors de la construction d'une vue auxiliaire à l'aide des charnières, sont illustrées à la figure 8.3 et décrites comme suit:

I. Les vues de face et de dessus sont données. Il faut tracer une vue auxiliaire pour représenter la surface inclinée P en vraie grandeur. Tracez la charnière H/F entre les vues à angle droit avec les lignes de rappel. Les longueurs X et Y peuvent être égales ou non, comme on le veut.

Note: Lors des étapes suivantes, placez les équerres, comme l'illustre la figure 8.4, pour tracer les lignes parallèles ou perpendiculaires à la surface inclinée.

II. Supposez qu'une flèche indiquant la direction d'observation est perpendiculaire à la surface P. Tracez légèrement, depuis la vue de face, des lignes de rappel parallèles à la flèche ou perpendiculaires à la surface P.

III. Tracez la charnière F/1, pour la vue auxiliaire, à angle droit avec les lignes de rappel et à une distance commode de la vue de face.

IV. Tracez la vue auxiliaire en utilisant le système de numération expliqué à la section 6.6. Placez tous les points à la même distance de la charnière F/1 que de la charnière H/F dans la vue de dessus. Par exemple, les points 1 et 5 sont à une distance X des charnières dans les vues de dessus et auxiliaire et les points 6 et 10 sont à la distance D des charnières correspondantes. Puisque l'objet est

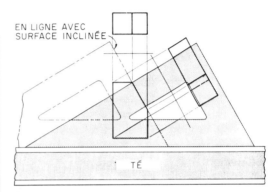

Figure 8.4 **Construction des lignes parallèles et des lignes perpendiculaires.**

observé dans le sens de la flèche, on s'apercevra que l'arête 5-10 sera cachée dans la vue auxiliaire.

8.4 **Plans de référence.** Dans la construction des vues auxiliaires illustrées aux figures 8.2.c et 8.3, les charnières représentent les profils du plan de projection frontal. En effet, le plan frontal est utilisé comme *plan de référence* pour reporter les longueurs (*mesures de profondeur*) de la vue de dessus à la vue auxiliaire.

Au lieu d'utiliser un des plans de projection comme plan de référence, il est souvent plus commode de supposer, à l'intérieur du cube de référence, un plan de référence parallèle au plan de projection et touchant ou coupant l'objet. Par exemple, à la figure 8.5.a, on suppose un plan de référence qui coïncide avec la surface de face de l'objet. Ce plan apparaît comme une ligne dans les vues de dessus et auxiliaire, et les deux lignes

233

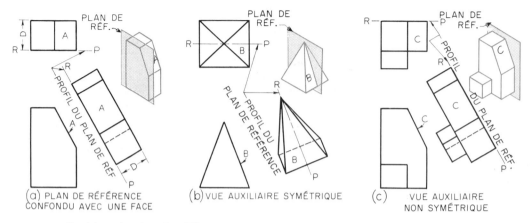

Figure 8.5 **Position du plan de référence.**

de référence jouent alors le même rôle que les charnières. Les distances D aux lignes de référence sont égales. L'avantage de la méthode du plan de référence est que peu de mesures sont nécessaires, puisque certains points de l'objet sont situés dans le plan de référence même.

Le plan de référence peut coïncider avec la surface de face de l'objet (figure 8.5.a), ou il peut couper l'objet si celui-ci est symétrique (figure 8.5.b); le plan de référence peut aussi coïncider avec la surface arrière de l'objet (figure 8.5.c) ou couper ce dernier en un point intermédiaire.

Le plan de référence doit être choisi à l'endroit le plus approprié pour y reporter des longueurs. Il faut toujours garder à l'esprit les remarques suivantes:

1. Les lignes de référence, telles que les charnières, sont toujours à angle droit avec les lignes de rappel entre les vues.

2. Le plan de référence apparaît comme une ligne dans deux vues alternes et non pas dans deux vues adjacentes.

3. Les mesures sont toujours prises à angle droit avec les lignes de référence ou parallèlement aux lignes de rappel.

4. Dans la vue auxiliaire, tous les points sont à la même distance de la ligne de référence que celle des points correspondants dans la deuxième vue qui précède la vue auxiliaire.

8.5 Construction d'une vue auxiliaire à l'aide d'un plan de référence. L'objet représenté à la figure 8.6.a est numéroté selon la méthode de la section 6.6. Pour tracer la vue auxiliaire, procédez comme suit:

I. Tracez deux vues de l'objet et choisissez une flèche indiquant la direction d'observation pour la vue auxiliaire de la surface A.

II. Tracez des lignes de rappel parallèles à la flèche.

III. Supposez un plan de référence coïncidant avec la surface arrière de l'objet (figure 8.6.a). Tracez des lignes de référence dans les vues de dessus et auxiliaire, à angle droit avec les lignes de rappel; celles-ci sont les vues de profil du plan de référence.

IV. Tracez une vue auxiliaire de la surface A. Elle sera en vraie grandeur puisque le sens de l'observation a été choisi perpendiculaire à cette surface. Reportez les mesures de profondeur, depuis la vue de dessus à la vue auxiliaire, à l'aide d'un compas à pointes sèches ou d'une règle. Chaque point de la vue auxiliaire sera, d'une part, sur sa ligne de rappel depuis la vue de face et, d'autre part, à la même distance de la ligne de référence que de la ligne de référence correspondante dans la vue de dessus.

V. Complétez la vue auxiliaire en ajoutant les autres arêtes et les surfaces visibles de l'objet. Chaque point numéroté dans la vue auxiliaire est situé sur sa ligne de rappel depuis la vue de face et il est à la même distance de la ligne de référence que celle dans la vue de dessus.

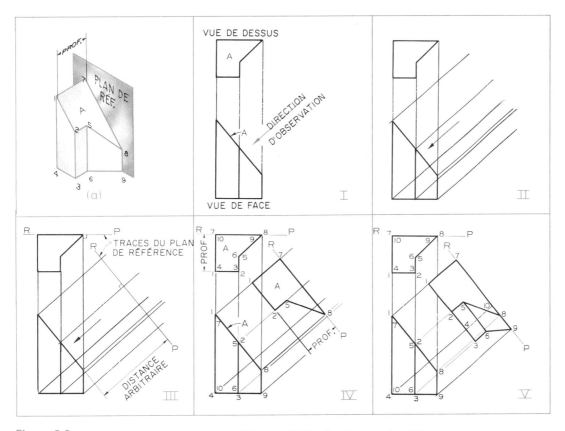

Figure 8.6   **Construction d'une vue auxiliaire — Méthode du plan de référence.**

Notez que deux surfaces de l'objet apparaissent comme des lignes dans la vue auxiliaire. Quelles sont ces surfaces? (Donnez leurs numéros). Est-ce que la surface inférieure de l'objet apparaît en vraie grandeur dans la vue auxiliaire? Pourquoi? Avant de tracer la surface inférieure dans la vue auxiliaire, comment déterminez-vous sa configuration générale et le nombre exact de côtés? Quelles arêtes de la surface 2-5-6-3 sont rétrécies et quelles arêtes sont en vraie grandeur dans la vue auxiliaire? Est-ce que la surface 5-8-9-6 apparaît en vraie grandeur dans la vue auxiliaire? Quelles arêtes de cette surface sont en vraie grandeur dans la vue de face et dans la vue auxiliaire?

8.6   Classification des vues auxiliaires.
Les vues auxiliaires sont classées et identifiées d'après les dimensions principales de l'objet qui y sont représentées en vraie gran-deur. Par exemple, la vue auxiliaire de la figure 8.6 est une *vue auxiliaire en profondeur* puisqu'elle représente une dimension principale de l'objet, la profondeur, en vraie grandeur. Toute vue auxiliaire projetée depuis la vue de face représente la profondeur de l'objet et elle est une vue auxiliaire en profondeur.

De plus, toute vue auxiliaire projetée depuis la vue de dessus est une *vue auxiliaire en hauteur* (aussi appelée *vue auxiliaire en élévation*) et toute vue auxiliaire projetée depuis une vue de côté, droite ou gauche, est une *vue auxiliaire en largeur*. Quelles vues auxiliaires sont représentées aux figures 8.1.b, 8.13.b, 8.27 et 8.33?

8.7   Vues auxiliaires en profondeur.
Il existe une infinité de plans auxiliaires qui sont perpendiculaires et reliés au plan de projection frontal (F). Cinq plans de ce type sont représentés à la figure 8.7.a; le plan

235

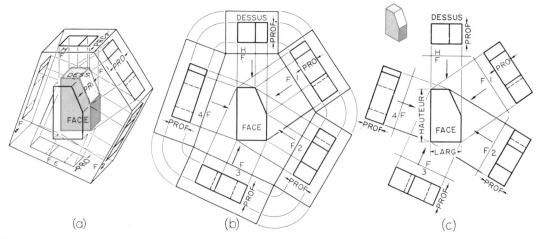

Figure 8.7   **Vues auxiliaires en profondeur.**

horizontal y est illustré pour démontrer qu'il est semblable aux autres. Dans chacune de ces vues, la dimension caractéristique, la profondeur, est représentée en vraie grandeur; par conséquent, toutes ces vues auxiliaires sont des *vues auxiliaires en profondeur*.

Les plans auxiliaires déployés sont représentés à la figure 8.7.b. On y voit comment la profondeur peut être projetée depuis la vue de dessus dans toutes les vues auxiliaires. Les flèches indiquent la direction d'observation pour les différentes vues et les lignes de rappel sont respectivement parallèles à ces flèches. On peut imaginer celles-ci sans nécessairement les dessiner, puisque les lignes de rappel déterminent la direction d'observation. Les charnières sont perpendiculaires aux flèches et aux lignes de rappel correspondantes. Puisque les plans auxiliaires peuvent être situés à n'importe quelle distance de l'objet, il s'ensuit que les charnières peuvent être à une distance quelconque de la vue de face.

Le dessin complet est représenté à la figure 8.7.c, sans le contour des plans de projection. Il s'agit du dessin tel qu'il doit apparaître sur le papier: les plans de référence sont tels que ceux décrits à la section 8.4 et toutes les dimensions sont mesurées perpendiculairement aux lignes de référence dans chaque vue.

Notez que la vue de face représente la hauteur et la largeur de l'objet mais non pas la profondeur. Cette dernière est représentée dans toutes les vues qui sont projetées depuis la vue de face, ce qui nous permet d'énoncer la règle suivante: *La dimension principale représentée dans une vue auxiliaire est celle qui n'est pas représentée dans la vue adjacente d'où est projetée la vue auxiliaire.*

8.8   Vues auxiliaires en hauteur. Il existe un nombre infini de plans auxiliaires qui sont perpendiculaires et reliés au plan de projection horizontal (H). La figure 8.8.a en illustre plusieurs. La vue de face et toutes les vues auxiliaires représentent la dimension principale, la *hauteur*. Donc, toutes ces vues auxiliaires sont des *vues auxiliaires en hauteur*.

Les plans de projection déployés sont illustrés en (b) et le dessin complet est illustré en (c), sans le contour des plans de projection. Toutes les lignes de référence sont perpendiculaires aux lignes de rappel correspondantes et toutes les dimensions de hauteur sont mesurées, dans chaque vue, parallèlement aux lignes de rappel. Notez que, dans la vue d'où proviennent les projections, c'est-à-dire la vue de dessus, la seule dimension non représentée est la hauteur.

8.9   Vues auxiliaires en largeur. Il existe un nombre infini de plans auxiliaires qui sont perpendiculaires et reliés au plan de projection de profil (P). La figure 8.9.a en illustre

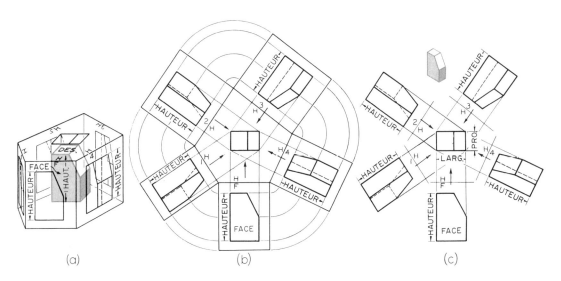

Figure 8.8 **Vues auxiliaires en hauteur**.

plusieurs. La vue de face et toutes les vues auxiliaires représentent la dimension principale, la *largeur*. Par conséquent, toutes ces vues auxiliaires sont des *vues auxiliaires en largeur*.

Les plans déployés sont représentés en (b) et le dessin complet est illustré en (c), sans le contour des plans de projection. Toutes les lignes de référence sont perpendiculaires aux lignes de rappel correspondantes et toutes les largeurs sont mesurées, dans chaque vue, parallèlement aux lignes de rappel. Notez que, dans la vue de droite d'où sont projetées

les vues auxiliaires, la seule dimension qui n'est pas représentée est la largeur.

8.10 Retournement d'un dessin. La figure 8.10.a représente le dessin des vues de dessus, de face et auxiliaire. En (b), le dessin a été retourné, comme l'indiquent les flèches, jusqu'à ce que les vues auxiliaires et de face soient sur une même ligne horizontale. Même si les vues demeurent exactement les mêmes, leurs noms doivent être changés: la vue auxiliaire devient la vue de

Figure 8.9 **Vues auxiliaires en largeur**.

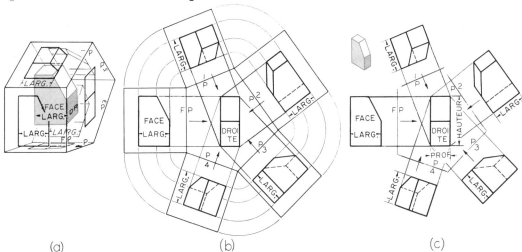

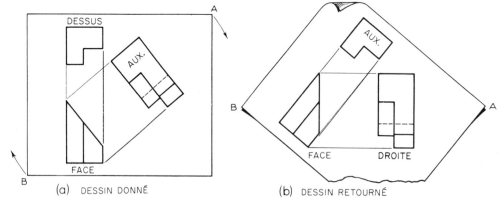

DESSUS
AUX.
FACE

(a) DESSIN DONNÉ

AUX.
FACE   DROITE

(b) DESSIN RETOURNÉ

Figure 8.10 **Retournement d'un dessin**.

droite et la vue de dessus devient une vue auxiliaire. Certains étudiants trouveront plus facile de visualiser et de dessiner une vue auxiliaire lorsqu'elle est ainsi retournée dans la position d'une vue régulière. Dans tous les cas, il faut retenir qu'une vue auxiliaire est fondamentalement semblable à tout autre vue.

8.11 Angles dièdres. *L'angle entre deux plans est un angle dièdre.* L'une des applications les plus importantes des vues auxiliaires est de représenter les angles dièdres en vraie grandeur, principalement dans le but de les coter. La figure 8.11.a représente un bloc dont la rainure en forme de V est située de telle sorte que l'angle dièdre véritable entre les surfaces inclinées A et B est représenté dans la vue de face.

Supposez une ligne dans un plan. Tracez, par exemple, une droite sur une feuille de papier; tenez ensuite la feuille de façon à voir la ligne comme un point. Vous remarquez que, lorsque la ligne apparaît comme un point, le plan qui la contient apparaît comme une ligne, c'est-à-dire de profil. *Ainsi, pour obtenir une vue de profil d'un plan, il faut déterminer une vue où une ligne quelconque de ce plan apparaît comme un point.*

A la figure 8.11.a, la ligne 1-2 est la ligne d'intersection des plans A et B. Or, la ligne 1-2 est dans les deux plans simultanément; par conséquent, une vue en bout de cette ligne représente les deux plans comme des lignes et l'angle entre ceux-ci est l'angle dièdre. *Ainsi, pour déterminer le vrai angle entre deux plans, il faut obtenir une vue où la ligne d'intersection apparaît comme un point.*

Figure 8.11 **Angle dièdre**.

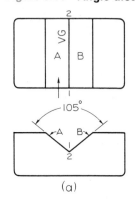
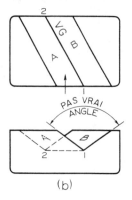
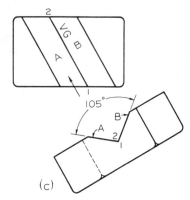

(a)   (b)   (c)

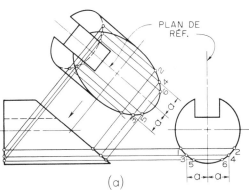

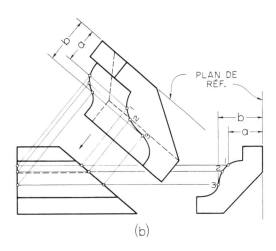

Figure 8.12 **Construction des courbes.**

En (b), la ligne d'intersection 1-2 n'apparaît pas comme un point dans la vue de face; par conséquent, les plans A et B n'apparaissent pas comme des lignes et le vrai angle dièdre n'est pas représenté. Si on suppose que l'angle réel soit le même que celui en (a), est-ce que l'angle paraît plus grand ou plus petit que celui en (a)? Le dessin en (b) n'est pas satisfaisant. L'angle vrai n'apparaît pas parce que le sens de l'observation (voir la flèche) n'est pas parallèle à la ligne d'intersection 1-2.

En (c), le sens d'observation est choisi parallèle à la ligne 1-2, et cela fournit une vue auxiliaire où la ligne 1-2 apparaît comme un point, où les plans A et B apparaissent comme des lignes et où l'angle dièdre vrai est représenté. *Pour tracer une vue représentant un angle dièdre vrai, il faut choisir le sens d'observation parallèle à la ligne d'intersection entre les plans du dièdre.*

8.12 **Construction de courbes.** Comme on l'a démontré à la section 6.30, si un cylindre est coupé par un plan incliné, la surface inclinée a une forme elliptique. A la figure 6.34.a, une telle surface est dessinée, mais l'ellipse n'apparaît pas en vraie grandeur parce que son plan n'est vu à angle droit dans aucune vue.

A la figure 8.12.a, la direction d'observation est choisie perpendiculaire à la vue de profil de la surface inclinée et l'ellipse résultante est représentée en vraie grandeur dans la vue auxiliaire. Le grand axe est obtenu par une projection directe depuis la vue de face et le petit axe est égal au diamètre du cylindre. L'extrémité gauche du cylindre (un cercle) apparaîtra comme une ellipse dans la vue auxiliaire et son grand axe sera égal au diamètre du cylindre.

Puisqu'il s'agit d'un objet symétrique, on choisit le plan de symétrie comme plan de référence, tel que l'illustre la figure. Pour déterminer des points sur les ellipses, choisissez des points sur le cercle de la vue de profil et projetez-les sur la surface inclinée ou sur la surface de l'extrémité gauche, puis vers le haut sur la vue auxiliaire. De cette façon, on peut projeter deux points à chaque fois, comme dans le cas des points 1-2, 3-4 et 5-6. Les distances a sont égales et sont reportées, depuis la vue de profil à la vue auxiliaire, à l'aide d'un compas à pointes sèches. Il faut projeter un nombre suffisant de points pour établir correctement les courbes. Utilisez le pistolet selon la méthode décrite à la section 2.59.

Puisque le grand axe et le petit axe sont connus, on peut utiliser une des méthodes illustrées aux figures 4.48 à 4.50 et 4.52.a. Toutefois, si une ellipse approximative suffit, on peut suivre la méthode de la figure 4.56. Mais, la méthode la plus rapide et la plus facile consiste à se servir d'un gabarit à ellipses (voir la section 4.57).

A la figure 8.12.b, la vue auxiliaire représente la vraie grandeur de la coupe inclinée d'un moule. La méthode de traçage est semblable à celle déjà décrite.

8.13 Construction inversée.

Pour compléter les vues usuelles, il est souvent nécessaire de construire d'abord une vue auxiliaire. Par exemple, à la figure 8.13.a, la partie supérieure de la vue de droite ne peut pas être construite avant que la vue auxiliaire ne soit dessinée. Les points placés sur les courbes seront reprojetés ensuite vers la vue de face, comme l'illustre la figure.

En (b), l'angle de 60° et l'emplacement de la ligne 1-2 dans la vue de face sont donnés. Pour situer la ligne 3-4 dans la vue de face, ainsi que les lignes 2-4, 3-4 et 4-5 dans la vue de profil, il faut d'abord construire l'angle de 60° dans la vue auxiliaire et le projeter dans les vues de face et de profil.

8.14 Vues auxiliaires partielles.

L'utilisation d'une vue auxiliaire rend souvent possible l'élimination d'une ou de plusieurs vues usuelles et simplifie d'autant la description de la forme, comme l'illustre la figure 8.1.b.

La figure 8.14 représente trois dessins complets de vues auxiliaires. De tels dessins sont très longs à tracer, surtout lorsqu'il y a des ellipses, comme c'est souvent le cas. La quantité de détails peut ne rien ajouter à la clarté et, souvent, peut même y nuire à cause de l'entassement des lignes. Cependant, dans ces cas, une partie de chaque vue est nécessaire (aucune vue ne peut être complètement éliminée) comme l'illustre la figure 8.1.b.

Comme cela est décrit à la section 6.9, les *vues partielles* sont souvent suffisantes et les dessins, qui en résultent, sont considérablement simplifiés et plus faciles à lire. De la même façon, comme l'illustre la figure 8.15, les vues usuelles partielles et les vues auxiliaires partielles sont employées aux mêmes fins. Habituellement, on utilise une ligne irrégulière pour représenter la brisure ima-

ginaire dans les vues. *Il ne faut pas tracer une brisure coïncidant avec une ligne vue ou avec une ligne cachée.*

Afin de clarifier le lien entre les vues, les vues auxiliaires doivent être reliées aux vues d'où elles sont projetées, soit par une ligne d'axe, soit par une ou deux lignes de rappel. Ceci est particulièrement important dans le cas des vues partielles qui sont souvent petites et semblent perdues ou reliées à aucune vue.

8.15 Demi-vues auxiliaires.

Si une vue auxiliaire est symétrique et s'il faut économiser de l'espace sur le papier ou du temps

Figure 8.13 Construction inversée.

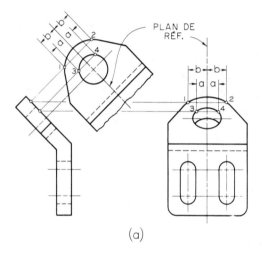

(a)

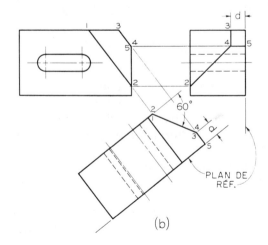

(b)

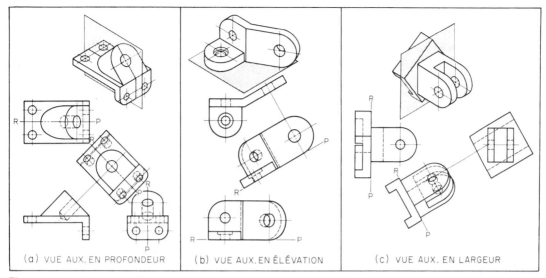

Figure 8.14 **Vues auxiliaires primaires**.

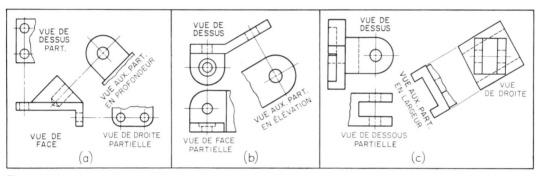

Figure 8.15 **Vues partielles**.

pour dessiner, on peut tracer seulement la moitié de la vue auxiliaire, comme l'illustre la figure 8.16. Dans ce cas, une moitié d'une vue usuelle suffit puisque la bride inférieure est aussi symétrique. (Voir les sections 6.9 et 7.14.) Notez que, dans chaque cas, la *moitié la plus rapprochée* est représentée.

8.16 Lignes cachées dans les vues auxiliaires.

En pratique, les lignes cachées peuvent être omises dans les vues auxiliaires comme dans les vues ordinaires (voir la section 5.25), à moins qu'elles soient nécessaires à la clarté du dessin. Cependant, le débutant *devrait indiquer toutes les lignes cachées*, surtout si la vue auxiliaire de l'objet

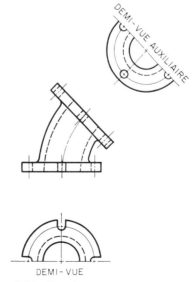

Figure 8.16 **Demi-vues**.

241

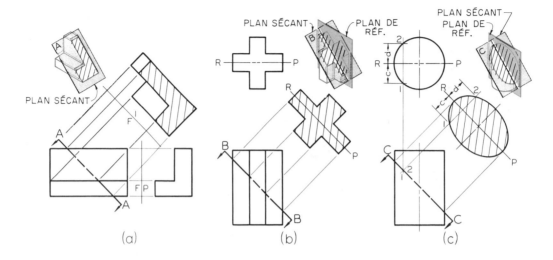

Figure 8.17 **Coupes et sections auxiliaires.**

entier est représentée. Plus tard, dans les travaux plus avancés, il sera plus évident s'il faut ou non omettre les lignes cachées.

8.17 Coupes et sections auxiliaires.

Une *coupe auxiliaire* est simplement une vue auxiliaire en coupe. A la figure 8.17.a, notez la trace du plan sécant et les flèches des extrémités qui indiquent le sens d'observation pour établir la coupe auxiliaire. Notez aussi que les hachures sont tracées à environ 45° avec les lignes de contour vues. En traçant une coupe auxiliaire, on peut représenter toute la partie de la pièce située en arrière du plan de coupe comme en (a), ou seulement la surface située dans le plan de coupe comme en (b) et en (c). Dans ces deux dernières figures, on est en présence d'une *section auxiliaire* plutôt que d'une coupe (voir la section 7.1).

La figure 8.18 représente une section auxiliaire à travers un cône. Il s'agit d'une des sections de cône étudiées à la section 4.48, la parabole. La parabole peut être tracée par d'autres méthodes (voir les figures 4.57 et 4.58), mais celle illustrée ici est basée sur la projection. A la figure 8.18, des génératrices du cône sont tracées dans les vues de face et de dessus. Les génératrices rencontrent le plan sécant aux points 1, 2, 3 et ainsi de suite. Ces points sont déterminés, dans la

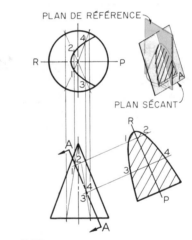

Figure 8.18 **Sections auxiliaires.**

Figure 8.19 **Sections auxiliaires.**

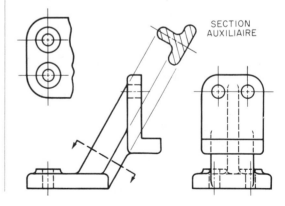

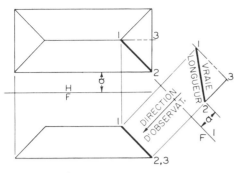

Figure 8.20 **Établissement de la vraie longueur d'une droite à l'aide d'une vue auxiliaire.**

vue de dessus, à l'aide de projection vers les vues de dessus des éléments correspondants. Dans la section auxiliaire, tous les points de la parabole sont à la même distance du plan de référence PR qu'ils le sont dans la vue de dessus.

Un exemple typique d'une section auxiliaire en dessin de machines est illustré à la figure 8.19. Dans ce cas-ci, il n'y a pas assez d'espace pour dessiner une *section rabattue* (voir la section 7.9); une *section sortie* (voir la section 7.10) aurait pu être utilisée à la place de la section auxiliaire.

8.18 **Vraie longueur d'une ligne — Méthode de la vue auxiliaire.** Une ligne apparaît en vraie longueur lorsqu'elle est projetée dans un plan de projection qui lui est parallèle.

A la figure 8.20, il faut établir la vraie longueur du chevron d'arête 1-2, à l'aide d'une vue auxiliaire en profondeur.

I. Supposez une flèche perpendiculaire à 1-2 (vue de face), qui indique le sens d'observation et placez la charnière H/F, comme l'illustre la figure.

II. Tracez la charnière F/1 perpendiculaire à la flèche et à une distance commode de 1-2 (vue de face) et projetez, vers elle, les points 1 et 3.

III. Reportez les points 1 et 2 dans la vue auxiliaire à la même distance de la charnière que celle dans la vue de dessus. Le triangle 1-2-3 dans la vue auxiliaire représente la vraie grandeur de la partie 1-2-3 du toit, et la distance 1-2 dans la vue auxiliaire est la vraie longueur du chevron d'arête 1-2.

Pour déterminer la vraie longueur d'une ligne par la méthode de rotation, référez-vous à la section 9.10.

8.19 **Vues auxiliaires successives.** Jusqu'à maintenant nous avons considéré les *vues auxiliaires primaires*, c'est-à-dire des vues auxiliaires indépendantes projetées depuis une des vues usuelles. A la figure 8.21, la vue auxiliaire 1 est une vue auxiliaire primaire, projetée depuis la vue de dessus.

Depuis la vue auxiliaire primaire 1, on peut tracer une vue auxiliaire secondaire 2; puis, depuis celle-ci, on peut tracer une troisième vue auxiliaire 3, et ainsi de suite. Un nombre

Figure 8.21 **Vues auxiliaires successives.**

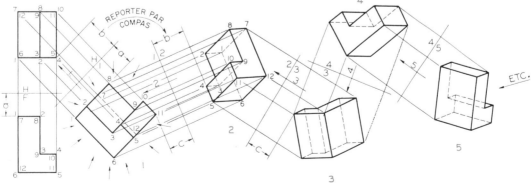

243

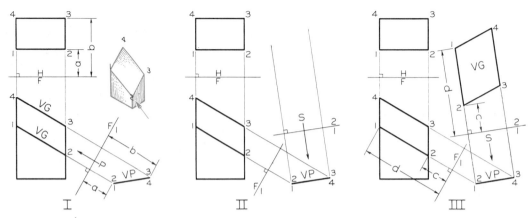

Figure 8.22 Établissement de la vraie grandeur d'un plan oblique — Méthode des charnières.

infini de telles vues auxiliaires successives peut être tracé.

Cependant, la vue auxiliaire secondaire 2 n'est pas la seule qui puisse être projetée depuis la vue auxiliaire primaire 1. Tel que l'illustrent les flèches autour de la vue 1, on peut projeter un nombre infini de vues auxiliaires secondaires ayant différentes directions d'observation. Toute vue auxiliaire projetée depuis une vue auxiliaire primaire est une *vue auxiliaire secondaire*. De plus, toute vue auxiliaire ultérieure peut servir à projeter un nombre infini de chaînes de vue.

Dans cet exemple-ci, il est plus commode d'utiliser des charnières que des lignes de référence. Dans la vue auxiliaire 1, tous les points numérotés de l'objet sont à la même distance de la charnière H/1 qu'ils le sont de la charnière H/F, dans la vue de face. Ces distances, telles que a, sont reportées depuis la vue de face à la vue auxiliaire à l'aide du compas à pointes sèches.

Pour tracer la vue auxiliaire secondaire 2, il faut oublier la vue de face et se concentrer sur la suite de trois vues: la vue de dessus, la vue 1 et la vue 2. Tracez la flèche 2 vers la vue 2 dans la direction désirée pour la vue 2 et tracez légèrement des lignes de rappel parallèles à la flèche. Tracez la charnière 1/2 perpendiculaire aux lignes de rappel et à une distance commode de la vue 1. Placez tous les points numérotés dans la vue 2 à la même distance de la charnière 1/2 que de la charnière H/1 dans la vue de dessus. Utilisez

le compas à pointes sèches pour reporter les distances. Par exemple, reportez la distance b pour placer les points 4 et 5. Reliez les points par des lignes droites et déterminez ensuite la visibilité des lignes. Le coin le plus près de l'observateur (11) sera vu dans 2 et le coin le plus éloigné (1) sera caché, comme l'illustre la figure.

Pour tracer les vues 3, 4 et les suivantes, répétez le processus précédent sans oublier qu'à chaque fois, il n'y aura qu'une *suite de trois vues à considérer*. Lors du tracé d'une vue auxiliaire, on peut tourner le papier de sorte que les deux vues précédentes apparaissent comme des vues usuelles.

8.20 Utilisation des vues auxiliaires. En général, les vues auxiliaires sont utilisées pour représenter la vraie forme d'un détail qui apparaît déformé dans les vues usuelles. Les vues auxiliaires sont donc surtout utiles dans les quatre cas suivants:

1. Vraie longueur d'une ligne (VG), section 8.18.
2. Vue en bout d'une ligne, section 8.11.
3. Vue de profil d'un plan (VP), section 8.21.
4. Vraie grandeur d'un plan (VG), section 8.21.

8.21 Vraie grandeur d'une surface oblique — Méthode de la charnière. Un objectif typique d'une vue auxiliaire secondaire

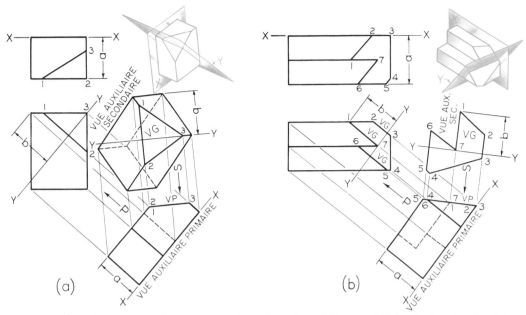

(a)

(b)

Figure 8.23 **Établissement de la vraie grandeur d'un plan oblique — Méthode du plan de référence.**

est celui de représenter la vraie grandeur d'une surface oblique, telle que la surface 1-2-3-4 de la figure 8.22. On utilise alors des charnières. Les mêmes résultats pourraient être atteints avec des lignes de référence. Procédez comme suit:

I. Tracez une vue auxiliaire primaire représentant la surface 1-2-3-4 comme une ligne. Comme on l'explique à la section 8.11, la vue de profil (VP) d'un plan est obtenue par la détermination de la vue en bout d'une ligne de ce plan. Pour établir la vue en bout d'une ligne, la direction d'observation doit être choisie parallèle à la ligne en question. Par conséquent, tracez la flèche P parallèle aux lignes 1-2 et 3-4, qui sont en vraie grandeur (VG) dans la vue de face, et tracez les lignes de projection parallèles à la flèche. Tracez la charnière H/F entre les vues de dessus et de face, ainsi que F/1 entre les vues de face et auxiliaire, perpendiculairement aux lignes de rappel respectives. Tous les points de la vue auxiliaire doivent être à la même distance de la charnière F/1 qu'ils sont de la charnière H/F dans la vue de dessus. Les lignes 1-2 et 3-4 apparaîtront comme des points dans la vue auxiliaire et le plan 1-2-3-4 apparaîtra donc *de profil*, c'est-à-dire comme une ligne.

II. Tracez la flèche S perpendiculaire à la vue de profil du plan 1-2-3-4 dans la vue auxiliaire primaire et tracez les lignes de rappel parallèles à la flèche. Tracez la charnière 1/2 perpendiculaire à ces lignes de rappel et à une distance commode de la vue auxiliaire primaire.

III. Tracez la vue auxiliaire secondaire. Placez chaque point, à l'aide du compas à pointes sèches, à la même distance de la charnière 1/2 que de la charnière F/1 dans la vue de face. Voir, par exemple, les distances c et d. La vraie grandeur (VG) de la surface 1-2-3-4 apparaîtra dans la vue auxiliaire secondaire puisque le sens d'observation, flèche S, a été choisi perpendiculaire à celle-ci.

8.22 Vraie grandeur d'une surface oblique — Méthode du plan de référence. A la figure 8.23.a, on désire tracer une vue auxiliaire dans laquelle la surface triangulaire 1-2-3 apparaîtra en vraie grandeur. Pour que la vraie grandeur de la surface apparaisse dans la vue auxiliaire secondaire, la flèche S doit être choisie perpendiculaire à la vue de profil de cette surface; il faut donc obtenir d'abord la vue de profil de la surface 1-2-3

245

dans la vue auxiliaire primaire. A cette fin, le sens d'observation indiqué par la flèche P doit être parallèle à une ligne de la surface 1-2-3, qui est en vraie grandeur (VG) dans la vue de face. Par conséquent, on trace la flèche P parallèlement à la ligne 1-2 de la vue de face; la ligne 1-2 apparaît comme un point dans la vue auxiliaire primaire et la surface 1-2-3 doit donc y apparaître de profil.

Dans ce cas-ci, il est commode d'utiliser des lignes de référence et de se donner un plan de référence X (pour tracer la vue auxi-liaire primaire) coïncidant avec la surface arrière de l'objet, comme l'illustre la figure. Pour la vue auxiliaire primaire, toutes les mesures de profondeur, telles que a dans la figure, sont reportées, à l'aide du compas à pointes sèches, depuis la vue de dessus et par rapport à la ligne de référence X-X.

Pour la vue auxiliaire secondaire, on sup-pose que le plan de référence Y coupe l'objet de façon à faciliter le report des mesures. Toutes les mesures perpendiculaires à Y-Y dans la vue auxiliaire secondaire sont les mêmes que celles entre le plan de référence et les points correspondants dans la vue de face. Notez que les mesures correspondantes doivent être *intérieures* (vers la vue du centre dans la suite des trois vues) ou *extérieures*

(loin de la vue centrale). Par exemple, la dimension b est du côté de Y-Y le plus éloigné de la vue auxiliaire primaire dans les deux cas.

A la figure 8.23.b, on désire établir la vraie grandeur de la surface 1-2-3-4-5-6-7 sans tracer complètement la vue auxiliaire secon-daire. La méthode à suivre est la même que la précédente.

8.23 Vue auxiliaire suivant un sens d'ob-servation oblique donné.

A la figure 8.24, on donne deux vues d'un bloc ainsi que deux vues d'une flèche indiquant la direction selon laquelle on veut regarder l'objet et en obtenir une vue. Procédez comme suit:

I. *Tracez une vue auxiliaire primaire* qui mon-tre la vraie grandeur de la *flèche*. Pour cela, choisissez un plan de référence horizontal, tel que celui illustré. Puis, choisissez un sens d'observation perpendiculaire à la flèche donnée. Dans la vue de face, la queue de la flèche est à une distance a plus haute que la pointe, et cette distance est reportée dans la vue auxiliaire primaire. Toutes les mesures de *hauteur* dans la vue auxiliaire correspon-dent à celles de la vue de face.

II. *Tracez une vue auxiliaire secondaire* pour montrer la flèche comme un point. Ceci est réalisable parce que la flèche est en vraie grandeur dans la vue auxiliaire primaire, et les lignes de rappel pour la vue auxiliaire secondaire sont tracées parallèlement à celle-ci. Tracez la ligne de référence Y-Y pour la vue auxiliaire secondaire perpendiculaire-ment aux lignes de rappel. Dans la vue de dessus, tracez Y-Y perpendiculairement aux lignes de projection vers la vue auxiliaire primaire. Toutes les mesures, telles que b, par rapport à Y-Y concordent dans la vue auxiliaire secondaire et dans la vue de dessus.

On remarquera que les vues auxiliaires se-condaires des figures 8.23.a et 8.24 ont une valeur descriptive considérable. Ce sont des projections *trimétriques* (section 12.32). Ce-pendant, on pourrait choisir un sens d'obser-vation, comme celui à la figure 8.24, qui fournirait des projections isométriques ou di-métriques. Si le sens d'observation est choisi

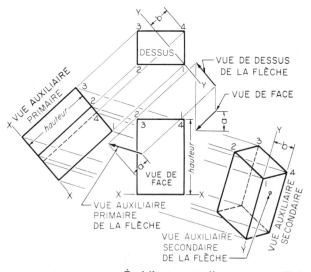

Figure 8.24 Établissement d'une vue auxiliaire secondaire à partir d'un sens d'observation donné.

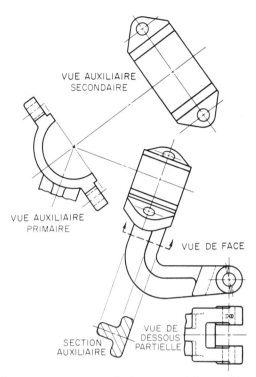

VUE AUXILIAIRE
SECONDAIRE

VUE AUXILIAIRE
PRIMAIRE

VUE DE FACE

SECTION
AUXILIAIRE

VUE DE
DESSOUS
PARTIELLE

Figure 8.25 Vue auxiliaire secondaire — Vues partielles.

parallèle à la diagonale d'un cube, la vue résultante est une *projection isométrique* (section 12.4).

La figure 8.25 illustre une application typique d'une vue auxiliaire secondaire dans un dessin de machines. Toutes les vues sont partielles, excepté la vue de face. La vue auxiliaire secondaire partielle illustre un cas où les « brisures » ne sont pas nécessaires. Notez l'emploi d'une section auxiliaire pour représenter la vraie forme du bras.

8.24 Ellipses. Comme on l'a expliqué à la section 6.30, si un cercle est vu d'une façon oblique, il apparaît alors comme une ellipse. Cela se produit souvent dans des vues auxiliaires successives, par suite de la diversité des sens d'observation. A la figure 8.26.a, le trou apparaît comme un cercle dans la vue de dessus. Les cercles apparaissent comme des lignes droites dans la vue auxiliaire primaire et comme des ellipses dans la vue auxiliaire secondaire. Dans ce dernier cas, le grand axe AB de l'ellipse est parallèle aux lignes de projection et égal, en longueur, au vrai diamètre du cercle représenté dans la vue de dessus. Le petit axe CD est perpendiculaire au grand axe et sa longueur rétrécie est projetée depuis la vue auxiliaire primaire.

On peut ensuite compléter l'ellipse en reportant des points, tels que 1 et 2, symétriques par rapport au plan de référence RP, qui coïncide avec CD, et à des distances a égales dans la vue de dessus et dans la vue auxiliaire secondaire. Enfin, lorsqu'un nombre de points suffisant a été placé, on utilise le pistolet pour les relier ensemble (section 2.59).

Figure 8.26 Ellipses.

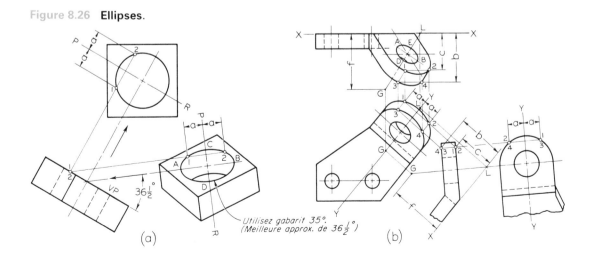

*Utilisez gabarit 35°.
(Meilleure approx. de 36½°)*

(a)

(b)

Puisque les grand et petit axes sont facilement déterminés, on peut remployer une
des méthodes exactes pour construire l'ellipse (figures 4.48 à 4.50 et 4.52.a); la méthode
approximative (figure 4.56) peut aussi être
adéquate dans certains cas. On peut encore
tracer les ellipses facilement et rapidement
à l'aide d'un gabarit (section 4.57). « L'angle »
d'ellipse à utiliser est celui qui convient le
mieux à l'angle entre la flèche de sens d'observation et le plan (VP) qui contient le cercle, comme on le voit dans la vue auxiliaire
primaire. L'angle est ici de 36½°, de sorte
que l'on choisit l'ellipse de 35°.

En (b), on représente des vues auxiliaires
successives où les formes circulaires vraies
apparaissent dans la vue auxiliaire secondaire
et les formes elliptiques, dans les vues de
face et de dessus. Il faut construire les formes
circulaires dans la vue auxiliaire secondaire,
puis reprojeter les points successivement vers
la vue auxiliaire primaire, vers la vue de face
et, finalement, vers la vue de dessus, comme
le représentent les points 1, 2, 3 et 4. Les
courbes définitives sont finalement tracées
à l'aide du pistolet.

Si les axes, grand et petit, sont déterminés,
on peut suivre une des méthodes exactes
pour le tracé; mieux encore, on peut se servir
d'un gabarit à ellipses (section 4.57). Les axes

sont facilement déterminés dans la vue de
face mais, dans la vue de dessus, ils sont plus
difficiles à établir. Le grand axe AB est à angle
droit avec la ligne d'axe GL du trou et il
a la même longueur que le diamètre réel du
trou. Le petit axe ED est à angle droit avec
le grand axe. On en détermine la longueur
en traçant plusieurs points au voisinage d'une
de ses extrémités, ou en utilisant les méthodes
de la géométrie descriptive pour évaluer
l'angle entre la direction d'observation et la
surface inclinée, de façon à choisir, à partir
de cet angle, le gabarit à ellipses approprié.

8.25 **Problèmes sur les vues auxiliaires.**
Les problèmes donnés dans les pages qui
suivent peuvent être dessinés à l'aide des
instruments ou à main levée. Les vues auxiliaires doivent être complètes à moins que
le professeur indique autrement.

Il est souvent difficile d'espacer convenablement les vues d'un dessin comprenant des
vues auxiliaires. Dans certains cas, il peut être
nécessaire de faire un essai sur un brouillon
avant de commencer le dessin réel. Il faut prévoir un espace suffisant si les cotes doivent
être indiquées. Dans de tels cas, l'étudiant
doit se référer aux sections 10.1 à 10.25.

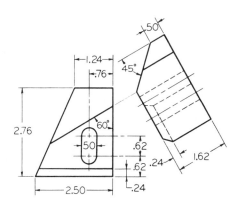

Figure 8.27 Doigt de guidage.
Données: les vues de face et auxiliaire. Problème: dessinez les vues de face, auxiliaire, de gauche et de dessus (Disposition A-3 ou A4-4 modifiée).

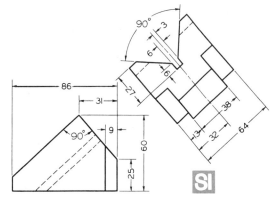

Figure 8.28 Vé de mécanicien.
Données: les vues de face et auxiliaire. Problème: dessinez les vues de face, de dessus et auxiliaire (Disposition A-3 ou A4-3 modifiée).

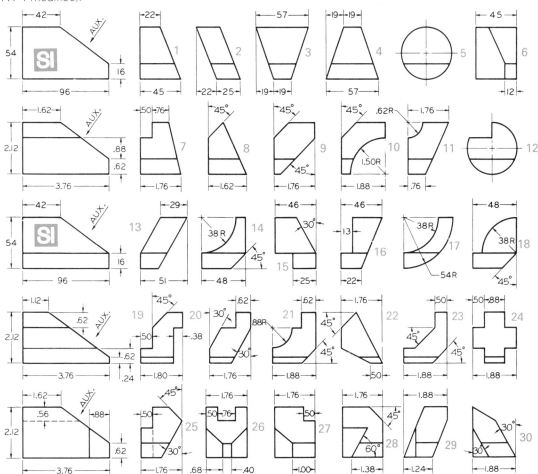

Figure 8.29 Problèmes sur les vues auxiliaires. Dessinez, à main levée ou à l'aide des instruments, les vues de face et de droite. Tracez la vue auxiliaire (complète) indiquée. Utilisez la disposition A-3 ou la disposition A4-3 modifiée. Si nécessaire, inventez d'autres vues de droite correspondant à la vue de face donnée et, ensuite, tracez la vue auxiliaire indiquée.

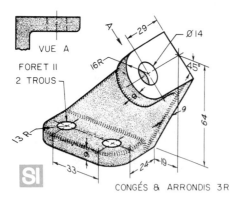

Figure 8.30 **Support d'ancrage.** Dessinez les vues nécessaires, complètes ou partielles (Disposition A-3 ou A4-3 modifiée).[1]

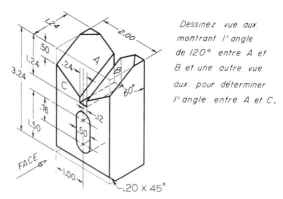

Figure 8.31 **Bloc de centrage.** Dessinez les vues de face, de dessus, de droite et les vues auxiliaires indiquées (Disposition B-3 ou A3-3).[1]

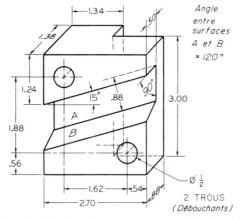

Figure 8.32 **Coulisse de serrage.** Dessinez les vues nécessaires (Disposition B-3 ou A3-3).[1]

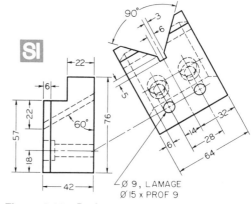

Figure 8.33 **Patin.**
Données: la vue de droite et la vue auxiliaire. Problème: dessinez les vues complètes de droite, auxiliaire, de face et de dessus (Disposition B-3 ou A3-3).[1]

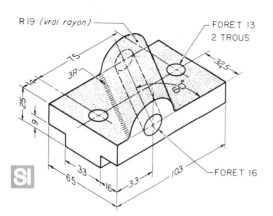

Figure 8.34 **Palier.** Dessinez les vues nécessaires, incluant une vue auxiliaire complète (Disposition A-3 ou A4-3 modifiée).[1]

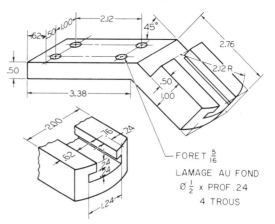

Figure 8.35 **Support-guide.** Dessinez les vues nécessaires, complètes ou partielles (Disposition B-3 ou A3-3).[1]

250

[1] Si la cotation est exigée, étudiez, au préalable, les sections 10.1 à 10.25.

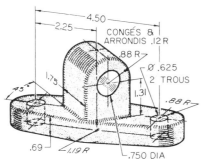

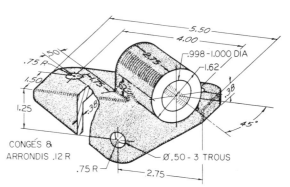

Figure 8.36 **Pièce de guidage.** Dessinez les vues nécessaires, incluant la vue auxiliaire qui représente la vraie forme de la partie verticale (Disposition B-4 ou A3-4 modifiée).[2]

Figure 8.37 **Ancre.** Dessinez les vues nécessaires, incluant la vue auxiliaire partielle qui représente la vraie forme de la partie cylindrique (Disposition B-4 ou A3-4 modifiée).[2]

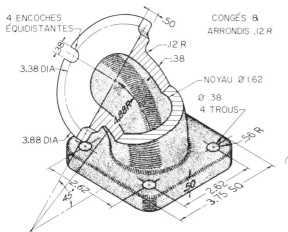

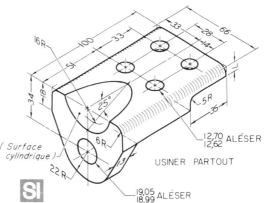

Figure 8.38 **Coude de 45°.** Dessinez les vues nécessaires, incluant une coupe locale et deux demi-vues des brides (Disposition B-4 ou A3-4 modifiée).[2]

Figure 8.39 **Guide.** Dessinez les vues nécessaires, incluant une vue auxiliaire partielle du dégagement cylindrique (Disposition B-4 ou A3-4 modifiée).[2]

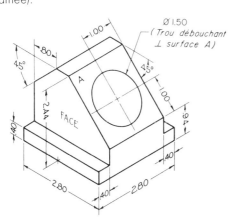

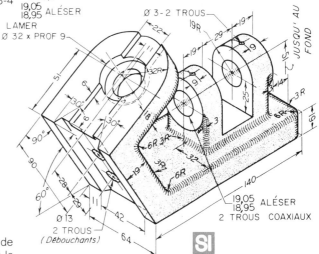

Figure 8.40 **Bloc support.** Dessinez les vues de face et de droite (à 2.80 po. l'une de l'autre) et la vue auxiliaire complète représentant la vraie grandeur de la surface A (Disposition A-3 ou A4-3 modifiée).[2]

Figure 8.41 **Support de commande.** Dessinez les vues nécessaires, incluant les vues auxiliaires partielles et les vues usuelles (Disposition C-4 ou A2-4).[2]

[2] Si la cotation est exigée, étudiez, au préalable, les sections 10.1 à 10.25.

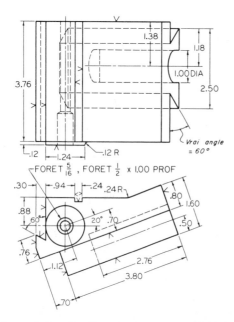

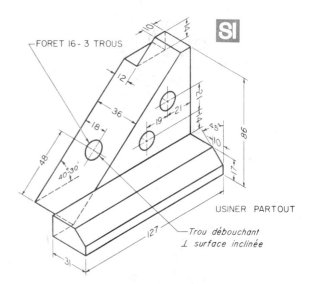

Figure 8.42 Coulisseau de porte-outil. Dessinez les vues données, et ajoutez la vue auxiliaire représentant la vraie forme de la queue d'aronde (Disposition B-4 ou A3-4 modifiée).[3]

Figure 8.43 Cale de réglage. Dessinez les vues nécessaires, incluant la vue auxiliaire représentant la vraie forme de la surface inclinée (Disposition B-4 ou A3-4 modifiée).[3]

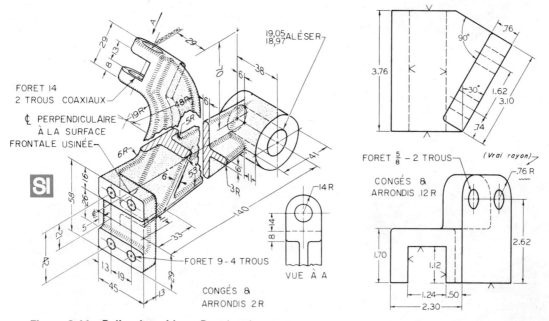

Figure 8.44 Palier de guidage. Dessinez les vues nécessaires, incluant deux vues auxiliaires partielles (Disposition C-4 ou A2-4).[3]

Figure 8.45 Console de perceuse. Dessinez les vues données et ajoutez la vue auxiliaire représentant la vraie forme de la surface inclinée (Disposition B-4 ou A3-4 modifiée).[3]

[3] Si la cotation est exigée, étudiez, au préalable, les sections 10.1 à 10.25.

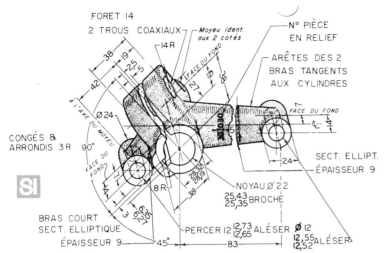

FORET 14
2 TROUS COAXIAUX
Moyeu ident. aux 2 cotés
14R
FACE DU FOND

N° PIÈCE
EN RELIEF

ARÊTES DES 2
BRAS TANGENTS
AUX CYLINDRES

FACE DU FOND

Ø 24

CONGÉS &
ARRONDIS 3R   90°

FACE DU FOND

SI

BRAS COURT
SECT. ELLIPTIQUE
ÉPAISSEUR 9

8R

SECT. ELLIPT.
ÉPAISSEUR 9

NOYAU Ø 22
25,43 BROCHE
25,35

PERCER 12 12,73 ALÉSER Ø 12
12,65   12,55 ALÉSER
              12,52

38 19
25
42 1,5
27

28,33
28,29
38

6,35
3 9,27
45°
83
24

Figure 8.46 Levier de commande de frein. Dessinez les vues nécessaires, complètes et partielles[4].

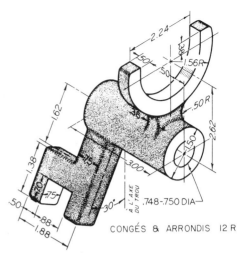

2.24
.50
.56R
.50
.50R
1.62
1.38
.70
.75
.88
1.88
.50
3.00
2.62
.748-.750 DIA

À L'AXE
DU TROU

CONGÉS & ARRONDIS 12 R

Figure 8.47 Fourchette de désembrayage. Dessinez les vues nécessaires, incluant la vue auxiliaire partielle représentant la vraie grandeur du bras incliné[4].

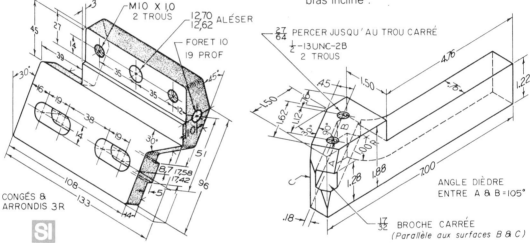

3
M10 X 1,0
2 TROUS
12,70 ALÉSER
12,62

FORET 10
19 PROF

45
27
14
39
30°
35
35
45°
16
19
38
14
19
30°
51
96
8,7 17,58
      17,42
108
133
5
14

CONGÉS &
ARRONDIS 3R

SI

Figure 8.48 Support de came. Dessinez les vues nécessaires, complètes et partielles. Pour les filets, consultez les sections 11.9 et 11.10.[4]

27
64 PERCER JUSQU' AU TROU CARRÉ
1
2 -13UNC-2B
2 TROUS
45
1.50
4.76
.76
1.22
1.50
1.62
.76
.12
1.00
30°
90°
B
A
C
1.28 1.88
7.00
.18
17
32 BROCHE CARRÉE
(*Parallèle aux surfaces B & C*)

ANGLE DIÈDRE
ENTRE A & B =105°

Figure 8.49 Porte-burin. Dessinez les vues nécessaires, incluant les vues auxiliaires partielles représentant les vraies formes de l'angle de 105° et du trou carré. Pour les filets, consultez les sections 11.9 et 11.10.[4]

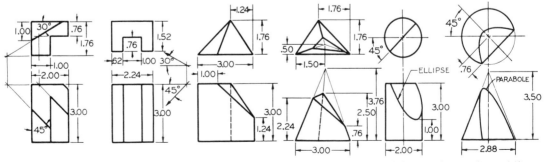

1.00 30° .76
1.76
1.00
2.00
3.00
45°

.76
1.52
.62 1.00 30°
2.24
45°
3.00

1.24
1.76
3.00
1.00
3.00
1.24 2.24

1.76
.50
1.76
45°
1.50
3.00
2.50
.76
3.76

1.76
45°
ELLIPSE
.76
3.00
1.00
2.00

45°
.76
PARABOLE
3.50
2.88

Figure 8.50 Dessinez les vues auxiliaires secondaires et complètes, qui (excepté pour le problème 2) représenteront les vraies grandeurs des surfaces obliques. Pour le problème 2, dessinez la vue auxiliaire secondaire suivant la direction indiquée par les flèches (Disposition B-3 ou A3-3).[4]

[4] Utilisez la disposition B-4 ou la disposition A3-4 modifiée (excepté pour la figure 8.50). Si la cotation est exigée, étudiez, au préalable, les sections 10.1 à 10.25.

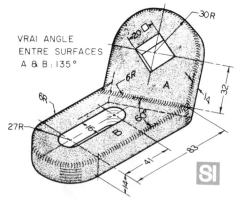

Figure 8.51 **Cornière de commande.** Dessinez les vues nécessaires, incluant les vues auxiliaires primaire et secondaire de telle sorte que cette dernière représente la vraie grandeur de la surface oblique A.[5]

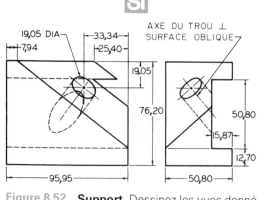

Figure 8.52 **Support.** Dessinez les vues données et les vues auxiliaires primaire et secondaire de telle sorte que cette dernière représente la vraie grandeur de la surface oblique.[5]

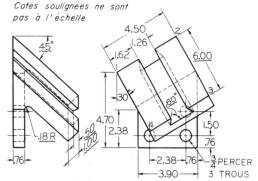

Figure 8.53 **Glissière à queue d'aronde.** Dessinez les vues données et les vues auxiliaires, incluant celle qui représente la vraie grandeur de la face 1-2-3-4.[5]

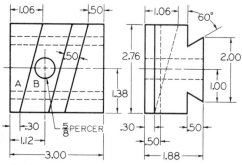

Figure 8.54 **Guide à queue d'aronde.** Dessinez les vues données et les vues auxiliaires telles qu'elles sont indiquées.[5]

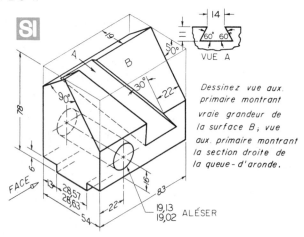

Figure 8.55 **Butée réglable.** Dessinez la vue de face complète, la vue de droite partielle et les vues auxiliaires (Disposition C-4 ou A2-4).[5]

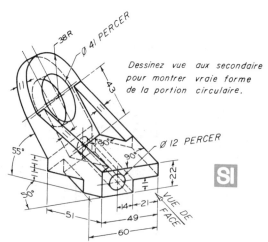

Figure 8.56 **Porte-outil.** Dessinez la vue de face complète et les vues auxiliaires primaire et secondaire telles qu'elles sont indiquées.[5]

[5] Utilisez la disposition B-4 ou la disposition A3-4 modifiée (excepté pour la figure 8.55). Si la cotation est exigée, étudiez, au préalable, les sections 10.1 à 10.25.

rotations

9.1   Rotations comparées aux vues auxiliaires.   Pour obtenir la vraie grandeur d'une surface inclinée ou oblique, on se sert d'une vue auxiliaire, comme l'explique le chapitre précédent. Cette vue est celle que l'observateur a lorsqu'il s'écarte de l'une de ses six positions usuelles (de face, de droite, etc.) pour adopter une position telle que sa direction d'observation est perpendiculaire à la surface en question (figure 9.1.a). D'autre part, on peut obtenir exactement la même vue en déplaçant l'objet par rapport à l'observateur, comme l'illustre la figure 9.1.b. Dans ce cas, l'objet est *tourné* jusqu'à ce que la surface A apparaisse en vraie grandeur dans la vue de droite. *L'axe de rotation* est perpendiculaire au plan frontal.

Cet exemple met en évidence deux caractéristiques essentielles de la rotation: premièrement, *la vue dans laquelle l'axe de rotation apparaît comme un point* (vue de face dans cet exemple) *tourne sans se déformer*; secondement, *dans les vues où l'axe de rotation apparaît en vraie grandeur, les dimensions parallèles à cet axe restent inchangées*.

Pour exécuter un dessin faisant intervenir la rotation, il faut donc commencer par la vue où l'axe de rotation apparaît comme un point, car celle-ci est la seule qui garde sa forme. Cette vue est tournée dans le sens des aiguilles d'une montre, ou inversement, suivant le cas, autour d'un point qui est la vue en bout de l'axe de rotation. La position du point peut être choisie arbitrairement. Les autres vues seront ensuite projetées à partir de cette vue tournée.

L'axe de rotation est habituellement choisi perpendiculaire à un des trois plans de pro-

255

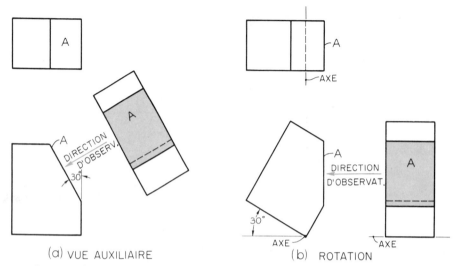

(a) VUE AUXILIAIRE   (b) ROTATION

Figure 9.1   **Comparaison entre la vue auxiliaire et la rotation.**

jection principaux pour des raisons de simplicité. La rotation correspondante est appelée
rotation simple. Si l'on se servait des vues,
qui en résultent, comme base pour d'autres
rotations, on obtiendrait des *rotations successives*. Naturellement, il est possible de faire
autant de rotations qu'on désire pour illustrer
les caractéristiques cherchées de l'objet.

9.2   Rotation autour d'un axe normal au plan frontal.

Une rotation simple est illus-
trée à la figure 9.2. L'axe de rotation imaginaire XY est perpendiculaire au plan de projection frontal (*axe de bout*) et, au cours de la
rotation, chaque point de l'objet décrit un
arc de cercle qui est parallèle à ce plan. Dans
l'espace I, la position de XY a été choisie
arbitrairement. Dans II, on fait tourner la

vue de face d'un angle choisi (30°, dans ce
cas) sans la déformer et, ensuite, on déduit
les deux autres vues par projections. *On note
que les dimensions dans le sens de la profondeur
demeurent inchangées, car elles sont parallèles
à l'axe de rotation.*

Remarquez la similitude entre les vues de
dessus et de droite, dans l'espace II, et quelques-unes des vues auxiliaires de la figure
8.7.c.

9.3   Rotation autour d'un axe vertical.

La figure 9.3 illustre la rotation d'un objet
autour d'un axe *vertical* XY. Puisque cet axe
est vu comme un point dans la vue de dessus,
celle-ci garde sa forme durant la rotation (qui
est de 30° dans cet exemple) et les deux autres
vues s'en déduisent par projections. Les

Figure 9.2   **Rotation simple autour d'un axe de bout.**

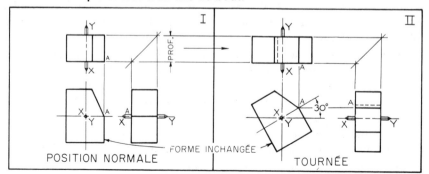

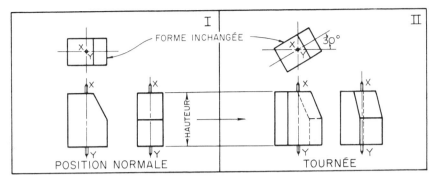

Figure 9.3 **Rotation simple autour d'un axe vertical.**

hauteurs des points dans les vues de face et de droite demeurent inchangées, car elles sont mesurées parallèlement à l'axe de rotation.

Notez la similitude entre les vues de face et de droite représentées dans l'espace II de la figure 9.3 et quelques-unes des vues auxiliaires de la figure 8.8.c.

9.4 Rotation autour d'un axe perpendiculaire au plan de profil. La figure 9.4 illustre la rotation d'un objet autour d'un axe XY perpendiculaire au plan de profil (*axe horizontal de front*). Puisque cet axe est vu comme un point dans la vue de droite, celle-ci garde sa forme durant la rotation (qui est de 30° dans ce cas-ci) et les deux autres vues s'en déduisent par des projections. Les *largeurs* apparaissant dans les vues de dessus et de face demeurent inchangées, car elles sont mesurées parallèlement à l'axe de rotation.

Notez la similitude entre les vues de face et de dessus représentées dans l'espace II de la figure 9.4 et quelques-unes des vues auxiliaires de la figure 8.9.c.

9.5 Rotations successives. Il est possible d'appliquer successivement plusieurs rotations à un objet et d'en obtenir la position finale. Une telle opération, limitée à trois ou quatre rotations (figure 9.5), offre un excellent entraînement pour les projections à vues multiples. Il est absolument indispensable d'utiliser un système d'identification, en

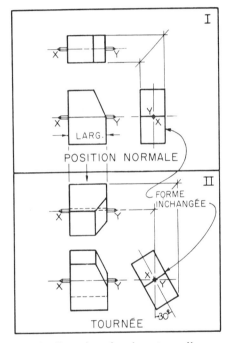

Figure 9.4 **Rotation simple autour d'un axe horizontal de front.**

chiffres ou en lettres, pour identifier chaque coin de l'objet (voir la section 6.6) lors de l'exécution des rotations successives.

La figure 9.5 illustre trois rotations successives d'un parallélépipède. Dans le quadrant I, l'objet est représenté dans sa position initiale, où toutes ses faces sont parallèles aux plans de projection principaux. Les mêmes coins sont identifiés par les mêmes numéros dans les différentes vues. En II, l'objet est tourné d'un angle de 30° par rapport à un axe perpendiculaire au plan frontal. Le dessin est placé directement au-dessous de celui de

257

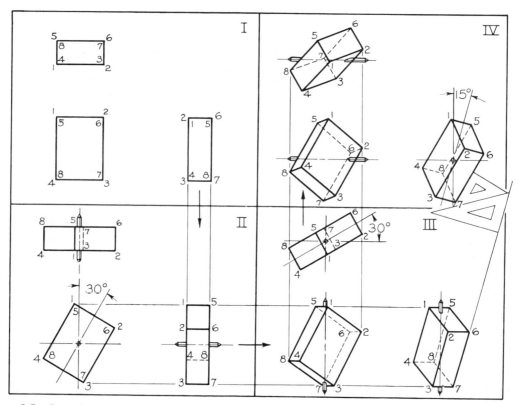

Figure 9.5 **Rotations successives d'un parallélépipède droit.**

l'espace I pour que la largeur de la vue de droite puisse être facilement reportée. La forme de la vue de face étant inchangée au cours de la rotation (voir la section 9.2), les autres vues s'en déduisent facilement par projections.

En III, l'objet est tourné, autour d'un axe vertical, de 30° à partir de la position obtenue en II. Les trois vues sont tracées à partir des deux propriétés connues (section 9.3): la *forme* de la vue de dessus est inchangée, de même que les *hauteurs* des points dans les vues de face et de droite.

En IV, l'objet est tourné, autour d'un axe perpendiculaire au plan de profil (axe horizontal de front), d'un angle de 15° à partir de la position obtenue en III. On trace les trois vues en se basant sur deux propriétés connues (section 9.4): *la forme de la vue de droite est inchangée*, de même que *les mesures dans le sens de la largeur*. La vue de droite est donc obtenue par la copie (sections 4.29 et 4.30) de celles dans III. Les vues de face

et de dessus sont obtenues par des projections à partir de la vue de droite dans le quadrant IV et des vues de face et de dessus dans le quadrant III.

Dans les quadrants III et IV, *chacune* des vues représente une *projection axonométrique* (section 12.3) de l'objet donné. De la même façon, une *projection isométrique* (figure 12.3) ou une *projection dimétrique* (section 12.29) peuvent être obtenues par des rotations successives appropriées. Dans le cas général où l'on ne cherche à représenter ni une projection dimétrique, ni une projection isométrique, les rotations successives produiront une *projection trimétrique* (section 12.32) comme l'illustre la figure 9.5.

9.6 Rotation d'un point — Axe normal à un des plans de projection principaux.

La rotation d'un point autour d'un axe est un problème rencontré fréquemment lors de la conception de systèmes comportant des poulies, des engrenages, des manivelles, de la timonerie, etc. Par exemple, lorsque le disque, représenté à la figure 9.6.a, tourne autour de l'arbre dont l'axe est 1-2, le point 3 se déplace le long d'un cercle perpendiculaire à 1-2. Cette relation est clairement illustrée en (b), où deux vues du système sont représentées. Les deux vues choisies sont les vues de face et de dessus, où l'axe de rotation 1-2 apparaît respectivement comme un *point* et comme sa *vraie grandeur*. Il en résulte deux propriétés fondamentales: *dans la vue où l'axe apparaît comme un point* (vue de face dans ce cas-ci) *la trajectoire est un vrai cercle* et, *dans la vue où l'axe apparaît comme sa vraie grandeur* (vue de dessus dans ce cas-ci), *la trajectoire est une droite perpendiculaire à l'axe*. Ces deux propriétés existent toutes les fois qu'on est en présence de vues donnant ces mêmes caractéristiques de l'axe, en particulier lorsque l'axe est normal au plan horizontal ou au plan de profil. Dans le cas général où l'axe a une direction quelconque (sections 9.7 et 9.8), on doit déterminer d'abord les vues auxiliaires qui donnent lesdites caractéristiques.

La figure 9.6.c illustre la rotation du point 3, autour de l'axe 1-2, d'un angle de 150° dans le sens des aiguilles d'une montre. Il est important de noter que le sens de la rotation est défini à partir du sens de l'axe de rotation. Ainsi, dans l'exemple précédent, on peut aussi dire que le point 3 tourne dans le sens contraire des aiguilles d'une montre autour de l'axe 2-1.

9.7 Rotation d'un point — Axe incliné.

A la figure 9.7.a, le point 3 doit tourner autour de *l'axe incliné* 1-2. Par définition, une droite est dite inclinée quand elle est parallèle à un seul des trois plans de projection principaux (section 6.22). Dans cet exemple, 1-2 est parallèle uniquement au plan frontal et, conséquemment, sa projection dans la vue de face est en vraie grandeur. De ce fait, la trajectoire de 3 dans la vue de face apparaît comme une droite perpendiculaire à 1-2 (figure 9.7.b). Pour obtenir la vraie forme de la trajectoire circulaire de 3, il faut établir

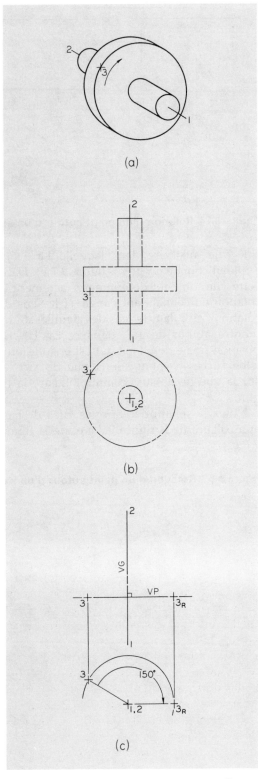

Figure 9.6 **Rotation d'un point autour d'un axe normal.**

259

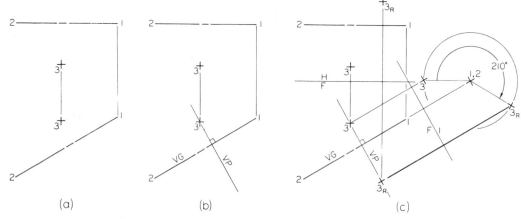

Figure 9.7 **Rotation d'un point autour d'un axe incliné.**

une vue auxiliaire dans laquelle l'axe 1-2 apparaît comme un point (figure 9.7.c). Dans cette vue, on peut déterminer exactement la rotation en connaissant l'angle et le sens de rotation (210° dans le sens des aiguilles d'une montre autour de 1-2, dans ce cas-ci). La position finale de 3 (soit 3_R) est ensuite projetée successivement sur la vue de face et sur la vue de dessus, comme l'illustre la figure.

Notez la similitude entre les vues de face et auxiliaire de la figure 9.7.c et de la figure 9.6.c.

9.8 **Rotation d'un point — Axe oblique.**

Le point 3 de la figure 9.8.a doit tourner autour de *l'axe oblique* 1-2. Par définition, une droite est dite oblique quand elle n'est parallèle à aucun des trois plans de projection principaux (section 6.23). L'axe 1-2 n'apparaît donc ni comme un point, ni en vraie grandeur dans aucune des vues principales. Pour obtenir ces deux caractéristiques nécessaires, il faut construire deux vues auxiliaires successives (figure 9.8.b). La rotation requise du point 3 est alors déterminée dans la deuxiè-

Figure 9.8 **Rotation d'un point autour d'un axe oblique.**

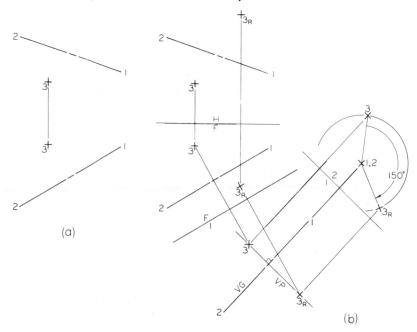

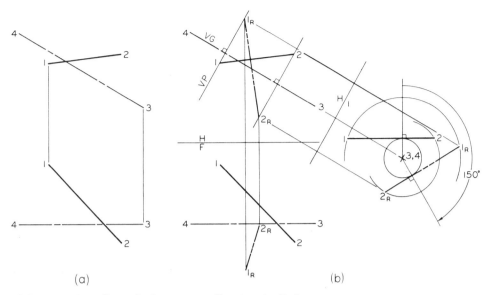

(a)   (b)

Figure 9.9   **Rotation d'une droite autour d'un axe incliné.**

me vue auxiliaire et, ensuite, projetée successivement sur les autres vues.

Notez qu'on obtiendrait les mêmes résultats si l'on choisissait des vues auxiliaires
adjacentes à la vue de dessus, à la place de
la vue de face. Le choix est simplement guidé
par l'espace disponible sur la feuille de dessin.

9.9   Rotation d'une droite. Au cours
d'une rotation, tous les points d'un corps
rigide tournent du même angle. La rotation
d'un objet, et en particulier d'une droite,
est donc analogue à celle d'un point (section
9.6).

La droite 1-2 de la figure 9.9.a doit tourner
d'un angle de 150° dans le sens des aiguilles
d'une montre autour de l'axe incliné 3-4.

Étant donné que l'axe 3-4 apparaît en vraie
grandeur dans la vue de dessus, une seule
vue auxiliaire est nécessaire pour le voir comme un point (figure 9.9.b). La rotation peut
alors être étudiée dans cette vue en bout de
3-4. Afin de s'assurer que tous les points de
la droite 1-2 tournent d'un même angle, on
trace un cercle tangent à 1-2 pour que la perpendiculaire, passant par le point de tangence, serve de référence pour la mesure
de l'angle de rotation. La position finale de
1-2 doit être, à la fois, normale à la ligne

radiale, qui sous-tend l'angle de 150°, et tangente au petit cercle. Les points 1_R et 2_R sont
déterminés par les trajectoires circulaires
partant de 1 et de 2, respectivement. La ligne
1_R-2_R est tracée en traits discontinus pour
la distinguer de la position initiale de 1-2.

**9.10   Vraie grandeur d'une droite — Mé-
thode des rotations.** Lorsqu'une droite est
parallèle à un plan de projection, sa projection sur ce plan est en vraie grandeur (figure
6.20). A la figure 9.10.a, la génératrice AB
du cône est oblique par rapport aux plans de
projection et ses projections sont plus courtes
que sa vraie grandeur. Lorsqu'on fait tourner
AB autour de l'axe du cône jusqu'à ce qu'il
coïncide avec une ligne de contour apparente,
AB_R par exemple, AB sera projeté en vraie
grandeur dans la vue de face, car, à cette
position, il devient parallèle au plan de projection frontal.

D'une façon analogue (figure 9.10.b), l'a-
rête CD de la pyramide est montrée en vraie
grandeur, CD_R, lorsqu'elle est tournée autour
d'un axe vertical, passant par C, jusqu'à une
position parallèle au plan de projection frontal. En (c), la vraie grandeur de EF est montrée
à la position EF_R.

261

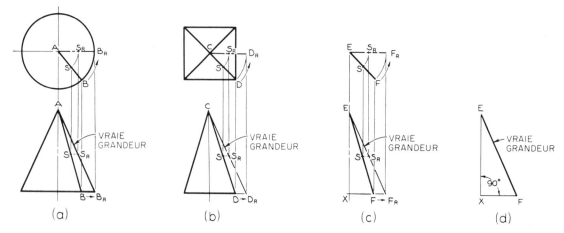

Figure 9.10　Vraie grandeur d'une droite — Méthode des rotations.

L'obtention des vraies grandeurs de droites par les rotations décrites ci-dessus peut aussi être expliquée d'une autre façon (figure 9.10.d). On construit un triangle rectangle, dont la hauteur et la base sont respectivement l'élévation et la vue de dessus de la droite en question; l'hypoténuse du triangle est égale à la vraie grandeur de cette droite.

La vraie grandeur d'une droite peut aussi être obtenue si on déplace l'observateur, au lieu de faire tourner la droite; il s'agit de la méthode des vues auxiliaires (section 8.18).

9.11 Vraie grandeur d'un plan — Méthode des rotations.
La projection d'une surface plane sur un plan est en vraie grandeur lorsque celle-ci est parallèle au plan (figure 6.19).

A la figure 9.11.a, la surface inclinée 1-2-3-4 est vue comme une droite dans la vue de face. En prenant la droite de bout 2-3 comme axe de rotation, on fait tourner la surface jusqu'à ce qu'elle soit verticale (position $3-4_R$), c'est-à-dire parallèle au plan de projection de profil. Par conséquent, la projection $1_R-2-3-4_R$ représente la vraie grandeur de la surface 1-2-3-4. Naturellement, le résultat serait le même si l'on choisissait 1-4 comme axe de rotation.

A la figure 9.11.b, le triangle 1-2-3 est tourné jusqu'à la position horizontale $3-2_R$ et sa vraie grandeur $1-2_R-3$ est obtenue dans la vue de dessus.

A la figure 9.11.c, la surface 1-2-3-4-5 est oblique de sorte qu'il est nécessaire d'utiliser deux rotations successives ou une vue auxiliaire suivie d'une rotation simple, pour déter-

Figure 9.11　Vraie grandeur d'un plan — Méthode des rotations.

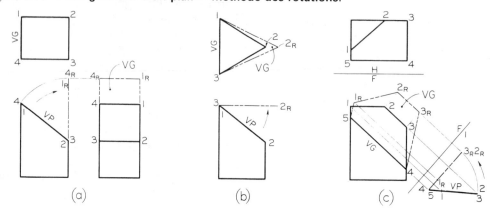

(a)　　　　　　(b)　　　　　　(c)

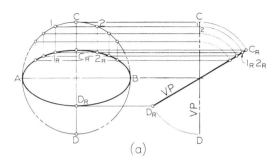

Figure 9.12 **Rotation d'un cercle**.

miner sa vraie grandeur. La deuxième méthode est illustrée en (c). En premier lieu, la vue auxiliaire 1 montre le profil VP de la surface en question (voir figure 8.22). Ensuite, la surface est tournée jusqu'à la position 4-3$_R$-2$_R$ où elle est parallèle à la charnière F/1. Dans la vue de face, tous les points, excepté ceux qui se trouvent sur l'axe de rotation 4-5, se déplacent parallèlement à F/1, tels que 1-1$_R$, 2-2$_R$, etc. Enfin 1$_R$-2$_R$-3$_R$-4-5 constitue la vraie grandeur de la surface 1-2-3-4-5.

9.12   Rotation des cercles. Comme les figures 4.50.a à 4.50.c l'illustrent, un cercle apparaît comme une ellipse quand il est vu obliquement. Dans ce cas, la pièce de monnaie est tournée par les doigts. La construction géométrique de cette rotation est représentée à la figure 9.12.a. Le cercle est en vraie grandeur, ABCD, dans la vue de face et en profil, CD, dans la vue de droite. Dans cette vue, CD est tourné d'un angle arbitraire jusqu'à C$_R$-D$_R$.

Pour obtenir différents points de l'ellipse, tracez une série de lignes horizontales qui traversent le cercle dans la vue de face. Chaque horizontale coupe le cercle en deux points, 1 et 2 par exemple. Projetez ces deux points sur CD de la vue de profil et faites-les tourner jusqu'à 1$_R$2$_R$, comme l'illustre la figure. Projetez ce point sur la vue de face pour obtenir les points 1$_R$ et 2$_R$ de l'ellipse. Déterminez autant de points qu'il en faut pour permettre la construction d'une courbe régulière.

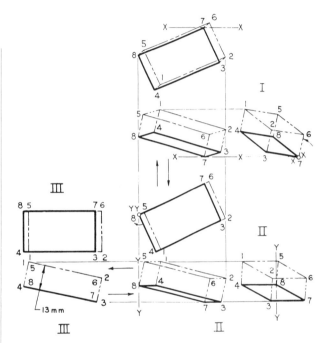

Figure 9.13 **Contre-rotation d'un parallélépipède droit**.

La figure 9.12.b illustre une application de ce principe dans la représentation d'un grand trou vu obliquement.

9.13   Contre-rotation. Le processus inverse de la rotation est la *contre-rotation*. Par exemple, si les trois vues de l'espace II à la figure 9.2 sont données, l'objet peut être représenté dans sa position initiale de l'espace I à l'aide d'une contre-rotation.

Dans la pratique, il est parfois nécessaire de représenter les vues d'un objet qui se trouve sur un plan oblique. Dans cette posi-

263

tion, la construction est très difficile. Le travail devient beaucoup moins compliqué si on fait tourner la surface oblique à une position plus commode, si on complète le dessin et si on ramène le tout à sa position initiale par une contre-rotation.

Un exemple est illustré à la figure 9.13, où les trois vues d'une surface oblique 8-4-3-7 sont fournies dans l'espace I. On demande de dessiner les trois vues d'un parallélépi-pède ayant cette surface oblique comme base et une hauteur de 13 mm. Pour ce faire, tourner la surface donnée autour d'un axe

horizontal de front XX quelconque jusqu'à ce que les côtés 8-4 et 3-7 soient horizontaux tels qu'ils sont illustrés dans l'espace II (traits discontinus). Enfin, par contre-rotations, de III à II et de II à I, les vues cherchées de l'objet seront obtenues dans l'espace I.

9.14 Problèmes sur la rotation. Les problèmes donnés dans les pages suivantes font intervenir les rotations simples, les rotations successives et les contre-rotations.

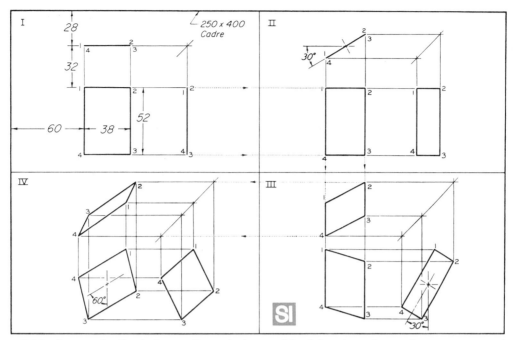

Figure 9.14 Sur une feuille de format B ou de format A3, divisez la surface utile en quatre quadrants égaux. Dans le quadrant I, dessinez les vues données des rectangles; dans le quadrant II, dessinez la rotation simple et, dans les quadrants III et IV, les rotations successives. Numérotez les points. N'indiquez aucune dimension. Inscrivez, au-dessous du cadre, la date à gauche et votre nom à droite.

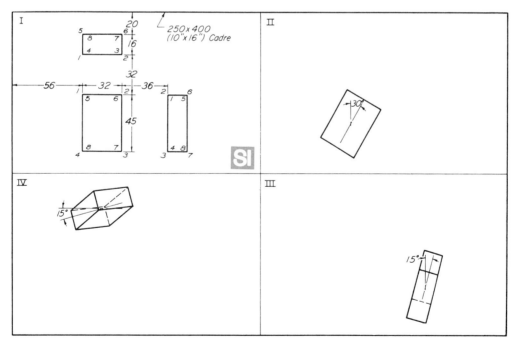

Figure 9.15 Sur une feuille de format B ou de format A3, divisez la surface utile en quatre quadrants égaux. Dessinez les vues données du parallélépipède dans le quadrant I; ensuite, dessinez les trois vues de cet objet, dans les autres quadrants, suivant les rotations indiquées. N'indiquez aucune dimension. Inscrivez, au-dessous du cadre, la date à gauche et votre nom à droite.

265

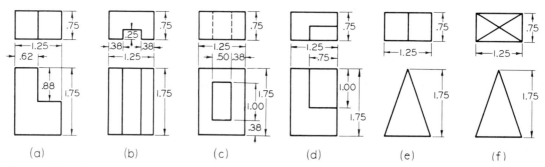

Figure 9.16 Utilisez la disposition B-4 ou la disposition A3-4 (modifiée) sur une feuille de format approprié. Divisez la surface utile en quatre quadrants égaux comme à la figure 9.14. Dans les deux quadrants supérieurs, dessinez une rotation simple comme celle à la figure 9.2 et, dans les deux quadrants inférieurs, dessinez une rotation simple comme celle à la figure 9.3. Utilisez les objets illustrés.

Autre problème: Dans les deux quadrants à gauche, dessinez une rotation simple comme celle à la figure 9.4. Dans les deux quadrants à droite, dessinez la même rotation mais d'un objet différent et d'un angle de rotation de 45° au lieu de 30°.

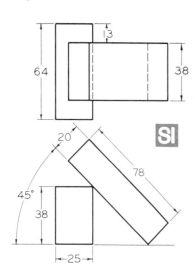

Figure 9.17 Dessinez trois vues des blocs donnés en utilisant la disposition A-2 ou A-3 ou la disposition A4-2 ou A4-3 (modifiée). Ils sont tournés d'un angle de 30° dans le sens des aiguilles d'une montre autour d'un axe vertical. Les blocs sont considérés comme soudés ensemble.

Figure 9.18 Utilisez la disposition A-1 ou la disposition A4-1 modifiée. Divisez la surface utile en quatre quadrants égaux. Faites quatre problèmes par feuille. Les positions des points donnés sont indiquées par des coordonnées exprimées en millimètres. Par exemple, dans l'exercice 1, le point 1 est localisé par trois coordonnées: 28 mm, 38 mm, 76 mm. La première coordonnée représente la distance entre la vue de face du point et le bord gauche du quadrant réservé à cet exercice. La deuxième est la distance entre la vue de face du point et le bord inférieur du quadrant. La troisième coordonnée représente soit la distance entre la vue de dessus du point et le bord inférieur du quadrant, soit la distance entre la vue de profil du point et le bord gauche du quadrant. Grâce à l'analyse du dessin donné, on peut déterminer laquelle des deux alternatives choisir.

1. Tournez, dans le sens des aiguilles d'une montre, le point 1 (28, 38, 76) d'un angle de 210° autour de l'axe 2 (51, 58, 94) - 3 (51, 8, 94).
2. Tournez le point 3 (41, 38, 53) autour de l'axe 1 (28, 64, 74) - 2 (28, 8, 74) jusqu'à ce qu'il soit à la position la plus loin en arrière de l'axe.
3. Tournez le point 3 (20, 8, 84), autour de l'axe 1 (10, 18, 122) - 2 (56, 18, 76), d'un angle de 210° vers l'arrière de l'axe 1-2.
4. Tournez le point 3 (5, 53, 53) autour de l'axe 1 (10, 13, 71) - 2 (23, 66, 71) à sa position la plus loin à gauche de 1-2 dans la vue de face.

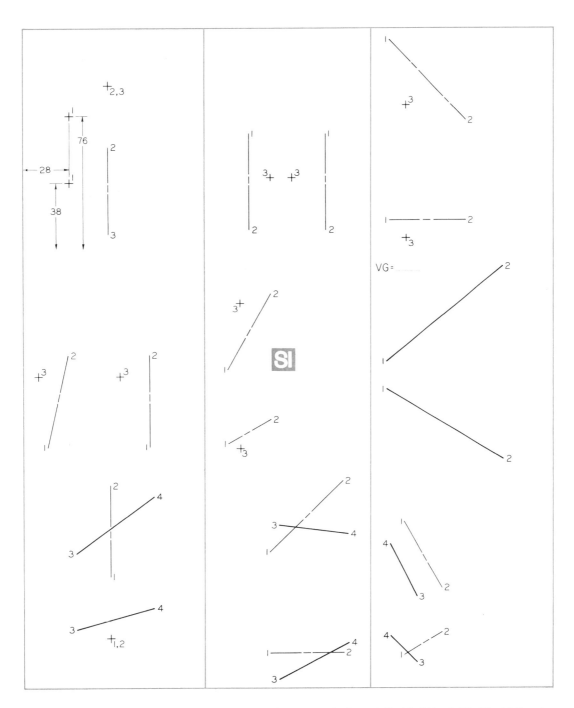

5. Tournez le point 3 (15, 8, 99), d'un angle de 180° autour de l'axe 1 (8, 10, 61) - 2 (33, 25, 104).
6. A l'aide de la méthode de rotation, trouvez la vraie grandeur de la droite 1 (8, 48, 64) - 2 (79, 8, 119).
   Échelle: 1:100
7. Tournez la droite 3 (30, 38, 81) - 4 (76, 51, 114) autour de l'axe 1 (51, 33, 69) - 2 (51, 33, 122) jusqu'à ce qu'elle soit en vraie grandeur au-dessous de 1-2. Échelle: 1:20.
8. Tournez la droite 3 (53, 8, 97) - 4 (94, 28, 91) autour de l'axe 1 (48, 23, 81) - 2 (91, 23, 122) jusqu'à ce qu'elle soit en vraie grandeur au-dessus de 1-2.
9. Tournez la ligne 3 (28, 15, 99) - 4 (13, 30, 84) autour de l'axe 1 (20, 20, 97) - 2 (43, 33, 58) jusqu'à ce qu'elle soit en vraie grandeur au-dessus de 1-2.

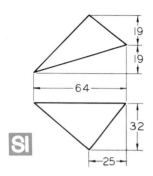

Figure 9.19 Utilisez la disposition B-3 ou la disposition A3-3. Dessinez les trois vues d'un prisme droit de 38 mm de hauteur et ayant le triangle donné comme base. (Voir la section 9.13.)

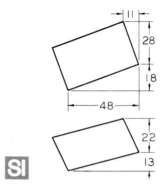

Figure 9.20 Utilisez la disposition B-3 ou la disposition A3-3. Dessinez les trois vues d'une pyramide droite de 51 mm de hauteur et ayant le parallélogramme donné comme base. (Voir la section 9.13.)

10

cotation

10.1 Bref historique des mesures de longueur.

Le système de mesure impérial s'est inspiré de ce qui se trouvait à la portée de la main. Dans l'ancienne Angleterre, le pouce était la longueur de « trois grains d'orge, ronds et secs ». A l'époque de Noé, la *coudée* était la mesure de l'avant-bras, soit environ 18 pouces.

En 1791, la France a adopté le *mètre*[1], à partir duquel le système métrique s'est développé. Entre-temps, l'Angleterre a proposé une définition plus précise de la *verge*, qui a été adoptée légalement par le Parlement en 1824. Le pied correspond au tiers d'une verge, et le pouce au trente-sixième. A l'aide

de ces spécifications, on fabrique des règles graduées, des échelles et de nombreux types d'instruments de mesure afin d'exécuter avec plus de précision les mesures et les vérifications de longueurs.

Jusqu'à nos jours, les fractions ordinaires du pouce étaient considérées comme adéquates pour exprimer les dimensions; mais, à mesure que la conception mécanique devenait plus compliquée et que la fabrication des pièces interchangeables devenait une nécessité pour soutenir la production en série, le système décimal du pouce s'est avéré indispensable pour assurer une meilleure précision des produits. (Voir les sections 10.9 et 10.10.)

Le développement rapide de la science et du commerce à travers le monde a donné naissance à un système international d'unités, le SI, adapté aux mesures en sciences

[1] Le mètre correspondait au dix-millionième de la distance de l'équateur au pôle Nord. Aujourd'hui, on le base sur la radiation du krypton (voir la section 1.13). Noter que $1\,\text{m} \approx 39{.}37\,\text{po.}$ et $1\,\text{po.} = 25{,}4\,\text{mm}$ exactement.

physiques et en ingénierie. Les six unités de base du SI sont le mètre (longueur), le kilogramme (masse), la seconde (temps), la candela (intensité lumineuse), l'ampère (courant électrique) et le Kelvin (température).

L'implantation du SI s'effectue actuellement en Amérique du Nord, particulièrement dans les industries chimique, électronique et mécanique à l'intérieur des compagnies multinationales. De nombreux organismes, tels que l'Association Canadienne de Normalisation (ACNOR) et le American National Standards Institute (ANSI), travaillent actuellement à établir de nouvelles normes métriques sur la présentation des dessins techniques conformément aux normes adoptées par l'Organisation Internationale de Normalisation (ISO).

La table, à l'intérieur de la couverture au début du livre, donne l'équivalence entre les fractions, normales et décimales, du pouce et les millimètres. L'appendice 20 fournit les équivalences entre les unités SI et celles du système impérial. (Voir aussi la section 1.13.)

10.2   Description de grandeur.[2]   En plus de fournir la description complète de la *forme* d'un objet, comme on l'a expliqué dans les chapitres précédents, le dessin de conception doit aussi comporter une description de la *grandeur* de l'objet; autrement dit, il doit être *coté*.

Le développement des méthodes modernes servant à la description de la forme d'une pièce fait suite à la nécessité de produire des composantes mécaniques *interchangeables*. De nos jours, les dessins doivent être cotés de telle manière que les techniciens, travaillant dans des endroits très éloignés les uns des autres, puissent fabriquer des pièces conjuguées, qui s'ajustent correctement lors de leur assemblage, ou des pièces de rechange demandées par les consommateurs (section 10.26).

A cause de la nécessité croissante de la fabrication de précision et du contrôle des dimensions qui assurent l'interchangeabilité

des pièces, le contrôle des cotes n'est guère la responsabilité du technicien, mais plutôt celle de l'ingénieur et du dessinateur. Le technicien n'a qu'à se soucier d'exécuter correctement les instructions fournies sur les dessins. Par conséquent, l'ingénieur et le concepteur doivent être familiers avec les matériaux, les procédés de fabrication et les exigences des ateliers. L'étudiant doit profiter de toute occasion, qui s'offre à lui, pour se renseigner sur les différents procédés fondamentaux, notamment la *construction des modèles*, la *fonderie*, le *forgeage*, les méthodes de *l'atelier d'ajustage*.

Le dessin doit représenter l'objet dans sa forme définitive et doit contenir tous les renseignements nécessaires à sa réalisation. Ainsi, lors de la cotation d'un dessin, le concepteur et le dessinateur doivent avoir à l'esprit la pièce une fois réalisée, le procédé de fabrication à utiliser et, avant tout, la fonction de la pièce dans le montage. Lorsque cela est possible, c'est-à-dire lorsqu'il n'y a pas d'interférence avec la cotation fonctionnelle, les cotes doivent être données, sous une forme commode, au travailleur de l'atelier ou à l'ingénieur de production. Ces cotes doivent être inscrites de façon à ce qu'il ne soit pas nécessaire d'effectuer des calculs, de relever à l'échelle ou de supposer arbitrairement une dimension. Il ne faut pas donner des dimensions à partir des points ou des surfaces inaccessibles.

Il ne faut pas répéter les cotes, ni donner des cotes surabondantes (section 10.30). Donnez seulement celles qui sont nécessaires à la réalisation et à la vérification de la pièce. L'étudiant fait souvent l'erreur de donner des dimensions utilisées pour *exécuter le dessin*, mais qui ne sont pas nécessairement celles requises pour la fabrication.

10.3   Échelle du dessin.   Les dessins doivent être exécutés à l'échelle et celle-ci est normalement inscrite à l'intérieur du cartouche. (Pour l'indication des échelles, voir la section 2.32.)

[2] Voir ACNOR 78.2-1973 et ANSI Y14.5-1973.

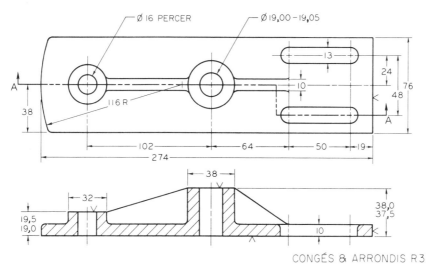

Figure 10.1 **Un dessin coté.** Les dimensions sont en millimètres.

Une dimension qui, exceptionnellement, n'aurait pas été tracée à l'échelle, doit être soulignée (figure 10.15) ou accompagnée de l'inscription NAE (non à l'échelle) ou HE (hors échelle). On a recours à cette pratique quand la modification est mineure et qu'elle ne justifie pas l'exécution d'un nouveau dessin au complet.

10.4 **Apprentissage de la cotation.** Les grandeurs à coter sont des longueurs, des angles, des pentes et des conicités. Quel que soit le système de mesures utilisé, l'apprentissage de la cotation exige la connaissance des éléments de base suivants.

1. *Technique graphique des éléments de la cotation:* l'épaisseur des traits à utiliser, l'espacement entre les cotes, l'exécution des flèches,

l'inscription des chiffres, etc. Un dessin coté typique est illustré à la figure 10.1. Notez le contraste entre les lignes vues de l'objet et les lignes fines utilisées pour la cotation.

2. *Règles sur la disposition des cotes sur le dessin.* Ces règles ont pour but d'assurer la clarté et la lisibilité du document.

3. *Choix des dimensions à coter.* Autrefois, la méthode de fabrication était considérée comme le facteur dominant de la cotation. De nos jours, c'est la fonction de la pièce qui est considérée en premier lieu. La méthode correcte consiste à coter en fonction de l'usage prévu de la pièce et, en second lieu, à réviser la cotation pour vérifier si elle peut être améliorée, au point de vue de la production, sans affecter négativement son aspect fonctionnel. Le débutant pourrait se servir d'une « décomposition géométrique » (sec-

Figure 10.2 **Technique graphique de la cotation.**

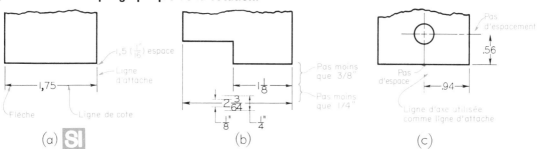

271

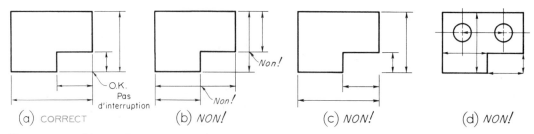

Figure 10.3 **Lignes de cotes et lignes d'attache.**

tion 10.20) pour faire son choix des dimensions à coter. Dans la plupart des cas, les dimensions ainsi déterminées sont fonctionnelles, mais cette méthode doit être étayée par une analyse logique des exigences de la fonction de l'objet (section 10.44).

10.5 Lignes utilisées dans la cotation.

La *ligne de cote* (figure 10.2.a) est une ligne fine noire qui indique la direction et l'étendue d'une dimension. Dans les dessins de mécanique, les lignes de cotes sont interrompues, à peu près à leurs milieux, pour l'inscription des chiffres. Par contre, en dessins de charpente et d'architecture, les chiffres sont habituellement inscrits au-dessus des lignes de cote.

La ligne de cote la plus près du contour de l'objet doit être à une distance minimale de 10 mm ($^{3}/_{8}$") de celui-ci. La distance minimale d'une ligne de cote à une autre est de 6 mm ($^{1}/_{4}$"). *L'espacement entre les lignes de cote doit être homogène sur tout le dessin*.

La ligne de cote est reliée à l'élément coté par des *lignes d'attache* (figure 10.2.a). Celles-ci sont tracées en trait continu fin noir. Les lignes d'attache sont perpendiculaires au segment à coter. En cas de nécessité, elles peuvent lui être obliques (figure 10.6.a). Les lignes d'attache dépassent légèrement (3 mm ou $^{1}/_{8}$") l'extrémité de la ligne de cote et doivent être détachées du contour de l'objet (espacement de 1 mm ou $^{1}/_{16}$").

Lorsque le dessin doit être reproduit sur microfilm, les valeurs, données ci-dessus pour la grosseur des chiffres et pour la grandeur des espacements, doivent être majorées d'environ 50% pour en assurer une lisibilité raisonnable.

Les *lignes d'axe* sont couramment utilisées comme lignes d'attache (figure 10.2.c) pour localiser les trous et d'autres caractéristiques. Dans de tels cas, la ligne d'axe traverse normalement les autres lignes du dessin et doit se terminer par un trait long.

10.6 Disposition des lignes de cote et des lignes d'attache.

La disposition correcte des lignes de cote et des lignes d'attache est illustrée à la figure 10.3.a. Les dimensions les plus courtes sont placées tout près du contour de l'objet, ce qui permet d'éviter les intersections inappropriées des lignes de cote et des lignes d'attache (figure 10.3.b). Notez, par contre, qu'il est parfaitement satisfaisant de laisser les lignes d'attache se croiser, comme l'illustre la figure 10.3.a. Il

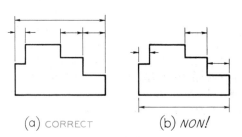

Figure 10.4 **Groupement des cotes.**

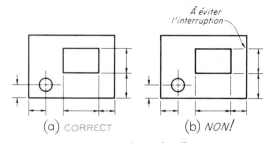

Figure 10.5 **Intersections des lignes.**

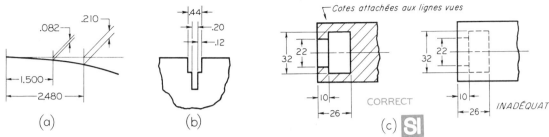

Figure 10.6 **Disposition des cotes.**

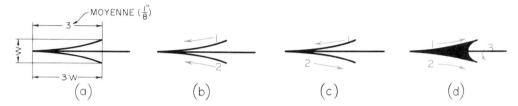

Figure 10.7 **Flèches.**

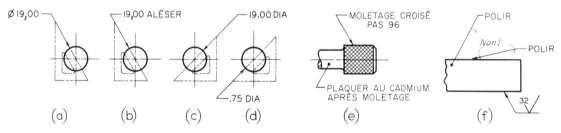

Figure 10.8 **Lignes de repère.** Les dimensions en (a), en (b) et en (c) sont en millimètres.

ne faut pas écourter les lignes d'attache (figure 10.3.c).

Une ligne de cote ne peut, en aucun cas, coïncider avec une ligne de l'objet ou se trouver sur son prolongement, ni couper, autant que possible, une autre ligne de cote (figure 10.3.d). Dans la mesure du possible, il faut aligner et grouper ensemble plusieurs cotes (figure 10.4).

Dans ce nombreux cas, les lignes d'attache et les lignes d'axe coupent les lignes de l'objet. Il faut alors éviter les interruptions (figure 10.5).

Les lignes de cotes sont normalement perpendiculaires aux lignes d'attache; pour des raisons de clarté, elles peuvent leur être obliques (figure 10.6.a). Dans les cas où l'on manque de place (figure 10.6.b), il est permis d'interrompre les lignes d'attache près des flèches. En général, il faut éviter d'attacher des cotes sur les éléments cachés (figure 10.6.c).

10.7 **Flèches.** Les *flèches* (figure 10.7) limitent les lignes de cote. Toutes les flèches d'un même dessin sont identiques, quelle que soit l'importance de la cote. Les têtes des flèches sont tracées à main levée; leur longueur, égale à la hauteur des chiffres de la cote, est d'environ trois fois leur hauteur. La longueur courante des têtes de flèches atteint 3 mm (⅛″). Les deux branches de la tête de flèche peuvent être tracées suivant une des trois méthodes illustrées à la figure; celle représentée en (b) est la plus facile lorsque la flèche est pointée vers le dessinateur. Pour donner une plus belle apparence à la flèche, on noircit la tête comme l'illustre la figure 10.7.d.

273

10.8 **Lignes de repère.** La *ligne de repère* d'une note (ou renvoi) est un trait fin noir qui se termine par une tête de flèche s'il aboutit sur une arête ou sur un contour; il se termine par un point dans les autres cas (figure 10.8). La ligne de repère se rattache toujours à la fin ou au début d'une note; elle est normalement oblique, à l'exception d'un court trait horizontal placé à la mi-hauteur des caractères de la note.

Une ligne de repère doit être toujours radiale par rapport au cercle auquel elle se rattache. Les lignes de repère adjacentes doivent être tracées parallèles entre elles, mais non pas aux autres lignes du dessin. Évitez de tracer des lignes de repère à un angle trop aigu par rapport aux lignes de l'objet (figure 10.8.f).

10.9 **Unités servant à la cotation.** Dans le système de mesure impérial, on peut inscrire les cotes en pouces, ou en pieds et pouces. Les pouces peuvent être exprimés soit en fractions soit en décimales.

On n'utilise les pouces que pour les faibles dimensions; dans les autres cas, on cote en pieds et pouces et on inscrit, par exemple, 5'-0¼ (et non pas 5'-¼ ni 5'¼). Le symbole des pouces (") est superflu. Notez, par ailleurs, que si le pouce est exprimé en décimales, on ne se sert plus de pieds. Ainsi, écrit-on 29.34 et non 2'-5.34. (Voir aussi la section 10.13.)

La plus petite fraction utilisée pour le pouce est ¹/₆₄. On utilise surtout les fractions pour coter le diamètre des trous, percés à l'aide de forets, et pour les filets normalisés. Pour des dimensions demandant des précisions supérieures à ¹/₆₄", telles que 3.815 ou 4.2340, on se sert uniquement des décimales.

Plus récemment, pour des raisons évidentes de commodité et de logique, l'ACNOR et l'ANSI recommandent l'utilisation exclusive des pouces sous forme décimale. Aujourd'hui, dans la conversion graduelle au SI en Amérique du Nord, le millimètre joue un rôle de plus en plus important dans les dessins industriels.

L'avènement des machines à commande numérique et des dessins assistés par ordinateur rend impératif le système décimal en pouces ou en millimètres.

On omet généralement le symbole ", qui identifie les pouces sur les dessins cotés en pouces, et l'abréviation mm sur les dessins cotés en métrique.

Les équivalents en millimètres et en décimales des fractions de pouce sont donnés à l'intérieur de la page couverture. (Voir aussi l'appendice 20.)

10.10 **Systèmes décimaux.** En sciences graphiques, on utilise deux systèmes décimaux: celui basé sur le pouce et celui basé sur le millimètre.

Le système décimal impérial, basé sur le pouce, possède plusieurs avantages sur le système fractionnaire et il est compatible avec la grande majorité des instruments de mesure et des machines-outils. Pour ces raisons, les dessins techniques modernes sont surtout cotés en décimales, exception faite pour les éléments de construction standard comme les vis, les boulons, les rivets, etc., qui peuvent être cotés en fractions de pouce. Un exemple type d'un dessin coté en décimales est illustré à la figure 10.9. Lorsque la précision voulue ne dépasse pas ±0.01", il suffit de coter les dimensions avec deux décimales. Pour une meilleure précision, il faut utiliser trois décimales ou plus.

Le système décimal métrique, basé sur le millimètre, est adopté et en voie d'application en Amérique du Nord. Pour la production des pièces interchangeables, quel que soit le système de mesures utilisé, plusieurs dessins sont présentés en double cotation, c'est-à-dire en pouces et en millimètres (voir la section 10.11). Il faut se rappeler que 0,1 mm équivaut approximativement à .004". Le nombre de décimales utilisées dépend de la précision requise pour l'élément coté. Une seule décimale suffit si la tolérance est de ±0,1 mm ou plus; dans les autres cas, il faut utiliser deux décimales ou plus. La figure

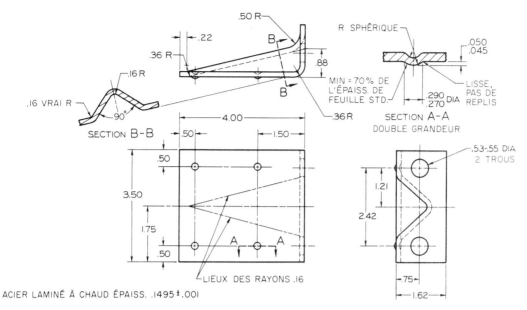

Figure 10.9   **Cotation en décimale de pouce.**   *Gracieuseté de Chevrolet Motor Co.*

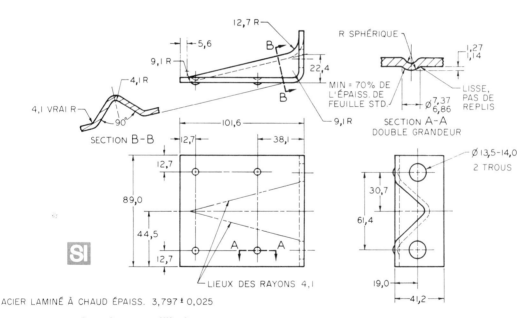

Figure 10.10   **Cotation en millimètres.**

10.10 donne un exemple de dessin coté en métrique.

On peut appliquer les règles suivantes[3] pour arrondir les décimales:

La dernière décimale retenue reste telle quelle, si la décimale qui suit est inférieure à 5. Par exemple 3,46325 devient 3,463 si l'on retient seulement trois décimales.

La dernière décimale retenue doit être augmentée de 1 si la décimale qui suit est

[3] ANSI Z25.1-1940 (R 1961); ACNOR ZP4-1944.

275

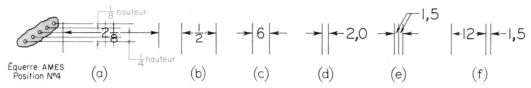

Figure 10.11 **Chiffres de cotes.** Les dimensions de (c) à (f) sont métriques.

supérieure à 5. Par exemple, 8,37652 devient 8,377 si l'on retient seulement trois décimales.

La dernière décimale retenue ne change pas si elle est paire, mais elle est augmentée de 1 si elle est impaire, lorsque la décimale qui suit est égale à 5. Par exemple, 4,365 devient 4,36 et 4,355 devient aussi 4,36.

La conversion au SI signifie non seulement un changement d'instruments de mesure et de production mais aussi un changement de mode de penser de la part des concepteurs et des dessinateurs. Ceux-ci doivent s'habituer à penser en termes de millimètres et des autres unités du SI. Les méthodes de cotation demeurent les mêmes, seules les unités changent, comme l'illustrent les figures 10.9 et 10.10.

10.11 **Les cotes.** Une bonne écriture et des chiffres parfaitement lisibles sont essentiels en dessin technique. Ils sauvent du temps et préviennent des erreurs très coûteuses lors de la production des pièces dessinées. Une discussion complète sur les chiffres est présentée aux sections 3.18 à 3.20.

Il est évident que la valeur à inscrire sur une cote est celle à obtenir sur la pièce, quelle que soit l'échelle du dessin.

La hauteur des chiffres d'utilisation courante est de 3 mm ou ⅛″ (figure 10.11.a) et celle des fractions est de 6 mm. Les débutants doivent toujours utiliser les lignes guides (figures 3.20 à 3.22). Le dénominateur et le numérateur d'une fraction doivent être clairement séparés par une barre horizontale (figure 3.23.c).

Afin d'assurer la meilleure lisibilité possible des chiffres de cotes dans le cas où l'on manque de place, on peut utiliser une des méthodes pratiques et efficaces illustrées à la figure 10.11. En (c), les flèches sont reportées à l'extérieur des lignes d'attache, alors qu'en (d), les flèches et les chiffres sont reportés à l'extérieur. Si la place n'est pas encore suffisante, la méthode indiquée en (e) peut être utilisée. S'il est nécessaire, on peut tracer une vue partielle à une échelle plus grande pour effectuer l'inscription des cotes (figure 7.22).

Les méthodes correctes d'inscription des chiffres de cotes sont présentées à la figure 10.12. Les points et les virgules doivent être bien noirs et prendre suffisamment d'espace.

Le Québec a adopté la virgule comme marque de cadrage décimal. Cependant, l'ANSI (États-Unis) et l'ACNOR (Canada) préfèrent actuellement le point. Les nombres entiers ne portent pas de virgule décimale ni de

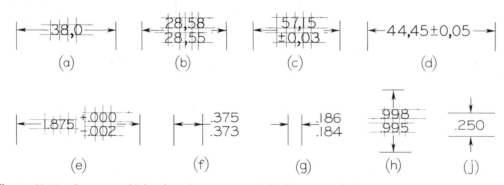

Figure 10.12 **Cotes en décimales.** Les cotes de (a) à (d) sont métriques.

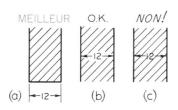

Figure 10.13 **Cotes et hachures.**

zéro à leur droite; on écrit 3 et non pas 3,0. Les valeurs de moins d'un millimètre prennent un zéro à la gauche de la virgule; on écrit 0,25 et non pas ,25. Pour les nombres de plus de trois chiffres, il faut séparer les groupes de trois chiffres par un espace, tels que 10 542 et non pas 10542 ni 10,542 ni 10.542. En pratique, un dessin métrique doit être identifié par la note MÉTRIQUE ou par la note SI indiquées très clairement près du cartouche.

La cotation double est utilisée pour indiquer les dimensions en millimètres et en pouces et elle est applicable à la production des pièces interchangeables, quel que soit le système de mesures. On peut utiliser une des méthodes suivantes pour l'inscription des cotes doubles.

MÉTHODE PAR POSITION. La valeur en millimètres ou celle en pouces sont identifiées grâce à leurs positions dans l'inscription. Habituellement, la valeur en millimètres est placée au-dessus ou à gauche de celle en pouces (l'inverse est aussi acceptable). Chaque dessin doit porter alors la spécification $\frac{\text{MILLIMÈTRE}}{\text{POUCE}}$ ou MILLIMÈTRE/POUCE, selon le cas.

Exemple

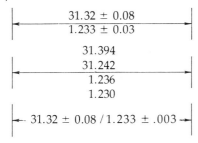

MÉTHODE PAR CROCHETS. Dans cette méthode, la valeur en millimètres est inscrite entre deux crochets, [ ]. L'emplacement de cette valeur, par rapport à la valeur correspondante en pouces, est facultative, mais doit être la même sur tout le dessin; de plus, il faut ajouter la note LES COTES ENTRE [ ] SONT EN MILLIMÈTRES.

Exemple

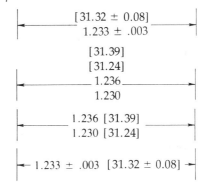

MÉTHODE PAR TABLE. Dans cette méthode, le dessin est coté d'après un seul système, de préférence les millimètres. Ailleurs sur le dessin, on ajoute une table de conversion comprenant deux colonnes, l'une pour les dimensions en millimètres et l'autre pour leurs équivalents en pouces.

Pour convertir, en millimètres, une dimension en pouces, multipliez-la par 25,4 et arrondissez le nombre obtenu à une décimale de moins que celui exprimé en pouce (voir la section 10.10). Pour faire l'inverse, divisez la dimension en millimètres par 25,4 et arrondissez le nombre obtenu à une décimale de plus que celui exprimé en millimètres.

10.12 Orientation des cotes. Suivant les normes ACNOR et ANSI, il existe deux modes d'orientation des cotes. Dans le *système unidirectionnel* (figure 10.15.a), toutes les

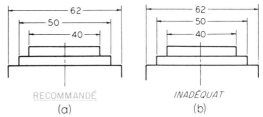

Figure 10.14 **Disposition des chiffres en quinconce.**

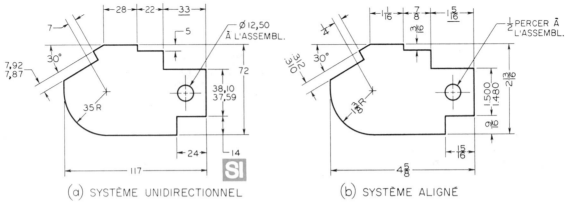

Figure 10.15 **Orientation des chiffres de cotes.**

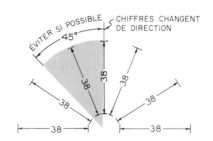

Figure 10.16 **Orientation des cotes.**

cotes sont écrites horizontalement et se lisent dans la position normale du dessin. Ce système est largement utilisé dans les industries de l'automobile, de l'aéronautique, etc., à cause de sa simplicité, aussi bien pour écrire que pour lire, dans le cas des grands dessins. Dans le *système par alignement* (figure 10.15.b), qui est aussi adopté par l'ISO, les chiffres sont écrits parallèlement aux lignes de cote; on doit éviter, autant que possible, d'orienter les cotes dans une direction comprise à l'intérieur de la zone teintée de la figure 10.16.

Quel que soit le système utilisé, les notes doivent être inscrites horizontalement, c'est-à-dire parallèles au bas du dessin.

10.13 Système pied-pouce.

Les pouces sont désignés par le symbole ″ (par exemple, 2½″) et les pieds, par le symbole ′ (par exemple, 5′-0, 5′-6 et 10′-0¼). Notez que, dans de telles expressions, on omet habituellement le symbole du pouce.

Dans les dessins cotés selon le système impérial, il n'est pas nécessaire d'inscrire le symbole ″ à la suite des cotes; dans le système métrique, on omet l'abréviation mm. S'il y a risque de confusion, il faut les inscrire; par exemple, on écrit VALVE 1″ et non pas VALVE 1, FORET 1″ et non pas FORET 1.

Dans certains domaines spécialisés, tels que la fabrication de trains et la tôlerie, les cotes des dessins sont exprimées en pouces seulement, quelle que soit la grandeur. Dans d'autres, les dimensions plus grandes que 72″, par exemple, sont exprimées en pieds et pouces. En dessins d'architecture et de charpente, les dimensions dépassant 1′ sont

Figure 10.17 **Cotation des angles.**

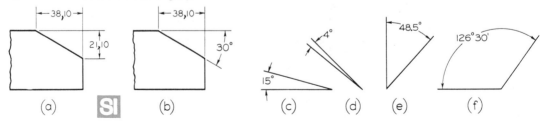

habituellement exprimées en pieds et pouces. (Voir aussi la section 10.9.)

10.14 Cote d'angles.
Pour coter une arête inclinée (figure 10.17), on peut utiliser soit les coordonnées (a) soit une longueur et un angle exprimé en degrés (b). La méthode par coordonnées est recommandée pour des travaux de grande précision.

Pour coter un angle, on utilise une des méthodes illustrées aux figures 10.17.c à 10.17.f. La ligne de cote est, autant que possible, un arc de cercle dont le centre est le sommet de l'angle. La cote de l'angle s'écrit toujours à l'horizontale.

Les angles s'expriment en degrés (°), divisés en minutes (') et subdivisés en secondes ("). Il n'est pas nécessaire d'ajouter des tirets entre les subdivisions. On écrit, par exemple, 15°25'16", 0°23'. On peut aussi exprimer les angles en degrés et en fractions décimales de degré, 49,5°, par exemple.

Sur les dessins de travaux publics, la *pente* désigne l'angle par rapport à l'horizontale, tandis que *l'inclinaison* désigne l'angle par rapport à la verticale. Elles sont représentées par un triangle rectangle dont un côté de l'angle droit est 1 (figure 10.18). La *déclivité*, comme dans le cas d'une route, est semblable à la pente mais elle est exprimée en pourcentage.

10.15 Cotation des arcs de cercle.
Les arcs de cercle sont cotés par leurs rayons, à l'aide d'une ligne de cote passant par leurs centres ou s'y dirigeant (figure 10.19). Une telle ligne touche l'arc et se termine toujours

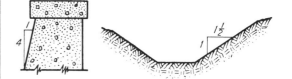

Figure 10.18 **Cotation des angles sur les dessins de travaux publics.**

par une flèche. En principe, elle doit être tracée du côté concave de l'arc (figures 10.19.a, 10.19.b et 10.19.c). Cependant, pour les petits arcs, on peut la tracer du côté convexe (figure 10.19.d). La méthode illustrée à la figure 10.19.f représente une autre alternative d'inscription de cote en présence des hachures ou d'autres lignes.

La cote de rayon d'un arc, dont la position du centre n'est pas cotée, n'a pas à être limitée exactement à ce centre (figures 10.19.c, 10.19.d et 10.19.e). Si, au contraire, le centre doit être situé en un point donné qui est difficilement accessible, la ligne de cote peut être brisée, comme l'illustre la figure 10.19.f.

10.16 Cotation des congés et des arrondis.
Les congés et les arrondis individuels sont cotés de la même façon que les arcs de cercle (figures 10.19.b à 10.19.c). Si, sur le dessin, il n'y en a que quelques-uns qui sont de la même grandeur (voir la figure 10.41.5), il suffit de coter un seul rayon type. Cependant, on trouve souvent, dans un dessin, de nombreux congés et arrondis et la plupart de ceux-ci ont des dimensions standard, telles que R3 et R6 ou ⅛R et ¼R. On utilise, dans ces cas, une note générale inscrite au bas du dessin, telle que CONGÉS R6 ET ARRONDIS R3 SAUF INDICATION CONTRAIRE, ou CON-

Figure 10.19 **Cotation des arcs de cercle.**

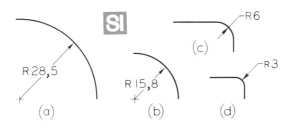

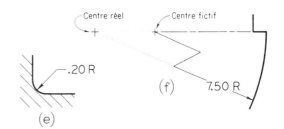

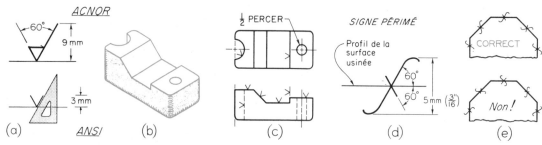

Figure 10.20 **Signes de façonnage.**

GÉS NON COTÉS R3, ou CONGÉS ET AR-
RONDIS R6.

10.17 Signes de façonnage. Un *signe
de façonnage* est un symbole normalisé qui
identifie les surfaces à finir par usinage. Pour
un modeleur ou pour un fabricant de matrices
en fonderie, un signe de façonnage implique
la nécessité d'ajouter une surépaisseur à la
pièce à couler en prévision de l'usinage ultérieur. Les signes de façonnage peuvent être
omis lorsque le procédé d'usinage est expli-
cité dans une note spécifique, telle que fo-
rage, alésage, fraisage, etc., ou lorsque la
cote implique une surface finie, telle que
DIA 6-6,05.

Le signe de façonnage adopté par l'ACNOR
diffère légèrement de celui de l'ANSI (figure
10.20.a). La hauteur du long trait est trois
fois celle des caractères du dessin, soit de

l'ordre de 9 mm. Les anciens symboles sont
illustrés à la figure 10.20.d.

La pièce moulée représentée à la figure
10.20.b possède plusieurs surfaces usinées,
qui sont clairement identifiées en (c). Cette
figure illustre quelques règles d'emploi du
signe de façonnage:

1. Les signes sont exécutés en traits fins.
2. Le signe concernant une surface ne doit
   pas être répété sur plusieurs vues, de
   la même manière que les cotes.
3. Le signe doit être placé du côté du métal
   enlevé, la pointe sur la surface façonnée,
   à proximité de la cote correspondante.

Pour des indications précises de façonnage,
telles que le degré de rugosité et le procédé
d'usinage, on utilise un symbole plus élaboré
qui sera expliqué à la section 10.42.

Quand toutes les surfaces doivent être
usinées, une note générale, telle que USINÉ
PARTOUT, peut être utilisée et les signes de
façonnage seront omis.

Figure 10.21 **Cotes placées à l'intérieur ou à l'extérieur des vues.**

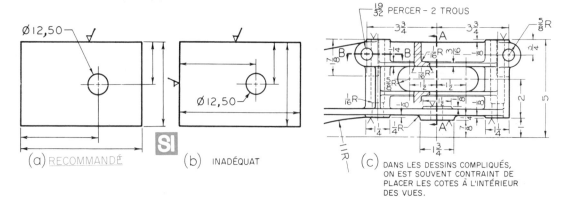

Différentes méthodes d'usinage produisent différents états de surface. Les termes suivants sont couramment utilisés: alésage, brochage, brunissage, découpage, électro-érosion, fraisage, galetage, grattage, limage, meulage, mortaisage, oxycoupage, perçage au foret, polissage, rabottage, rodage, sciage, superfinition, taillage, tournage, etc.

10.18   Cotes à l'intérieur ou à l'extérieur des vues. *Les cotes ne doivent pas être placées à l'intérieur des vues à moins qu'on y gagne en clarté et en lisibilité.* Cette règle est illustrée à la figure 10.21. La méthode en (a) est recommandée et est de beaucoup supérieure à celle en (b). Parfois, surtout sur les dessins compliqués, il est nécessaire de placer certaines cotes à l'intérieur des vues (c). Il faut interrompre toute ligne qui coupe une cote (hachure, ligne d'axe, trait fort, etc.).

10.19   Cotation par contour. Les vues sont dessinées pour décrire la forme de différentes caractéristiques d'un objet, et les cotes sont fournies pour en donner les grandeurs et les positions. Il s'en suit que *les cotes doivent être placées là où les formes sont définies le mieux*, c'est-à-dire dans les vues où les contours

(profils) de ces formes apparaissent (figure 10.22.a). En (b), toutes les cotes sont mal placées.

En plaçant une cote directement près du contour descriptif d'une forme, on évite automatiquement d'attacher des cotes sur des arêtes cachées, telles que la profondeur 10 de l'entaille en (b); cela évite aussi d'attacher une cote à une ligne vue qui n'est pas très descriptive, comme la profondeur 20 de la base en (b).

Exceptionnellement, on place de préférence la cote du diamètre d'un cylindre dans la vue où la longueur du cylindre apparaît (figures 10.23.b, 10.26 et 10.27).

10.20   Décomposition géométrique. Les objets conçus en génie sont très souvent composés de formes géométriques simples, telles que le prisme, le cylindre, la pyramide, le cône et la sphère (figure 10.23.a). Cette caractéristique résulte directement, d'une part, de la nécessité, en conception mécanique, de garder les formes les plus simples possibles et, d'autre part, des contraintes inhérentes aux procédés de fabrication.

La cotation d'un dessin comprend deux étapes fondamentales:

Figure 10.22   Cotation par contour.

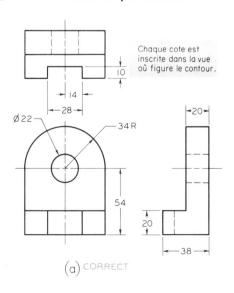
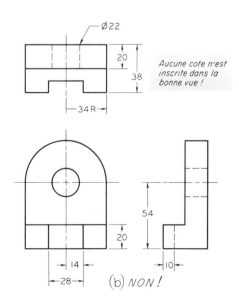

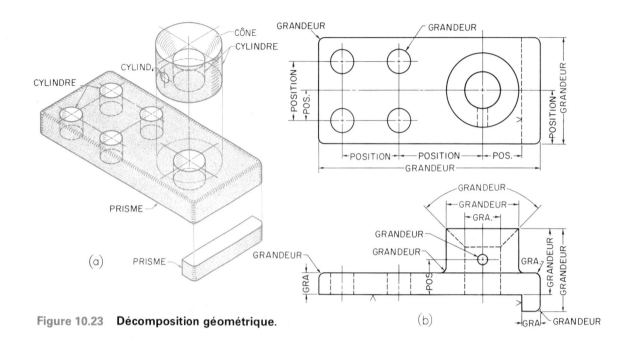

Figure 10.23 **Décomposition géométrique.**

1. Mettre les cotes qui indiquent la *grandeur* des formes géométriques simples. Ce sont les *cotes de grandeur*.
2. Mettre les cotes qui *situent* ces formes les unes par rapport aux autres. Ce sont les *cotes de position*.

Notez qu'une *cote de position définit la position d'un élément géométrique tri-dimensionnel* et non pas une face; autrement, elle devient une cote de grandeur.

L'objet illustré à la figure 10.23.a est représenté par une projection à vues multiples (b). Chaque élément géométrique est décrit par les cotes de grandeur et, ensuite, localisé par les cotes de position.

Le processus de décomposition géométrique est très utile pour la cotation; néanmoins, il faut le modifier lorsqu'il ne concorde pas avec la fonction pour laquelle la pièce est conçue, ou avec les exigences de la méthode de production.

10.21 **Cotes de grandeur des prismes.**
Le prisme, ou parallélépipède, rectangulaire droit (figure 4.7) est probablement la forme géométrique la plus usuelle. La figure 10.24 illustre quatre façons différentes de cotation

d'un prisme. Les méthodes illustrées en (a) et en (b) s'appliquent lorsque les vues de face et de dessus sont données, tandis que celles illustrées en (c) et en (d) sont utiles dans les cas où les vues de face et de profil sont disponibles. Notez surtout la disposition des cotes sur les dessins.

Un exemple d'application de la méthode de cotation de grandeur d'une pièce composée entièrement de prismes est illustré à la figure 10.25.

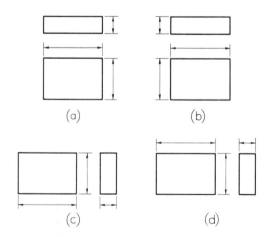

Figure 10.24 **Cotation des prismes rectangulaires.**

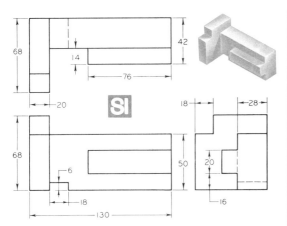

Figure 10.25 Cotation d'une pièce composée de formes prismatiques.

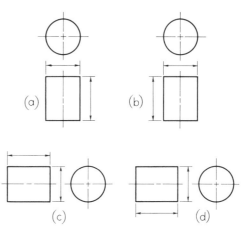

Figure 10.26 Cotation des cylindres circulaires.

10.23
Cotes de
grandeur de
diverses
formes géomé-
triques

10.22   Cotes de grandeur des cylindres. Le cylindre circulaire droit est une forme géométrique aussi usuelle que celle du prisme. Le principe général pour coter un cylindre est de donner les cotes indiquant le diamètre et la longueur sur la *même vue* longitudinale, celle où le cylindre est vu comme un rectangle (figure 10.26). Les possibilités découlant de ce principe sont illustrées à la figure 10.26. La figure 10.27 en est un exemple d'application.

L'ACNOR et l'ANSI approuvent aussi la façon de coter le diamètre du cylindre par la vue en bout circulaire mais les auteurs ne recommandent pas cette méthode, exception faite pour les cas spéciaux où elle donne plus de clarté au dessin. En effet, plusieurs cotes de diamètre disposées dans la même vue en bout circulaire deviennent embrouillantes.

Il ne faut jamais coter un cylindre par son rayon, car les instruments de mesure, tels que le palmer, sont conçus pour vérifier les diamètres.

Les trous cylindriques sont habituellement cotés par une note spécifiant le diamètre, la profondeur et, si nécessaire, la méthode de façonnage appropriée (figures 10.27 et 10.30).

On ajoute le symbole ⌀ ou l'abréviation DIA à une cote (figure 10.28.a), lorsque celle-ci n'indique pas, d'une façon suffisamment claire, qu'il s'agit d'un diamètre. Dans certains cas (figure 10.28.b), ces indications peu-

vent être utilisées pour éliminer la vue en bout circulaire.

10.23   Cotes de grandeur de diverses formes géométriques. La figure 10.29 illustre les méthodes recommandées pour coter les grandeurs de différentes formes géométriques autres que celles du prisme et du cylindre. Il faut surtout remarquer la disposition des cotes.

Si la base de la pyramide est carrée (figure 10.29.c), il est possible de coter un seul côté du carré pourvu que le chiffre de cote soit

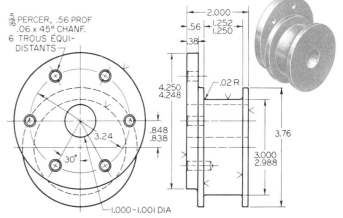

Figure 10.27 Cotation d'une pièce composée de formes cylindriques.

283

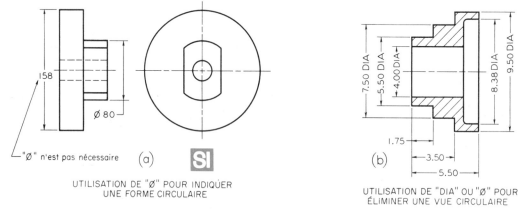

Figure 10.28 **Utilisation du symbole ⌀ ou de l'abréviation DIA pour une cote de diamètre.**

précédé du symbole □ ou suivi du mot CARRÉ.

Il existe d'autres méthodes que celle illustrée à la figure 10.29.e pour coter un tronc de cône. On peut, par exemple, coter la hauteur et les deux diamètres dans la même vue de face, ou la hauteur, un diamètre et la conicité (voir la section 10.33).

A la figure 10.29.f, le bouton a une forme sphérique et son diamètre est identifié par une cote accompagnée du mot SPHÈRE. Le bourrelet a une forme torique (figure 4.7) et il est coté par son épaisseur et par son diamètre extérieur. Une extrémité de forme sphérique (figure 10.29.g) est toujours cotée par son rayon; l'expression SPHÈRE R précède toujours la cote.

10.24 Cotation des trous. Les trous façonnés par perçage, par alésage, etc. sont

habituellement cotés à l'aide d'une note normalisée (figures 6.40, 10.30.a et 10.42). L'ordre des opérations spécifiées sur la note indique l'ordre d'exécution requis pour produire le trou. Un ensemble de trous identiques est coté par une seule note dont la ligne de repère touche un seul d'entre eux (figure 10.30.a).

Comme l'illustrent les figures 6.40 et 10.30, la ligne de repère doit, en règle générale, s'appliquer à la vue circulaire du trou. Si le trou comporte une fraisure ou un lamage, ou s'il est conique, la ligne de repère doit toucher le cercle extérieur (figures 10.42.c à 10.42.j).

Les notes doivent être toujours inscrites horizontalement sur le dessin.

Le calibre des forets standard dans le système impérial est souvent désigné par un numéro ou par une lettre (appendice 5). Cependant, de nos jours, on recommande d'ajouter les équivalents en décimales de

Figure 10.29 **Cotation de diverses formes géométriques.**

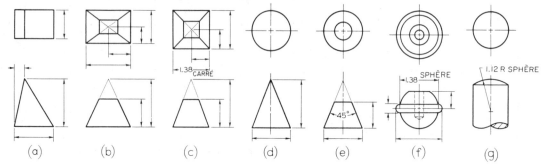

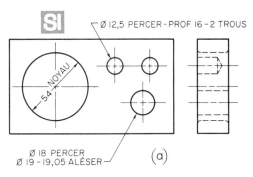
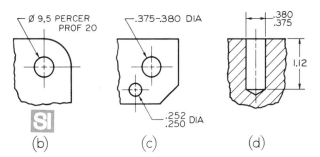

Figure 10.30 **Cotation des trous.**

pouce, comme dans les exemples FORET #28 (.1405) ou FORET « P » (.3230). Les forets métriques sont tous calibrés par leurs diamètres en millimètres et ils ne portent ni numéro, ni lettre.

Sur les dessins des pièces qui seront produites en grandes quantités, il n'est pas nécessaire d'indiquer la méthode de façonnage sur la note (figures 10.30.c et 10.30.d), quoique les tolérances inscrites suggèrent déjà le procédé approprié.

10.25 **Cotes de position.** Une fois que les grandeurs des composants géométriques d'une pièce sont cotées, on ajoute les *cotes de position* pour indiquer leurs positions relatives (figure 10.23).

Les éléments rectangulaires sont localisés par rapport à leurs faces (figure 10.31.a) alors que les éléments ronds ou symétriques le sont par leurs centres (figure 10.31.b).

Il est préférable de placer les cotes de position d'un trou dans la vue où celui-ci est projeté comme un cercle (figure 10.32).

Les cotes de position doivent, autant que possible, partir d'une surface usinée (figure 10.33) pour permettre des mesures précises lors de la fabrication. Naturellement, la position de la première surface usinée doit être donnée à partir d'une surface brute d'un centre ou d'une ligne d'axe.

En général, les cotes de position doivent être rapportées à partir d'une surface de référence, d'un centre ou d'une ligne d'axe importante.

Un ensemble de trous uniformément répartis sur un cercle est coté par une note accompagnée du diamètre du cercle de trous (figure 10.34.a). Si les trous sont répartis inégalement, on cote leurs positions en donnant

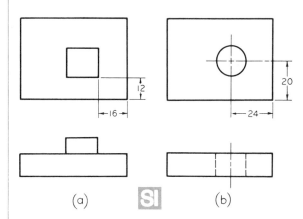

Figure 10.31 **Cotes de position.**

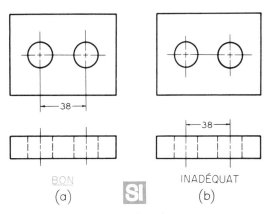

Figure 10.32 **Localisation des trous.**

285

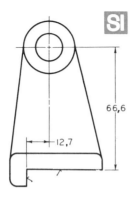

Figure 10.33 **Cotes référées aux surfaces usinées.**

le diamètre du cercle de trous et les angles mesurés à partir *d'une seule des lignes d'axe* (figure 10.34.b).

Quand une plus grande précision est requise, on utilise plutôt des coordonnées (figure 10.34.c). Dans ce cas, la cote du diamètre doit comporter l'indication RÉF qui signifie que cette dimension est une *cote de référence*. Une cote de référence est fournie à titre d'information seulement et elle n'est pas nécessaire à la fabrication de la pièce. (Voir aussi la figure 10.35.c.)

On cote la position de plusieurs trous distribués sur un arc de cercle (figure 10.35.b) en donnant le *rayon* de l'arc et les angles mesurés à partir d'une *ligne de référence*.

A la figure 10.35.b, trois trous sont disposés sur la même ligne d'axe. Une cote définit la position du petit trou à gauche et l'autre donne la distance entre les petits trous. Cette méthode est utilisée lorsque (et c'est souvent le cas) la distance entre les petits trous est importante. Si la relation entre le trou du centre et chacun des deux autres petits trous est importante, on doit coter la distance X et ajouter l'abréviation RÉF à la distance totale.

La figure 10.35.c illustre un autre exemple de cotation par les coordonnées des trous répartis sur un cercle.

Un trou peut être localisé aussi par d'autres sortes de mesures linéaires. Par exemple, à la figure 10.35.d, les distances 20,3 mm et 41,15 mm sont fournies parce que la relation fonctionnelle des deux trous l'exige.

Les trous représentés à la figure 10.35.e sont localisés à partir de deux *surfaces de référence* mutuellement perpendiculaires. Par cette méthode de cotation, on peut mieux contrôler la succession des mesures et des opérations d'usinage, tout en évitant l'accumulation des tolérances. Les surfaces de référence doivent être plus précises que toute autre dimension mesurée à partir d'elles. De plus, ces surfaces doivent être accessibles au cours de la fabrication et choisies de manière à faciliter l'utilisation des outils et des dispositifs de fixation, s'il y a lieu. Ainsi, il s'avère peut-être nécessaire de spécifier la précision de la surface de référence à l'aide de sa planéité ou de sa rectitude, etc.

Au lieu de localiser une série de trous par une *cotation en parallèle* telle que celle à la

Figure 10.34 Localisation des trous répartis sur un cercle.

(a)

(b)

(c)

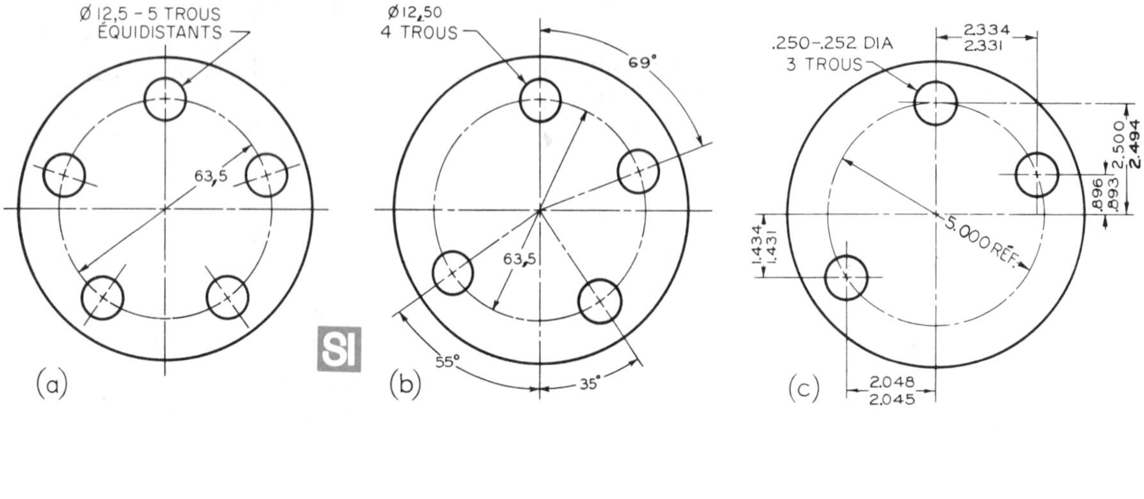

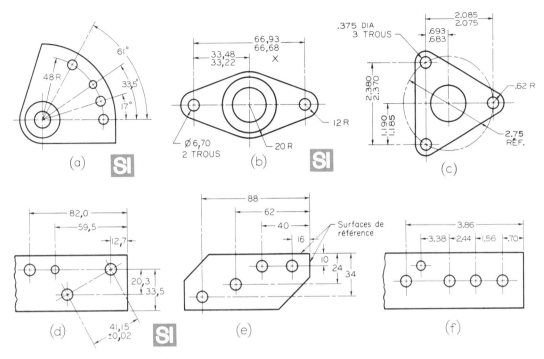

Figure 10.35 **Localisation des trous**.

figure 10.35.e, on peut, pour gagner de l'espace ou par souci de simplification, remplacer cette cotation par une *cotation à cotes superposées* (figure 10.35.f) où tous les chiffres de cotes indiquent des valeurs *cumulatives* à partir d'une origine commune. Remarquez que, à part la première, toutes les lignes de cote comportent une seule flèche et que la dernière cote est complète et séparée des autres.

10.26 **Cotes conjuguées.** Lors de la cotation d'une pièce individuelle, il faut tenir compte de sa relation avec les autres pièces de l'assemblage. Par exemple, à la figure 10.36.a, le bloc de guidage doit s'ajuster dans la rainure de la base. Les dimensions qui sont communes aux deux pièces sont appelées *cotes conjuguées*.

Les cotes conjuguées doivent être placées aux endroits correspondants dans les dessins de chaque pièce (figures 10.36.b et 10.36.c). Les autres cotes ne sont pas des cotes conjuguées puisqu'elles ne contrôlent pas l'assem-

blage des deux pièces. Les *valeurs* des deux cotes conjuguées ne sont pas nécessairement identiques. Par exemple, la largeur de la rainure à la figure 10.36.b peut être cotée à une valeur de quelques dixièmes de millimètre supérieure à celle du bloc représenté à la figure 10.36.c, mais ces valeurs sont toutes les deux déduites d'une seule largeur de base. Il est donc utile d'identifier les cotes conjuguées pour s'assurer que leurs valeurs soient justes.

Dans le montage représenté à la figure 10.37.a, la dimension A constitue une cote conjuguée, car elle est commune au support d'arbre et au banc. La cote A doit donc apparaître sur le dessin de chaque pièce. Si l'on reconstruit le support en deux membres séparés (figure 10.37.b), la dimension A devient inutile, car on n'a plus besoin de contrôler la distance exacte entre les deux boulons. Par contre, les dimensions F deviennent conjuguées et elles doivent être indiquées sur les dessins de chaque pièce. Les autres dimensions, E, D, B et C à la figure 10.37.a, ne sont pas considérés comme des cotes con-

287

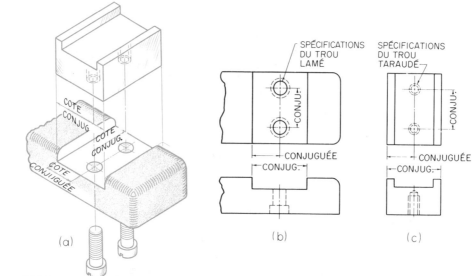

Figure 10.36 **Cotes conjuguées.**

Figure 10.37 **Montage de support d'arbre.**

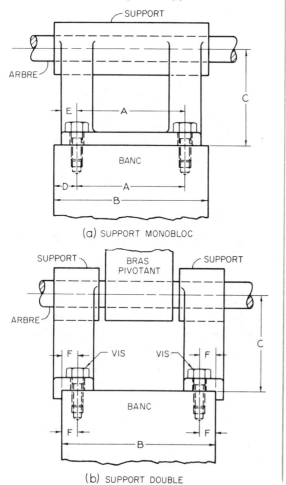

juguées, car elles n'influent pas directement sur l'ajustement des pièces.

10.27 **Cotes pour usinage, modelage et forgeage.** La base, représentée à la figure 10.36.a, est usinée à partir d'une pièce moulée; le modeleur s'intéresse à certaines dimensions pour fabriquer le modèle alors que l'ajusteur-mécanicien en a besoin d'autres pour l'usinage. Occasionnellement, les deux utilisent la même dimension.

La même pièce est représentée à la figure 10.38; les cotes pour l'usinage sont identifiées par la lettre U et les cotes pour le modelage,

Figure 10.38 **Cotes pour l'usinage et cotes pour le modelage.**

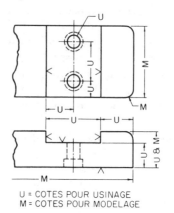

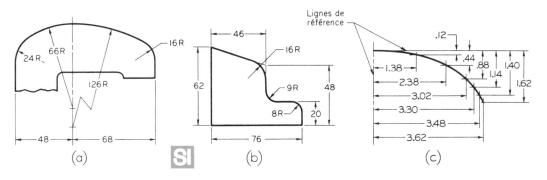

Figure 10.39 **Cotation des courbes.**

Figure 10.40 **Cotation des formes à bouts arrondis.**

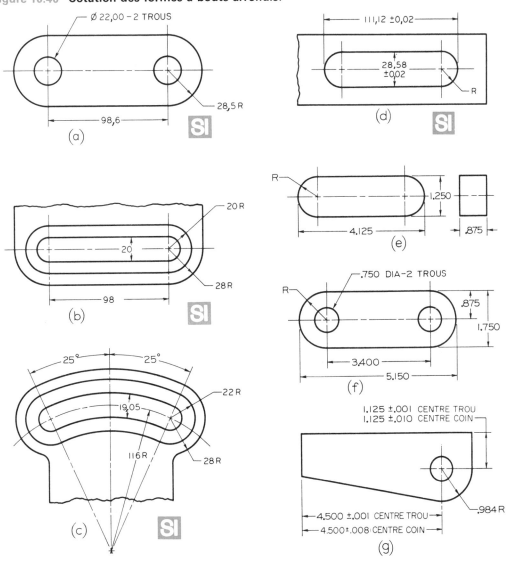

par la lettre M. En général, l'ajusteur-mécanicien ne s'intéresse qu'aux cotes U et le modeleur, qu'aux cotes M. Souvent, une dimension est utile à l'ajusteur-mécanicien et inutile au modeleur, ou inversement. Étant donné que le modeleur se sert du dessin une seule fois, lors de la fabrication du modèle, et que l'ajusteur-mécanicien s'y réfère constamment, le dessin doit être coté, de préférence, en fonction de l'ajusteur-mécanicien.

Si la pièce à fabriquer possède de grandes dimensions et si elle est compliquée, on prépare parfois deux dessins séparés, un pour le modeleur et l'autre pour l'ajusteur-mécanicien. Cependant, en pratique courante, on ne fait qu'un seul dessin à l'intention des deux.

Pour les pièces de forge, on prépare habituellement un dessin pour le forgeage et un autre pour l'usinage. Le premier ne comporte que les cotes utiles à l'atelier de forge et le deuxième, que celles utiles à l'atelier d'ajustage.

10.28   Cotation des courbes.   Les courbes composées d'arcs de cercle sont cotées par leurs rayons respectifs (figures 10.39.a et 10.39.b). (Voir aussi la figure 10.19.f) Lorsque les centres de ces arcs sont évidents, on ne précise pas leurs positions. La méthode de cotation par coordonnées (c) s'applique pour tout genre de courbes, circulaires ou non. (Voir aussi la figure 10.6.a.)

10.29   Cotation des forme à bouts arrondis.   La méthode à utiliser pour coter les formes à bouts arrondis dépend du degré de précision requis (figure 10.40). Lorsqu'une grande précision n'est pas requise, les méthodes employées sont celles qui sont commodes pour l'atelier d'ajustage (figures 10.40.a, 10.40.b et 10.40.c).

En (a), le joint d'accouplement, qui peut être produit par moulage ou par découpage du métal en feuille, est coté comme s'il serait fabriqué par l'atelier d'ajustage, la distance

entre-axe et les rayons des bouts sont fournis. Notez qu'il suffit de coter un seul rayon.

En (b), le support d'une pièce moulée comporte une mortaise à chants ronds fraisée. Celle-ci est cotée par la distance entre-axe, qui est utile aussi bien pour le modeleur que pour l'ajusteur-mécanicien. De plus, cette même distance représente la course totale de la fraise qui peut être facilement réglée par l'ajusteur-mécanicien. La largeur de la mortaise indique le diamètre de la fraise; il est donc mauvais de donner le rayon d'une mortaise usinée. De plus, si la mortaise est façonnée par moulage à l'aide d'un noyau, elle doit être cotée par le rayon, conformément au procédé utilisé par les modeleurs.

En (c), la mortaise arquée est cotée d'une façon analogue à celle en (b), excepté qu'on utilise plutôt des mesures angulaires.

Lorsque les pièces doivent être fabriquées avec une plus grande précision, les méthodes indiquées aux figures 10.40.d à 10.40.g sont recommandées. Les longueurs totales sont données; les rayons des bouts arrondis sont identifiés, mais non pas à l'aide de valeurs précises.

En (f), on cote la distance entre-axe, car elle est essentielle à la localisation précise des trous.

En (g), la position du trou est plus critique que celle du coin arrondi, de sorte qu'on cote séparément leurs positions.

10.30   Cotes surabondantes.   Bien qu'il soit nécessaire de donner toutes les dimensions, le concepteur doit se garder de mettre des cotes inutiles ou surabondantes sur un dessin (figure 10.41). Il ne faut ni répéter la même dimension dans une vue ou dans différentes vues, ni donner la même information de deux façons différentes.

La figure 10.41.2 illustre un exemple de cotation surabondante que l'on doit habituellement éviter, surtout sur les dessins d'usinage où la précision est importante. Il ne faut pas laisser à l'ajusteur-mécanicien le choix entre deux cotes. *Évitez la cotation « en*

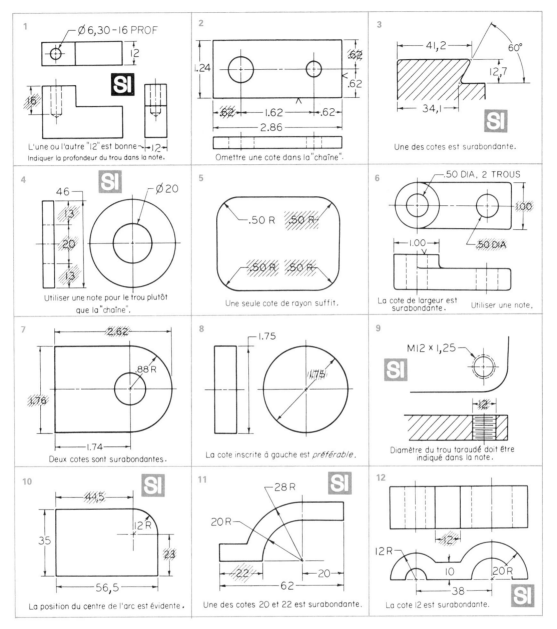

Figure 10.41 **Cotes surabondantes**.

chaîne », dans laquelle une série de cotes sont mises côte à côte et accompagnées d'une cote hort-tout. Dans de tels cas, il faut enlever une des cotes de la « chaîne », comme l'indique la figure, de sorte que l'ajusteur-mécanicien soit obligé de travailler à partir d'une seule surface de référence. Cela est particulièrement important pour les cotes de tolérance dans lesquelles l'accumulation des écarts peut causer de sérieuses difficultés.

Certains dessinateurs inexpérimentés ont la mauvaise habitude d'omettre de coter les dimensions indiquées à droite à la figure 10.41.2, en supposant que la pièce est « naturellement » symétrique. En fait, il faut coter *une* des deux dimensions.

291

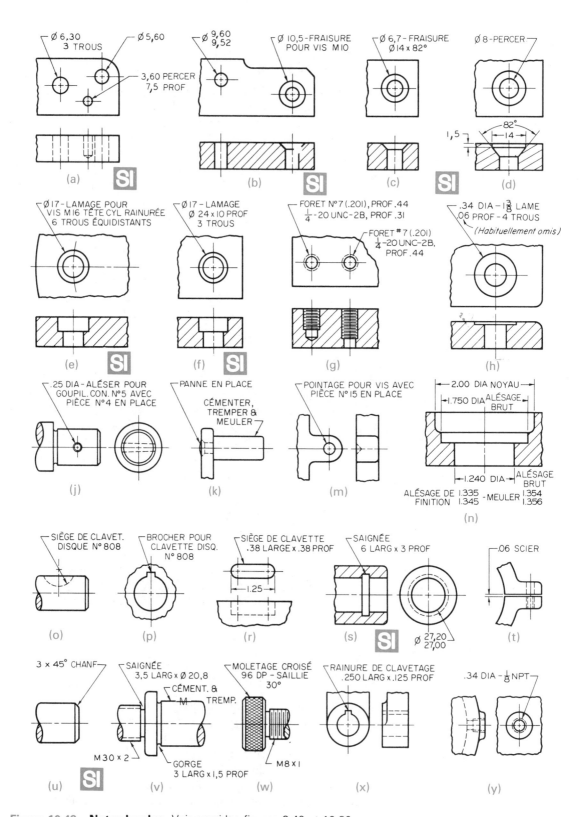

Figure 10.42 **Notes locales.** Voir aussi les figures 6.40 et 10.30.

A la figure 10.41.5, lorsqu'il est clair que les quatre coins ont le même rayon, il suffit d'en coter un seul. Cela est généralement applicable pour les congés, pour les arrondis et pour les autres détails peu importants. Par exemple, aux figures 10.40.a à 10.40.c, il n'est pas nécessaire de répéter la cote des rayons des bouts arrondis; de même, les deux nervures de la base illustrée à la figure 10.1 ont clairement la même épaisseur, de sorte qu'il suffit de coter une seule fois la dimension 10 mm.

10.31 Notes. On complète habituellement la cotation d'un dessin par des *notes*, ou *annotations* ou *renvois* (figure 10.42). Les notes doivent être concises et ne prêter qu'à une seule interprétation. Elles doivent être inscrites *horizontalement* sur le dessin et aussi lisibles que possible. Évitez, de préférence, d'inscrire les notes entre les vues. Les lignes de repère doivent être les plus courtes possible et traverser le moins possible d'autres lignes ou d'autres points spécifiques du dessin.

Il y a deux classes de notes: les *notes générales* qui s'appliquent à l'ensemble du dessin et les *notes locales* qui s'appliquent à des détails spécifiques.

Notes générales. Les notes générales doivent être inscrites dans le coin droit, en bas de la feuille dessin, à côté du cartouche, sous la vue à laquelle elles s'appliquent, par exemple: USINÉ PARTOUT; CASSER LES ARÊTES À R15; SAE 3345-BRINELL 340-380; etc. Le cartouche peut comporter plusieurs notes générales qui donnent des renseignements sur le matériau à utiliser, la tolérance générale, le traitement thermique, etc.

Notes locales. Les notes locales, utilisées pour décrire des opérations spécifiques, se rattachent par des lignes de repère aux détails auxquels elles se rapportent, par exemple: 4 TROUS, PERCER Ø10; Ø7 FRAISE Ø12 × 82°; MOLETAGE CROISÉ PAS 0,8; SURFACE À PLAQUER AU CADMIUM. La ligne de repère se rattache toujours à la fin ou au début d'une note et jamais au centre. (Pour les notes s'appliquant aux trous, voir la section 10.24.)

On utilise des abréviations sur les notes, pourvu que le sens en soit clair, telles que DIA, MAX, HEX, REF. Evitez, autant que possible, les abréviations moins courantes. En cas de doute, il faut écrire au long. On trouve des abréviations dans les normes ACNOR B78.1-1964 et ANSI Y1.1-1972. De plus, on peut utiliser le *Dictionnaire quadrilingue d'abréviations techniques*, N° 131, publié par le Centre de Terminologie, Bureau des traductions, Secrétariat d'État, Ottawa. (Voir aussi l'appendice 3.)

En général, pour éviter l'interférence entre les cotes et les notes ou les lignes de repère, on inscrit ces dernières une fois que les cotes sont pratiquement toutes placées.

10.32 Cotation des filetages. Pour spécifier les filetages, utilisez les notes locales. Pour les trous taraudés, rattachez, de préférence, la note à la vue en bout du trou (figure 10.42.g). Pour les filetages extérieurs, ratta-

Figure 10.43 Cotation des formes coniques.

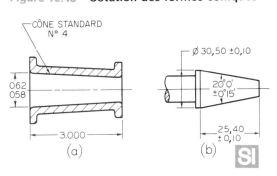

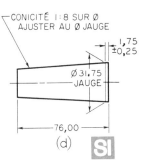

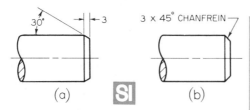

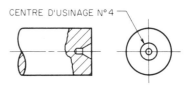

Figure 10.44 **Cotation des chanfreins.**

Figure 10.45 **Centre d'usinage.**

chez-la plutôt à la vue longitudinale (figures 10.42.v à 10.42.w). (Pour plus de détails, voir la section 11.21.)

10.33 Cotation des formes coniques.

L'ouverture d'un cône peut être définie par *l'angle au sommet* du cône ou par sa conicité. La *conicité correspond à la différence entre les diamètres par unité de longueur*; elle est le plus souvent exprimée sous forme d'une fraction dont le numérateur est 1, telle que 1:20; parfois, elle est exprimée par un nombre décimal ou par un pourcentage, telle que 0,05 ou 5%. L'ANSI adopte des conicités normalisées qui sont décrites dans *Machine Tapers*, ANSI B5.10-1963 (R1972).

Pour coter une forme conique, on donne: un diamètre, habituellement le plus grand, la longueur et le calibre normalisé de conicité (figure 10.43.a); un diamètre, la longueur et l'angle au sommet (figure 10.43.b), lorsque la précision n'est pas très critique; deux diamètres et la longueur; dans le cas des appuis coniques de grande précision, la longueur, la conicité et le *diamètre nominal de jauge* (figures 10.43.c et 10.43.d). Le diamètre nominal de jauge est celui qui est défini sur un « plan de jauge », lequel représente la zone préfé-

rentielle de portée. Afin de réduire les écarts de position axiale des éléments d'un assemblage conique, ce plan est choisi près du grand diamètre, comme l'illustre la figure.

Dans le cas de faibles conicités, il est recommandé d'ajouter, à la désignation de la conicité, les symboles ◁ ou ▷ afin de préciser, sans équivoque, le sens de la conicité.

10.34 Cotation des chanfreins.

Un *chanfrein* est une petite surface oblique obtenue par la suppression d'une arête vive sur une pièce (figure 10.44). Il est coté normalement à l'aide d'un angle et d'une longueur (figure 10.44.a). Si le chanfrein est à 45°, il peut être spécifié par une note (figure 10.45.b).

10.35 Cotation des centres d'usinage.

Il est nécessaire de déterminer matériellement le centre des arbres de couche, des broches et des autres pièces cylindriques ou coniques, afin que le tourneur puisse les usiner entre pointes. Un tel centre peut être coté comme l'illustre la figure 10.45. Normalement, ces centres sont façonnés à l'aide du foret-fraise, mèche spéciale qui combine le foret et la fraise.

Figure 10.46 **Cotation des logements de clavettes.**

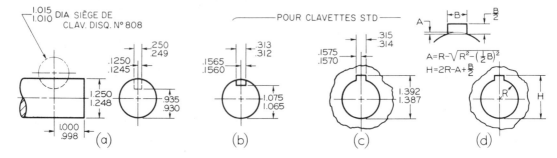

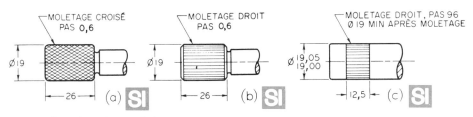

Figure 10.47 **Cotation des moletages.**

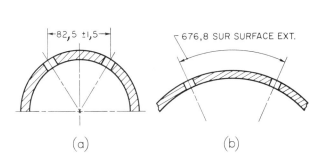

Figure 10.48 **Cotes de surfaces courbes.**

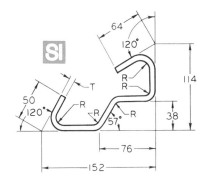

Figure 10.49 **Cotation d'une pièce formée par pliage.**

10.36 **Cotation des logements de clavettes.** Pour coter les logements des clavettes disques (clavettes *Woodruff*) et des clavettes parallèles, on utilise une des méthodes illustrées à la figure 10.46. La profondeur du logement est donnée, de préférence, par la distance entre son fond et le côté opposé de l'arbre ou du trou (voir la figure). Cette distance est calculée à l'aide de la formule fournies à la figure 10.46.d; la valeur de A peut être trouvée dans des manuels d'ajusteur-mécanicien.

Pour obtenir des renseignements généraux sur les clavettes et leurs logements, il faut se référer à la section 11.34.

10.37 **Cotation des moletages.** Un *moletage* est une surface rendue rugueuse mécaniquement afin d'assurer une bonne prise pour la manoeuvre d'une pièce à la main ou pour l'immobilisation d'un arbre dans un alésage lisse. Dans le cas des prises manuelles, on spécifie le type, le pas et la longueur du moletage (figures 10.47.a et 10.47.b). Dans le cas des ajustements serrés, il faut ajouter, à

la note, le diamètre minimal après le moletage. La représentation de la zone moletée par des quadrillages est facultative.

10.38 **Cotation d'un arc.** Si les mesures angulaires ne sont pas satisfaisantes, on donne la cote de la corde (figure 10.48.a) ou la cote de l'arc (figure 10.48.b). Dans ce dernier cas, la ligne de cote est un arc de cercle.

10.39 **Cotation des angles de pliage des métaux en feuilles.** Lors de la cotation des pièces formées à partir de métal en feuilles, il faut tenir compte des angles arrondis. Les prolongements des contours droits adjacents aux angles arrondis se coupent en un point appelé *point d'épure* (figure 10.50). Les dimensions sont cotées à partir du point d'épure plutôt que du centre de l'arc de cercle (figure 10.49). Étant donné l'épaisseur du métal, on a le *point d'épure extérieur* et le *point d'épure intérieur* (figures 10.50.a à 10.50.c). Le *centre de l'angle de pliage* se réfère originairement à l'axe de la machine avec laquelle on effectue

295

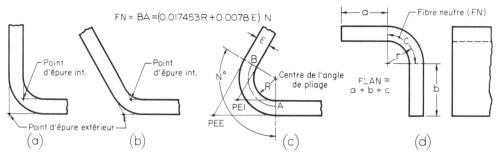

$$FN = BA = (0.017453R + 0.0078E)\ N$$

Figure 10.50 **Angles arrondis.**

le pliage. On choisit normalement un rayon de pliage égal à la jauge (l'épaisseur) du métal, excepté pour le duralumin recuit où il faut choisir le double de la jauge.

Lors du pliage d'une plaque de métal, il existe une ligne suivant laquelle la fibre ne subit ni allongement ni rétrécissement. Cette ligne s'appelle la *fibre neutre* (figure 10.50.d). On la situe habituellement à environ 0,44 de l'épaisseur du métal à partir de la surface intérieure. La longueur totale (longueur développée) de la feuille plane, appelée *flan*, est égale à la somme des longueurs rectilignes et de la longueur de l'arc calculée le long de la fibre neutre.

Le calcul d'un flan consiste à déterminer la longueur de la fibre neutre. Celle-ci peut être calculée à partir de la formule empirique suivante:

$$FN = (0,017\ 453R + 0,0078E)N°$$

où R est le rayon de pliage, E l'épaisseur du métal et $N°$ le nombre de degrés de l'angle de pliage (voir la figure 10.50.c).

10.40 **Cotation en tableau.** Une série de pièces ayant des caractéristiques semblables mais des dimensions différentes peuvent être représentées par un seul dessin (figure 10.51). Dans ce cas, les chiffres de cotes sont remplacés par des lettres et les dimensions sont regroupées dans un tableau établi hors du tracé.

Ce type de cotation est très intéressant, car il allège le dessin qui devient alors plus lisible. On le retrouve souvent dans les catalogues de pièces standard. En particulier, cette cotation est utilisée pour les dessins de fabrication, plus fréquemment que pour les dessins de définition, des pièces usinées sur une « machine à pointer » ou sur une machine à commande numérique.

10.41 **Éléments normalisés.** Lors de la conception et de la cotation d'un mécanisme, il faut choisir, dans la mesure du possible, les dimensions qui concordent avec celles du matériel disponible. Plusieurs éléments de construction sont normalisés, tels que les boulons, les vis, les clous, les clavettes, les fils, les tuyaux, le métal en feuilles, les chaînes, etc. Leurs dimensions sont d'ailleurs fournies dans les différents manuels et les catalogues des fabricants. Les dimensions normalisées de certains des éléments les plus

VIS DE PRESSION
ACIER POUR MACHINES – ENTIÈREMENT USINÉ
TRAITEMENT THERMIQUE "0"

DÉTAIL	A	B	C	D	E	F	FIL.UNC	BARRE	LBS
1	.62	.38	.62	.06	.25	.135	$\frac{5}{16}$ – 18	$\frac{3}{4}$ DIA	.09
2	.88	.38	.62	.09	.38	.197	$\frac{5}{16}$ – 18	$\frac{3}{4}$ DIA	.12
3	1.00	.44	.75	.12	.38	.197	$\frac{3}{8}$ – 16	$\frac{7}{8}$ DIA	.19
4	1.25	.50	.88	.12	.50	.260	$\frac{7}{16}$ – 14	1" DIA	.30
5	1.50	.56	1.00	.16	.62	.323	$\frac{1}{2}$ – 13	$1\frac{1}{8}$ DIA	.46

Figure 10.51 **Cotation en tableau.**

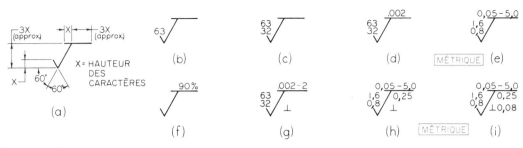

Figure 10.52 **Symboles des états de surface.**

courants sont fournies dans les appendices de ce manuel.

Les éléments normalisés ne sont pas représentés sur les dessins de détail à moins qu'on veuille les modifier. Sur les dessins d'assemblage, on les représente par des figures conventionnelles et on les énumère dans la nomenclature.

10.42 États de surface.
La construction des automobiles, des avions ou d'autres machines modernes demande des pièces pouvant supporter des charges plus lourdes et des vitesses élevées avec le moins de frottement et d'usure possible. Cela exige, de la part du concepteur, un meilleur contrôle des caractéristiques de l'état de leurs surfaces. Le simple signe de façonnage (section 10.17) n'est plus satisfaisant pour spécifier les surfaces de ces pièces.

L'ACNOR[4] et l'ANSI[5] recommandent un système de symboles qui définit trois caractéristiques de l'état de surface: la *rugosité, l'ondulation* et *l'orientation de façonnage.* La *rugosité de la surface* (ou erreur microgéométrique) est causée par les petites irrégularités de celle-ci. Ces irrégularités, qui font que la surface est plus ou moins polie, sont surtout dues aux arrachements de métal provoqués par l'outil de coupe. *L'ondulation de la surface* (ou erreur macrogéométrique) est caractérisée par une ligne ondulée passant par la majorité des saillies. Cette ondulation, erreur de forme de la surface, est surtout due aux imperfections existant dans le guidage des organes

ACNOR B95-1962.
[5] ANSI B46.1-1962 (R1971).

mobiles des machines-outils. *L'orientation de façonnage* indique la direction des stries et des fentes causées par l'outil de coupe.

La qualité d'une surface est étroitement liée à la fonction qu'elle doit remplir et il est essentiel de spécifier convenablement le degré voulu. En règle générale, la meilleure surface est la plus rugueuse qui remplit sa fonction de façon satisfaisante, car toute recherche d'une qualité supérieure entraîne une augmentation injustifiée du prix de revient.

Lorsque la qualité de la surface n'est pas critique, on spécifie la rugosité simplement par le signe de façonnage (section 10.17). Cette méthode est qualitative, car à chacun des signes ne correspond pas une mesure. Elle convient dans les cas courants puisque la pratique industrielle a établi une correspondance entre les qualités des surfaces et les signes qui les symbolisent.

Dans les cas où il est nécessaire de spécifier quantitativement un ou plusieurs des paramètres définissant l'état de surface, on utilise le signe d'état de surface (figure 10.52.a) dont la forme est voisine du signe de façonnage. A ce signe, on ajoute, suivant le cas, soit un nombre exprimant la rugosité (indice de rugosité) mesurée selon un critère bien défini (figure 10.52.b), soit deux nombres exprimant le maximum et le minimum de rugosité permise (figure 10.52.c), soit un nombre décrivant l'amplitude d'ondulation, écart macrogéométrique (figure 10.52.d), soit la largeur maximale de l'ondulation, pas macrogéométrique (figure 10.52.e).

L'indice de rugosité est la *moyenne arithmétique des écarts* par rapport à la *ligne moyenne.*

297

Plus l'indice de rugosité est élevé, plus rugueuse est la surface. Cet indice est mesuré aisément à l'aide des profilographes, ou d'autres instruments électriques, et est exprimé en micromètres ($1\,\mu m = 0,000\,001$ m) ou en micropouce ($1\,\mu$ po. $= .000\,001$ po.). Les valeurs recommandées pour l'indice de rugosité sont les suivantes:

INDICES DE RUGOSITÉ
RECOMMANDÉS
(MICROMÈTRES ET MICROPOUCES)*

μm	μ po.	μm	μ po.
0,025	(1)	1,25	(50)
0,050	**(2)**	**1,6**	**(63)**
0,075	(3)	2,0	(80)
0,100	**(4)**	2,5	(100)
0,125	(5)	**3,2**	**(125)**
0,15	(6)	4,0	(160)
0,20	**(8)**	5,0	(200)
0,25	(10)	**6,3**	**(250)**
0,32	(13)	8,0	(320)
0,40	**(16)**	10,0	(400)
0,50	(20)	**12,5**	**(500)**
0,63	(25)	15,0	(600)
0,80	**(32)**	20,0	(800)
1,00	(40)	25,0	(1000)

* Valeurs préférées en caractères gras.

Les significations des différents paramètres caractéristiques de l'état de surface sont illustrées à la figure 10.54.a. Sur le signe d'état de surface, on n'inscrit que les paramètres strictement nécessaires à la fonction prévue de la surface.

L'écart macrogéométrique est donné en millimètres ou en pouces et il représente la hauteur maximale de pic à vallée de la surface rugueuse. Les valeurs recommandées sont les suivantes:

ÉCARTS MACROGÉOMÉTRIQUES
RECOMMANDÉS
(MILLIMÈTRES ET POUCES)*

mm	po.	mm	po.
0,0005	**(.00002)**	**0,025**	**(.0010)**
0,0008	(.00003)	**0,05**	**(.002)**
0,0012	**(.00005)**	0,08	(.003)
0,0020	(.00008)	**0,12**	**(.005)**
0,0025	**(.00010)**	0,20	(.008)
0,005	**(.0002)**	**0,25**	**(.010)**
0,008	(.0003)	0,38	(.015)
0,012	**(.0005)**	**0,50**	**(.020)**
0,020	(.0008)	0,80	(.030)

* Valeurs préférées en caractères gras.

Le *pas macrogéométrique* est donné en millimètres ou en pouces et il représente la largeur maximale entre deux vallées ou deux pics consécutifs. Il est inscrit à droite de l'écart macrogéométrique (figure 10.52.e). Dans cette figure, sa valeur est de 5 mm.

L'aire de contact minimale requise entre une surface et une pièce conjuguée ou une surface de référence peut être spécifiée par

SIGNE D'ORIENTATION D'USINAGE

SIG.	SIGNIFICATION	EXEMPLE	SIG.	SIGNIFICATION	EXEMPLE
‖	Traces d'usinage parallèles à la ligne représentant la surface à laquelle le signe est affecté.	Direction des traces d'outils	X	Traces d'usinage obliques en deux directions par rapport à la ligne représentant la surface à laquelle le signe est affecté.	Direction des traces d'outils
⊥	Traces d'usinage perpendiculaires à la ligne représentant la surface à laquelle le signe est affecté.	Direction des traces d'outils	M	Traces d'usinage multidirectionnelles.	
C	Traces d'usinage approximativement circulaires par rapport au centre de la surface à laquelle le signe est affecté.		R	Traces d'usinage approximativement radiales par rapport au centre de la surface à laquelle le signe est affecté.	

298   Figure 10.53   **Symbole d'orientation de façonnage.** (ANSI B 46.1-1962, R1971)

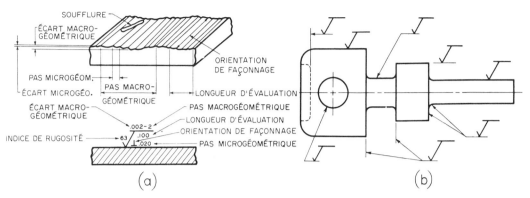

Figure 10.54 **Caractéristiques d'une surface et applications des symboles.**

un pourcentage, tel que celui indiqué à la figure 10.52.f.

L'orientation de l'usinage est spécifié par un symbole inscrit sous la barre horizontale du signe d'état de surface (figures 10.53.g à 10.53.i). On indique rarement cette orientation à cause de son peu d'importance.

La *longueur d'évaluation* est l'intervalle à l'intérieur duquel l'indice de rugosité est calculé. Elle est inscrite, si nécessaire, sous la barre horizontale (figure 10.53.h). Les longueurs normalisées sont:

LONGUEURS D'ÉVALUATION
RECOMMANDÉES
(MILLIMÈTRES ET POUCES)*

mm	po.	mm	po.
0,08	(.003)	2,50	(.100)
0,25	(.013)	8,0	(.300)
0,80	**(.030)**	25,0	(1.000)

* Valeurs préférées en caractères gras.

L'absence de l'inscription pour la longueur d'évaluation indique que l'on peut prendre la valeur de 0,8 mm.

Le *pas microgéomérique*, mesuré en millimètres ou en pouces, est la distance entre une saillie et une strie consécutives. La valeur maximale permise peut être inscrite à droite du symbole d'orientation de l'usinage (figure 10.52.i).

Les signes d'état de surface doivent être toujours inscrits dans la position debout, comme l'illustre la figure 10.54.b.

Chaque procédé de fabrication produit une gamme type d'indices de rugosité tels que ceux illustrés à la figure 10.55. Les indices préférés sont inscrits en haut du diagramme.

10.43 **Cotation pour commande numérique.**[6] En général, les règles fondamentales de la cotation usuelle sont applicables à la cotation des dessins des pièces qui seront fabriquées par des machines à commande numérique. Néanmoins, pour une meilleure utilisation de ces machines, il faut que le concepteur ou le dessinateur consulte, en premier lieu, le manuel du fabricant avant d'élaborer le dessin définitif. Certaines considérations courantes peuvent toutefois être établies:

1. Toutes les dimensions sont mesurées à partir d'un système de coordonnées rectangulaires, lequel est défii par trois plans de référence mutuellement orthogonaux et identifiés clairement sur le dessin (figure 10.56).
2. Le concepteur doit choisir la surface ou l'élément le plus important pour la fonction de la pièce comme l'origine des mesures de distance.
3. Toutes les cotes doivent être exprimées en décimales et non pas en fractions.

[6] ACNOR B78.2-1973.

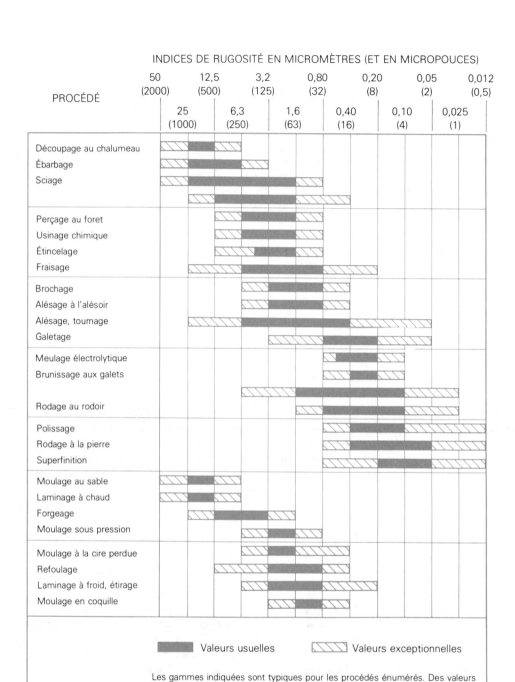

INDICES DE RUGOSITÉ EN MICROMÈTRES (ET EN MICROPOUCES)

Figure 10.55 **Gammes de rugosités obtenues par les procédés courants de production.** (ANSI B46.1-1962, R1971).

4. Les angles doivent être exprimés en degrés et en décimales de degré, si possible.

5. Les outils normalisés, tels que le foret, l'alésoir, etc., doivent être spécifiés.

6. Tout indice de tolérance doit être établi à partir des considérations fonctionnelles de la pièce, jamais en fonction de la capacité de la machine de production.

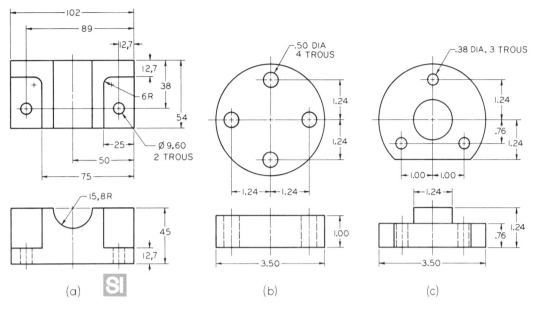

Figure 10.56 **Cotation par coordonnées.**

10.44 Cotation fonctionnelle.

Parmi les conditions imposées à une pièce, celles qui sont étroitement liées à l'aptitude de la pièce à l'emploi sont dites « fonctionnelles ». Par exemple, les *conditions fonctionnelles* pourront être des conditions de résistance, de masse, d'encombrement, d'étanchéité ou, plus fréquemment encore, des conditions de montage et de fonctionnement. Les *dimensions fonctionnelles* expriment directement les conditions fonctionnelles. Elles figurent elles-mêmes sur les dessins; aucune addition ni soustraction n'est nécessaire pour en calculer la valeur. Par exemple, la largeur du tenon d'un coulisseau, qui doit pénétrer dans la rainure d'une glissière, est une dimension fonctionnelle.

Coter fonctionnellement un dessin, c'est d'abord faire un choix entre les diverses dimensions géométriquement équivalentes et, ensuite, les coter et établir les tolérances de seulement celles qui expriment directement les conditions d'aptitude de l'objet à l'usage prévu. De cette manière, une cotation fonctionnelle correcte assure automatiquement l'interchangeabilité de l'objet dessiné. Elle revêt donc une extrême importance dans la cotation des dessins de définition de produits finis. Elle permet le choix des dimensions à coter ainsi que le calcul de leurs valeurs par des règles logiques. Dans les cas courants, ces règles sont simples à appliquer; par contre, elles peuvent nécessiter une analyse approfondie dans le cas des produits techniques complexes.

Pour être en mesure de choisir les cotes fonctionnelles, le concepteur doit procéder, au préalable, à une analyse complète de l'ensemble afin d'identifier les conditions fonctionnelles qui assurent un fonctionnement correct et sûr.

Dans un ensemble de plusieurs pièces en contact les unes avec les autres, les surfaces, qui participent directement à une fonction (par exemple, guidage ou immobilisation), sont les *surfaces fonctionnelles*. Il y a toujours deux surfaces fonctionnelles pour une pièce: la surface d'appui et la surface terminale. Une surface d'appui est une surface qui est en contact avec une autre surface, contrairement à une surface terminale. Une surface d'appui peut devenir une surface terminale, dépendamment de la position de la condition fonctionnelle.

301

10.45   Ce qu'il faut faire et ne pas faire en cotation. La liste suivante résume succinctement la plupart des situations dans lesquelles un concepteur débutant risque de faire des erreurs lors de la cotation d'un dessin. Les étudiants devraient utiliser cette liste pour vérifier leurs dessins avant de les remettre au professeur.

1. Chaque cote doit être inscrite clairement.
2. Il ne faut ni répéter une cote, ni donner la même instruction de plusieurs façons différentes, ni donner des cotes surabondantes.
3. Les cotes doivent être données entre les points ou les surfaces qui ont une relation fonctionnelle entre eux ou qui contrôlent le positionnement des pièces conjuguées.
4. Les cotes doivent être données à partir des surfaces usinées ou des lignes d'axe importantes.
5. Les cotes doivent être établies de telle manière que l'ajusteur-mécanicien n'ait pas besoin d'effectuer des calculs, de relever à l'échelle ou de se donner une dimension.
6. Les cotes doivent être placées dans la vue où la forme cotée est la mieux décrite.
7. Les cotes doivent être placées dans la vue où l'élément coté est projeté en vraie forme.
8. Éviter de coter les éléments cachés.
9. Ne pas placer les cotes à l'intérieur d'une vue à moins que la lisibilité en soit améliorée.
10. Les cotes applicables à deux vues adjacentes doivent être placées de préférence entre ces vues.
11. Placer les lignes de cotes les plus courtes près du contour de la vue et les plus longues à l'extérieur, pour éviter les intersections inappropriées entre les lignes de cotes et les lignes d'attache.
12. Omettre les unités de mesure sur les dessins d'usinage.
13. Ne pas prendre comme acquis qu'un détail est « naturellement » disposé au milieu d'une pièce; donner plutôt une cote de position à partir d'un côté de la pièce.
14. Une cote doit être attachée à une seule vue de sorte qu'aucune ligne d'attache ne rejoigne deux vues.
15. Les cotes doivent être disposées de préférence « en série » à la manière d'une chaîne.
16. Éviter une chaîne complète de cotes; il faut omettre une des cotes, sinon ajouter la note RÉF (référence) à une des cotes.
17. Ne jamais laisser une ligne de cote ou d'autres lignes du dessin couper un chiffre de cote.
18. Les espacements entre les lignes de cotes doivent être uniformes sur l'ensemble du dessin.
19. Ne jamais utiliser une ligne du dessin ou un axe comme ligne de cote.
20. Ne jamais aligner une ligne de cote et une ligne du dessin.
21. Une ligne de cote ne doit pas être coupée par une autre ligne.
22. Si on ne peut l'éviter, les lignes d'attache peuvent se couper entre elles.
23. Lorsqu'une ligne d'attache coupe une autre ligne, ne pas interrompre ces lignes à leur point d'intersection.
24. Une ligne d'axe peut être prolongée et utilisée comme une ligne d'attache.
25. Ne pas prolonger une ligne d'axe d'une vue à une autre.
26. Les lignes de repère doivent être rectilignes et leurs prolongements doivent passer par les centres des cercles ou des arcs de cercle.
27. Les lignes de repère peuvent être tracées à n'importe quelle pente, excepté les positions horizontales et verticales. Utiliser, de préférence, les pentes de 60°, de 45° ou de 30°.
28. Les lignes de repère doivent être rattachées, à la fin ou au début d'une note, par un petit trait horizontal.
29. Les chiffres de cotes doivent être inscrits approximativement au milieu d'une ligne de cote, sauf dans le cas des cotes placées en parallèle où ils doivent être disposés en quinconce.
30. La hauteur des chiffres et des caractères doit être uniforme sur l'ensemble du dessin. Elle est de l'ordre de 3 mm.

31. Les chiffres de cotes doivent être inscrits d'une façon très claire et lisible.

32. Les chiffres de cotes doivent être inscrits à l'extérieur des zones hachurées; si on ne peut l'éviter, dégager les chiffres en interrompant les hachures.

33. Les chiffres de cotes pour les angles doivent être, de préférence, inscrits horizontalement.

34. La barre de fraction doit être, de préférence, horizontale.

35. Les chiffres d'une fraction ne doivent pas toucher la barre de fraction.

36. Les notes doivent toujours être inscrites horizontalement.

37. Les notes doivent être brèves et sans équivoques.

38. Les signes de façonnage doivent être placés sur la vue montrant le profil de la surface usinée.

39. Les signes de façonnage doivent être omis sur les surfaces auxquelles on a rattaché une note spécifiant le procédé de fabrication.

40. Les signes de façonnage doivent être omis sur les pièces fabriquées à partir de matériau laminé.

41. Si toutes les surfaces d'une pièce doivent être usinées, utiliser la note générale USINÉ PARTOUT et omettre tous les signes de façonnage.

42. Coter, de préférence, les cylindres dans la vue où leur projection est rectangulaire.

43. Coter, de préférence, les trous par une note rattachée au cercle représentant le trou.

44. Identifier, de préférence, le diamètre d'un foret par sa valeur décimale plutôt que par une lettre ou par un chiffre.

45. En général, coter un cercle complet par son diamètre et un arc de cercle, par son rayon.

46. Éviter de donner les diamètres des cercles par une ligne de cote diagonale, excepté dans le cas des très grands cercles ou des cercles de centres.

47. Dans les dessins métriques, les cotes de diamètre sont précédées du signe ϕ ou de l'abréviation DIA et, dans les dessins en pouces, elles sont suivies de DIA, à moins que leurs significations ne soient évidentes.

48. Les cotes de rayon sont précédées de la lettre R (système métrique) ou suivies de la lettre R (système impérial).

49. Les cylindres doivent être localisés par leurs lignes d'axe.

50. Coter, de préférence, la position des cylindres dans la vue où leurs projections sont circulaires.

51. Coter, de préférence, la position des cylindres en donnant leurs coordonnées linéaires plutôt que leurs coordonnées circulaires, lorsque la précision est importante.

52. Lorsque plusieurs détails de moindre importance sont de même grandeur (congés, arrondis, nervures, etc.), il suffit de donner des dimensions types ou d'utiliser une note.

53. Le chiffre de cote d'une dimension qui, exceptionnellement, n'est pas à l'échelle doit être soulignée ou accompagnée des abréviations NAE ou HE (hors échelle).

54. Les cotes conjuguées doivent être placées aux endroits correspondants sur les dessins représentant les pièces conjuguées.

55. En mesures impériales, les cotes des dessins de modèles doivent être données à deux décimales près ou au 1/16 po. près.

56. En mesures impériales, il faut utiliser les décimales de pouce, lorsque la précision exigée est supérieure à 1/64 po.

57. Éviter les écarts cumulatifs, surtout pour les cotes limites.

10.45 **Problèmes sur la cotation.** En principe, l'entraînement de la cotation se fait surtout au cours des exercices portant sur les dessins de définition donnés dans les autres chapitres. Cependant, on peut trouver un nombre limité d'exercices spéciaux aux figures 10.57 et 10.58.

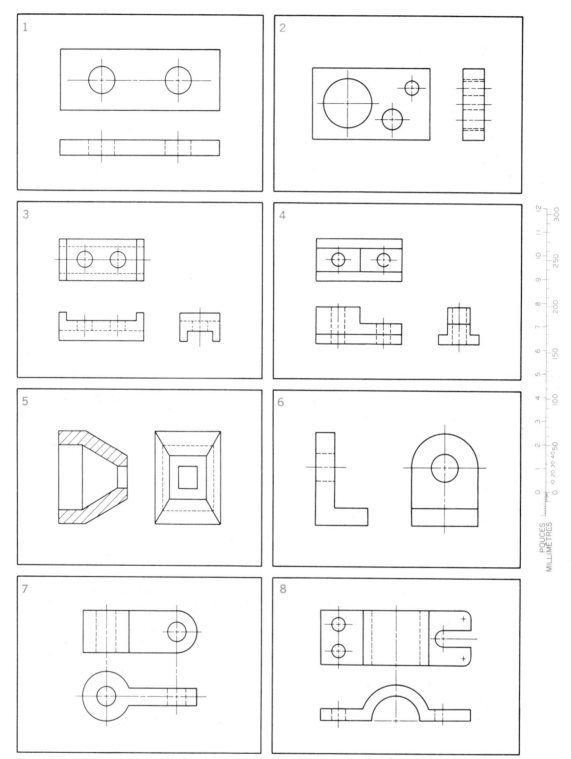

Figure 10.57 Tracez aux instruments les problèmes donnés. Utilisez la disposition A-3 ou la disposition A4-3 (modifiée). Pour obtenir les dimensions, reportez les longueurs sur les vues, à l'aide d'un compas à pointes sèches, aux échelles réduites données à droite. Cotez complètement chaque dessin, en vraie grandeur, en millimètres à une décimale près ou en pouces à deux décimales près.

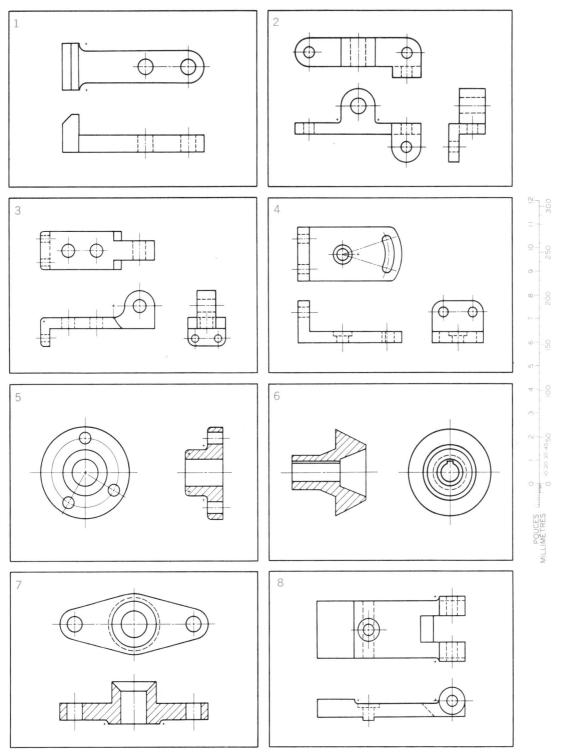

Figure 10.58 Tracez aux instruments les problèmes donnés. Utilisez la disposition A-3 ou la disposition A4-3 (modifiée). Pour obtenir les dimensions, reportez les longueurs sur les vues, à l'aide d'un compas à pointes sèches, aux échelles réduites données à droite. Cotez complètement chaque dessin, en vraie grandeur, en millimètres à une décimale près ou en pouces à deux décimales près.

305

11

filetage et
éléments de fixation

11.1 **Filetages.**[1] Le concept des filetages remonte au IIIe siècle av. J.-C., alors que le mathématicien Archimède écrivit brièvement sur les spirales et inventa plusieurs appareils simples basés sur le principe des hélices. Vers le I^e siècle av. J.-C., la vis était un élément familier; elle était taillée grossièrement à partir de bois ou limée à la main sur des barres métalliques. Même si les Grecs et les Arabes avaient conservé leur connaissance de ce concept, le filetage demeura inconnu en Europe jusqu'au XVe siècle. Léonard de Vinci comprit le principe des hélices et fit plusieurs esquisses illustrant la façon mécanique de produire les filetages. Au XVIe siècle, des vis furent utilisées pour assembler les montres allemandes et les pièces des armures. En 1569, le français Besson inventa le tour à tailler les filetages, mais la méthode ne fut pas retenue de sorte qu'on continua à fabriquer, en grande partie, la visserie à la main durant encore un siècle et demi. Au XVIIIe siècle, la production en série de la visserie débuta en Angleterre, au cours de la révolution industrielle.

A cette époque, il n'y avait aucune normalisation. Les vis produites par un fabricant ne s'ajustaient pas dans les écrous fabriqués par un autre. En 1841, Sir Joseph Whitworth faisait campagne pour un profil de filetage standard, et bientôt le profil Whitworth était accepté dans toute l'Angleterre. En 1864 aux États-Unis, l'Institut Franklin adopta un profil proposé par William Sellers de Philadelphie; cependant, ce profil était

---

[1] Voir ANSI Y14.6-1957; ACNOR B1.1; *Manual of Unified Screw Threads for Shop and Drafting Room* (ACNOR); ISOR965/1-1973.

incompatible avec celui de Whitworth, les angles des filets étant différents. En 1935, ce pays adopta le profil *American National* qui a la même forme en V (60°) que celle du profil Sellers. Toutefois, aucune uniformisation n'était établie entre les différents pays. Cet état de chose devint un obstacle si sérieux au cours de la seconde guerre mondiale que les Alliés décidèrent de faire quelque chose à ce sujet et des discussions commencèrent entre les américains, les britanniques et les canadiens (on les appelait les pays ABC).

En 1948, le Canada, les États-Unis et l'Angleterre signèrent un accord pour la normalisation des filetages et mirent au point le système dit *Unified*. Ce système repose sur un compromis entre le système anglais Whitworth et le système américain Sellers; il permet l'interchangeabilité complète des pièces fabriquées dans ces trois pays.

Dès 1946, un comité de l'Association internationale de normalisation (ISO) avait été formé pour établir un seul système international de filetage métrique. Conséquemment, le *Industrial Fasteners Institute* (IFI) des États-Unis fonda, en 1971, le *Optimum Metric Fastener Study* (OMFS), dont l'objectif est la création d'une série de filetages métriques, qui est basée sur la plus nouvelle technologie et qui offre une meilleure rentabilité. Les résultats découlant de ces études, publiés dans *Metric Fastener Standards* par IFI (1976), sont à l'essai et seront soumis à l'approbation de l'ACNOR et de l'ANSI.

Les filetages IFI et ceux de ISO sont pratiquement identiques, sauf que le rayon du fond de filet IFI est légèrement supérieur à celui de ISO, offrant ainsi une meilleure résistance à la fatigue. Ces deux systèmes sont cependant interchangeables. Le premier ne comporte que 25 grosseurs de filets, comparativement aux 57 grosseurs du deuxième système.

De nos jours, les filetages jouent un rôle primordial dans la vie industrielle. Ils sont conçus pour de multiples usages différents. Leurs applications fondamentales sont: (1) *lier* ensemble les pièces, (2) *régler* une pièce par rapport à une autre et (3) *transmettre la puissance*.

11.2   Terminologie. Pour les définitions qui suivent, on doit se référer à la figure 11.1.

Filetage: Rainure hélicoïdale (voir la section 4.64) de forme régulière pratiquée le long de la surface extérieure ou intérieure d'un cylindre ou d'un cône. Ce terme désigne aussi l'opération consistant à creuser ces rainures.

Filetage extérieur ou *filetage de la vis*: Filetage pratiqué à l'extérieur d'une surface, telle que celle d'une tige. Une vis est une tige filetée.

Filetage intérieur ou *filetage de l'écrou*: Filetage pratiqué à l'intérieur d'une surface, telle que celle d'un trou. Un *écrou* est une pièce qui comporte un taraudage.

Diamètre nominal: Diamètre maximal d'un filetage. Pour la vis, c'est le diamètre au sommet des filets et pour l'écrou, c'est le diamètre au fond des filets.

Diamètre du noyau: Diamètre minimal d'un filetage.

Noyau: Cylindre dépouillé de ses filets.

Pas de profil: Distance entre deux points correspondants situés sur deux filets consécutifs.

Pas hélicoïdal ou *avance axiale par tour:* Pas de l'hélice génératrice, c'est-à-dire la distance entre deux points consécutifs de l'hélice, situés sur la même ligne parallèle à l'axe. En pratique, c'est la distance sur laquelle la vis s'enfonce dans son écrou quand elle tourne de 360°. Le pas hélicoïdal est égal

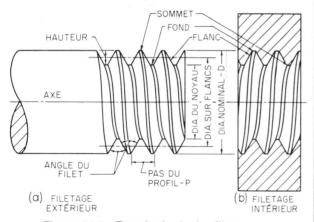

(a) FILETAGE EXTÉRIEUR   (b) FILETAGE INTÉRIEUR

Figure 11.1   Terminologie des filetages.

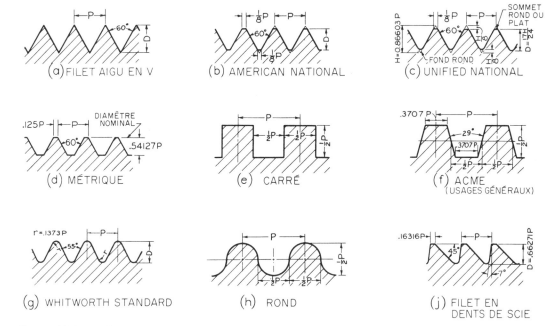

Figure 11.2 **Profils de filetage.**

au produit du pas du profil par le nombre de filets (voir aussi la section 11.6).

Flanc du filet: Surface reliant le sommet et le fond du filet.

Angle du filet: Angle compris entre deux flancs d'un filet et mesuré sur un plan passant par l'axe de la vis.

Diamètre sur flancs: Diamètre du cylindre imaginaire passant par les filets de telle manière que la largeur du filet est égale à celle de la rainure.

Hauteur du filet: Distance entre le sommet et le fond du filet, mesurée perpendiculairement à l'axe.

Forme des filets: Forme du profil obtenue en coupant la vis ou l'écrou par un plan passant par l'axe.

11.3 **Formes des filets.** Il existe plusieurs formes de filets comme l'illustre la figure 11.2.

Le *filet aigu en V*, ou filet Sellers, fut originellement adopté aux États-Unis comme filet standard. Ce type de filet est utile pour certains ajustements à cause du frottement maximal résultant du contact total entre les flancs. Il est aussi utilisé sur des tuyaux en laiton.

Le *filet American National*[2] remplaça le filet aigu en V pour les applications courantes. Le fond et le sommet du filet sont tronqués, ce qui donne au filet plus de robustesse.

Le *filet Unified*[2] fut adopté comme filet standard en mesures impériales, à la suite de l'accord signé en 1948 entre le Canada, les États-Unis et l'Angleterre. Le sommet des filets de vis peut être plat ou rond mais le fond en est toujours rond.

Le *filet métrique ISO* est recommandé comme nouveau filet normalisé au niveau international. Sa forme est semblable à celle des filets Unified mais la hauteur de filet est plus petite.

Le *filet carré* est théoriquement le filet idéal pour la transmission de puissance, grâce à ses flancs qui sont pratiquement perpendiculaires à l'axe. Toutefois, le filet carré est d'exécution difficile et présente d'autres inconvénients; c'est pourquoi il est remplacé, dans une large mesure, par le filet ACME.

[2] ANSI B1.1-1974; ACNOR B1.1-1949.

309

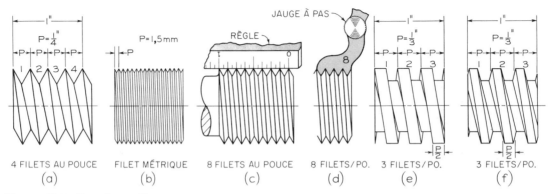

Figure 11.3 **Pas du profil.**

Le *filet ACME* est une modification du filet carré et il corrige les défauts de ce dernier. On le trouve surtout sur les vis et les vis sans fin.

Le *filet « pas de gaz »*, dérivé du *filet Whitworth* qui a déjà été le filet standard en Angleterre, est employé pour le filetage des tubes et des raccords des « tubes à gaz » du commerce. Il est remplacé par le filet Unified mais est encore répandu en France.

Le *filet rond* est habituellement roulé et parfois coulé. Il est employé, sous des formes modifiées, pour les douilles des ampoules électriques, de capsules de bouteilles, etc. Ce profil, modifié pour avoir un angle du filet de 30° au lieu de 0°, résiste très bien aux efforts importants et aux chocs grâce à sa forme très arrondie. On l'emploi aussi pour les vis d'attelage de wagons.

Le *filet « en dents de scie »* est conçu pour transmettre la puissance dans un sens seulement ou lorsque le filetage de tubes minces subit des contraintes relativement importantes dans un seul sens axial. Il est employé pour les pinces de tour, les moyeux d'hélices d'avion, etc.

11.4   Pas du profil.   Le *pas* d'un profil de n'importe quelle forme est la distance entre deux points correspondants sur deux filets adjacents (figures 11.1.a et 11.2). Il est exprimé en millimètres pour les filetages métriques. Pour les filetages en pouces, le pas est égal à l'inverse du nombre de filets au pouce et c'est ce dernier nombre qui est donné dans les tables de filetages du système impérial. Ainsi, une vis Unified à pas gros (appendice 4) ayant un diamètre nominal de 1″ possède 8 filets au pouce, et son pas P est égal à ⅛″.

Comme l'illustre la figure 11.3.a, un filetage ayant seulement quatre filets au pouce possède un pas et un filet vraiment gros. Par contre, si le filetage est plus fin, seize filets au pouce par exemple, le pas est seulement de ¹⁄₁₆″ et le filet est plus petit et semblable à celui illustré à la figure 11.3.b.

La façon d'inscrire le pas ou le nombre de filets au pouce sur la cotation des filetages est expliquée à la section 11.21.

Le pas du profil peut être mesuré aisément à l'aide d'une règle (figure 11.3.c) et le nombre de filets au pouce ou à l'aide d'un calibre de filetage, la *jauge à pas* (figure 11.3.d.).

Figure 11.4   **Sens du filetage.**

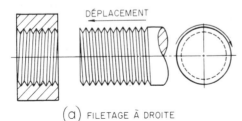

(a) FILETAGE À DROITE

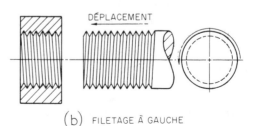

(b) FILETAGE À GAUCHE

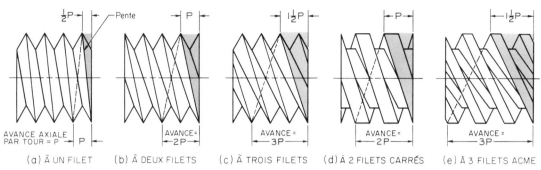

Figure 11.5 **Nombre de filets au pas.**

11.5   Sens d'un filetage.
Suivant le sens de l'hélice génératrice, le filetage peut être *à droite ou à gauche*. Une vis à droite s'enfonce dans son écrou quand elle tourne dans le sens des aiguilles d'une montre tandis qu'une vis à gauche s'enfonce dans le sens contraire (figure 11.4).

Le sens d'un filetage est toujours considéré comme à droite, à moins d'indication contraire. Pour un filetage à gauche, on ajoute l'indication À GAUCHE à la suite de la cotation du filetage. (Voir la figure 11.9.a.)

11.6   Nombre de filets.
Habituellement, un filetage ne comporte qu'un seul filet, c'est-à-dire qu'il existe un seul filet à l'intérieur du pas de l'hélice génératrice (figure 11.5.a). Si, pour le même diamètre nominal, on veut avoir un pas de l'hélice génératrice plus important (figures 11.5.b et 11.5.c) et conserver le même pas du profil, on creuse dans l'intervalle d'un pas hélicoïdal plusieurs rainures hélicoïdales identiques. Le filetage obtenu est appelé *filetage à plusieurs filets*. Un filetage est dit à deux filets lorsqu'il existe, dans la distance d'un pas hélicoïdal, deux filets, et ainsi de suite. Le pas hélicoïdal, ou *avance axiale par tour*, exprime la distance sur laquelle la vis s'enfonce dans son écrou quand elle tourne de 360°. Par conséquent, dans le cas d'un filetage à un filet, l'avance est identique au *pas du profil* (section 11.4) tandis que pour un filetage à plusieurs filets, l'avance est égale au produit du pas du profil par le nombre de filets. Ainsi, dans un tour, une

vis à deux filets s'avance deux fois plus loin qu'une vis à un filet, et son pas hélicoïdal est le double du pas du profil. Sur le dessin d'un filetage à un filet ou à trois filets, un filet se trouve vis-à-vis d'un creux; sur celui d'un filetage à deux filets ou à quatre filets, un filet se trouve vis-à-vis d'un autre filet.

Les vis à plusieurs filets sont utilisées lorsqu'on veut obtenir un déplacement rapide de l'écrou, comme dans les capuchons de stylos, de tubes de dentifrice, des tiges de soupapes, etc. On peut déterminer le nombre de filets d'une vis simplement en comptant le nombre d'entrées de filets au bout de la vis.

11.7   Représentations graphiques d'un filetage.
Il existe trois tracés normalisés d'usage courant pour représenter les filetages sur un dessin:[3] la représentation *schématique*, la représentation *simplifiée* et la représentation *détaillée*. Pour des raisons de clarté, les trois types de représentations peuvent être utilisés sur le même dessin. Les deux premiers types sont recommandés pour les filetages de petits diamètres nominaux, inférieurs à environ 25 mm sur le dessin. La représentation simplifiée est utilisée plus couramment dans l'industrie, mais on doit recourir à la représentation schématique s'il y a risque de confusion avec d'autres traits du dessin ou si l'on veut accentuer un détail.

La représentation détaillée est utile pour les grands diamètres nominaux, ceux qui dépassent approximativement 25 mm sur le

[3] ACNOR B.78.1; ANSI Y14.6-1957.

311

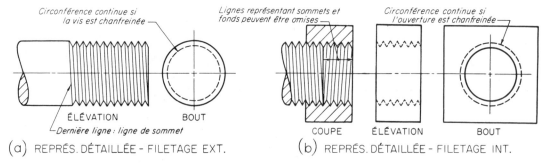

Circonférence continue si la vis est chanfreinée

ÉLÉVATION

BOUT

Dernière ligne : ligne de sommet

(a) REPRÉS. DÉTAILLÉE - FILETAGE EXT.

Lignes représentant sommets et fonds peuvent être omises

Circonférence continue si l'ouverture est chanfreinée

COUPE ÉLÉVATION BOUT

(b) REPRÉS. DÉTAILLÉE - FILETAGE INT.

Figure 11.6 **Représentations détaillées des filetages.**

dessin. Elle est très proche de la projection réelle (figure 11.1), seules les courbes hélicoïdales sont remplacées par des droites, comme l'illustre la figure 11.6. Les vraies formes du profil du filetage sont reproduites sur le dessin. La représentation détaillée donne une belle apparence au dessin mais exige un tracé laborieux.

Il faut noter une légère différence entre les représentations normalisées canadiennes et américaines des pièces filetées. (Voir les sections 11.8 et 11.9.)

11.8 Représentations d'un filetage extérieur.
Les représentations graphiques, simplifiées et schématiques, sont illustrées à la figure 11.7. Dans la représentation canadienne simplifiée, le cylindre à fond de filet est représenté en trait continu fin dans la vue longitudinale et par une portion de cercle, limitée aux trois quarts environ de la circonférence, sur la vue en bout. Le diamètre de

ce cylindre peut être choisi approximativement: soit à environ 0,8 fois le diamètre nominal de la vis, soit à l'aide de la table illustrée à la figure 11.9.a. La limite de la zone filetée est représentée par un trait perpendiculaire à l'axe de la vis.

Dans la représentation schématique, il n'est pas nécessaire de dessiner, à l'échelle, le pas et la hauteur des filets. (Pour le tracé, voir la figure 11.9.d.) Il suffit que les lignes parallèles représentant les saillies et les fonds de filets soient équidistantes.

11.9 Représentations d'un filetage intérieur.
La différence principale entre la norme canadienne et la norme américaine se trouve dans la représentation du diamètre à fond des filets (diamètre du noyau). Le filetage caché est représenté par deux paires de traits interrompus fins. Ces traits doivent être tracés en quinconce, comme l'illustre la figure 11.8.

Figure 11.7 **Représentations des filetages extérieurs.**

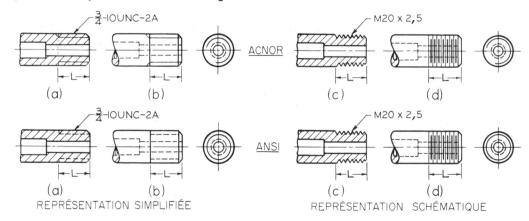

$\frac{3}{4}$-IOUNC-2A   M20 x 2,5

ACNOR

(a)   (b)   (c)   (d)

$\frac{3}{4}$-IOUNC-2A   M20 x 2,5

ANSI

(a)   (b)   (c)   (d)

REPRÉSENTATION SIMPLIFIÉE   REPRÉSENTATION SCHÉMATIQUE

11.10
Tracé des
représenta-
tions normali-
sées de
filetages

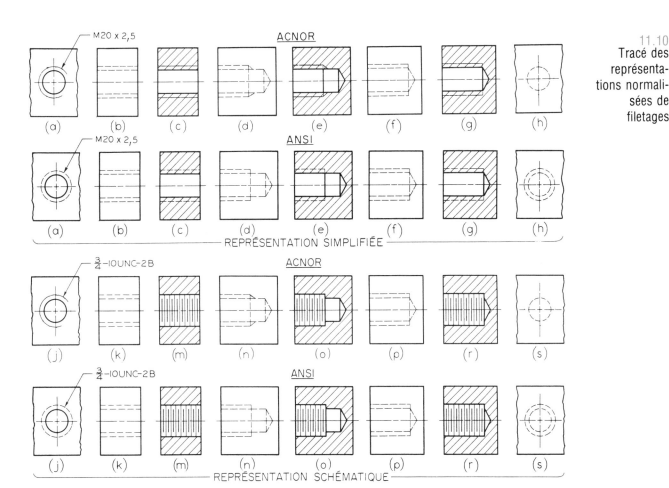

Figure 11.8   **Représentations des filetages intérieurs.**

Dans le cas du filetage exécuté dans un trou borgne, on dessine normalement la profondeur de l'avant-trou de perçage au-delà de la partie taraudée d'au moins trois pas schématiques (figures 11.8.d, 11.8.e, 11.8.n et 11.8.o). Les représentations des figures 11.8.f et 11.8.p sont plus rares et elles s'appliquent aux cas où la partie taraudée doit couvrir entièrement la profondeur du trou. (Voir aussi la section 11.24.)

11.10   Tracé des représentations normalisées de filetages.   La table de la figure 11.9.a donne un ensemble de valeurs de hauteur et de pas de profil servant au tracé des représentations de filetage. Ces valeurs sont choisies pour produire des symboles bien proportionnés et pour faciliter leurs construc-

tions. Notez que les valeurs de H et de P sont données en fonction du diamètre tracé *sur le dessin*. Ainsi, un filetage de 1½″ de diamètre nominal, dessiné à l'échelle demi-grandeur, deviendrait ¾″ de diamètre, de sorte qu'il faut utiliser les valeurs de H et P correspondant au diamètre ¾″. On utilise la même méthode dans le cas des filetages métriques où on choisit simplement le diamètre du noyau (petit diamètre) égal à environ 0,8 fois le diamètre nominal (grand diamètre).

REPRÉSENTATIONS SIMPLIFIÉES. La figure 11.9.b représente les étapes à suivre pour tracer les filetages extérieurs. Aucune mesure pour le pas n'est nécessaire. La représentation complète est illustrée en III et en IV. Le filetage intérieur est dessiné suivant la méthode illustrée à la figure 11.9.c où III s'applique à une vue en coupe.

313

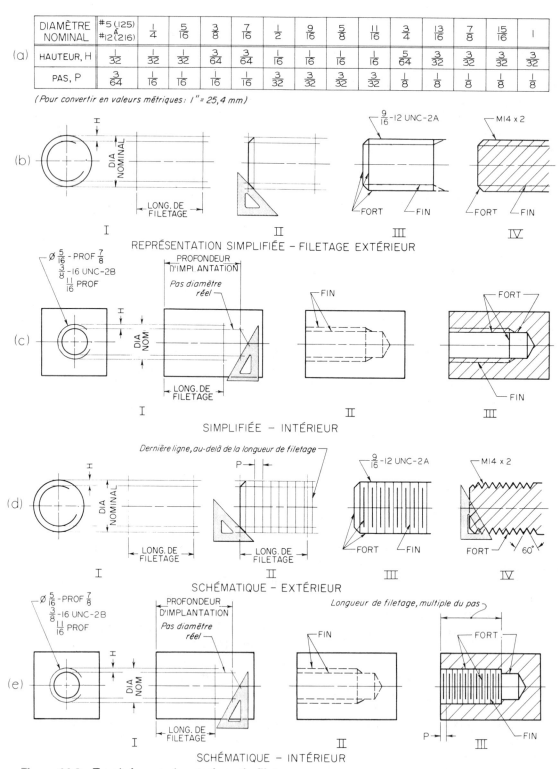

DIAMÈTRE NOMINAL	#5 (125) À #12 (216)	$\frac{1}{4}$	$\frac{5}{16}$	$\frac{3}{8}$	$\frac{7}{16}$	$\frac{1}{2}$	$\frac{9}{16}$	$\frac{5}{8}$	$\frac{11}{16}$	$\frac{3}{4}$	$\frac{13}{16}$	$\frac{7}{8}$	$\frac{15}{16}$	1
HAUTEUR, H	$\frac{1}{32}$	$\frac{1}{32}$	$\frac{1}{32}$	$\frac{3}{64}$	$\frac{3}{64}$	$\frac{1}{16}$	$\frac{1}{16}$	$\frac{1}{16}$	$\frac{1}{16}$	$\frac{5}{64}$	$\frac{3}{32}$	$\frac{3}{32}$	$\frac{3}{32}$	$\frac{3}{32}$
PAS, P	$\frac{3}{64}$	$\frac{1}{16}$	$\frac{1}{16}$	$\frac{1}{16}$	$\frac{1}{16}$	$\frac{3}{32}$	$\frac{3}{32}$	$\frac{3}{32}$	$\frac{3}{32}$	$\frac{1}{8}$	$\frac{1}{8}$	$\frac{1}{8}$	$\frac{1}{8}$	$\frac{1}{8}$

(*Pour convertir en valeurs métriques : 1″ = 25,4 mm*)

314   Figure 11.9   **Tracé des représentations de filetage.**

REPRÉSENTATIONS SCHÉMATIQUES. Figures 11.9.d et 11.9.e. Notez qu'à la figure 11.9.d.II, la dernière ligne représentant une saillie peut dépasser la partie filetée, et qu'à la figure 11.9.d.III, le profil triangulaire est tracé à partir des deux diamètres et à l'aide de l'équerre à 60°, ce qui détermine automatiquement le pas du profil. A la figure 11.9.e, si la profondeur de l'avant-trou de perçage n'est pas donnée, ce qui est habituellement le cas, on la trace à environ 3 pas (schématiques) plus longue que la partie taraudée. Le diamètre de cet avant-trou est représenté approximativement et non pas en grandeur exacte.

11.11 Représentations détaillées des filetages métriques, American National et Unified.

La représentation détaillée de ces trois profils est la même et la figure 11.10 illustre les étapes à suivre pour la dessiner.

I. Tracez la ligne d'axe et établissez la longueur du filetage ainsi que le diamètre nominal.

II. Trouvez le pas du profil dans les tables de l'appendice 4. La valeur P dépend du diamètre nominal et de la grosseur des filets. Établissez l'inclinaison des saillies en reportant la longueur ½P pour le filetage à un filet, P pour le filetage à deux filets, 1½P pour le filetage à trois filets, et ainsi de suite. Pour le filetage à droite, cette ligne inclinée se dirige du bas vers le haut et de droite à gauche. Elle sera dans le sens contraire pour le filetage à gauche. Marquez ensuite les pas du profil sur le dessin à l'aide d'un compas à pointes sèches ou par la méthode des lignes parallèles.

III. Tracez des lignes de saillies parallèles entre elles en glissant une équerre sur la rive d'un té (ou d'une autre équerre). Ces lignes doivent être fines et noires. Tracez deux triangles équilatéraux pour déterminer la hauteur des filets, ce qui permet de tracer les deux lignes représentant le cylindre à fond de filets.

IV. Tracez tous les profils de filet à l'aide d'une équerre à 60° qui glissera le long d'un té placé parallèlement à la ligne d'axe.

V. Tracez, en traits fins noirs, toutes les lignes représentant les fonds des filets. Elles sont parallèles entre elles mais non pas aux lignes de saillies.

Figure 11.10 **Tracé des filetages extérieurs — Représentation détaillée.**

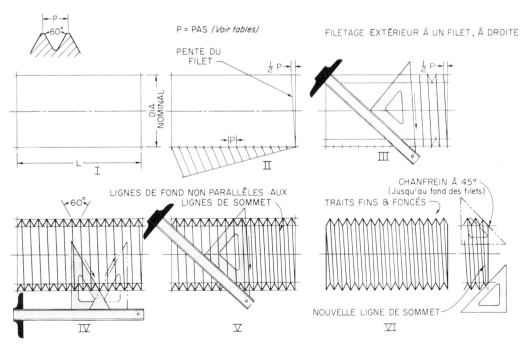

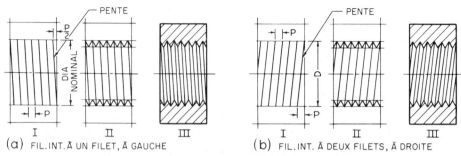

Figure 11.11 **Tracé des filetages intérieurs — Représentation détaillée.**

VI. Si le bout de la pièce filetée est chanfreiné (habituellement à 45°, parfois à 30°), le chanfrein touche le fond de filet et il crée une nouvelle ligne de saillie qui rejoint les deux nouveaux sommets. Sur le tracé définitif, tous les traits doivent être de la même épaisseur, fins mais noirs.

Le tracé des filetages intérieurs est illustré à la figure 11.11. Notez la différence de l'orientation des lignes de saillies suivant le sens du filetage.

11.12 Représentation détaillée des filetages à profil carré. Le profil carré est défini à partir d'un carré de côté égal au demi-pas.

Le pas, correspondant à un diamètre nominal connu, est déterminé à partir des valeurs fournies à l'appendice 11. Lorsque le diamètre nominal sur le dessin dépasse 25 mm approximativement, on peut représenter ce type de filetage de façon détaillée (voir la figure 11.12). Tous les traits définitifs doivent être fins et noirs. Notez la vue en bout de la vis: le cylindre à fond de filet est représenté par une portion de cercle (norme canadienne) tracée en trait fin continu, même si le bout est chanfreiné. Selon la norme américaine, ce cylindre est représenté par un cercle complet, mais en trait interrompu fin; si la pièce est chanfreinée, le cercle est tracé en trait continu.

Figure 11.12 **Tracé des filetages carrés extérieurs — Représentation détaillée.**

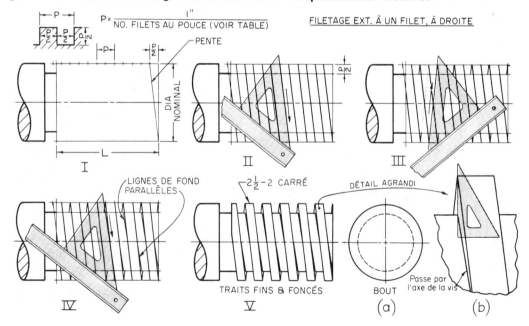

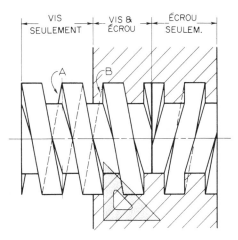

Figure 11.13 **Assemblage de filetages carrés**.

Un assemblage, constitué d'une vis de profil carré vissant partiellement dans un trou taraudé, est illustré à la figure 11.13. Notez les détails à A et à B. A B, le détail de la vis est caché par celui du profil du trou, ce qui laisse paraître une ligne verticale.

Le tracé de la représentation détaillée du filetage intérieur peut être exécuté suivant les quatre premières étapes illustrées à la figure 11.14. On y voit une vue en coupe d'un filetage droit. Remarquez que les filets sont inclinés vers la droite, car le dessin illustre la moité *en arrière* de l'écrou, contrairement au cas de la vue où la moitié à l'avant est dessinée. (Voir aussi la figure 11.13.)

Si le filetage est caché, sa représentation dans une vue longitudinale est illustrée à la figure 11.14.a. Le filetage interne étant supposé à filet simple, on y dessine un creux vis-à-vis d'un filet. Pour une raison de simplicité, on omet les lignes inclinées. Sur la vue en bout (b), le petit cercle est tracé en trait plein et le grand, en trois quarts de circonférence environ (norme canadienne). Selon la norme américaine, ce dernier sera tracé au complet mais en trait interrompu.

11.13 Représentation détaillée des filetages à profil Acme.

Le profil Acme est défini à partir d'un trapèze isocèle dont l'angle au sommet est de 29°. (Voir la figure 11.1.) Ses dimensions, correspondant aux différents diamètres nominaux, sont fournies à l'appendice 11. Les étapes à suivre pour dessiner une vis droite à un filet sont illustrées à la figure 11.15. L'angle au sommet est dessiné à 30° à l'aide de la combinaison de deux équerres, l'une à 45° et l'autre à 30° (figure 11.15.III). En IV, on représente une vis enfoncée partiellement dans son écrou; remarquez que la direction des filets de l'écrou est symétrique à celle de la vis, car l'écrou est illustré en coupe.

La vue en bout des filetages à profil Acme est représentée exactement de la même façon que celle des profils carrés (figures 11.12 et 11.14).

Figure 11.14 **Tracé des filetages carrés intérieurs — Représentation détaillée**.

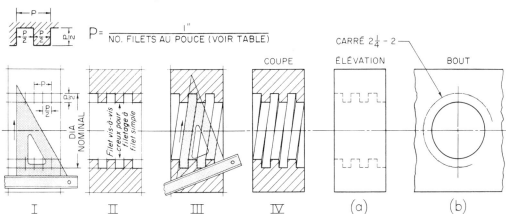

317

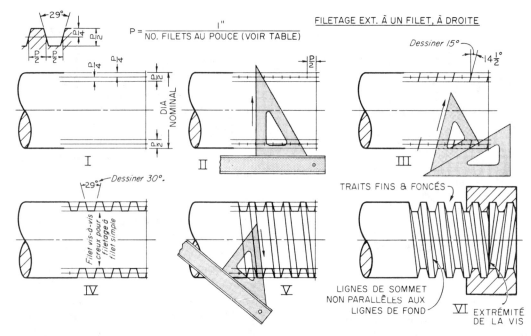

Figure 11.15 Tracé des filetages Acme — Représentation détaillée.

11.14 Utilisation des lignes fantômes.

Dans la représentation des objets comportant une série de caractéristiques identiques, on peut utiliser les lignes fantômes (figure 11.16) pour sauver du temps lors de l'exécution des tracés. Les tiges filetées ainsi représentées peuvent être raccourcies sans l'utilisation des brisures conventionnelles, mais elles doivent être cotées correctement. La même méthode peut s'appliquer aux ressorts (figure 11.44.d). L'utilisation des lignes fantômes de cette manière est surtout limitée aux dessins de détail.

11.15 Vue en coupe des filetages.

Les représentations détaillées des grands filetages en coupe sont illustrées aux figures 11.6, 11.11, 11.13, 11.14 et 11.15. Comme le suggère la note à la figure 11.6.b, il est permis d'omet-

tre les lignes représentant les sommets et les fonds de filets d'un écrou.

Les filetages extérieurs et intérieurs vus en coupe sont représentées respectivement aux figures 11.7 et 11.8.

L'ensemble vis–écrou est illustré à la figure 11.17. Notez cependant que normalement on ne « coupe » ni une vis, ni un écrou, ni d'autres parties pleines, à moins que cela soit nécessaire pour montrer certains détails internes.

11.16 Filetage American National.

Ce vieux type de profil a été adopté en 1935. Sa forme (figure 11.2.b) est la même que celle du profil Sellers. Ce filetage est maintenant remplacé par les filetages Unified et métrique. Il existe cinq séries de filetage American National[4]. Ce sont les séries à filets

[4] ANSI B1.1-1974; ACNOR B1.1-1949.

Figure 11.16 Utilisation des lignes fantômes.

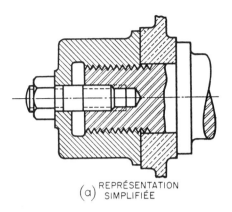

(a) REPRÉSENTATION SIMPLIFIÉE

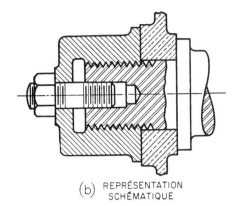

(b) REPRÉSENTATION SCHÉMATIQUE

Figure 11.17 **Dessin d'ensemble de pièces filetées en section.**

gros, à filets fins, à 8, à 12 et à 16 filets au pouce.

11.17 Degrés de précision des filetages American National.
La quantité de jeu au montage entre la vis et l'écrou indique le degré de précision d'un filetage. La norme américaine[5] établit quatre catégories d'ajustement qui diffèrent entre eux par l'importance du jeu et de la tolérance. La catégorie 1 donne des ajustements libres, c'est-à-dire que le jeu est maximal, alors que la catégorie 4 représente une qualité exceptionnelle qui n'est pas encore atteinte dans la production en grande série.

11.18 Filetage Unified, série extra fin.[5]
Ce type de filetage comporte beaucoup plus de filets au pouce pour un diamètre nominal donné que n'importe quelle série de filetage de type American National. Son profil est le même que celui de l'American National. Ces petits filets sont largement utilisés pour le taraudage des pièces minces, et lorsqu'il importe d'avoir un ajustement serré ou lorsque la vibration est sévère. Ils sont désignés par UNEF.

11.19 Filetage Unified[5] et filetage métrique.
Le filetage Unified a été adopté comme filetage standard en mesures impériales, à la suite de l'accord signé, en 1948, entre le Canada, les États-Unis et l'Angleterre. Il existe six « séries de filets » définies en fonction du nombre de filets au pouce pour différents diamètres standard (appendice 4) et en fonction de combinaisons spéciales de diamètres et de pas. Les diverses séries sont les suivantes:

Série à pas gros (UNC). Ce filetage est recommandé pour les pièces et pour l'équipement ordinaires d'usage courant.

Série à pas fins (UNF). Ce filetage est recommandé pour les pièces et pour l'équipement où l'emploi des filets à pas plus fins est plus avantageux. Il offre une plus grande résistance à la torsion et à la traction, tout en étant moins sujet au déboulonnage sous l'effet des vibrations.

Série à pas extra-fins (UNEF). Ce filetage est particulièrement utile pour l'assemblage d'équipement et d'instruments en aéronautique, pour le filetage des tubes minces, pour les écrous de faible hauteur et pour les vis des appareils de mesure.

Série à pas constant, 8 filets au pouce (8UN). Tous les diamètres comportent 8 filets au pouce. Ce filetage est utilisé dans les boulons de serrage pour les brides de canalisations sous pression élevée, dans les goujons pour les culasses de moteurs et dans les autres assemblages soumis à de hautes pressions.

Série à pas constant, 12 filets au pouce (12UN). Tous les diamètres comportent 12

[5] ACNOR B1.1-1949; ANSI B1.1-1974.

319

filets au pouce. Ce filetage est utilisé couramment en chaudronnerie et pour les écrous minces dans les arbres et les manchons de machines.

Série à pas constant, 16 filets au pouce (16UN). Tous les diamètres comportent 16 filets au pouce. Ce filetage est utilisé lorsqu'il est nécessaire d'avoir des filets fins, quel que soit le diamètre, tels que les colliers d'ajustement et les écrous de retenue des roulements.

Il existe aussi trois autres séries, UNS, NS et UN, qui regroupent des combinaisons spéciales de diamètres, de pas et de longueurs d'engagement du filetage.

Le filetage métrique ISO[6] (appendice 4) est le filetage normalisé international. Son profil (figure 11.1) est défini à partir d'un triangle équilatéral dont le côté est égal au pas. La forme, généralement arrondie, et la profondeur du vide à fond de filet ne sont pas imposées. On distingue les filetages métriques à *pas gros* et les filetages métriques *à pas fins*. Les premiers sont largement utilisés en boulonnerie et dans d'autres applications courantes. Dans certains cas, ceux-ci ne conviennent pas et on leur préfère un filetage à pas fin, par exemple, lorsque la longueur filetée est de faible dimension par rapport au diamètre nominal ou lorsque l'on désire obtenir une

[6] ISO R965/1-1973.

avance réduite par tour de la pièce filetée (vis de réglage).

11.20 Degrés de précision des filetages Unified et métrique. Les types d'ajustement pour les divers degrés de précision des filetages Unified se divisent en trois catégories: 1A, 2A et 3A pour les vis, et 1B, 2B et 3B pour les écrous. Ces catégories diffèrent entre elles par l'importance de leurs jeux et de leurs tolérances. Les vis et les écrous de catégories différentes peuvent s'assembler et permettent des degrés d'ajustement intermédiaires. Les catégories 1A et 1B donnent des ajustements libres, c'est-à-dire que le jeu est maximal. Elles sont utilisées pour les assemblages et les démontages faciles. Les catégories 2A et 2B sont conçues pour les produits de bonne qualité d'usage courant. Les catégories 3A et 3B représentent des produits de qualité exceptionnelle et elles ne sont recommandées que pour les outils et les pièces de machinerie de précision.

Pour le filetage métrique ISO, on a établi un système de classification défini par des *qualités de tolérance* et par des *positions de tolérance*. Les premières, désignées par des numéros, s'appliquent aux deux éléments essentiels, diamètre sur flancs et diamètre nominal des filets. Elles sont:

QUALITÉS DE TOLÉRANCE

Vis		Tolérance	Écrou	
Diamètre sur flancs	Diamètre nominal (dia. ext.)		Diamètre sur flancs	Diamètre nominal (dia. int.)
3	—	—	—	—
4	4	Fine	4	4
5	—	—	5	5
6	6	Moyenne	6	6
7	—	—	7	7
8	8	Grossière	8	8
9	—			

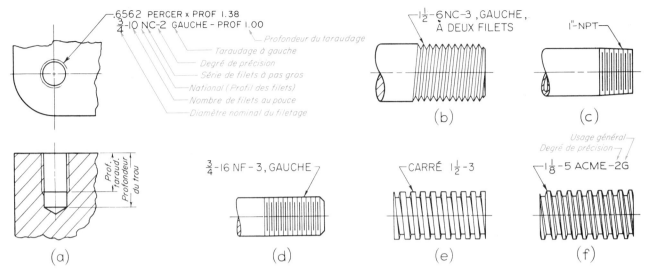

Figure 11.18   Désignation des filetages.

Si la tolérance n'est pas indiquée sur la cote d'un filetage, on suppose qu'elle est moyenne, c'est-à-dire de qualité 6.

Les positions de tolérance, désignées par des lettres, permettent d'appliquer un revêtement d'épaisseur constante et un assemblage facile. Les symboles correspondant aux différentes positions de tolérance sont:

POSITIONS DE TOLÉRANCE

Vis	Écart fondamental	Écrou
h	Zéro	H
g	Petit	G
e	Large	—

La classe de tolérance d'une vis de qualité moyenne est 6g et celle d'un écrou de qualité moyenne est 6G. Lorsque la classe de tolérance sur le diamètre sur flancs est différente de celle sur le diamètre nominal, on doit spécifier toutes les deux. Par exemple, l'indication 5H6H signifie qu'il s'agit d'un écrou dont la classe de tolérance sur le diamètre sur flancs est 5H et dont celle sur le diamètre nominal est 6H. L'indication 6g sous-entend 6g6g, c'est-à-dire deux classes égales.

Un ajustement fileté est identifié par la classe de tolérance d'écrou suivie de la classe de tolérance de vis, les deux désignations étant séparées par un trait oblique. Par exemple, le symbole 5H/5g6g indique que la classe de l'écrou est 5H5H et que celle de la vis est 5g6g.

11.21   Cotation des filetages. On utilise des notes pour coter les filetages. La figure 11.18 fournit quelques exemples de cotation des filetages American National. Une note complète pour désigner un trou borgne taraudé est illustrée en (a). En pratique, cependant, on n'indique ni le diamètre, ni la profondeur de l'avant-trou de perçage. L'appendice 4 donne le diamètre requis de l'avant-trou correspondant à chaque grosseur de filetage. L'absence de l'indication À GAUCHE sous-entend que le filetage est à droite. L'absence de l'indication 2 FILETS ou 3 FILETS sous-entend que le filetage est à un filet. Il est préférable de rattacher la note à la vue en bout du trou taraudé, comme l'illustre la figure.

On rattache de préférence la note d'une vis à la vue longitudinale de celle-ci (voir les figures 11.18.b à 11.18.f). Les filetages à pas constant à 8, 12 et à 16 filets au pouce, qui

321

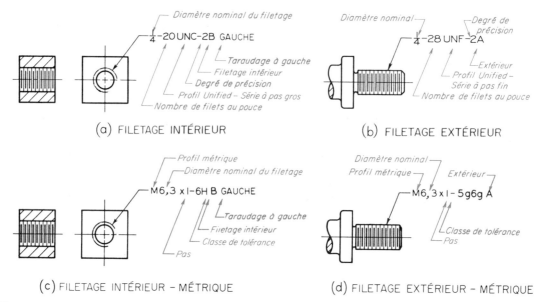

Figure 11.19 **Désignation des filetages Unified et métriques**.

ne sont pas illustrés à la figure 11.18, sont désignés, respectivement, par 2-8N-2, 2-12N-2 et 2-16N-2. Un exemple de filetage spécial est 1½-7N À GAUCHE.

Les filetages Acme pour usage courant sont identifiés par la lettre G et les filetages Acme à auto-centrage, par la lettre C: par exemple, 1³/₄-4 ACME-2G et 1³/₄-6 ACME-4C.

La façon correcte de désigner les filetages Unified et métrique est illustrée à la figure 11.19. Les filetages Unified se distinguent des filetages American National par l'addition de la lettre U au symbole de la série de filetage, et par les lettres A et B (pour une vis ou un écrou respectivement).

Exemple:

> ¹/₄-20 UNC-2A 3 FILETS
> ⁹/₁₆-18 UNF-2B
> 1³/₄-16 UN-2A

On désigne le filetage métrique par la lettre M (métrique) suivie de son diamètre nominal et de son pas. Le signe de multiplication × sépare le diamètre nominal du pas. Par exemple, un filetage de 10 mm de diamètre nominal et à « pas fin » (1,25 mm) est désigné par M10 × 1,25. Lorsque le filetage est à « pas gros », l'inscription du pas est facultative; par exemple, on écrit M10. Par contre, s'il est nécessaire de donner la longueur du filetage, on écrit, par exemple, M10 × 1,5 × 25 où 25 indique que le filetage a 25 mm de longueur. Il est aussi possible d'écrire cette longueur directement sur le dessin.

En plus de l'identification, la désignation complète d'un filetage métrique doit comporter les *classes de tolérance*. Celles-ci sont séparées de l'identification par un tiret; on écrit d'abord la classe de tolérance sur le diamètre sur flancs et, ensuite, la classe de tolérance sur le diamètre nominal (section 11.20). Par exemple, M20 × 1,5 × 35-5H6H désigne un écrou (à cause de la lettre majuscule) dont la classe de tolérance sur le diamètre sur flancs est 5H et dont celle sur le diamètre nominal est 6H. Si les deux classes sont identiques, on ne répétera pas le symbole: par exemple, M20 × 1,5 × 35-5H. Les chiffres correspondent aux *qualités de tolérance* et les lettres, aux *positions de tolérance*. La classe de tolérance de qualité moyenne d'une vis est 6g (ce qui sous-entend 6g6g) et celle d'un écrou est 6G (ce qui sous-entend 6G6G).

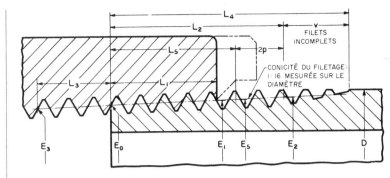

Figure 11.20 Filetage gaz conique American National (ANSI B2.1-1968).

11.22 Filetages gaz American National[7] pour les tubes et les raccords. Ces filetages, originellement connus sous le nom de filetages Briggs, ont été mis au point par Robert Briggs en 1882. Il existe deux types standard: *filetage gaz conique* et *filetage gaz cylindrique*. Le profil conique est illustré à la figure 11.20. La conicité est de $\frac{1}{16}$ ou de .75" par pied mesurée sur le diamètre et le long de l'axe. L'angle au sommet des filets est de 60°. La hauteur théorique du filet est de $0.8660P$ et la hauteur maximale du filet tronqué est de $0.800P$ où P est le pas du profil. Les diamètres sur flancs, E_0 et E_1, et la longueur du filetage extérieur L_2 sont déterminés par les formules suivantes:

$$E_0 = D - (0.050D + 1.1)\frac{1}{n}$$
$$E_1 = E_0 + 0.0625L_1$$
$$L_2 = (0.80D + 6.8)\frac{1}{n}$$

où D est le diamètre extérieur du tube, E_0 le diamètre sur flancs au bout du tube, E_1 le diamètre sur flancs au bout de l'écrou, L_1 la longueur normale d'assemblage à la main et n le nombre de filets au pouce.

L'ANSI[8] recommande également deux filetages coniques modifiés, l'un pour les joints secs étanches et l'autre pour les joints rigides des rampes. Les premiers fournissent des joints étanches métal sur métal, et ils sont utilisés dans l'assemblage d'équipement de réfrigération, d'automobile, etc.

Même si le filetage conique est recommandé pour l'usage courant, on lui préfère, dans certains cas, le filetage cylindrique qui possède le même profil mais qui est taillé parallèlement à l'axe. On le rencontre sur les raccords pour les tuyaux, sur les joints de canalisations d'huile ou d'essence, sur les pièces ordinaires de plomberie, etc.

Le filetage gaz pour les tubes et pour les raccords est représenté selon les conventions établies pour le filetage ordinaire. Comme l'illustre la figure 11.21, le tracé montrant la conicité n'est pas essentiel, car cette propriété est inscrite sur la note du filetage: NPT (*National Pipe Taper*) pour le filetage conique et NPS (*National Pipe Straight*) pour le filetage cylindrique. Cependant, si on le désire, on dessine la conicité plus grande que sa valeur réelle (figure 11.22), soit $\frac{1}{16}$" par 1" sur le rayon au lieu de sur le diamètre. En pratique, on n'inscrit ni le pas, ni le diamètre de l'avant-trou de perçage.

[7] ANSI B2-1-1968 et ANSI B2.2-1968.
[8] ANSI B2.1-1968 et ANSI B2.2-1968.

Figure 11.21 Représentation conventionnelle des filetages gaz coniques.

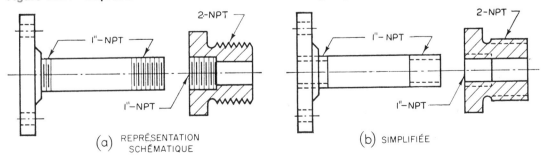

(a) REPRÉSENTATION SCHÉMATIQUE

(b) SIMPLIFIÉE

323

11.23 **Vis, boulons et goujons.** Les vis, les boulons et les goujons sont trois organes d'assemblage démontables couramment utilisés en mécanique.

La *vis* (figure 11.23.b) est une tige filetée terminée, le plus souvent, par une tête. Elle sert à réunir plusieurs pièces par pression des unes sur les autres. Deux modes d'action sont utilisés: la pression est exercée soit par la tête (vis d'assemblage) soit par l'extrémité (vis de pression). Les *vis d'assemblage* comprennent les *vis à métaux* (figures 11.32 et 11.33), qui se vissent dans un trou taraudé, et les *vis à bois* (figure 11.35), qui se terminent en pointe et qui doivent creuser elles-mêmes leurs empreintes dans le bois. (Voir aussi la section 11.29.) Les *vis de pression* (figure 11.34) sont généralement filetées sur toutes leurs longueurs; les têtes sont réduites ou même supprimées. L'extrémité de la vis, souvent trempée, a une forme spéciale. Ces vis servent surtout à empêcher le mouvement relatif entre deux pièces. (Voir aussi la section 11.30.)

Le *boulon* (figure 11.23.a) se compose d'une vis et d'un écrou vissé sur la partie filetée de la vis. L'appellation « boulon », donnée souvent à une vis dépourvue d'écrou, est impropre. Les pièces à réunir sont simplement percées de trous lisses (appelés trous de passage). Le boulon traverse librement les pièces et les serre énergiquement entre sa tête et l'écrou. (Voir aussi les sections 11.25 et 11.26.)

Le *goujon* (figure 11.23.c) est une tige dont les extrémités sont filetées dans le même sens, l'une se visse à demeure dans une pièce, l'autre reçoit un écrou qui serre les pièces à unir. Les deux parties filetées sont séparées par un tronçon lisse. Sans tronçon lisse, le goujon est appelé simplement *tige filetée*. Le goujon remplace un boulon dont la tête gênait dans le montage mécanique de pièces ou lorsque les pièces à unir sont très épaisses. Le goujon est aussi utilisé en remplacement de la vis lorsque le matériau de la pièce est peu résistant ou lorsqu'il est nécessaire de faire des démontages fréquents.

En général, dans un dessin d'assemblage, on ne « coupe » pas les vis, les boulons, les goujons et les autres éléments semblables (figures 11.23 et 11.32), car on n'y gagnerait pas en clarté.

Les vis, les boulons et les goujons sont, pour la plupart, normalisés. Sur le dessin, ils sont identifiés avec précision par des notes.

11.24 **Trous taraudés.** Le fond d'un trou borgne a une forme conique qui est l'empreinte de la pointe du foret de perçage (figures 11.24.a et 11.24.b). On dessine l'angle au sommet à 120°, valeur approchée de l'angle réel de 118°.

Figure 11.22 **Représentation conventionnelle des filetages gaz coniques.**

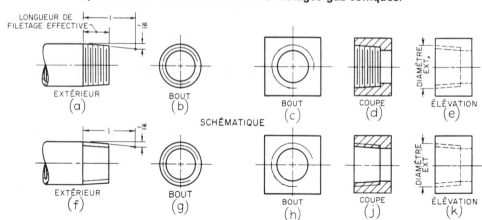

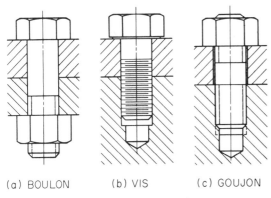

(a) BOULON   (b) VIS   (c) GOUJON

Figure 11.23   **Boulon, vis et goujon.**

La profondeur du trou (appelé avant-trou) ne comprend pas la partie conique; la profondeur du filetage (appelée implantation) ne comprend que les filets parfaitement formés. La différence de profondeurs A dépend du genre de taraud utilisé. Sur les plans, lorsque la profondeur de l'avant-trou n'est pas donnée, on dessine A à environ 3 pas schématiques (figure 11.24.c).

Un trou taraudé jusqu'au fond est représenté à la figure 11.24.e. Dans la mesure du possible, on doit éviter ce genre de trou. Dans certains cas (figure 11.24.f), il est préférable de prévoir une saignée intérieure permettant le dégagement de l'outil.

Une des principales causes de rupture lors du taraudage est l'insuffisance de la profondeur de l'avant-trou, l'outil étant forcé contre les copeaux qui sont entassés au fond du trou. Ainsi, le concepteur doit plutôt choisir les trous ouverts taraudés, sinon il doit prévoir une profondeur généreuse de l'avant-trou. L'appendice 4 indique les calibres recommandés des forets d'implantation en fonction des

différentes grosseurs et des différents types de taraudage.

La longueur de la partie filetée (l'implantation) dépend du diamètre nominal et de la matière taraudée. A la figure 11.25, l'implantation minimale X est égale au diamètre D, lorsque la vis et la pièce sont en acier. Lorsqu'une vis en acier est vissée dans la fonte, dans le laiton ou dans le bronze, X = 1,5D; lorsqu'elle est vissée dans l'aluminium, dans le zinc ou dans le plastique, X = 2D.

Dans une vue en coupe, on omet généralement les filets au fond pour mieux définir l'extrémité de la vis (figure 11.25). De plus, l'espacement entre le diamètre de la vis et celui du trou de passage peut être illustré symboliquement pour rendre le dessin plus clair (figure 11.23.c).

11.25   Boulons normalisés. Les boulons American National[9] sont produits en deux formes: les boulons à tête carrée et les boulons à tête hexagonale (figure 11.26). La vis à tête carrée et l'écrou carré sont chanfreinés à 30° tandis que la vis à tête hexagonale et l'écrou hexagonal le sont entre 15° et 30°

TYPES DE BOULONS. Les boulons sont groupés suivant l'usage qu'on en fait: les boulons réguliers pour l'usage courant et les boulons forts, à têtes plus grandes, pour l'usage intensif ou pour le serrage facile. Les vis à tête carrée sont disponibles seulement dans

[9] ANSI B18-2.1.-1972 et ANSI B18.2.2-1972. Voir aussi ACNOR B33.1-1961 (R 1969), ACNOR B33.4-1973, B34-1967 (R 1972). Pour les boulons métriques, voir ACNOR B18.2.3.5-M1979, B18.2.3.6-M1979, B18.2.3.7-M1979.

Figure 11.24   **Trous percés et taraudés.**

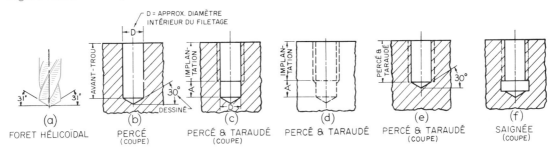

(a) FORET HÉLICOÏDAL   (b) PERCÉ (COUPE)   (c) PERCÉ & TARAUDÉ (COUPE)   (d) PERCÉ & TARAUDÉ   (e) PERCÉ & TARAUDÉ (COUPE)   (f) SAIGNÉE (COUPE)

325

le type régulier tandis que les vis à tête hexagonale et les écrous à tête carrée sont standard dans les deux types.

FINITION. Traditionnellement, il existe trois classes de finition pour les boulons: fine, semi-fine et brute. Suivant les dernières normes, la finition « semi-fine » n'existe plus. La vis et l'écrou à têtes hexagonales de finition « fine » comportent une collerette sur la surface d'appui de leurs têtes. La collerette a une épaisseur de 1/64″ (dessinée à 1/32″) et un diamètre égal à une fois et demie le diamètre nominal de la vis.

Le plus important genre de boulons *métriques* est le boulon à *tête hexagonale* (figure 11.26.a). La tête de la vis et l'écrou sont chanfreinés de 15° à 30°; pour simplifier, on dessine l'angle à 30°.

TYPES DE BOULONS. Les boulons métriques à tête hexagonale sont aussi groupés suivant l'usage qu'on en fait: les *boulons réguliers* pour l'usage courant et les *boulons à haute résistance* pour l'assemblage des pièces nécessitant un effort important de serrage.

FINITION. Les boulons à tête hexagonale sont considérés comme des boulons de finition « fine » et ils sont caractérisés par une collerette usinée sur la surface de leurs têtes. La collerette a une épaisseur de 0,5 mm (dessinée à 1 mm) et un diamètre égal à une fois et demie le diamètre nominal de la vis. La forme circulaire des surfaces d'appui des écrous à tête hexagonale peut être produite par chanfreinage. La tête hexagonale des vis (habituellement celles de grandes dimensions) est aussi disponible sans collerette.

PROPORTIONS. Les dimensions des boulons, y compris les boulons métriques sont basées

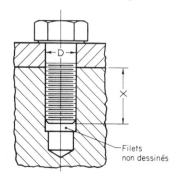

Figure 11.25 **Trou taraudé.**

Au-dessus de la figure: D, X, Filets non dessinés

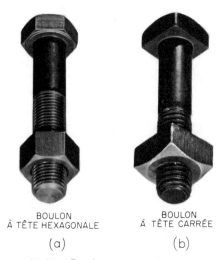

BOULON
À TÊTE HEXAGONALE

BOULON
À TÊTE CARRÉE

(a)   (b)

Figure 11.26 **Boulons normalisés.**

sur le diamètre de la vis suivant les formules ci-dessous:

Boulons réguliers à tête hexagonale ou à tête carrée:

$$W = 1\tfrac{1}{2}D \qquad H = \tfrac{2}{3}D \qquad T = \tfrac{7}{8}D$$

Boulons à haute résistance à tête hexagonale et écrous carrés: [10]

$$W = 1\tfrac{1}{2}D + \tfrac{1}{8}″ \quad \text{ou} \quad + 3 \text{ mm}$$
$$H = \tfrac{2}{3}D \qquad T = D$$

où W = la distance sur plats, H = hauteur de la tête et T = épaisseur de l'écrou.

L'épaisseur de la collerette, lorsque celle-ci existe, est toujours comprise dans la hauteur de la tête ou dans l'épaisseur de l'écrou.

FILETAGES. Les boulons de finition « brute » ont un filetage à pas gros des catégories 2A ou 2B tandis que les boulons de finition « fine » ont des filetages à pas gros, à pas fins et à 8 filets au pouce des catégories 2A ou 2B. (Pour les boulons métriques, voir l'appendice 7.)

LONGUEUR DE LA PARTIE FILETÉE. Pour les boulons dont la longueur atteint 6″ (150 mm):

Longueur de la partie filetée = $2D + \tfrac{1}{2}″$ ou + 6 mm.

Pour les boulons dont la longueur dépasse 6″ (150 mm):

Longueur de la partie filetée = $2D + \tfrac{1}{2}″$ ou + 12 mm.

[10] Il n'existe pas de boulons à haute résistance à tête carrée.

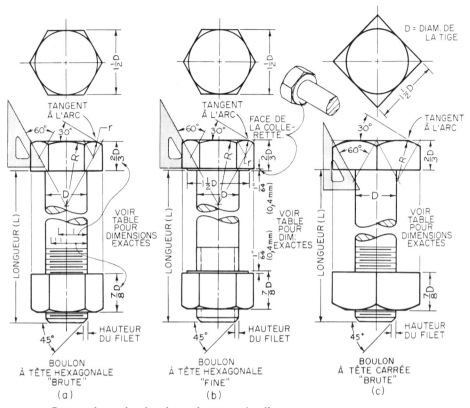

Figure 11.27 **Proportions des boulons de type régulier.**

Les boulons auxquels ces formules sont inapplicables sont filetés le plus près possible de la tête. L'extrémité de la vis peut être arrondie ou chanfreinée, mais, sur les dessins, on la représente par un chanfrein de 45° à partir du fond des filets (figures 11.27).

LONGUEUR DES BOULONS. La longueur des boulons n'est pas encore normalisée à cause des nombreux besoins dans l'industrie. Les données suivantes sont compilées à partir des catalogues des principaux fabricants:

Boulons à tête carrée:
Entre ½" et ¾", la longueur augmente de ⅛".
Entre ¾" et 5", la longueur augmente de ¼".
Entre 5" et 12", la longueur augmente de ½".
Entre 12" et 30", la longueur augmente de 1".

Boulons à tête hexagonale:
Entre ¾" et 8", la longueur augmente de ¼".
Entre 8" et 20", la longueur augmente de ½".
Entre 20" et 30", la longueur augmente de 1".

Boulons métriques à tête hexagonale:
Entre 8 mm et 20 mm, la longueur augmente de 2 mm.

Entre 20 mm et 50 mm, la longueur augmente de 5 mm.
Entre 50 mm et 160 mm, la longueur augmente de 10 mm.
Entre 160 mm et 300 mm, la longueur augmente de 20 mm.
L'appendice 7 fournit les dimensions des boulons standard.

11.26 Tracé des boulons standard. En pratique, on ne représente pas les boulons sur les dessins de détail à moins que l'on veuille les modifier. Par contre, on les représente fréquemment sur les dessins d'assemblage de telle sorte qu'il faut employer une méthode convenable de construction graphique qui soit rapide. On peut les dessiner soit à l'aide de gabarits spéciaux, soit à partir des dimensions exactes lorsque la précision l'exige. Cependant, dans la majorité des cas, il suffit d'employer une représentation con-

327

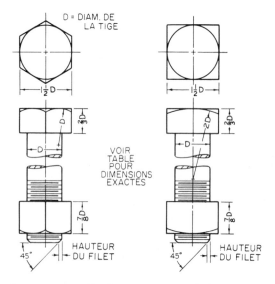

Figure 11.28 **Boulons vus** « **sur plats** ».

ventionnelle, dont les proportions sont basées sur le diamètre nominal de la vis, ce qui permet une économie considérable de temps. Ces représentations conventionnelles sont illustrées à la figure 11.27.

Même si les courbes d'intersection entre le chanfrein et les faces latérales de la tête de la vis ou de l'écrou sont des hyperboles, on

les représente par des arcs de cercle (figure 11.27).

En général, les têtes de vis et les écrous sont dessinés « sur angles » dans toutes les vues. Cette convention pratique, qui est une violation de la théorie des projections, est adoptée, d'une part, pour éviter la confusion entre les têtes hexagonales et les têtes carrées et, d'autre part, pour mieux illustrer les espaces libres réels. Dans les cas spéciaux où il faut dessiner les têtes « sur plats », on utilise les proportions indiquées à la figure 11.28.

Les différentes étapes à suivre dans la construction graphique des boulons à tête hexagonale et à tête carrée sont illustrées respectivement aux figures 11.29 et 11.30. Les données suivantes doivent être connues au préalable: le diamètre nominal du boulon, la longueur de la tige de la vis, la forme de la tête (hexagonale ou carrée), le type du boulon (régulier ou fort) et sa finition.

Il existe dans le commerce plusieurs modèles de pochoirs utiles pour le dessin des boulons; la figure 2.81.a en illustre un.

Figure 11.29 **Tracé des boulons à tête hexagonale.**

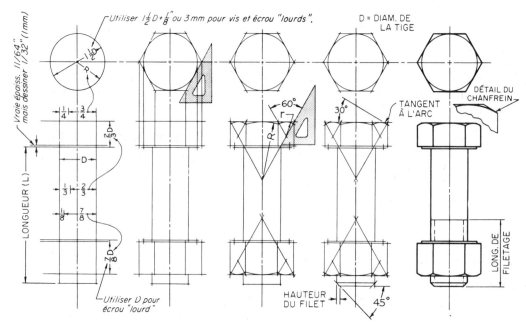

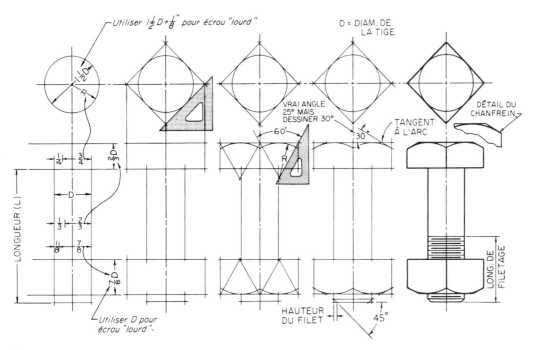

Figure 11.30 **Tracé des boulons à tête carrée.**

11.27 **Cotation des boulons.** Pour identifier un boulon sur un dessin, dans la nomenclature ou sur n'importe quel document, il faut donner les informations suivantes:

1. Le genre de boulon.
2. Le diamètre nominal.
3. Les caractéristiques du profil de filetage (voir la section 11.21).
4. La qualité du boulon.
5. La longueur du boulon.

Exemple:

(métrique): BOULON TÊTE HEX.
M16 × 1,5 - FINE - 60

(complète): VIS HEX. FORTE
³/₄-10 UNC-2A × 2¹/₂

(abrégée): VIS HEX. FORTE ³/₄ × 2¹/₂

(complète): ÉCROU CARRÉ ⁵/₈-11 UNC-2B

(abrégé): ÉCROU CARRÉ ⁵/₈

(métrique): VIS HEX. HAUTE RÉSIST.,
M10-6g -50

11.28 **Freins d'écrous.** Il est indispensable que les écrous des boulons montés sur des organes de machines ne se desserrent pas sous l'influence des chocs, des vibrations et des différences de température. les dispositifs conçus pour éliminer ce déserrage sont appelés *freins d'écrous*; les plus courants sont illustrés à la figure 11.31. Le *contre-écrou* (figures 11.31.a et 11.31.b) maintient le contact des filets en prise, en bloquant l'écrou sur la vis. Il est semblable à l'écrou mais il est plus mince que celui-ci. On recommande la méthode de la figure 11.31.b, où le contre-écrou se trouve entre la pièce à serrer et l'écrou.

Les *rondelles* Grower (figure 11.31.c) assurent aussi le contact des filets en prise grâce à leur élasticité. (Voir l'appendice 16.)

Les *goupilles fendues* (figures 11.31.e, 11.31.g et 11.31.h) s'opposent directement à la rotation de l'écrou. (Voir l'appendice 19.) Elles sont surtout utilisées, en combinaison avec les *écrous à créneaux* normaux (figure 11.31.g) ou *dégagés* (figure 11.31.h), pour assurer un freinage à sécurité absolue de l'écrou.

329

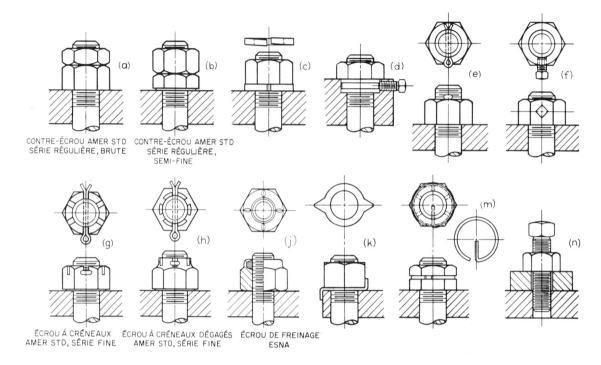

Figure 11.31 **Freins d'écrous.**

L'écrou de freinage ESNA Division, Amer-ace Corp. (figure 11.31.j) se compose d'une bague en nylon non filetée, sertie dans un logement opposé à la face d'appui.

Les *plaquettes-arrêtoirs* (figure 11.31.k) frei-nent aussi les écrous en s'opposant directe-ment à la rotation. On obtient le freinage en rabattant un bord de la plaquette sur la pièce et en relevant l'autre bord sur l'écrou.

11.29 Vis d'assemblage standard.[11]

Les cinq types de vis d'assemblage American National sont illustrés à la figure 11.32. Les quatre premiers types comportent des têtes normalisées. Le dernier type comporte une tête cylindrique à six pans creux; il existe se-lon différentes proportions. Les vis d'assem-blage ont généralement une finition « fine »

et elles sont utilisées couramment sur les machines-outils lorsque la précision et l'ap-parence sont importantes. (Voir les appen-dices 7 et 8 pour les dimensions standard.)

Les vis d'assemblage traversent librement un trou de passage dans une pièce et elles se vissent dans l'autre pièce. Il n'est pas indis-pensable d'illuster, sur les dessins, l'espace libre entre le trou et la tige de la vis.

Les vis d'assemblage sont moins pratiques que les goujons, lorsqu'il est nécessaire de faire des démontages fréquents. Les vis à tête creuse, à rainure ou à six pans sont recom-mandées aux endroits encombrés.

La nécessité de reproduire les dimensions exactes de la vis sur les dessins se présente rarement. Les dimensions illustrées à la fi-gure 11.32 sont très proches des dimensions réelles et sont généralement utilisées pour le dessin.

Pour la représentation correcte des trous taraudés, on se rapporte à la section 11.24. On trouvera aussi des détails supplémentai-res sur les trous, les lamages et les fraisures à la section 6.33.

[11] ANSI B18.6.2-1972; ANSI B18.3-1969; ACNOR B33.2-1967 Pour les vis métriques, voir ACNOR B18.2.3.1-M1979, B18.2.3.2-M1979, B18.2.3.3-M1979, B18.2.3.4-M1979 et B18.2.3.8-M1979.

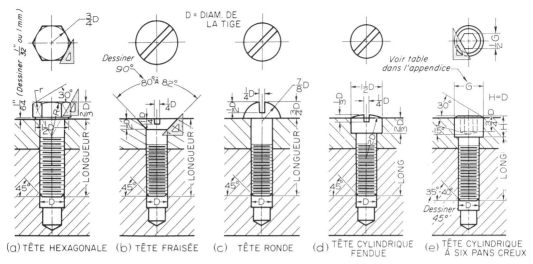

(a) TÊTE HEXAGONALE (b) TÊTE FRAISÉE (c) TÊTE RONDE (d) TÊTE CYLINDRIQUE FENDUE (e) TÊTE CYLINDRIQUE À SIX PANS CREUX

Vis à tête hexagonale: séries à pas gros, à pas fin ou à 8 filets; catégorie 2A. Longueur de filetage: 2D + ¼″ jusqu'à 6″ de longueur et 2D + ½″ pour des longueurs dépassant 6″. Si la vis est trop courte pour que ces formules puissent s'appliquer, le filetage s'étend jusqu'à 2½ filets à partir de la tête, pour les diamètres atteignant 1″. Les longueurs de vis ne sont pas normalisées. Pour les vis métriques, on se réfère à l'appendice 9.

Vis à tête fendue: séries à pas gros, à pas fin ou à 8 filets; catégorie 2A. Longueur de filetage: 2D + ¼″. Les longueurs de vis ne sont pas normalisées. Si la vis est trop courte pour que cette formule puisse s'appliquer, le filetage s'étend jusqu'à 2½ filets à partir de la tête.

Vis à tête cylindrique à six pans creux: séries à pas gros ou à pas fin; catégorie 3A. Longueur de filetage gros: 2D + ½″ si elle dépasse ½L; sinon, elle est égale à ½L. Longueur de filetage fin: 1½D + ½″ si elle dépasse ⅜L; sinon, elle est égale à ⅜L. A partir de ¼″ de longueur de vis, les longueurs de vis augmentent de ⅛″ en ⅛″ jusqu'à 1″, de ¼″ en ¼″ jusqu'à 3″ et de ½″ en ½″ jusqu'à 6″

Figure 11.32 Vis d'assemblage.

Sur les vues en coupe d'un assemblage, on représente habituellement « en entier » les éléments tels que les vis, les écrous, les arbres, etc. (figure 11.32), car une coupe de ces éléments n'améliore pas la clarté du dessin.

Sur les vues en bout, la rainure sur la tête de vis est dessinée à 45°, quelle que soit la vraie projection. Sur les vues longitudinales, on ne représente pas les filets au fond du trou taraudé, afin de rendre plus lisible l'extrémité de la vis.

Voici quelques exemples types de désignation dimensionnelle des vis d'assemblage:

VIS HEX M20 × 2,5 - 80 (*métrique*)

VIS HEX ⅜-16 UNC-2A × 2½ ou, sous la forme abrégée, VIS HEX ⅜ × 2½

11.3 Vis de mécanique standard. Les vis de mécanique sont semblables aux vis d'assemblage mais elles sont généralement plus petites (diamètre nominal variant entre .060″ et .750″). Pour cette raison, on peut se rapporter à la section 11.29 pour des renseignements généraux.

L'ANSI[12] adopte six formes différentes de tête de vis (voir l'appendice 9), dont les quatre plus courantes sont illustrées à la figure 11.33. les vis de mécanique ont normalement une finition brillante, sans traitement thermique, et leurs extrémités ne comportent pas de chanfrein. L'appendice 9 fournit également les spécifications des vis métriques. (Voir

[12] ANSI B18.6.3-1969; ACNOR B35.1-1972, *Machine Screws and Associated Nuts*.

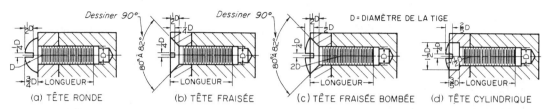

(a) TÊTE RONDE   (b) TÊTE FRAISÉE   (c) TÊTE FRAISÉE BOMBÉE   (d) TÊTE CYLINDRIQUE

Filetage: Profil National, série à pas gros ou à pas fin, degré de précision 2. Pour les vis de longueurs atteignant 2″, le filetage s'étend jusqu'à une distance de deux pas de la tête; pour les vis plus longues, la longueur de filetage est de $1^3/_4$″. La longueur des vis n'est pas normalisée.

Figure 11.33 **Vis de mécanique standard.** Voir appendice 15.

aussi les standards métriques de l'ACNOR, série B18.2.3(1979).

Les vis de mécanique sont particulièrement recommandées pour être vissées dans des pièces de faible épaisseur. Elles sont couramment utilisées dans les montages, dans les dispositifs de fixation, etc.

Voici quelques exemples types de désignation des vis de mécanique:

VIS CYL. LARGE FENDUE, M8 × 1,25 - 30 (*métrique*)

VIS TÊTE CYLINDRIQUE BOMBÉE FENDUE N° 10 (.1900) - 32 NF - 3 × $^5/_8$ ou, sous forme abrégée, VIS CYL. BOMBÉE N° 10 (.1900) × $^5/_8$.

11.31 Vis de pression standard.[13]

Les vis de pression (figure 11.34) servent à empêcher le mouvement relatif, habituellement de rotation, entre deux pièces, tel que le glissement du moyeu d'une poulie autour de l'arbre. La vis est vissée dans une pièce de telle sorte que son extrémité exerce une pression sur l'autre pièce. Les vis de pression résultent de la combinaison de deux éléments: la forme de l'extrémité de la tige et la forme de la tête ou le mode d'entraînement. Elles sont généralement filetées sur toute la longueur de leurs tiges et sont souvent trempées. Elles peuvent servir de vis d'arrêt ou de guidage.

Les vis sans tête American National, fendues ou à six pans creux, existent dans les séries à pas gros et à pas fins de qualité 3A.

[13] ACNOR B33.3-1968.

Figure 11.34 **Vis de pression American National.**

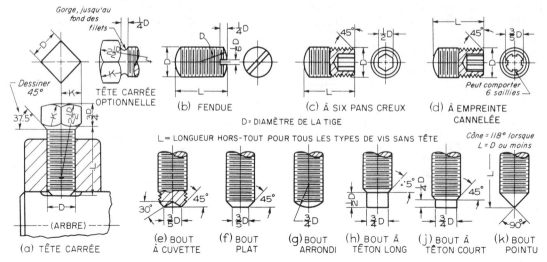

(a) TÊTE CARRÉE   (b) FENDUE   (c) À SIX PANS CREUX   (d) À EMPREINTE CANNELÉE

D = DIAMÈTRE DE LA TIGE

L = LONGUEUR HORS-TOUT POUR TOUS LES TYPES DE VIS SANS TÊTE

(e) BOUT À CUVETTE   (f) BOUT PLAT   (g) BOUT ARRONDI   (h) BOUT À TÉTON LONG   (j) BOUT À TÉTON COURT   (k) BOUT POINTU

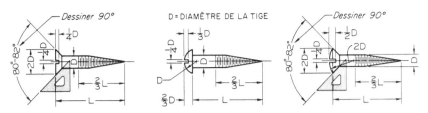

Figure 11.35 **Vis à bois American National.**

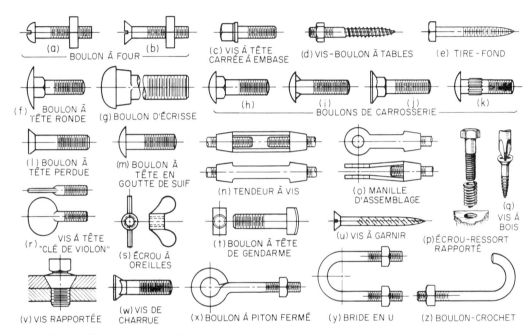

Figure 11.36 **Vis et boulons divers.**

Les diamètres nominaux peuvent atteindre 2″.

Voici quelques exemples de désignation dimensionnelle des vis de pression:

VIS SANS TÊTE À SIX PANS CREUX, À CUVETTE M10 × 1,5 - 12 (*métrique*)

VIS À TÊTE CARRÉE, À BOUT PLAT ³/₈-16UNC - 2A × ³/₄

VIS SANS TÊTE FENDUE, À BOUT POINTU ¹/₄-20UNC - 2A × ⁵/₈

11.32 **Vis à bois.** Trois types de vis à bois American National sont normalisés.[14] Il s'agit des vis à tête fraisée, des vis à tête

[14] ANSI B18.6.1-1972 et ACNOR B35.4-1972.

ronde et des vis à tête fraisée bombée (figure 11.35). Les dimensions illustrées sont très proches des dimensions réelles; elles sont amplement suffisantes pour les besoins du tracé.

La vis à tête carrée, appelée *tire-fond*, permet le serrage le plus énergique. Cependant, cette vis n'existe que dans les grands diamètres.

Les vis à bois sont habituellement fabriquées en acier doux ou en laiton et sont souvent recouvertes d'un revêtement métallique qui agit comme une couche protectrice.

11.33 **Éléments de fixation.** A part les éléments décrits dans les sections précédentes, il existe, dans le commerce, une multi-

333

tude d'autres éléments de fixation conçus pour des fins spécifiques; les plus courants sont illustrés à la figure 11.36.

L'écrou-ressort rapporté (figure 11.36.p), une des variétés d'écrous rapportés, possède une forme semblable à celle d'un ressort, excepté que la section droite du fil enroulé est conforme au profil des filets. On le visse dans un trou taraudé de sorte qu'il peut recevoir une tige filetée. L'écrou-ressort rapporté est habituellement fabriqué en bronze ou en acier inoxydable et il sert de filetage permanent et solide dans les métaux les moins résistants et dans les matières plastiques. Son utilisation devient de plus en plus courante dans l'industrie.

11.34 Clavettes.[15] La *clavette* (figure 11.37) est une pièce d'assemblage destinée à rendre solidaires un organe de machine et un arbre. Elle permet, par exemple, la liaison en rotation d'une roue dentée et d'un arbre. Elle

[15] ACNOR CAN3-B232-75.

assure une liaison fixe et démontable. On distingue les *clavettes longitudinales*, qui sont parallèles à l'axe des pièces à immobiliser, et les *clavettes transversales*. Pour la transmission de petites puissances, on peut utiliser des *clavettes rondes*. Pour des couples importants, une et, parfois, deux clavettes rectangulaires (carrées ou minces) sont nécessaires. Pour des liaisons encore plus solides, on utilise des *cannelures*, véritables clavettes taillées dans l'arbre. Les cannelures peuvent être à *flancs parallèles* ou à *flancs en développante*. Les *dentelures* taillées dans l'arbre sont des cannelures de faible profondeur; elles conviennent particulièrement pour le réglage d'un organe suivant plusieurs positions.

La *clavette carrée* et la *clavette mince* sont illustrées aux figures 11.37.a et 11.37.b respectivement. La largeur de la clavette est choisie habituellement à peu près égale au quart du diamètre de l'arbre. La profondeur du logement de clavetage est égale à la moitié de la hauteur de la clavette. Ces clavettes peuvent avoir une face en pente de 0,01 (ou ⅛″ par pied). Dans ce cas, elles sont dites *clavettes inclinées*.

Figure 11.37 Clavettes longitudinales et minces.

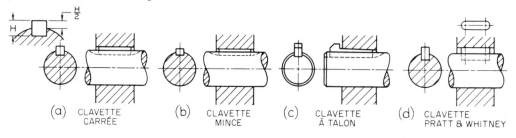

Figure 11.38 Clavette disque (Woodruff).

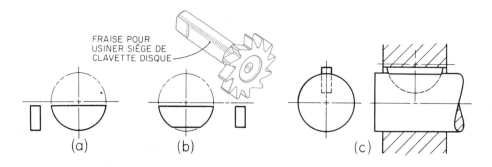

La *clavette à talon* (figure 11.37.c) comporte une saillie formant un « talon ». Le talon en facilite la mise en place et l'extraction. Pour les dimensions, on se réfère à l'appendice 10.

La *clavette à bouts ronds* (ou clavette Pratt & Whitney, figure 11.37.d) a une forme rectangulaire et deux bouts semi-cylindriques. La profondeur du logement de clavetage doit être égale aux deux tiers de la hauteur de la clavette. (Voir l'appendice 14.)

La *clavette disque* (ou clavette Woodruff, figure 11.38) convient spécialement aux arbres de petits diamètres transmettant de faibles couples. Sa fabrication est peu coûteuse et l'usinage du logement est simple et rapide à réaliser, grâce à l'emploi des fraises disques spéciales. Dans la plupart des cas, une clavette dont le diamètre est égal à celui de l'arbre est satisfaisante. On se réfère à l'appendice 12 pour les dimensions de différentes clavettes.

Exemples de désignation des clavettes:

CLAVETTE CARRÉE ¹/₄ × 1¹/₂
CLAVETTE DISQUE N° 204
CLAVETTE DISQUE 5 × 7,5 (*métrique*)
CLAVETTE MINCE ¹/₄ × ³/₁₆ × 1¹/₂
CLAVETTE À BOUTS RONDS N° 10
CLAVETTE INCLINÉE À TALON
    12 × 8 × 40 (*métrique*)

Sur les dessins, il faut coter les logements de clavette suivant l'exemple illustré à la figure 10.46.

11.35 Goupilles.

La *goupille* est une cheville métallique servant à immobiliser une pièce par rapport à une autre (goupille d'arrêt) ou à assurer la position relative de deux pièces (goupille de position).

La *goupille conique* sert à immobiliser, sur un arbre, des bagues (figure 11.39), des écrous, des poignées, etc. Le trou de goupille est alésé en conique après l'assemblage de deux pièces. La *goupille fendue* (figure 11.31.g) est surtout utilisée comme freins d'écrous. (Voir l'appendice 19.) La *goupille de position conique* assure, avec une grande précision, la position relative de deux pièces. La *goupille cylindrique*, ou *pied de centrage*, est fabriquée en acier calibré et est coupée à la longueur voulue. Elle peut être utilisée soit comme goupille de position, soit comme goupille d'arrêt.

Afin d'obtenir des goupillages plus économiques et suffisamment précis pour un grand nombre d'applications, on réalise des goupilles qui se tiennent en place par déformation élastique du métal. Les *goupilles cannelées*, comportant des cannelures longitudinales formées par roulage ou à la presse, acceptent une petite déformation élastique qui réalise le serrage. Les *goupilles élastiques* sont obtenues par l'enroulement d'une bande d'acier à haute résistance, formant en quelque sorte un cylindre creux élastique.

Exemples de désignation dimensionnelle des goupilles:

GOUPILLE CONIQUE N° 2 × 1.25
GOUPILLE CONIQUE NON RECTIFIÉE
    6 × 65 (*métrique*)

11.36 Rivets.[16]

Les *rivets* sont des éléments de fixation permanents, à l'encontre des organes démontables comme les boulons et les vis. En général, on les utilise pour assembler des tôles ou des profilés métalliques. Les rivets sont fabriqués en fer forgé, en acier doux, en cuivre et, parfois, en d'autres métaux.

Le rivet est constitué d'une tige cylindrique (fût) qui se termine, à une extrémité, par une tête. La forme variable de la tête donne son nom au rivet. Après la mise en place, l'autre extrémité du rivet est refoulée, ce qui forme la « rivure ».

[16] ACNOR B71-1955 (R1972) et B71.5-1960 (R1972).

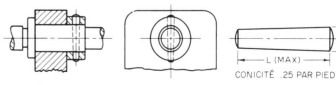

Figure 11.39 Goupille conique.

335

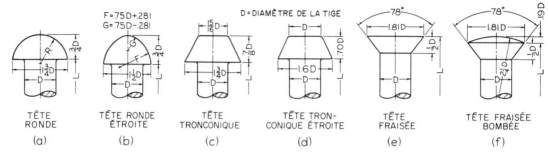

TÊTE
RONDE

(a)

TÊTE RONDE
ÉTROITE

(b)

TÊTE
TRONCONIQUE

(c)

TÊTE TRON-
CONIQUE ÉTROITE

(d)

TÊTE
FRAISÉE

(e)

TÊTE FRAISÉE
BOMBÉE

(f)

Figure 11.40 Grands rivets normalisés.

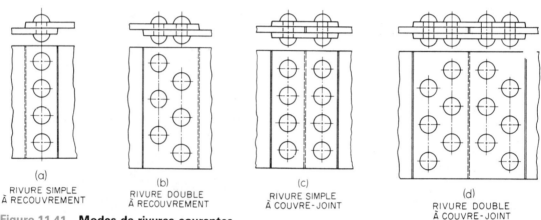

(a)

RIVURE SIMPLE
À RECOUVREMENT

(b)

RIVURE DOUBLE
À RECOUVREMENT

(c)

RIVURE SIMPLE
À COUVRE-JOINT

(d)

RIVURE DOUBLE
À COUVRE-JOINT

Figure 11.41 Modes de rivures courantes.

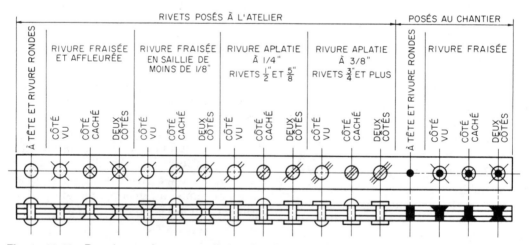

Figure 11.42 Représentations normalisées des rivets (ANSI Y14.14-1961).

Afin de réaliser un assemblage par rivetage, il faut d'abord percer des trous (soit
par perçage, soit par poinçonnage, soit par
poinçonnage et alésage) dont le diamètre est légèrement supérieur au diamètre du fût.
Viennent ensuite la mise en place des rivets
et le bouterollage, pour façonner la rivure.
Dans la pratique, on utilise la formule

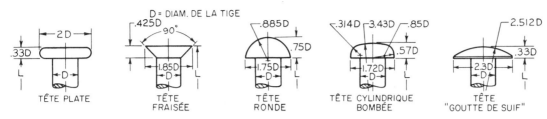

Figure 11.43 **Petits rivets American National.**

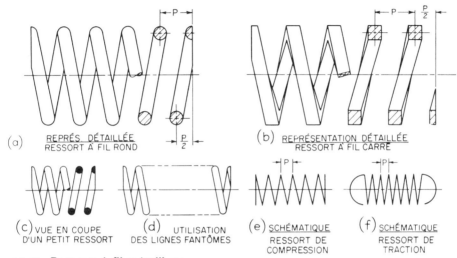

Figure 11.44 **Ressorts à fil métallique.**

$d = 45e/(15 + e)$ pour déterminer le diamètre d (en millimètres) du rivet en fonction de l'épaisseur e (en millimètres) de la tôle.

On définit la position des rivets par la *pince*, distance entre les rivets et le bord de la tôle, et par le *pas*, entre-axe des rivets. Le pas, appelé aussi *écartement*, d'une rivure de force est plus grand que celui d'une rivure d'étanchéité. Les rivets peuvent être posés selon une ligne (*rivure simple*) ou en quinconce sur deux (*rivure double*) ou plusieurs lignes de rivures parallèles les unes aux autres. Le rivetage peut s'opérer à froid ou à chaud, lorsque le diamètre du rivet est grand (dépassant 10 mm par exemple). Le rivetage à la main se réalise en deux temps: matage du fût au marteau-rivoir et boute-rollage de la tête écrasée. Le rivetage à la machine s'opère en un seul temps.

Les gros rivets sont utilisés dans les charpentes métalliques des ponts, en chaudronnerie, en construction navale, etc. Leurs dimensions relatives sont illustrées à la figure 11.40. Le rivet à tête ronde (a) et le rivet à tête fraisée (e) sont les plus couramment utilisés dans les charpentes métalliques. Le rivet à tête ronde et le rivet à tête conique (c) sont très utilisés en chaudronnerie.

Quelques assemblages obtenus par rivetage, appelés aussi rivures, sont illustrés à la figure 11.41. Sur les dessins à petite échelle, on utilise les représentations symboliques des rivets (figure 11.42). Pour distinguer les *rivets posés à l'atelier* des *rivets posés au chantier*, on noircit les symboles de ces derniers, comme l'illustre la figure.

Les petits rivets (figure 11.43) sont surtout utilisés dans des assemblages soumis à des efforts de cisaillement et de traction modérés. Il existe aussi des types de rivets spéciaux, tels que les *rivets creux*, très utilisés en construction aéronautique, et les *rivets à expansion* qui permettent d'assembler des pièces dont un seul côté est accessible.

337

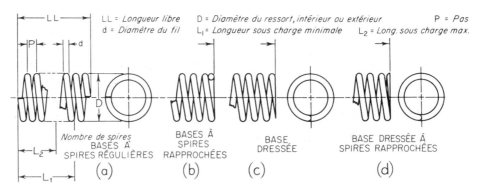

Figure 11.45 **Ressorts cylindriques de compression.**

11.37 Ressorts. Le *ressort* est un élément de mécanique qui, lorsqu'il est déformé, peut emmagasiner de l'énergie et la retourner en quantité équivalente lorsqu'il est relâché. Les ressorts courants sont classés en deux catégories: les *ressorts à fil métallique* (figure 11.44) et les *ressorts à lame* (figure 11.48).

Les ressorts à fil métallique, fabriqué de fil rond ou carré, comprennent les *ressorts de compression* (figures 11.44.a à 11.44.e), qui résistent aux efforts de compression, les *ressorts de traction* (figure 11.46), qui résistent aux efforts de traction, et les *ressorts de torsion* (figure 11.47), qui résistent à un couple ou aux efforts de torsion.

Sur les dessins de fabrication, on ne dessine jamais les vraies projections des ressorts par mesure d'économie. Tout comme pour le tracé des filetages, on utilise des représentations détaillées et schématiques dans lesquelles on remplace les courbes par des lignes droites (figure 11.44).

Dans la vue longitudinale, la représentation détaillée d'un ressort à fil métallique carré est semblable à celle d'un filetage à profil carré sans noyau (figure 11.12). Sur les vues en coupe, on utilise les hachures conventionnelles si les zones coupées sont assez grandes (figures 11.44.a et 11.44.b), sinon on les noircit (figure 11.44.c). Lorsqu'une représentation complète du ressort n'est pas indispensable, on peut utiliser des lignes fantômes (figure 11.44.d) pour économiser du temps. Sur les dessins à petite échelle, les représentations

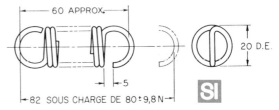

MATIÈRE : FIL D'ACIER Ø2 REVENU À L'HUILE
14,5 SPIRES À DROITE
RESSORT ENROULÉ À FROID
RESSORT DOIT S'ÉTENDRE JUSQU'À 110
SANS PERDRE SON ÉLASTICITÉ
FINI : VERNIS D'ASPHALTE

Figure 11.46 **Dessin d'un ressort cylindrique de traction.**

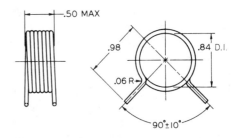

MATIÈRE : CORDE À PIANO .059 DIA
6.75 SPIRES SANS TRACTION INITIALE
COUPLE : 2,50 LB-PO A 155° DE DÉFORMATION
RESSORT DOIT DÉFORMER 180° SANS
PERDRE SON ÉLASTICITÉ ET DOIT
FONCTIONNER SUR ARBRE DE .75 DIA
FINI : PLAQUÉ AU CADMIUM OU AU ZINC

Figure 11.47 **Dessin d'un ressort de torsion.**

schématiques (figures 11.44.e et 11.44.f) suffiront.

Les ressorts cylindriques de compression peuvent comporter, aux extrémités, des *spires régulières* (figure 11.45.a) ou des *spires rappro-*

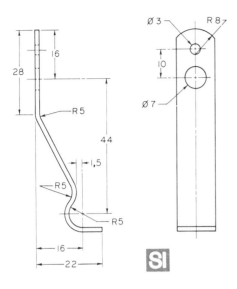

Figure 11.48   Exemple de ressort à lame.

chées (b). Ces spires peuvent être *dressées* (c) ou *rapprochées* et *dressées* (d). Les dimensions nécessaires à la spécification d'un ressort sont indiquées à la figure 11.45.a. Dans le cas d'un seul ressort, le sens d'enroulement n'est pas fonctionnel. Par contre, dans le cas de deux ressorts concentriques, le sens d'enroulement doit être indiqué, « ressort à gauche » ou « ressort à droite », par exemple.

Plusieurs entreprises possèdent des dessins imprimés de ressorts. Le dessinateur n'a qu'à compléter le tableau de données accompagnant les dessins, d'où un gain de temps appréciable.

Les ressorts cylindriques de traction sont habituellement fabriqués en fil rond et à spires jointives. Les attaches de ces ressorts dépendent des nécessités d'accrochage et peuvent avoir des formes très variées; il faut alors au moins représenter, sur le dessin, les attaches et quelques spires adjacentes (figure 11.46).

Un ressort de traction type est illustré à la figure 11.46. Pour le représenter, on peut utiliser aussi des dessins déjà imprimés.

Un ressort à lame type est représenté à la figure 11.48. Il existe beaucoup d'autres variétés de ressorts à lame; on peut citer, par exemple, les *ressorts en spirale*, les *rondelles Belleville* (ressorts coniques chargés axialement) et les ressorts *à lame avec oeil et bride* (utilisés couramment dans les suspensions d'automobile).

11.38   Tracé d'un ressort cylindrique. Le tracé schématique d'un ressort cylindrique de compression est illustré à la figure 11.49.a. Étant donné que les bases sont rapprochées, deux des six spires deviennent « inactives » laissant seulement quatre pas entiers à représenter sur le dessin. Si le nombre de spires est de 6½, la représentation devient celle illustrée à la figure 11.49.b. La figure 11.49.c représente un ressort de traction ayant six spires actives et deux attaches en forme d'anneau.

La figure 11.50 illustre les différentes étapes à suivre pour tracer la représentation détaillée d'un ressort de compression. La vue en coupe est illustrée à la figure 11.50.f et la vue en élévation, à la figure 11.50.g.

Figure 11.49   Représentation schématique des ressorts cylindriques.

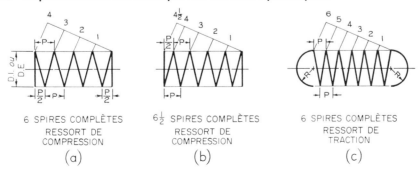

339

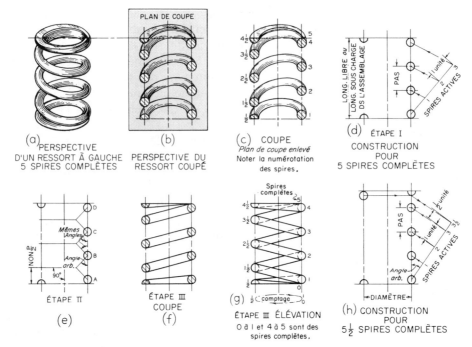

Figure 11.50 **Tracé des ressorts — Représentation détaillée.**

11.39 **Exercices sur les filetages et sur les éléments de fixation.** On s'attend à ce que l'étudiant utilise les renseignements, contenus dans ce chapitre et dans les catalogues de différents fabricants, pour réaliser les dessins de fabrication fournis à la fin du chapitre suivant, dans lesquels divers filetages et éléments de fixation sont requis. Cependant, plusieurs exercices spécifiques sont présentés ici (figures 11.51 à 11.54). Utilisez des feuilles de papier de format B ou de format A3.

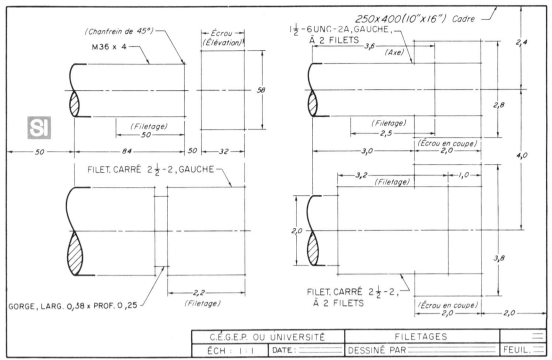

Figure 11.51 Dessinez les représentations détaillées des filetages identifiés. Utilisez la disposition B-3 ou la disposition A3-3. Omettez toutes les cotes et les notes en italiques. Inscrivez seulement les désignations des filetages et le cartouche.

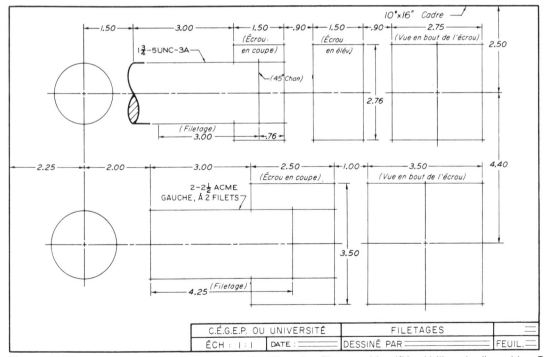

Figure 11.52 Dessinez les représentations détaillées des filetages identifiés. Utilisez la disposition B-3 ou la disposition A3-3. Omettez toutes les cotes et les notes en italiques. Inscrivez seulement les désignations des filetages et le cartouche.

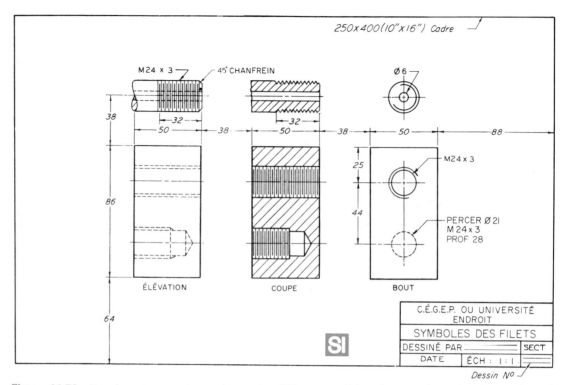

Figure 11.53 Dessinez les représentations, simplifiées ou schématiques suivant les instructions du professeur, des filetages identifiés. Utilisez la disposition B-5 ou la disposition A3-5. Omettez toutes les cotes et les notes en italiques. Inscrivez seulement les désignations des filetages, le nom des vues et le cartouche.

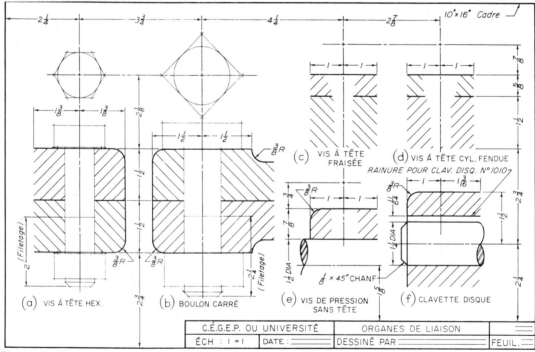

Figure 11.54 Dessinez les représentations, simplifiées ou schématiques suivant les instructions du professeur, des éléments de fixation identifiés. Utilisez la disposition B-3 ou la disposition A3-3. En (a), dessinez un boulon à tête hexagonale $^7/_8$-9 UNC-2A × 4. En (b), dessinez un boulon à tête carrée $1^1/_8$-7 UNC-2A × $4^1/_4$. En (c), dessinez une vis à tête fraisée $^3/_8$-16 UNC-2A × $1^1/_2$. En (d), dessinez une vis à tête cylindrique bombée $^7/_{16}$-14 UNC-2A × 1. En (e), dessinez une vis de pression sans tête fendue $^1/_2$ × 1. En (f) dessinez la vue de face d'une clavette disque N° 1010. Inscrivez les titres au-dessous de chaque figure.

12

projection axonométrique

12.1 **Perspectives.**[1] A l'aide des vues multiples, on peut représenter avec précision les formes les plus complexes d'une conception technique, en dessinant une série de vues et de coupes. Ce type de représentation comporte cependant deux limitations: son exécution demande une compréhension totale des principes de la projection à vues multiples, et sa lecture requiert un entraînement approprié de l'imagination constructive.

Il est souvent nécessaire de représenter un document technique par un dessin, suffisamment précis et scientifiquement correct, qui permette aux personnes non initiées aux sciences graphiques d'en saisir facilement l'aspect général et les formes. Un tel dessin représente simultanément plusieurs faces d'un objet, dans une seule vue, à peu près

comme elles apparaissent aux yeux de l'observateur. On l'appelle *perspective*[2] pour le distinguer du dessin à vues multiples étudié au chapitre 6. Étant donné qu'une perspective ne représente que l'apparence d'une pièce ou d'un organe, elle n'est pas adéquate pour donner une description complète des formes complexes.

Une perspective permet non seulement aux personnes non averties de visualiser l'objet représenté, mais aussi aux concepteurs de visualiser les étapes successives de son projet et de le développer d'une façon satisfaisante.

On utilise divers types de perspectives dans les dessins de catalogues, dans les publications de vente et aussi dans les documents

[1]Voir la section 1.11.

[2]Le terme « perspective » est employé dans son sens le plus large.

techniques[3], pour compléter et amplifier les dessins à vues multiples. Par exemple, les perspectives sont utilisées pour les dessins de brevets, pour les diagrammes de tuyauterie, dans les conceptions de mécanique, de charpenterie ou d'architecture et pour la construction des meubles.

12.2 Méthodes de projection.

Les quatres principaux types de projection sont illustrés à la figure 12.1; chacun d'eux, excepté la projection normale à vues multiples (a), constitue une perspective, car il représente plusieurs faces de l'objet dans une seule vue.

[3]Pratiquement, toutes les perspectives illustrées dans ce livre sont dessinées à partir des méthodes décrites aux chapitres 12 et 13. En particulier, voir les figures 6.53 à 6.112 comme exemples.

Dans tous les cas, les vues, ou projections, sont formées par les points d'intersection (*points de percée*) entre le plan de projection et un nombre infini de rayons visuels (*projetantes*).

Dans les projections à vues multiples (a) et *axométrique* (b), l'observateur est supposé à l'infini et les rayons visuels sont parallèles entre eux et perpendiculaires au plan de projection. Pour ces raisons, elles sont classifiées comme *projections orthogonales* (section 1.11).

Dans la *projection oblique* (c), l'observateur est aussi supposé à l'infini mais les rayons visuels, parallèles entre eux, sont obliques par rapport au plan de projection. (Voir le chapitre 13.)

En *perspective d'observation* (d), l'observateur se trouve à une distance finie de l'objet et les rayons visuels convergent vers le centre de

Figure 12.1 Quatre types de projection.

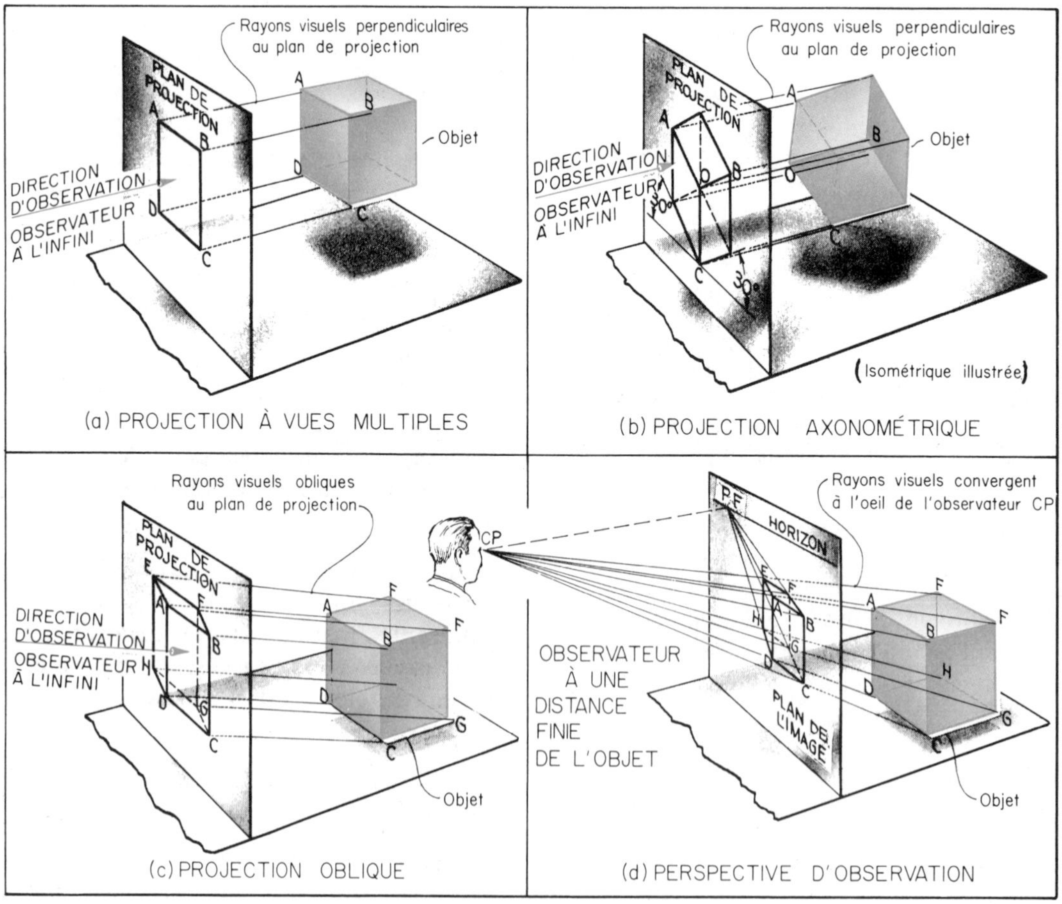

(a) PROJECTION À VUES MULTIPLES

(b) PROJECTION AXONOMÉTRIQUE

(c) PROJECTION OBLIQUE

(d) PERSPECTIVE D'OBSERVATION

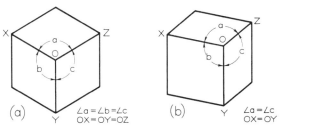
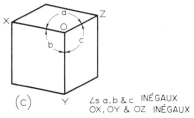

Figure 12.2 **Projections axonométriques.**

projection C.P., l'oeil de l'observateur.

On regroupe aussi les projections suivant la position relative des projetantes. Ainsi, les projections à vues multiples, axonométrique et oblique font partie de la classe des *projections cylindriques*, alors que la perspective d'observation est une *projection conique*.

12.3 Types de projections axonométriques.

Le caractère distinctif de la projection axonométrique, par comparaison à la projection à vues multiples, est la position inclinée de l'objet par rapport au plan de projection. De ce fait, les faces de l'objet sont inclinées par rapport à ce plan, les longueurs et les angles ne seront pas projetés en vraie grandeur mais à des proportions qui dépendent de l'angle que fait chaque ligne avec le plan de projection. La figure 12.2 illustre trois positions particulières d'un cube. En (a), le cube est placé de telle façon que sa projection possède des arêtes de même longueur

(OX = OY = OZ); autrement dit, chacune des arêtes du cube forme le même angle avec le plan de projection. En (b), seulement deux arêtes sont projetées en longueurs égales (OX = OY), alors que la troisième, OZ, est plus courte. En (c), le cas le plus général, chacune des arêtes du cube forme des angles différents avec le plan de projection de sorte que leurs projections, OX, OY, OZ, ne sont pas de même longueur.

Les trois arêtes du cube formant le coin le plus proche de l'observateur sont habituellement appelés *axes axonométriques*, ou simplement *axes*. A la figure 12.1.b, OA, OB et OC sont les axes. A la figure 12.2, les axes sont OX, OY et OZ. Les unités de longueur sont les mêmes sur les trois axes (a) et la projection correspondante est appelée *projection isométrique*. En (b), il existe deux unités de longueur, une pour OX et OY et une autre pour OZ; la projection est appelée *projection dimétrique*. En (c), les unités de longueur sont différentes pour chacun des trois axes; c'est la *projection trimétrique*.

Projection isométrique

12.4 Projection isométrique.

Pour produire une projection isométrique (isométrique veut dire « mesures égales »), l'objet doit être placé de telle manière que les trois arêtes principales, ou axes, forment des angles égaux avec le plan de projection; ces arêtes seront, par conséquent, raccourcies selon la même proportion. (Voir la figure 5.21.) Dans cette position particulière, les arêtes projetées du cube forme un angle de 120° entre elles, comme l'illustre la figure 12.2.a.

La figure 12.3 illustre deux méthodes pour obtenir une projection isométrique d'un cube. En (a), les vues multiples du cube sont illustrées; on le fait tourner d'un angle de 45° vers l'avant autour de l'axe vertical XW, pour obtenir les trois vues principales illustrées en

345

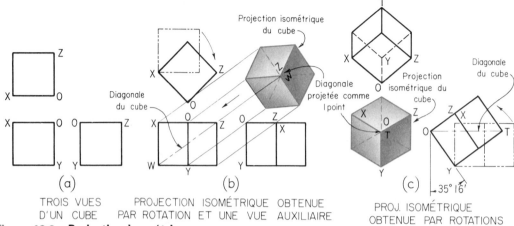

Figure 12.3 **Projection isométrique.**

(b). La projection isométrique peut être alors obtenue soit par une vue auxiliaire, soit par une rotation supplémentaire du cube. En (b), en construisant une vue auxiliaire qui montre une diagonale du cube, WZ dans ce cas, comme un point, on obtient la projection isométrique du cube. Suivant la deuxième méthode (c), on effectue une rotation supplémentaire autour d'un axe horizontal passant par le coin Y du cube, jusqu'à ce que la diagonale OT devienne horizontale, comme l'illustre la vue de droite. Dans cette nouvelle position, le cube est en projection isométrique dans la vue de face, la diagonale OT étant vue comme un point. Chacune des 12 arêtes fait un angle de 35°16′ avec le plan de projection frontal, et sa longueur projetée est réduite d'un facteur égal à cos 35°16′, ou 0,816, par rapport à la longueur réelle. Les axes projetés OX, OY, OZ, qui font 120°

entre eux, sont appelés *axes isométriques*. Toutes les lignes parallèles à un de ces axes sont dites *lignes isométriques*, et les autres, *lignes non isométriques*. Les faces du cube et tous les plans qui leur sont parallèles sont appelés *plans isométriques*.

12.5 Échelles isométriques. En sachant que la longueur projetée d'une droite en projection isométrique est de 0,816 fois sa longueur réelle, on peut rapporter rapidement les distances sur une projection isomérique à l'aide d'une échelle spéciale, appelée *échelle isométrique* (figure 12.4), que l'on peut confectionner soi-même. Chaque unité de cette échelle est égale à $\sqrt{2/3}$, ou, en première approximation, à 80% de l'unité réelle. L'utilisation de cette échelle est illustrée à la figure 12.5.a (voir la section 12.6).

12.6 Dessins en perspective isométrique. La figure obtenue directement sur le plan de projection est une *projection isométrique*, les dimensions principales sont égales à environ 80% des valeurs réelles (figure 12.5.a) et on peut utiliser une échelle isométrique pour la tracer. Par contre, si l'on se sert d'une échelle ordinaire pour rapporter les longueurs, on obtiendra un *dessin en perspective isométrique* (figure 12.5.b). Ce

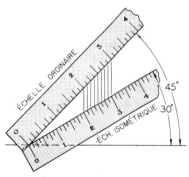

Figure 12.4 **Échelle isométrique.**

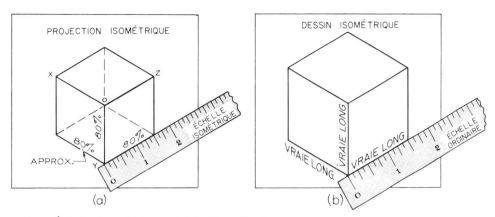

Figure 12.5 **Échelle isométrique et échelle ordinaire.**

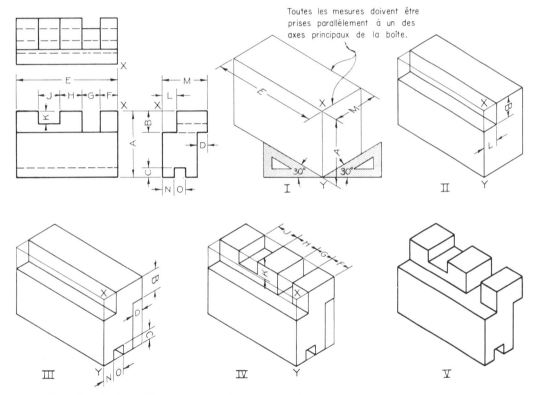

Figure 12.6 **Dessin isométrique des surfaces normales.**

dernier est environ 25% plus grand que la projection isométrique, mais les deux figures sont évidemment semblables.

Étant donné qu'un dessin est généralement réalisé à une échelle donnée, la distinction entre projection isométrique et dessin en perspective isométrique est purement théori-que et dorénavant le terme *perspective isométrique* est utilisé pour désigner un dessin provenant d'une projection isométrique, quelle que soit sa grandeur, c'est-à-dire quelle que soit l'échelle utilisée. Pour cette même raison, l'utilité d'une échelle isométrique (section 12.5) est très marginale.

347

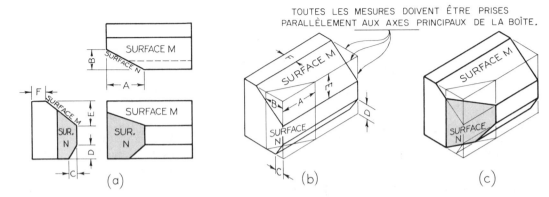

Figure 12.7 **Surfaces inclinées en perspective isométrique.**

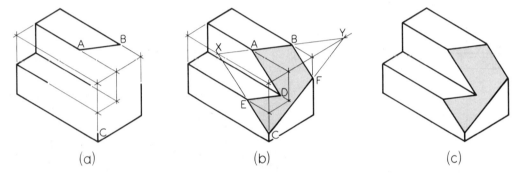

Figure 12.8 **Surfaces obliques en perspective isométrique.**

12.7 **Construction d'une perspective isométrique.** Pour tracer une perspective isométrique d'un objet composé de surfaces normales seulement (section 6.19), les étapes à suivre sont illustrées à la figure 12.6. Il est important de noter que seules les distances parallèles aux axes isométriques (section 12.4) peuvent être rapportées directement sur la perspective.

Si l'objet possède aussi des faces inclinées et des arêtes obliques, la méthode de construction est illustrée à la figure 12.7. Il faut surtout noter que les faces inclinées sont localisées par leurs coordonnées suivant les lignes isométriques et non pas par leurs angles. Par exemple, la position de la face M est déterminée par les coordonnées E et F et la face N, par A et B.

On se rapporte aux sections 5.11 et 5.14 pour l'exécution des esquisses en perspective isométrique.

12.8 **Surfaces obliques en perspective isométrique.** Les surfaces obliques peuvent être dessinées à l'aide de leurs intersections avec les plans isométriques. Par exemple, pour dessiner une surface oblique passant par les points A, B et C de la figure 12.8.a, on prolonge AB à X et Y, qui sont sur les mêmes plans isométriques passant par C (figure 12.8.b). Les lignes XC et YC déterminent E et F. Finalement D est déterminé par le parallélisme des lignes. La perspective complète est illustrée en (c).

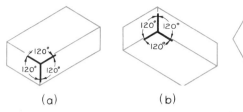

Figure 12.9 **Positions des axes isométriques.**

12.9 **Différentes positions des axes isométriques.** Suivant les besoins de l'illustration, on peut placer les axes isométriques à n'importe quelle position (figure 12.9), pourvu qu'ils forment entre eux un angle de 120° deux à deux. Le choix des directions des axes isométriques est déterminé soit par la position où l'objet est habituellement observé (figure 12.10), soit par la position qui décrit le mieux les détails de l'objet. Si cela est possible, on tient compte de ces deux recommandations.

Si la forme de l'objet est très allongée, on obtiendra un meilleur effet visuel en le dessinant à la position horizontale (figure 12.11).

12.10 **Localisation par coordonnées.** Pour localiser un élément d'un objet par rapport à un autre, on utilise les « coordonnées », c'est-à-dire les distances mesurées parallèlement aux axes isométriques. Dans les exemples illustrés aux figures 12.12 et 12.13, une fois que la base rectangulaire est dessinée à partir des vues données, il suffit de rapporter les coordonnées BA et CA sur la perspective pour localiser le point A et ensuite le petit bloc ou la lumière rectangulaire, suivant le cas.

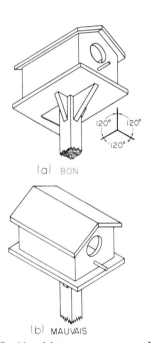

Figure 12.10 **Un objet vu sous un angle naturel.**

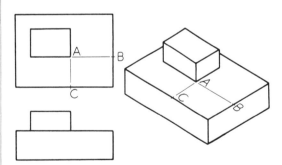

Figure 12.12 **Positionnement par coordonnées.**

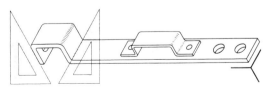

Figure 12.11 **Préférence pour la position horizontale d'un axe long.**

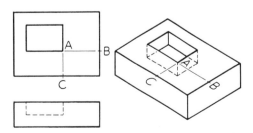

Figure 12.13 **Positionnement par coordonnées.**

349

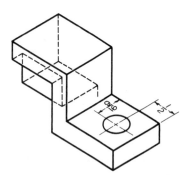

Figure 12.14 **Utilité des lignes cachées.**

12.11 Lignes cachées en perspective isométrique.

En perspective isométrique, comme en tout autre type de perspective, l'utilisation des lignes interrompues pour représenter les détails cachés est régie par la même règle: *les lignes cachées sont omises à moins qu'elles soient indispensables à la clarté du dessin.* La figure 12.14 illustre un cas où certaines lignes interrompues sont nécessaires à la représentation claire des détails d'un objet.

12.12 Lignes d'axe.

Tout comme dans les projections à vues multiples, *les lignes d'axe doivent être tracées en perspective isométrique si elles sont nécessaires à la cotation ou pour illustrer la symétrie* (figure 12.14). En général, on les utilise modérément et, en cas de doute, on peut les omettre. L'encombrement des lignes d'axe rendrait le dessin moins clair. Les figures 12.10 et 12.11 fournissent deux exemples de dessins où les lignes d'axe sont superflues, tandis que la figure 12.39.a illustre un cas où les lignes d'axe sont indispensables.

12.13 Méthode de la boîte capable.

Les objets rectanglaires peuvent être facilement dessinés à l'aide de la *méthode de la boîte capable*, qui consiste simplement à tracer, en premier lieu, un parallélépipède renfermant l'objet. Par exemple, l'objet représenté à la figure 12.15 peut être imaginé comme étant renfermé à l'intérieur d'un parallélépipède rectangle. Cette « boîte » est tracée légèrement (I). On trace ensuite les différents

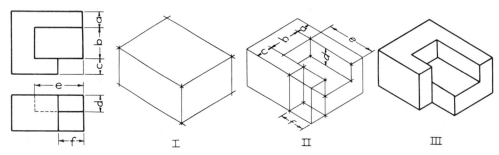

Figure 12.15 **Méthode de la boîte capable.**

Figure 12.16 **Lignes non isométriques.**

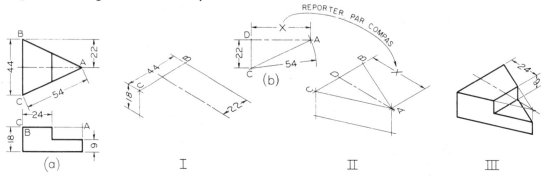

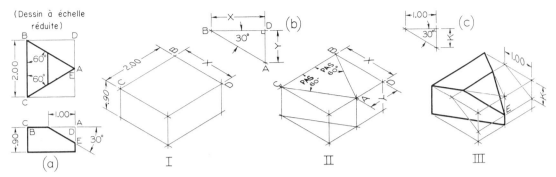

Figure 12.17 **Angles en perspective isométrique.**

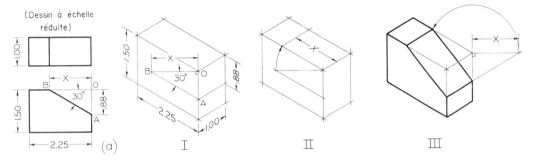

Figure 12.18 **Angles en perspective isométrique.**

détails de l'objet (II) et, finalement, on met au net les traits définitifs (III).

12.14 Lignes non isométriques.
Contrairement aux axes isométriques et aux lignes isométriques qui leur sont parallèles, les lignes non isométriques ne peuvent pas être rapportées en vraie grandeur aux dessins isométriques. Par exemple, à la figure 12.16.a, les lignes AB et AC, dont la longueur réelle est de 54 mm, sont non isométriques, de sorte qu'on ne peut pas rapporter leur longueur réelle au dessin isométrique. De telles lignes peuvent être déterminées, en perspective, par la méthode de la boîte capable et par les coordonnées de leurs extrémités. A l'étape I, les distances de 44 mm, de 18 mm, et de 22 mm sont rapportées directement, car elles sont dans la direction des axes isométriques. A l'étape II, pour positionner le point A, on rapporte ses coordonnées, 22 mm et X mm, au lieu de la distance non isométrique de 54 mm; enfin, à l'étape III, on complète la

perspective en rapportant les distances de 24 mm et de 9 mm.

12.15 Angles en perspective isométrique.
Un objet possède rarement des faces parallèles au plan de projection en projection isométrique, de sorte qu'en général, les angles sur ces faces ne sont pas projetés en vraie grandeur sur les perspectives isométriques. Ainsi, la perspective isométrique d'un cube ne comporte aucun angle droit. De même, à la figure 12.17.a, les angles aux sommets B et C de la vue de dessus ne seront pas de 60° en perspective, comme l'illustre la figure 12.17.I.

Par conséquent, on ne peut pas utiliser de rapporteur pour établir un angle en perspective isométrique[4]. *Il faut convertir les mesures angulaires en mesures linéaires le long des lignes isométriques.*

A la figure 12.17.I, on peut tracer la boîte capable à partir des dimensions données en

[4]Il existe, dans le marché, des rapporteurs spéciaux conçus pour les dessins en perspective isométrique.

351

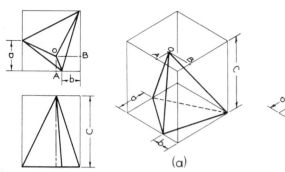

Figure 12.19 Objet irrégulier en perspective isométrique.

(a), exepté le côté X. On le détermine graphiquement en construisant le triangle rectangle ABD à partir de l'hypoténuse AB et de l'angle de 30°. Cette construction fournit aussi la distance Y qui est utilisée, à l'étape II, pour localiser le point A. A l'étape III, on complète la perspective en déterminant le point E à l'aide de la distance verticale K, laquelle est évaluée graphiquement en (c).

Les constructions graphiques (b) et (c) à la figure 12.17, destinées à déterminer les longueurs inconnues, peuvent aussi être effectuées directement sur le dessin en perspective (étapes I ou III de la figure 12.18). Naturellement, ces constructions deviennent superflues si, à la figure 12.18, la cote X est donnée au lieu de l'angle de 30°.

12.16 Objets de forme quelconque.
La méthode de la boîte capable peut s'appliquer également aux objets possédant des faces non rectangulaires. Par exemple, la pyramide représentée à la figure 12.19 peut être renfermée dans un parallélépipède, et les différents sommets sont localisés successivement par leurs coordonnées isométriques a, b et c, comme l'illustre la figure 12.19.b.

Cependant, il n'est pas nécessaire de construire complètement le parallélépipède (figure 12.19.b). A partir de la base, on localise le point O' et, de ce point, on élève la hauteur c pour localiser le sommet O et pour compléter la perspective.

Un objet de forme quelconque peut aussi être dessiné à l'aide d'une série de sections telles que celles illustrées à la figure 12.20. En (a), on choisit une série de plans sécants imaginaires qui fournissent des sections de formes variées. Celles-ci sont reproduites en I, les hauteurs étant reportées de la vue de face en (a), et les profondeurs de la vue de dessus. On complète finalement la perspective isométrique (III) en reliant les coins des sections par des courbes lisses.

12.17 Courbes en perspective isométrique.
Les courbes peuvent être reproduites, en une perspective isométrique, à l'aide des coordonnées de leurs points constituants (section 12.10). Par exemple, pour reproduire la courbe représentée à la vue de dessus de la figure 12.21.a, on choisit arbitrairement un certain nombre de points, A, B, C et D, sur cette courbe. Plus ce nombre est élevé, meilleure sera la précision de la courbe reproduite. Les coordonnées de ces points sont ensuite déterminées et reportées à la vue en perspective (I et II). On relie ensuite les points obtenus, A, B, C et D, par une courbe tracée légèrement à main levée (III). La courbe correspondante, située sur

Figure 12.20 Utilisation des coupes en perspective isométrique.

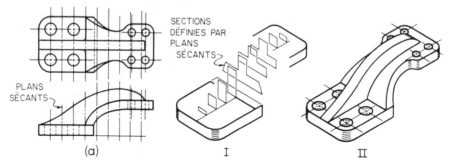

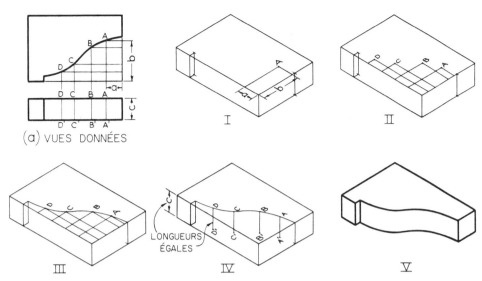

Figure 12.21 **Courbes en perspective isométrique.**

la face inférieure de l'objet, est obtenue simplement par une translation verticale, d'une distance égale à la hauteur c de l'objet, des points A, B, C et D (IV). Finalement, on met au net les deux courbes parallèles à l'aide d'un pistolet (section 2.58), et on repasse les traits définitifs pour compléter la perspective désirée (V).

12.18 Ellipses exactes en perspective isométrique.

Lorsque le plan d'un cercle n'est pas parallèle au plan de projection, sa projection est une ellipse (voir les sections 4.52, 5.13 et 6.30). En perspective, l'ellipse peut être tracée de la même façon que celle utilisée pour les courbes quelconques (section 12.17), c'est-à-dire par les coordonnées de ses points constituants. Ainsi, dans l'exemple de la figure 12.22, on reporte les coordonnées (x, a) et (y, b) de deux points du cercle à la perspective pour déterminer les deux points correspondants de l'ellipse.

Une variation de la méthode des coordonnées consiste à choisir huit points équidistants sur le cercle (c) et à les rapporter à la vue en perspective (d).

Une méthode semblable peut être utilisée si on choisit 12 points équidistants sur le cercle (e), à l'aide d'une équerre à 60°.

Lorsque les lignes d'axe du cercle représentées à la vue de dessus de la figure 12.22.a sont dessinées en perspective (b), elles deviennent les *axes conjugués* de l'ellipse. On peut alors tracer directement l'ellipse à partir

Figure 12.22 **Construction des ellipses exactes en perspective isométrique.**

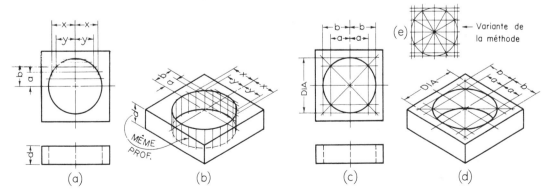

de ses axes conjugués, suivant les méthodes illustrées aux figures 4.51 et 4.52.b.

De plus, les diagonales représentées en (c) deviendront le petit axe et le grand axe de l'ellipse illustrée en (d). La longueur du petit axe est égale au côté du carré inscrit au cercle. Ainsi, on peut tracer l'ellipse directement à partir de ses deux axes, petit et grand, suivant une des méthodes expliquées aux sections 4.49 à 4.52.

On peut donc établir une règle applicable au cercle dont le plan est perpendiculaire à l'axe du cylindre: *en perspective, le petit axe de l'ellipse coïncide toujours avec l'axe du cylindre et le grand axe lui est toujours perpendiculaire.*

Enfin, on peut tracer rapidement et avec précision les ellipses à l'aide des pochoirs à ellipses (sections 4.57 et 12.22) ou d'un instrument spécial, *l'ellipsographe*. Cet instrument est basé sur le principe de construction d'ellipse par « bande de papier » (section 4.51).

Lorsque l'objet possède des lignes de contour ou des arêtes elliptiques, qui se trouvent sur des plans non isométriques, on peut aussi appliquer la méthode des coordonnées pour reproduire ces courbes en perspective; dans ce cas, on doit faire attention à la position du plan de la courbe. Par exemple, la face inclinée du cylindre représenté à la figure

12.33.a possède un contour elliptique qui se trouve sur un plan non isométrique. Une vue auxiliaire y est ajoutée pour illustrer la vraie grandeur de cette ellipse. Pour dessiner la perspective isométrique du cylindre, on procède par la méthode de la boîte illustrée en I. Les coordonnées des différents points de l'ellipse doivent être reportées *sur le plan incliné*, comme l'illustre la figure. La perspective définitive est représentée en II.

Dans ce cas, on peut aussi tracer l'ellipse à partir de son grand axe X-X et de son petit axe Y-Y, en utilisant soit un pochoir, soit une des méthodes expliquées aux sections 4.49 à 4.52.

12.19 Ellipse approximative à quatre centres. Une ellipse approximative est, en général, suffisamment précise pour représenter un cercle en perspective isométrique. Le tracé couramment utilisé est celui d'une *ellipse à quatre centres*; il est illustré aux figures 12.24, 12.25 et 12.26. Cette méthode n'est applicable qu'aux ellipses situées sur les plans isométriques.

A partir d'un cercle donné dans une vue en projection à vues multiples, la méthode consiste à tracer, ou simplement à imaginer, un carré circonscrit à ce cercle. Ensuite, on

Figure 12.23 Ellipse située sur un plan incliné.

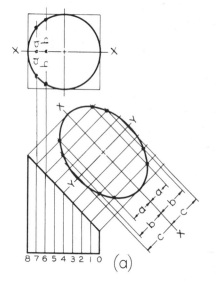

(a)

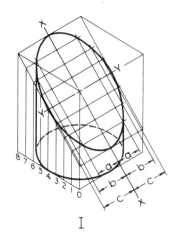

I

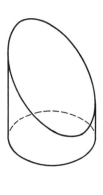

II

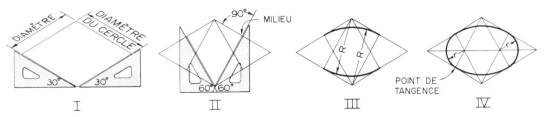

Figure 12.24   **Construction d'une ellipse à quatre centres.**

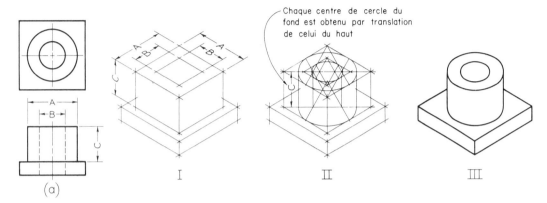

Figure 12.25   **Dessin isométrique d'un palier.**

procède en suivant les étapes illustrées à la figure 12.24.

I. Dessinez la perspective isométrique du carré; elle est un losange dont chaque côté est égal au diamètre du cercle considéré.

II. Tracez, à l'aide d'une équerre à 60°, les médiatrices des quatres côtés du losange. Leurs quatres points d'intersection constituent les quatre centres de cercle. On remarque que deux centres coïncident nécessairement avec les deux sommets opposés du losange.

III. Tracez deux grands arcs de cercle de rayon R.

IV. Tracez deux petits arcs de cercle de rayon r, ce qui complète l'ellipse approximative. On remarque que les centres de ces petits arcs de cercle doivent se trouver sur la diagonale horizontale du losange et que les quatre arcs de cercle doivent être tangents aux côtés du losange, à leur milieu.

Une application de cette méthode de construction est illustrée à la figure 12.25. On note que les quatre centres de la grande ellipse ne sont pas les mêmes que ceux de la petite,

même si les deux ellipses représentent deux cercles concentriques. Chaque ellipse a son propre losange et ses propres centres. Pour tracer l'ellipse à la base du cylindre, il suffit de translater verticalement les centres de l'ellipse supérieure d'une distance égale à la hauteur c du cylindre.

La figure 12.26 illustre trois ellipses à quatre centres situées sur les trois faces visibles d'un cube. On constate que le dessin entier peut être exécuté à l'aide d'un té, d'une équerre à 60° et d'un compas.

Figure 12.26   **Ellipses à quatre centres.**

355

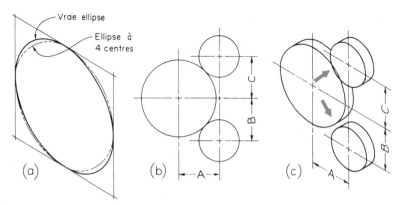

Figure 12.27 Défauts d'une ellipse à quatre centres.

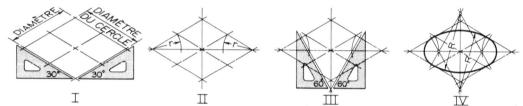

Figure 12.28 Ellipse à quatre centres d'Orth.

Gracieuseté du professeur H.D. Orth.

La différence entre une ellipse à quatre centres et une ellipse exacte est illustrée à la figure 12.27.a. L'ellipse à quatre centres est moins « plate » et plus courte que la vraie ellipse. Pour cette raison, lorsque l'on doit représenter des cercles tangents, tels que ceux en (b), en perspective isométrique, les ellipses à quatre centres deviennent peu satisfaisantes (c).

Pour obtenir une meilleure approximation de l'ellipse exacte, on peut utiliser la méthode suggérée par le professeur Orth (figure 12.28). La construction ne requiert qu'une seule étape supplémentaire, mais la précision obtenue est suffisante pour pratiquement tous les cas.

Lorsque l'on veut tracer une ellipse à quatre centres à partir des axes plutôt que du losange circonscrit, on utilise la méthode illustrée à la figure 12.29. L'ellipse obtenue à la dernière étape (III) est identique à celle tracée selon la première méthode (figures 12.24 et 12.26).

Figure 12.29 Ellipse à quatre centres construite à partir des axes isométriques.

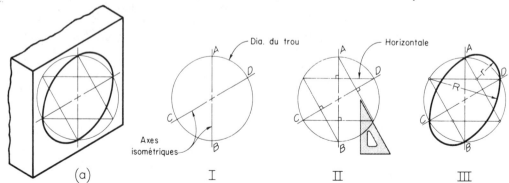

12.20 Filetage en perspective isométrique. En perspective isométrique, on représente, d'une façon générale, seulement les sommets des filets par des parties d'ellipses parallèles (figure 12.30). Celles-ci peuvent être tracées par la méthode des quatre centres (section 12.19) ou, encore mieux, à l'aide des gabarits à ellipses (sections 4.57 et 12.22).

Figure 12.30 **Filetage en perspective isométrique.**

12.21 Arcs de cercle en perspective isométrique. On utilise la méthode des quatre centres, telle qu'elle est illustrée à la figure 12.31. En (a), la construction complète est représentée. Cependant, il n'est pas nécessaire d'effectuer une construction complète pour les arcs, tels que ceux en (b) et en (c). Dans chaque cas, il suffit de rapporter le rayon R à partir du coin théorique et, ensuite, de tracer des perpendiculaires depuis les deux points obtenus. L'intersection des deux perpendiculaires détermine le centre de l'arc de cercle à dessiner. On note que, même si la longueur R est la même dans les deux cas, (b) et (c), les rayons des arcs à dessiner sont totalement différents.

12.22 Gabarits à ellipses. Un des éléments principaux qui demande beaucoup de temps d'exécution pour le dessin des perspectives est le traçage des ellipses. Pour cette raison, il existe, sur le marché, une très grande variété de gabarits à ellipses de différentes proportions et de différentes grandeurs (voir la section 4.57). Évidemment, ces gabarits ne peuvent pas couvrir toutes les possibilités et il peut être nécessaire de recourir à quelques astuces telles que celui de tenir le crayon penché lorsqu'il est appuyé contre le pourtour de l'ouverture elliptique ou celui déplacer légèrement le gabarit pour dessiner chaque quart d'ellipse.

Le gabarit spécial représenté à la figure 12.32 comporte aussi des ellipses de différentes grandeurs, des angles et des échelles appropriés aux dessins des perspectives isométriques.

12.23 Intersections. Pour dessiner l'intersection elliptique entre un trou cylindrique et une face oblique (figure 12.33), on trace d'abord l'ellipse correspondante sur le plan isométrique au-dessus de la boîte capable (b) et ensuite on la projette point par point sur le plan oblique, comme l'illustre la figure. On peut y remarquer que les lignes de cons-

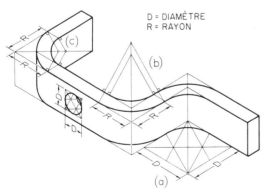

Figure 12.31 **Arcs de cercles en perspective isométrique.**

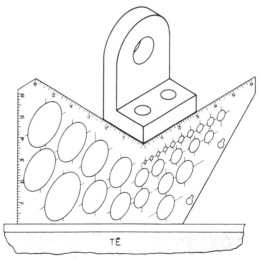

Figure 12.32 **Gabarit à ellipses isométriques « Instrumaster ».**

357

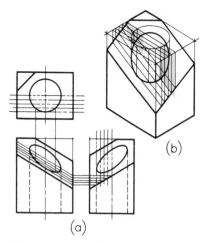

Figure 12.33 **Ellipse située sur un plan oblique.**

truction nécessaires pour la projection d'un point forment un trapèze qui est simplement l'intersection de la boîte capable avec un plan sécant vertical.

Pour dessiner l'intersection entre deux cylindres (figure 12.34), on utilise une série de plans sécants qui sont choisis parallèles aux axes des deux cylindres. Chaque plan sécant coupe chaque cylindre suivant deux génératrices, lesquelles se coupent aux points 1 et 2 par exemple, pour former des points isolés de l'intersection cherchée. On reliera ensuite tous les points obtenus à l'aide d'un pistolet.

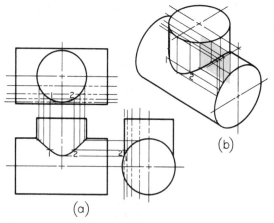

Figure 12.34 **Intersection de cylindres.**

12.24 Sphères en perspective isométrique.

La sphère est représentée en perspective isométrique simplement par un cercle. Le rayon du cercle est celui de la sphère, s'il s'agit d'une *projection isométrique* exacte (figure 12.35.III). Par contre, si l'on voulait représenter la sphère par un *dessin isométrique* (figure 12.35.II), le rayon du cercle serait $\sqrt{1\frac{1}{2}}$ fois plus grand. En effet, la sphère de rayon r, illustrée à la figure 12.35.a, peut être inscrite à l'intérieur d'un cube dont le côté est 2r. Le dessin isométrique du cube et du cercle frontal est illustré en I. Le rayon R de la sphère représentative (II) est $\sqrt{1\frac{1}{2}}$ fois plus grand que le rayon r de la sphère réelle, alors que la projection isométrique de la sphère (III) est simplement un cercle dont le rayon est égal au vrai rayon r de la sphère.

12.25 Coupes en perspective isométrique.

La figure 12.36 représente *une coupe complète en perspective isométrique*. Dans de tels cas, il est habituellement préférable de commencer par dessiner la section et de compléter ensuite la partie de l'objet qui se trouve en arrière du plan de coupe. On trouvera d'autres exemples aux figures 6.90, 7.11 et 7.12.

La figure 12.37 illustre une *demi-coupe en perspective isométrique*. Dans ce cas, la méthode la plus simple est de tracer d'abord le dessin isométrique de l'objet en entier et, ensuite, d'effectuer la demi-coupe. Étant donné que seulement le quart de l'objet est enlevé, la perspective résultante est plus utile que la coupe complète en perspective isométrique, pour illustrer simultanément l'intérieur et l'extérieur de l'objet. On trouvera d'autres exemples aux figures 7.40 et 7.41.

Parfois, on utilise des *coupes partielles en perspective* (figures 6.97 et 7.50).

Les hachures se tracent de la même façon que celle utilisée dans le cas des projections à vues multiples. On recommande une inclinaison de 60° (figures 12.36 et 12.37), mais cette orientation doit être changée en fonction de la disposition des lignes existantes sur le dessin, afin de mieux faire ressortir les hachures.

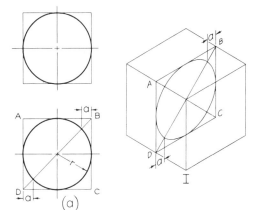

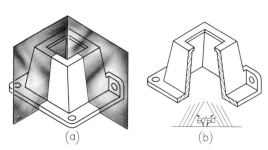

Figure 12.35 **Sphère en perspective isométrique**.

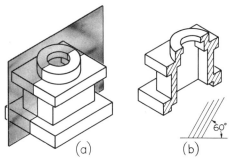

Figure 12.36 **Coupe complète en perspectve isométrique**.

Figure 12.37 **Demi-coupe en perspective iso-métrique**.

12.26   Cotation des dessins en perspec-tive isométrique. Le principe de cotation des dessins en perspective isométrique est le même que celui appliqué aux dessins en projection à vues multiples, seulement les chiffres sont dessinés différemment. Deux méthodes sont approuvées (figure 12.38): les chiffres dessinés suivant une direction ver-ticale unique (système unidirectionnelle) ou

suivant la position du plan isométrique (sys-tème à plan aligné). On note que *l'écriture droite* est employée dans les deux cas; l'écri-ture penchée n'est pas recommandée pour les dessins en perspective. les figures 12.38.a et 12.38.b illustrent la façon correcte de dessiner les chiffres suivant le système adopté. En (a), les chiffres sont inscrits comme s'ils se trou-vaient sur les plans isométriques, qui sont

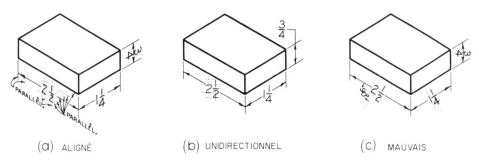

(a) ALIGNÉ   (b) UNIDIRECTIONNEL   (c) MAUVAIS

Figure 12.38 **Chiffres et flèches en perspective isométrique**.

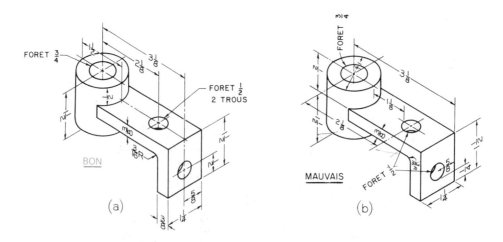

Figure 12.39 **Cotation en perspective isométrique (système aligné).**

verticaux dans ce cas, et en (b), ils sont tous dessinés suivant la méthode normale. Ce deuxième système, plus simple à exécuter, est souvent utilisé pour les dessins de fabrication. On remarque que, dans les deux systèmes, la base des flèches est toujours parallèle aux lignes d'attache. En (c), tous les chiffres sont mal dessinés, car ils ne sont ni verticaux, ni « placés » dans les plans isométriques formés par les lignes de cote et les lignes d'attache.

La figure 12.39 illustre d'autres exemples de pratiques correctes et incorrectes de la cotation basée sur le système aligné. En (b), la ligne d'attache droite de la cote 3⅛″ n'est pas à sa place et, par le fait même, la ligne de cote ne se trouve pas dans un plan isométrique. La cote 2⅛″ accuse la même erreur. Au côté gauche de la figure, plusieurs lignes se coupent inutilement. Étudiez soigneusement les deux dessins pour découvrir, par vous-mêmes, d'autres erreurs en (b).

Les méthodes de cotation décrites précédemment s'appliquent indifféremment aux cotes fractionnelles, décimales ou métriques.

Plusieurs autres exemples de cotation en perspective sont fournis dans les différents problèmes des chapitres 6, 7 et 8; l'étudiant devrait les examiner pour y retrouver pratiquement tous les cas spéciaux. En particulier, référez-vous aux figures 6.53 à 6.58.

12.27 Dessins d'ensemble déployé.[5]

On utilise souvent des *dessins d'ensembles déployés* pour les illustrations des projets, des catalogues et des documents de vente; dans l'atelier, on les utilise afin d'illustrer toutes les composantes d'un ensemble et le mode d'assemblage. Différentes sortes de perspectives sont employées, y compris la perspective isométrique (figure 12.40).

12.28 Diagramme de canalisation. Les

perspectives isométrique et oblique conviennent bien aux représentations des tuyauteries industrielles et des charpentes ou structures de toute sorte.

[5]Autres expressions utilisées: vue éclatée, vue explosée et vue décalée sur l'axe.

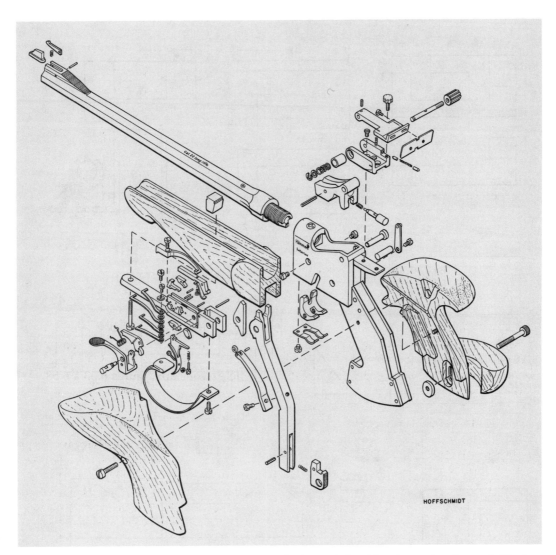

Figure 12.40   **Dessin d'ensemble déployé d'un pistolet**.

12.29   Problèmes sur les projections axoxométriques. Les figures 12.41 à 12.45 fournissent un grand nombre d'objets à dessiner en projection axonométrique. Les premiers peuvent êtres esquissés sur du papier isométrique (section 5.14); les derniers doivent être esquissés sur du papier ordinaire.

Lorsque les dessins doivent être exécutés aux instruments, il faut laisser toutes les lignes de construction.

Des problèmes supplémentaires peuvent être posés à partir des figures 6.50 à 6.52 et 13.23 à 13.25.

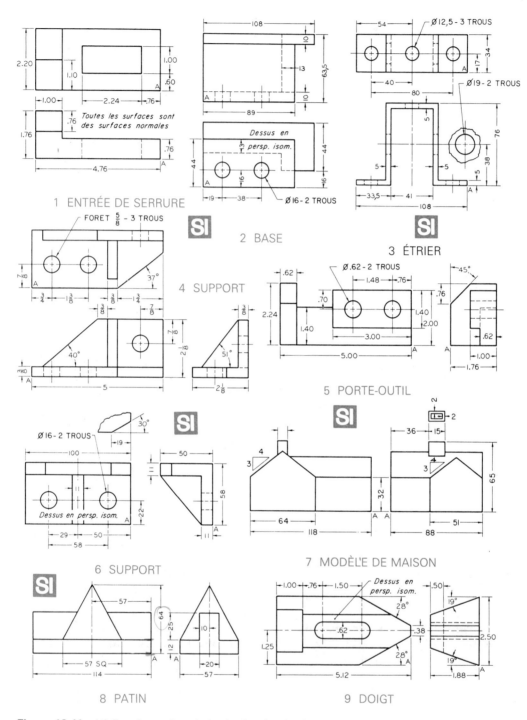

1 ENTRÉE DE SERRURE

2 BASE

3 ÉTRIER

4 SUPPORT

5 PORTE-OUTIL

6 SUPPORT

7 MODÈL'E DE MAISON

8 PATIN

9 DOIGT

Figure 12.41 (1) Esquissez, à main levée, les dessins isométriques. (2) Faites, à l'aide des instruments, les dessins isométriques sur les dispositions A-2 ou A4-2 (modifiée). Si la cotation est exigée, référez-vous à la section 12.26.

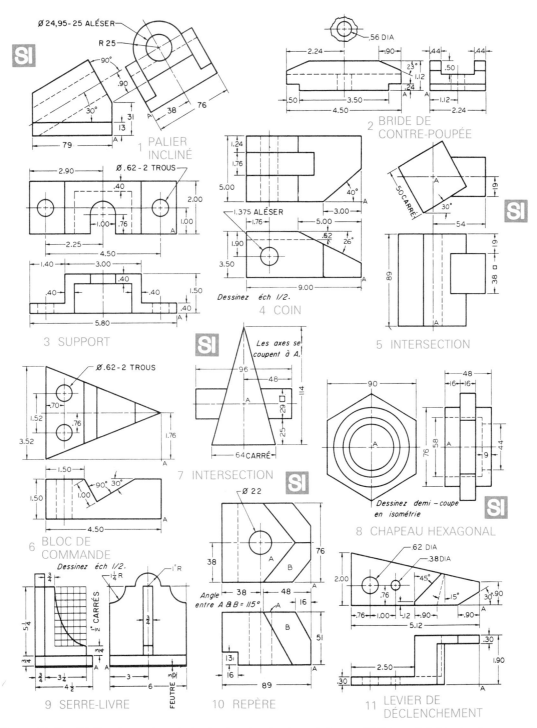

1 PALIER INCLINÉ

2 BRIDE DE CONTRE-POUPÉE

3 SUPPORT

4 COIN
Dessinez éch 1/2.

5 INTERSECTION

6 BLOC DE COMMANDE
Dessinez éch 1/2.

7 INTERSECTION
Les axes se coupent à A.

8 CHAPEAU HEXAGONAL
Dessinez demi-coupe en isométrie

9 SERRE-LIVRE

10 REPÈRE

11 LEVIER DE DÉCLENCHEMENT

Figure 12.42 (1) Esquissez, à main levée, les dessins isométriques. (2) Faites, à l'aide des instruments, les dessins isométriques sur les dispositions A-2 ou A4-2 (modifiée). Si la cotation est exigée, référez-vous à la section 12.26.

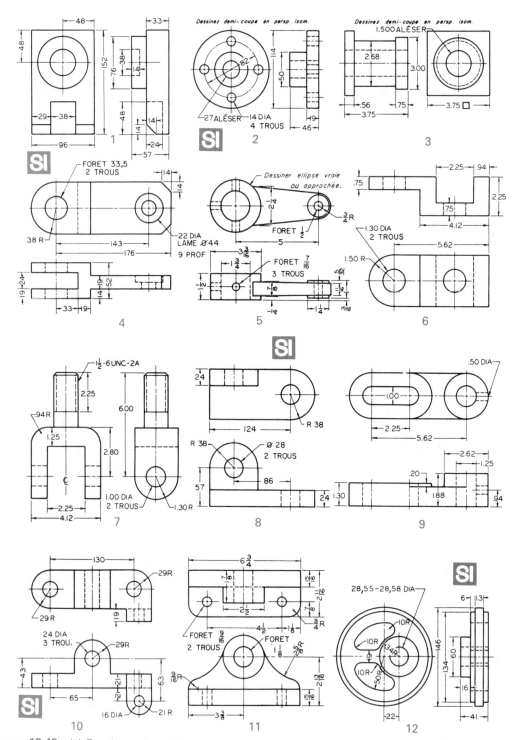

Figure 12.43 (1) Esquissez, à main levée, les dessins isométriques. (2) Faites, à l'aide des instruments, les dessins isométriques sur des feuilles de formats A4, A3, A ou B, tel que demandé. Si la cotation est exigée, référez-vous à la section 12.26.

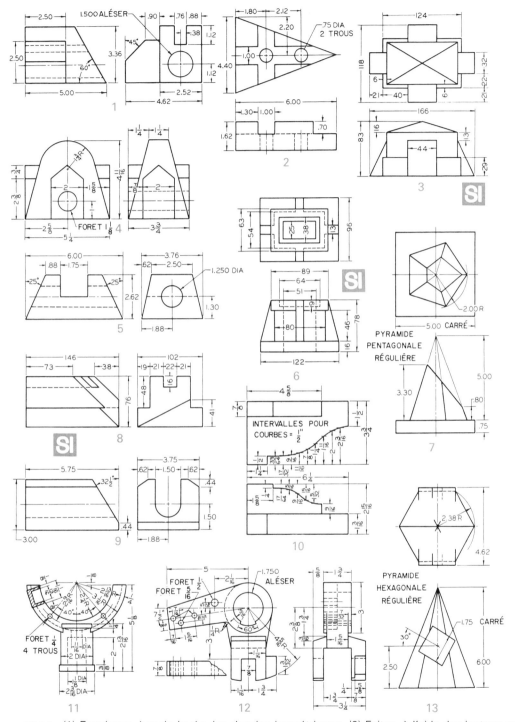

Figure 12.44 (1) Esquissez, à main levée, les dessins isométriques. (2) Faites, à l'aide des instruments, les dessins isométriques sur les feuilles de formats A4, A3, A ou B, tel que demandé. Si la cotation est exigée, référez-vous à la section 12.26. Des problèmes supplémentaires peuvent être posés à partir des figures 13.23 à 13.25.

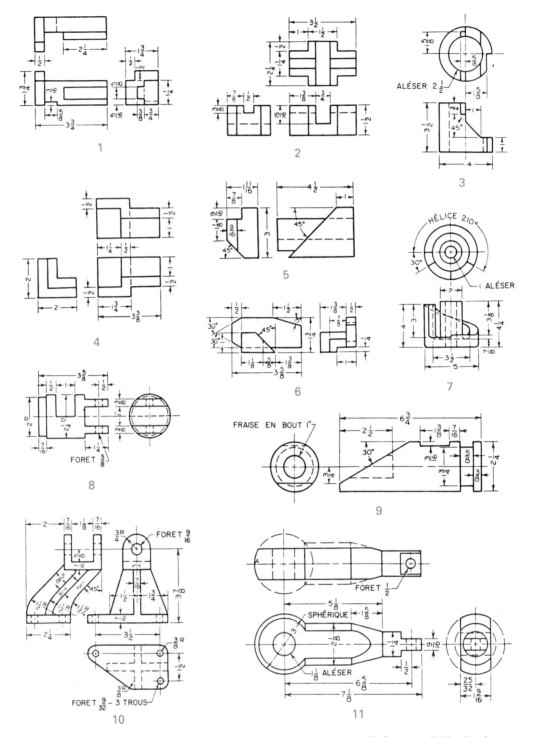

Figure 12.45 (1) Esquissez, à main levée, les dessins isométriques. (2) Faites, à l'aide des instruments, les dessins isométriques sur les feuilles de formats A4, A3, A ou B, tel que demandé. Si la cotation est exigée, référez-vous à la section 12.26. Des problèmes supplémentaires peuvent être posés à partir des figures 13.23 à 13.25.

projection oblique

13.1 Projection oblique. Lorsque l'observateur se place infiniment loin de l'objet (figure 12.1.c) de telle sorte que les rayons visuels, qui sont parallèles entre eux, sont obliques par rapport au plan de projection, l'image résultante est une *projection oblique*. En règle générale, l'objet est placé de telle façon que l'une de ses faces principales soit parallèle au plan de projection; la figure 5.27 illustre approximativement cette position.

La comparaison entre la projection oblique et la projection orthogonale est représentée à la figure 13.1. La face frontale A′B′C′D′ dans la projection oblique est identique à la vue de face de l'objet, c'est-à-dire à la projection orthogonale A^{V}B^{V}C^{V}D^V. Ainsi, si l'objet est placé de façon à ce que l'une de ses faces principales soit parallèle au plan de projection, cette face est projetée en vraie grandeur en projection oblique aussi bien qu'en projection orthogonale. C'est la raison pour laquelle la projection oblique est préférée à la projection axonométrique pour la représentation en perspective de certains objets. Une face carrée telle que ABFE, qui n'est pas parallèle au plan de projection, ne sera pas projetée en vraie grandeur, mais plutôt en un parallélogramme A′B′F′E′.

En projection axonométrique, pratiquement tous les cercles sont projetés en ellipses. En projection oblique, ceux qui se trouvent sur la face parallèle au plan de projection seront projetés en cercles (figure 13.2), ce qui facilite le tracé graphique.

Il faut noter, dès ce stade-ci de l'étude, une caractéristique particulière de la projection oblique. Lorsque l'observateur regarde l'objet cylindrique illustré à la figure 13.2, dans une

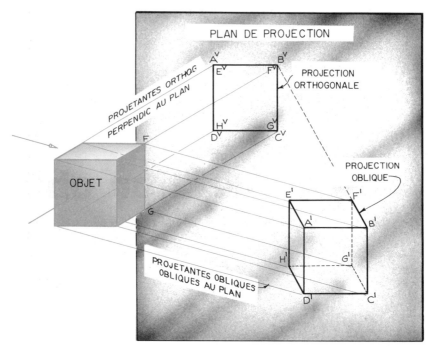

Figure 13.1 **Comparaison entre les projections oblique et orthogonale.**

direction oblique qui est représentée par la flèche de gauche, il *voit* effectivement le cercle comme une ellipse, car son oeil enregistre l'image qui se trouve sur un plan imaginaire qui est *perpendiculaire* à la direction d'observation. Par contre, lorsque le plan de projection est parallèle au cercle, celui-ci est *projeté* comme un vrai cercle, quelle que soit la direction des projetantes. Par conséquent, le dessin en perspective oblique représente une vraie projection oblique et non pas ce que voit l'observateur, contrairement aux autres projections qui sont orthogonales.

13.2 **Direction des projetantes.** A la figure 13.3, les projetantes font un angle de 45° avec le plan de projection. Ainsi, la droite CD′, qui est perpendiculaire au plan, est projetée en vraie grandeur C′D′. Si la direction des projetantes change, la longueur de C′D′ change en conséquence et elle peut varier de 0 à l'infini. Par contre, la droite AB, qui est parallèle au plan de projection, sera projetée en vraie grandeur, A′B′, quelle que soit la direction des projetantes.

A la figure 13.1, les lignes AE, BF, CG et DH sont perpendiculaires au plan de projection. Leurs projections obliques sont les lignes parallèles inclinées A′E′, B′F′, C′G′ et D′H′. Sur le dessin, ces lignes sont appelées *fuyantes*. Comme on l'a expliqué précédemment, la longueur de ces lignes peut varier de 0 à l'infini, dépendamment de la direction des projetantes. On cherche maintenant à connaître l'angle que font les fuyantes avec l'horizontale, *angle de fuite*, sur la feuille de dessin.

A la figure 13.4, la ligne OA est perpendiculaire au plan de projection et toutes les projetantes représentées forment un angle de 45° avec ce plan. Toutes les projections, OB, OC, OD, etc., sont donc égales entre elles et égales à OA. Il s'ensuit que, pour le même angle de la projetante par rapport au plan de projection (45° dans ce cas-ci), la projection oblique de OA peut avoir *n'importe quelle inclinaison par rapport à l'horizontale* |D. *Par conséquent, le choix de l'angle de fuite sur une projection oblique est arbitraire.* Habituellement, on le choisit à 45° (position OC sur la figure 13.4), ou 30°, ou 60°, puisque ces angles

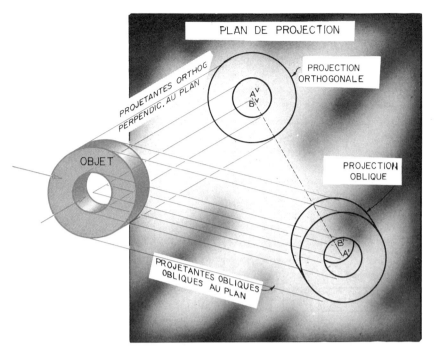

Figure 13.2 **Cercles parallèles au plan de projection**.

peuvent être établis facilement à l'aide des équerres.

13.3 **Angle de fuite**. Comme on l'a expliqué à la section précédente, on peut

tracer les fuyantes selon n'importe quelle inclinaison. La figure 13.5 en illustre quelques positions types. Le choix de la direction des fuyantes est dicté par la forme de l'objet à représenter et par l'emplacement de ses éléments caractéristiques. Par exemple, à la

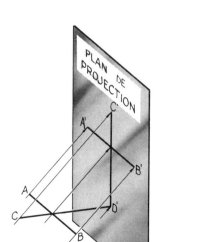

Figure 13.3 **Longueurs des lignes projetées**.

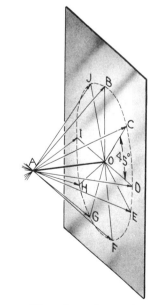

Figure 13.4 **Directions des projetantes**.

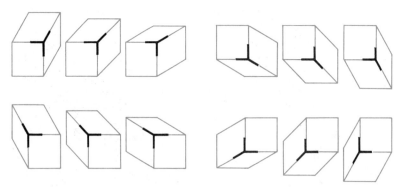

Figure 13.5 **Différentes positions de l'axe fuyant.**

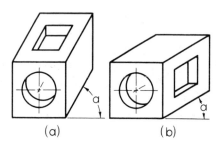

Figure 13.6 **Angle de fuite.**

figure 13.6.a, une inclinaison prononcée a été choisie pour mieux illustrer la mortaise rectangulaire de dessus, alors qu'à la figure 13.6.b, l'inclinaison choisie est faible, puisque la mortaise se trouve sur le côté de l'objet.

13.4 Longueur des fuyantes.

La figure 13.7 représente un cube en projection oblique. La longueur des fuyantes est facultative. En la choisissant en vraie grandeur (figure 13.7.a), la projection résultante donne une image plutôt irréaliste du cube: les fuyantes

paraissent trop longues et semblent diverger vers l'arrière. Cela est dû au fait que l'oeil est habitué à voir, dans l'espace, des lignes qui convergent et des distances qui raccourcissent au loin. La figure 13.8 illustre un exemple frappant de l'aspect non réaliste d'un dessin oblique comparativement à une perspective d'observation naturelle. Cet exemple fait ressortir une des limitations principales des dessins obliques: les objets comportant une longue dimension ne doivent pas être représentés par un dessin oblique, où cette dimension se trouve dans la direction des fuyantes.

On peut réduire la déformation apparente d'un dessin oblique en raccourcissant volontairement la longueur des lignes fuyantes. On se rappelle que (section 13.2) ces lignes peuvent, en principe, être de n'importe quelle longueur. A la figure 13.7, cinq dessins obliques d'un cube sont représentés et, dans chaque cas, les fuyantes ont des longueurs différentes.

Lorsqu'un cube est projeté obliquement sur un plan de telle sorte que les projetantes

Figure 13.7 **Raccourcissement des fuyantes.**

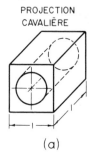
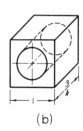
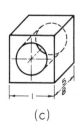
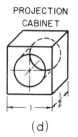
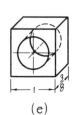

(a)   (b)   (c)   (d)   (e)

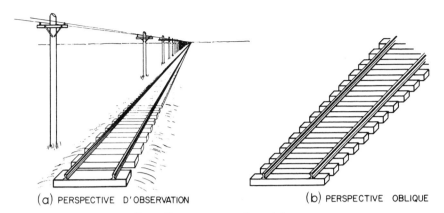

(a) PERSPECTIVE D'OBSERVATION   (b) PERSPECTIVE OBLIQUE

Figure 13.8 **Apparence non réaliste d'une perspective oblique.**

font un angle de 45° avec ce plan, la projection oblique résultante prend le nom de *projection cavalière* (figure 13.7.a). Sur un tel dessin, les fuyantes sont en vraie grandeur. La perspective cavalière tire son origine des dessins de fortifications médiévales dans lesquelles la partie surélevée est appelée cavalier.

Lorsque les fuyantes sont représentées en demi-grandeur (figure 13.7.d), le dessin résultant est appelé *perspective cabinet*. Le mot cabinet vient du fait que ce type de perspective fut utilisé, dès son début, dans l'industrie du meuble. La comparaison entre les perspectives cavalière et cabinet est illustrée à la figure 13.9.

13.5 **Choix de position.** En général, on place l'objet de telle manière que la face, qui

comporte le plus grand nombre de détails caractéristiques, soit parallèle au plan de projection. Le dessin oblique résultant (figure 13.10) présente moins de difficulté lors du traçage et comporte moins de distortion visuelle. En effet, en (a) et en (c), les cercles sont en vraie forme, de sorte qu'on peut les dessiner à l'aide d'un compas. Par contre, en (b) et en (d) ces courbes doivent être représentées comme des ellipses.

De plus, la dimension la plus longue d'un objet doit, généralement, être dessinée suivant la direction horizontale (figure 13.11.b), ce qui réduit la distortion.

13.6 **Construction d'une perspective oblique.** Les étapes à suivre pour tracer une

Figure 13.9 **Comparaison entre les perspectives cavalière et cabinet.**

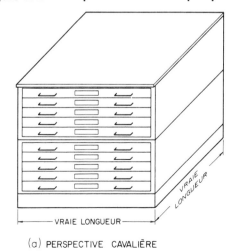

(a) PERSPECTIVE CAVALIÈRE

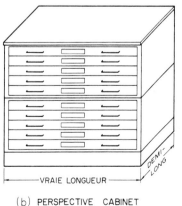

(b) PERSPECTIVE CABINET

371

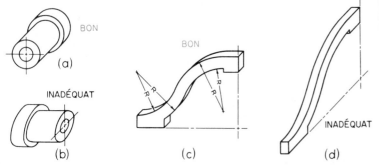

Figure 13.10 **Contours compliqués représentés dans la face frontale.**

Figure 13.11 **Axe le plus long dans la direction horizontale.**

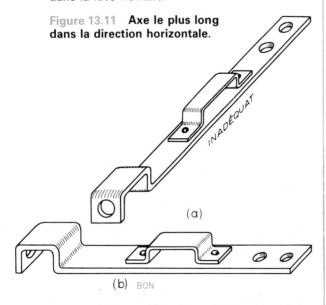

(a)

(b) BON

perspective cavalière d'un objet rectangulaire sont illustrées à la figure 13.12. A l'étape I, on dessine, à l'échelle, le parallélépipède capable de dimensions égales aux dimensions hors-tout de l'objet donné. A l'étape II, on introduit les détails et, à l'étape III, on repasse au net les lignes définitives.

Les perspectives obliques conviennent le mieux aux objets comportant des formes cy-

lindriques (figure 13.13). Dans de tels cas, on choisit la face qui présente le plus de lignes circulaires comme la vue frontale, ce qui simplifie la construction, car ces lignes apparaîtront en vraie forme. On peut alors les tracer à l'aide du compas. Il est important de déterminer tous les points de tangence (voir l'étape IV), surtout lorsque le dessin doit être repassé à l'encre. Révisez les sections 4.34 à 4.42 pour la détermination des points de tangence.

13.7 Ellipse à quatre centres. Il n'est pas toujours possible de placer toutes les caractéristiques circulaires d'un objet parallèles au plan de projection et, du même fait, de les représenter en vraie forme. L'objet illustré à la figure 13.14.a en fournit un exemple: les deux contours circulaires ne se trouvent pas sur des plans parallèles.

Dans la perspective oblique représentée en (b), la méthode des quatre centres (figure 12.24) a été utilisée pour tracer les ellipses horizontales. Cette méthode n'est applicable qu'aux perspectives cavalières, c'est-à-dire lorsque les fuyantes sont dessinées en vraie longueur. A la figure 13.14.b, l'angle de fuite (l'angle que font les fuyantes avec l'horizontale) est de 30°, de sorte qu'on peut utiliser une équerre à 30° et le té pour trouver les quatre centres. Si l'angle de fuite est différent de 30°, il est préférable d'appliquer une autre méthode à quatre centres, basée sur les axes conjugués de l'ellipse (figure 13.15). Cette méthode est la même que celle illustrée à la figure 12.29 pour les perspectives isométriques. En premier lieu, on dessine les deux axes de l'ellipse. Ensuite, en traçant un cercle dont le rayon est égal

Figure 13.12 **Tracé d'une perspective oblique — Méthode de la boîte capable.**

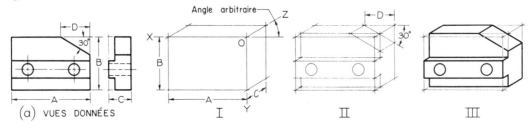

(a) VUES DONNÉES   I   II   III

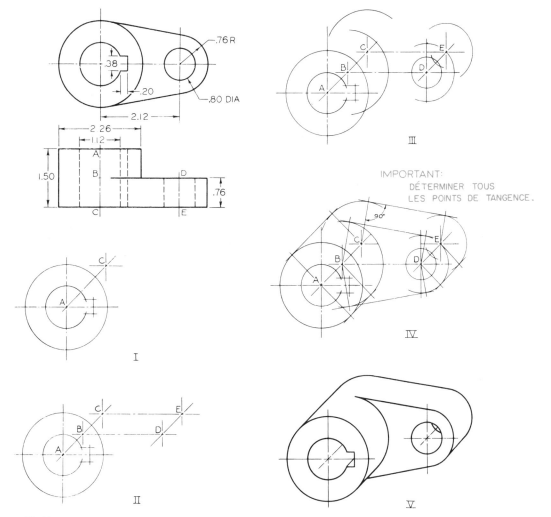

Figure 13.13 **Tracé d'une perspective oblique — Méthode de la charpente.**

au vrai rayon du trou, on obtient quatre points d'intersection sur les deux axes. Comme l'illustre la figure 13.15, les autres perpendiculaires, dessinées à partir de ces points, se coupent en quatre points qui sont

les centres à partir desquels les arcs de cercle seront tracés pour représenter l'ellipse.

Il faut se rappeler que l'ellipse à quatre centres n'est inscrite que dans un *losange*; son utilisation ne s'applique pas à toutes les

Figure 13.14 **Tracé des ellipses.**

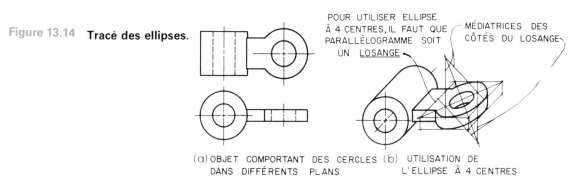

(a) OBJET COMPORTANT DES CERCLES DANS DIFFÉRENTS PLANS

(b) UTILISATION DE L'ELLIPSE À 4 CENTRES

373

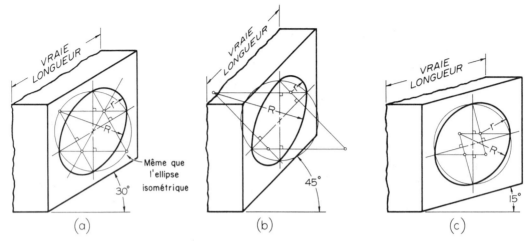

Figure 13.15 **Ellipse à quatre centres — Méthode du cercle.**

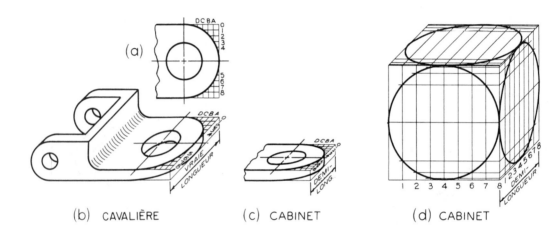

(b) CAVALIÈRE   (c) CABINET   (d) CABINET

Figure 13.16 **Utilisation des coordonnées.**

perspectives obliques, mais seulement aux perspectives cavalières.

13.8 **Construction des courbes par coordonnées.** Les cercles et les autres courbes peuvent être tracés en perspective oblique à l'aide de leurs coordonnées, comme l'illustre la figure 13.16. On trace d'abord le système de coordonnées orthogonales dans la vue en vraie grandeur (a) et on le transfère ensuite à la perspective (b). Si les longueurs des fuyantes sont réduites, il faut en tenir compte dans la détermination des coordonnées. Par exemple, dans la perspective cabinet (c), les unités de longueur sur les fuyantes ont été réduites de moitié. En (d), on représente les

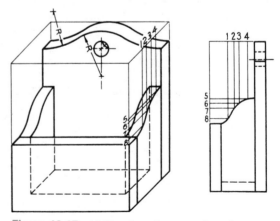

Figure 13.17 **Utilisation des coordonnées.**

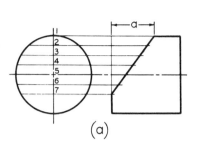
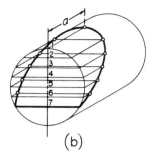
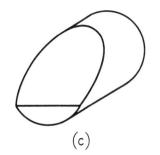

Figure 13.18 **Utilisation des coordonnées.**

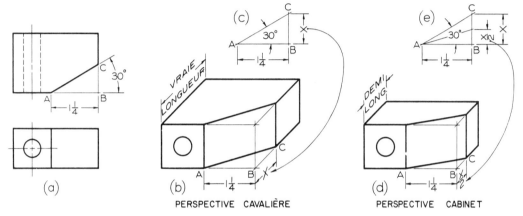

Figure 13.19 **Angles représentés en perspective oblique.**

Figure 13.20 **Demi-coupe représentée en perspective oblique.**

ellipses sur les faces d'un cube dessiné en perspective cabinet.

La figure 13.17 illustre un exemple de la méthode des coordonnées appliquée aux courbes quelconques, alors que la figure 13.18 représente les étapes à suivre pour dessiner la perspective cavalière d'une courbe située sur un plan incliné.

13.9 Angles en perspective oblique. Lorsqu'un angle situé sur un plan fuyant est exprimé en degrés, il est nécessaire de le convertir en mesures linéaires avant de le dessiner sur la perspective. Par exemple, à la figure 13.19.a, un angle de 30° est donné. Pour établir cet angle dans la perspective cavalière (b), on doit localiser les points A et C. La distance de ce dernier au point B est établie à l'aide de la construction (c). Si l'on veut plutôt avoir une perspective cabinet (d) du même objet, la même méthode s'applique à condition de tenir compte de la réduction de longueur des fuyantes (e).

13.10 Coupes en perspective oblique. Les coupes sont souvent utiles en perspective oblique, surtout pour la représentation des formes internes. Une *demi-coupe en perspective oblique* est illustrée à la figure 13.20

375

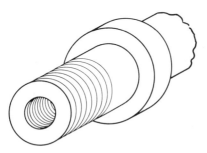

Figure 13.21 **Représentation des filetages en perspective oblique.**

D'autres exemples sont donnés aux figures 7.40, 7.41, 7.44 et les suivantes. Les *coupes complètes en perspective oblique* sont rares, puisqu'elles ne représentent pas suffisamment de détails externes. En général, tous les types de coupes, expliqués à la section 12.25 pour les perspectives isométriques, peuvent être appliqués aux perspectives obliques.

13.11 Filetages en perspective oblique.

En perspective oblique, on ne représente que les sommets des filets au moyen des arcs de cercle (figure 13.21). Si les filets sont projetés sous forme d'ellipses, ils seront représentés par des ellipses à quatre centres (section 13.7).

13.12 Cotation en perspective oblique.

Un dessin en perspective oblique est coté de la même façon que celui en perspective isométrique (section 12.26). La figure 13.22 en fournit un exemple. Les principes généraux de la cotation, explicités au chapitre 10,

doivent être appliqués. Les chiffres de cotes peuvent être dessinés selon le système aligné (a) ou selon le système unidirectionnel (b), qui est d'ailleurs plus simple à réaliser. On doit utiliser *l'écriture droite* sur tous les dessins en perspective. Plusieurs exemples de cotation en perspective oblique se trouvent aux figures à la fin du chapitre 6 (section 6.39).

13.13 Esquisses en perspective oblique.

Les méthodes d'exécution des esquisses en perspective oblique sur du papier ordinaire sont illustrées à la figure 5.27. Le papier quadrillé (figure 5.28) est très utile pour ces esquisses. Une proportion commode, qui donne un effet visuel agréable, est d'esquisser les fuyantes diagonalement à 45° et de prendre une longueur égale à la moitié du nombre de carreaux de celui indiqué par la vraie profondeur.

13.14 Problèmes sur les perspectives obliques.

Un grand nombre de problèmes sur les perspectives obliques — soit cavalière soit cabinet — sont fournis aux figures 13.23 à 13.25. Ces problèmes peuvent être exécutés, aux instruments ou à main levée (section 5.15), sur du papier quadrillé ou sur du papier uni suivant les instructions du professeur. Dans le cas des dessins aux instruments, il faut laisser toutes les lignes de constructions en traits fins.

Des problèmes supplémentaires peuvent être posés à partir des figures 6.50 à 6.52, 8.27 à 8.29 et 12.51 à 12.54.

Figure 13.22 **Cotation en perspective oblique.**

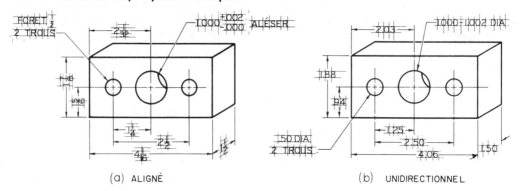

(a) ALIGNÉ   (b) UNIDIRECTIONNEL

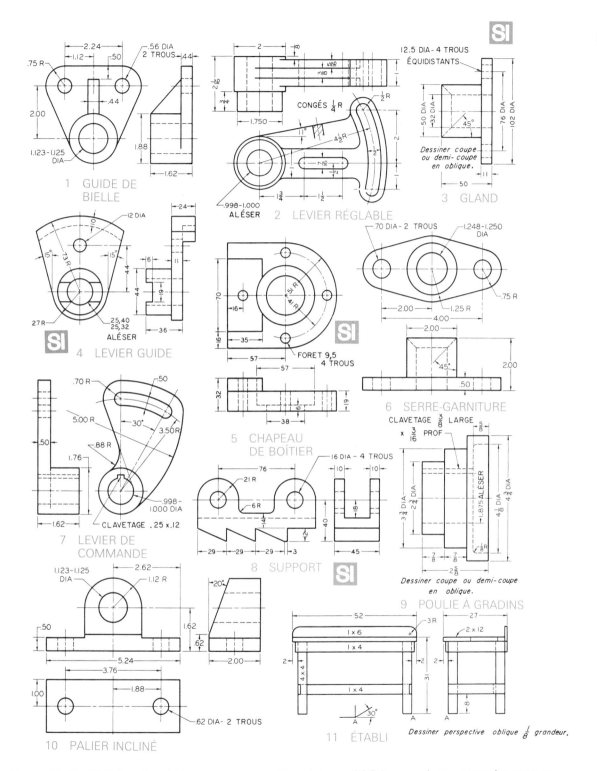

1 GUIDE DE BIELLE

2 LEVIER RÉGLABLE

3 GLAND

4 LEVIER GUIDE

5 CHAPEAU DE BOÎTIER

6 SERRE-GARNITURE

7 LEVIER DE COMMANDE

8 SUPPORT

9 POULIE À GRADINS

10 PALIER INCLINÉ

11 ÉTABLI

Figure 13.23 (1) Faites, à main levée, les perspectives obliques. (2) Faites, aux instruments, les perspectives obliques sur des feuilles de formats A4, A, A3 ou B, suivant les instructions données. Si les cotations sont exigées, référez-vous à la section 13.12.

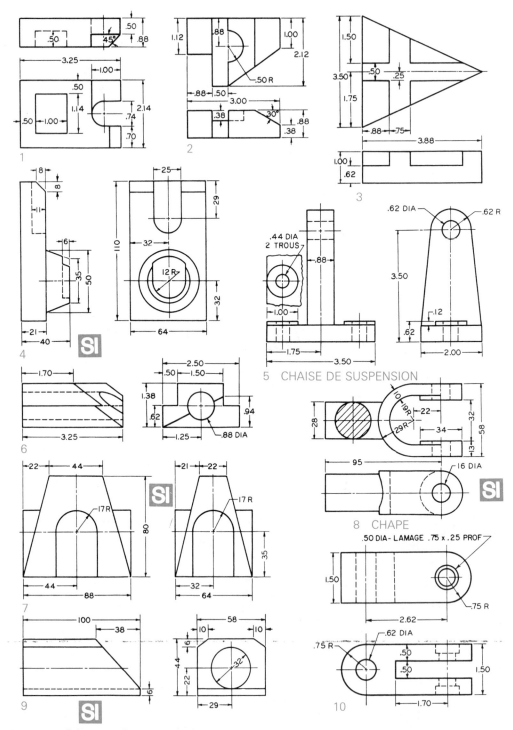

Figure 13.24 Faites, aux instruments, les perspectives obliques sur des feuilles de formats A4, A, A3 ou B, suivant les instructions données. Si les cotations sont exigées, référez-vous à la section 13.12.

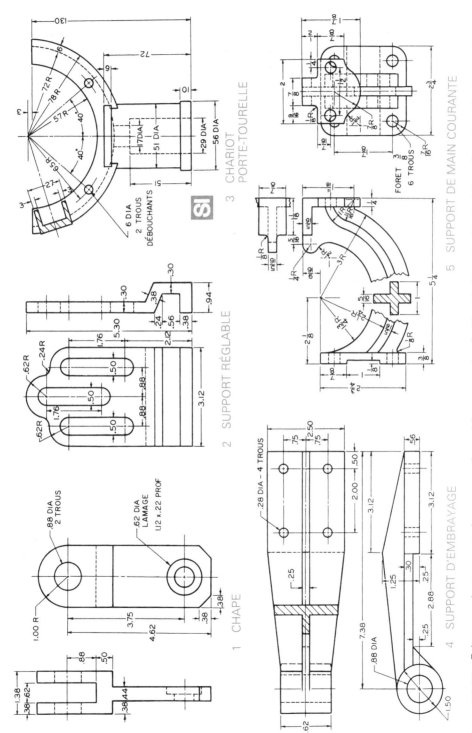

Figure 13.25 Faites, aux instruments, les perspectives obliques sur des feuilles de formats A4, A, A3 ou B, suivant les instructions données. Pour d'autres problèmes supplémentaires, référez-vous aux figures 6.50 à 6.52, 8.27 à 8.29 et 12.51 à 12.54.

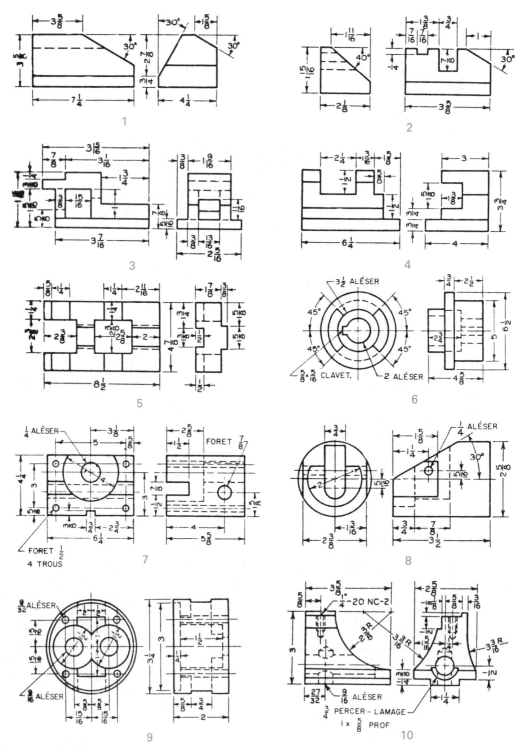

Figure 13.26 Faites, aux instruments, les perspectives obliques sur des feuilles de formats A4, A, A3 ou B, suivant les instructions données. Pour d'autres problèmes supplémentaires, référez-vous aux figures 6.50 à 6.52, 8.27 à 8.29 et 12.51 à 12.54.

14

intersections et développements

14.1 **Surfaces**. La *surface* est une figure géométrique à deux dimensions. Elle peut être engendrée par le déplacement d'une courbe que l'on appelle *génératrice* (figure 6.31.a). La ligne contre laquelle la génératrice s'appuie constamment est appelée *directrice* et le plan, auquel la génératrice est constamment parallèle, est le *plan directeur*.

Une *surface réglée* est celle qui peut être engendrée par une droite. Elle peut être un plan, une *surface à simple courbure* ou une *surface gauche*.

La directrice d'un *plan* est une droite, et le plan directeur est parallèle à cette directrice. Plusieurs solides géométriques sont limités par des plans (figure 4.7).

Une *surface à simple courbure* est une surface réglée *développable*, c'est-à-dire qui peut être étendue sur un plan, telle que le cône et le cylindre (figure 4.7). Deux positions adjacentes de la génératrice se trouvent sur le même plan.

Une *surface gauche* (figure 14.1) est une surface réglée *non développable*. Deux positions adjacentes de la génératrice ne se trouvent pas sur le même plan. Plusieurs faces externes des avions et des automobiles sont des surfaces gauches.

Une *surface à double courbure* ne peut être engendrée que par une courbe et ne comporte aucun élément rectiligne; elle est donc une *surface non réglée*. Une telle surface, lorsqu'elle est engendrée par la rotation d'une courbe autour d'un axe situé sur le plan de la courbe, est appelée *surface de révolution à double courbure*. Les *sphères, les tores, les ellipsoïdes de révolution* (figure 4.7) et les *hyperboloïdes de révolution* (figure 14.1.d) sont des

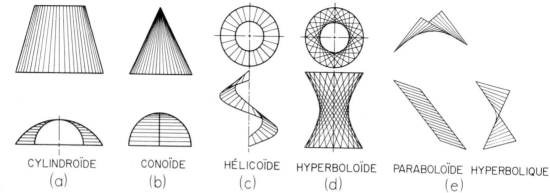

CYLINDROÏDE   CONOÏDE   HÉLICOÏDE   HYPERBOLOÏDE   PARABOLOÏDE   HYPERBOLIQUE
(a)   (b)   (c)   (d)   (e)

Figure 14.1 **Surfaces gauches.**

exemples courants de ce type du surfaces. Les surfaces à double courbure ne sont pas développables.

On peut néanmoins les développer approximativement en les divisant en sections et en substituant chaque section par une surface développable, soit un plan ou une surface à simple courbure. Si le matériau utilisé est suffisamment ductile, les feuilles plates peuvent être étirées, pressées, estampées, repoussées ou travaillées autrement pour prendre la forme voulue. Les surfaces non développables sont souvent produites par une combinaison de surfaces développables qui sont ensuite façonnées légèrement à la forme requise.

14.2 Solides. Le *solide* est une figure à trois dimensions et limitée par une surface fermée. Si cette surface est composée de plans, appelés *faces*, le solide est un *polyèdre*; les plus connus sont la pyramide et le prisme (figure 4.7). Les lignes d'intersection des faces d'un polyèdre sont appelées *arêtes*. Les arêtes d'un *polyèdre régulier* sont toutes égales; les polyèdres réguliers les plus simples sont le *tétraèdre*, le *cube*, l'*octaèdre* (huit faces), le *dodécaèdre* (12 faces) et l'*icosaèdre* (20 faces). Ceux-ci sont appelés les cinq *solides platoniques*.

Un solide engendré par la rotation d'une figure plane autour d'un axe du même plan est appelé *solide de révolution*.

Les solides limités par des surfaces gauches ne portent pas de noms spécifiques. L'exemple le plus connu d'un tel solide est le filet de vis.

Intersections de plans et de solides

14.3 Principes des intersections. Les principes associés aux intersections de plans et de solides trouvent leurs applications dans plusieurs domaines, tels que le découpage d'une ouverture dans une toiture (conduite de cheminée, par exemple) ou dans les murs (gros tuyaux et couloirs de décharge, etc.), et la construction des structures de métaux en feuilles (réservoirs, avions, bateaux, etc.).

Dans de tels cas, le problème consiste, en général, à déterminer les vraies grandeur et forme de l'intersection entre un plan et un des solides géométriques courants. L'intersection d'un solide par un plan est le lieu des points de rencontre des génératrices du solide avec le plan. Si le solide est limité par des faces planes, il suffit de déterminer les points où ses arêtes coupent le plan et, ensuite, de relier ces points pour obtenir l'intersection.

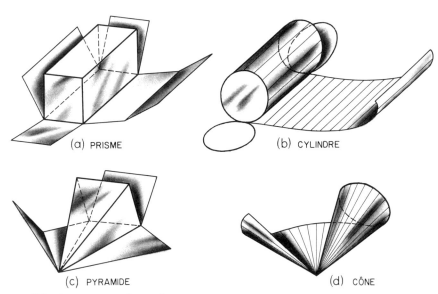

(a) PRISME (b) CYLINDRE

(c) PYRAMIDE (d) CÔNE

Figure 14.2 Développement de surfaces.

Si le solide est limité par des surfaces courbes, il est nécessaire de trouver les points d'intersection de plusieurs de ses génératrices avec le plan donné et de relier ces points par une courbe lisse. La courbe d'intersection entre un cône de révolution et un plan est une *conique*. Les divers types de coniques sont définis à la section 4.48 et illustrés à la figure 4.46.

14.4 Développements. Le *développement* est l'extension, sur un plan, de la surface d'un corps solide. Les applications pratiques des développements se trouvent dans les ouvrages de métal en feuilles, dans la ferblan-

terie, dans le taillage des pierres et dans la confection des gabarits.

Les surfaces des polyèdres et les surfaces à simple courbure sont développables, alors que les surfaces gauches ne peuvent l'être que par approximation (voir la section 14.1).

Pour les métaux en feuilles, il faut prévoir des marges pour les ourlets et pour les joints. Si l'épaisseur des feuilles est considérable, il faut en tenir compte dans les rayons de pliage. (Voir la section 10.39.) Le dessinateur doit aussi tenir compte des grandeurs standard et disposer ses développements de manière à économiser le matériau et la main d'oeuvre. Ainsi, lors de l'élaboration des développements, il est préférable de choisir les joints

Figure 14.3 Ourlets et joints pour le métal en feuilles.

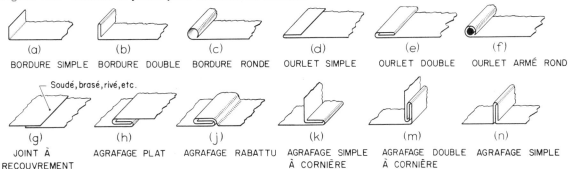

(a) BORDURE SIMPLE (b) BORDURE DOUBLE (c) BORDURE RONDE (d) OURLET SIMPLE (e) OURLET DOUBLE (f) OURLET ARMÉ ROND

Soudé, brasé, rivé, etc.

(g) JOINT À RECOUVREMENT (h) AGRAFAGE PLAT (j) AGRAFAGE RABATTU (k) AGRAFAGE SIMPLE À CORNIÈRE (m) AGRAFAGE DOUBLE À CORNIÈRE (n) AGRAFAGE SIMPLE

383

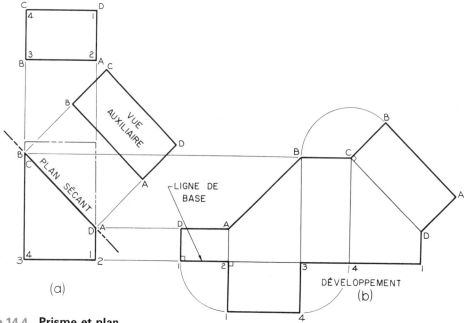

Figure 14.4 **Prisme et plan.**

là où ils sont les plus courts, afin d'économiser le soudage, le rivetage ou l'agrafage.

Il est de pratique courante de dessiner le développement avec la *face interne au-dessus*. De cette façon, toutes les lignes de pliage ou les autres indications seront reliées directement aux mesures internes, qui sont les dimensions importantes dans les tuyauteries, les réservoirs ou les autres récipients; aussi, dans cette position, le développement est plus commode pour l'atelier de fabrication.

14.5 Ourlets et joints pour le métal en feuilles.
Une grande variété d'ourlets et de joints est utilisée dans la fabrication des développements de métal en feuilles (figure 14.3). Les ourlets servent à éliminer les bords coupants et aussi à raidir les pièces. Les joints peuvent être réalisés par pliage, par soudage, par rivetage ou par agrafage.

La grandeur de la marge prévue pour les joints ou pour les ourlets dépend de l'épaisseur du matériau et du procédé de fabrication; par conséquent, on ne trouvera aucune dimension spécifique dans ce chapitre. (Voir la section 10.39).

14.6 Intersection d'un prisme par un plan — Développement d'un prisme (Figure 14.4).

INTERSECTION (Figure 14.4.a). Le plan sécant étant vu de profil dans la vue de face du prisme, l'intersection d'un prisme par un plan est évidente dans les deux vues données. La vraie grandeur de l'intersection est représentée dans la vue auxiliaire. (Voir le chapitre 8).

DÉVELOPPEMENT (Figure 14.4.b). Sur la ligne de base 1-1, on rapporte les *vraies grandeurs* des cotés 1-2, 2-3,..., prises dans la vue de dessus, de la base du prisme. A partir des points de division, 1, 2,..., on élève des perpendiculaires à 1-1, sur lesquelles on reporte les vraies hauteurs 1-D, 2-A,... des arêtes verticales à partir de la vue de face. On relie ensuite les points obtenus pour obtenir le développement de la surface latérale du prisme, développement appelé *développement à droites parallèles*, à cause du parallélisme des lignes de repères 1-D, 2-A,... Pour obtenir le développement total du prisme tronqué, on ajoute la base et le dessus incliné, comme l'illustre la figure.

14.8
Intersection
d'un prisme
oblique par
un plan —
Dévelop-
pement d'un
prisme oblique

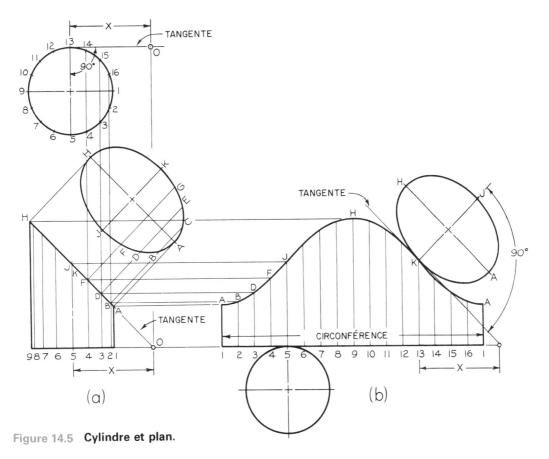

Figure 14.5 **Cylindre et plan.**

14.7 Intersection d'un cylindre par un plan — Développement d'un cylindre (Figure 14.5).

INTERSECTION (Figure 14.5.a). L'intersection d'un cylindre par un plan est une ellipse dont le grand axe HA et le petit axe JK sont en vraies grandeurs respectivement dans la vue de face et dans la vue en plan. On peut alors tracer la forme de l'ellipse à l'aide d'une des méthodes de construction expliquées aux sections 4.49 à 4.52 ou à l'aide d'un gabarit (section 4.57).

On peut également trouver l'ellipse d'intersection en établissant une vue auxiliaire, comme l'illustre la figure. Il n'est pas obligatoire, mais pratique, de choisir les points 1, 2, 3, . . . *équidistants* sur la circonférence du cercle.

DÉVELOPPEMENT (Figure 14.5.b). La base du cylindre est développée en le segment 1-1, dont la longueur, égale à la circonférence du cercle de base, est établie par calcul ($\pi \times$ diamètre). On divise ce segment en parties égales, au même nombre que celui sur le cercle, et on élève des perpendiculaires à partir des points de division qui représentent différentes génératrices du cylindre. Les vraies hauteurs de ces génératrices sont rapportées directement de la vue de face. Le contour du développement est tracé à l'aide du pistolet (section 2.59) et on complète le développement, s'il y a lieu, à l'aide des deux bases. Le développement de la surface latérale du cylindre est aussi composé des génératrices parallèles 1-A, 2-B, . . . Il s'agit donc d'un *développement à droites parallèles*.

14.8 Intersection d'un prisme oblique par un plan — Développement d'un prisme oblique (Figure 14.6).

INTERSECTION (Figure 14.6.a). La section droite du prisme oblique donné est un hexagone

385

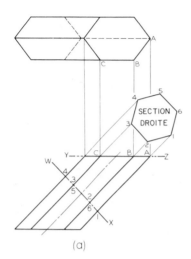

Figure 14.6 Prisme oblique et plan.

régulier, comme l'illustre la vue auxiliaire. L'intersection horizontale suivant le plan sécant YZ est représentée en vraie grandeur dans la vue de dessus.

DÉVELOPPEMENT (Figure 14.6.b). La section droite est développée en le segment WX, la ligne de base. On rapporte, sur ce segment, les vraies largeurs des faces 1-2, 2-3,... qui

sont fournies dans la vue auxiliaire, et on porte, sur les perpendiculaires à WX, les vraies longueurs des arêtes qui sont représentées dans la vue de face. En joignant les points A, B, C,... par des segments de droite, et en ajoutant les bases, dont les vraies grandeurs sont connues dans la vue de dessus, on obtient le développement complet.

Figure 14.7 Cylindre circulaire oblique et plan.

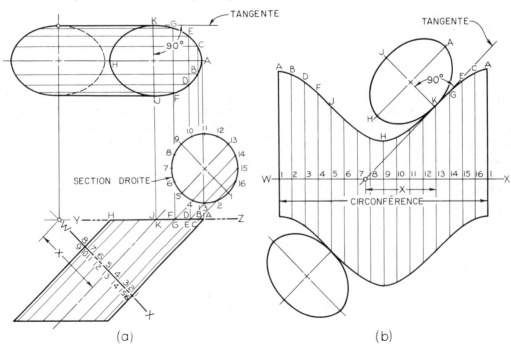

(a)   (b)

14.10
Intersection
d'une pyramide
par un plan —
Dévelop-
pement d'une
pyramide
tronquée

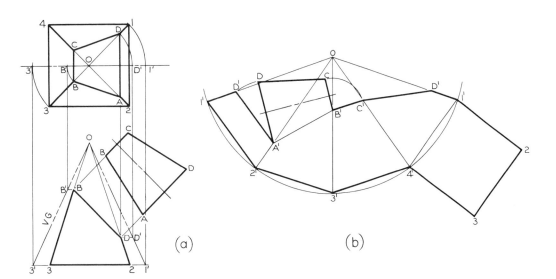

Figure 14.8 **Pyramide et plan.**

14.9 Intersection d'un cylindre oblique par un plan — Développement d'un cylindre oblique (Figure 14.7).

INTERSECTION (Figure 14.7.a). La section droite, obtenue par le plan sécant WX, est un cercle qui est représenté dans la vue auxiliaire. L'intersection du cylindre par un plan horizontal YZ est une ellipse dans la vue de dessus. Les points de cette ellipse sont obtenus à partir de la vue auxiliaire (voir la section 14.7 et la figure 15.5.a). Le grand axe AH est projeté en vraie grandeur dans la vue de dessus, tandis que le petite axe JK est égal au diamètre même du cylindre; alors, l'ellipse peut aussi être construite par une des méthodes expliquées aux sections 4.49 à 4.52, ou simplement à l'aide du gabarit approprié (section 4.57).

DÉVELOPPEMENT (Figure 14.7.b). Le cylindre peut être considéré comme un prisme ayant un nombre infini d'arêtes; on peut ainsi déterminer son développement par une méthode semblable à celle du prisme oblique représenté à la figure 14.6.

Le cercle de la section droite est développé en le segment 1-1, dont la longueur est égale à la circonférence du cercle ($\pi \times$ diamètre). On divise la circonférence et sa longueur rectifiée 1-1 en le même nombre de parties égales (16 dans l'exemple choisi). On porte, sur les perpendiculaires à 1-1, positions occupées par les génératrices et correspondant aux points de division, des longueurs égales aux génératrices respectives; on relie les points A, B, D, . . . par une courbe régulière et on complète le développement à l'aide des deux bases.

14.10 Intersection d'une pyramide par un plan — Développement d'une pyramide tronquée (Figure 14.8).

INTERSECTION (Figure 14.8.a). L'intersection d'une pyramide par un plan est le trapèze ABCD, dont la vraie grandeur est représentée dans la vue auxiliaire. Les largeurs BC et AD sont rapportées directement de la vue de dessus.

DÉVELOPPEMENT (Figure 14.8.b). La pyramide donnée étant régulière, ses arêtes ont la même longueur. La vraie grandeur de l'arête O-3 est O-3′ dans la vue de face, et elle est déterminée par la rotation de O-3, autour d'un axe vertical passant par O, jusqu'à la position frontale O-3′ dans la vue de dessus (voir la section 9.10). A partir du point O du développement, on trace un arc de cercle dont le rayon est égal à la vraie longueur des arêtes

387

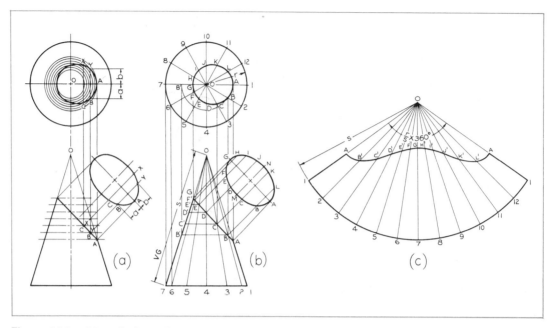

Figure 14.9 **Cône droit et plan.**

du prisme, et on reporte, sur cet arc, les cordes 1'-2', 2'-3', . . . égales aux côtés 1-2, 2-3, . . . de la base dans la vue de dessus. On porte ensuite, sur O-1', O-2', . . . , les vraies longueurs OD', OA', . . . prises dans la vue de face. Le contour 1'-2'-3'-4'-1'-D'-C'-B'-A'-D'-1' définit le développement de la surface latérale du prisme tronqué. Il s'agit d'un *développement à droites radiales*. Si l'on désire, on peut ajouter les deux bases du prisme, dont les vraies grandeurs se trouvent dans les vues auxiliaire et de dessus. Pour reporter une figure quelconque, telle que le trapèze dans cet exemple, on se réfère aux sections 4.29 et 4.30.

14.11 Intersection d'un cône droit par un plan — Développement de la surface latérale d'un cône droit (Figure 14.9).

INTERSECTION (Figure 14.9.a). L'intersection d'un cône par un plan est une ellipse. Pour la déterminer, on se sert d'une série de plans sécants horizontaux qui coupent le cône suivant des cercles concentriques dans la vue de dessus. Les points de rencontre A, B, C, . . .

de ces cercles avec le plan incliné donné déterminent l'ellipse.

On peut aussi déterminer l'ellipse d'intersection par la méthode de la figure 14.9.b. Cette méthode est plus avantageuse lorsqu'il faut aussi tracer le développement. On se sert des génératrices régulièrement réparties O-1, O-2,... qui coupent le plan incliné aux points A, B,... dans la vue de face. Par simple projection de ces points à la vue de dessus, on obtiendra les points correspondants de l'ellipse. La vue auxiliaire fournit la vraie grandeur de l'ellipse où les largeurs BL, CK,... sont reportées de la vue de dessus.

DÉVELOPPEMENT (Figure 14.9.c). Le cône peut être considéré comme une pyramide ayant un nombre infini d'arêtes; son développement est établi de la même façon que celui de la pyramide (section 14.10). Le développement du cône, supposé ouvert suivant la génératrice O-1, est un secteur circulaire dont le rayon s est égal aux génératrices du cône et dont l'angle au centre est égal à 360° (r/s), où r est le rayon du cercle de base du cône. Pour construire la transformée de l'intersection, on divise la circonférence de base du cône et celle de l'arc du secteur qui lui est égal, en le même nombre de parties égales (12 dans l'exemple

14.13
Dévelop-
pement d'une
pyramide
rectangulaire,
oblique et
tronquée

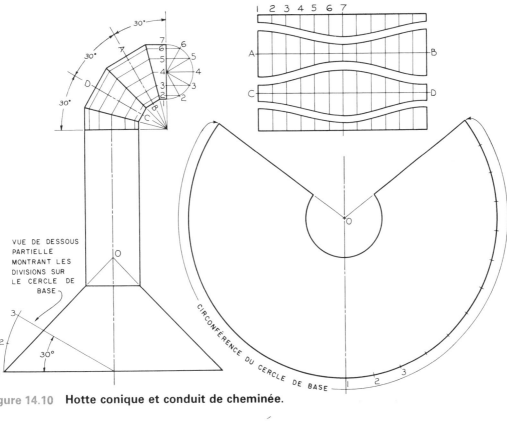

Figure 14.10   **Hotte conique et conduit de cheminée.**

choisi). On reporte ensuite les positions de la façon expliquée à la section 14.10.

14.12   Développement d'une hotte conique et d'un conduit de cheminée   (Figure 14.10). Étant donné que la hotte est une surface conique, son développement est construit de la façon décrite à la section 14.11. Le coude du conduit est composé de quatre sections; les deux sections aux extrémités sont deux fois plus courtes que les deux au centre. Cette façon de diviser les sections a pour but de simplifier la construction des développements et surtout d'économiser au maximum le matériau en feuilles. En effet, les développements des quatre sections peuvent être découpés à partir d'une seule feuille rectangulaire, sans perte et avec trois lignes de coupe. Chaque section est un cylindre tronqué et son développement est construit selon la façon décrite aux sections 14.7 et 14.9.

14.13   Développement d'une pyramide rectangulaire, oblique et tronquée   (Figure 14.11). Aucune surface latérale de la pyramide n'apparaît en vraie grandeur dans les deux vues . Pour trouver la vraie longueur d'une arête, on effectue une rotation (section 9.10) jusqu'à ce qu'elle soit frontale. Ainsi, O-2 est tourné jusqu'à O-2', O-3 jusqu'à O-3', et ainsi de suite. Ces vraies longueurs dans la vue de face sont ensuite reportées au développement à l'aide du compas. Les vraies longueurs des côtés des deux bases se trouvent directement dans la vue de dessus. Par exemple pour déterminer la position du point 2' dans le développement, il suffit de tracer deux arcs de cercle: le premier de centre O et de rayon connu O-2', et le deuxième de centre 1' et de rayon connu 1'-2' = 1-2. L'intersection de ces deux arcs détermine le point 2'. Les autres points, 3', 4' et 1', sont déterminés de la même façon, à partir de 2', 3' et 4', successivement.

389

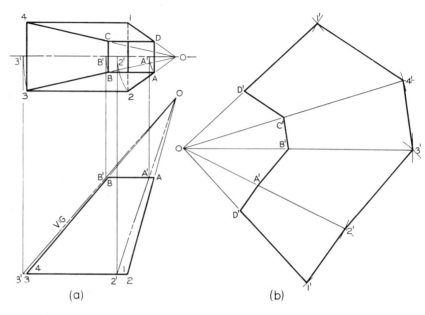

Figure 14.11 **Développement d'une pièce de transition.**

14.14 **Triangulation.** La *triangulation* est simplement un procédé géométrique qui consiste à diviser une surface donnée en un certain nombre de triangles, afin d'établir son développement. Elle est utilisée pour trouver le développement des pyramides obliques (section 14.13), des cônes obliques (section 14.15), des pièces de transition (sections 14.16 à 14.20) et, approximativement, de certaines surfaces (section 14.19). La construction d'un

Figure 14.12 **Développement d'un cône oblique par triangulation.**

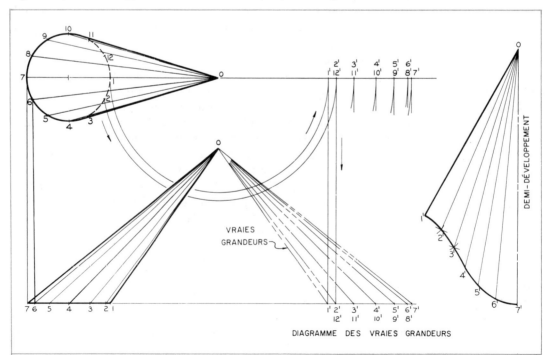

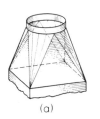  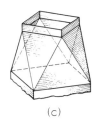 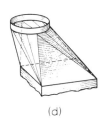 

(a)　　　　(b)　　　　(c)　　　　(d)　　　　(e)

Figure 14.13　**Pièces de transition.**

triangle à partir des longueurs données de ses trois côtés est expliquée à la section 4.29.

14.15　Développement d'un cône oblique par triangulation

(Figure 14.12). On divise le cercle de base en un nombre de parties égales et on trace une génératrice passant par chacun des points de division. On détermine ensuite la vraie longueur de ces génératrices par la méthode des rotations (section 9.10), ce qui donne le *diagramme des vraies grandeurs*. Ce diagramme regroupe toutes les vraies grandeurs cherchées. Pour construire le développement du cône supposé ouvert suivant la génératrice O-1, on part de O-1', vraie longueur de O-1. Ensuite, on détermine le point 2' à partir des distances connues O-2' (vraie longueur de O-2) et 1'-2' (vraie longueur de la corde 1-2 du cercle de base) par la méthode expliquée à la section 14.13; on répète la même démarche pour trou-

ver les points 3', 4',... que l'on relie, à la fin, par une courbe régulière à l'aide d'un pistolet.

Étant donné que le développement est symétrique par rapport à la génératrice O-7, il suffit d'établir seulement le *demi-développement*, tel qu'il est illustré. Ce développement est d'autant plus précis que le nombre de divisions sur le cercle de base est grand puisque, dans ce cas, la longueur de l'arc (1-2, par exemple) est presque égale à celle de la corde utilisée pour le tracé du développement.

14.16　Pièces de transition.

Une *pièce de transition* est une pièce mécanique qui sert à raccorder deux ouvertures de différentes formes, de différentes grandeurs ou de positions obliques l'une par rapport à l'autre (figure 14.13). Dans la plupart des cas, les pièces de transition sont constituées de

Figure 14.14　**Développement d'une pièce de transition.**

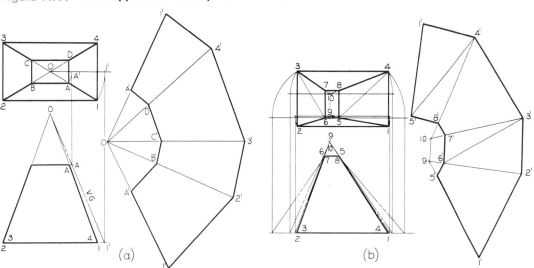

(a)　　　　　　　　　　(b)

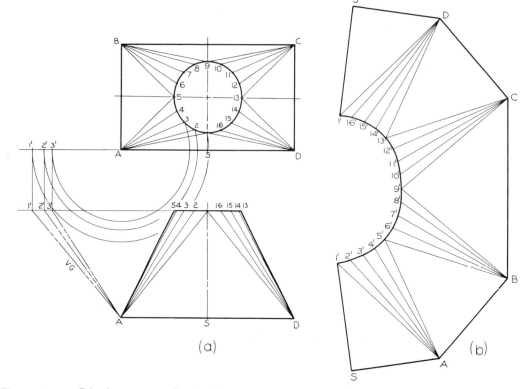

Figure 14.15 **Développement d'une pièce de transition.**

surfaces planes et de surfaces coniques, les dernières étant développées par triangulation. On les utilise couramment dans les conduits de chauffage, de ventilation et de climatisation ou dans des constructions semblables.

14.17 Développement d'une pièce de transition raccordant deux ouvertures rectangulaires parallèles. Si la pièce de transition est un tronc de pyramide (figure 14.14.a), on applique la méthode décrite à la section 14.10.

Si la pièce n'est pas un tronc de pyramide (figure 14.14.b), il est préférable de procéder par triangulation (section 14.14), comme dans le cas des faces 1-5-8-4 et 2-6-7-3, ou par prolongement des arêtes pour former des triangles, comme dans le cas des faces 1-2-6-5 et 3-4-8-7.

Comme moyen de contrôle de la précision du tracé, on note que les droites parallèles sur les faces doivent l'être également sur le développement; par exemple, 8'-5' doit être parallèle à 4'-1' sur le développement.

14.18 Développement d'une pièce de transition raccordant une ouverture circulaire à une ouverture rectangulaire de même axe (Figure 14.15). La pièce de transition est constituée de quatre triangles isocèles et de quatre surfaces coniques. La pièce est supposée ouverte suivant la ligne S-1. On commence la construction du développement par S-1', vraie grandeur de S-1. On trace ensuite le triangle rectangle 1'-S-A, sachant que la base SA est égale à la moitié de AD et que l'hypoténuse A-1' est égale à la vraie longueur de l'arête A-1.

Les surfaces coniques sont développées par la méthode de triangulation (sections 14.14 et 14.15).

14.18
Dévelop-
pement d'une
pièce
raccordant
une ouverture
circulaire à
une ouverture
rectangulaire
de même axe

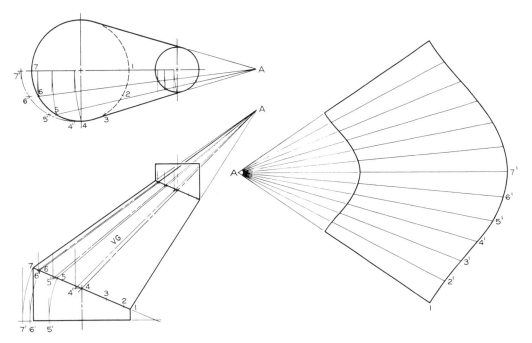

Figure 14.16 **Développement d'une pièce de transition**.

Figure 14.17 **Développement d'une pièce de transition**.

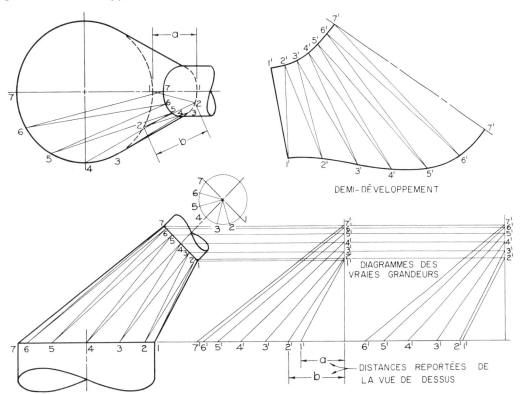

DEMI-DÉVELOPPEMENT

DIAGRAMMES DES
VRAIES GRANDEURS

DISTANCES REPORTÉES DE
LA VUE DE DESSUS

393

14.19 Développement d'une pièce de transition raccordant deux tuyaux cylindriques

(Figure 14.16). Lorsque la pièce de transition est un tronc de cône dont le sommet A peut être déterminé par le prolongement des lignes de contour apparent, le développement de la pièce est construit par triangulation (voir les sections 14.14 et 14.15). Cependant, on remarque que les deux bases du tronc de cône ne sont en vraie grandeur dans aucune des deux vues. Il faut alors rabattre la base inférieure sur un plan horizontal; le pied d'une génératrice, tel que 7, se rabat sur 7' et l'arc 6'-7' (vue de dessus) est la vraie longueur de l'arc 6-7. En pratique, on utilise la corde comme longueur approximative de celle de l'arc.

Lorsque la pièce de transition n'est pas un tronc de cône, son développement est construit selon une variante de la méthode de triangulation, comme l'illustre la figure 14.17. Les deux bases de la pièce sont deux vrais cercles non parallèles; la pièce est une surface gauche. Elle est théoriquement non développable, mais on peut trouver son développement approché en la supposant constituée de plans triangulaires, comme l'illustre la figure.

Les vraies grandeurs des côtés des triangles sont déterminées par la méthode de la figure 9.10.d (voir aussi la figure 14.12) et d'une façon systématique pour produire les diagrammes des vraies grandeurs illustrées à la figure 14.17.

14.20 Développement d'une pièce de transition raccordant un tuyau carré à un tuyau rond

(Figure 14.18). La pièce de transition est constituée de cinq surfaces planes triangulaires et de quatre surfaces coniques triangulaires semblables à celles de la figure 14.15. Le développement est construit de la même façon que celle décrite aux sections 14.15 et 14.18. On note que, dans l'exemple choisi, le développement est symétrique, de sorte qu'il suffirait de tracer seulement un demi-développement.

14.21 Intersection d'une sphère par un plan — Développement approché d'une sphère

(Figure 14.19).

INTERSECTION (Figure 14.19.a). L'intersection d'une sphère par un plan est un cercle

Figure 14.18 Développement d'une pièce de transition.

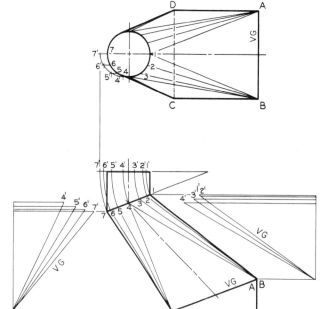

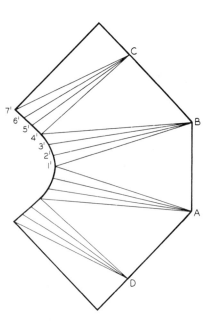

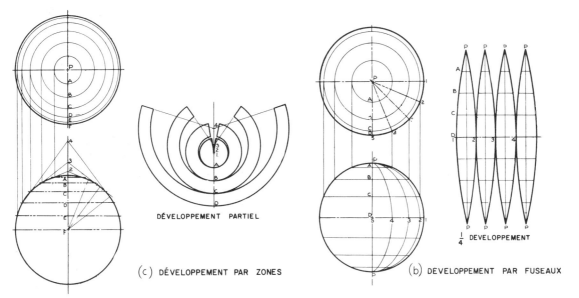

DÉVELOPPEMENT PARTIEL

(c) DÉVELOPPEMENT PAR ZONES

¼ DÉVELOPPEMENT

(b) DÉVELOPPEMENT PAR FUSEAUX

Figure 14.19   **Développements approchés d'une sphère.**

(voir la vue de dessus de la figure 14.19). Si le plan passe par le centre de la sphère et qu'il soit perpendiculaire à son axe, le cercle d'intersection est *l'équateur*; si le plan passe par l'axe de la sphère, le cercle est appelé *méridien*; si le plan est perpendiculaire à l'axe, le cercle est une *parallèle*.

DÉVELOPPEMENT. La surface d'une sphère est une surface à double courbure et, par conséquent, non développable (section 14.1). Dans la pratique, on utilise deux méthodes pour déterminer son développement approché, soit le développement par *zones* et le développement par *fuseaux*.

Dans le développement par zones (figure 14.19.a), la surface sphérique est divisée en plusieurs zones dont les cercles de base sont des parallèles. La surface d'une zone est remplacée approximativement par la surface latérale d'un tronc de cône afin de pouvoir être développée. Si la surface conique est inscrite dans la sphère, son développement serait plus petit que celui de la sphère, alors que,

si elle circonscrit la sphère, son développement serait plus grand. Lorsque la surface conique est partiellement à l'intérieur et partiellement à l'extérieur de la surface sphérique, comme l'illustre la figure 14.19.a, le développement qui en résulte est une très bonne approximation. Le développement par zones est utilisé pour la confection de cartes topographiques.

Dans le développement par fuseaux (figure 14.19.b), la surface sphérique est divisée en parties égales, ou fuseaux, au moyen de grands cercles méridiens. La surface d'un fuseau n'étant pas développable, elle est remplacée approximativement par une surface cylindrique. Le cylindre peut être inscrit dans la sphère, circonscrit à la sphère, ou partiellement à l'intérieur et partiellement à l'extérieur de la sphère. Le développement de la série de surfaces cylindriques donne le développement approché de la surface sphérique.

Intersections de solides

14.22   Principes des intersections.
Les intersections de solides sont généralement considérées comme partie de la géométrie descriptive; il est recommandé, aux étudiants, de se référer aux livres spécialisés sur ce sujet pour avoir des informations sur

395

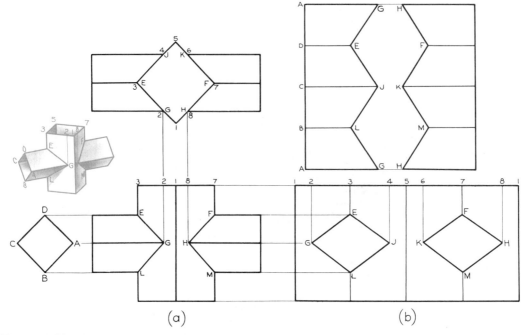

Figure 14.20 **Deux prismes perpendiculaires.**

les intersections plus compliquées que celles décrites dans ce chapitre. Cependant, la plupart des intersections que l'on rencontre dans la pratique courante ne requièrent pas une connaissance approfondie de la géométrie descriptive. Quelques solutions des cas les plus courants sont présentées dans les sections qui suivent.

L'association de solides divers, qui s'ajoutent les uns aux autres en se raccordant ou en pénétrant les uns dans les autres, donne naissance à des lignes droites ou des courbes qui représentent les *lignes d'intersection* des corps enchevêtrés. Le dessin servant à déterminer ces lignes peut représenter, suivant les besoins, l'un des solides entaillé par l'autre, l'ensemble formé par les solides supposés pleins, l'ensemble formé par les solides supposés creux, ou le solide commun aux deux corps. Les dessins illustrés dans ce qui suit correspondent au troisième cas, soit celui de représenter l'ensemble formé par les solides supposés creux (en tôle); on y ajoute, de plus, le développement de leur surface totale pour permettre le découpage et le pliage des tôles.

Lorsque les solides considérés sont limités par des surfaces planes, les polyèdres, leurs

lignes d'intersection sont composées de segments de droite (figures 14.20 à 14.23). La méthode générale de construction consiste, d'une part, à déterminer les points où les arêtes d'un solide coupent les surfaces de l'autre et, d'autre part, à relier les points trouvés par des droites.

Dans le cas général des solides limités par des surfaces courbes, on doit trouver plusieurs points de la ligne d'intersection avant de pouvoir les relier par des courbes régulières (figures 14.5, 14.9 et 14.24 à 14.29). Ces points sont déterminés, selon le cas, à l'aide d'une des méthodes suivantes: méthode des plans auxiliaires, méthode des cylindres auxiliaires et méthode des sphères auxiliaires. La première méthode, la plus usuelle, est illustrée dans ce chapitre.

14.23 Intersection et développements de deux prismes (Figure 14.20).

INTERSECTION (Figure 14.20.a). Les arêtes D et B du prisme horizontal coupent les arêtes 3 et 7 du prisme vertical aux points E, F, L et M. Les arêtes A et C du prisme horizontal coupent les faces du prisme vertical aux points G, H, J et K. En joignant ces points par

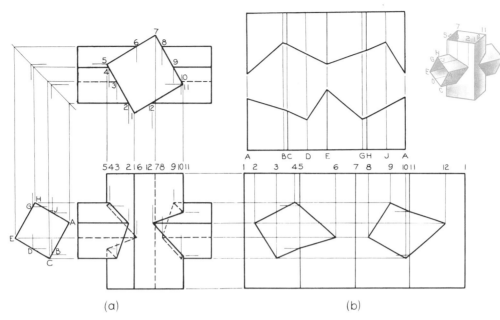

(a)

(b)

Figure 14.21 **Deux prismes perpendiculaires**.

des segments de droite, on obtient la ligne d'intersection cherchée.

Développements (Figure 14.20.b). Les développements des prismes sont construits suivant la méthode décrite à la section 14.6. Pour trouver les ouvertures dans le développement du prisme vertical, on détermine les sommets, tels que G, en projetant, de la vue de face, la hauteur de G et en rapportant, de la vue de dessus, la distance 1-2, qui est en vraie grandeur, à la position correspondante dans le développement.

14.24 Intersection et développements de deux prismes (Figure 14.21).

Intersection (Figure 14.21.a). Les points où les arêtes A, C, E et H du prisme horizontal coupent les faces du prisme vertical sont trouvés immédiatement dans la vue de dessus; ils sont projetés ensuite vers le bas jusqu'aux arêtes correspondantes A, C, E et H dans la vue de face. Les points, où les arêtes 5 et 11 du prisme vertical coupent les faces du prisme horizontal, sont trouvés directement dans la vue de gauche. Ces points, G, D, J et B, sont ensuite projetés horizontalement vers la vue de face. On complète l'intersection en joi-

gnant dans l'ordre tous les points trouvés par des segments de droite.

Développements (Figure 14.21.b). Les surfaces latérales des deux prismes sont développées de la façon décrite à la section 14.23. Les vraies longueurs de toutes les arêtes sont, dans cet exemple, représentées dans la vue de face de la figure 14.21.a.

14.25 Intersection et développements de deux prismes (Figure 14.22). La démarche à suivre pour résoudre ce problème est identique à celle expliquée à la section précédente. On doit aussi commencer par tracer une vue auxiliaire montrant le bout du prisme incliné.

14.26 Intersection et développements de deux prismes (Figure 14.23). Le premier prisme étant vertical, sa section droite est en vraie grandeur dans la vue de dessus. Par contre, le deuxième prisme est oblique et ni ses arêtes, ni ses faces n'apparaissent en vraie grandeur dans les deux vues données (sections 6.24 et 6.23); il en est de même pour les angles, y compris la pente du prisme (section 6.26).

397

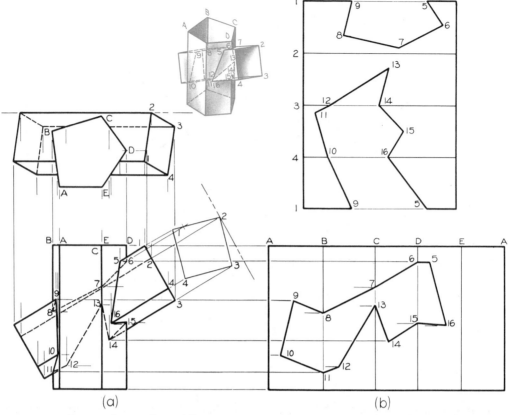

Figure 14.22 **Deux prismes, l'un oblique par rapport à l'autre.**

Figure 14.23 **Deux prismes, l'un oblique par rapport à l'autre.**

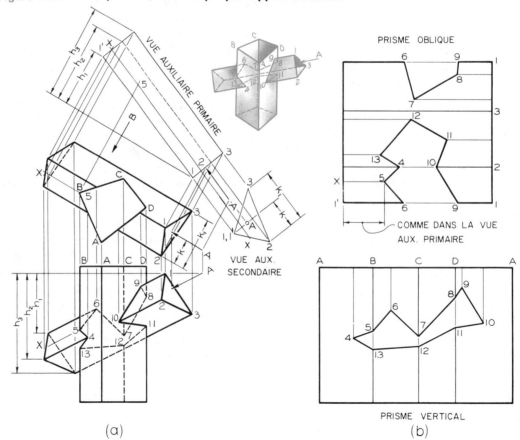

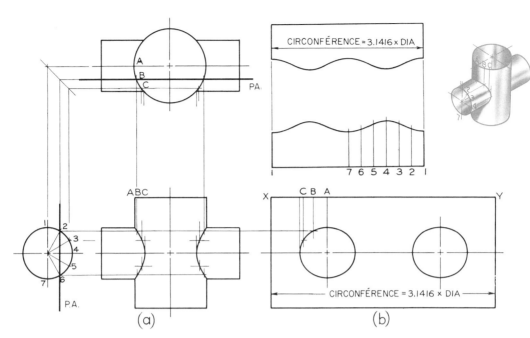

Figure 14.24 **Deux cylindres perpendiculaires.**

Il faut alors commencer par tracer une vue auxiliaire secondaire (section 8.19) qui fournira la vraie grandeur de la section droite du prisme oblique.

En procédant selon la méthode décrite à la section 8.19, on obtient la vue auxiliaire primaire lorsque l'on observe le prisme oblique dans la direction de la flèche B, perpendiculaire aux arêtes 1, 2 et 3. Dans cette vue, ces arêtes sont en vraie grandeur et en vraie pente. La vue auxiliaire secondaire, construite suivant la direction de la flèche A, qui est parallèle aux arêtes 1, 2 et 3, donne la vraie grandeur de la section droite du prisme oblique, comme l'illustre la figure. On remarque que la flèche A est projetée comme un seul point dans cette deuxième vue auxiliaire.

INTERSECTION (Figure 14.23.a). Les arêtes 1 et 2 du prisme oblique rencontrent les faces du prisme vertical en des points bien définis dans la vue de dessus; en les projetant vers la vue de face, on obtient les points correspondants 6 et 9 ainsi que 4 et 10. Pour trouver les points où les arêtes verticales B, C et D coupent les faces du prisme oblique, on se sert des propriétés des droites paral-

lèles dans l'espace. Par exemple, de B dans la vue de dessus, on trace une parallèle aux arêtes 1, 2 et 3 pour obtenir X. En projetant X vers la vue de face et en menant, dans cette vue, une parallèle aux arêtes du prisme oblique, on obtient le point 5, point où l'arête B rencontre la face 1-2 du prisme oblique. On relie, dans l'ordre approprié, les points 7, 8, 9, . . . pour compléter la ligne d'intersection cherchée.

DÉVELOPPEMENTS (Figure 14.23.b). Les surfaces latérales des deux prismes sont développées selon la méthode expliquée à la section 14.23. La position des sommets des ouvertures dans le développement de prisme oblique est déterminée à l'aide des vraies grandeurs dans la vue auxiliaire primaire, telles que X-5, et dans la vue auxiliaire secondaire, telles que 1'-X.

14.27 Intersection et développements de deux cylindres (Figure 14.24).

INTERSECTION (Figure 14.24.a). La *méthode des plans auxiliaires* est utilisée. On imagine un plan auxiliaire P.A., parallèle simultanément

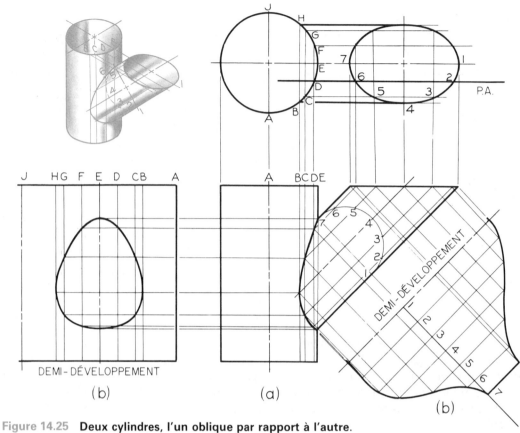

Figure 14.25 **Deux cylindres, l'un oblique par rapport à l'autre.**

aux deux axes des deux cylindres. Dans l'exemple choisi, le plan est donc frontal. Ce plan coupe le cylindre vertical suivant la génératrice B et le cylindre horizontal, suivant la génératrice 2. Le point de rencontre des deux génératrices détermine un point de la ligne d'intersection cherchée. En choisissant d'autres plans auxiliaires parallèles au premier plan P.A., on obtient d'autres points par lesquels on trace l'intersection cherchée.

DÉVELOPPEMENTS (Figure 14.24.b). La méthode expliquée à la section 14.7 est utilisée pour trouver les développements. En ce qui concerne les ouvertures dans le développement du cylindre vertical, il faut trouver suffisamment de points pour pouvoir tracer les deux courbes fermées. On remarque que la génératrice A se trouve exactement au quart de la largeur du développement, tandis que les distances AB, BC,... sont égales aux vraies longueurs des arcs AB, BC,... dans la vue

de dessus de la figure 14.24.a. Dans le développement du cylindre horizontal, les génératrices 1, 2, 3,... sont équidistantes, car on a divisé la vue en bout de ce cylindre en parties égales. Cette pratique facilite la construction et améliore la précision du développement.

14.28 Intersection et développements de deux cylindres (Figure 14.25).

INTERSECTION (Figure 14.25.a). On imagine un *plan auxiliaire* P.A. parallèle aux deux axes des deux cylindres. Il est donc frontal dans cet exemple. Ce plan coupe le cylindre incliné suivant deux génératrices, 6 et 2, qui sont parallèles à l'axe incliné, et il coupe le cylindre vertical suivant la génératrice verticale D. Ces trois génératrices se rencontrent en deux points qui sont deux points de l'intersection entre les deux cylindres. En choisissant d'autres plans auxiliaires parallèles à P.A., on obtient d'autres points de l'intersection cherchée. A la figure 14.25.a, on a choisi sept plans auxiliaires non équidistants et passant par B, C, D,… H.

Développements (Figure 14.25.b). La méthode utilisée est celle expliquée aux sections 14.7 et 14.9. Les vraies grandeurs de toutes les génératrices des deux cylindres se trouvent dans la vue de face. On note que le demi-cercle représenté dans la vue de face du cylindre incliné est la demi-section rabattue de celui-ci; il joue le même rôle que celui de la vue en bout donnant la circonférence de la section droite qui est nécessaire au développement.

14.29 Intersection et développement d'un prisme et d'un cône (Figure 14.26).

Intersection (Figure 14.26.a). La *méthode des plans auxiliaires* est utilisée. On imagine un plan auxiliaire P.A. passant par le sommet du cône et parallèle aux arêtes du prisme. Ce plan est vu comme son profil dans la vue de gauche. Il coupe le prisme suivant deux génératrices horizontales, A et D, parallèles aux arêtes, et le cône, suivant deux génératrices 4 et 10, passant par le sommet du cône. Ces quatre génératrices se rencontrent en quatre points qui sont quatre points de l'intersection des deux solides. En choisissant d'autres plans auxiliaires, six dans cet exemple, on obtient d'autres points nécessaires à la construction de l'intersection cherchée.

Développements (Figure 14.26.b). La surface latérale du prisme est développée selon la méthode expliquée à la section 14.23. Les vraies grandeurs de toutes les arêtes et les lignes qui leur sont parallèles se trouvent dans les vues de face et en plan.

La surface latérale du cône droit (figure 14.26.c) est développée suivant la méthode décrite à la section 14.11. Les vraies grandeurs des portions de génératrices et du sommet du cône aux différents points de l'intersection sont trouvées par rotation (figure 9.10.a).

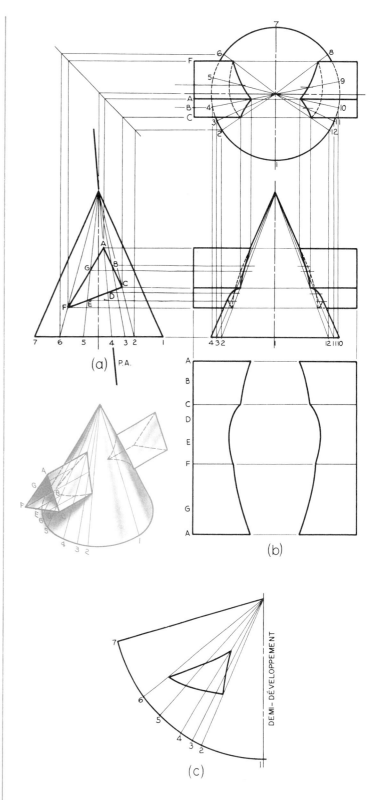

Figure 14.26 **Prisme et cône.**

401

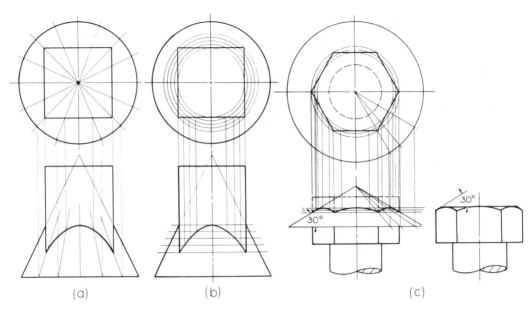

Figure 14.27 **Prisme et cône.**

14.30 **Intersection d'un prisme et d'un cône** (Figure 14.27). Les deux solides possèdent le même axe.

Figure 14.27.a. Étant donné que les surfaces latérales du prisme sont parallèles à l'axe du cône, l'intersection sera composée de courbes hyperboliques (sections 4.48 et 4.61). Une série de *plans auxiliaires verticaux* passant par l'axe du cône coupe le prisme suivant des génératrices verticales et le cône, suivant des génératrices convergeant au sommet. Les

Figure 14.28 **Cône et cylindre.**

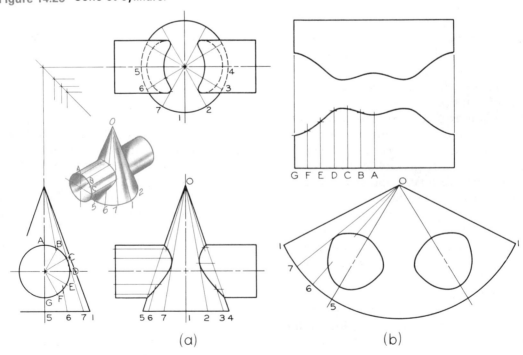

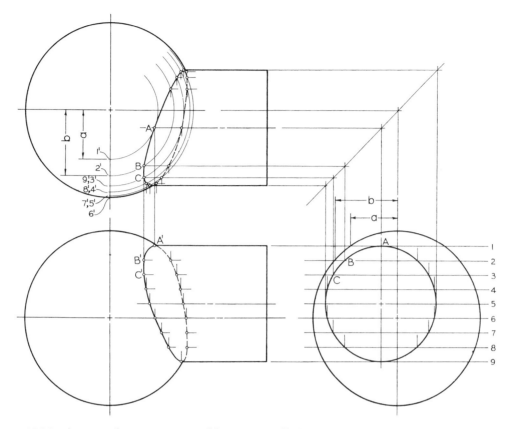

Figure 14.29 **Intersection entre une sphère et un cylindre.**

points de rencontre des génératrices situés sur le même plan auxiliaire constituent des points de l'intersection cherchée.

Figure 14.27.b. Dans ce cas, on utilise plutôt des *plans auxiliaires horizontaux* qui coupent le cône droit suivant des cercles concentriques. Dans la vue de dessus, ces cercles coupent les faces du prisme aux points illustrés. Les vues de face de ces points sont obtenues par projection directe vers le bas, jusqu'aux plans auxiliaires correspondants.

Figure 14.27.c. Le chanfrein d'une tête de vis hexagonale est effectivement une surface conique coupée par les six faces verticales d'un prisme hexagonal. L'intersection est donc composée de six arcs hyperboliques. Dans cette figure, les deux méthodes expliquées en (a) et en (b) sont utilisées pour illustrer comment elles permettent d'établir les mêmes points.

Dans les dessins usuels de vis et d'écrous, ces courbes hyperboliques sont approchées par des arcs de cercles, comme l'illustre la figure 11.27.

14.31 **Intersection et développements d'un cylindre et d'un cône** (Figure 14.28). La démarche à suivre est identique à celle décrite à la section 14.29. Les *plans auxiliaires* choisis passent par le sommet du cône et sont parallèles à l'axe du cylindre.

14.32 **Intersection entre une sphère et un cylindre** (Figure 14.29). On utilise les *plans auxiliaires horizontaux*, 1, 2, 3,..., qui sont vus de profil dans les vues de droite et de face. Ces plans coupent le cylindre suivant les génératrices A, B, C,... et la sphère,

403

suivant les cercles concentriques 1′, 2′, 3′ . . . Sur chaque plan, les points de rencontre des génératrices avec le cercle déterminent des points de l'intersection entre les deux solides.

14.33 Problèmes sur les intersections et les développements. Une vaste sélection

de problèmes est fournie aux figures 14.30 à 14.38. Ils sont conçus pour être résolus sur les feuilles de formats A3 (297 mm × 420 mm) ou B (11.0″ × 17.0″). Il faut indiquer les cotes dans les vues données. Les étudiants sont invités à fournir un effort spécial pour obtenir une précision raisonnable dans les dessins et pour produire une bonne régularité des courbes d'intersection.

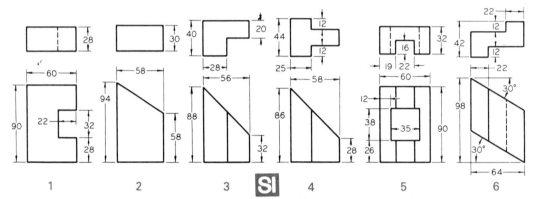

Figure 14.30 Dessinez les vues données et développez la surface latérale du solide. Utilisez la dispotition A3-3 ou la disposition B-3.

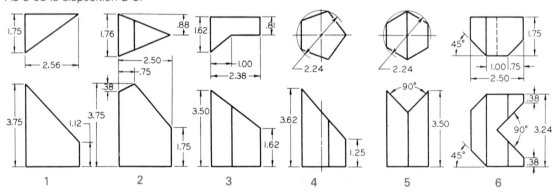

Figure 14.31 Dessinez les vues données et développez la surface latérale du solide. Utilisez la disposition A3-3 ou la disposition B-3.

Figure 14.32 Dessinez les vues données et développez la surface latérale du solide. Utilisez la disposition A3-3 ou la disposition B-3.

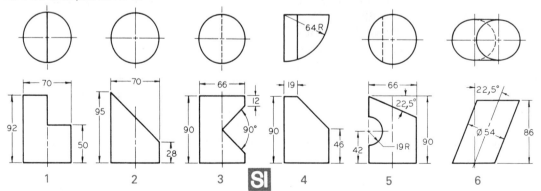

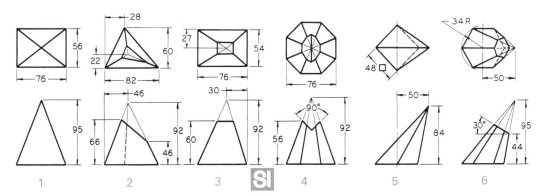

Figure 14.33   Dessinez les vues données et développez la surface latérale du solide. Utilisez la disposition A3-3 ou la disposition B-3.

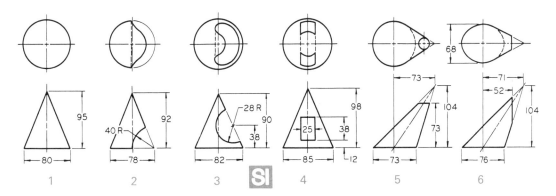

Figure 14.34   Dessinez les vues données et développez la surface latérale du solide. Utilisez la disposition A3-3 ou la disposition B-3.

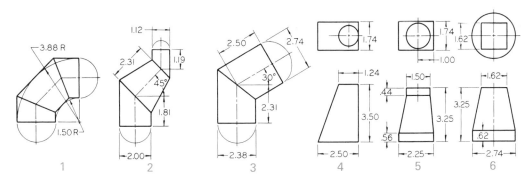

Figure 14.35   Dessinez les vues données des pièces et développez leurs surfaces latérales. Utilisez la disposition A3-3 ou la disposition B-3.

405

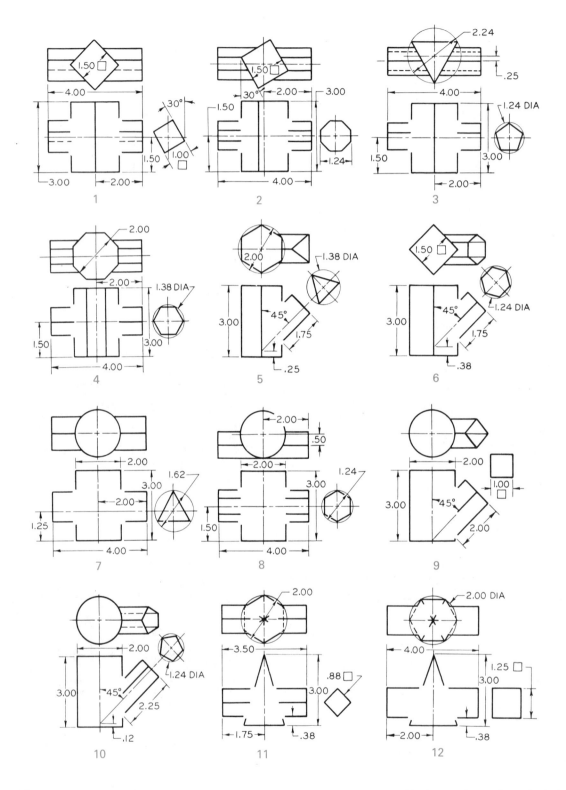

Figure 14.36 Dessinez les vues données, complétez les intersections et développez les surfaces latérales. Utilisez la disposition A3-3 ou la disposition B-3.

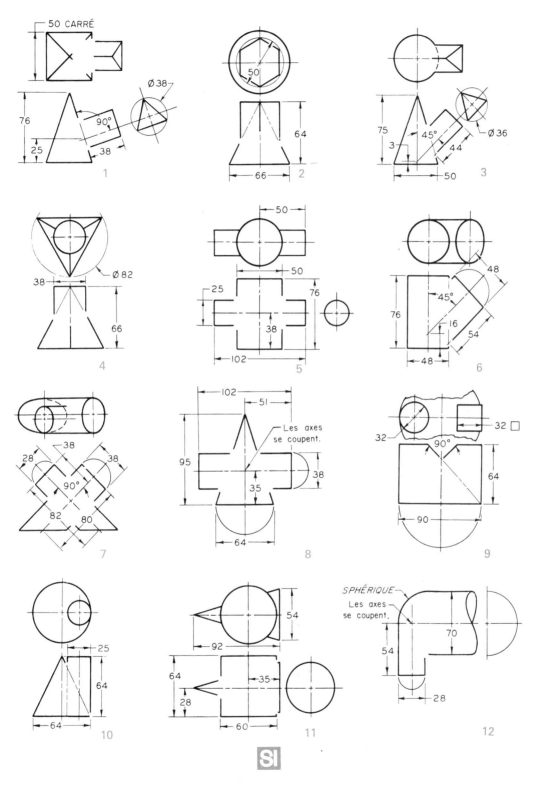

Figure 14.37 Dessinez les vues données, complétez les intersections et développez les surfaces latérales. Utilisez la disposition A3-3 ou la disposition B-3.

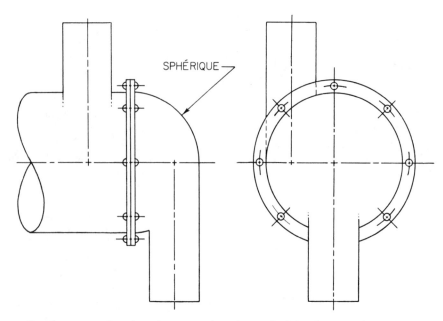

SPHÉRIQUE

Figure 14.38 Condenseur. Dessinez les vues données trois fois plus grandes, en relevant directement les mesures sur le dessin fourni. Tracez les intersections des deux petits tuyaux cylindriques avec le corps du condenseur. Utilisez la disposition A2-3 ou la disposition C-3.

appendices

TABLE DES MATIÈRES

409

NORMES CANADIENNES (ACNOR OU CSA)

Abbreviations for Scientific and Engineering Terms. Z85-1963.

Aluminium Pipe and Pressure Piping Systems. Z169-M1978.

Cast Iron Soil Pipe, Fittings and Methods of Joining. B70-M1978.

Code of Practice for the Use and Care of Chain (1a). B75-1947 (R1974).

Code for the Engineering Design of Wood. CAN3-086-M80.

Code for Safety in Welding and Cutting (Requirements for Welding Operators). W117.2-1974.

CSA Standards for Wood Adhesives. 0112 Series-M1977.

Definitions of Electrical Terms — Fundamental Definitions (Adopted IEC publication 50(05)-1956 with modification) (French and English). Z237.1-1969.

General Requirements for Rolled or Welded Structural Quality Steel. G40.20-1976.

General Requirements for Plain-End Welded and Seamless Steel. Z245.1-M1979.

Glossary of Metric Units. Z351-1980.

Graphic Symbols for Electrical and Electronics Diagrams (Adopted ANSI Y32.2-1975 and IEEE 315-1975). Z99-1975.

Graphical Electrical Symbols for Architectural Plans. Z99.3-1979.

Metric Editorial Handbook. Z372-1980.

Metric Formed Hex Screws (Adopted ANSI B18.2.3.2M-1979). B18.2.3.2-M1979.

Metric Heavy Hex Bolts (Adopted ANSI B18.2.3.6M-1979). B18.2.3.6-M1979.

Metric Heavy Hex Nuts (Adopted ANSI B18.2.4.6M-1979). B18.2.4.6-M1980.

Metric Heavy Hex Screws (Adopted ANSI B18.2.3.3M-1979). B18.2.2.3M-1979). B18.2.3.3-M1979.

Metric Heavy Hex Structural Bolts (Adopted ANSI B18.2.3.7M-1979). B18.2.3.7-M1979.

Metric Hex Bolts (Adopted ANSI B18.2.3.5M-1979). B18.2.3.5-M1979.

Metric Hex Cap Screws (Adopted ANSI B18.2.3.1M-1979). B18.2.3.1-M1979.

Metric Hex Flange Screws (Adopted ANSI B18.2.3.4M-1979). B18.2.3.4-M1979.

Metric Hex Jam Nuts (Adopted ANSI B18.2.3.5M-1979). B18.2.4.5-M1980.

Metric Hex Lag Screws (Adopted ANSI B18.2.3.8M-1979). B18.2.3.8-M1979.

Metric Hex Nuts, Style 1 (Adopted ANSI B18.2.4.1M-1979). B18.2.4.1-M1980.

Metric Hex Nuts, Style 2 (Adopted ANSI B18.2.4.2M-1979). B18.2.4.2-M1980.

Metric Slotted Hex Nuts (Adopted ANSI B18.2.4.3M-1979). B18.2.4.3-M1980.

Oil Pipeline Transportation Systems. Z183-1977.

Plumbing Fittings (23a). B125-1975.

Requirements for Wrought Steel Buttwelding Fittings and Flanges. Z245.10-M1979.

Resistance Welding Qualification Code for Fabricators of Structural Members Used in Buildings. W55.3-1965.

Standards for Concrete Pipe. A257-1974.

Steel Structures for Buildings — Limit States Design (2a, 6e). CAN3-S16.1-M78.

Structural Glued-Laminated Timber. 0122-M1980.

Unified and American Screw Threads (2a). B1.1-1949.

Welded Aluminium Design and Workmanship (Inert Gas Shielded Arc Processes). S244-1969.

Welded Steel Construction (Metal-Arc Welding). W59-1977.

Welding of Reinforcing Bars and Reinforced Concrete Construction (1e). W186-1970.

ASHRAE Guide and Data Book. American Society of Heating, Refrigerating and Air-Conditioning Engineers, Inc., 51 Madison Ave., New York, N.Y. 10010.

ASME Handbook (4 vols.). McGraw-Hill.

Baumeister, T., and Marks, L. S. *Standard Handbook for Mechanical Engineers.* McGraw-Hill.

Colvin, F. H., and Stanley, F.A. *American Machinists Handbook.* McGraw-Hill.

Dudley, D. W. *Gear Handbook.* McGraw-Hill.

Huntington, W. C. *Building Construction.* John Wiley.

Kent, W. *Mechanical Engineers Handbook.* John Wiley.

Kidder, F. E., and Parker, H. *Architects and Builders Handbook.* John Wiley.

Knowlton, A. E. *Standard Handbook of Electrical Engineers.* McGraw-Hill.

Oberg, E., and Jones, F. D. *Machinery's Handbook.* Industrial Press.

O'Rourke, C. E. *General Engineering Handbook.* McGraw-Hill.

Perry, J. H. *Chemical Engineers Handbook.* McGraw-Hill.

Raskhodoff, N. M., *Electronic Drafting Handbook.* Macmillan.

SAE Automotive Drafting Standards. Society of Automotive Engineers, 485 Lexington Ave., New York, N.Y. 10017.

SAE Handbook. Society of Automotive Engineers, 485 Lexington Ave., New York, N.Y. 10017.

Smoley's New Combined Tables. C. K. Smoley & Sons, Scranton, Pa.

Tool Engineers Handbook. McGraw-Hill.

Tweney, C. F., and Hughes, L. E. C. *Chambers Technical Dictionary.* Macmillan.

Urquhart, L. C. *Civil Engineers Handbook.* McGraw-Hill.

CAHIERS D'EXERCICES SUR LE DESSIN TECHNIQUE

Dygdon, J. T., Loving, R. O., and Halicki, J. E. *Basic Problems in Engineering Drawing, Vols I and II.* Holt, Rinehart, and Winston.

Giesecke, F. E., Mitchell, A., Spencer, H. C., Hill, I. L., and Dygdon, J. T. *Technical Drawing Problems, Series 1.* Macmillan.

Johnson, L. O., and Wladaver, I. *Engineering Drawing Problems.* Prentice-Hall.

Levens, A. S., and Edstrom, A. E. *Problems in Engineering Drawing.* McGraw-Hill.

Luzadder, W. J., et al. *Problems in Engineering Drawing.* Prentice-Hall.

McNeary, M., Weidhaas, E. R., and Kelso, E. A. *Creative Problems for Basic Engineering Drawing.* McGraw-Hill.

Orth, H. D., Worsencroft, R. R., and Doke, H. B. *Problems in Engineering Drawing.* Wm. C. Brown.

Paré, E. G., and Tozer, E. F. *Engineering Drawing Problems.* D. Van Nostrand.

Spencer, H.C., Hill, I. L., and Dygdon, J. T. *Technical Drawing Problems, Series 2 and 3.* Macmillan.

Turner, W. W., Buck, C. P., and Ackert, H. P. *Basic Engineering Drawing.* Ronald Press.

Vierck, C. J., Cooper, C. D., and Machovina, P. E. *Engineering Drawing Problems.* McGraw-Hill.

Zozzora, F. *Engineering Drawing Problems.* McGraw-Hill.

CAHIERS D'EXERCICES SUR LA GÉOMÉTRIE DESCRIPTIVE

Earle, J. H., et al. *Design and Descriptive Geometry Problems, Series 1, 2, and 3.* Addison-Wesley.

Howe, H. B. *Problems for Descriptive Geometry.* Ronald Press.

Johnson, L. O., and Wladaver, I. *Elements of Descriptive Geometry* (Problems). Prentice-Hall.

Paré, E. G., Loving, R. O., and Hill, I. L. *Descriptive Geometry Worksheets, Series A, B, and C.* Macmillan.

Rowe, C. E., and McFarland, J. D. *Engineering Descriptive Geometry Problems.* D. Van Nostrand.

Street, W. E., Perryman, C. C., and McGuire, J. G. *Technical Descriptive Geometry Problems.* D. Van Nostrand.

Wellman, B. L. *Problem Layouts for Technical Descriptive Geometry.* McGraw-Hill.

411

Appendices

CALCULS GRAPHIQUES

Adams, D. P. *An Index of Nomograms*. John Wiley.

Allcock, H. J., and Jones, J. P. *The Nomogram*. Pitman.

Davis, D. S. *Chemical Engineering Nomographs*. McGraw-Hill.

Davis, D. S. *Empirical Equations and Nomography*. McGraw-Hill.

Douglass, R. D., and Adams, D. P. *Elements of Nomography*. McGraw-Hill.

Heacock, F. A. *Graphic Methods for Solving Problems*. Edwards Bros., Inc.

Hoelscher, R. P., Arnold, J. N., and Pierce, S. H. *Graphic Aids in Engineering Computation*. McGraw-Hill.

Johnson, L. H. *Nomography and Empirical Equations*. John Wiley.

Kulmann, C. A. *Nomographic Charts*. McGraw-Hill.

Levens, A. S. *Nomography*. John Wiley.

Lipka, J. *Graphical and Mechanical Computation*. John Wiley.

Mackey, C. O. *Graphical Solutions*. John Wiley.

Mavis, F. T. *The Construction of Nomographic Charts*. International Textbook.

Runge, C. *Graphical Methods*. Columbia Univ. Press.

Running, T. R. *Graphical Mathematics*. John Wiley.

CAMES

Furman, F. Der. *Cams, Elementary and Advanced*. John Wiley.

Jensen, P. W. *Cam Design and Manufacture*. Industrial Press.

Rothbert, H. A. *Cams*. John Wiley.

CONCEPTION D'OUTILS

Bloom, R. R. *Principles of Tool Engineering*. McGraw-Hill.

Cole, C. B. *Tool Design*. American Technical Society, Chicago, Ill.

CONCEPTION DE MACHINES

Albert, C. D. *Machine Design and Drawing Room Problems*. John Wiley.

Berard, S. J., Watters, E. O., and Phelps, C. W. *Principles of Machine Design*. Ronald Press.

Faires, V. M. *Design of Machine Elements*. Macmillan.

Jefferson, T. B., and Brooking, W. J. *Introduction to Mechanical Design*. Ronald Press.

Norman, C. A., Ault, S., and Zabrosky, I. *Fundamentals of Machine Design*. Macmillan.

Spotts, M. F. *Elements of Machine Design*. Prentice-Hall.

Vallance, A., and Doughtie, V. L. *Design of Machine Members*. McGraw-Hill.

CONCEPTION EN GÉNIE

Edel, D. H. Jr. *Introduction to Creative Design*. Prentice-Hall.

Beakley, G. C., and Leach, H. W. *Engineering — An Introduction to a Creative Profession*. Macmillan.

Hill, P. H. *The Science of Engineering Design*. Holt, Rinehart, and Winston.

Krick, E. V. *An Introduction to Engineering and Engineering Design*. John Wiley.

Spotts, M. F. *Design Engineering Projects*. Prentice-Hall.

DESSIN À MAIN LEVÉE

Guptill, A. L. *Drawing with Pen and Ink*. Reinhold.

Guptil, A. L. *Sketching and Rendering in Pencil*. Reinhold.

Jones, F. D. *How to Sketch Mechanisms*. Industrial Press.

Katz, H. H. *Technical Sketching*. Macmillan.

Kautsky, T. *Pencil Broadsides*. Reinhold.
Turner, W. W. *Freehand Sketching for Engineers*. Ronald Press.
Zipprich, A. E. *Freehand Drafting*. D. Van Nostrand.

Dessin d'aéronautique

Anderson, Newton. *Aircraft Layout and Detail Design*. McGraw-Hill.
Katz, Hyman H. *Aircraft Drafting*. Macmillan.
Le Master, C. A. *Aircraft Sheet Metal Work*. American Technical Society.
Liming, Roy. *Practical Analytic Geometry with Applications of Aircraft*. Macmillan.
Meadowcroft, Norman. *Aircraft Detail Drafting*. McGraw-Hill.
SAE Aeronautical Drafting Manual. Society of Automotive Engineers, Inc., 485 Lexington Ave.,
   New York, N.Y. 10017.
Svensen, C. L. *A Manual of Aircraft Drafting*. D. Van Nostrand.

Dessin d'architecture

Field, W. B. *Architectural Drawing*. McGraw-Hill.
Kenny, J. E., and McGrail, J. P. *Architectural Drawing for the Building Trades*. McGraw-Hill.
Martin, C. L. *Architectural Graphics*. Macmillan.
Morgan, S. W. *Architectural Drawing*. McGraw-Hill.
Ramsey, C. G., and Sleeper, H. R. *Architectural Graphic Standards*. John Wiley.
Sleeper, H. R. *Architectural Specifications*. John Wiley.

Dessin de brevet

Guide for Patent Draftsmen. U.S. Government Printing Office.
Radzinsky, H. *Making Patent Drawings*. Macmillan.

Dessin de métal en feuilles

Betterley, M. L. *Sheet Metal Drafting*. McGraw-Hill.
Dougherty, J. S. *Sheet Metal Pattern Drafting and Shop Problems*. Manual Arts Press.
Giachino, J. W. *Basic Sheet Metal Practice*. International Textbook.
Jenkins, Rolland. *Sheet Metal Pattern Layout*. Prentice-Hall.
Kidder, F. S. *Triangulation Applied to Sheet Metal Pattern Cutting*. Sheet Metal Pub. Co., New York.
Neubecker, William. *Sheet Metal Work*. American Technical Society, Chicago, III.
O'Rourke, F. J. *Sheet Metal Pattern Drafting*. McGraw-Hill.
Paull, J. H. *Industrial Sheet Metal Drawing*. D. Van Nostrand.

Dessin et conception de canalisation

Babbitt, H. E. *Plumbing*. McGraw-Hill.
Catalog of Valves, Fittings and Piping. Crane Co.
Crocker, S. *Piping Handbook*. McGraw-Hill.
Day, L. J. *Standard Plumbing Details*. John Wiley.
Fabricated Piping Data. Pittsburg Piping & Equipment Co.
Handbook of Cast Iron Pipe. Cast Iron Pipe Research Association.
Littleton, C. T. *Industrial Piping*. McGraw-Hill.
NAVCO Piping Catalog. National Valve and Manufacturing Co.
Nielsen, L. S. *Standard Plumbing Engineering Design*. McGraw-Hill.
Piping Design and Engineering. Grinnell Co.
Primer in Power Plant Piping. Grinnell Co.
Rase, H. F. *Piping Design for Process Plants*. John Wiley.
Thompson, C.H. *Fundamentals of Pipe Drafting*. John Wiley.

DESSIN ET CONCEPTION DE CHARPENTE

Bishop, C. T. *Structural Drafting*. John Wiley.

Bresler, B., and Lin, T. Y. *Design of Steel Structures*. John Wiley.

Ketchum, M. S. *Handbook of Standard Structural Details for Buildings*. Prentice-Hall.

Lucy, T. A. *Practical Design of Structural Members*. McGraw-Hill.

Manual of Standard Practice for Detailing Reinforced Concrete Highway Structures. American Concrete Institute.

Manual of Standard Practice for Detailing Reinforced Concrete Structures. American Concrete Institute.

Manual of Steel Construction. American Institute of Steel Construction.

Parker, H. *Simplified Design of Reinforced Concrete*. John Wiley.

Parker, H. *Simplified Design of Structural Steel*. John Wiley.

Parker, H. *Simplified Design of Structural Timber*. John Wiley.

Structural Steel Detailing. American Institute of Steel Construction.

DESSIN TECHNIQUE

French, T. E., and Svensen, C. L. *Mechanical Drawing*. McGraw-Hill.

French, T. E., and Vierck, C. J. *Engineering Drawing and Graphic Technology*. McGraw-Hill.

Giesecke, F. E., Mitchell, A., Spencer, H. C., Hill, I. L., and Dygdon, J. T. *Technical Drawing*. Macmillan.

Katz, H. H. *Handbook of Layout and Dimensioning for Production*. Macmillan.

Lent, Deane. *Machine Drawing*. Prentice-Hall.

Luzadder, W. J. *Fundamentals of Engineering Drawing*. Prentice-Hall.

Orth, H. D., Worsencroft, R. R., and Doke, H. B. *Theory and Practice of Engineering Drawing*. Wm. C. Brown Co.

Spencer, H. C. and Dygdon, J. T. *Basic Technical Drawing*. Macmillan.

Wallach, P. *Metric Drafting*. Gencoe.

Zozzora, F. *Engineering Drawing*. McGraw-Hill.

DESSIN TECHNIQUE ET GRAPHIQUES

(Avec ou sans géométrie descriptive et conception. Dans la plupart des cas, des cahiers d'exercices sont aussi disponibles)

Arnold, J. N. *Introductory Graphics*. McGraw-Hill.

Earle, J. H. *Engineering Design Graphics*. Addison-Wesley.

French, T. E., and Vierck, C. J. *Graphic Science and Design*. McGraw-Hill.

Giesecke, F. E., Mitchell, A., Spencer, H. C., Hill, I. L., Loving, R. O., and Dygdon, J. T. *Engineering Graphics*. Macmillan.

Hammond, R., et al. *Engineering Graphics for Design and Analysis*. Ronald Press.

Hoelscher, R. P., and Springer, C. H. *Engineering Drawing and Geometry*. John Wiley.

Levens, A. S. *Graphics in Engineering and Science*. John Wiley.

Luzadder, W. J. *Basic Graphics*. Prentice-Hall.

Rising, J. S., Almfeldt, M. W., and DeJong, P. S. *Engineering Graphics*. Wm. C. Bronw Co.

Rule, J. T., and Watts, E. F. *Engineering Graphics*. McGraw-Hill.

Shupe, H. W., and Machovina, P. E. *Engineering Geometry and Graphics*. McGraw-Hill.

Svensen, C. L., and Street, W. E. *Engineering Graphics*. D. Van Nostrand.

Wellman, B. L. *Introduction to Graphical Analysis and Design*. McGraw-Hill.

DESSIN TOPOGRAPHIQUE

Deetz, C. H. *Elements of Map Projection*. U.S. Government Printing Office.

Greitzer, S. L. *Elementary Topography and Map Reading*. McGraw-Hill.

Hinks, A. R. *Maps and Surveys*. Macmillan.

Manual of Surveying Instructions for the Survey of the Public Lands of the United States. U.S. Government Printing Office.

Robinson, A. H. *Elements of Cartography.* John Wiley.

Sloane, R. C., and Montz, J. M. *Elements of Topographic Drawing.* McGraw-Hill.

Whitmore, G. D. *Advanced Surveying and Mapping.* International Textbook.

Whitmore, G. D. *Elements of Photogrammetry.* International Textbook.

DESSINS ÉLECTRIQUE ET ÉLECTRONIQUE

Baer, C. J. *Electrical and Electronic Drafting.* McGraw-Hill.

Lindsey, Darryl. *The Design & Drafting of Printed Circuits.* Bishop Graphics.

Raskhodoff, N. M. *Electronic Drafting and Design.* Prentice-Hall.

Shiers, G. *Electronic Drafting.* Prentice-Hall.

ÉCRITURE

French, T. E., and Meiklejohn, R. *Essentials of Lettering.* McGraw-Hill.

French, T. E., and Turnbull, W. D. *Lessons in Lettering, Books 1 and 2.* McGraw-Hill.

DeGarmo, F. P., and Jonassen, F. *Technical Lettering.* Macmillan.

George, R. F. *Modern Lettering for Pen and Brush Poster Design.* Hunt Pen Co., Camden, N.J.

Hornung, C. P. *Lettering from A to Z.* Ziff-Davis Pub. Co., N.Y.

Ogg, Oscar, *An Alphabet Source Book.* Harper.

Svensen, C. L. *The Art of Lettering.* D. Van Nostrand.

GÉOMÉTRIE DESCRIPTIVE

Grant, H. E. *Practical Descriptive Geometry.* McGraw-Hill.

Hood, G. J., and Palmerlee, A. S. *Geometry of Engineering Drawing.* McGraw-Hill.

Howe, H. B. *Descriptive Geometry.* Ronald Press.

Johnson, L. O., and Wladaver, I. *Elements of Descriptive Geometry.* Prentice-Hall.

Paré, E. G., Hill, I. L., and Loving, R. O. *Descriptive Geometry.* Macmillan.

Rowe, C. E., and McFarland, J. D. *Engineering Descriptive Geometry.* D. Van Nostrand.

Slaby, S. M. *Engineering Descriptive Geometry.* Barnes & Noble.

Street, W. E. *Technical Descriptive Geometry.* D. Van Nostrand.

Warner, F. M., and McNeary, M. *Applied Descriptive Geometry.* McGraw-Hill.

Wellman, B. L. *Technical Descriptive Geometry.* McGraw-Hill.

GRAPHIQUES ET NOMOGRAMMES

Haskell, A. C. *How to Make and Use Graphic Charts.* Codex Book Co., New York, N.Y.

Karsten, K. G. *Charts and Graphs.* Prentice-Hall.

Leicey, N. W. *Graphic Charts,* Lefax order No. 11-248; Lefax, Philadelphia, Pa.

Lutz, R. R. *Graphic Presentation Simplified.* Funk and Wagnalls.

Schmid, C. *Handbook of Graphic Presentation.* Ronald Press.

ILLUSTRATION POUR LA PRODUCTION

Farmer, J. H., Hoecker, A. J., and Vavrin, F. F. *Illustrating for Tomorrow's Production.* Macmillan.

Hoelscher, R. P., Springer, C. H., and Pohle, R. F. *Industrial Production Illustration.* McGraw-Hill.

Pyeatt, A. D. *Technical Illustration.* Higgins Ink Co., 41 Discerson St., Newark, N.J. 07103.

Thomas, T. A. *Technical Illustration.* McGraw-Hill.

Treacy, J. *Production Illustration.* John Wiley.

Instruments·de dessin et fournisseurs

Charles Bruning Co., Chicago Ill.
Eugene Dietzgen Co., Chicago, Ill.
Teledyne Post, Chicago, Ill.
Gramercy Guild Group, Inc., Denver, Colo.
Keuffel & Esser Co., Hoboken, N.J.
Theo. Altender & Sons, Philadephia, Pa.
V & E Manufacturing Co., Pasadena, Calif.

Lecture de plan

DeVette, W. A., and Kellogg, D. E. *Blueprint Reading for the Metal Trades*. Bruce Pub. Co., Milwaukee.
Heine, G. M., and Dunlap, C. H. *How to Read Electrical Blueprints*. American Technical Society, Chicago.
Ihne, R. W., and Steeter, W. E. *Machine Trades Blueprint Reading*. American Technical Society, Chicago.
Kenny, J. E. *Blueprint Reading for the Building Trades*. McGraw-Hill.
Lincoln Electric Co. *Simple Blueprint Reading* (Welding). Cleveland, O.
Svensen, C. L., and Street, W. E. *A Manual of Blueprint Reading*. D. Van Nostrand.
Wright, William N. *A Simple Guide to Blueprint Reading* (Aircraft). McGraw-Hill.

Mécanisme

Ham, C. W., Crane, E. J., and Rogers, W. L. *Mechanics of Machinery*. McGraw-Hill.
Keon, R. M., and Faires, V. M. *Mechanism*. McGraw-Hill.
Schwamb, P., Merrill, A. L., and James, W. H. *Elements of Mechanism*. John Wiley.

Normes américaines (ANSI)

American National Standards Institute, 1430 Broadway, New York, N.Y. 10018. Pour la liste complète, voir ANSI *Price List and Index*.

Abréviations
Abbreviations for Use on Drawings and in Text, Y1.1-1972.

Boulons et vis
Hexagon Head Cap Screws, Slotted Head Cap Screws, Square Head Set Screws, and Slotted Headless Set Screws, B18.6.2-1972.
Plow Bolts, B18.9-1958 (R1971).
Round Head Bolts, B18.5-1971.
Slotted and Recessed Head Machine Screws and Machine Screw Nuts, B18.6.3-1972.
Slotted and Recessed Head Wood Screws, B18.6.1-1972.
Socket Cap, Shoulder, and Set Screws, B18.3-1969.
Square and Hex Bolts and Screws, B18.2.1-1972.
Square and Hex Nuts, B18.2.2-1972.
Track Bolts and Nuts, B18.10-1963 (R1975).

Clavettes et goupilles
Machine Pins, B5.20-1958.
Woodruff Keys and Keyseats, B17.2-1967 (R1972).

Cotation et fini de surface
Preferred Limits and Fits for Cylindral Parts, B4.1-1967 (R1974).
Rules for Rounding Off Numerical Values, Z25.1-1940 (R1961).
Scales to Use with Decimal-Inch Dimensioning, Z75.1-1955.
Surface Texture, B46.1-1962 (R1971).

Divers
Knurling, B94.6-1966 (R1972).
Preferred Thicknesses for Uncoated Thin Flat Metals, B32.1-1952 (R1968).

Engrenages
System for Straight Bevel Gears, B6.13-1965 (R1974).
Tooth Proportions for Coarse-Pitch Involute Spur Gears, B6.1-1968 (R1974).
Tooth Proportions for Fine-Pitch Involute Spur and Helical Gears, B6.7-1967 (R1974).

Filetages
Dry Seal Pipe Threads, B2.2-1968.
Nomenclature, Definitions, and Letter Symbols for Screw Threads, B1.7-1965 (R1972).
Pipe Threads, B2.1-1968.
Unified Inch Screw Threads, B1.1-1974.

Graphiques et Nomogrammes
Illustrations for Publication and Projection, Y15.1-1959.
Time-Series Charts, Y15.2-1960.

Manuel de dessin
Sect. 1 Size and Format, Y14.1-1975.
Sect. 2 Line Conventions and Lettering, Y14.2-1973.
Sect. 3 Multi and Sectional View Drawings, Y14.3-1975.
Sect. 4 Pictorial Drawing, Y14.4-1957.
Sect. 5 Dimensioning and Tolerancing, Y14.5-1973.
Sect. 6 Screw Threads, Y14.6-1957.
Sect. 7 Gears, Splines and Serrations, Y14.7-1958.
Sect. 7.1 Gear Drawing Standards — Part 1, Y14.7.1-1971
Sect. 8 Castings, Y14.8 — En préparation.
Sect. 9 Forging, Y14.9-1958.
Sect. 10 Metal Stampings, Y14.10-1959.
Sect. 11 Plastics, Y14.11-1958.
Sect. 12 Die Castings, Y14.12 — En préparation.
Sect. 13 Springs, Helical and Flat, Y14.13 — En préparation.
Sect. 14 Mechanical Assemblies, Y14.14-1961.
Sect. 15 Electrical and Electronic Diagrams, Y14.15-1966 (R1973).
Sect. 16 Tools, Dies and Gages, Y14.16 — En préparation.
Sect. 17 Fluid Power Diagrams, Y14.17-1966 (R1974).

Outils
Jig Bushings, B94.33-1974.
Machine Tapers, B5.10-1963 (R1972).
Milling Cutters and End Mills, B94.19-1968.
Reamers, B94.2-1971.

T-Slots — Their Bolts, Nuts, Tongues, and Cutters, B5.1-1975.
Taps, Cut and Ground Threads, B94.9-1971.
Twist Drills, Straight Shank and Taper Shank, B94.11-1967 (R1972).

Rivets
Large Rivets (½ Inch Nominal Dia. and Larger), B18.1.2-1972.
Small Solid Rivets, B18.1.1-1972.

Rondelles
Lock Washers, B18.21.1-1972.
Plain Washers, B18.22.2-1965 (R1975).

Symboles graphiques
Graphic Electrical Wiring Symbols for Architectural and Electrical Layout Drawings, Y32.9-1972.
Graphic Symbols for Electrical and Electronics Diagrams, Y32.2-1975.
Graphic Symbols for Heat-Power Apparatus, Z32.2.6-1950 (R1956).
Graphic Symbols for Heating, Ventilating, and Air Conditioning, Z32.2.4-1949 (R1953).
Graphic Symbols for Pipe Fittings, Valves, and Piping, Z32.2.3-1949 (R1953).
Graphic Symbols for Plumbing, Y32.4-1955.
Graphic Symbols for Use on Railroad Maps and Profiles, Y32.7-1972.
Graphic Symbols for Welding, Y32.3-1969.
Symbols for Engineering Mathematics, Y10.17-1961 (R1973).

Tuyauterie
Cast-Iron Pipe Centrifugally Cast in Sand-Lined Molds, A21.8-1975.
Cast-Iron Pipe Flanges and Flanged Fittings, 25, 125, 250, and 800 lb, B16.1-1975.
Cast-Iron Screwed Fittings, 125 and 250 lb, B16.4-1971.
Ferrous Plugs, Bushings, and Locknuts with Pipe Threads, B16.14-1971.
Malleable-Iron Screwed Fittings, 150 and 300 lb, B16.3-1971.
Steel Butt-Welding Fittings, B16.9-1971.
Steel Pipe Flanges and Flanged Fittings, B16.5-1973.
Wrought-Steel and Wrought-Iron Pipe, B36.10-1975.

PERSPECTIVE

Freese, E. I. *Perspective Projection.* Reinhold.
Lawson, P. J. *Practical Perspective Drawing.* McGraw-Hill.
Lubchez, B. *Perspective.* D. Van Nostrand.
Morehead, J. C., and Morehead, J. C. Jr. *A Handbook of Perspective Drawing.* D. Van Nostrand.
Norling, E. *Perspective Made Easy.* Macmillan.
Turner, W. W. *Simplified Perspective.* Ronald Press.

PROCÉDÉS DE FABRICATION ET MATÉRIAUX

Arc Welding in Design, Manufacturing and Construction. Lincoln Arc Welding Foundation, Cleveland, O.
Begeman, M. L. *Manufacturing Processes.* John Wiley.
Boston, O. W. *Metal Processing.* John Wiley.
Campbell, H. L. *Metal Castings.* John Wiley.
Clapp, W. H., and Clark, D. S. *Engineering Materials and Processes.* International Textbook.
Colvin, F. H., and Haas, L. L. *Jigs and Fixtures.* McGraw-Hill.

Dubois, J. H. *Plastics*. American Technical Society, Chicago, Ill.
Hesse, H. C. *Engineering Tools and Processes*. D. Van Nostrand.
Hinman, C. W. *Die Engineering Layouts and Formulas*. McGraw-Hill.
Johnson, C. G. *Forging Practice*. American Technical Society, Chicago, Ill.
Wendt, R. E. *Foundry Work*. McGraw-Hill.
Young, J. F. *Materials and Processes*. John Wiley.

PROFESSION DE GÉNIE

Beakley, G. C., and Leach, H. W. *Careers in Engineering and Technology*. Macmillan.
Carlisle, N. D. *Your Career in Engineering*. E. P. Dutton.
Grinter, L. E., Spencer, H. C., et al. *Engineering Preview*. Macmillan.
McGuire, J. G., and Barlow, H. W. *An Introduction to the Engineering Profession*. Addison-Wesley.
Smith, R. J. *Engineering as a Career*. McGraw-Hill.
Williams, C. C. *Building an Engineering Career*. McGraw-Hill.

SOUDAGE

Procedure Handbook of Arc Welding Design and Practice. Lincoln Electric Co., Cleveland, O.
Rossi, B. E. *Welding Engineering*. McGraw-Hill.

2 Vocabulaire technique des éléments de forme d'une pièce.

Les termes équivalents en anglais sont en *italiques*.

About *(butt):* extrémité d'une pièce taillée pour être assemblée à une autre.

Abouter *(to butt):* mettre à bout.

Acme *(Acme):* un profil particulier de filetage (voir les sections 11.3 et 11.13).

Alésage *(hole):* désigne, d'une manière générale, un contenant cylindrique ou conique précis.

Aléser *(to ream):* mettre au diamètre exact l'intérieur d'un trou.

Alésoir *(reamer):* outil utilisé pour mettre au diamètre exact l'intérieur d'un trou.

Âme *(web):* partie médiane ou principale.

Arbre *(shaft):* désigne, d'une manière générale, un contenu cylindrique ou conique précis. En particulier, arbre désigne un axe utilisé pour transmettre un mouvement ou l'énergie.

Arrondi *(round):* petite surface à section circulaire destinée à supprimer une arête vive (voir la section 6.34 et la figure 6.41).

Barbe *(burr):* bavure sur les bords d'une coupure.

Biseau *(bevel):* bord taillé obliquement par rapport aux surfaces contiguës.

Bossage *(boss):* forme en saillie, généralement cylindrique, obtenue en fonderie. Il sert surtout de surface d'appui.

BOSSAGE

Boutonnière *(slotted hole):* voir « trou oblong ».

Brasage *(brazing, hard soldering):* assemblage de métaux au moyen d'une soudure en alliage de laiton ou de zinc.

Brasage tendre *(soldering):* assemblage de métaux au moyen d'une soudure en alliage de plomb et d'étain.

Bride *(flange):* collet relativement mince aménagé autour d'une pièce en vue d'un assemblage par boulonnage (figure ci-dessous). Pièce d'assemblage de deux tuyaux.

BRIDE

Buriner *(to chip):* tailler par éclats.

Butée *(blind stop):* petite pièce destinée à limiter le mouvement d'une autre pièce.

Butoir *(stop):* pièce servant à arrêter une autre pièce.

Cannelure *(spline):* clavettes multiples, taillées à même l'arbre ou l'alésage, pour transmettre des couples importants.

CANNELURE

Chambrage *(hollow, cavity):* évidemment réalisé à l'intérieur d'un alésage pour en diminuer la portée, pour dégager l'outil de coupe ou pour prévoir une réserve d'huile de lubrification.

Chanfrein *(chamfer):* petite surface oblique obtenue par suppression d'une arête vive.

CHANFREIN

Clavette disque *(Woodruff key):* petite cheville plate, en demi-rond, destinée à se loger entre deux pièces afin de réaliser une liaison démontable.

Collerette *(collar flange):* couronne à l'extrémité d'une pièce creuse.

Collet *(collar):* partie de plus fort diamètre et de faible longueur sur une pièce cylindrique (voir la figure 10.42.v).

Congé *(filet):* petite surface à section circulaire partielle, destinée à raccorder deux surfaces formant un angle rentrant (voir la figure 6.41).

Cornière *(angle iron):* poutre métallique à deux branches en équerre.

Coulisseau *(slide):* pièce mobile qui glisse dans une rainure.

Courbe gauche *(warped line):* courbe dont tous les points ne sont pas dans le même plan, telle qu'une hélice.

Décrochement *(step):* surface plane en retrait, à faible distance d'un autre plan et parallèle à celui-ci (voir la figure ci-après).

Dégagement *(relief):* partie creuse au coin intérieur d'une pièce destinée à faciliter le passage d'un outil de coupe.

Élégi *(slotted hole):* voir « évidement ».

Embase *(base, collar):* partie d'une pièce destinée à servir de base à une autre pièce.

Encoche *(notch):* rainure très courte ne débouchant qu'à une extrémité.

Entaille *(cut):* enlèvement d'une partie d'une pièce; elle est parfois appelée « feuillure ».

Épaulement *(shoulder):* surface plane résultant d'un changement brusque de diamètre, destiné à procurer une surface d'appui normale à l'axe (voir la figure 10.33.c).

Évidement *(recess, cavity):* vide réalisé dans une pièce soit pour en diminuer la masse, soit pour réduire une surface d'appui.

Feuillurer *(to cut a groove):* pratiquer une rainure dans une pièce.

Fente *(slot):* petite rainure.

Forer *(to drill):* percer.

Foret *(drill):* outil d'acier servant à creuser un trou cylindrique.

Fraisure *(countersink):* évasement conique obtenu en abattant l'arête à l'orifice d'un trou. Elle est destinée à recevoir une tête de vis.

FRAISURE

Gorge *(neck):* dégagement étroit, arrondi à sa partie inférieure (figure 10.42.v).

Jante *(rim):* cercle extérieur d'une roue.

Lamage à diamètre normal *(spotface):* logement cylindrique, peu profond, exécuté à l'orifice d'un trou dans le but d'obtenir un appui sur une surface brute.

LAMAGE À
DIAMÈTRE NORMAL

Lamage à diamètre réduit *(counterbore):* logement cylindrique, assez profond, exécuté à l'orifice d'un trou dans le but de « noyer » la tête d'une vis ou d'un axe.

LAMAGE À
DIAMÈTRE RÉDUIT

Languette *(tongue):* forme complémentaire de la rainure, assurant en général une liaison en translation.

Locating *(locating):* petite pièce, généralement cylindrique, destinée à positionner une autre pièce.

Lumière *(pocket):* nom de diverses ouvertures pratiquées dans du métal.

421

Méplat *(flat):* surface plane pratiquée sur une pièce cylindrique (voir la figure 6.33).

Moletage *(knurp):* empreinte, de différentes configurations, appliquée sur une surface usinée pour produire un serrage manuel efficace d'un organe (voir la figure 10.42.w).

Mortaise *(mortise):* trou de section très allongée destiné à recevoir le tenon d'une autre pièce pour réaliser un assemblage. Elle peut être à chants plats (section rectangulaire) ou à chants ronds (section oblong). Elle peut également être borgne.

Nervure *(rib):* forme, obtenue généralement en fonderie, destinée à réunir ou à renforcer deux parties d'une pièce.

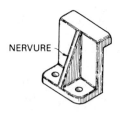

NERVURE

Noyau *(core):* forme cylindrique ou autre, généralement en sable étuvé comprimé, utilisée dans la fonderie pour obtenir un évidement dans une pièce coulée.

Nez *(nose):* partie saillante d'une pièce.

Oreille *(lug):* forme, obtenue en fonderie, destinée à permettre la fixation d'une pièce par l'intermédiaire d'une vis ou d'un boulon (voir les figures 7.13 et 7.30).

Pignon *(pinion):* la plus petite des deux roues d'un engrenage.

Plat *(flat):* voir « méplat .

Profilé *(structural shape):* métal laminé suivant une section constante.

Queue d'aronde *(dovetail):* rainure ou tenon en forme de trapèze destiné à assurer une liaison en translation.

Rainure *(slot, groove):* entaille longue, de section constante, pratiquée dans une pièce pour recevoir une languette. La section de l'entaille peut être de différentes formes: rectangulaire, à queue d'aronde, à T, en V, etc.

Rainure de clavetage *(keyway):* forme creusée dans le sens de l'axe d'un trou pour loger une clavette.

RAINURE DE CLAVETAGE

Régule *(babbitt):* alliage tendre, composé surtout d'étain et de petites quantités de cuivre et d'antimoine. Il est utilisé pour la fabrication des coussinets.

Rive *(edge):* bord.

Saignée *(relief):* entaille profonde de faible largeur (voir aussi la figure 10.42.v). Elle peut être extérieure ou intérieure (*undercut*, figure 10.42.s).

SAIGNÉE   SAIGNÉE   SAIGNÉE

Semelle *(sole):* surface inférieure d'une pièce, généralement plane et servant d'appui.

Siège de clavette *(keyseat):* forme creusée dans le sens de l'axe d'un arbre pour loger une clavette.

SIÈGE DE CLAVETTE

Six pans *(hexagonal head):* prisme régulier à base hexagonal.

Tenon *(tenon):* partie saillante ménagée à l'extrémité d'une pièce destinée à se loger dans la partie creuse (rainure ou mortaise) correspondante d'une autre pièce.

Trait de scie *(kerf):* entaille de faible largeur exécutée par une scie.

Trou borgne *(blind hole):* trou ne débouchant qu'à une seule extrémité.

Trou oblong *(slotted hole):* trou, plus long que large, terminé par deux demi-cylindres (voir la figure 10.42.r).

Trou de passage *(clearance hole):* trou lisse laissant passer librement un boulon.

Les abréviations et les symboles sont utilisés sur les dessins pour gagner de l'espace et du temps, mais ils ne doivent être employés que lorsque la signification est bien évidente. En cas de doute, on doit écrire en toutes lettres. Les abréviations anglaises sont entre parenthèses.

A

Ajustement tournant ou coulissant avec jeu	RC (RC)
Ajustement de position avec jeu	LC (LC)
Ajustement de position incertain	LT (LT)
Ajustement de position avec serrage	LN (LN)
Ajustement à force ou à calage	FN (FN)
Angulaire	ANG. (ANG)
Approuvé	APP. (APPD)
Approximativement	APPROX. (APPROX)
Assemblage	ASS. (ASS)
Axe en axe ou entre-axes	A/A ou E/A (C to C)

C

Carré	CARRÉ (SQ)
Centimètre	cm (cm)
Chanfrein	CHANF. (CHAM)
Circularité	CIR. (CIR)
Concentrique	CONC. (CONC)
Cylindre	CYL. (CYL)

D

Dégagement	DÉGAG. (UCUT)
Diamètre	DIA ou ϕ (DIA ou ϕ)
Diamètre extérieur	DE (OD)
Diamètre intérieur	DI (ID)
Diamètre primitif	DP (PCD)
Dimension	DIM. (DIM)
Droite (côté droit)	D (RH)

E

Entièrement usiné	EU (FAO)
Excentrique	EXC. (ECC)
Extra-lourd	EX-LOURD (EX HY)

F

Figure	Fig. (FIG)
Filets métriques	M
Filet national conique pour tubes	NPT (NPT)
Filet national à accouplement droit pour tubes (femelles)	NPSC (NPSC)
Filet national mécanique droit pour tubes	NPSM (NPSM)
Filet national à écrou de blocage droit pour tubes	NPSL (NPSL)
Filet unifié gros	UNC (UNC)
Filet unifié extra-fin	UNEF (UNEF)
Filet unifié, série à pas constant	UN (UN)
Filet unifié spécial	UNS (UNS)

G

Gauche (côté gauche)	G (LH)

H

Hexagone	HEX. (HEX)

L

Lamage	LAME (SFACE)

M

Matière	MATL (MATL)
Maximal	MAX. (MAX)
Mètre	m
Minimal	MIN. (MIN)

N

Nominal	NOM. (NOM)
Non à l'échelle	NAE (NTS)
Numéro	N° (NO)

P

Parallèle	PAR. (PAR)
Pas	P (P)
Perpendiculaire	PERP. (PERP)

R

Rayon	R (R)
Référence	RÉF. (REF)

S

Section	SECT. (SECT)
Sphère	SPH. (SPHER)
Symétrique	SYM. (SYM)

T

Tolérance	TOL. (TOL)
Traitement thermique	TR. TH. (HT TR)

U

Usiné	∇ ($\vee$)

4 Filetages American National, Unified et métrique.

FILETAGES AMERICAN NATIONAL ET UNIFIED[a]

Diamètre nominal	Pas gros[b] NC UNC		Pas fin[b] NF UNF		Pas extra-fin[c] NEF UNEF		Diamètre nominal	Pas gros[b] NC UNC		Pas fin[b] NF UNF		Pas extra-fin[c] NEF UNEF	
	Filets au po.	Foret d'implanta-tion[d]	Filets au po.	Foret d'implanta-tion[d]	Filets au po.	Foret d'implanta-tion[d]		Filets au po.	Foret d'implanta-tion[d]	Filets au po.	Foret d'implanta-tion[d]	Filets au po.	Foret d'implanta-tion[d]
0 (.060)			80	3/64	....	....	1	8	7/8	12	59/64	20	61/64
1 (.073)	64	No. 53	72	No. 53	....	....	1 1/16	....	....	....	....	18	1
2 (.086)	56	No. 50	64	No. 50	....	....	1 1/8	7	63/64	12	1 3/64	18	1 5/64
3 (.099)	48	No. 47	56	No. 45	....	....	1 3/16	....	....	....	....	18	1 9/64
4 (.112)	40	No. 43	48	No. 42	....	....	1 1/4	7	1 7/64	12	1 11/64	18	1 3/16
5 (.125)	40	No. 38	44	No. 37	....	....	1 5/16	....	....	....	....	18	1 17/64
6 (.138)	32	No. 36	40	No. 33	....	....	1 3/8	6	1 7/32	12	1 19/64	18	1 5/16
8 (.164)	32	No. 29	36	No. 29	....	....	1 7/16	....	....	....	....	18	1 3/8
10 (.190)	24	No. 25	32	No. 21	....	....	1 1/2	6	1 11/32	12	1 27/64	18	1 7/16
12 (.216)	24	No. 16	28	No. 14	32	No. 13	1 9/16	....	....	....	....	18	1 1/2
1/4	20	No. 7	28	No. 3	32	7/32	1 5/8	....	....	....	....	18	1 9/16
5/16	18	F	24	I	32	9/32	1 11/16	....	....	....	....	18	1 5/8
3/8	16	5/16	24	Q	32	11/32	1 3/4	5	1 9/16	....	....	....	....
7/16	14	U	20	25/64	28	13/32	2	4 1/2	1 25/32	....	....	....	....
1/2	13	27/64	20	29/64	28	15/32	2 1/4	4 1/2	2 1/32	....	....	....	....
9/16	12	31/64	18	33/64	24	33/64	2 1/2	4	2 1/4	....	....	....	....
5/8	11	17/32	18	37/64	24	37/64	2 3/4	4	2 1/2	....	....	....	....
11/16	....	....	....	....	24	41/64	3	4	2 3/4	....	....	....	....
3/4	10	21/32	16	11/16	20	45/64	3 1/4	4	....	....	....	....	....
13/16	....	....	....	....	20	49/64	3 1/2	4	....	....	....	....	....
7/8	9	49/64	14	13/16	20	53/64	3 3/4	4	....	....	....	....	....
15/16	....	....	....	....	20	57/64	4	4	....	....	....	....	....

[a] ANSI B1.1. Pour les séries à 8, à 12 et à 16 filets au pouce, voir la page suivante.
[b] Classes 1A, 2A, 3A, 1B, 2B, 3B, 2 et 3.
[c] Classe 2A, 2B, 2 et 3.
[d] Pour approximativement 75% de la hauteur totale du filet. Pour les grandeurs, exprimées en décimales, des forets désignés par des numéros et par des lettres, voir l'appendice 5.

FILETAGES AMERICAN NATIONAL ET UNIFIED[a] (suite)

Diamètre nominal	8 filets/po.[b] Séries 8N et 8UN		12 filets/po.[b] Séries 12N et 12UN		16 filets/po.[b] Séries 16N et 16UN		Diamètre nominal	8 filets/po.[b] Séries 8N et 8UN		12 filets/po.[b] Séries 12N et 12UN		16 filets/po.[b] Séries 16N et 16UN	
	Filets au po.	Foret d'implantation[c]	Filets au po.	Foret d'implantation[c]	Filets au po.	Foret d'implantation[c]		Filets au po.	Foret d'implantation[c]	Filets au po.	Foret d'implantation[c]	Filets au po.	Foret d'implantation[c]
1/2	....	....	12	$^{27}/_{64}$	....	....	2 1/16	....	....	....	....	**16**	2
9/16	....	....	12[e]	$^{31}/_{64}$	....	....	2 1/8	....	....	12	2 $^{3}/_{64}$	16	2 1/16
5/8	....	....	12	$^{35}/_{64}$	....	....	2 3/16	....	....	....	....	**16**	2 1/8
11/16	....	....	12	$^{39}/_{64}$	....	....	2 1/4	8	2 1/8	12	2 $^{11}/_{64}$	16	2 3/16.
3/4	....	....	12	$^{43}/_{64}$	16[e]	11/16	2 5/16	....	....	....	....	**16**	2 1/4
13/16	....	....	12	$^{47}/_{64}$	16	3/4	2 3/8	....	....	12	2 $^{19}/_{64}$	16	2 5/16
7/8	....	....	12	$^{51}/_{64}$	16	13/16	2 7/16	....	....	....	....	**16**	2 3/8
15/16	....	....	12	$^{55}/_{64}$	16	7/8	2 1/2	8	2 3/8	12	2 $^{27}/_{64}$	16	2 7/16
1	8[e]	7/8	12	$^{59}/_{64}$	16	15/16	2 5/8	....	....	12	2 $^{35}/_{64}$	16	2 9/16
1 1/16	....	.·..	12	$^{63}/_{64}$	16	1	2 3/4	8	2 5/8	12	2 $^{43}/_{64}$	16	2 11/16
1 1/8	8	1	12[e]	1 $^{3}/_{64}$	16	1 1/16	2 7/8	....	....	12	....	16	....
1 3/16	....	....	12	1 $^{7}/_{64}$	16	1 1/8	3	8	2 7/8	12	....	16	....
1 1/4	8	1 1/8	12	1 $^{11}/_{64}$	16	1 3/16	3 1/8	....	....	12	....	16	....
1 5/16	....	....	12	1 $^{15}/_{64}$	16	1 1/4	3 1/4	8	....	12	....	16	....
1 3/8	8	1 1/4	12[e]	1 $^{19}/_{64}$	16	1 5/16	3 3/8	....	....	12	....	16	....
1 7/16	....	....	12	1 $^{23}/_{64}$	16	1 3/8	3 1/2	8	....	12	....	16	....
1 1/2	8	1 3/8	12[e]	1 $^{27}/_{64}$	16	1 7/16	3 5/8	....	....	12	....	16	....
1 9/16	....	....	....	....	16	1 1/2	3 3/4	8	....	12	....	16	....
1 5/8	8	1 1/2	12	1 $^{35}/_{64}$	16	1 9/16	3 7/8	....	....	12	....	16	....
1 11/16	....	....	....	....	16	1 5/8	4	8	....	12	....	16	....
1 3/4	8	1 5/8	12	1 $^{43}/_{64}$	16[e]	1 11/16	4 1/4	8	....	12	....	16	....
1 13/16	....	....	....	....	16	1 3/4	4 1/2	8	....	12	....	16	....
1 7/8	8	1 3/4	12	1 $^{51}/_{64}$	16	1 13/16	4 3/4	8	....	12	....	16	....
1 15/16	....	....	....	....	16	1 7/8	5	8	....	12	....	16	....
2	8	1 7/8	12	1 $^{59}/_{64}$	16[e]	1 15/16	5 1/4	8	....	12	....	16	....

[a] ANSI B1.1.
[b] Classes 2A, 3A, 2B, 3B, 2 et 3.
[c] Pour approximativement 75% de la hauteur des filets.
[d] Les dimensions en caractères gras sont pour les filets American National seulement.
[e] Ceci est la grandeur standard des séries à pas gros, à pas fin et à pas extra-fin des filets American National et Unified. Voir la page précédente.

FILETAGE MÉTRIQUE[a]

Utilisez de préférence les grandeurs en caractères gras.

Pas gros (applications courantes)		Pas fins	
Dia. nominal & pas	Dia. du taraud (mm)	Dia. nominal & pas	Dia. du taraud (mm)
M1,6 × 0,35	1,25	—	—
M1,8 × 0,35	1,45	—	—
M2 × 0,4	**1,6**	—	—
M2,2 × 0,45	1,75	—	—
M2,5 × 0,45	**2,05**	—	—
M3 × 0,5	**2,50**	—	—
M3,5 × 0,6	**2,90**	—	—
M4 × 0,7	**3,30**	—	—
M4,5 × 0,75	3,75	—	—
M5 × 0,8	**4,20**	—	—
M6,3 × 1	**5,30**	—	—
M7 × 1	6,00	—	—
M8 × 1,25	**6,80**	**M8 × 1**	**7,00**
M9 × 1,25	7,75	—	—
M10 × 1,5	**8,50**	**M10 × 1,25**	**8,75**
M11 × 1,5	9,50	—	—
M12 × 1,75	**10,30**	**M12 × 1,25**	**10,50**
M14 × 2	**12,00**	**M14 × 1,5**	**12,50**
M16 × 2	**14,00**	**M16 × 1,5**	**14,50**
M18 × 2,5	15,50	M18 × 1,5	16,50
M20 × 2,5	**17,50**	**M20 × 1,5**	**18,50**
M22 × 2,5	19,50	M22 × 1,5	20,50
M24 × 3	**21,00**	**M24 × 2**	**22,00**
M27 × 3	24,00	M27 × 2	25,00
M30 × 3,5	**26,50**	**M30 × 2**	**28,00**
M33 × 3,5	29,50	M30 × 2	31,00
M36 × 4	**32,00**	**M36 × 3**	**33,00**
M39 × 4	35,00	M39 × 3	36,00
M42 × 4,5	**37,50**	**M42 × 3**	**39,00**
M45 × 4,5	40,50	M45 × 3	42,00
M48 × 5	**43,00**	**M48 × 3**	**45,00**
M52 × 5	47,00	M52 × 3	49,00
M56 × 5,5	**50,50**	**M56 × 4**	**52,00**
M60 × 5,5	54,50	M60 × 4	56,00
M64 × 6	**58,00**	**M64 × 4**	**60,00**
M68 × 6	62,00	M68 × 4	64,00
M72 × 6	**66,00**	—	—
M80 × 6	**74,00**	—	—
M90 × 6	**84,00**	—	—
M100 × 6	**94,00**	—	—

[a] Metric Fasteners Standard, IFI–500 (1976).

FORETS AMERICAN NATIONAL STANDARD[a]

Toutes les dimensions sont en pouces.
Les forets en fractions courantes sont disponibles. De $1/64''$ à $13/4''$, les diamètres augmentent de $1/64''$ en $1/64''$, de $13/4''$ à $21/4''$, ils augmentent de $1/32''$ en $1/32''$; de $21/4''$ jusqu'à $31/2''$, ils augmentent de $1/16''$ en $1/16''$. Les forets de diamètre plus grand que $31/2''$ sont rarement utilisés; ils sont considérés comme des forets spéciaux.

Calibre	Diamètre	Calibre	Diamètre	Calibre	Diamètre	Calibre	Diamètre	Calibre	Diamètre
1	.2280	17	.1730	33	.1130	49	.0730	65	.0350
2	.2210	18	.1695	34	.1110	50	.0700	66	.0330
3	.2130	19	.1660	35	.1100	51	.0670	67	.0320
4	.2090	20	.1610	36	.1065	52	.0635	68	.0310
5	.2055	21	.1590	37	.1040	53	.0595	69	.0292
6	.2040	22	.1570	38	.1015	54	.0550	70	.0280
7	.2010	23	.1540	39	.0995	55	.0520	71	.0260
8	.1990	24	.1520	40	.0980	56	.0465	72	.0250
9	.1960	25	.1495	41	.0960	57	.0430	73	.0240
10	.1935	26	.1470	42	.0935	58	.0420	74	.0225
11	.1910	27	.1440	43	.0890	59	.0410	75	.0210
12	.1890	28	.1405	44	.0860	60	.0400	76	.0200
13	.1850	29	.1360	45	.0820	61	.0390	77	.0180
14	.1820	30	.1285	46	.0810	62	.0380	78	.0160
15	.1800	31	.1200	47	.0785	63	.0370	79	.0145
16	.1770	32	.1160	48	.0760	64	.0360	80	.0135

CALIBRES EXPRIMÉS EN LETTRES

A	.234	G	.261	L	.290	Q	.332	V	.377
B	.238	H	.266	M	.295	R	.339	W	.386
C	.242	I	.272	N	.302	S	.348	X	.397
D	.246	J	.277	O	.316	T	.358	Y	.404
E	.250	K	.281	P	.323	U	.368	Z	.413
F	.257								

[a] ANSI B94.11

Grandeurs des forets — American National Standard et métrique (suite).

FORETS MÉTRIQUES[a]

Utilisez de préférence les grandeurs en caractères gras.

Les équivalences en pouces ne sont données qu'à titre de référence seulement.

Diamètre		Diamètre		Diamètre		Diamètre		Diamètre		Diamètre	
mm	po.	mm	po.	mm	po.	mm	po.	mm	po.	mm	po.
0,40	.0157	**1,20**	.0472	**3,20**	.1260	**7,50**	.2953	**19,00**	.7480	**48,00**	1.8898
0,42	.0165	**1,25**	.0492	3,30	.1299	7,80	.3071	19,50	.7677	**50,00**	1.9685
0,45	.0177	**1,30**	.0512	**3,40**	.1339	**8,00**	.3150	**20,00**	.7874	51,50	2.0276
0,48	.0189	1,35	.0531	3,50	.1378	8,20	.3228	20,50	.8071	**53,00**	2.0866
0,50	.0197	**1,40**	.0551	**3,60**	.1417	**8,50**	.3346	**21,00**	.8268	54,00	2.1260
0,52	.0205	1,45	.0571	3,70	.1457	8,80	.3465	21,50	.8465	**56,00**	2.2047
0,55	.0217	**1,50**	.0591	**3,80**	.1496	**9,00**	.3543	**22,00**	.8661	58,00	2.2835
0,58	.0228	1,55	.0610	3,90	.1535	9,20	.3622	23,00	.9055	**60,00**	2.3622
0,60	.0236	**1,60**	.0630	**4,00**	.1575	**9,50**	.3740	**24,00**	.9449		
0,62	.0244	1,65	.0650	4,10	.1614	9,80	.3858	**25,00**	.9843		
0,65	.0256	**1,70**	.0669	**4,20**	.1654	**10,00**	.3937	**26,00**	1.0236		
0,68	.0268	1,75	.0689	4,40	.1732	10,30	.4055	27,00	1.0630		
0,70	.0276	**1,80**	.0709	**4,50**	.1772	**10,50**	.4134	**28,00**	1.1024		
0,72	.0283	1,85	.0728	4,60	.1811	10,80	.4252	29,00	1.1417		
0,75	.0295	**1,90**	.0748	**4,80**	.1890	**11,00**	.4331	**30,00**	1.1811		
0,78	.0307	1,95	.0768	**5,00**	.1969	11,50	.4528	31,00	1.2205		
0,80	.0315	**2,00**	.0787	5,20	.0247	**12,00**	.4724	**32,00**	1.2598		
0,82	.0323	2,05	.0807	**5,30**	.2087	12,50	.4921	33,00	1.2992		
0,85	.0335	**2,10**	.0827	5,40	.2126	**13,00**	.5118	**34,00**	1.3386		
0,88	.0346	2,15	.0846	**5,60**	.2205	13,50	.5315	35,00	1.3780		
0,90	.0354	**2,20**	.0866	5,80	.2283	**14,00**	.5512	**36,00**	1.4173		
0,92	.0362	2,30	.0906	**6,00**	.2362	14,50	.5709	37,00	1.4567		
0,95	.0374	**2,40**	.0945	6,20	.2441	**15,00**	.5906	**38,00**	1.4961		
0,98	.0386	**2,50**	.0984	**6,30**	.2480	15,50	.6102	39,00	1.5354		
1,00	.0394	**2,60**	.1024	6,50	.2559	**16,00**	.6299	**40,00**	1.5748		
1,03	.0406	2,70	.1063	**6,70**	.2638	16,50	.6496	41,00	1.6142		
1,05	.0413	**2,80**	.1102	6,80	.2677	**17,00**	.6693	**42,00**	1.6535		
1,08	.0425	2,90	.1142	6,90	.2717	17,50	.6890	43,50	1.7126		
1,10	.0433	**3,00**	.1181	**7,10**	.2795	**18,00**	.7087	**45,00**	1.7717		
1,15	.0453	3,10	.1220	7,30	.2874	18,50	.7283	46,50	1.8307		

[a] Adaptation de General Motors Engineering Standard (1975).

6   Filetage Acme pour usages généraux.

Grandeur nominale	Filets au po.	Grandeur nominale	Filets au po.	Grandeur nominale	Filets au po.	Grandeur nominale	Filets au po.
¼	16	¾	6	1½	4	3	2
⁵⁄₁₆	14	⅞	6	1¾	4	3½	2
⅜	12	1	5	2	4	4	2
⁷⁄₁₆	12	1⅛	5	2¼	3	4½	2
½	10	1¼	5	2½	3	5	2
⅝	8	1⅜	4	2¾	3	. . .	. . .

7 Vis et écrous à têtes carrée et hexagonale — American National Standard, ACNOR et métrique.

ÉCROUS[a,b] ET VIS[c] AMERICAN NATIONAL STANDARD

Les grandeurs en caractères gras sont conformes aux normes canadiennes.
Toutes les dimensions sont en pouces.
Pour les séries de filets, les longueurs filetées minimales et les longueurs de vis, voir la section 11.25 du manuel.

Grandeur nominale D Dia. de la tige	Vis, série régulière					Vis, série lourde		
	Largeur sur plats W		Hauteur H			Largeur sur plats W	Hauteur H	
	Carrée	Hex.	Carrée (Brute)	Hex. (Brute)	Hex.[c] (Fine)		Hex. (Brute)	Hex. (Fine)
¼ 0.2500	3/8	7/16	11/64	11/64	5/32	....	....	....
5/16 0.3125	1/2	1/2	13/64	7/32	13/64	....	....	....
3/8 0.3750	9/16	9/16	1/4	1/4	15/64	....	....	....
7/16 0.4375	5/8	5/8	19/64	19/64	9/32	....	....	....
½ 0.5000	3/4	3/4	21/64	11/32	5/16	7/8	11/32	5/16
9/16 0.5625	....	13/16	....	....	23/64	....	....	....
5/8 0.6250	15/16	15/16	27/64	27/64	25/64	1 1/16	27/64	25/64
3/4 0.7500	1 1/8	1 1/8	1/2	1/2	15/32	1 1/4	1/2	15/32
7/8 0.8750	1 5/16	1 5/16	19/32	37/64	35/64	1 7/16	37/64	35/64
1 1.000	1 1/2	1 1/2	21/32	43/64	39/64	1 5/8	43/64	39/64
1 1/8 1.1250	1 11/16	1 11/16	3/4	3/4	11/16	1 13/16	3/4	11/16
1 1/4 1.2500	1 7/8	1 7/8	27/32	27/32	25/32	2	27/32	25/32
1 3/8 1.3750	2 1/16	2 1/16	29/32	29/32	27/32	2 3/16	29/32	27/32
1 1/2 1.5000	2 1/4	2 1/4	1	1	15/16	2 3/8	1	15/16
1 3/4 1.7500	....	2 5/8	....	1 5/32	1 3/32	2 3/4	1 5/32	1 3/32
2 2.0000	....	3	....	1 11/32	1 7/32	3 1/8	1 11/32	1 7/32
2 1/4 2.2500	....	3 3/8	....	1 1/2	1 3/8	3 1/2	1 1/2	1 3/8
2 1/2 2.5000	....	3 3/4	....	1 21/32	1 17/32	3 7/8	1 21/32	1 17/32
2 3/4 2.7500	....	4 1/8	....	1 13/16	1 11/16	4 1/4	1 13/16	1 11/16
3 3.0000	....	4 1/2	....	2	1 7/8	4 5/8	2	1 7/8
3 1/4 3.2500	....	4 7/8	....	2 3/16	....	....	....	....
3 1/2 3.5000	....	5 1/4	....	2 5/16	....	....	....	....
3 3/4 3.7500	....	5 5/8	....	2 1/2	....	....	....	....
4 4.0000	....	6	....	2 11/16	....	....	....	....

[a] ANSI B18.2.1.
[b] ANSI B18.2.2.
[c] Les vis à tête hexagonale et les boulons à tête hexagonale (fine) sont combinées en un seul produit.

7 Vis et écrous, à têtes carrée et hexagonale — American National Standard, ACNOR et métrique (suite).

ÉCROUS ET VIS AMERICAN NATIONAL STANDARD (suite)

Pour les autres types d'écrous, se référer à ANSI B18.2.2.
Pour les méthodes de construction géométrique des vis et des écrous, se référer aux figures 11.29, 11.30 et 11.32.

Grandeur nominale D Dia. de la tige		Écrous, série régulière					Écrous, série lourde			
		Largeur sur plats W		Épaisseur T			Largeur sur plats W	Épaisseur T		
		Carrée	Hex.	Carrée (Brute)	Hex. plate (Brute)	Hex. (Fine)		Carrée (Brute)	Hex. plate (Brute)	Hex. (Fine)
1/4	0.2500	7/16	7/16	7/32	7/32	7/32	1/2	1/4	15/64	15/64
5/16	0.3125	9/16	1/2	17/64	17/64	17/64	9/16	5/16	19/64	19/64
3/8	0.3750	5/8	9/16	21/64	21/64	21/64	11/16	3/8	23/64	23/64
7/16	0.4375	3/4	11/16	3/8	3/8	3/8	3/4	7/16	27/64	27/64
1/2	0.5000	13/16	3/4	7/16	7/16	7/16	7/8[a]	1/2	31/64	31/64
9/16	0.5625	....	7/8	....	31/64	31/64	15/16	....	35/64	35/64
5/8	0.6250	1	15/16	35/64	35/64	35/64	1 1/16[a]	5/8	39/64	39/64
3/4	0.7500	1 1/8	1 1/8	21/32	41/64	41/64	1 1/4[a]	3/4	47/64	47/64
7/8	0.8750	1 5/16	1 5/16	49/64	3/4	3/4	1 7/16[a]	7/8	55/64	55/64
1	1.0000	1 1/2	1 1/2	7/8	55/64	55/64	1 5/8[a]	1	63/64	63/64
1 1/8	1.1250	1 11/16	1 11/16	1	1	31/32	1 13/16[a]	1 1/8	1 1/8	1 7/64
1 1/4	1.2500	1 7/8	1 7/8	1 3/32	1 3/32	1 1/16	2[a]	1 1/4	1 1/4	1 7/32
1 3/8	1.3750	2 1/16	2 1/16	1 13/64	1 13/64	1 11/64	2 3/16[a]	1 3/8	1 3/8	1 11/32
1 1/2	1.5000	2 1/4	2 1/4	1 5/16	1 5/16	1 9/32	2 3/8[a]	1 1/2	1 1/2	1 15/32
1 5/8	1.6250	....	....	....	....	....	2 9/16	....	....	1 19/32
1 3/4	1.7500	....	....	....	....	....	2 3/4	....	1 3/4	1 23/32
1 7/8	1.8750	....	....	....	....	....	2 15/16	....	....	1 27/32
2	2.0000	....	....	....	....	....	3 1/8	....	2	1 31/32
2 1/4	2.2500	....	....	....	....	....	3 1/2	....	2 1/4	2 13/64
2 1/2	2.5000	....	....	....	....	....	3 7/8	....	2 1/2	2 29/64
2 3/4	2.7500	....	....	....	....	....	4 1/4	....	2 3/4	2 45/64
3	3.0000	....	....	....	....	....	4 5/8	....	3	2 61/64
3 1/4	3.2500	....	....	....	....	....	5	....	3 1/4	3 3/16
3 1/2	3.5000	....	....	....	....	....	5 3/8	....	3 1/2	3 7/16
3 3/4	3.7500	....	....	....	....	....	5 3/4	....	3 3/4	3 11/16
4	4.0000	....	....	....	....	....	6 1/8	....	4	3 15/16

[a] Les écrous carrés de série lourde ne sont pas conformes aux normes canadiennes.

7 Vis et écrous, à têtes carrée et hexagonale — American National Standard, ACNOR et métrique (suite).

VIS ET ÉCROUS MÉTRIQUES

Grandeur nominale D mm	Largeur sur plats W (max.)	Épaisseur T (Max.)			
				Écrou (Fine ou brute)	
Dia. de la tige et pas	Vis[a] et écrous[b]	Vis (Brute)	Vis (Fine)	Style 1	Style 2
M5 × 0,8	8,00	3,88	3,65	4,5	5,3
M6,3 × 1	10,00	4,70	4,47	5,6	6,5
M8 × 1,25	13,00	5,73	5,50	6,6	7,8
M10 × 1,5	15,00	6,86	6,63	9,0	10,7
M12 × 1,75	18,00	7,99	7,76	10,7	12,8
M14 × 2	21,00	9,32	9,09	12,5	14,9
M16 × 2	24,00	10,56	18,32	14,5	17,4
M20 × 2,5	30,00	13,12	12,88	18,4	21,2
M24 × 3	36,00	15,68	15,44	22,0	25,4
M30 × 3,5	46,00	19,48	19,48	26,7	31,0
M36 × 4	55,00	23,38	23,38	32,0	37,6
M42 × 4,5	65,00	26,97	26,97	34,5	—
M48 × 5	75,00	31,07	31,07	39,5	—
M56 × 5,5	85,00	36,20	36,20	46,2	—
M64 × 6	95,00	41,32	41,32	52,6	—
M72 × 6	105,00	46,45	46,45	59,3	—
M80 × 6	115,00	51,58	51,58	66,0	—
M90 × 6	130,00	57,74	57,74	75,0	—
M100 × 6	145,00	63,90	63,90	82,6	—
Boulons à haute résistance[c]					
M16 × 2	27,00	10,32	—	—	17,4
M20 × 2,5	34,00	12,88	—	—	21,2
M24 × 3	40,00	15,44	—	—	25,4
M30 × 3,5	50,00	19,48	—	—	31,0
M36 × 4	60,00	23,38	—	—	37,6

[a] Metric Fastener Standard, IFI–506 (1976).
[b] Metric Fastener Standard, IFI–507 (1976).
[c] Metric Fastener Standard, IFI–526 (1976).

8 Vis à têtes fendue[a] et à six pans creux[b] — American National Standard.

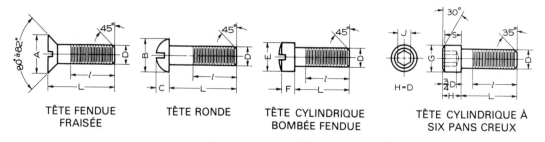

TÊTE FENDUE FRAISÉE TÊTE RONDE TÊTE CYLINDRIQUE BOMBÉE FENDUE TÊTE CYLINDRIQUE À SIX PANS CREUX

Pour les méthodes de construction géométrique des vis, voir la figure 11.32.

Dimension nominale D	Tête fendue fraisée[a]	Tête ronde[a]		Tête cylindrique bombée fendue[a]		Tête cylindrique à six pans creux[b]		
	A	B	C	E	F	G	J	S
0 (.060)	....	....	....	....	....	.096	.05	.054
1 (.073)	....	....	....	....	....	.118	¹⁄₁₆	.066
2 (.086)	....	....	....	....	....	.140	⁵⁄₆₄	.077
3 (.099)	....	....	....	....	....	.161	⁵⁄₆₄	.089
4 (.112)	....	....	....	....	....	.183	³⁄₃₂	.101
5 (.125)	....	....	....	....	....	.205	³⁄₃₂	.112
6 (.138)	....	....	....	....	....	.226	⁷⁄₆₄	.124
8 (.164)	....	....	....	....	....	.270	⁹⁄₆₄	.148
10 (.190)	....	....	....	....	....	⁵⁄₁₆	⁵⁄₃₂	.171
¼	½	⁷⁄₁₆	.191	⅜	¹¹⁄₆₄	⅜	³⁄₁₆	.225
⁵⁄₁₆	⅝	⁹⁄₁₆	.245	⁷⁄₁₆	¹³⁄₆₄	¹⁵⁄₃₂	¼	.281
⅜	¾	⅝	.273	⁹⁄₁₆	¼	⁹⁄₁₆	⁵⁄₁₆	.337
⁷⁄₁₆	¹³⁄₁₆	¾	²¹⁄₆₄	⅝	¹⁹⁄₆₄	²¹⁄₃₂	⅜	.394
½	⅞	¹³⁄₁₆	.355	¾	²¹⁄₆₄	¾	⅜	.450
⁹⁄₁₆	1	¹⁵⁄₁₆	.409	¹³⁄₁₆	⅜	....	....	....
⅝	1⅛	1	⁷⁄₁₆	⅞	²⁷⁄₆₄	¹⁵⁄₁₆	½	.562
¾	1⅜	1¼	³⁵⁄₆₄	1	½	1⅛	⅝	.675
⅞	1⅝	....	....	1⅛	¹⁹⁄₃₂	1⁵⁄₁₆	¾	.787
1	1⅞	....	....	1⁵⁄₁₆	²¹⁄₃₂	1½	¾	.900
1⅛	2¹⁄₁₆	....	....	....	....	1¹¹⁄₁₆	⅞	1.012
1¼	2⁵⁄₁₆	....	....	....	....	1⅞	⅞	1.125
1⅜	2⁹⁄₁₆	....	....	....	....	2¹⁄₁₆	1	1.237
1½	2¹³⁄₁₆	....	....	....	....	2¼	1	1.350

[a] ANSI B18.6.2.
[b] Pour les vis à tête hexagonale, voir la section 11.29 et l'appendice 7.

9   Vis à métaux — American National Standard et métrique.

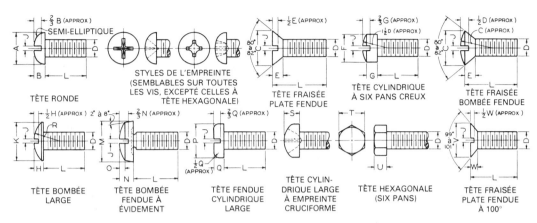

STYLES DE L'EMPREINTE (SEMBLABLES SUR TOUTES LES VIS, EXCEPTÉ CELLES À TÊTE HEXAGONALE)

TÊTE RONDE   TÊTE FRAISÉE PLATE FENDUE   TÊTE CYLINDRIQUE À SIX PANS CREUX   TÊTE FRAISÉE BOMBÉE FENDUE

TÊTE BOMBÉE LARGE   TÊTE BOMBÉE FENDUE À ÉVIDEMENT   TÊTE FENDUE CYLINDRIQUE LARGE   TÊTE CYLINDRIQUE LARGE À EMPREINTE CRUCIFORME   TÊTE HEXAGONALE (SIX PANS)   TÊTE FRAISÉE PLATE FENDUE À 100°

VIS AMERICAN NATIONAL STANDARD[a]

Longueur de filetage: Pour les vis atteignant 2″ de longueur, le filetage s'étend jusqu'à 2 filets de la tête, ou moins, si c'est réalisable. Les vis plus longues ont une longueur de filetage minimale de 1³/₄″.

Bouts: Habituellement plats et sans chanfrein.

Filetage: Séries à pas gros ou à pas fin, catégorie de précision 2.

Têtes à empreinte cruciforme: Deux styles disponibles pour toutes les vis, excepté celles à tête hexagonale.

Grandeur nominale	Diamètre max. D	Tête ronde		Tête fraisée plate fendue & tête fraisée bombée fendue		Tête cylindrique à six pans creux		Tête bombée large			Larg. de fente
		A	B	C	E	F	G	K	H	R	J
0	0.060	0.113	0.053	0.119	0.035	0.096	0.045	0.131	0.037	0.087	0.023
1	0.073	0.138	0.061	0.146	0.043	0.118	0.053	0.164	0.045	0.107	0.026
2	0.086	0.162	0.069	0.172	0.051	0.140	0.062	0.194	0.053	0.129	0.031
3	0.099	0.187	0.078	0.199	0.059	0.161	0.070	0.226	0.061	0.151	0.035
4	0.112	0.211	0.086	0.225	0.067	0.183	0.079	0.257	0.069	0.169	0.039
5	0.125	0.236	0.095	0.252	0.075	0.205	0.088	0.289	0.078	0.191	0.043
6	0.138	0.260	0.103	0.279	0.083	0.226	0.096	0.321	0.086	0.211	0.048
8	0.164	0.309	0.120	0.332	0.100	0.270	0.113	0.384	0.102	0.254	0.054
10	0.190	0.359	0.137	0.385	0.116	0.313	0.130	0.448	0.118	0.283	0.060
12	0.216	0.408	0.153	0.438	0.132	0.357	0.148	0.511	0.134	0.336	0.067
¼	0.250	0.472	0.175	0.507	0.153	0.414	0.170	0.573	0.150	0.375	0.075
⁵/₁₆	0.3125	0.590	0.216	0.635	0.191	0.518	0.211	0.698	0.183	0.457	0.084
³/₈	0.375	0.708	0.256	0.762	0.230	0.622	0.253	0.823	0.215	0.538	0.094
⁷/₁₆	0.4375	0.750	0.328	0.812	0.223	0.625	0.265	0.948	0.248	0.619	0.094
½	0.500	0.813	0.355	0.875	0.223	0.750	0.297	1.073	0.280	0.701	0.106
⁹/₁₆	0.5625	0.938	0.410	1.000	0.260	0.812	0.336	1.198	0.312	0.783	0.118
⅝	0.625	1.000	0.438	1.125	0.298	0.875	0.375	1.323	0.345	0.863	0.133
¾	0.750	1.250	0.547	1.375	0.372	1.000	0.441	1.573	0.410	1.024	0.149

Grandeur nominale	Diamètre max. D	Tête bombée fendue à évidement			Tête fendue cylindrique large			Tête hexagonale (six pans)		Tête fraisée plate fendue à 100°		Larg. de fente
		M	N	O	P	Q	S	T	U	V	W	J
2	0.086	0.181	0.050	0.018	0.167	0.053	0.062	0.125	0.050	. . . .	. . . .	0.031
3	0.099	0.208	0.059	0.022	0.193	0.060	0.071	0.187	0.055	. . . .	. . . .	0.035
4	0.112	0.235	0.068	0.025	0.219	0.068	0.080	0.187	0.060	0.225	0.049	0.039
5	0.125	0.263	0.078	0.029	0.245	0.075	0.089	0.187	0.070	. . . .	. . . .	0.043
6	0.138	0.290	0.087	0.032	0.270	0.082	0.097	0.250	0.080	0.279	0.060	0.048
8	0.164	0.344	0.105	0.039	0.322	0.096	0.115	0.250	0.110	0.332	0.072	0.054
10	0.190	0.399	0.123	0.045	0.373	0.110	0.133	0.312	0.120	0.385	0.083	0.060
12	0.216	0.454	0.141	0.052	0.425	0.125	0.151	0.312	0.155	. . . .	. . . .	0.067
¼	0.250	0.513	0.165	0.061	0.492	0.144	0.175	0.375	0.190	0.507	0.110	0.075
⁵/₁₆	0.3125	0.641	0.209	0.077	0.615	0.178	0.218	0.500	0.230	0.635	0.138	0.084
³/₈	0.375	0.769	0.253	0.094	0.740	0.212	0.261	0.562	0.295	0.762	0.165	0.094

[a] ANSI B18.3–1969.

9 Vis à métaux — American National Standard et métrique (suite).

VIS MÉTRIQUES[b]

Longueur de filetage: Pour les vis atteignant 36 mm de longueur, le filetage s'étend jusqu'à un filet de la tête, ou moins si c'est réalisable. Les vis plus longues ont une longueur de filetage s'étendant jusqu'à 2 filets de la tête.

Bouts: Habituellement plats et sans chanfrein.

Filetage: Séries à pas gros (pour usage général).

Têtes à empreinte cruciforme: Deux styles disponibles pour toutes les vis, excepté celles à tête hexagonale.

Dimension nominale & pas	Diamètre max. D mm	Têtes fraisées fendues plate et bombée			Tête fendue cylindrique large		Tête hexagonale		Larg. de fente
		C	E	P	Q	S	T	U	J
M2 × 0,4	2,00	3,60	1,20	3,90	1,35	1,60	3,20	1,27	0,7
M2,5 × 0,45	2,50	4,60	1,50	4,90	1,65	1,95	4,00	1,40	0,8
M3 × 0,5	3,00	5,50	1,80	5,80	1,90	2,30	5,00	1,52	1,0
M3,5 × 0,6	3,50	6,44	2,10	6,80	2,25	2,50	5,50	2,36	1,2
M4 × 0,7	4,00	7,44	2,32	7,80	2,55	2,80	7,00	2,79	1,4
M5 × 0,8	5,00	9,44	2,85	9,80	3,10	3,50	8,00	3,05	1,6
M6,3 × 1	6,30	11,87	3,60	12,00	3,90	4,30	10,00	4,83	1,9
M8 × 1,25	8,00	15,17	4,40	15,60	5,00	5,60	13,00	5,84	2,0
M10 × 1,5	10,00	18,98	5,35	19,50	6,20	7,00	15,00	7,49	2,5
M12 × 1,75	12,00	22,88	6,35	23,40	7,50	8,30	18,00	9,50	2,5

Dimension nominale	Longueur des vis métriques — L[c]																				
	2,5	3	4	5	6	8	10	13	16	20	25	30	35	40	45	50	55	60	65	70	80	90
M2 × 0,4	PH	A	A	A	A	A	A	A	A	A												
M2,5 × 0,45		PH	A	A	A	A	A	A	A	A	A											
M3 × 0,5			PH	A	A	A	A	A	A	A	A	A										
M3,5 × 0,6			PH	A	A	A	A	A	A	A	A	A										
M4 × 0,7				PH	A	A	A	A	A	A	A	A	A	A								
M5 × 0,8					PH	A	A	A	A	A	A	A	A	A	A	A						
M6,3 × 1						A	A	A	A	A	A	A	A	A	A	A	A	A				
M8 × 1,25						A	A	A	A	A	A	A	A	A	A	A	A	A	A	A	A	
M10 × 1,5							A	A	A	A	A	A	A	A	A	A	A	A	A	A	A	A
M12 × 1,75							A	A	A	A	A	A	A	A	A	A	A	A	A	A	A	A

Long. de filetage min.: 28 mm

Long. de filetage min.: 38 mm

[b]Metric Fasteners Standard, IFI–513 (1976).

[c]PH = Longueurs recommandées pour les vis métriques à tête fendue cylindrique large et à tête hexagonale seulement.

A< Longueurs recommandées pour tous les styles de vis métriques.

10 Clavettes: carrée, rectangulaire, inclinée sans talon[a] et inclinée avec talon.

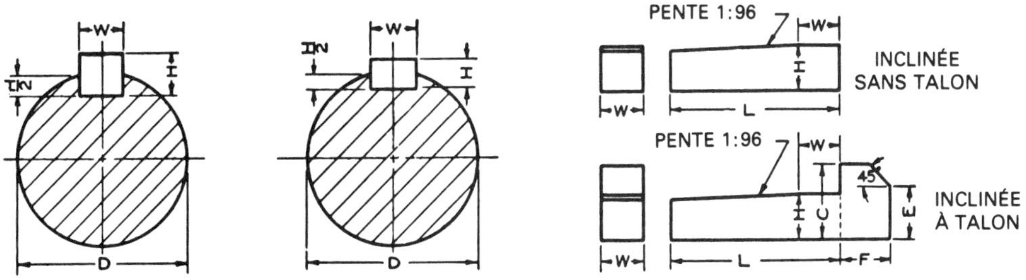

Diamètre de l'arbre	Carrée	Rectangulaire	Clavette inclinée avec talon					
			Carrée			Rectangulaire		
			Hauteur	Longueur	Hauteur jusqu'au chanfrein	Hauteur	Longueur	Hauteur jusqu'au chanfrein
D	W = H	W × H	C	F	E	C	F	E
1/2 à 9/16	1/8	1/8 × 3/32	1/4	7/32	5/32	3/16	1/8	1/8
5/8 à 7/8	3/16	3/16 × 1/8	5/16	9/32	7/32	1/4	3/16	5/32
15/16 à 1 1/4	1/4	1/4 × 3/16	7/16	11/32	11/32	5/16	1/4	3/16
1 5/16 à 1 3/8	5/16	5/16 × 1/4	9/16	13/32	13/32	3/8	5/16	1/4
1 7/16 à 1 3/4	3/8	3/8 × 1/4	11/16	15/32	15/32	7/16	3/8	5/16
1 13/16 à 2 1/4	1/2	1/2 × 3/8	7/8	19/32	5/8	5/8	1/2	7/16
2 5/16 à 2 3/4	5/8	5/8 × 7/16	1 1/16	23/32	3/4	3/4	5/8	1/2
2 7/8 à 3 1/4	3/4	3/4 × 1/2	1 1/4	7/8	7/8	7/8	3/4	5/8
3 3/8 à 3 3/4	7/8	7/8 × 5/8	1 1/2	1	1	1 1/16	7/8	3/4
3 7/8 à 4 1/2	1	1 × 3/4	1 3/4	1 3/16	1 3/16	1 1/4	1	13/16
4 3/4 à 5 1/2	1 1/4	1 1/4 × 7/8	2	1 7/16	1 7/16	1 1/2	1 1/4	1
5 3/4 à 6	1 1/2	1 1/2 × 1	2 1/2	1 3/4	1 3/4	1 3/4	1 1/2	1 1/4

[a] Les clavettes inclinées, carrée et rectangulaire, ont les mêmes dimensions que celles des clavettes parallèles, mais elles possèdent en plus une pente sur leurs faces supérieures. Les clavettes inclinées à talon, carrée et rectangulaire, ont les mêmes dimensions que celles des clavettes sans talon.
Longueurs standard des clavettes: minimum 4 W et maximum 16 W. *Accroissement des longueurs:* 2 W.

11 Filetages carré et Acme[a].

Grandeur	Filets au pouce	Grandeur	Filets au pouce	Grandeur	Filets au pouce	Grandeur	Filets au pouce
3/8	12	7/8	5	2	2 1/2	3 1/2	1 1/3
7/16	10	1	5	2 1/4	2	3 3/4	1 1/3
1/2	10	1 1/8	4	2 1/2	2	4	1 1/3
9/16	8	1 1/4	4	2 3/4	2	4 1/4	1 1/3
5/8	8	1 1/2	3	3	1 1/2	4 1/2	1
3/4	6	1 3/4	2 1/2	3 1/4	1 1/2	Plus de 4 1/2	1

[a] Pour les filets Acme d'usages généraux, voir l'appendice 6.

12 Clavettes disques — American National Standard et métrique.

CLAVETTES DISQUES AMERICAN NATIONAL STANDARD[a]

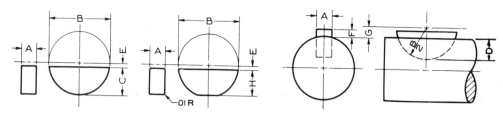

N°[b]	A × B	E	F	G	H	D	C	N°[b]	A × B	E	F	G	H	D	C
	Dimensions nominales				Dimensions maximales				Dimensions nominales				Dimensions maximales		
204	1/16 × 1/2	3/64	1/32	5/64	.194	.1718	.203	808	1/4 × 1	1/16	1/8	3/16	.428	.3130	.438
304	3/32 × 1/2	3/64	3/64	3/32	.194	.1561	.203	809	1/4 × 1 1/8	5/64	1/8	13/64	.475	.3590	.484
305	3/32 × 5/8	1/16	3/64	7/64	.240	.2031	.250	810	1/4 × 1 1/4	5/64	1/8	13/64	.537	.4220	.547
404	1/8 × 1/2	3/64	1/16	7/64	.194	.1405	.203	811	1/4 × 1 3/8	3/32	1/8	7/32	.584	.4690	.594
405	1/8 × 5/8	1/16	1/16	1/8	.240	.1875	.250	812	1/4 × 1 1/2	7/64	1/8	15/64	.631	.5160	.641
406	1/8 × 3/4	1/16	1/16	1/8	.303	.2505	.313	1008	5/16 × 1	1/16	5/32	7/32	.428	.2818	.438
505	5/32 × 5/8	1/16	5/64	9/64	.240	.1719	.250	1009	5/16 × 1 1/8	5/64	5/32	15/64	.475	.3278	.484
506	5/32 × 3/4	1/16	5/64	9/64	.303	.2349	.313	1010	5/16 × 1 1/4	5/64	5/32	15/64	.537	.3908	.547
507	5/32 × 7/8	1/16	5/64	9/64	.365	.2969	.375	1011	5/16 × 1 3/8	3/32	5/32	8/32	.584	.4378	.594
606	3/16 × 3/4	1/16	3/32	5/32	.303	.2193	.313	1012	5/16 × 1 1/2	7/64	5/32	17/64	.631	.4848	.641
607	3/16 × 7/8	1/16	3/32	5/32	.365	.2813	.375	1210	3/8 × 1 1/4	5/64	3/16	17/64	.537	.3595	.547
608	3/16 × 1	1/16	3/32	5/32	.428	.3443	.438	1211	3/8 × 1 3/8	3/32	3/16	9/32	.584	.4065	.594
609	3/16 × 1 1/8	5/64	3/32	11/64	.475	.3903	.484	1212	3/8 × 1 1/2	7/64	3/16	15/64	.631	.4535	.641
807	1/4 × 7/8	1/16	1/8	3/16	.365	.2500	.375	....	....	..	..	..	....	....	....

[a] ANSI B17.2-1967 (R1972).

[b] Les numéros indiquent les dimensions nominales. Les deux derniers chiffres indiquent le diamètre nominal en huitièmes de pouce et celui qui les précède indique la largeur nominale A en trente-deuxièmes de pouce.

CLAVETTES DISQUES MÉTRIQUES[c]

Dimensions nominales A × C	Long.	Prof. du logem. dans l'arbre	Dia. de l'arbre	Dimensions nominales A × C	Long.	Prof. du logem. dans l'arbre	Dia. de l'arbre
1,5 × 2,6	6,76	2,0	4 à 6	6 × 7,5	18,57	5,1	17 à 22
2 × 2,6	6,76	1,8	4 à 6	6 × 9	21,63	6,6	17 à 22
2 × 3,7	9,66	2,9	6 à 8	6 × 10	24,49	7,6	17 à 22
2,5 × 3,7	9,66	2,9	8 à 10	6 × 11	27,35	8,6	17 à 22
3 × 3,7	9,66	2,5	8 à 10	8 × 9	21,63	6,2	22 à 30
3 × 5	12,65	3,8	8 à 10	8 × 11	27,35	8,2	22 à 30
3 × 6,5	15,72	5,3	8 à 10	8 × 13	31,43	10,2	22 à 30
4 × 5	12,65	3,5	10 à 12	10 × 11	27,35	7,8	29 à 38
4 × 6,5	15,72	5,0	10 à 12	10 × 13	31,43	9,8	29 à 38
4 × 7,5	18,57	6,0	10 à 12				
5 × 6,5	15,72	4,5	12 à 17				
5 × 7,5	18,57	5,5	12 à 17				
5 × 9	21,63	7,0	12 à 17				

[c] Produits commerciaux disponibles au Canada.

13 **Grandeurs des clavettes disques pour des arbres de différents diamètres[a].**

Diamètre de l'arbre	5/16 à 3/8	7/16 à 1/2	9/16 à 3/4	13/16 à 15/16	1 à 13/16	1¼ à 17/16	1½ à 1¾	113/16 à 2⅛	23/16 à 2½
Numéros de clavettes	204	304 305	404 405 406	505 506 507	606 607 608 609	807 808 809	810 811 812	1011 1012	1211 1212

[a] Grandeurs suggérées non normalisées.

14 **Clavettes à bouts ronds — Métrique et Pratt and Whitney.**

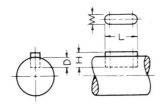

CLAVETTES À BOUTS MÉTRIQUES[a]

Larg. W	4	5	6		8		10		12	
Haut. H	4	5	4	6	5	7	6	8	6	8
Dia. de l'arbre	10 à 12	12 à 17	17 à 22	17 à 22	22 à 30	22 à 30	30 à 38	30 à 38	38 à 44	38 à 44
Longueur										
20	X	X	X	X						
25	X	X	X	X	X	X				
30	X	X		X		X		X		
36	X	X		X	X	X		X	X	
40	X	X		X	X	X		X		X
45				X		X		X		X
50				X		X	X	X		X
60						X		X		X
80								X		X
100										X

[a] Produits métriques disponibles au Canada.

CLAVETTES À BOUTS RONDS PRATT AND WHITNEY

La longueur maximale du logement est 4″ + W. Dans tous les cas, seulement les deux tiers de la clavette sont logés dans l'arbre. Le logement est réalisé par fraisage.

N°	L″	W ou D	H	N°	L″	W ou D	H
1	½	1/16	3/32	22	1 3/8	1/4	3/8
2	½	3/32	9/64	23	1 3/8	5/16	15/32
3	½	1/8	3/16	F	1 3/8	3/8	9/16
4	5/8	3/32	9/64	24	1 1/2	1/4	3/8
5	5/8	1/8	3/16	25	1 1/2	5/16	15/32
6	5/8	5/32	15/64	G	1 1/2	3/8	9/16
7	3/4	1/8	3/16	51	1 3/4	1/4	3/8
8	3/4	5/32	15/64	52	1 3/4	5/16	15/32
9	3/4	3/16	9/32	53	1 3/4	3/8	9/16
10	7/8	5/32	15/64	26	2	3/16	9/32
11	7/8	3/16	9/32	27	2	1/4	3/8
12	7/8	7/32	21/64	28	2	5/16	15/32
A	7/8	1/4	3/8	29	2	3/8	9/16
13	1	3/16	9/32	54	2 1/4	1/4	3/8
14	1	7/32	21/64	55	2 1/4	5/16	15/32
15	1	1/4	3/8	56	2 1/4	3/8	9/16
B	1	5/16	15/32	57	2 1/4	7/16	21/32
16	1 1/8	3/16	9/32	58	2 1/2	5/16	15/32
17	1 1/8	7/32	21/64	59	2 1/2	3/8	9/16
18	1 1/8	1/4	3/8	60	2 1/2	7/16	21/32
C	1 1/8	5/16	15/32	61	2 1/2	1/2	3/4
19	1 1/4	3/16	9/32	30	3	3/8	9/16
20	1 1/4	7/32	21/64	31	3	7/16	21/32
21	1 1/4	1/4	3/8	32	3	1/2	3/4
D	1 1/4	5/16	15/32	33	3	9/16	27/32
E	1 1/4	3/8	9/16	34	3	5/8	15/16

″La longueur L peut être différente de celle tabulée mais elle doit être égale au moins à 2W.

Pour désigner une rondelle, on indique,
dans l'ordre, le diamètre intérieur, le diamètre
extérieur et l'épaisseur.
Exemple: RONDELLE PLATE, TYPE A, .344 × .688 × .065.

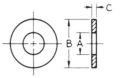

DIMENSIONS PRÉFÉRÉES[b] — TYPE A

Grandeur nominale			Diamètre intérieur	Diamètre extérieur	Épaisseur nominale
			A	B	C
. . . .	. . . .		0.078	0.188	0.020
. . . .	. . . .		0.094	0.250	0.020
. . . .	. . . .		0.125	0.312	0.032
N°	6	0.138	0.156	0.375	0.049
N°	8	0.164	0.188	0.438	0.049
N°	10	0.190	0.219	0.500	0.049
³⁄₁₆		0.188	0.250	0.562	0.049
N°	12	0.216	0.250	0.562	0.065
¼		0.250 N	0.281	0.625	0.065
¼		0.250 W	0.312	0.734	0.065
⁵⁄₁₆		0.312 N	0.344	0.688	0.065
⁵⁄₁₆		0.312 W	0.375	0.875	0.083
³⁄₈		0.375 N	0.406	0.812	0.065
³⁄₈		0.375 W	0.438	1.000	0.083
⁷⁄₁₆		0.438 N	0.469	0.922	0.065
⁷⁄₁₆		0.438 W	0.500	1.250	0.083
½		0.500 N	0.531	1.062	0.095
½		0.500 W	0.562	1.375	0.109
⁹⁄₁₆		0.562 N	0.594	1.156	0.095
⁹⁄₁₆		0.562 W	0.625	1.469	0.109
⁵⁄₈		0.625 N	0.656	1.312	0.095
⁵⁄₈		0.625 W	0.688	1.750	0.134
¾		0.750 N	0.812	1.469	0.134
¾		0.750 W	0.812	2.000	0.148
⁷⁄₈		0.875 N	0.938	1.750	0.134
⁷⁄₈		0.875 W	0.938	2.250	0.165
1		1.000 N	1.062	2.000	0.134
1		1.000 W	1.062	2.500	0.165
1⅛		1.125 N	1.250	2.250	0.134
1⅛		1.125 W	1.250	2.750	0.165
1¼		1.250 N	1.375	2.500	0.165
1¼		1.250 W	1.375	3.000	0.165
1⅜		1.375 N	1.500	2.750	0.165
1⅜		1.375 W	1.500	3.250	0.180
1½		1.500 N	1.625	3.000	0.165
1½		1.500 W	1.625	3.500	0.180
1⅝		1.625	1.750	3.750	0.180
1¾		1.750	1.875	4.000	0.180
1⅞		1.875	2.000	4.250	0.180
2		2.000	2.125	4.500	0.180
2¼		2.250	2.375	4.750	0.220
2½		2.500	2.625	5.000	0.238
2¾		2.750	2.875	5.250	0.259
3		3.000	3.125	5.500	0.284

[a] D'après ANSI B27.2.
[b] Les dimensions préférées sont, pour la plupart, dérivées des séries antérieurement désignées par « Standard Plate » et par « SAE ». Lorsque des grandeurs communes existent dans les deux séries, la grandeur « SAE » est identifiée par N (réduit) et la grandeur « Standard Plate », par W (large).
Les rondelles de grandeurs nominales sont conçues pour être utilisées avec des vis et des boulons de grandeurs comparables.

15B Rondelles plates métriques[a] — British Standard.

SÉRIE RÉGULIÈRE

Grandeur nominale de la vis	Métal brillant								Métal noir Forme E					
	Dia. int.		Dia. ext.		Épaisseur				Dia. int.		Dia. ext.		Épaisseur	
					Forme A (Normale)		Forme B (Légère)							
	Max.	Min.	Max.	Min.	Max.	Min.	Max.	Min.	Max.	Min.	Max.	Min.	Max.	Min.
M1,0	1,25	1,1	2,5	2,3	0,4	0,2	....	....	....	....	....	....	....	....
M1,2	1,45	1,3	3,0	2,8	0,4	0,2	....	....	....	....	....	....	....	....
(M1,4)[b]	1,65	1,5	3,0	2,8	0,4	0,2	....	....	....	....	....	....	....	....
M1,6	1,85	1,7	4,0	3,7	0,4	0,2	....	....	....	....	....	....	....	....
M2,0	2,35	2,2	5,0	4,7	0,4	0,2	....	....	....	....	....	....	....	....
(M2,2)	2,55	2,4	5,0	4,7	0,6	0,4	....	....	....	....	....	....	....	....
M2,5	2,85	2,7	6,5	6,2	0,6	0,4	....	....	....	....	....	....	....	....
M3	3,4	3,2	7	6,7	0,6	0,4	....	....	....	....	....	....	....	....
(M3,5)	3,9	3,7	7	6,7	0,6	0,4	....	....	....	....	....	....	....	....
M4	4,5	4,3	9	8,7	0,9	0,7	....	....	....	....	....	....	....	....
(M4,5)	5,0	4,8	9	8,7	0,9	0,7	....	....	....	....	....	....	....	....
M5	5,5	5,3	10	9,7	1,1	0,9	....	....	5,8	5,5	10,0	9,2	1,2	0,8
M6	6,7	6,4	12,5	12,1	1,8	1,4	0,9	0,7	7,0	6,6	12,5	11,7	1,9	1,3
(M7)	7,7	7,4	14	13,6	1,8	1,4	0,9	0,7	8,0	7,6	14,0	13,2	1,9	1,3
M8	8,7	8,4	17	16,6	1,8	1,4	1,1	0,9	9,4	9,0	17	16,2	1,9	1,3
M10	10,9	10,5	21	20,5	2,2	1,8	1,45	1,05	11,5	11,0	21	20,2	2,3	1,7
M12	13,4	13,0	24	23,5	2,7	2,3	1,80	1,40	14,5	14	24	23,2	2,8	2,2
(M14)	15,4	15,0	28	27,5	2,7	2,3	1,8	1,4	16,5	16	28	27,2	2,8	2,2
M16	17,4	17,0	30	29,5	3,3	2,7	2,2	1,8	18,5	18	30	29,2	3,6	2,4
(M18)	19,5	19,0	34	33,2	3,3	2,7	2,2	1,8	20,6	20	34	32,8	3,6	2,4
M20	21,5	21	37	36,2	3,3	2,7	2,2	1,8	22,6	22	37	35,8	3,6	2,4
(M22)	23,5	23	39	38,2	3,3	2,7	2,2	1,8	24,6	24	39	37,8	3,6	2,4
M24	25,5	25	44	43,2	4,3	3,7	2,7	2,3	26,6	26	44	42,8	4,6	3,4
(M27)	28,5	28	50	49,2	4,3	3,7	2,7	2,3	30,6	30	50	48,8	4,6	3,4
M30	31,6	31	56	55,0	4,3	3,7	2,7	2,3	33,8	33	56	54,5	4,6	3,4
(M33)	34,6	34	60	59,0	5,6	4,4	3,3	2,7	36,8	36	60	58,5	6,0	4,0
M36	37,6	37	66	65,0	5,6	4,4	3,3	2,7	39,8		66	64,5	6,0	4,0
(M39)	40,6	40	72	71,0	6,6	5,4	3,3	2,7	42,8	42	72	70,5	7,0	5,0

[a] D'après BS4320: 1968.
[b] Les grandeurs entre parenthèses ne sont pas courantes.

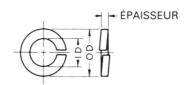

‖← ÉPAISSEUR

Pour désigner une rondelle Grower, on en indique la grandeur nominale et la série.
Exemple: RONDELLE GROWER RÉGULIÈRE ¼.

SÉRIES PRÉFÉRÉES

Dimension nominale[b]		Diamètre intérieur min.	Régulière		Forte		Haute	
			Diamètre extérieur max.	Épaisseur min.	Diamètre extérieur max.	Épaisseur min.	Diamètre extérieur max.	Épaisseur min.
N°	2	0.086	0.088	0.172	0.020	0.208	0.027	. . . .	. . . .
N°	3	0.099	0.101	0.195	0.025	0.239	0.034	. . . .	. . . .
N°	4	0.112	0.115	0.209	0.025	0.253	0.034	0.173	0.022
N°	5	0.125	0.128	0.236	0.031	0.300	0.045	0.202	0.030
N°	6	0.138	0.141	0.250	0.031	0.314	0.045	0.216	0.030
N°	8	0.164	0.168	0.293	0.040	0.375	0.057	0.267	0.047
N°	10	0.190	0.194	0.334	0.047	0.434	0.068	0.294	0.047
N°	12	0.216	0.221	0.377	0.056	0.497	0.080	. . . .	. . . .
¼		0.250	0.255	0.489	0.062	0.535	0.084	0.365	0.078
⁵⁄₁₆		0.312	0.318	0.586	0.078	0.622	0.108	0.460	0.093
⅜		0.375	0.382	0.683	0.094	0.741	0.123	0.553	0.125
⁷⁄₁₆		0.438	0.446	0.779	0.109	0.839	0.143	0.647	0.140
½		0.500	0.509	0.873	0.125	0.939	0.162	0.737	0.172
⁹⁄₁₆		0.562	0.572	0.971	0.141	1.041	0.182	. . . .	. . . .
⅝		0.625	0.636	1.079	0.156	1.157	0.202	0.923	0.203
¹¹⁄₁₆		0.688	0.700	1.176	0.172	1.258	0.221	. . .	. . . .
¾		0.750	0.763	1.271	0.188	1.361	0.241	1.111	0.218
¹³⁄₁₆		0.812	0.826	1.367	0.203	1.463	0.261	. . . .	. . . .
⅞		0.875	0.890	1.464	0.219	1.576	0.285	1.296	0.234
¹⁵⁄₁₆		0.938	0.954	1.560	0.234	1.688	0.308	. . . .	. . . .
1		1.000	1.017	1.661	0.250	1.799	0.330	1.483	0.250
1¹⁄₁₆		1.062	1.080	1.756	0.266	1.910	0.352	. . . .	. . . .
1⅛		1.125	1.144	1.853	0.281	2.019	0.375	1.669	0.313
1³⁄₁₆		1.188	1.208	1.950	0.297	2.124	0.396	. . . .	. . . .
1¼		1.250	1.271	2.045	0.312	2.231	0.417	1.799	0.313
1⁵⁄₁₆		1.312	1.334	2.141	0.328	2.335	0.438	. . . .	. . . .
1⅜		1.375	1.398	2.239	0.344	2.439	0.458	2.041	0.375
1⁷⁄₁₆		1.438	1.462	2.334	0.359	2.540	0.478	. . . .	. . . .
1½		1.500	1.525	2.430	0.375	2.638	0.496	2.170	0.375

[a] D'après ANSI B27.1.
[b] Les rondelles de grandeurs nominales sont conçues pour être utilisées avec des vis et des boulons de grandeurs comparables.

Rondelles-freins Grower[a] — British Standard.

SECTION CARRÉE — TYPE A-2

Grandeur nominale	Diamètre intérieur		Épaisseur	Diamètre extérieur Max.
	Max.	Min.		
M3	3,3	3,1	1 ± 0,1	5,5
(M3,5)[b]	3,8	3,6	1 ± 0,1	6,0
M4	4,35	4,1	1,2 ± 0,1	6,95
M5	5,35	5,1	1,5 ± 0,1	8,55
M6	6,4	6,1	1,5 ± 0,1	9,6
M8	8,55	8,2	2 ± 0,1	12,75
M10	10,6	10,2	2,5 ± 0,15	15,9
M12	12,6	12,2	2,5 ± 0,15	17,9
(M14)	14,7	14,2	3 ± 0,2	21,1
M16	16,9	16,3	3,5 ± 0,2	24,3
(M18)	19,0	18,3	3,5 ± 0,2	26,4
M20	21,1	20,3	4,5 ± 0,2	30,5
(M22)	23,3	22,4	4,5 ± 0,2	32,7
M24	25,3	24,4	5 ± 0,2	35,7
(M27)	28,5	27,5	5 ± 0,2	38,9
M30	31,5	30,5	6 ± 0,2	43,9
(M33)	34,6	33,5	6 ± 0,2	47,0
M36	37,6	36,5	7 ± 0,25	52,1
(M39)	40,8	39,6	7 ± 0,25	53,3
M42	43,8	42,6	8 ± 0,25	60,3
(M45)	46,8	45,6	8 ± 0,25	63,3
M48	50,0	48,8	8 ± 0,25	66,5

[a] D'après BS4464: 1969.
[b] Les grandeurs entre parenthèses ne sont pas courantes.

Les dimensions sont exprimées en décimales de pouce.[b]

N° de jauge	American ou Brown & Sharpe pour métaux non ferreux	Fil de fer Birmingham ou Stubs[c]	Fil d'acier standard American S. & W. Co.'s (Washburn & Moen)	American S. & W. Co.'s Fil à piano	Fil impérial	Fil d'acier Stubs[c]	Jauges pour les tôles[b]	N° de jauge
7-0's	.651354	. . . .	.4900	. . . .	.500	. . . .	. . . . .	7-0's
6-0's	.580049	. . . .	.4615	.004	.464	. . . .	. . . . .	6-0's
5-0's	.516549	.500	.4305	.005	.432	. . . .	. . . . .	5-0's
4-0's	.460	.454	.3938	.006	.400	. . . .	. . . . .	4-0's
000	.40964	.425	.3625	.007	.372	. . . .	. . . . .	000
00	.3648	.380	.3310	.008	.348	. . . .	. . . . .	00
0	.32486	.340	.3065	.009	.324	. . . .	. . . . .	0
1	.2893	.300	.2830	.010	.300	.227	. . . . .	1
2	.25763	.284	.2625	.011	.276	.219	. . . . .	2
3	.22942	.259	.2437	.012	.252	.212	.2391	3
4	.20431	.238	.2253	.013	.232	.207	.2242	4
5	.18194	.220	.2070	.014	.212	.204	.2092	5
6	.16202	.203	.1920	.016	.192	.201	.1943	6
7	.14428	.180	.1770	.018	.176	.199	.1793	7
8	.12849	.165	.1620	.020	.160	.197	.1644	8
9	.11443	.148	.1483	.022	.144	.194	.1495	9
10	.10189	.134	.1350	.024	.128	.191	.1345	10
11	.090742	.120	.1205	.026	.116	.188	.1196	11
12	.080808	.109	.1055	.029	.104	.185	.1046	12
13	.071961	.095	.0915	.031	.092	.182	.0897	13
14	.064084	.083	.0800	.033	.080	.180	.0747	14
15	.057068	.072	.0720	.035	.072	.178	.0763	15
16	.05082	.065	.0625	.037	.064	.175	.0598	16
17	.045257	.058	.0540	.039	.056	.172	.0538	17
18	.040303	.049	.0475	.041	.048	.168	.0478	18
19	.03589	.042	.0410	.043	.040	.164	.0418	19
20	.031961	.035	.0348	.045	.036	.161	.0359	20
21	.028462	.032	.0317	.047	.032	.157	.0329	21
22	.025347	.028	.0286	.049	.028	.155	.0299	22
23	.022571	.025	.0258	.051	.024	.153	.0269	23
24	.0201	.022	.0230	.055	.022	.151	.0239	24
25	.0179	.020	.0204	.059	.020	.148	.0209	25
26	.01594	.018	.0181	.063	.018	.146	.0179	26
27	.014195	.016	.0173	.067	.0164	.143	.0164	27
28	.012641	.014	.0162	.071	.0149	.139	.0149	28
29	.011257	.013	.0150	.075	.0136	.134	.0135	29
30	.010025	.012	.0140	.080	.0124	.127	.0120	30
31	.008928	.010	.0132	.085	.0116	.120	.0105	31
32	.00795	.009	.0128	.090	.0108	.115	.0097	32
33	.00708	.008	.0118	.095	.0100	.112	.0090	33
34	.006304	.007	.0104	. . . .	.0092	.110	.0082	34
35	.005614	.005	.0095	. . . .	.0084	.108	.0075	35
36	.005	.004	.0090	. . . .	.0076	.106	.0067	36
37	.004453	. . . .	.0085	. . . .	.0068	.103	.0064	37
38	.003965	. . . .	.0080	. . . .	.0060	.101	.0060	38
39	.003531	. . . .	.0075	. . . .	.0052	.099	. . . . .	39
40	.003144	. . . .	.0070	. . . .	.0048	.097	. . . . .	40

[a] Gracieuseté de Brown & Sharpe Mfg. Co.
[b] Maintenant utilisée dans les aciéries au lieu des anciens standards U.S.
[c] Il faut noter la différence existant entre le *fil de fer Stubs* et le *fil d'acier Stubs*. Le premier est généralement connu pour le nom de *English Standard Wire*, ou *Birmingham Gage*, qui désigne les fils tendres Stubs, alors que le second est utilisé pour mesurer des fils d'acier étiré ou des tiges pour les forets Stubs.

18A Goupilles coniques" — American National Standard.

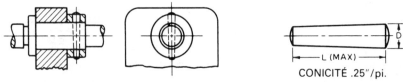

CONICITÉ .25"/pi.

Pour déterminer le petit diamètre de la goupille, il faut multiplier la longueur par .02083 et, ensuite, soustraire le résultat du grand diamètre.
Toutes les dimensions sont exprimées en pouces.
Des alésoirs standard sont disponibles pour les goupilles indiquées au-dessus du trait fort.

Numéro	7/0	6/0	5/0	4/0	3/0	2/0	0	1	2	3	4	5	6	7	8
Grandeur (Grand bout)	.0625	.0780	.0940	.1090	.1250	.1410	.1560	.1720	.1930	.2190	.2500	.2890	.3410	.4090	.4920
Diamètre de l'arbre (Approx.)"		7/32	1/4	5/16	3/8	7/16	1/2	9/16	5/8	3/4	13/16	7/8	1	1¼	1½
Grandeur du foret (avant l'alésage)"		.0595	.0785	.0935	.104	.120	.1405	.1495	.166	.189	.213	1/4	9/32	11/32	13/32
Longueur, L															
.375	X	X			•										
.500	X	X	X	X	X	X	X								
.625	X	X	X	X	X	X	X								
.750		X	X	X	X	X	X	X	X	X					
.875					X	X	X	X	X	X					
1.000			X	X	X	X	X	X	X	X	X	X			
1.250						X	X	X	X	X	X	X	X		
1.500							X	X	X	X	X	X	X		
1.750								X	X	X	X	X	X		
2.000								X	X	X	X	X	X	X	X
2.250									X	X	X	X	X	X	X
2.500										X	X	X	X	X	X
2.750										X	X	X	X	X	X
3.000										X	X	X	X	X	X
3.250													X	X	X
3.500													X	X	X
3.750													X	X	X
4.000													X	X	X
4.250															X
4.500															X

" ANSI B5.20-1958. Pour les numéros 9 et 10, voir la norme. Les goupilles N° 11 (grandeur de .8600), N° 12 (grandeur de 1.032), N° 13 (grandeur de 1.241) et N° 14 (grandeur de 1.523) ont des dimensions spéciales; leurs longueurs sont donc spéciales.
" Grandeurs suggérées; ce ne sont pas des grandeurs American National Standard.

CONICITÉ 1:50 (2%)

Dia. nominal (Petit bout)	M3	M4	M5	M6	M8	M10
Longueur						
14	X	. . . .	. . . .	. . . .	. . . .	. . . .
16	X	X	. . . .	. . . .	. . . .	. . . .
18	. . . .	X	. . . .	. . . .	. . . .	. . . .
20	X	X	X	X	. . . .	. . . .
24	X	X	X	X	. . . .	. . . .
26	X	X	X	X	. . . .	. . . .
28	X	X	X	. . . .	X	. . . .
30	X	X	X	X	X	. . . .
32	X	X	X	. . . .	. . . .	X
36	X	X	X	X	X	. . . .
40	X	X	X	X	X	X
45	. . . .	X	X	X	. . . .	. . . .
50	X	X	X	X	X	X
60	X	X	X	X	X	X
70	. . . .	. . . .	X	X	X	X
80	. . . .	. . . .	. . . .	X	X	X
90	. . . .	. . . .	. . . .	X	X	X
100	. . . .	. . . .	. . . .	X	X	X
110	. . . .	. . . .	. . . .	. . . .	X	X
120	. . . .	. . . .	. . . .	. . . .	X	X

[a] Produits commerciaux disponibles au Canada.

19 **Goupilles fendues**[a] **— American National Standard.**

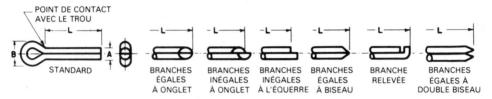

Toutes les dimensions sont exprimées en pouces.

Diamètre nominal	Diamètre A		Diamètre extérieur de l'oeil B, Min.	Diamètre du trou de passage	Diamètre nominal	Diamètre A		Diamètre extérieur de l'oeil B, Min.	Diamètre du trou recom·mandé de passage
	Max.	Min.				Max.	Min.		
0.031	0.032	0.028	¹⁄₁₆	³⁄₆₄	0.188	0.176	0.172	³⁄₈	¹³⁄₆₄
0.047	0.048	0.044	³⁄₃₂	¹⁄₁₆	0.219	0.207	0.202	⁷⁄₁₆	¹⁵⁄₆₄
0.062	0.060	0.056	¹⁄₈	⁵⁄₆₄	0.250	0.225	0.220	¹⁄₂	¹⁷⁄₆₄
0.078	0.076	0.072	⁵⁄₃₂	³⁄₃₂	0.312	0.280	0.275	⁵⁄₈	⁵⁄₁₆
0.094	0.090	0.086	³⁄₁₆	⁷⁄₆₄	0.375	0.335	0.329	³⁄₄	³⁄₈
0.109	0.104	0.100	⁷⁄₃₂	¹⁄₈	0.438	0.406	0.400	⁷⁄₈	⁷⁄₁₆
0.125	0.120	0.116	¹⁄₄	⁹⁄₆₄	0.500	0.473	0.467	1	¹⁄₂
0.141	0.134	0.130	⁹⁄₃₂	⁵⁄₃₂	0.625	0.598	0.590	1¼	⁵⁄₈
0.156	0.150	0.146	⁵⁄₁₆	¹¹⁄₆₄	0.750	0.723	0.715	1½	³⁄₄

[a]ANSI B5.20.

LONGUEUR

Impériales aux métriques

1 pouce = 2,540 centimètres
1 pied = 0,305 mètre
1 verge = 0,914 mètre
1 mille = 1,609 kilomètres

Métriques aux impériales

1 millimètre = 0.039 pouce
1 centimètre = 0.394 pouce
1 mètre = 3.281 pieds ou 1.094 verges
1 kilomètre = 0.621 mille

SURFACE

1 pouce^2 = 6,451 centimètres^2
1 pied^2 = 0,093 mètre^2
1 verge^2 = 0,836 mètre^2
1 acre = 4 046,873 mètres^2

1 millimètre^2 = 0.001 55 pouce^2
1 centimètre^2 = 0.155 pouce^2
1 mètre^2 = 10.764 pieds^2 ou 1.196 verges^2
1 kilomètre^2 = 0.386 mille^2 ou 247,04 acres

VOLUME

1 pouce^3 = 16,387 centimètres^3
1 pied^3 = 0,028 mètre^3
1 verge^3 = 0,764 mètre^3
1 pinte CAN = 1,1365 litres
1 gallon CAN = 4,546 litres

1 centimètre^3 = 0.061 pouce^3
1 mètre^3 = 35.314 pieds^3 ou 1.308 verges^3
1 litre = 0.2642 gallon U.S. = 0.22 gallon CAN
1 litre = 1.057 pintes U.S. = 0.88 pinte CAN
1 mètre^3 = 264.17 gallons U.S. = 220.1 gallons CAN

MASSE

1 once = 28,349 grammes
1 livre = 0,454 kilogrammes
1 tonne = 0,907 tonne métrique

1 gramme = 0.035 once
1 kilogramme = 2.205 livres
1 tonne métrique = 1.102 tonnes

VITESSE

1 pied/seconde = 0,305 mètre/seconde
1 mille/heure = 0.447 mètre/seconde

1 mètre/seconde = 3.281 pieds/seconde
1 kilomètre/heure = 0.621 mille/heure

ACCÉLÉRATION

1 pouce/seconde^2 = 0,0254 mètre/seconde^2
1 pied/seconde^2 = 0,305 mètre/seconde^2

1 mètre/seconde^2 = 3.278 pieds/seconde^2

FORCE

N (newton) = unité de base de la force, $kg \cdot m/s^2$. Une masse d'un kilogramme (1 kg) exerce une force gravitationnelle de 9,8 N (théoriquement de 9,806 65 N) au niveau moyen de la mer.

index

Dans les deux pages qui suivent, un code commode pour identifier les différentes présentations possibles des feuilles à dessin est illustré. Toutes les dimensions sont exprimées en pouces.

Trois **formats** de feuilles sont illustrés: **Format A** (figure I), **Format B** (figure V) et **Format C** (figure VI). Ils correspondent approximativement aux formats métriques **A4**, **A3** et **A2**.

Huit **formes** de cartouche sont utilisées; elles sont appelées **Formes 1**, **2**, **3**, **4**, **5**, **6**, **7** et **8**. Les longueurs totales des **formes 1**, **2**, **3** et **4** peuvent être modifiées pour s'ajuster aux **formats A4**, **A3** et **A2**.

Le terme **disposition** désigne une feuille d'un certain format qui comporte une forme précise de cartouche. Ainsi, la **disposition A-1** est une combinaison du **format A** et de la **forme 1**; la **disposition C-678** est une combinaison du **format C** et des **formes 6**, **7** et **8**; la **disposition A4-2** (modifiée) est une combinaison du **format A4** et de la **forme 2** dont la longueur est modifiée de façon à s'ajuster à l'intérieur du cadre. Naturellement, le professeur peut utiliser d'autres combinaisons.

dispositions

Figure II   **Forme 1.**

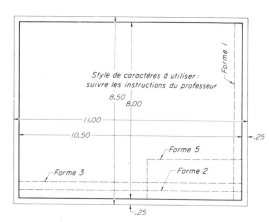

Figure I   **Format A.**

Figure III   **Forme 2.**

Figure IV   **Forme 3.**

Formats

Système impérial
A - 8.50″ × 11.00″
B - 11.00″ × 17.00″
C - 17.00″ × 22.00″
D - 22.00″ × 34.00″
E - 34.00″ × 44.00″

Système métrique
A4 - 210 mm × 297 mm
A3 - 297 mm × 420 mm
A2 - 420 mm × 594 mm
A1 - 594 mm × 841 mm
A0 - 841 mm × 1189 mm
(25,4 mm = 1.00″)

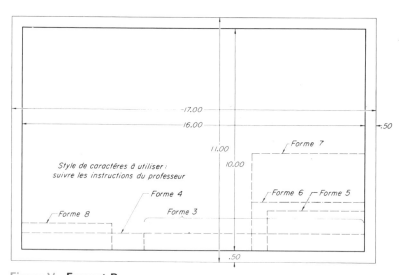

Figure V   **Format B.**

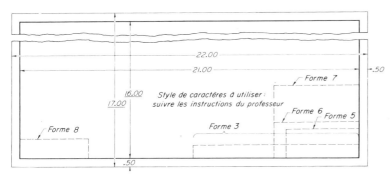

Figure VI **Format C.**

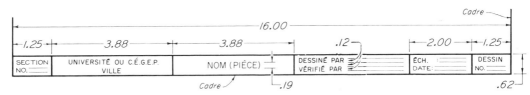

Figure VII **Forme 4.**

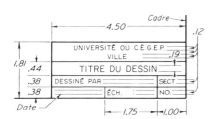

Figure VIII **Forme 5.**

Figure IX **Forme 6.**

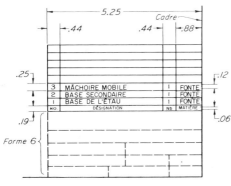

Figure X **Forme 7.**

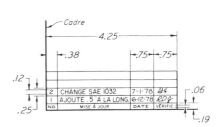

Figure XI **Forme 8.**